AUTOBIOGRAPHIE
DU SURRÉALISME

MARCEL JEAN

AUTOBIOGRAPHIE DU SURRÉALISME

ÉDITIONS DU SEUIL
27, rue Jacob, Paris VIᵉ

ISBN 2-02-005011-0

10009466658

Avertissement

A l'origine de la présente anthologie se trouve le projet d'un recueil des écrits des peintres surréalistes que les Éditions Viking Press de New York m'avaient chargé d'établir et qui devait paraître en traduction anglaise dans leur collection The Documents of Modern Art. *Cependant il m'apparut qu'une anthologie des seuls peintres ne permettait guère d'apprécier l'atmosphère dont ces productions littéraires furent, pour une part, l'expression, qu'elles resteraient isolées de leur contexte — ce qui est le défaut des anthologies en général. Je fus donc conduit à envisager un ensemble plus vaste comprenant non seulement les écrits des peintres, mais encore les œuvres des écrivains et poètes surréalistes ainsi que celles de certains auteurs proches du mouvement, et aussi des extraits de revues, des tracts, des manifestes, etc. Bref, c'est une sorte d'« autobiographie du surréalisme » que je fus amené à soumettre à mes éditeurs américains.*

Le besoin d'un tel recueil ne laisse pas de se faire sentir dans les pays anglo-saxons où la connaissance du surréalisme demeure fragmentaire et assez confuse en général, malgré des traductions et d'assez nombreux essais et thèses. Mais j'ai pensé que l'ouvrage pouvait avoir également sa place parmi ceux consacrés en France au surréalisme et qu'il viendrait compléter, sur un autre plan, mon Histoire de la peinture surréaliste *ainsi que l'*Histoire du surréalisme *de Maurice Nadeau et ses* Documents surréalistes [1]. *J'ai donc établi une version française qui ne diffère guère de celle de langue anglaise que par cet avertissement et une rédaction parfois modifiée des notices de présentation des textes, ces derniers restant à peu près les mêmes pour les deux versions qui devraient en principe être publiées simultanément à New York et à Paris.*

La première partie de cette histoire anthologique est constituée d'une succession de « Jalons » : hommage à plusieurs auteurs qui ont tracé des routes redécouvertes puis parcourues à nouveau et explorées par les surréalistes. La présentation de ces textes ne répond pas à un ordre chronologique,

---

1. Ces trois ouvrages sont publiés aux Éditions du Seuil.

*c'est plutôt, comme on le verra, par association d'idées que je suis
passé des premières notations qu'écrivit sur la peinture Giorgio de Chirico,
à Arthur Rimbaud et à sa « Lettre du Voyant », à Guillaume Apollinaire,
inventeur du mot « surréalisme », au monde « ubique » d'Alfred Jarry et
à l'un de ses premiers fidèles : Jacques Vaché, enfin à la poésie de Pierre
Reverdy et à sa théorie de l'image. Lautréamont ferme le cortège ouvert par
Chirico. J'aurais pu évoquer les écrivains « présurréalistes » dont la liste*
figure dans le Manifeste du surréalisme *ou ceux recueillis dans l'*Anthologie de l'humour noir; *les romantiques allemands; les maîtres anglais
du roman noir... Mais il faut savoir se borner. On rencontrera d'ailleurs,
« jalonnant » le développement de l'*Anthologie, *d'autres figures de maîtres
et précurseurs : Sade, Mallarmé, Roussel.*

*Quant aux écrits surréalistes proprement dits, présentés, eux, en ordre
historique depuis l'époque prédada jusqu'à nos jours, si l'on considère que
l'activité surréaliste s'est exercée pendant trente ans et davantage, qu'elle a
donné naissance à une littérature considérable et à d'innombrables œuvres
plastiques, qu'elle a attiré, inspiré, des poètes, peintres, sculpteurs, critiques,
essayistes, romanciers, savants, politiciens, de plusieurs pays de l'Ancien
Monde et du Nouveau, on concevra que les témoignages d'une telle aventure
n'aient pu être recensés sous tous leurs aspects dans un ouvrage sélectif. J'ai
dû choisir entre tant de documents, omettre, à regret, bien des morceaux
passionnants. Du moins me suis-je efforcé de faire place, non seulement
aux œuvres les plus répandues, mais encore à d'autres moins connues, dues,
les unes aux principaux auteurs, les autres à des écrivains qui accompagnèrent le mouvement pendant un temps plus ou moins long, d'autres encore
à des sympathisants, des « invités » occasionnels dont les vues, m'a-t-il
semblé, méritaient d'être signalées. Il m'est apparu que les extraits pouvaient
prendre un nouvel intérêt à la faveur de cette espèce de confrontation et
peut-être, dans une certaine mesure, en dehors d'un appareil critique que
j'ai voulu réduit au minimum, leur véritable couleur.*

*Quelques pages sont inédites, d'autres sont données pour la première fois en
traduction française. Les productions de certains groupes hors de France
sont mentionnées : Belgique et Angleterre, New York pendant la Seconde
Guerre mondiale. Malheureusement d'autres n'ont pu être citées : Tchéco-
slovaquie, Yougoslavie, Amérique latine... Là encore, d'un choix plus étendu
aurait résulté un ouvrage dont la longueur eût sans doute dilué l'intérêt.*

*C'est aussi afin de conserver à l'ouvrage des dimensions acceptables que
j'ai été amené à alléger certains extraits tout en résumant le plus souvent
possible les passages non cités [1]. Je m'assure que ce procédé des nombreuses
et (relativement) brèves citations, que je crois avoir utilisé avec le maximum
de scrupules afin de ne pas mutiler la pensée même des auteurs, d'une part
répond à la conception d'une anthologie historique telle que je l'ai envisagée et, d'autre part, donne de cette pensée une image plus complète que ne*

---

1. Les coupures dans les textes cités sont indiquées par quatre points espacés : . . . .

l'auraient fait des textes détachés, selon la méthode habituelle des antholo-
gies, qui pour un livre de même volume eussent été moins nombreux et, par
là, moins représentatifs.

Longtemps protégé d'une activité répétitive par l'arrivée de nouveaux
talents, le surréalisme a dû sa vitalité et sa durée à la personnalité excep-
tionnelle d'André Breton, et l'on ne s'étonnera pas de voir les citations des
écrits de celui-ci occuper la toute première place. L'autorité, mêlée de séduc-
tion, qui émanait du comportement et de la seule présence de Breton, pour-
rait à elle seule rendre compte du fait que le mouvement, alors qu'il se
répandait et se manifestait à travers le monde, resta centré sur le cercle
parisien. Les groupes étrangers naquirent comme des branches de l'arbre
principal et, quelle qu'ait été la valeur de leurs fruits, ils n'eurent d'exis-
tence légitime, en tant que groupes surréalistes, que dans la mesure où ils
maintinrent leurs contacts et leur accord avec Paris. Entre les membres du
cercle de Breton et les « exclus » ou ceux qui s'éloignaient volontairement, le
courant ne passait plus, les relations personnelles s'espaçaient ou s'effaçaient,
l'épithète « surréaliste » ne s'appliquait plus aux dissidents ni à leurs œuvres.
Cet état de fait, qui ne résultait d'aucune règle orale ni écrite mais qui
était tacitement accepté par tous, amis ou opposants, permet de délimiter
aujourd'hui encore, avec une certaine objectivité, l'appartenance de chaque
individu au mouvement. C'est le critère que j'ai suivi pour la sélection
des textes : les auteurs sont cités selon l'époque correspondant à leur présence
au sein du groupe, bien qu'à d'autres périodes leur production ait pu se
montrer plus importante ou plus significative, à différents points de vue.
(Quelques exceptions ont été faites, notamment pour l'Hebdomeros de
Chirico, écrit après la brouille des surréalistes avec l'auteur, ou pour
Jacques Prévert qui n'écrivit pas une ligne avant de se séparer de Bre-
ton et de ses amis, mais dont l'œuvre, pas plus que le roman du peintre
des Arcades, ne saurait être omise dans une étude dédiée à l'esprit sur-
réaliste.)
On a beaucoup discuté et écrit et, en ce qui me concerne, j'aurais beaucoup
à dire, sur le rôle de Breton dans les querelles, exclusions, réhabilitations,
excommunications et insultes, qui accompagnèrent toute la carrière du
surréalisme. Il faudrait probablement une anthologie spéciale pour traiter
de ces crises dont chacune demanderait des pages d'explications, toujours
insuffisantes et jamais impartiales, tant une trame de principes et de passions
entremêlés tissait avec la chaîne des événements, dans ce genre de conflits,
un dessin embrouillé. A part un ou deux exemples que je donne de son talent
polémique (lequel ne saurait non plus être passé sous silence), j'ai préféré
dans ce livre me souvenir d'André Breton, et le citer en conséquence, comme
celui qui remplit brillamment et même déborda, par d'autres moyens et
d'autres méthodes, mais avec une indéniable réussite, la place laissée vide

par la mort de Guillaume Apollinaire et que personne n'a plus occupée depuis que lui-même a disparu, celle de leader de l'avant-garde, ardent à la découverte d'hommes nouveaux et fervent d'échos poétiques jusque-là inouïs. André Breton a vu se succéder autour de lui des individualités dont la somme des activités forme, tout bien considéré, le mouvement poétique le plus important du XXe *siècle.*

Mais on verra aussi le surréalisme devenir encore autre chose qu'une école de poètes et développer une sorte de paysage intellectuel dont l'infinie variété répond à de multiples préoccupations humaines et consacre une dialectique du désir et de l'action. Aucune page de cette Anthologie qui ne soit de quelque manière en relation avec la lutte contre les conventions, les servitudes, voire les impostures de toute espèce. J'ai parlé du choix des extraits qui la composent : choix qui résulte, certes, d'une démarche individuelle et par là s'ouvre largement à la critique. Je ne doute pas que d'autres recueils puissent être composés avec d'autres éléments puisés dans l'extraordinaire richesse de la littérature du mouvement; mais je suis également persuadé que le même esprit d'opposition et de révolte, de dépassement des réalités acceptées ou subies, se dégagerait de toute sélection de textes authentiquement surréalistes. La coexistence des préoccupations sociales et de la recherche poétique, la dénonciation des menaces ou des atteintes que subissent les libertés associée à l'incessante exploration du Merveilleux, ces démarches se renforcent l'une l'autre dans une attitude et une activité dont des exemples peuvent être trouvés jusque dans le plus lointain passé, que le surréalisme a pour la première fois systématisées et « codifiées » pour ainsi dire, et qui s'offrent encore de nos jours aux développements les plus troublants et les plus inattendus.

Je voudrais pour conclure remercier tous ceux qui m'ont donné la possibilité de publier cette œuvre telle que je l'ai conçue.
Voici tout d'abord les associations ou éditeurs qui ont aimablement accordé les autorisations de publier les extraits des auteurs :
ADAGP (Association pour la diffusion des arts graphiques et plastiques), pour les textes de Francis Picabia. — Black Sparrow Press, Los Angeles, pour le texte d'Édouard Roditi. — Éditions Cahiers d'Art, pour les textes de Hans Bellmer, de Gabrielle Buffet-Picabia et de Pablo Picasso. — David Higham Associates, Londres, pour l'article de Herbert Read. — Alfred Eibel, éditeur, Lausanne, pour le poème de Léo Malet. — Éditions Flammarion, pour les extraits d'Hebdomeros par Giorgio de Chirico et les citations des œuvres de Gisèle Prassinos, de Pierre Reverdy, de Tristan Tzara. — Éditions Gallimard pour Guillaume Apollinaire (Calligrammes), Antonin Artaud, Louis Aragon (le Paysan de Paris, le Libertinage), Jacques Baron, André Breton (les Champs magnétiques, les Pas perdus, Nadja, les Vases communicants, Point du jour, le Surréalisme et la

Peinture, Poèmes), *Aimé Césaire, Malcolm de Chazal, Robert Desnos, Paul Éluard, Max Ernst, Jean Ferry, Jacques Prévert, Roger Vitrac.* — *Éditions Hermann pour les extraits des* Peintres cubistes, *par Guillaume Apollinaire, et de* Collages, *par Louis Aragon.* — *Éric Losfeld, éditeur, pour les extraits des textes de Marcel Duchamp dans* Marchand du Sel *et les poèmes d'E.L.T. Mesens et de Benjamin Péret.* — *Éditions J.-J. Pauvert pour les extraits des* Manifestes du surréalisme, *de* Position politique du surréalisme, *d'*Arcane 17 *et de* la Clé des champs, *par André Breton, et des œuvres de René Crevel et de Raymond Roussel.* — *Éditions Seghers pour les passages de* l'Immaculée Conception, *par André Breton et Paul Éluard.* — *Société des Amis de Benjamin Péret (Robert Lebel, président), pour les extraits du* Déshonneur des poètes, *de Benjamin Péret.* — *Éditions du Soleil noir, pour l'extrait de «* Spectreuses... *», par Jean-Pierre Duprey.*

*Les Éditions du Seuil remercient, pour leur part, M*me *Élisa Breton qui a autorisé la publication de l'ensemble des textes d'André Breton qu'on lira dans le présent recueil.*

*Quant à mes requêtes pour autorisations de publier, elles ont été promptement et très amicalement satisfaites par M*mes *Leonora Carrington, Alexine Duchamp, Jeanne Mabille, Georgette Magritte, Valentine Penrose, Gisèle Prassinos. J'ai également reçu des réponses favorables de Jacques Baron, de Giorgio de Chirico, de Salvador Dali, des héritiers de Paul Éluard, du D*r *Michel Fraenkel pour les extraits des œuvres de Robert Desnos, ainsi que de David Hare, Maurice Henry, Jean-Claude Kerbourc'h, Robert Lebel, Michel Leiris, Léo Malet, Matta, Robert Motherwell, Henri Pastoureau, Édouard Roditi, Philippe Soupault.*

Je n'ai pu retrouver les adresses de quelques écrivains représentés dans les pages qui suivent et, d'autre part, certaines de mes demandes n'ont pas, semble-t-il, atteint leurs destinataires. J'espère pourtant que les intéressés verront sans déplaisir figurer dans cet ouvrage des passages de leurs œuvres, ou des œuvres dont ils possèdent les droits, lesquels leur sont de toute manière réservés.

Je dois rendre hommage à la mémoire de Jean Ferry, de Max Ernst, de Max Morise, de Jacques Prévert, de Raymond Queneau, de Man Ray, de Georges Reavey qui m'avaient donné la permission de citer leurs textes.

*M*me *Simone Collinet m'a autorisé à reproduire ses souvenirs sur la genèse des* Cadavres exquis *et elle a bien voulu, d'autre part, me communiquer nombre de documents concernant les premières époques du mouvement surréaliste. M*me *Suzanne Cordonnier m'a confié pour le présent ouvrage des souvenirs inédits sur la période de sa vie où elle connut André Breton et les surréalistes. J'ai pu enrichir ma documentation grâce à Robert Valançay qui m'a ouvert sa remarquable bibliothèque surréaliste et grâce aussi à des communications de Henri Parisot et de Roland Penrose.*

La générosité de Marguerite Arp m'a donné libre disposition des écrits de Jean Arp contenus dans le recueil Jours effeuillés *(Éd. Gallimard),*

*ce qui me fait plus encore regretter de n'avoir pu citer longuement cet
ouvrage. J'éprouve les mêmes regrets, comme je l'ai dit plus haut, pour
chaque auteur représenté. Mais comme j'ai toujours indiqué, dans les pages
qui suivent, l'origine de chaque extrait et, le cas échéant, quels éditeurs
publient actuellement les œuvres auxquelles ces extraits sont empruntés, on
pourra, j'espère, se reporter facilement aux originaux. L'ambition d'un
anthologiste n'est-elle pas avant tout d'inciter le lecteur à remonter aux
sources, c'est-à-dire à retrouver ou à découvrir les œuvres dans leur
intégralité — ici, celles qui sont nées sous le signe surréaliste et dont j'ai
tenté de refléter le rayonnement ?*

Marcel Jean

PREMIÈRE PARTIE

JALONS

Chapitre I

Giorgio de Chirico

Durant les premières années de ce siècle, dans le domaine de l'art, alors que les milieux officiels révéraient encore un académisme de plus en plus sclérosé, on voyait en même temps proliférer des tendances et des écoles jeunes et pleines de sève qui délaissaient les disciplines traditionnelles et offraient incessamment, avec de nouvelles théories, de nouvelles formes et de nouvelles techniques. C'est à cette époque, singulièrement contradictoire et animée de la vie artistique, qu'arriva à Paris — en 1911 — un peintre italien inconnu de l'avant-garde (et aussi de l'arrière-garde), qui, ne prenant nulle part aux mouvements nouveaux, cubisme, futurisme, art abstrait, etc., commença, dans son isolement, à peindre des images évoquant les villes de sa patrie, de simples et claires images, point « naïves » cependant car l'artiste avait eu, de toute évidence, des maîtres académistes. Or, ses villes imaginaires présentaient un aspect mystérieusement inquiétant : aucun élément naturel, fleurs, arbres ou cours d'eau, ne se voyait dans ces scènes urbaines où s'érigeaient seulement des architectures baignées de l'étrange reflet d'un ciel couleur d'émeraude — tours, arcades, temples antiques en perspectives rigides projetant des ombres nettes sous la lumière déclinante d'un après-midi d'automne. Parfois, le long des édifices de ces cités désertes, ou au milieu d'une vaste place vide, apparaissait un être solitaire, drapé comme un fantôme dans une sorte de linceul; ou bien certains objets, véhicules abandonnés, débris de statues, semblaient surgir de manière inattendue comme s'ils étaient porteurs de quelque secret message...

En vérité ce message était le surréalisme même, ainsi révélé quinze ans avant que la notion prenne vie, et les toiles énigmatiques·contenaient la semence de la peinture surréaliste en même temps qu'elles en montraient déjà la fleur la plus pure. Il faut remonter à Giorgio de Chirico, à ses souvenirs transformés en rêves et en obsessions, pour découvrir le premier frisson surréaliste dans la peinture contemporaine, et bien plus qu'un frisson. Lorsque Guillaume Apollinaire, autour duquel s'assemblaient alors les audacieux explorateurs de l'art et de la poésie, vit pour la première fois ces tableaux exposés au Salon d'automne et au Salon des indépendants, il perçut aussitôt la présence du Merveilleux sous leur apparence en un sens convention-

*nelle, et il salua leur auteur comme « le peintre le plus profond de la jeune
génération »* [1].

*Dans ces années de recherche et de création, les idées d'Apollinaire et de
son groupe, auquel Chirico se trouva bientôt plus ou moins mêlé, influencèrent
certainement ses méditations, encore que lui-même ait été peu porté aux
controverses d'atelier. Il eut en tout cas conscience des énigmes que posaient
ses toiles, tout en analysant profondément ses propres buts et ses méthodes,
et les réflexions qu'il rédigea en 1911-1914 sur l'impressionnisme et la
signification de ce mot, sur l'attitude du peintre envers les techniques en
général, sur le contenu intellectuel des créations d'un artiste et la manière
dont celles-ci voient le jour, constituent une véritable théorie poétique à
laquelle le surréalisme pourra parfois se référer plus tard* [2].

Un édifice, un jardin, une statue, une personne nous font une
impression. Il s'agit de reproduire cette impression le plus fidèlement possible. Plusieurs peintres ont été appelés des impressionnistes qui ne l'étaient pas au fond. Cela n'a aucun but selon moi de
tâcher par des moyens techniques (divisionnisme, pointillisme,
etc.) de donner l'illusion de ce que nous appelons *le vrai.* Peindre
par exemple un paysage ensoleillé en s'efforçant de donner la sensation de la lumière. Pourquoi? La lumière, je la vois aussi; pour
bien qu'elle soit reproduite, je la vois aussi dans la nature, et une
peinture avec un tel but ne saurait jamais me donner la sensation
de quelque chose de nouveau, de quelque chose qu'avant *je ne
connaissais pas.* Tandis que les sensations étranges que peut sentir
un homme, reproduites fidèlement par celui-ci, peuvent toujours
donner à une personne sensible et intelligente des joies nouvelles. . . . Dans ma façon de sentir et de travailler. . . . c'est toujours la révélation qui joue le principal rôle. . . . Une révélation
peut naître tout à coup, quand nous l'attendons le moins, et peut
être aussi provoquée par la vue de quelque chose comme un édifice,
une rue, un jardin, une place publique, etc. Dans le premier cas,
elle appartient à un genre de sensations étranges que je n'ai observé
que chez un seul homme : Nietzsche. Lorsque ce dernier parle de la
conception de son Zarathoustra et qu'il dit : « J'ai été *surpris* par
Zarathoustra », dans ce participe « surpris » se trouve toute l'énigme
de la révélation qui vient soudainement. D'autre part, lorsque la
révélation résulte de la vue d'une disposition des choses, alors

---

1. Voir notre étude sur Chirico, sa vie et son œuvre, dans *Histoire de la peinture
surréaliste, op. cit.,* chap. II.
2. Les textes ci-dessous sont reproduits ici pour la première fois dans le français
original, d'après les manuscrits de Chirico de l'ancienne collection Paul Éluard,
aujourd'hui à la bibliothèque du Museum of Modern Art de New York. Ils ont
été publiés en 1955, en traduction anglaise, *in* J. T. Soby : *Giorgio de Chirico* (The
Museum of Modern Art, New York).

l'œuvre qui se présente dans notre pensée est liée par un lien étroit avec ce qui a provoqué sa naissance; elle lui ressemble aussi, mais d'une façon fort étrange comme la ressemblance qu'il y a entre deux frères — ou plutôt entre l'image que nous voyons en rêve d'une personne que nous connaissons et cette personne dans la réalité; il y a comme une légère et mystérieure transfiguration dans les traits. Je *crois,* et avec foi, que la vue en rêve d'une personne est, à certains points de vue, une preuve de sa réalité métaphysique, en certains hasards qui nous arrivent par moments, de la manière dont quelquefois des choses se présentent et réveillent en nous des sensations inconnues de joie et de surprise : les sensations de la révélation.

Notons en passant que les thèses de Chirico sur la sensation le conduisirent à une complète indifférence à l'égard de la musique. Les surréalistes devaient adopter la même attitude négative concernant les bruits musicaux...

Point de musique. La musique ne peut exprimer le *nec plus ultra* de la sensation. Avec la musique on ne sait jamais de quoi il s'agit, et après tout, après avoir entendu un morceau de musique fût-il de Beethoven, de Wagner, de Rossini, ou de Monsieur Saint-Saëns, chacun a le droit de dire, est même capable de dire : *Qu'est-ce que cela veut dire?* Dans le tableau profond au contraire cela est impossible, *on doit* se taire quand on le pénètre dans toute sa profondeur, quand on tourne l'angle de tous ses murs et pas seulement de ces murs. Alors la lumière et les ombres, les lignes, les angles commencent à parler et la musique se fait aussi entendre, la musique cachée qu'on n'entend pas. Ce que j'écoute ne vaut rien, il n'y a que ce que mes yeux voient ouverts et plus encore fermés. Dans la musique il n'y a pas de mystère, voilà pourquoi c'est justement l'art qui plaît le plus aux hommes, dans lequel ils trouvent toujours plus de *sensations.*

Le sentiment de la fatalité, de l'énigme cachée dans chaque objet est l'élément spécifique de l'art de Chirico. Parfois le peintre essaiera de traduire ce sentiment par l'intraduisible mot allemand stimmung : *ambiance, atmosphère... L'énigme :*

C'est une grande sensibilité qu'il faut surtout. Se représenter tout dans le monde comme des énigmes, non seulement les grandes questions qu'on s'est toujours posées, pourquoi le monde a-t-il été créé, pourquoi nous naissons, nous vivons et nous mourons, car peut-être, après tout, il n'y a aucune raison à cela. Mais comprendre l'énigme de certaines choses considérées en général comme insignifiantes, sentir le mystère de certains phénomènes des sentiments, des caractères d'un peuple, en arriver au point de se figurer même les génies créateurs comme des choses, des choses fort curieuses que nous retournons de tous les côtés. Vivre dans le monde comme dans un immense musée d'étrangeté, plein de jouets curieux, bariolés, qui changent d'aspect, que quelquefois comme de petits enfants nous cassons pour voir comment ils sont faits à l'intérieur — et, déçus, nous nous apercevons qu'ils sont vides. Le lien invisible qui unit un peuple à ses créations, ainsi, pourquoi les maisons en France ont une telle architecture et non telle autre. On a beau citer l'histoire, les raisons qui ont contribué à ceci, à cela, on décrit mais on n'explique rien pour l'éternelle raison qu'il n'y a rien à expliquer et pourtant l'énigme demeure toujours. Ces *lucarnes* sur les toits des maisons à Paris me font toujours une étrange impression; je crois qu'il y a une force inconnue qui a poussé les architectes à faire ces *lucarnes*, à les *sentir*. Je vois un lien entre la lucarne et le pantalon rouge du soldat français, et ces hommes de la Révolution et mille autres choses que je ne m'explique pas, et cela pour tous les peuples, pour toutes les époques, pour tous les pays. J'ai parlé de toutes ces choses étranges pour indiquer à quel point d'intelligence et de sensibilité doit arriver un artiste pour concevoir un tableau comme je l'entends.

A bien des égards, Chirico est un homme de la Renaissance, âge qui tendait vers la clarté et l'exactitude, où le réel apparaissait comme l'œuvre de l'homme, mais aussi les dieux; âge où, de cette clarté et de cette précision mêmes, s'élevaient des problèmes aussi purs et prémonitoires que la lumière des soleils antiques éclairant les rites de Delphes ou de Rome. Chirico, rejetant le Moyen Age et ses prolongements dans le romantisme, voit le monde « plein de dieux », comme disaient les anciens Grecs — mais sans y accueillir les religions :

Sur la terre il y a bien plus d'énigmes dans l'ombre d'un homme qui marche au soleil que dans toutes les religions passées, présentes et futures.

Une énigme qui imprègne l'architecture romaine et renaissante :

La contemplation de la Nature fut ce qui trompa pendant le Moyen Age les artistes qui créèrent l'art *gothique*. On peut remarquer le même phénomène chez tous les artistes modernes : poètes, peintres, musiciens. L'œuvre vraiment profonde sera puisée par l'artiste dans les profondeurs les plus reculées de son être; là nulle rumeur de ruisseau, nul chant d'oiseau, nul bruissement de feuillage ne passe. Le gothique et le romantisme disparaissent; et à leur place apparaissent les dimensions, les lignes, les formes de l'éternité et de l'infini. C'est ce sentiment qui créa l'architecture romaine et c'est pourquoi je crois que les édifices grecs et romains et tous ceux qui ont été créés d'après leurs principes quoique ayant un peu transformé ces derniers, sont ce qu'il y a de plus profond. .... Il n'y a rien de semblable à l'énigme de l'arcade — créée par les Romains. Une rue; un arc. Le soleil a une autre expression lorsqu'il baigne de lumière un mur romain, il y a quelque chose en cela de plus mystérieusement plaintif que dans l'architecture française. De moins féroce aussi. L'arcade romaine est une fatalité. Elle a une voix qui parle en énigmes pleines d'une poésie étrangement romaine, d'ombres sur des vieux murs et une musique curieuse, profondément bleue, comme ces vers d'Horace — quelque chose de l'après-midi au bord de la mer :

> *Ibis Liburnis inter alta navium*
> *Amica propugnacula...* [1].

Rejetant la logique forcée des critiques d'art et des historiens, revenant aux enseignements des rêves et des souvenirs d'enfance —

Pour qu'une œuvre d'art soit vraiment immortelle il faut qu'elle sorte complètement des limites de l'humain : le bon sens et la logique y feront défaut. De cette façon elle s'approchera du rêve et aussi de la mentalité enfantine.

— Chirico, le poète, esquisse et explore son propre domaine des sensations et des sentiments lorsqu'il évoque les hommes qui, à l'aube de l'humanité, créèrent les premiers dieux :

Dans un temple en ruine la statue mutilée d'un dieu a parlé une langue mystérieuse. Cette vision vient toujours à moi avec une sensation de froid comme si un souffle hivernal apporté d'un pays lointain m'avait touché. L'heure? C'est l'heure glacée de l'aurore d'un jour clair, vers la fin du printemps, alors que la profondeur encore glauque de la voûte céleste donne le vertige à celui qui y plonge le regard. Il tressaille et se sent attiré par l'abîme comme si le ciel était sous lui; ainsi frémit le nocher penché à la proue dorée du célèste lorsqu'il fixe l'abîme céruléen du flot déchiré. C'est l'heure qui a déjà été. Alors, comme l'homme qui de la lumière du jour passe dans l'ombre d'un temple et d'abord n'aperçoit pas la statue blanchissante, puis peu à peu la forme se révèle à lui toujours plus pure, ainsi le sentiment de l'artiste primitif renaît en moi. Le premier qui sculpta un dieu; le premier qui voulut

---

1. « Dans ton frêle esquif tu passeras entre les remparts amicaux des hauts vaisseaux... »

créer un dieu. Et je me demande alors si l'idée de se figurer un dieu à face humaine ainsi que le conçurent les Grecs en art ne serait pas un prétexte éternel pour découvrir bien des sources de sensations nouvelles.

Les artistes du Moyen Age ne réussirent jamais à exprimer ce sentiment. Cette primitivité, ce frisson sacré de l'artiste qui touche une pierre ou un fragment de bois, qui le polit, le palpe, le caresse avec le sentiment sacré que l'esprit d'un dieu y habite. Sûrement ils sont rares les peintres et les sculpteurs modernes qui créent en frissonnant de la même joie. Et pourtant je ne puis concevoir autrement une œuvre d'art. Il faut que la pensée se détache tellement de tout ce qu'on appelle la logique et le sens, qu'elle s'éloigne tellement de toutes les entraves humaines, qu'alors les choses lui apparaissent sous un aspect nouveau, comme illuminées par une constellation brillant pour la première fois.

. . . . Le jour va naître. C'est l'heure de l'énigme. C'est l'heure aussi de la préhistoire. Le chant en rêve, le chant révélateur dans le dernier songe matutinal du vaticinateur endormi sur la plinthe de la colonne sacrée, près du simulacre froid et blanc d'un dieu.

Une des sensations les plus étranges et les plus profondes que nous ait laissée la préhistoire est la sensation du présage. Elle existera toujours. C'est comme une preuve éternelle du non-sens de l'univers. Le premier homme devait voir des présages partout, il devait frissonner à chaque pas qu'il faisait.

. . . . A Rome le sens du présage a quelque chose de plus vaste, une sensation de grandeur infinie et lointaine, la même sensation que le constructeur romain fixe dans le sentiment de l'arcade, reflet du spasme d'infini que la couche céleste produit quelquefois en l'homme. . . .

Avec la Renaissance, les anges, et aussi l'Ange déchu, commencèrent à disparaître de la fantaisie et de l'imagination des hommes. A cette époque la croyance que toutes merveilles résultent de la volonté de Dieu ou de Satan apparaît comme une survivance de la mentalité moyenâgeuse. L'idée du « merveilleux » acquiert sa signification moderne : les merveilles appartiennent à l'homme, et à ses génies terrestres. Et la grande marée des contes de fées inonde la littérature; les utopies, les voyages imaginaires, les randonnées interplanétaires sont inventés. Le merveilleux imprègne une société qui, en même temps, trouve son inspiration artistique auprès de modèles préchrétiens, qui construit même ses églises chrétiennes en style « classique ».

Chirico comprit ce double sens de l'architecture de style classique, expression d'une civilisation qui admettait à la fois la rectitude de l'intelligence et les incertitudes des métamorphoses. Il vit le château de Versailles, par exemple, comme un domaine plein de merveilles, une demeure enchantée, aux voûtes hantées par des visages de faunes ou de nymphes, avec des panoplies de pierre aux arêtes des toits, des palmes et des feuilles d'acanthe aux chambranles des portes, et il y sentit une sorte d'esprit provocant, un esprit de sûreté et de domination émanant de l'envergure et de l'équilibre du palais lui-même — une énigme : peut-être l'énigme de l'esprit français où le peintre découvrait, plutôt que la clarté et l'ordre tant célébrés : une « férocité » — à la fois le plaisir et la méchanceté enfantines...

Le bonheur de premier plan, voilà en quoi consiste l'énigme de l'esprit français. Et à part cela, je crois que toutes ces sensations, ces voix, ces formes qui n'ont pas un sens bien déterminé, ont toujours existé.

Par un clair après-midi d'hiver, je me trouvai dans la cour du palais de Versailles. Tout était calme et silencieux. Tout me regardait d'un regard étrange et interrogateur. Je vis alors que chaque angle du palais, chaque colonne, chaque fenêtre avait une âme qui était une énigme. Je regardai autour de moi les héros de pierre, immobiles sous le ciel clair, sous les rayons froids du soleil d'hiver qui luit *sans amour* comme les chansons profondes. Un oiseau chantait dans une cage suspendue à une fenêtre. Je sentis alors tout le mystère qui pousse les hommes à créer certaines choses. Et les créations me parurent encore plus mystérieuses que les créateurs. Moi, j'avais trouvé le palais tel que je me le figurais. J'avais un pressentiment qu'il devait être comme cela, qu'il ne pouvait pas être autrement. Un lien invisible lie les choses entre elles, il me semblait à ce moment avoir déjà vu ce palais. Ou que ce palais avait déjà existé une fois, quelque part, et ces fenêtres rondes. Pourquoi sont-elles une énigme? Pourquoi faut-il qu'elles soient françaises? Qu'elles ne puissent être que cela? Elle ont une étrange expression.

Quelque chose de terriblement superficiel — comme le sourire d'un enfant qui ne sait pas pourquoi il sourit. Et puis quelque chose de féroce; comme une poitrine percée par une épée; quelque chose comme la blessure produite par une épée. Et plus que jamais je sentis que tout cela était là fatalement mais sans raison et ne contenait aucun sens.

Au peintre-poète, ses propres travaux furent toujours révélés d'une manière inexplicable :

Concernant ces problèmes je dois raconter comment j'eus la révélation d'un tableau que j'exposerai cette année au Salon d'automne, intitulé *Énigme d'un après-midi d'automne*. Durant un clair après-midi d'automne j'étais assis sur un banc au milieu de la place Santa Croce à Florence. Naturellement ce n'était pas la pre-

mière fois que je voyais cette place. Je sortais à peine d'une longue
et douloureuse infection intestinale et j'étais dans un état de sensibilité presque maladive. Le monde entier, jusqu'au marbre des
édifices et des fontaines, me semblait convalescent. Au milieu de
la place s'élève la statue de Dante drapé dans un long manteau,
tenant ses œuvres contre sa poitrine, la tête couronnée de lauriers
penchée pensivement vers le sol. La statue est en marbre blanc
mais le temps lui a donné une patine grise, très agréable à l'œil.
Le soleil d'automne, l'étrange impression que je voyais ces choses
pour la première fois — et la composition de mon tableau me
vint à l'esprit. A présent chaque fois que je regarde cette peinture
je revois cet instant. Néanmoins cet instant est une énigme pour
moi, car il est inexplicable. Et j'aime aussi nommer l'œuvre qui
en est sortie, une énigme.

*Le lien mystérieux que les images de Chirico suggèrent, entre des concepts
ou des êtres anciens et nouveaux, suscite un sentiment de profond dépaysement. Étranges rencontres dans le Temps et l'Espace : un fourgon de déménagement s'est arrêté sous un portique; près d'une tête de statue antique
pend un gant de caoutchouc rouge; derrière un péristyle une locomotive
émet des bouffées de fumée blanche. La cité chiriquienne vit à des rythmes
antique et moderne, entremêlés.*

Un jour de fête

Ils étaient peu nombreux, mais la joie donnait à leurs visages une
étrange expression. Toute la ville était pavoisée. Il y avait des drapeaux sur la grande tour qui s'élevait à l'extrémité de la place, près
de la statue du grand roi-conquérant. Des bannières claquaient
sur le phare, sur les mâts des vaisseaux ancrés dans le port, sur les
portiques, sur les musées de tableaux rares.
Vers le milieu du jour *ils* s'assemblèrent sur la grande place, où un
banquet avait été disposé. Il y avait une longue table au centre de
la place.
Le soleil était d'une terrible beauté.
Ombres précises, géométriques.
Contre la profondeur du ciel le vent tendait les drapeaux multicolores de la grande tour rouge, qui était d'un rouge tellement
consolant. De petites taches noires remuaient en haut de la tour.
C'était des canonniers attendant de tirer la salve de midi.
Enfin la douzième heure vint. Solennelle. Mélancolique. Quand le
soleil atteignit le centre de l'arche céleste une nouvelle horloge
fut inaugurée à la gare de chemins de fer de la ville. Tout le monde
pleura. Un train passa, sifflant frénétiquement. Le canon tonna.
Hélas, c'était si beau.

Alors, assis au banquet, ils mangèrent du mouton rôti, des champignons et des bananes, et ils burent de l'eau claire et fraîche. Pendant tout l'après-midi, par petits groupes séparés, ils se promenèrent sous les arcades, et attendirent le soir pour prendre du repos.
Ce fut tout...

Chapitre II

Arthur Rimbaud

*Beaucoup d'idées et de créations toujours vivantes dans l'art et la litté-
rature reçurent leurs premières impulsions, et quelquefois une forme décisive, pendant ces années extraordinairement fécondes, de 1909 à 1914.
Non seulement le cubisme apparut avec Picasso et Braque et le futurisme
avec Marinetti et Boccioni, mais le surréalisme se manifesta avec Chirico,
la peinture naïve eut son maître avec Henri Rousseau, on vit éclore l'art
abstrait avec Kandinsky et Mondrian tandis que l'orphisme, avec Duchamp
et Picabia, préparait l'art mécaniste. Dada et l'anti-art vinrent plus tard
mais leur esprit existait dans le futurisme et ses manifestes dévastateurs
et dans les premiers « ready-made » de Marcel Duchamp en 1914.
En ce qui concerne l'expression écrite, à côté d'innovations formelles qui
connurent une fortune durable, comme la suppression de la ponctuation
des poèmes, des textes jusqu'alors inconnus vinrent au jour qui devaient
influencer profondément le concept même de la poésie. Lorsque, des lettres
qu'écrivit Arthur Rimbaud au début de sa carrière météorique en 1870-
1871, la plupart furent publiées pour la première fois de 1911 à 1914,
l'œuvre entier du poète s'éclaira d'une nouvelle lumière. Parmi les messages
rimbaldiens révélés à cette époque, le plus célèbre aujourd'hui est la « Lettre
du Voyant », datée du 15 mai 1871.
La violence juvénile de cette prose inspirée et ses attaques contre les représentants fameux de la poésie traditionnelle, ses pressants appels pour une
nouvelle attitude du poète et sa critique brûlante de certains écrivains
romantiques donnent à la « Lettre » une qualité prophétique qui la place au
premier rang des manifestes poétiques modernes.*

La Lettre du Voyant

Toute poésie antique aboutit à la poésie grecque, Vie harmo-
nieuse. – De la Grèce au mouvement romantique, – Moyen
Age, – il y a des lettrés, des versificateurs. D'Ennius à Theroldus,
de Theroldus à Casimir Delavigne, tout est prose rimée, un jeu,
avachissement et gloire d'innombrables générations idiotes :

Racine est le pur, le fort, le grand. – On eût soufflé sur ses rimes, brouillé ses hémistiches, que le Divin Sot serait aujourd'hui aussi ignoré que le premier venu auteur d'*Origines*. – Après Racine, le jeu moisit. Il a duré deux mille ans!

. . . . On n'a jamais bien jugé le romantisme. Qui l'aurait jugé? Les critiques!! Les romantiques? qui prouvent si bien que la chanson est si peu souvent l'œuvre, c'est-à-dire la pensée chantée et comprise du chanteur.

Car JE est un autre. Si le cuivre s'éveille clairon, il n'y a rien de sa faute. Cela m'est évident : j'assiste à l'éclosion de ma pensée : je la regarde, je l'écoute : je lance un coup d'archet : la symphonie fait son remuement dans les profondeurs, ou vient d'un bond sur la scène.

Si les vieux imbéciles n'avaient pas trouvé du Moi que la signification fausse, nous n'aurions pas à balayer ces millions de squelettes qui, depuis un temps infini, ont accumulé les produits de leur intelligence borgnesse, en s'en clamant les auteurs!

En Grèce, ai-je dit, vers et lyres rythment l'Action. Après, musique et rimes sont jeux, délassements. L'étude de ce passé charme les curieux : plusieurs s'éjouissent à renouveler ces antiquités : – c'est pour eux. L'intelligence universelle a toujours jeté ses idées naturellement; les hommes ramassaient une partie de ces fruits du cerveau : on agissait par, on en écrivait des livres : telle allait la marche, l'homme ne se travaillant pas, n'étant pas encore éveillé, ou pas encore dans la plénitude du grand songe. Des fonctionnaires, des écrivains : auteur, créateur, poëte, cet homme n'a jamais existé!

La première étude de l'homme qui veut être poëte est sa propre connaissance, entière; il cherche son âme, il l'inspecte, il la tente, l'apprend. Dès qu'il la sait, il doit la cultiver! Cela semble simple : en tout cerveau s'accomplit un développement naturel; tant d'*égoïstes* se proclament auteurs; il en est bien d'autres qui s'attribuent leur développement intellectuel! – Mais il s'agit de faire l'âme monstrueuse : à l'instar des comprachicos, quoi! Imaginez un homme s'implantant et se cultivant des verrues sur le visage.

Je dis qu'il faut être *voyant,* se faire *voyant.*

Le Poëte se fait *voyant* par un long, immense et raisonné *dérèglement de tous les sens.* Toutes les formes d'amour, de souffrance, de folie; il cherche lui-même, il épuise en lui tous les poisons, pour n'en garder que la quintessence. Ineffable torture où il a besoin de toute la foi, de toute la force surhumaine, où il devient entre tous le grand malade, le grand criminel, le grand maudit – et le suprême savant! – Car il arrive à l'*inconnu!* Puisqu'il a cultivé son âme, déjà riche, plus qu'aucun! Il arrive à l'inconnu, et quand, affolé, il finirait par perdre l'intelligence de ses visions, il les a vues ! Qu'il crève dans son bondissement par les choses inouïes et innommables : viendront d'autres horribles travailleurs; ils commenceront par les horizons où l'autre s'est affaissé !

.... Donc le poëte est vraiment voleur de feu.

Il est chargé de l'humanité, des *animaux* même; il devra faire sentir, palper, écouter ses inventions; si ce qu'il rapporte de *là-bas* a forme, il donne forme; si c'est informe, il donne l'informe. Trouver une langue; — Du reste, toute parole étant idée, le temps d'un langage universel viendra! Il faut être académicien, — plus mort qu'un fossile, — pour parfaire un dictionnaire, de quelque langue que ce soit. Des faibles se mettraient à *penser* sur la première lettre de l'alphabet, qui pourraient vite ruer dans la folie !

Cette langue sera l'âme pour l'âme, résumant tout, parfums, sons, couleurs, de la pensée accrochant la pensée et tirant. Le poëte définirait la quantité d'inconnu s'éveillant en son temps dans l'âme universelle; il donnerait plus — que la formule de sa pensée, que l'annotation *de sa marche au Progrès!* Énormité devenant norme, absorbée par tous, il serait vraiment *un multiplicateur de progrès!*

Cet avenir sera matérialiste, vous le voyez. — Toujours pleins du *Nombre* et de l'*Harmonie,* ces poèmes seront faits pour rester. — Au fond, ce serait encore un peu la Poésie grecque.

L'art éternel aurait ses fonctions, comme les poëtes sont citoyens. La Poésie ne rythmera plus l'action : elle *sera en avant.*

Ces poëtes seront! Quand sera brisé l'infini servage de la femme, quand elle vivra pour elle et par elle, l'homme, — jusqu'ici abominable, — lui ayant donné son renvoi, elle sera poëte, elle aussi! La femme trouvera de l'inconnu! Ses mondes d'idées différeront-ils des nôtres? — Elle trouvera des choses étranges, insondables, repoussantes, délicieuses; nous les prendrons, nous les comprendrons. En attendant, demandons au *poëte* du *nouveau,* — idées et formes. Tous les habiles croiront bientôt avoir satisfait à cette demande : — ce n'est pas cela !

Les premiers romantiques ont été *voyants* sans trop bien s'en rendre compte : la culture de leurs âmes s'est commencée aux accidents : locomotives abandonnées, mais brûlantes, que prennent quelque temps les rails. — Lamartine est quelquefois voyant, mais étranglé par la forme vieille. — Hugo, *trop cabochard,* a bien du vu dans les derniers volumes : *les Misérables* sont un vrai *poème.* J'ai *les Châtiments* sous main; *Stella* donne à peu près la mesure de la *vue* de Hugo. Trop de Belmontet et de Lamennais, de Jehovahs et de colonnes, vieilles énormités crevées.

Musset est quatorze fois exécrable pour nous, générations douloureuses et prises de visions, — que sa paresse d'ange a insultées!

O! les contes et les proverbes fadasses! ô les *Nuits!* ô *Rolla,* ô *Namouna,* ô *la Coupe!* tout est français, c'est-à-dire haïssable au suprême degré; français, pas parisien! Encore une œuvre de cet odieux génie qui a inspiré Rabelais, Voltaire, Jean La Fontaine, commenté par M. Taine! Printanier, l'esprit de Musset! Charmant, son amour! En voilà, de la peinture à l'émail, de la poésie solide! On savourera longtemps la poésie *française,* mais en France. . . . Musset n'a rien su faire : il y avait des visions derrière la gaze des rideaux : il a fermé les yeux. Français, panadis, traîné de l'estaminet au pupitre de collège, le beau mort est mort, et, désormais, ne nous donnons même plus la peine de le réveiller par nos abominations!

Les seconds romantiques sont très *voyants :* Théophile Gautier, Leconte de Lisle, Théodore de Banville. Mais inspecter l'invisible et entendre l'inouï étant autre chose que de reprendre l'esprit des choses mortes, Baudelaire est le premier voyant, roi des poëtes, *un vrai Dieu.* Encore a-t-il vécu dans un milieu trop artiste; et la forme tant vantée chez lui est mesquine. Les inventions d'inconnu réclament des formes nouvelles. . . .

Ainsi je travaille à me rendre *voyant.*

Rimbaud fut le voyant qui composa les poèmes des Illuminations, *dans une langue d'une densité inouïe, pleine d'échos intellectuels et de résonances musicales qui, semblables aux ondes concentriques accompagnant la chute d'une pierre dans l'eau, s'élargissent à partir du choc même des mots, et portent les images et les significations toujours plus loin dans l'esprit du lecteur : souvenirs cosmiques ou prophéties, visions d'une existence présente et future.*

Après le Déluge

Aussitôt que l'idée du Déluge se fut rassise, un lièvre s'arrêta dans les sainfoins et les clochettes mouvantes, et dit sa prière à l'arc-en-ciel à travers la toile d'araignée.

Oh! les pierres précieuses qui se cachaient, — les fleurs qui regardaient déjà.

Dans la grande rue sale les étals se dressèrent, et l'on tira les barques vers la mer étagée là-haut comme sur les gravures.

Le sang coula, chez Barbe-Bleue, — aux abattoirs, — dans les cirques, où le sceau de Dieu blêmit les fenêtres. Le sang et le lait coulèrent.

Les castors bâtirent. Les « mazagrans » fumèrent dans les estaminets.

Dans la grande maison de vitres encore ruisselante, les enfants en deuil regardèrent les merveilleuses images.

Une porte claqua, et, sur la place du hameau, l'enfant tourna ses bras, compris des girouettes et des coqs des clochers de partout, sous l'éclatante giboulée.

Madame *** établit un piano dans les Alpes. La messe et les premières communions se célébrèrent aux cent mille autels de la cathédrale.

Les caravanes partirent. Et le Splendide-Hôtel fut bâti dans le chaos de glaces et de nuit du pôle.

Depuis lors, la Lune entendit les chacals piaulant par les déserts de thym, — et les églogues en sabots grognant dans le verger. Puis, dans la futaie violette, bourgeonnante, Eucharis me dit que c'était le printemps.

Sourds, étang; — Écume, roule sur le pont et par-dessus les bois; draps noirs et orgues, — éclairs et tonnerre, — montez et roulez; — Eaux et tristesses, montez et relevez les Déluges.

Car depuis qu'ils se sont dissipés, — oh! les pierres précieuses s'enfouissant, et les fleurs ouvertes! — c'est un ennui! et la Reine, la Sorcière qui allume sa braise dans le pot de terre, ne voudra jamais nous raconter ce qu'elle sait, et que nous ignorons.

Villes

Ce sont des villes! C'est un peuple pour qui se sont montés ces Alleghanys et ces Libans de rêve! Des chalets de cristal et de bois qui se meuvent sur des rails et des poulies invisibles. Les vieux cratères ceints de colosses et de palmiers de cuivre rugissent mélodieusement dans les feux. Des fêtes amoureuses sonnent sur les canaux pendus derrière les chalets. La chasse des carillons crie dans les gorges. Des corporations de chanteurs géants accourent dans des vêtements et des oriflammes éclatants comme la lumière des cimes. Sur les plates-formes au milieu des gouffres les Rolands sonnent leur bravoure. Sur les passerelles de l'abîme et les toits des auberges l'ardeur du ciel pavoise les mâts. L'écroulement des apothéoses rejoint les champs des hauteurs où les centauresses séraphiques évoluent parmi les avalanches. Au-dessus du niveau des plus hautes crêtes, une mer troublée par la naissance éternelle de Vénus, chargée de flottes orphéoniques et de la rumeur des perles et des conques précieuses; — la mer s'assombrit parfois avec des éclats mortels. Sur les versants, des moissons de fleurs grandes comme nos armes et nos coupes, mugissent. Des cortèges de Mabs en robes rousses, opalines, montent des ravines. Là-haut, les pieds dans la cascade et les ronces, les cerfs tettent Diane. Les Bacchantes des banlieues sanglotent et la lune brûle et hurle. Vénus entre dans les cavernes des forgerons et des ermites. Des groupes de beffrois chantent les idées des peuples. Des châteaux bâtis en os sort la musique inconnue. Toutes les légendes évoluent et les élans se ruent dans les bourgs. Le paradis des orages s'effondre. Les sauvages dansent sans cesse la fête de la nuit. Et, une heure, je suis descendu dans le mouvement d'un boulevard de Bagdad où des compagnies ont chanté la joie du travail nouveau, sous une brise épaisse, circulant sans pouvoir éluder les fabuleux fantômes des monts où l'on a dû se retrouver.

Quels bons bras, quelle belle heure me rendront cette région d'où viennent mes sommeils et mes moindres mouvements?

Barbare

Bien après les jours et les saisons, et les êtres et les pays,

Le pavillon en viande saignante sur la soie des mers et des fleurs arctiques; (elles n'existent pas).

Remis des vieilles fanfares d'héroïsme — qui nous attaquent sans cesse le cœur et la tête — loin des anciens assassins.

— Oh! le pavillon en viande saignante sur la soie des mers et des fleurs arctiques; (elles n'existent pas).

Douceurs!

Les brasiers, pleuvant aux rafales de givre, — Douceurs! — les feux à la pluie du vent de diamants jetée par le cœur terrestre éternellement carbonisé pour nous. — O monde! —

(Loin des vieilles retraites et des vieilles flammes, qu'on entend, qu'on sent.)

Les brasiers et les écumes. La musique, virement des gouffres et choc des glaçons aux astres.

O Douceurs, ô monde, ô musique! Et là, les formes, les sueurs, les chevelures et les yeux, flottant. Et les larmes blanches, bouillantes, — ô douceurs! — et la voix féminine arrivée au fond des volcans et des grottes arctiques.

Le pavillon...

Chapitre III

Guillaume Apollinaire

O bouches l'homme est à la recherche d'un nouveau langage
Auquel le grammairien d'aucune langue n'aura rien à dire

Et ces vieilles langues sont tellement près de mourir
Que c'est vraiment par habitude et manque d'audace
Qu'on les fait encore servir à la poésie

Parfois la voix de Guillaume Apollinaire évoque les accents de Rimbaud et les revendications de la « Lettre du Voyant ». Apollinaire fut le parrain, le héraut et le critique lucide de la grande révolution des arts. Il avait assez de talent et d'intuition pour rallier les légendes et les vieux contes sous la bannière de la révolution poétique, et son sens de la langue était si sûr, allié à l'habileté et à l'imagination nécessaires à l'invention de techniques inédites et de néologismes — le mot surréalisme *est de son invention —, qu'il pouvait canaliser en quelque sorte le flux de la vie courante et celui de l'inspiration individuelle dans des « poèmes-événements » d'une constante variété d'expression; il savait relier ses propres aventures, souvenirs, goûts et amours aux stimulations externes et internes d'un monde ancien et nouveau soumis à de perpétuelles métamorphoses.*
L'un de ses poèmes les plus évocateurs, « Le musicien de Saint-Merry », dans son recueil Calligrammes [1]*, renouvelle, sous un jour non moins mystérieux, le conte du joueur de flûte qui disparaît avec une procession de suiveurs entraînés par sa musique magique — légende déjà racontée par Prosper Mérimée dans ses* Chroniques du règne de Charles IX, *et avant lui par les frères Grimm et d'autres romantiques allemands.*

Le musicien de Saint-Merry

J'ai enfin le droit de saluer des êtres que je ne connais pas
Ils passent devant moi et s'accumulent au loin
Tandis que tout ce que j'en vois m'est inconnu
Et leur espoir n'est pas moins fort que le mien

1. Guillaume Apollinaire, *Calligrammes,* © Éditions Gallimard.

Je ne chante pas ce monde ni les autres astres
Je chante toutes les possibilités de moi-même hors de ce monde
     et des astres
Je chante la joie d'errer et le plaisir d'en mourir

Le 21 du mois de mai 1913
Passeur des morts et les mordonnantes mériennes
Des millions de mouches éventaient une splendeur
Quand un homme sans nez sans yeux et sans oreilles
Quittant le Sébasto entra dans la rue Aubry-le-Boucher
Jeune l'homme était brun et ce couleur de fraise sur les joues
Homme Ah! Ariane
Il jouait de la flûte et la musique dirigeait ses pas
Il s'arrêta au coin de la rue Saint-Martin
Jouant l'air que je chante et que j'ai inventé

Les femmes qui passaient s'arrêtaient près de lui
Il en venait de toutes parts
Lorsque tout à coup les cloches de Saint-Merry se mirent à sonner
Le musicien cessa de jouer et but à la fontaine
Qui se trouve au coin de la rue Simon-le-Franc
Puis Saint-Merry se tut
L'inconnu reprit son air de flûte
Et revenant sur ses pas marcha jusqu'à la rue de la Verrerie
Où il entra suivi par la troupe des femmes
Qui sortaient par les rues traversières les yeux fous
Les mains tendues vers le mélodieux ravisseur
Il s'en allait indifférent jouant son air
Il s'en allait terriblement

Puis ailleurs
A quelle heure un train partira-t-il pour Paris

A ce moment
Les pigeons des Moluques fientaient des noix muscades
En même temps
Mission catholique de Bôma qu'as-tu fait du sculpteur

Ailleurs
Elle traverse un pont qui relie Bonn à Beuel et disparaît à travers
     Pützchen

Au même instant
Une jeune fille amoureuse du maire

Dans un autre quartier
Rivalise donc poète avec les étiquettes des parfumeurs

En somme ô rieurs vous n'avez pas tiré grand-chose des hommes
Et à peine avez-vous extrait un peu de graisse de leur misère
Mais nous qui mourons de vivre loin l'un de l'autre
Tendons nos bras et sur ces rails roule un long train de marchan-
    dises

Tu pleurais assise près de moi au fond du fiacre

Et maintenant
Tu me ressembles tu me ressembles malheureusement

Nous nous ressemblions comme dans l'architecture du siècle
    dernier
Ces hautes cheminées pareilles à des tours

Nous allons plus haut maintenant et ne touchons plus le sol

Et tandis que le monde vivait et variait
Le cortège des femmes long comme un jour sans pain
Suivait dans la rue de la Verrerie l'heureux musicien

Cortèges ô cortèges
C'est quand jadis le roi s'en allait à Vincennes
Quand les ambassadeurs arrivaient à Paris
Quand le maigre Suger se hâtait vers la Seine
Quand l'émeute mourait autour de Saint-Merry

Cortèges ô cortèges
Les femmes débordaient tant leur nombre était grand
Dans toutes les rues avoisinantes
Et se hâtaient raides comme balle
Afin de suivre le musicien
Ah! Ariane et toi Pâquette et toi Amine
Et toi Mia et toi Simone et toi Mavise
Et toi Colette et toi la belle Geneviève
Elles ont passé tremblantes et vaines
Et leurs pas légers et prestes se mouvaient selon la cadence
De la musique pastorale qui guidait
Leurs oreilles avides

L'inconnu s'arrêta un moment devant une maison à vendre
Maison abandonnée
Aux vitres brisées

C'est un logis du seizième siècle
La cour sert de remise à des voitures de livraisons
C'est là qu'entra le musicien
Sa musique qui s'éloignait devint langoureuse
Les femmes le suivirent dans la maison abandonnée
Et toutes y entrèrent confondues en bande
Toutes toutes y entrèrent sans regarder derrière elles
Sans regretter ce qu'elles ont laissé
Ce qu'elles ont abandonné
Sans regretter le jour la vie et la mémoire
Il ne resta bientôt plus personne dans la rue de la Verrerie
Sinon moi-même et un prêtre de Saint-Merry
Nous entrâmes dans la vieille maison

Mais nous n'y trouvâmes personne

Voici le soir
A Saint-Merry c'est l'Angélus qui sonne
Cortèges ô cortèges
C'est quand jadis le roi revenait de Vincennes
Il vint une troupe de casquettiers
Il vint des marchands de bananes
Il vint des soldats de la garde républicaine
O nuit
Troupeau de regards langoureux des femmes
O nuit
Toi ma douleur et mon attente vaine
J'entends mourir le son d'une flûte lointaine

La fontaine de la rue Simon-le-Franc n'existe plus et le quartier où Apollinaire conduisit les errances de son mystérieux musicien est maintenant la proie de « rénovations ». Il est impossible de rechercher l'itinéraire du joueur de flûte à partir du Sébasto jusqu'à la rue de la Verrerie et le long des hauts murs de Saint-Merry, sans se heurter à une gigantesque pieuvre en tuyaux d'acier — un musée, paraît-il, ou plutôt une usine à « culture », qui écrase les maisons enchantées et chasse leurs artisans, marchands de légumes et fillettes joyeuses avec les fantômes du passé et leurs échos centenaires.

« La beauté n'est pas éternelle », disait Apollinaire — la poésie devrait l'être. (Peut-être les très grandes villes ont-elles la vertu de recréer leur poésie urbaine en dépit des pires catastrophes architecturales qui parfois les affligent.) On trouve un commentaire inspiré à propos du passage du temps et des choses, dans la préface que le poète écrivit pour son recueil d'articles

sur les nouveaux peintres, publié en 1912 sous le titre les Peintres cubistes [1].

LES PEINTRES CUBISTES
Sur la peinture

Les vertus plastiques : la pureté, l'unité et la vérité maintiennent sous leurs pieds la nature terrassée.

En vain, on bande l'arc-en-ciel, les saisons frémissent, les foules se ruent vers la mort, la science défait et refait ce qui existe, les mondes s'éloignent à jamais de notre conception, nos images mobiles se répètent ou ressuscitent leur inconscience et les couleurs, les odeurs, les bruits qu'on mène nous étonnent, puis disparaissent de la nature.

Ce monstre de la beauté n'est pas éternel.

Nous savons que notre souffle n'a pas eu de commencement et ne cessera point, mais nous concevons avant tout la création et la fin du monde. Cependant, trop d'artistes peintres adorent encore les plantes, les pierres, l'onde ou les hommes. On s'accoutume vite à l'esclavage du mystère. Et la servitude finit par créer de doux loisirs. On laisse les ouvriers maîtriser l'univers et les jardiniers ont moins de respect pour la nature que n'en ont les artistes. Il est temps d'être les maîtres. La bonne volonté ne garantit pas la victoire. En deçà de l'éternité dansent les mortelles formes de l'amour et le nom de la nature résume leur maudite discipline.

La flamme est le symbole de la peinture et les trois vertus plastiques flambent en rayonnant. La flamme a la pureté qui ne souffre rien d'étranger et transforme cruellement en elle-même ce qu'elle atteint. Elle a cette unité magique qui fait que si on la divise, chaque flammèche est semblable à la flamme unique. Elle a enfin la vérité sublime de sa lumière que nul ne peut nier.

Les artistes peintres vertueux de cette époque occidentale considèrent leur pureté en dépit des forces naturelles. Elle est l'oubli après l'étude. Et, pour qu'un artiste pur mourût, il faudrait que tous ceux des siècles écoulés n'eussent pas existé. La peinture se purifie, en Occident, avec cette logique idéale que les peintres anciens ont transmise aux nouveaux comme s'ils leur donnaient la vie.

Et c'est tout.

L'un vit dans les délices, l'autre dans la douleur, les uns mangent

1. Guillaume Apollinaire, *Les Peintres cubistes,* © Éditions Hermann.

leur héritage, d'autres deviennent riches et d'autres encore n'ont
que la vie.
Et c'est tout.
On ne peut pas transporter partout avec soi le cadavre de son père.
On l'abandonne en compagnie des autres morts. Et, si l'on s'en
souvient, on le regrette, on en parle avec admiration. Et, si l'on
devient père, il ne faut pas s'attendre à ce qu'un de nos enfants
veuille se doubler pour la vie de notre cadavre. Mais, nos pieds
ne se détachent qu'en vain du sol qui contient les morts.

. . . . On ne découvrira jamais la réalité une fois pour toutes. La
vérité sera toujours nouvelle. Autrement, elle n'est qu'un système
plus misérable que la nature. . . .

L'art d'aujourd'hui revêt ses créations d'une apparence grandiose,
monumentale, qui dépasse à cet égard tout ce qui avait été conçu
par les artistes de notre âge. Ardent à la recherche de la beauté,
il est noble, énergique et cette réalité qu'il nous apporte est merveilleusement claire.
J'aime l'art d'aujourd'hui parce que j'aime avant tout la lumière
et tous les hommes aiment avant tout la lumière, ils ont inventé
le feu.

La rupture des communications entre les différents centres de l'esprit nou-
veau, la dispersion des créateurs eux-mêmes succédèrent bientôt à la
période exceptionnellement féconde dont nous avons parlé plus haut : en
1914, vint la guerre. Plusieurs artistes européens quittèrent leurs belli-
queuses patries pour des contrées plus pacifiques; seuls les futuristes, en
Italie, s'avérèrent un groupe très patriotique. En France, Apollinaire,
bien qu'étranger — il était de descendance polono-italienne —, s'engagea
dans l'armée dès 1914; mais c'était un enchanteur qui pouvait découvrir
la poésie même dans la guerre. Blessé au combat en 1916, il avait repris
à Paris son rôle de leader de l'avant-garde lorsqu'il mourut de la « grippe
espagnole » à la fin de l'automne de 1918, le 10 novembre, veille de
l'armistice.
Une nouvelle génération se préparait à poursuivre l'exploration poétique.
Depuis ses années d'adolescence André Breton avait écouté les leçons et
recherché la compagnie des poètes, faisant la connaissance de Paul Valéry,
d'Apollinaire, de Pierre Reverdy. Dès 1915, étant interne dans un hôpital
militaire de Nantes, il y rencontra, soigné pour une légère blessure reçue
au front, Jacques Vaché, alors interprète près des armées anglaises en
France. Vaché — il avait vingt ans et Breton dix-neuf — professait, en
poésie et sur la vie en général, des vues extrêmement personnelles. Parmi
les poètes contemporains, il affirmait ne se soucier que d'Alfred Jarry — et
ici nous devons nous arrêter un instant pour rendre hommage à Jarry.

Chapitre IV

Alfred Jarry

Personnage de prédilection de Jacques Vaché, le « Père Ubu », héros comique-sinistre de la pièce de Jarry, Ubu roi, *ses apostrophes super-prudhommesques et son physique tel que le dessina Jarry lui-même : le crâne pointu, le grand nez, le gros ventre (la « gidouille »), n'ont jamais cessé, à travers les années, de démontrer leur réalité et leur importance. Ubu est l'incarnation d'un leader politique dont l'image s'est multipliée en Europe depuis la fin de la Première Guerre mondiale : le Dictateur. Jarry est mort en 1907 et on ne saurait trop insister sur les qualités prophétiques de sa création. Père Ubu, le Dictateur, est, comme le dit Jarry, « l'anarchiste parfait », un homme qui considère que toutes lois et toutes hiérarchies sont contenues dans sa « gidouille » — sa propre personne. Lorsqu'un tel personnage devient, à la suite de quelque coup d'État, une manière de roi absolu, les résultats pour son pays sont désastreux, en général à court terme, tandis que lui-même connaît une fin plus ou moins misérable.*

*Le soir de la première représentation d'*Ubu roi *au théâtre de l'Œuvre en 1896, le scandale éclata dès le premier mot de la pièce, perçu comme une insulte jetée au public : « Merdre! » L'action se déroulait en Pologne, « c'est-à-dire nulle part », selon Jarry : en effet, à cette époque, la Pologne n'existait pas en tant qu'État. Mais les scènes du troisième acte, par exemple, que nous reproduisons plus bas, et qui décrivent les méthodes ubuesques dans le domaine des finances (mot que Jarry épelait souvent « phynances »), de la justice et des impôts, semblent à peine exagérées en regard de certains événements contemporains.*

UBU ROI
Acte III, *scène II*
La grande salle du palais

Père Ubu, Mère Ubu, Officiers et Soldats; Giron, Pile, Cotice, Nobles enchaînés, Financiers, Magistrats, Greffiers.

Père Ubu : Apportez la caisse à Nobles et le crochet à Nobles et le couteau à Nobles et le bouquin à Nobles! ensuite, faites avancer les Nobles.

(On pousse brutalement les Nobles.)

Mère Ubu : De grâce, modère-toi, Père Ubu.

Père Ubu : J'ai l'honneur de vous annoncer que pour enrichir le royaume je vais faire périr tous les Nobles et prendre leurs biens.

Nobles : Horreur! à nous, peuple et soldats!

Père Ubu : Amenez le premier Noble et passez-moi le crochet à Nobles. Ceux qui seront condamnés à mort, je les passerai dans la trappe, ils tomberont dans les sous-sols du Pince-Porc et de la Chambre-à-Sous, où on les décervèlera. *(Au Noble.)* Qui es-tu, bouffre?

Le Noble : Comte de Vitepsk.

Père Ubu : De combien sont tes revenus?

Le Noble : Trois millions de rixdales.

Père Ubu : Condamné!

> *(Il le prend avec le crochet et le passe dans le trou.)*

Mère Ubu : Quelle basse férocité!

Père Ubu : Second Noble, qui es-tu? *(Le Noble ne répond rien.)* Répondras-tu, bouffre?

Le Noble : Grand-Duc de Posen.

Père Ubu : Excellent! excellent! Je n'en demande pas plus long. Dans la trappe. Troisième Noble, qui es-tu? tu as une sale tête.

Le Noble : Duc de Courlande, des villes de Riga, de Revel et de Mitau.

Père Ubu : Très bien! très bien! Tu n'as rien d'autre?

Le Noble : Rien.

Père Ubu : Dans la trappe, alors. Quatrième Noble, qui es-tu?

Le Noble : Prince de Podolie.

Père Ubu : Quels sont tes revenus?

Le Noble : Je suis ruiné.

Père Ubu : Pour cette mauvaise parole, passe dans la trappe. Cinquième Noble, qui es-tu?

Le Noble : Margrave de Thorn, palatin de Polock.

Père Ubu : Ça n'est pas lourd. Tu n'as rien autre chose?

Le Noble : Cela me suffisait.

Père Ubu : Eh bien! mieux vaut peu que rien. Dans la trappe. Qu'as-tu à pigner, Mère Ubu?

Mère Ubu : Tu es trop féroce, Père Ubu.

Père Ubu : Eh! je m'enrichis. Je vais faire lire MA liste de MES biens. Greffier, lisez MA liste de MES biens.

Le Greffier : Comté de Sandomir.

Père Ubu : Commence par les principautés, stupide bougre!

Le Greffier : Principauté de Podolie, grand-duché de Posen, duché de Courlande, comté de Sandomir, comté de Vitepsk, palatinat de Polock, margraviat de Thorn.

Père Ubu : Et puis après?
Le Greffier : C'est tout.
Père Ubu : Comment, c'est tout! Oh bien alors, en avant les Nobles,
et comme je ne finirai pas de m'enrichir, je vais faire exécuter tous
les Nobles, et ainsi j'aurai tous les biens vacants. Allez, passez les
Nobles dans la trappe.

(On empile les Nobles dans la trappe.)

Dépêchez-vous plus vite, je veux faire des lois maintenant.
Plusieurs : On va voir ça.
Père Ubu : Je vais d'abord réformer la justice, après quoi nous pro-
céderons aux finances.
Plusieurs magistrats : Nous nous opposons à tout changement.
Père Ubu : Merdre. D'abord les magistrats ne seront plus payés.
Magistrats : Et de quoi vivrons-nous? Nous sommes pauvres.
Père Ubu : Vous aurez les amendes que vous prononcerez et les
biens des condamnés à mort.
Un magistrat : Horreur.
Deuxième : Infamie.
Troisième : Scandale.
Quatrième : Indignité.
Tous : Nous nous refusons à juger dans des conditions pareilles.
Père Ubu : A la trappe les magistrats!

(Ils se débattent en vain.)

Mère Ubu : Eh! que fais-tu, Père Ubu? Qui rendra maintenant la
justice?
Père Ubu : Tiens! moi. Tu verras comme ça marchera bien.
Mère Ubu : Oui, ce sera du propre.
Père Ubu : Allons, tais-toi, bouffresque. Nous allons maintenant,
messieurs, procéder aux finances.
Financiers : Il n'y a rien à changer.
Père Ubu : Comment, je veux tout changer, moi. D'abord, je veux
garder pour moi la moitié des impôts.
Financiers : Pas gêné.
Père Ubu : Messieurs, nous établirons un impôt de dix pour cent
sur la propriété, un autre sur le commerce et l'industrie, et un troi-
sième sur les mariages et un quatrième sur les décès, de quinze
francs chacun.
Premier financier : Mais c'est idiot, père Ubu.
Deuxième financier : C'est absurde.
Troisième financier : Ça n'a ni queue ni tête.
Père Ubu : Vous vous fichez de moi! Dans la trappe, les finan-
ciers!

(On enfourne les financiers.)

Mère Ubu : Mais enfin, Père Ubu, quel roi tu fais, tu massacres tout le monde !

Père Ubu : Eh merdre !

Mère Ubu : Plus de justice, plus de finances.

Père Ubu : Ne crains rien, ma douce enfant, j'irai moi-même de village en village recueillir les impôts.

Scène III

Une maison de paysans dans les environs de Varsovie. Plusieurs paysans sont assemblés.

Un paysan (entrant) : Apprenez la grande nouvelle. Le roi est mort, les ducs aussi et le jeune Bougrelas s'est sauvé avec sa mère dans les montagnes. De plus le Père Ubu s'est emparé du trône.

Un autre : J'en sais bien d'autres. Je viens de Cracovie, où j'ai vu emporter les corps de plus de trois cents nobles et de cinq cents magistrats qu'on a tués, et il paraît qu'on va doubler les impôts et que le Père Ubu viendra les ramasser lui-même.

Tous : Grand Dieu ! qu'allons-nous devenir ? le Père Ubu est un affreux sagouin et sa famille est, dit-on, abominable.

Un paysan : Mais, écoutez : ne dirait-on pas qu'on frappe à la porte ?

Une voix (au-dehors) : Cornegidouille ! Ouvrez, de par ma merdre, par saint Jean, saint Pierre et saint Nicolas ! ouvrez, sabre à finances, corne finances, je viens chercher les impôts !

> *(La porte est défoncée, Ubu pénètre suivi d'une légion de Grippe-Sous.)*

Scène IV

Père Ubu : Qui de vous est le plus vieux ? *(Un paysan s'avance.)* Comment te nommes-tu ?

Le paysan : Stanislas Leczinski.

Père Ubu : Eh bien, cornegidouille, écoute-moi bien, sinon ces messieurs te couperont les oneilles. Mais, vas-tu m'écouter enfin ?

Stanislas : Mais Votre Excellence n'a encore rien dit.

Père Ubu : Comment, je parle depuis une heure. Crois-tu que je vienne ici pour prêcher dans le désert ?

Stanislas : Loin de moi cette pensée.

Père Ubu : Je viens donc te dire, t'ordonner et te signifier que tu aies à produire et exhiber promptement ta finance, sinon tu seras massacré. Allons, messeigneurs les salopins de finance, voiturez ici le voiturin à phynances.

> *(On apporte le voiturin.)*

Stanislas : Sire, nous ne sommes inscrits sur le registre que pour cent cinquante-deux rixdales que nous avons payées, il y aura tantôt six semaines à la Saint-Mathieu.

Père Ubu : C'est fort possible, mais j'ai changé le gouvernement et j'ai fait mettre dans le journal qu'on paierait deux fois tous les impôts et trois fois ceux qui pourront être désignés ultérieurement. Avec ce système, j'aurai vite fait fortune, alors je tuerai tout le monde et je m'en irai.

Paysans : Monsieur Ubu, de grâce, ayez pitié de nous. Nous sommes de pauvres citoyens.

Père Ubu : Je m'en fiche. Payez.

Paysans : Nous ne pouvons, nous avons payé.

Père Ubu : Payez! ou je vous mets dans ma poche avec supplice et décollation du cou et de la tête! Cornegidouille, je suis le roi peut-être!

Tous : Ah, c'est ainsi! Aux armes! Vive Bougrelas, par la grâce de Dieu, roi de Pologne et de Lithuanie!

Père Ubu : En avant, messieurs des Finances, faites votre devoir.

> *(Une lutte s'engage, la maison est détruite et le vieux Stanislas s'enfuit seul à travers la plaine. Ubu reste à ramasser la finance.)*

Les expressions du singulier génie d'Alfred Jarry ne se limitent pas à une farce, même profonde et violente et devenue célèbre, comme Ubu roi. *Elles s'étendent à la poésie, à la critique artistique et théâtrale, au roman où, chez cet auteur, un lyrisme et une invention fortement teintée d'érotisme rivalisent avec une vaste et très particulière érudition, et à des « spéculations » humoristiques sur différents événements contemporains. Dans* Gestes et Opinions du docteur Faustroll, pataphysicien, *les descriptions et les développements syllogistiques de Jarry concernent l'un de ses plus remarquables concepts : la « pataphysique ».*

En dépit des savantes explications de l'auteur à propos d'une étymologie prétendument grecque, le mot « pataphysique » apparaît comme un hybride de « patatras » et de « métaphysique » aussi bien que comme un jeu de mots : « Pâte à physique », tandis que le nom du docteur fusionne ceux de « Faust » et du « troll », le lutin du Peer Gynt *d'Ibsen. Nous reproduisons ici deux chapitres du « roman néo-scientifique » de Jarry.*

GESTES ET OPINIONS
DU DOCTEUR FAUSTROLL, PATAPHYSICIEN

Livre II. Éléments de pataphysique
Chapitre VIII. Définition

Un épiphénomène est ce qui se surajoute à un phénomène.

La pataphysique, dont l'étymologie doit s'écrire ᾽επι(μετὰ τὰ φυσιχὰ) et l'orthographe réelle *'pataphysique,* précédé d'une apostrophe, afin d'éviter un facile calembour, est la science de ce qui se surajoute à la métaphysique, soit en elle-même, soit hors d'elle-même, s'étendant aussi loin au-delà de celle-ci que celle-ci au-delà de la physique. Ex. : l'épiphénomène étant souvent l'accident, la pataphysique sera surtout la science du particulier, quoiqu'on dise qu'il n'y a de science que du général. Elle étudiera les lois qui régissent les exceptions et expliquera l'univers supplémentaire à celui-ci; ou moins ambitieusement décrira un univers que l'on peut voir et que peut-être l'on doit voir à la place du traditionnel, les lois que l'on a cru découvrir de l'univers traditionnel étant des corrélations d'exceptions aussi, quoique plus fréquentes, en tout cas de faits accidentels qui, se réduisant à des exceptions peu exceptionnelles, n'ont même pas l'attrait de la singularité.

DÉFINITION : *La pataphysique est la science des solutions imaginaires, qui accorde symboliquement aux linéaments les propriétés des objets décrits par leurs virtualités.*

La science actuelle se fonde sur le principe de l'induction : la plupart des hommes ont vu le plus souvent tel phénomène précéder ou suivre tel autre, et en concluent qu'il en sera toujours ainsi. D'abord ceci n'est exact que le plus souvent, dépend d'un point de vue, et est codifié selon la commodité, et encore! Au lieu d'énoncer la loi de la chute des corps vers un centre, que ne préfère-t-on celle de l'ascension du vide vers une périphérie, le vide étant pris pour unité de non-densité, hypothèse beaucoup moins arbitraire que le choix de l'unité concrète de densité positive *eau?*

Car ce corps même est un postulat et un point de vue des sens de la foule, et, pour que sinon sa nature au moins ses qualités ne varient pas trop, il est nécessaire de postuler que la taille des hommes restera toujours sensiblement constante et mutuellement égale. Le consentement universel est déjà un préjugé bien miraculeux et incompréhensible. Pourquoi chacun affirme-t-il que la forme d'une montre est ronde, ce qui est manifestement faux, puisqu'on lui voit de profil une forme rectangulaire étroite, elliptique de trois quarts, et pourquoi diable n'a-t-on noté sa forme qu'au moment où l'on regarde l'heure? Peut-être sous le prétexte de l'utile. Mais le même enfant, qui dessine la montre ronde, dessine aussi la maison carrée, selon la façade, et cela évidemment sans aucune raison; car il est rare, sinon dans la campagne, qu'il voie un édifice isolé, et dans une rue même les façades apparaissent selon des trapèzes très obliques.

Il faut donc bien nécessairement admettre que la foule (en comptant les petits enfants et les femmes) est trop grossière pour comprendre les figures elliptiques, et que ses membres s'accordent dans le consentement dit universel parce qu'ils ne perçoivent que les courbes à un seul foyer, étant plus facile de coïncider en un point qu'en deux. Ils communiquent et s'équilibrent par le bord de leurs ventres, tangentiellement. Or, même la foule a appris que l'univers *vrai* était fait d'ellipses, et les bourgeois même conservent leur vin dans des tonneaux et non des cylindres. Pour ne point abandonner en digressant notre exemple usuel de l'eau, méditons à son sujet ce qu'en cette phrase l'âme de la foule dit irrévérencieusement des adeptes de la science pataphysique :

Chapitre IX. — Faustroll plus petit que Faustroll

A William Crookes

D'autres fous répétaient sans cesse qu'un était en même temps plus grand et plus petit que lui-même, et publiaient nombre d'absurdités semblables, comme d'utiles découvertes.

Le Talisman d'Oromane.

Le docteur Faustroll (si l'on nous permet de parler d'expérience personnelle) se voulut un jour plus petit que soi-même, et résolut d'aller explorer l'un des éléments, afin d'examiner quelles perturbations cette différence de grandeur apporterait dans leurs rapports réciproques.

Il choisit ce corps ordinairement liquide, incolore, incompressible et horizontal en petite quantité; de surface courbe, de profondeur bleue et de bords animés d'un mouvement de va-et-vient quand il est étendu; qu'Aristote dit, comme la terre, de nature grave; ennemi du feu et renaissant de lui, quand il est décomposé, avec explosion; qui se vaporise à cent degrés, qu'il détermine, et solidifié flotte sur lui-même, l'eau, quoi! Et s'étant réduit, comme paradigme de petitesse, à la taille classique du ciron, il voyagea le long de la feuille d'un chou, inattentif aux cirons collègues et aux aspects agrandis de tout, jusqu'à ce qu'il rencontra l'Eau.

Ce fut une boule, haute deux fois comme lui, à travers la transparence de laquelle les parois de l'univers lui parurent faites gigantesques et sa propre image, obscurément reflétée par le tain des feuilles, haussée à la stature qu'il avait quittée. Il heurta la sphère d'un coup léger, comme on frappe à une porte : l'œil désorbité de malléable verre « s'accommoda » comme un œil vivant, se fit presbyte, se rallongea selon son diamètre horizontal jusqu'à l'ovoïde myopie, repoussa en cette élastique inertie Faustroll et refut sphère.

Le docteur roula à petits pas, non sans grand peine, le globe de cristal jusqu'à un globe voisin, glissant sur les rails des nervures du chou; rapprochées, les deux sphères s'aspirèrent mutuellement jusqu'à s'en effiler, et le nouveau globe, de double volume, libra placidement devant Faustroll.

Du bout de sa bottine, le docteur crossa l'aspect inattendu de l'élément : une explosion, formidable d'éclat et de son, retentit, après la projection à la ronde de nouvelles et minuscules sphères, à la dureté sèche de diamant, qui roulèrent çà et là le long de la verte arène, chacune entraînant sous soi l'image du point tangent de l'univers qu'elle déformait selon la projection de la sphère et dont elle agrandissait le fabuleux centre.

Au-dessous de tout, la chlorophylle, comme un banc de poissons verts, suivait ses courants connus dans les canaux souterrains du chou...

La science des exceptions est moins paradoxale qu'il n'y paraît, puisque les découvertes se font toujours à partir de l'étude des exceptions; et tous les grands esprits sont, par définition, exceptionnels.

Chapitre V

Jacques Vaché

Jacques Vaché considérait la vie, ses façons et ses morales, comme souve-rainement « ubiques », et le conflit guerrier auquel il prenait une part déta-chée au possible n'était pas pour le faire changer d'opinion. Il définissait son attitude par le mot « umour ». Seules quelques lettres forment ses œuvres écrites, elles sont signées « Harry James », ou d'initiales fantai-sistes. Breton a toujours mis l'accent sur l'impression très particulière et exaltante que lui produisait·son ami et sur l'influence que celui-ci eut sur le développement de sa carrière comme surréaliste. On lira ci-dessous quelques-unes des lettres de Vaché à André Breton [1].

29.4.17.
Cher Ami,
A l'instant votre lettre.

Il est inutile – n'est-ce pas? de vous assurer que vous êtes tou-jours resté sur l'écran – Vous m'écrivez une missive « flatteuse » – sans doute pour m'obliger décemment à une réponse qu'une grande apathie comateuse reculait toujours – Au fait pendant combien de temps au dire des autres...?

Je vous écris d'un ex-village, d'une très étroite étable-à-cochons tendue de couvertures – Je suis avec les soldats anglais – Ils ont avancé sur le parti ennemi beaucoup par ici – C'est très bruyant – Voilà.

Je suis heureux de vous savoir malade, mon cher ami, un peu – je reçois une lettre de T.F., presque non inquiétante – ce gar-çon m'attriste – Je suis très fatigué de médiocres, et me suis résolu à dormir un temps inconnu – l'effort seul d'un réveil en ces quelques pages m'est difficile; cela ira peut-être mieux la pro-chaine fois – Pardon – n'est-ce pas, n'est-ce pas? – Rien ne vous tue un homme comme d'être obligé de représenter son pays – Aussi.

1. Publiées pour la première fois en 1919, Éditions Au Sans-Pareil.

De temps en temps — pour ne pas tout de même être suspect de mort douce, une escroquerie ou un tapotement hamical sur quelque tête de mort familière m'assure que je suis un vilain monsieur — Aujourd'hui, présenté à un général de Division et à Tat-Major comme un peintre fameux — (Je crois que ledit a 50 ou 70 ans — peut-être est-il mort aussi — mais le nom reste) — Ils (le général et le Tat-Major) se m'arrachent — C'est curieux et je m'amuse à deviner comment cela tombera à plat — En tout cas... D'ailleurs... Et puis cela m'est assez indifférent, quant au fond — ce n'est pas drôle — pas drôle du tout. Non.

Êtes-vous sûr qu'Apollinaire vit encore, et que Rimbaud ait existé? pour moi je ne crois pas — Je ne vois guère que Jarry (tout de même, que voulez-vous, tout de même... UBU.) — Il me semble certain que Marie Laurencin vit encore : certains symptômes subsistent qui autorisent ceci — Est-ce bien certain? — pourtant je crois que je la déteste — oui — voilà, ce soir je la déteste, que voulez-vous.

Et puis vous me demandez une définition de l'umour — comme cela! —

« IL EST DANS L'ESSENCE DES SYMBOLES D'ÊTRE SYMBOLIQUES » m'a longtemps semblé digne d'être cela comme étant capable de contenir une foule de choses vivantes : EXEMPLE : vous savez l'horrible vie du réveille-matin — c'est un monstre qui m'a toujours épouvanté à cause que le nombre de choses que ses yeux projettent, et la manière dont cet honnête homme me fixe lorsque je pénètre une chambre — pourquoi donc a-t-il tant d'umour, pourquoi donc? — Mais voilà : c'est ainsi et non autrement — Il y a beaucoup de formidable UBIQUE aussi dans l'umour — comme vous verrez — Mais ceci n'est naturellement — définitif et l'umour dérive trop d'une sensation pour ne pas être très difficilement exprimable — Je crois que c'est une sensation — J'allais presque dire un SENS — aussi — de l'inutilité théâtrale (et sans joie) de tout.

QUAND ON SAIT.

Et c'est pourquoi alors les enthousiasmes (d'abord c'est bruyant), *des autres* sont haïssables — car — n'est-ce pas? Nous avons le génie — puisque nous savons l'UMOUR — Et donc tout — vous n'en aviez d'ailleurs jamais douté? — nous est permis — Tout ça est bien ennuyeux, d'ailleurs.

Je joins un bonhomme — et ceci pourrait s'appeler OBCESSION — ou bien — oui — BATAILLE DE LA SOMME ET DU RESTE — oui.

Il m'a suivi longtemps, et m'a contemplé d'innombrables fois dans des trous innommables — Je crois qu'il essaie de me mystifier un peu — j'ai beaucoup d'affection pour lui, entre autres choses.

J. T. H.

Dites bien au peuple polonais[1] que je veux lui écrire — et surtout qu'il ne parte pas comme cela sans laisser d'adresse. Écrire sur du papier analogue avec le crayon est ennuyeux.

9.5.18.

Cher Ami,

— C'est vrai que — d'après calendrier — il y a longtemps que je ne vous ai donné signe de vie — Je comprends mal le Temps, tout compte fait — J'ai souvent pensé à vous — un des très rares — qui voulez me tolérer (je vous soupçonne d'ailleurs, un peu, de mystification) — *Merci*.

— Mes pérégrinations, multiples — J'ai conscience, vaguement d'emmagasiner toutes sortes de choses — ou de pourrir un peu. QUE VA-T-IL SORTIR DE LÀ, BON DIEU.

Je ne peux plus être épicier pour l'instant — l'essai fut sans succès heureux. J'ai essayé autre chose — (ai-je essayé? — ou m'a-t-on essayé à...)? Je ne peux guère écrire cela maintenant — On s'amuse comme on peut — Voilà.

Décidément je suis très loin d'une foule de gens littéraires — même de Rimbaud, je crains, cher ami — L'ART EST UNE SOTTISE[2] — Presque rien n'est une sottise — l'art doit être une chose drôle et un peu assommante — c'est tout — Max Jacob — très rarement — pourrait être UMOREU — mais, voilà, n'est-ce pas, il a fini par se prendre au sérieux lui-même, ce qui est une curieuse intoxication — Et puis — produire? — « viser si consciencieusement pour rater son but » — naturellement, l'ironie écrite n'est pas supportable — mais naturellement vous savez bien aussi que l'Umour n'est pas l'ironie, naturellement — *comme cela* — que voulez-vous, c'est comme cela et non autrement — Que tout est amusant — très amusant, c'est un fait — comme tout est amusant! (et si l'on se tuait aussi, au lieu de s'en aller?)

SOIFS DE L'OUEST[3] — je me suis frotté les mains l'une contre l'autre à plusieurs passages — peut-être — mieux encore un peu plus court? — André Derain[4] naturellement — Je ne comprends

---

1. « Le peuple polonais », appellation par laquelle Vaché désignait Théodore Fraenkel (ami de Breton et plus tard participant au mouvement dada), auquel il fait allusion plus haut sous ses initiales « T.F. »
2. Breton avait sans doute cité dans une lettre à Vaché cette expression de Rimbaud qu'on trouve dans les brouillons d'*Une saison en Enfer* (mais non dans le texte définitif), et que Vaché, qui n'aimait guère Rimbaud, n'accepte évidemment pas.
3. Titre d'un poème de Louis Aragon (publié en 1920 dans *Feu de joie*).
4. Allusion au poème d'André Breton sur Derain (publié en 1919 dans *Mont de piété*).

pas... « le premier-né c'est l'ange » — C'est d'ailleurs au point — beaucoup plus au point qu'un certain nombre de choses montrées vers l'hôpital de Nantes.

Votre critique synthétique est bien attachante — bien dangereuse d'ailleurs; Max Jacob, Gris, m'échappent un peu.

— Excusez — mon cher Breton, le manque de mise au point de tout ceci. Je suis assez mal portant, vit dans un trou perdu entre des chicots d'arbres calcinés et, périodiquement une sorte d'obus se traîne, parabolique, et tousse — J'existe avec un officier américain qui apprend la guerre, mâche de la « gum » et m'amuse parfois — Je l'ai échappé d'assez peu — à cette dernière retraite — Mais j'objecte à être tué en temps de guerre — Je passe la plus grande partie de mes journées à me promener à des endroits indus, d'où je vois les beaux éclatements — et quand je suis à l'arrière, souvent, dans la maison publique, où j'aime à prendre mes repas — c'est assez lamentable — mais qu'y faire?

Non — merci — cher ami, beaucoup — je n'ai rien au point pour le moment — NORD-SUD [1] prendrait-il qque chose sur ce triste Apollinaire? — auquel je ne conteste pas un certain talent — et qui eût réussi je crois — qque chose — mais il n'a que pas mal de talent — il fait de bien bonnes « narrations » (vous rappelez-vous le collège?) — parfois.

Et T.F.? remerciez-le, quand vous écrirez — de ses nombreuses lettres, si pleines d'observations amusantes et de bon sens — Well.

Votre ami
J.T.H.

Vaché écrivit aussi un très court et ironique petit « conte d'horreur » intitulé le Sanglant Symbole. *Le texte suivant, envoyé à Breton aussitôt après l'armistice, est parmi tous ses écrits le seul proche de la forme « poème »* :

26 novembre 1918

Blanche Acétylène!

Vous tous! — Mes beaux whiskys — Mon horrible mixture ruisselant jaune — bocal de pharmacie — Ma chartreuse verte — Citrin — Rose ému de Carthame —

Fume!

Fume!

Fume!

Angusture — noix vomique et l'incertitude des sirops — Je suis un mosaïste.

... « Say, Waiter — You are a damn' fraud, you are — » Voyez-moi l'abcès sanglant de ce prairial oyster; son œil noyé me regarde

---

1. La revue que Pierre Reverdy dirigea de 1917 à 1918 (voir plus bas, p. 52).

comme une pièce anatomique; le barman me regarde peut-être aussi, poché sous les globes oculaires, versant l'irisé, en nappe, dans l'arc-en-ciel.

OR

l'homme à tête de poisson mort laisse prendre son cigare mouillé, Ce gilet écossais! —
— L'officier orné de croix — La femme molle poudrée blanche bâille, bâille, et suce une lotion capillaire — (ceci pour l'amour.)
— « Ces créatures dansent depuis neuf heures, Monsieur. » —
Comme ce doit être gras — (ceci pour l'érotisme, voyez-vous.)
— Alcools qui serpentent, bleuis, somnolent, descendent, rôdent, s'éteignent.

     Flambe!

          Flambe!

               Flambe!

     Mon APPOPLEXIE!!

N.B. — Les lois, toutefois, s'opposent à l'homicide volontaire — (et ceci pour morale... sans doute?)

                            (Harry James.)

Sa dernière lettre à André Breton était d'un ton toujours détaché. Il y mentionnait la possibilité de quelque action (négative) mais demeurait peu disposé à fournir des réponses précises aux enquêtes répétées de son ami à propos de l' « umour » auquel maintenant il restituait l' « h », négligemment.

19.12.18.

Mon cher André,
...Moi aussi aimerai à vous revoir — Le nombre des subtils est, décidément, très infime — Comme je vous envie d'être ès-Paris et de pouvoir mystifier des gens qui en valent la peine! — Me voici à Bruxelles, une fois de plus dans ma chère atmosphère de tango vers trois heures, le matin, d'industries merveilleuses, devant qque monstrueux cocktail à double paille et qque sourire sanglant — j'œuvre des dessins drôles, à l'aide de crayons de couleur sur du papier gros-grain et note des pages pour quelque chose — je ne sais trop quoi. Savez-vous que je ne sais plus où j'en suis : vous me parliez d'une action scénique (les caractères — rappelez-vous — vous les précisiez) — puis de dessins sur bois pour des poèmes vôtres — Serait-ce retardé? Excusez-moi de mal comprendre votre dernière lettre sibylline : qu'exigez-vous de moi — mon cher ami? — L'HVMOVR — mon cher ami André... ce n'est pas mince. Il ne s'agit pas là d'un néo-naturalisme quelconque — Voudrez-vous, quand

vous pourrez — m'éclairer un peu davantage? — Je crois me souvenir que, d'accord, nous avions résolu de laisser le MONDE dans une demi-ignorance étonnée jusqu'à quelque manifestation satisfaisante et peut-être scandaleuse. Toutefois, et naturellement, je m'en reporte à vous pour préparer les voies de ce Dieu décevant, ricaneur un peu, et terrible en tout cas — Comme ce sera drôle, voyez-vous, si ce vrai ESPRIT NOUVEAU se déchaîne!

— J'ai reçu votre lettre en multiples découpures collées, qui m'a empli de contentement — C'est très beau, mais il y manque qqu'extrait d'indicateur de chemin de fer, ne croyez-vous pas?... Apollinaire a fait beaucoup pour nous et n'est certes pas mort; il a, d'ailleurs, bien fait de s'arrêter à temps — C'est déjà dit, mais il faut répéter : *IL MARQVE VNE ÉPOQVE*. Les belles choses que nous allons pouvoir faire; — MAINTENANT!

— Je joins un extrait de mes notes actuelles — peut-être voudrez-vous le mettre à côté de poème vôtre, quelque part en ce que T.F. nomme « les gazettes mal famées » — Que devient ce dernier peuple? — dites-moi tout cela. Voyez-moi comme il nous a gagné cette guerre!

— Êtes-vous à Paris pour quelque temps? — Je compte y passer d'ici un mois environ, et vous y voir à tout prix.

Votre ami.

Harry James.

S'arrêter à temps... Vaché jugeait-il que, n'ayant pas encore commencé, il était grand temps pour lui de s'arrêter? Il retourna à Nantes, sa ville natale où, le 6 janvier 1919, lui et l'un de ses amis furent trouvés morts dans une chambre d'hôtel. Accident ou suicide? Tous deux avaient absorbé une dose considérable d'opium.

Chapitre VI

Pierre Reverdy

Poète au lyrisme retenu et dense, de la lignée de Rimbaud et aussi de Mallarmé, Pierre Reverdy écrivait des notations de nature en un sens cryptique, d'une couleur intime et rêveuse. André Breton et ses amis poètes, Louis Aragon, Philippe Soupault, Paul Éluard, furent après la Première Guerre mondiale de fréquents visiteurs chez cet homme dont le commerce créait, au témoignage de Breton, une atmosphère enchantée [1]. Beaucoup de poèmes surréalistes dériveront d'un certain modèle qu'on trouve à l'origine chez Reverdy. Les deux textes qui suivent sont datés respectivement de 1915 et 1918 [2].

Belle Étoile

J'aurai peut-être perdu la clé, et tout le monde rit autour de moi et chacun me montre une clé énorme pendue à son cou.
Je suis le seul à ne rien avoir pour entrer quelque part. Ils ont tous disparu et les portes closes laissent la rue plus triste. Personne.
Je frapperai partout.
Des injures jaillissent des fenêtres et je m'éloigne.
Alors, un peu plus loin que la ville, au bord d'une rivière et d'un bois, j'ai trouvé une porte. Une simple porte à claire-voie et sans serrure. Je me suis mis derrière et, sous la nuit qui n'a pas de fenêtres mais de larges rideaux, entre la forêt et la rivière qui me protègent, j'ai pu dormir.

Auberge

Un œil se ferme

Au fond plaquée contre le mur
la pensée qui ne sort pas

---

1. André Breton, *Entretiens* (Gallimard 1952).
2. Reproduits dans *Plupart du temps* (Flammarion 1967).

Des idées s'en vont pas à pas
On pourrait mourir
Ce que je tiens entre mes bras pourrait partir

Un rêve

L'aube à peine née qui s'achève
   Un cliquetis
Les volets en s'ouvrant l'ont abolie

       Si rien n'allait venir

Il y a un champ où l'on pourrait encore courir
           Des étoiles à n'en plus finir
       Et ton ombre au bout de l'avenue
           Elle s'efface

On n'a rien vu
De tout ce qui passait on n'a rien retenu
Autant de paroles qui montent
Des contes qu'on n'a jamais lus
                           Rien
Les jours qui se pressent à la sortie
       Enfin la cavalcade s'est évanouie

   En bas entre les tables où l'on jouait aux cartes

Reverdy exprima ses idées sur la poésie dans sa revue Nord-Sud, *donnant, sur la nature de l'image poétique, définitions et commentaires dont l'importance fut à maintes reprises soulignée par les surréalistes. Les pensées suivantes parurent dans* Nord-Sud, *n° 13 (mars 1918)*[1] :

L'image est une création pure de l'esprit.
Elle ne peut naître d'une comparaison, mais du rapprochement de deux réalités plus ou moins éloignées.
Plus les rapports des deux réalités rapprochées seront lointains et justes, plus l'image sera forte — plus elle aura de puissance émotive et de réalité poétique.
Deux réalités qui n'ont aucun rapport ne peuvent se rapprocher utilement. Il n'y a pas création d'image.
Deux réalités contraires ne se rapprochent pas. Elles s'opposent. On obtient rarement une force de cette opposition.
Une image n'est pas forte parce qu'elle est *brutale* ou *fantastique* — mais parce que l'association des idées est lointaine et juste.

---

1. Également publiées dans *Plupart du temps, op. cit.*

Le résultat obtenu contrôle immédiatement la justesse de l'association.

L'analogie est un moyen de création — c'est une *ressemblance de rapports;* or de la nature de ces rapports dépend la force ou la faiblesse de l'image créée.

Ce qui est grand, ce n'est pas l'image — mais l'émotion qu'elle provoque; si cette dernière est grande, on estimera l'image à sa mesure.

L'émotion ainsi provoquée est pure, poétiquement, parce qu'elle est née en dehors de toute imitation, de toute évocation, de toute comparaison. Il y a la surprise et la joie de se trouver devant une chose neuve.

On ne crée pas l'image en comparant (toujours faiblement) deux réalités disproportionnées. On crée, au contraire, une forte image, neuve pour l'esprit, en rapprochant sans comparaison deux réalités distantes dont *l'esprit seul* a saisi les rapports.

L'esprit doit saisir et goûter sans mélange une image créée.

Chapitre VII

Isidore Ducasse,
comte de Lautréamont

Au mois de mars 1919, André Breton, Louis Aragon et Philippe Soupault fondèrent la revue de poésie Littérature — *titre qui leur avait été suggéré par Paul Valéry comme un rappel ironique de l'« Art poétique » de Verlaine :*

> Que ton vers soit la bonne aventure
> Éparse au vent crispé du matin
> Qui va fleurant la menthe et le thym,
> Et tout le reste est littérature.

La nouvelle revue se souciait peu des senteurs élégiaques des vers de Verlaine, mais plutôt des parfums forts des proses de Rimbaud. On trouva dans Littérature *des textes poétiques récents ou peu connus et sans doute sa plus remarquable révélation, bien qu'en dernière analyse elle ait été étrangère à l'esprit poétique moderne, fut la publication dans ses nᵒˢ 2 et 3 (avril et mai 1919) d'un court recueil d'aphorismes intitulé* Poésies, *par un auteur alors ignoré, Isidore Ducasse.*

Celui-ci, né en 1846 à Montevideo, en Uruguay, de parents français, avait fait ses études en France dans des lycées du pays de Navarre d'où sa famille était originaire, puis il vint à Paris où il vécut absolument isolé et où il mourut à l'âge de vingt-quatre ans, en 1870, au début de la guerre franco-allemande, alors que le siège de Paris par les armées allemandes venait de commencer. Il ne laissait d'autres traces de son existence que deux ouvrages, quelques lettres et une biographie squelettique — un portrait de lui n'a été que récemment retrouvé[1]. De la brochure intitulée Poésies *publiée peu avant sa mort, un seul exemplaire devait survivre, celui de la Bibliothèque nationale sur lequel Breton avait relevé le texte paru dans* Littérature *et jusque-là presque inconnu.*

Avant Poésies, *Ducasse avait publié en 1868-1869, sous le pseudonyme de « comte de Lautréamont », les* Chants de Maldoror, *une suite d'épisodes terrifiants et extraordinaires, d'une écriture exaltée, si bizarres en vérité que les rares critiques dont le livre retint l'attention y virent le plus*

1. Voir *Le visage de Lautréamont*, par J. Lefrère (P. Horay, 1978).

souvent les manifestations d'un esprit dérangé. L'œuvre était d'ailleurs tombée bientôt dans un oubli à peu près complet, Alfred Jarry ayant été un des seuls à lui rendre parfois un hommage allusif (dans César Antéchrist *par exemple). Mais l'imagination torrentielle du « Montévidéen » avait émerveillé les jeunes poètes lorsque, vers 1918, ils découvrirent les* Chants.

LES CHANTS DE MALDOROR

Chant I, 5ᵉ strophe

J'ai vu, pendant toute ma vie, sans en excepter un seul, les hommes, aux épaules étroites, faire des actes stupides et nombreux, abrutir leurs semblables, et pervertir les âmes par tous les moyens. Ils appellent les motifs de leurs actions : la gloire. En voyant ces spectacles, j'ai voulu rire comme les autres; mais, cela, étrange imitation, était impossible. J'ai pris un canif dont la lame avait un tranchant acéré, et me suis fendu les chairs aux endroits où se réunissent les lèvres. Un instant je crus mon but atteint. Je regardai dans un miroir cette bouche meurtrie par ma propre volonté! C'était une erreur! Le sang qui coulait avec abondance des deux blessures empêchait d'ailleurs de distinguer si c'était là vraiment le rire des autres. Mais, après quelques instants de comparaison, je vis bien que mon rire ne ressemblait pas à celui des humains, c'est-à-dire que je ne riais pas. J'ai vu les hommes, à la tête laide et aux yeux terribles enfoncés dans l'orbite obscure, surpasser la dureté du roc, la rigidité de l'acier fondu, la cruauté du requin, l'insolence de la jeunesse, la fureur insensée des criminels, les trahisons de l'hypocrite, les comédiens les plus extraordinaires, la puissance de caractère des prêtres, et les êtres les plus cachés au dehors, les plus froids des mondes et du ciel; lasser les moralistes à découvrir leur cœur, et faire retomber sur eux la colère implacable d'en haut. Je les ai vus tous à la fois, tantôt, le poing le plus robuste dirigé vers le ciel, comme celui d'un enfant déjà pervers contre sa mère, probablement excités par quelque esprit de l'enfer, les yeux chargés d'un remords cuisant en même temps que haineux, dans un silence glacial, n'oser émettre les méditations vastes et ingrates que recélait leur sein, tant elles étaient pleines d'injustice et d'horreur, et attrister de compassion le Dieu de miséricorde; tantôt, à chaque moment du jour, depuis le commencement de l'enfance jusqu'à la fin de la vieillesse, en répandant des anathèmes incroyables, qui n'avaient pas le sens commun, contre tout ce qui respire, contre eux-mêmes et contre la providence, prostituer les femmes et les enfants, et déshonorer ainsi les parties du corps consacrées à la pudeur. Alors, les mers soulèvent leurs eaux, engloutissent dans leurs abîmes les planches; les ouragans, les tremblements de terre renversent les maisons; la peste, les maladies diverses déciment les familles priantes. Mais, les hommes ne s'en aperçoivent pas. Je les ai vus aussi rougissant, pâlissant de honte pour leur conduite sur cette terre; rarement. Tempêtes, sœurs des ouragans; firmament bleuâtre, dont je n'admets pas la beauté; mer hypocrite, image de mon cœur; terre, au sein mystérieux; habitants des sphères; univers entier; Dieu, qui l'a créé avec magnificence, c'est toi que j'invoque : montre-moi un homme qui soit bon!... Mais, que ta grâce décuple mes forces naturelles; car, au spectacle de ce monstre, je puis mourir d'étonnement : on meurt à moins.

Chant II, 8ᵉ strophe

Quand une femme, à la voix de soprano, émet ses notes vibrantes et mélodieuses, à l'audition de cette harmonie humaine, mes yeux se remplissent d'une flamme latente et lancent des étincelles douloureuses, tandis que dans mes oreilles semble retentir le tocsin de la canonnade. D'où peut venir cette répugnance profonde pour tout ce qui tient à l'homme? Si les accords s'envolent des fibres d'un instrument, j'écoute avec volupté ces notes perlées qui s'échappent en cadence à travers les ondes élastiques de l'atmosphère. La perception ne transmet à mon ouïe qu'une impression d'une douceur à fondre les nerfs et la pensée; un assoupissement ineffable enveloppe de ses pavots magiques, comme d'un voile qui tamise la lumière du jour, la puissance active de mes sens et les forces vivaces de mon imagination. On raconte que je naquis entre les bras de la surdité! Aux premières époques de mon enfance, je n'entendais pas ce qu'on me disait. Quand, avec les plus grandes difficultés, on parvint à m'apprendre à parler, c'était seulement, après avoir lu sur une feuille ce que quelqu'un écrivait, que je pouvais communiquer, à mon tour, le fil de mes raisonnements. Un jour, jour néfaste, je grandissais en beauté et en innocence; et chacun admirait l'intelligence et la bonté du divin adolescent. Beaucoup de consciences rougissaient quand elles contemplaient ces traits limpides où son âme avait placé son trône. On ne s'approchait de lui qu'avec vénération, parce qu'on remarquait dans ses yeux le regard d'un ange. Mais non, je savais de reste que les roses heureuses de l'adolescence ne devraient pas fleurir perpétuellement, tressées en guirlandes capricieuses, sur son front modeste et noble, qu'embrassaient avec frénésie toutes les mères. Il commençait à me sembler que l'univers, avec sa voûte étoilée de globes impassibles et agaçants, n'était peut-être pas ce que j'avais rêvé de plus grandiose. Un jour, donc, fatigué de talonner du pied le sentier abrupt du voyage terrestre, et de m'en aller, en chancelant comme un homme ivre, à travers les catacombes obscures de la vie, je soulevai avec lenteur mes yeux spleenétiques, cernés d'un grand cercle bleuâtre, vers la concavité du firmament, et j'osai pénétrer, moi, si jeune, les mystères du ciel ! Ne trouvant pas ce que je cherchais, je soulevai la paupière effarée plus haut, plus haut encore, jusqu'à ce que j'aperçusse un trône, formé d'excréments humains et d'or, sur lequel trônait, avec un orgueil idiot, le corps recouvert d'un linceul fait avec des draps non lavés d'hôpital, celui qui s'intitule lui-même le Créateur ! Il tenait à la main le tronc pourri d'un homme mort, et le portait, alternativement, des yeux au nez et du nez à la bouche ; une fois à la bouche, on devine ce qu'il en faisait. Ses pieds plongeaient dans une vaste mare de sang en ébullition, à la surface duquel s'élevaient tout à coup, comme des ténias à travers le contenu d'un pot de chambre, deux ou trois têtes prudentes, et qui s'abaissaient aussitôt, avec la rapidité de la flèche : un coup de pied, bien appliqué sur l'os du nez, était la récompense connue de la révolte au règlement, occasionnée par le besoin de respirer un autre milieu ; car, enfin, ces hommes n'étaient pas des poissons ! Amphibies tout au plus, ils nageaient entre deux eaux dans ce liquide immonde !... jusqu'à ce que, n'ayant plus rien dans la main, le Créateur, avec les deux premières griffes du pied, saisît un autre plongeur par le cou, comme dans une tenaille, et le soulevât en l'air, en dehors de la vase rougeâtre, sauce exquise ! Pour celui-là, il faisait comme pour l'autre. Il lui dévorait d'abord la tête, les jambes et les bras, et en dernier lieu le tronc, jusqu'à ce qu'il ne restât plus rien ; car, il croquait les os. Ainsi de suite, durant les autres heures de son éternité. Quelquefois il s'écriait : « Je vous ai créés ; donc j'ai le droit de faire de vous ce que je veux. Vous ne m'avez rien fait, je ne dis pas le contraire. Je vous fais souffrir, et c'est pour mon plaisir. » Et il reprenait son repas cruel, en remuant sa mâchoire inférieure, laquelle remuait sa barbe pleine de cervelle. O lecteur, ce dernier détail ne te fait-il pas venir l'eau à la bouche ? N'en mange pas qui veut d'une pareille cervelle, si bonne, toute fraîche, et qui vient d'être pêchée il n'y a qu'un quart d'heure dans le lac aux *poissons*. Les membres paralysés, et la gorge muette, je contemplai quelque temps ce spectacle. Trois fois, je faillis tomber à la renverse, comme un homme qui subit une émotion trop forte ; trois fois, je parvins à me remettre sur les pieds. Pas une fibre de mon corps ne restait immobile ; et je tremblais, comme tremble la lave intérieure d'un volcan. A la fin, ma poitrine oppressée, ne pouvant chasser avec assez de vitesse l'air qui donne la vie, les lèvres de ma bouche s'entrouvrirent, et je poussai un cri... un cri si déchirant... que je l'entendis ! Les entraves de mon oreille se délièrent d'une manière brusque, le tympan craqua sous le choc de cette masse d'air sonore repoussée loin de moi avec énergie, et il se passa un phénomène nouveau dans l'organe condamné par la nature. Je venais d'entendre un son! Un cinquième sens se révélait en moi! Mais, quel plaisir eussé-je pu trouver d'une pareille découverte? Désormais, le son humain n'arriva à mon oreille qu'avec le sentiment de la douleur qu'engendre la pitié pour une grande injustice. Quand quelqu'un me parlait, je me rappelais ce que j'avais vu, un jour, au-dessus des sphères visibles, et la traduction de mes sentiments étouffés en un hurlement impétueux, dont le timbre était identique à celui de mes semblables! Je ne pouvais pas lui répondre; car, les supplices exercés sur la faiblesse de l'homme, dans cette mer hideuse de pourpre, passaient devant mon front en rugissant comme des éléphants écorchés, et rasaient de leurs ailes de feu mes cheveux calcinés. Plus tard, quand je connus davantage l'humanité, à ce sentiment de pitié se joignit une fureur intense contre cette tigresse marâtre, dont les enfants endurcis ne savent que maudire et faire le mal. Audace du mensonge! ils disent que le mal n'est chez eux qu'à l'état d'exception!... Maintenant, c'est fini depuis longtemps; depuis longtemps, je n'adresse la parole à personne. O vous, qui que vous soyez, quand vous serez à côté de moi, que les cordes de votre glotte ne laissent échapper aucune intonation : que votre larynx immobile n'aille pas s'efforcer de surpasser le rossignol; et vous-même n'essayez nullement de me faire connaître votre âme à l'aide du langage. Gardez un silence religieux, que rien n'interrompe; croisez humblement vos mains sur la poitrine, et dirigez vos paupières sur le bas. Je vous l'ai dit, depuis la vision qui me fit connaître la vérité suprême, assez de cauchemars ont sucé avidement ma gorge, pendant les nuits et les jours, pour avoir encore le courage de renouveler, même par la pensée, les souffrances que j'éprouvai dans cette heure infernale, qui me poursuit sans relâche de son souvenir. Oh! quand vous entendez l'avalanche de neige tomber du haut de la froide montagne; la lionne se plaindre, au désert aride, de la disparition de ses petits; la tempête accomplir sa destinée; le condamné mugir, dans sa prison, la veille de la guillotine; et le poulpe féroce raconter, aux vagues de la mer, ses victoires sur les nageurs et les naufragés, dites-le, ces voix majestueuses ne sont-elles pas plus belles que le ricanement de l'homme!

Dans le deuxième Chant, une très longue strophe décrivant un naufrage auquel assiste Maldoror se termine par le récit des amours de celui-ci avec un requin femelle...

Chant II, 18ᵉ strophe

....Quelle est cette armée de monstres marins qui fend les flots
avec vitesse? Ils sont six; leurs nageoires sont vigoureuses, et
s'ouvrent un passage, à travers les vagues soulevées. De tous ces
êtres humains, qui remuent les quatre membres dans ce continent
peu ferme, les requins ne font bientôt qu'une omelette sans œufs,
et se la partagent d'après la loi du plus fort. Le sang se mêle aux
eaux, et les eaux se mêlent au sang. Leurs yeux féroces éclairent
suffisamment la scène du carnage... Mais, quel est encore ce
tumulte des eaux, là-bas, à l'horizon? On dirait une trombe qui
s'approche. Quels coups de rame! J'aperçois ce que c'est. Une
énorme femelle de requin vient prendre part au pâté de foie de
canard, et manger du bouilli froid. Elle est furieuse; car, elle arrive
affamée. Une lutte s'engage entre elle et les requins, pour se dis-
puter les quelques membres palpitants qui flottent par-ci, par-là,
sans rien dire, sur la surface de la crème rouge. A droite, à gauche,
elle lance des coups de dents qui engendrent des blessures mortelles. Mais, trois requins vivants l'entourent encore, et elle est
obligée de tourner en tous sens, pour déjouer leurs manœuvres.
Avec une émotion croissante, inconnue jusqu'alors, le spectateur,
placé sur le rivage, suit cette bataille navale d'un nouveau genre.
Il a les yeux fixés sur cette courageuse femelle de requin, aux dents
si fortes. Il n'hésite plus, il épaule son fusil, et, avec son adresse
habituelle, il loge sa deuxième balle dans l'ouïe d'un des requins,
au moment où il se montrait au-dessus d'une vague. Restent deux
requins qui n'en témoignent qu'un acharnement plus grand. Du
haut du rocher, l'homme à la salive saumâtre, se jette à la mer,
et nage vers le tapis agréablement coloré, en tenant à la main ce
couteau d'acier qui ne l'abandonne jamais. Désormais, chaque
requin a affaire à un ennemi. Il s'avance vers son adversaire fatigué, et, prenant son temps, lui enfonce dans le ventre sa lame
aiguë. La citadelle mobile se débarrasse facilement du dernier
adversaire... Se trouvent en présence le nageur et la femelle de
requin, sauvée par lui. Ils se regardèrent entre les yeux pendant
quelques minutes; et chacun s'étonna de trouver tant de férocité
dans les regards de l'autre. Ils tournent en rond en nageant, ne
se perdent pas de vue, et se disent à part soi : « Je me suis trompé
jusqu'ici; en voilà un qui est plus méchant. » Alors, d'un commun
accord, entre deux eaux, ils glissèrent l'un vers l'autre, avec une
admiration mutuelle, la femelle de requin écartant l'eau de ses
nageoires, Maldoror battant l'onde avec ses bras; et retinrent leur
souffle, dans une vénération profonde, chacun désireux de contempler, pour la première fois, son portrait vivant. Arrivés à trois
mètres de distance, sans faire aucun effort, ils tombèrent brusque-

ment l'un contre l'autre, comme deux aimants, et s'embrassèrent avec dignité et reconnaissance, dans une étreinte aussi tendre que celle d'un frère ou d'une sœur. Les désirs charnels suivirent de près cette démonstration d'amitié. Deux cuisses nerveuses se collèrent étroitement à la peau visqueuse du monstre, comme deux sangsues; et, les bras et les nageoires entrelacés autour du corps de l'objet aimé qu'ils entouraient avec amour, tandis que leurs gorges et leurs poitrines ne faisaient bientôt plus qu'une masse glauque aux exhalaisons de goémon; au milieu de la tempête qui continuait de sévir; à la lueur des éclairs; ayant pour lit d'hyménée la vague écumeuse, emportés par un courant sous-marin comme dans un berceau, et roulant, sur eux-mêmes, vers les profondeurs inconnues de l'abîme, ils se réunirent dans un accouplement long, chaste et hideux!... Enfin, je venais de trouver quelqu'un qui me ressemblât!... Désormais, je n'étais plus seul dans la vie!... Elle avait les mêmes idées que moi!... J'étais en face de mon premier amour!

Si la délectation de l'auteur à décrire des scènes aussi effarantes pouvait causer malaise, exaspération ou ennui chez le lecteur, celui-ci ne devait attendre de la suite de l'ouvrage que d'autres récits forcenés, et, en guise de justifications, de subtils, compliqués, caustiques ou féroces raisonnements sur la manière de comprendre et d'accepter un tel mode de pensée.

Chant V, 1ʳᵉ strophe

Que le lecteur ne se fâche pas contre moi, si ma prose n'a pas le bonheur de lui plaire. Tu soutiens que mes idées sont au moins singulières. Ce que tu dis là, homme respectable, est la vérité; mais, une vérité partiale. Or, quelle source abondante d'erreurs et de méprises n'est pas toute vérité partiale! Les bandes d'étourneaux ont une manière de voler qui leur est propre, et semble soumise à une tactique uniforme et régulière, telle que serait celle d'une troupe disciplinée, obéissant avec précision à la voix d'un seul chef. C'est à la voix de l'instinct que les étourneaux obéissent, et leur instinct les porte à se rapprocher toujours du centre du peloton, tandis que la rapidité de leur vol les emporte sans cesse au-delà; en sorte que cette multitude d'oiseaux, ainsi réunis par une tendance commune vers le même point aimanté, allant et venant sans cesse, circulant et se croisant en tous sens, forme une espèce de tourbillon fort agité, dont la masse entière, sans suivre de direction bien certaine, paraît avoir un mouvement général d'évolution sur elle-même, résultant des mouvements particuliers de circulation propres à chacune de ses parties, et dans lequel le centre, tendant perpétuellement à se développer, mais sans cesse pressé, repoussé par l'effort contraire des lignes environnantes qui pèsent sur lui, est constamment plus serré qu'aucune de ces lignes, lesquelles le sont elles-mêmes d'autant plus, qu'elles sont plus voisines du centre. Malgré cette singulière manière de tourbillonner, les étourneaux n'en fendent pas moins, avec une vitesse rare, l'air ambiant, et gagnent sensiblement, à chaque seconde, un terrain précieux pour le terme de leurs fatigues et le but de leur pèlerinage. Toi, de même, ne fais pas attention à la manière bizarre dont je chante chacune de ces strophes. Mais, sois persuadé que les accents fondamentaux de la poésie n'en conservent pas moins leur intrinsèque droit sur mon intelligence. Ne généralisons pas des faits exceptionnels, je ne demande pas mieux : cependant mon caractère est dans l'ordre des choses possibles. Sans doute, entre les deux termes extrêmes de ta littérature, telle que tu l'entends, et de la mienne, il en est une infinité d'intermédiaires et il serait facile de multiplier les divisions, mais, il n'y aurait aucune utilité, et il y aurait le danger de donner quelque chose d'étroit et de faux à une conception éminemment philosophique, qui cesse d'être rationnelle, dès qu'elle n'est plus comprise comme elle a été imaginée, c'est-à-dire avec ampleur. Tu sais allier l'enthousiasme et le froid intérieur, observateur d'une humeur concentrée; enfin, pour moi, je te trouve parfait... Et tu ne veux pas me comprendre ! Si tu n'es pas en bonne santé, suis mon conseil (c'est le meilleur que je possède à ta disposition), et va faire une promenade dans la campagne. Triste compensation, qu'en dis-tu? Lorsque tu auras pris l'air, reviens me trouver; tes sens seront plus reposés. Ne pleure plus; je ne voulais pas te faire de la peine. N'est-il pas vrai, mon ami, que, jusqu'à un certain point, ta sympathie est acquise à mes chants? Or, qui t'empêche de franchir les autres degrés? La frontière entre ton goût et le mien est invisible; tu ne pourras jamais la saisir; preuve que cette frontière elle-même n'existe pas. Réfléchis donc qu'alors (je ne fais ici qu'effleurer la question) il ne serait pas impossible que tu eusses signé un traité d'alliance avec l'obstination, cette agréable fille du mulet, source si riche d'intolérance. Si je ne savais pas que tu n'étais pas un sot, je ne te ferais pas un semblable reproche. Il n'est pas utile pour toi que tu t'encroûtes dans la cartilagineuse carapace d'un axiome que tu crois inébranlable. Il y a d'autres axiomes aussi qui sont inébranlables, et qui marchent parallèlement avec le tien. Si tu as un penchant marqué pour le caramel (admirable farce de la nature), personne ne le concevra comme un crime; mais, ceux dont l'intelligence, plus énergique et capable de plus grandes choses, préfère le poivre et l'arsenic, ont de bonnes raisons pour agir de la sorte, sans avoir l'intention d'imposer leur pacifique domination à ceux qui tremblent de peur devant une musaraigne ou l'expression parlante des surfaces d'un cube. Je parle par expérience, sans venir jouer ici le rôle de provocateur. Et, de même que les rotifères et les tardigrades peuvent être chauffés à une température voisine de l'ébullition, sans perdre nécessairement leur vitalité, il en sera de même pour toi, si tu sais t'assimiler, avec précaution, l'âcre sérosité suppurative qui se dégage avec lenteur de l'agacement que causent mes intéressantes élucubrations. Eh quoi, n'est-on pas parvenu à greffer sur le dos d'un rat vivant la queue détachée du corps d'un autre rat? Essaie donc pareillement de transporter dans ton imagination les diverses modifications de ma raison cadavérique. Mais, sois prudent. A l'heure que j'écris, de nouveaux frissons parcourent l'atmosphère intellectuelle : il ne s'agit que d'avoir le courage de les regarder en face. Pourquoi fais-tu cette grimace? Et même tu l'accompagnes d'un geste que l'on ne pourrait imiter qu'après un long apprentissage. Sois persuadé que l'habitude est nécessaire en tout; et, puisque la répulsion instinctive, qui s'était déclarée dès les premières pages, a notablement diminué de profondeur, en raison inverse de l'application à la lecture, comme un furoncle qu'on incise, il faut espérer, quoique ta tête soit encore malade, que ta guérison ne tardera certainement pas à rentrer dans sa dernière période. Pour moi, il est indubitable que tu navigues déjà en pleine convalescence; cependant, ta figure est restée bien maigre, hélas! Mais... courage! il y a en toi un esprit peu commun, je t'aime, et je ne désespère pas de ta complète délivrance, pourvu que tu absorbes quelques substances médicamenteuses, qui ne feront que hâter la disparition des derniers symptômes du mal. Comme nourriture astringente et tonique, tu arracheras d'abord les bras de ta mère (si elle existe encore), tu les dépèceras en petits morceaux, et tu les mangeras ensuite, en un seul jour, sans qu'aucun trait de ta figure ne trahisse ton émotion. Si ta mère était trop vieille, choisis un autre sujet chirurgical, plus jeune et plus frais, sur lequel la rugine aura prise, et dont les os tarsiens, quand il marche, prennent aisément un point d'appui pour faire la bascule : ta sœur, par exemple. Je ne puis m'empêcher de plaindre son sort, et je ne suis pas de ceux dans lesquels un enthousiasme très froid ne fait qu'affecter la bonté. Toi et moi, nous verserons pour elle, pour cette vierge aimée (mais, je n'ai pas de preuves pour établir qu'elle soit vierge), deux larmes incoercibles, deux larmes de plomb. Ce sera tout. La potion la plus lénitive, que je te conseille, est un bassin, plein d'un pus blennorragique à noyaux, dans lequel on aura préalablement dissous un kyste pileux de l'ovaire, un chancre folliculaire, un prépuce enflammé, renversé en arrière du gland par une paraphimosis, et trois limaces rouges. Si tu suis mes ordonnances, ma poésie te recevra à bras ouverts, comme quand un pou résèque, avec ses baisers, la racine d'un cheveu.

Dans la dernière strophe du sixième chant, l'ironie de Lautréamont n'épargne pas même sa propre inspiration.

Chant VI, 8ᵉ strophe

Pour construire mécaniquement la cervelle d'un conte somnifère, il ne suffit pas de disséquer des bêtises et abrutir puissamment à doses renouvelées l'intelligence du lecteur, de manière à rendre ses facultés paralytiques pour le reste de sa vie, par la loi infaillible de la fatigue ; il faut, en outre, avec du bon fluide magnétique, le mettre ingénieusement dans l'impossibilité somnambulique de se mouvoir, en le forçant à obscurcir ses yeux contre son naturel par la fixité des vôtres. Je veux dire, afin de ne pas mieux me faire comprendre, mais seulement pour développer ma pensée qui intéresse et agace en même temps par une harmonie des plus pénétrantes, que je ne crois pas qu'il soit nécessaire, pour arriver au but que l'on se propose, d'inventer une poésie tout à fait en dehors de la marche ordinaire de la nature, et dont le souffle pernicieux semble bouleverser même les vérités absolues ; mais, amener un pareil résultat (conforme, du reste, aux règles de l'esthétique, si l'on y réfléchit bien), cela n'est pas aussi facile qu'on le pense : voilà ce que je voulais dire. C'est pourquoi je ferai tous mes efforts pour y parvenir ! Si la mort arrête la maigreur fantastique des deux bras longs de mes épaules, employés à l'écrasement lugubre de mon gypse littéraire, je veux au moins que le lecteur en deuil puisse se dire : « Il faut lui rendre justice. Il m'a beaucoup crétinisé. Que n'aurait-il pas fait, s'il eût pu vivre davantage ! c'est le meilleur professeur d'hypnotisme que je connaisse ! » On gravera ces quelques mots touchants sur le marbre de ma tombe, et mes mânes seront satisfaits !....

La frénésie verbale des Chants — *qui semble cependant toujours contrôlée par une supérieure lucidité* — *se retrouve dans la première partie des* Poésies, *mais par un étonnant retournement, c'est l'esprit même des* Chants de Maldoror *qui est maintenant attaqué :* Isidore Ducasse repousse le Mal *et sa domination sur l'homme et le Créateur, c'est-à-dire les motifs et les leçons les plus manifestes de l'œuvre du comte de Lautréamont ! Il semble donc impossible de voir dans l'auteur de* Poésies *celui des* Chants — *bien qu'il s'agisse du même écrivain* — *car Isidore Ducasse, après le furieux hommage de Lautréamont au romantisme, adopte une attitude complètement opposée et proclame que les sommets de la langue française sont les discours académiques et ceux des distributions de prix dans les écoles !*

POÉSIES

Le goût est la qualité fondamentale qui résume toutes les autres qualités. C'est le *nec plus ultra* de l'intelligence. Ce n'est que par lui seul que le génie est la santé suprême et l'équilibre de toutes les facultés. Villemain est trente-quatre fois plus intelligent qu'Eugène Sue et Frédéric Soulié. Sa préface du *Dictionnaire de l'Académie* verra la mort des romans de Walter Scott, de Fenimore Cooper, de tous les romans possibles et imaginables. Le roman est un genre faux, parce qu'il décrit les passions pour elles-mêmes : la conclusion morale est absente. Décrire les passions n'est rien; il suffit de naître un peu chacal, un peu vautour, un peu panthère. Nous n'y tenons pas. Les décrire, pour les soumettre à une haute moralité, comme Corneille, est autre chose. Celui qui s'abstiendra de faire la première chose, tout en restant capable d'admirer et de comprendre ceux à qui il est donné de faire la deuxième, surpasse, de toute la supériorité des vertus sur les vices, celui qui fait la première.
Par cela seul qu'un professeur de seconde se dit : « Quand on me donnerait tous les trésors de l'univers, je ne voudrais pas avoir fait des romans pareils à ceux de Balzac et d'Alexandre Dumas », par cela seul, il est plus intelligent qu'Alexandre Dumas et Balzac. Par cela seul qu'un élève de troisième s'est pénétré qu'il ne faut pas chanter les difformités physiques et intellectuelles, par cela seul, il est plus fort, plus capable, plus intelligent que Victor Hugo, s'il n'avait fait que des romans, des drames et des lettres.
Alexandre Dumas fils ne fera jamais, au grand jamais, un discours de distribution de prix pour un lycée. Il ne connaît pas ce que c'est que la morale. Elle ne transige pas. S'il le faisait, il devrait auparavant biffer d'un trait de plume tout ce qu'il a écrit jusqu'ici, en commençant par ses préfaces absurdes. Réunissez un jury d'hommes compétents : je soutiens qu'un bon élève de seconde est plus fort que lui, même dans la *sale* question des courtisanes.
Les chefs-d'œuvre de la langue française sont les discours de distribution pour les lycées, et les discours académiques. En effet, l'instruction de la jeunesse est peut-être la plus belle expression pratique du devoir, et une bonne appréciation des ouvrages de Voltaire (creusez le mot appréciation) est préférable à ces ouvrages eux-mêmes. — Naturellement !

Les principes se fondent selon un acte de pure volonté par lequel on renonce à toutes sortes de possibilités pour adopter un point de départ susceptible de conduire à des développements conformes au but poursuivi. Si l'on considère qu'une intégration de ce genre est à la base de la littérature et de l'art classiques, on concevra que les Poésies *procèdent d'une démarche*

*d'essence classique. Le développement de l'axiomatique de Ducasse est
implacable : médiocre ou excellent, tout ce qui n'entre pas dans le schéma
préétabli est éliminé, oublié, tout ce qui s'y conforme est mis en valeur,
acclamé.*

*L'auteur ne fait pas de différence entre des poètes comme Musset et Byron,
par exemple — tous deux appartiennent au Mal... Il condamne* Rolla *non
parce que c'est un stupide poème comme le dira Rimbaud mais parce que
Musset y décrit des scènes désolantes. Byron est traité de même, au cours d'un
raisonnement rigoureux : on ne doit pas, dit en substance Ducasse, mettre
ses talents, ou son génie, au service de valeurs négatives.*

Quelques caractères, excessivement intelligents, il n'y a pas lieu
que vous l'infirmiez par des palinodies d'un goût douteux, se sont
jetés, à tête perdue, dans les bras du mal. C'est l'absinthe, savou-
reuse, je ne le crois pas, mais, nuisible, qui tua moralement l'auteur
de *Rolla*. Malheur à ceux qui sont gourmands ! A peine est-il entré
dans l'âge mûr, l'aristocrate anglais, que sa harpe se brise sous les
murs de Missolonghi, après n'avoir cueilli sur son passage que les
fleurs qui couvrent l'opium des mornes méconnaissances.

Quoique plus grand que les génies ordinaires, s'il s'était trouvé de
son temps un autre poète, doué, comme lui, à doses semblables,
d'une intelligence exceptionnelle, et capable de se présenter comme
son rival, il aurait avoué, le premier, l'inutilité de ses efforts pour
produire des malédictions disparates; et que, le bien exclusif est,
seul, déclaré digne, de par la voix de tous les mondes, de s'appro-
prier notre estime. Le fait est qu'il n'y eut personne pour le
combattre avec avantage. Voilà ce qu'aucun n'a dit. Chose étrange !
même en feuilletant les recueils et les livres de son époque, aucun
critique n'a songé à mettre en relief le rigoureux syllogisme qui
précède. Et ce n'est pas celui qui le surpassera qui peut l'avoir
inventé. Tant on était rempli de stupeur et d'inquiétude, plutôt
que d'admiration réfléchie, devant des ouvrages écrits d'une main
perfide, mais qui révélaient, cependant, les manifestations impo-
santes d'une âme qui n'appartient pas au vulgaire des hommes, et
qui se trouvait à son aise dans les conséquences dernières d'un des
deux moins obscurs problèmes qui intéressent les cœurs non
solitaires : le bien, le mal. Il n'est pas donné à quiconque d'aborder les extrêmes, soit dans un sens, soit dans un autre. C'est ce qui
explique pourquoi, tout en louant, sans arrière-pensée, l'intelligence merveilleuse dont il dénote à chaque instant la preuve, lui,
un des quatre ou cinq phares de l'humanité, l'on fait, en silence,
ses nombreuses réserves sur les applications et l'emploi injustifi-
ables qu'il en a fait sciemment. Il n'aurait pas dû parcourir les
domaines sataniques.

Il est troublant de voir Ducasse lancer contre son propre passé littéraire les accusations de folie, imagination perverse, goût du sanglant et du macabre, qu'on retrouve sous la plume de ses critiques. Mais ses insultes dépassent infiniment en verve et en véritable magnificence celles de ses insulteurs!

Il y a des écrivains ravalés, dangereux loustics, farceurs au quarteron, sombres mystificateurs, véritables aliénés, qui mériteraient de peupler Bicêtre. Leurs têtes crétinisantes, d'où une tuile a été enlevée, créent des fantômes gigantesques, qui descendent au lieu de monter. Exercice scabreux; gymnastique spécieuse. Passez donc, grotesque muscade. S'il vous plaît, retirez-vous de ma présence, fabricateurs, à la douzaine, de rébus défendus, dans lesquels je n'apercevais pas auparavant, du premier coup, comme aujourd'hui, le joint de la solution frivole. Cas pathologique d'un égoïsme formidable. Automates fantastiques : indiquez-vous du doigt, l'un à l'autre, mes enfants, l'épithète qui les remet à leur place.
S'ils existaient, sous la réalité plastique, quelque part, ils seraient, malgré leur intelligence avérée, mais fourbe, l'opprobre, le fiel, des planètes qu'ils habiteraient la honte. Figurez-vous-les, un instant, réunis en société avec des substances qui seraient leurs semblables. C'est une succession non interrompue de combats, dont ne rêveront pas les bouledogues, interdits en France, les requins et les macrocéphales-cachalots. Ce sont des torrents de sang, dans ces régions chaotiques pleines d'hydres et de minotaures, et d'où la colombe, effarée sans retour, s'enfuit à tire-d'aile. C'est un entassement de bêtes apocalyptiques, qui n'ignorent pas ce qu'elles font. Ce sont des chocs de passions, d'irréconciliabilités et d'ambitions, à travers les hurlements d'un orgueil qui ne se laisse pas lire, se contient, et dont personne ne peut, même approximativement, sonder les écueils et les bas-fonds.
Mais, ils ne m'en imposeront plus. Souffrir est une faiblesse, lorsqu'on peut s'en empêcher et faire quelque chose de mieux. Exhaler les souffrances d'une splendeur non équilibrée, c'est prouver, ô moribonds des maremmes perverses! moins de résistance et de courage, encore. Avec ma voix et ma solennité des grands jours, je te rappelle dans mes foyers déserts, glorieux espoir. Viens t'asseoir à mes côtés, enveloppé du manteau des illusions, sur le trépied raisonnable des apaisements. Comme un meuble de rebut, je t'ai chassé de ma demeure, avec un fouet aux cordes de scorpions. Si tu souhaites que je sois persuadé que tu as oublié, en revenant chez moi, les chagrins que, sous l'indice des repentirs, je t'ai causés autrefois, crebleu! ramène alors avec toi, cortège sublime, — soutenez-moi, je m'évanouis! — les vertus offensées, et leurs impérissables redressements.

Encore que l'humour que l'on décèle souvent dans les strophes excessives des Chants *puisse être retrouvé dans les anathèmes des* Poésies *et qu'en effet ce soit là l'un des traits les plus constants des deux ouvrages, on ne saurait y reconnaître l'origine de l'extraordinaire volte-face de l'auteur, dont un des motifs profonds fut peut-être l'échec total de son premier livre, retiré de la vente par l'éditeur effrayé de ses violences et craignant des poursuites. Quoi qu'il en soit, Ducasse ayant résolu de changer complètement de manière, il voit dans presque tous les auteurs du passé (nombre d'entre eux l'inspirèrent dans les* Chants*) les représentants du Mal : Balzac, Hugo, Young, Eschyle — langages et siècles confondus dans la même malédiction —, Walter Scott, Flaubert, Baudelaire qu'il traite d' « amant morbide de la Vénus hottentote », Dante, Milton — « hyènes de première espèce » —, Shakespeare — « chaque fois que j'ai lu Shakespeare, il m'a semblé que je déchiquète la cervelle d'un jaguar » —, Gérard de Nerval enfin, dont « personne ne voudrait utiliser la cravate »...*

Il paraît beau, sublime, sous prétexte d'humilité ou d'orgueil, de discuter les causes finales, d'en fausser les conséquences stables et reconnues. Détrompez-vous, parce qu'il n'y a rien de plus bête! Renouons la chaîne régulière avec les temps passés : la poésie est la géométrie par excellence. Depuis Racine, la poésie n'a pas progressé d'un millimètre. Elle a reculé. Grâce à qui? aux Grandes-Têtes-Molles de notre époque. Grâce aux femmelettes, Chateaubriand, le Mohican-Mélancolique; Sénancour, l'Homme-en-Jupon; Jean-Jacques Rousseau, le Socialiste-Grincheur; Anne Radcliffe, le Spectre-Toqué; Edgar Poe, le Mameluck-des-Rêves-d'Alcool; Maturin, le Compère-des-Ténèbres; George Sand, l'Hermaphrodite-Circoncis; Théophile Gautier, l'Incomparable-Épicier; Lecomte, le Captif-du-Diable; Gœthe, le Suicidé-pour-Pleurer; Sainte-Beuve, le Suicidé-pour-Rire; Lamartine, la Cigogne-Larmoyante; Lermontoff, le Tigre-qui-Rugit; Victor Hugo, le Funèbre-Échalas-Vert; Misçkiéwicz, l'Imitateur-de-Satan; Musset, le Gandin-Sans-Chemise-Intellectuelle; et Byron, l'Hippopotame-des-Jungles-Infernales.

Pourtant la première partie des Poésies *se termine par une phrase faisant écho à Shakespeare :*

Toute l'eau de la mer ne suffirait pas à laver une tache de sang intellectuelle.

*Cette tache intellectuelle, c'est une tache d'*encre, *le sang noir qui coule de la plume des écrivains romantiques. La phrase ci-dessus constitue, d'autre part, le premier exemple d'un procédé qui reparaîtra maintes fois dans la seconde section de l'opuscule, où Ducasse « corrige » les maximes de certains moralistes, surtout celles de Pascal et de Vauvenargues. Par exemple, le* *fameux passage des* Pensées : « *L'homme n'est qu'un roseau, le plus faible de la nature, mais c'est un roseau pensant. Il ne faut pas que l'univers entier s'arme pour l'écraser; une vapeur, une goutte d'eau suffit pour le tuer. Mais quand l'univers l'écraserait, l'homme serait encore plus noble que ce qui le tue, parce qu'il sait qu'il meurt; et l'avantage que l'univers a sur lui, l'univers n'en sait rien* », *est repris par Ducasse comme suit :*

L'homme est un chêne. La nature n'en compte pas de plus robuste. Il ne faut pas que l'univers s'arme pour le défendre. Une goutte d'eau ne suffit pas à sa préservation. Même quand l'univers le défendrait, il ne serait pas plus déshonoré que ce qui ne le préserve pas. L'homme sait que son règne n'a pas de mort, que l'univers possède un commencement. L'univers ne sait rien : c'est, tout au plus, un roseau pensant.

Les intentions de l'auteur sont plus claires encore dans la transcription d'une autre pensée fameuse (dont la profondeur peut d'ailleurs paraître douteuse à un lecteur candide) : « Si le nez de Cléopâtre eût été plus court, toute la face de la terre aurait changé. » Ducasse écrit :

Si la morale de Cléopâtre eût été moins courte, la face de la terre aurait changé. Son nez n'en serait pas devenu plus long.

Les Maximes *de Vauvenargues sont traitées de semblable façon. Dans les exemples suivants (les maximes originales sont en italiques), le procédé d'élimination du Mal dans le concept et dans les termes apparaît nettement :*

La modération des grands hommes ne borne que leurs vices. La modération des grands hommes ne borne que leurs vertus. — *C'est offenser quelquefois les hommes que leur donner des louanges, parce qu'elles marquent les bornes de leur mérite; peu de gens sont assez modestes pour souffrir sans peine qu'on les apprécie.* C'est offenser les humains que de leur donner des louanges qui élargissent les bornes de leur mérite. Beaucoup de gens sont assez modestes pour souffrir sans peine qu'on les apprécie. *Il faut tout attendre et tout craindre du temps, des hommes.* Il faut tout attendre, rien craindre du temps, des hommes. — *Si la gloire et si le mérite ne rendent pas les hommes heureux, ce que l'on appelle bonheur mérite-t-il leurs regrets? Une âme un peu courageuse daignerait-elle accepter ou la fortune, ou le repos d'esprit, ou la modération, s'il fallait leur sacrifier la vigueur de ses sentiments et abaisser l'essor de son génie?* Si le mérite, la gloire ne rendent pas les hommes malheureux, ce qu'on appelle malheur ne mérite pas leurs regrets. Une âme daigne accepter la fortune, le repos, s'il leur faut superposer la vigueur de ses sentiments, l'essor de son génie. — *On méprise les grands des-*

seins lorsqu'on ne se sent pas capable des grands succès. On estime les grands desseins, lorsqu'on se sent capable des grands succès. — *La familiarité est l'apprentissage des esprits.* La réserve est l'apprentissage des esprits. — *On dit peu de choses solides lorsqu'on cherche à en dire d'extraordinaires.* On dit des choses solides, lorsqu'on ne cherche pas à en dire d'extraordinaires.

Ducasse réforme les leçons des moralistes qui se réfèrent toujours aux insuffisances et aux défauts humains et il étend les conséquences de cette attitude à la poésie. Celle-ci devient « poésie impersonnelle » fondée, dit-il, sur « la raison, qui n'opère que sur les facultés qui président à la catégorie des phénomènes de la bonté pure »; une poésie non plus expression de sentiments individuels, mais « analyse des sentiments » — ce qui est le fondement de la poésie classique. Alors, dans un monde où le Mal serait non existant, la maxime suivante deviendrait la règle :

La poésie doit être faite par tous, non par un.

Le surréalisme a fait siennes certaines images et pensées de Lautréamont-Ducasse, et spécialement deux d'entre elles. La première est la comparaison qu'on trouve dans les Chants de Maldoror *: « Beau comme la rencontre fortuite, sur une table de dissection, d'une machine à coudre et d'un parapluie » — exemple frappant de la définition de l'image poétique par Pierre Reverdy (voir au chapitre précédent), qui présente à la fois distance et justesse des rapports des éléments en jeu : si l'on prend en effet les mots « table », « machine à coudre » et « parapluie » comme les symboles de « lit », « femme » et « homme », on s'aperçoit que la comparaison apparemment absurde est une image métaphorique de l'acte d'amour.*
L'autre citation favorite des surréalistes a été l'aphorisme reproduit ci-dessus : « La poésie doit être faite par tous, non par un. » Or, cette maxime a toujours été citée dans un contexte « romantique », autrement dit, elle a été comprise comme affirmant la possibilité pour chacun d'exprimer poétiquement son individualité, son originalité; alors que dans le contexte des Poésies *la maxime dit exactement le contraire. Entre les deux interprétations il y a cette opposition très bien décrite par Jean Starobinski lorsque, étudiant le style en général, ce philosophe distingue « un milieu culturel comme le nôtre, où l'originalité fait prime » (c'est là une première alternative, celle des* Chants de Maldoror, *autrement dit le domaine du « Mal »), et celui où « un langage commun. . . . prend valeur d'institution. . . ., (où) l'analyse du style nous renverra. . . . à l'institution, et non à la personnalité des auteurs »[1] (seconde alternative, choisie par les* Poésies *et située par cet ouvrage dans le domaine du « Bien »).*
L'exceptionnel chez Lautréamont-Ducasse n'est pas qu'il ait adopté succes-

---

1. Jean Starobinski, *La Relation critique* (Gallimard 1970).

sivement les deux points de vue — des exemples existent de telle volte-face, dans les arts visuels aussi bien qu'en littérature — mais que les deux aspects revêtent les formes les plus extrêmes, s'affirment, dans les deux œuvres, sans mélange, et que la faculté poétique et re-créatrice de l'auteur ne faiblit jamais à ce passage de l'un à l'autre pôle.

Mais nous pouvons discerner, au fond du paroxysme obsessionnel des Chants, *le développement lucide d'un propos rigoureux, tandis que les pensées glaciales des* Poésies *ont pu être transformées en slogans émotionnels. Ainsi, sous des éclairages changeants et parfois trompeurs, l'œuvre contradictoire de Lautréamont-Ducasse devient comme un jeu de miroirs affrontés qui se renvoient leurs reflets[1].*

Pour les jeunes poètes qui, en 1918, découvrirent les Chants de Maldoror, *l'ombre immense d'une production qui est le comble du « roman noir » occulta la lumière des* Poésies, *elle-même aveuglante en ce sens que le principe de la non-existence du Mal reste une idée tout à fait « inhumaine ». Le poème des* Chants de Maldoror *vivra aussi longtemps que le monde sera régi par la notion dynamique du « Mal », tandis que les* Poésies *appartiennent à un temps où la domination sans partage du « Bien » devra donner naissance à une poésie d'un absolu classicisme, dans un monde dont, à ce jour, seul Ducasse a rêvé.*

---

1. Ce qui précède n'est qu'un très bref aperçu de notre discussion approfondie dans *Œuvres complètes commentées d'Isidore Ducasse, comte de Lautréamont*, par Marcel Jean et Arpad Mezei (Eric Losfeld 1971). Voir aussi des mêmes auteurs : *Maldoror* (Le Pavois 1947), et *Genèse de la pensée moderne* (Corrêa 1950).

DEUXIÈME PARTIE

GENÈSE

Chapitre VIII

Littérature

Littérature *au début de son existence sembla prendre la succession de la revue de Reverdy,* Nord-Sud, *qui avait été elle-même un prolongement des* Soirées de Paris *de Guillaume Apollinaire. Collaborèrent à* Littérature *les écrivains des cercles d'avant-garde, Max Jacob, André Salmon, Blaise Cendrars, Léon-Paul Fargue, Reverdy, Raymond Radiguet... et des auteurs comme André Gide, Paul Valéry, Jules Romains, Valery Larbaud, Paul Morand, Ramón Gómez de la Serna... Des musiciens, Stravinsky, Darius Milhaud, Georges Auric..., publièrent dans les premiers numéros des chroniques sur les événements musicaux, voire des poèmes, lesquels voisinèrent avec ceux d'Aragon, d'Éluard, de Breton, de Soupault. Voici, au n° I (mars 1919), « Pierre fendre*[1] *» par Aragon, et « Clé de sol » par Breton :*

Pierre fendre

Jours d'hiver copeaux
Mon ami les yeux rouges
Suit l'enterrement glace
Je suis jaloux du mort

Les gens tombent comme des mouches
On me dit tout bas que j'ai tort
Soleil bleu lèvres gercées
Je parcours les rues sans penser à mal
Avec l'image du goût et l'ombre du trappeur
On m'offre des fêtes
                des oranges
Mes dents Frissons Fièvre Idée fixe
Tous les braseros à la foire à la ferraille
Il ne me reste plus qu'à mourir de froid en public

Clé de sol

On peut suivre sur le rideau
L'amour s'en va
          Toujours est-il

---

1. Reproduit dans *Feu de joie* (Au Sans-Pareil, 1920).

Un piano à queue
Tout se perd
Au secours
L'arme de précision
Des fleurs
Dans la tête sont pour éclore
Coup de théâtre
La porte cède
La porte c'est la musique

*Littérature n° 2 publia « Vache[1] » par Éluard et « L'heure du thé[2] »
par Soupault.*

Vache

On ne mène pas la vache
A la verdure rase et sèche
A la verdure sans caresse

L'herbe qui la reçoit
Doit être douce comme un fil de soie
Un fil de soie doux comme un fil de lait

Mère ignorée
Pour les enfants, ce n'est pas le déjeuner —
Mais le lait sur l'herbe

L'herbe devant la vache
L'enfant devant le lait

L'heure du thé

(à Madame Marie Laurencin)

La glace est dans le jardin

tout le monde

Et d'ailleurs

l'oiseau s'allume
on a perdu son chemin

Romance

C'est tout

Sait-on
le rideau

la nuit et l'été
l'éventail est l'adieu

---

1. Reproduit dans Paul Éluard, *Les Animaux et leurs Hommes, les Hommes et leurs Animaux,* © Éditions Gallimard.
2. Reproduit dans Philippe Soupault, *Poèmes et Poésies,* Éditions Grasset, © Philippe Soupault.

Dans le n° 4 (juin 1919), « Le Corset Mystère [1] » d'André Breton trans-
posait en poésie écrite la technique des « papiers collés » :

Le Corset Mystère

Mes belles lectrices

a force d'en voir **de toutes les couleurs**

Cartes splendides, *à effets de lumière.* Venise

Autrefois les meubles de ma chambre étaient fixés

solidement aux murs et je me faisais attacher pour écrire :

J'ai le pied marin

nous adhérons à une sorte de **Touring Club**

sentimental

UN CHATEAU A LA PLACE DE LA TÊTE

c'est aussi le **Bazar de la charité**

Jeux très amusants pour tous âges ; **Jeux poétiques**, etc.

Je tiens Paris comme — pour vous dévoiler l'avenir —

votre main ouverte

la taille bien prise.

ANDRÉ BRETON

Littérature *apparut bientôt, parmi les revues de la jeune poésie et les
mensuels les plus renommés, comme particulièrement riche et vivante. Elle
révéla des inédits ou des pages très peu connues, non seulement les* Poésies
de Ducasse et les Lettres *de Vaché, mais tels poèmes de Rimbaud (« Les
mains de Jeanne-Marie »), de Mallarmé, de Charles Cros, d'Apollinaire...
Elle signala en de brefs mais admiratifs comptes rendus les premiers
films américains, productions lyriques ou délirantes qui commençaient à
envahir l'Europe. Des chroniques poétiques ou impertinentes commentèrent
certains livres, spectacles, expositions, revues, etc. On nota une étude de
Soupault sur Synge, et le texte suivant, de Breton, sur Chirico [2] :*

1. Reproduit dans André Breton, *Poèmes,* © Éditions Gallimard.
2. Reproduit dans André Breton, *Les Pas perdus,* © Éditions Gallimard.

Giorgio de Chirico

« Lorsque Galilée fit rouler sur un plan incliné des boules dont il avait lui-même déterminé la pesanteur, ou que Torricelli fit porter à l'air un poids qu'il savait être égal à une colonne d'eau à lui connue, alors une nouvelle lumière vint éclairer tous les physiciens. »

On se fait une idée imparfaite des Sept Merveilles du monde ancien. De nos jours quelques sages : Lautréamont, Apollinaire ont voué le parapluie, la machine à coudre, le chapeau haut de forme à l'admiration universelle. Avec cette certitude qu'il n'y a rien d'incompréhensible et que tout, au besoin, peut servir de symbole, nous dépensons des trésors d'imagination. Se figurer le sphinx comme un lion à tête de femme fut autrefois poétique. J'estime qu'une véritable mythologie moderne est en formation. C'est à Giorgio de Chirico qu'il appartient d'en fixer impérissablement le souvenir.

A son image Dieu a fait l'homme, l'homme a fait la statue et le mannequin. La nécessité de consolider celle-là (socle, tronc d'arbre), l'adaptation à sa fonction de celui-ci (pièces de bois verni remplaçant la tête, les bras), sont l'objet de toutes les préoccupations de ce peintre. On ne peut douter que le style de nos habitations l'intéresse sous le même rapport, ainsi que les outils construits déjà par nous en vue de nouvelles constructions : équerre, rapporteur, carte de géographie.

La nature de cet esprit le disposait par excellence à reviser les données sensibles du temps et de l'espace. Les rameaux de l'arbre généalogique fleurissent un peu partout. Simultanément une certaine lumière orangée apparaît comme une flamme de bougie et comme une étoile de mer. Angles dièdres. Toutefois Chirico ne suppose pas qu'un revenant puisse s'introduire autrement que par la porte.

Il paraît que tout cela n'a rien à voir avec la peinture. Mais le colosse de Rhodes et le Temple d'Éphèse nous les connaissons grâce à Philon de Byzance, ingénieur et tacticien grec, auteur de traités sur l'art des sièges et la fabrication des machines de guerre (fin du IIIe siècle avant J.-C.).

Le ton d'érudition négligente, léger et mystérieux à la fois, rappelle ici la manière d'Apollinaire, avec un lointain écho de Vaché (« tout, au besoin, peut servir de symbole »), et il est curieux de rencontrer, en relation avec le peintre des énigmes, le : « Il n'est rien d'incompréhensible » repris des Poésies d'Isidore Ducasse.

Breton publia en 1919 un recueil, Mont de piété, *où le poème « Forêt-*

Noire [1] » *est caractéristique de l'influence de Reverdy, bien que, selon l'auteur, ce soit Rimbaud qui parle :*

Forêt-Noire [*]

                                           Out
Tendre capsule   etc   melon
Madame de Saint-Gobain trouve le temps long seule
Une côtelette se fane
                    Relief du sort
Où   sans volets   ce pignon blanc
     Cascades
                    Les schlitteurs sont favorisés

                                   Çà souffle
Que salubre est le vent   le vent des crèmeries
                    L'auteur de l'Auberge de l'Ange Gardien
L'an dernier est tout de même mort
A propos

De Tubingue à ma rencontre
Se portent les jeunes Kepler Hegel
Et le bon camarade

Pendant les derniers mois de l'année 1919, Breton et Soupault commencèrent la publication dans Littérature *de textes intitulés* les Champs magnétiques [2], *qui parurent en librairie l'année suivante, réunissant les résultats d'une expérience d'écriture non contrôlée, « automatique », menée par les deux poètes. On est très loin, tout à coup, de l'influence de Reverdy, très loin du poème « Forêt-Noire » dont son auteur dira (dans le* Manifeste du surréalisme *en 1924) qu'il avait mis six mois à l'écrire. Au contraire,* les Champs magnétiques *furent rédigés jour après jour, au fil de la plume, et « chaque chapitre n'avait d'autre raison de finir que la fin du jour où il était entrepris ».*

LES CHAMPS MAGNÉTIQUES
La glace sans tain

Prisonniers des gouttes d'eau, nous ne sommes que des animaux perpétuels. Nous courons dans les villes sans bruits et les affiches enchantées ne nous touchent plus. A quoi bon ces grands enthousiasmes fragiles, ces sauts de joie desséchés ? Nous ne savons plus rien que les astres morts ; nous regardons les visages ; et nous soupirons de plaisir. Notre bouche est plus sèche que les plages per-

---

1. Reproduit dans *Poèmes, op. cit.*
* RIMBAUD PARLE.
2. A. Breton et P. Soupault, *Les Champs magnétiques,* © Éditions Gallimard.

dues; nos yeux tournent sans but, sans espoir. Il n'y a plus que ces cafés où nous nous réunissons pour boire ces boissons fraîches, ces alcools délayés et les tables sont plus poisseuses que ces trottoirs où sont tombées nos ombres de la veille.

Quelquefois, le vent nous entoure de ses grandes mains froides et nous attache aux arbres découpés par le soleil. Tous, nous rions, nous chantons, mais personne ne sent plus son cœur battre. La fièvre nous abandonne.

Les gares merveilleuses ne nous abritent plus jamais : les longs couloirs nous effraient. Il faut donc étouffer encore pour vivre ces minutes plates, ces siècles en lambeaux. Nous aimions autrefois les soleils de fin d'année, les plaines étroites où nos regards coulaient comme ces fleuves impétueux de notre enfance. Il n'y a plus que des reflets dans ces bois repeuplés d'animaux absurdes, de plantes connues.

Les villes que nous ne voulons plus aimer sont mortes. Regardez autour de vous : il n'y a plus que le ciel et ces grands terrains vagues que nous finirons bien par détester. Nous touchons du doigt ces étoiles tendres qui peuplaient nos rêves. Là-bas, on nous a dit qu'il y avait des vallées prodigieuses : chevauchées perdues pour toujours dans ce Far-West aussi ennuyeux qu'un musée.

Lorsque les grands oiseaux prennent leur vol, ils partent sans un cri et le ciel strié ne résonne plus de leur appel. Ils passent au-dessus des lacs, des marais fertiles; leurs ailes écartent les nuages trop langoureux. Il ne nous est plus permis de nous asseoir : immédiatement des rires s'élèvent et il nous faut crier bien haut tous nos péchés.

Un jour dont on ne sait plus la couleur, nous avons découvert des murs tranquilles et plus forts que les monuments. Nous étions là et nos yeux agrandis laissaient échapper des larmes joyeuses. Nous disions : « Les planètes et les étoiles de première grandeur ne nous sont pas comparables. Quelle est donc cette puissance plus terrible que l'air? Belles nuits d'août, adorables crépuscules marins, nous nous moquons de vous! L'eau de Javel et les lignes de nos mains dirigeront le monde. Chimie mentale de nos projets, vous êtes plus forts que ces cris d'agonie et que les voix enrouées des usines! » Oui, ce soir-là plus beau que tous les autres nous pûmes pleurer. Des femmes passaient et nous tendaient la main, nous offrant leur sourire comme un bouquet. La lâcheté des jours précédents nous serra le cœur, et nous détournâmes la tête pour ne plus voir les jets d'eau qui rejoignaient les autres nuits.

Il n'y avait plus que la mort ingrate qui nous respectait.

Chaque chose est à sa place, et personne ne peut plus parler : chaque sens se paralysait et des aveugles étaient plus dignes que nous.

On nous a fait visiter des manufactures de rêves à bon marché et les magasins remplis de drames obscurs. C'était un cinéma magnifique où les rôles étaient tenus par d'anciens amis. Nous les perdions de vue et nous allions les retrouver toujours à cette même place. Ils nous donnaient des friandises pourries et nous leur racontions nos bonheurs ébauchés. Leurs yeux fixés sur nous, ils parlaient : peut-on vraiment se souvenir de ces paroles ignobles, de leurs chants endormis?

Nous leur avons donné notre cœur qui n'était qu'une chanson pâle....

Quelquefois la collaboration des deux poètes prenait la forme d'un dialogue :

Barrières

.... — Les rivières ne sont pas des miroirs, on a fait beaucoup mieux depuis dix ans. Je peux avec une pierre briser toutes les glaces de la cité où nous vivons et les insectes plus petits que les cris d'enfants en bas âge creusent avec volupté les fondations des gratte-ciel.

— Sans doute, et pourtant nous n'assistons pas encore aux pillages centraux. Vous avez tort de croire que nos voix servent à combler des espaces significatifs. Il n'y a pas bien longtemps que nous sommes nés.

— Hélas! Un ami de la famille m'avait donné une méduse et, pour que cet animal respectable ne connût pas la faim, une liqueur verte qui contenait de l'eau de cuivre. L'invertébré dépérit à vue d'œil et, lorsque deux jours après sa mort, nous nettoyâmes le bocal, nous eûmes la joie de découvrir un coquillage mauve qui s'appelait calcédoine.

— Cela s'est vu. J'aurais moi-même à vous conter l'embellissement qui suivit la visite du Président de la République. D'un trousseau de clés qu'il avait placé sous verre naquit une pendule officielle qui sonnait l'heure des restaurations.

— Il y avait aussi ce jour-là des femmes obèses dont les chapeaux à plumes faisaient notre joie. A la fenêtre les invités jetaient des gâteaux et tout le monde oubliait le but de cette fête.

— Je ne regarde pas si loin que vous. S'amuser et rire, n'est-ce pas l'idéal des gens de notre siècle? Il faut aux femmes des souliers de peluche et des kimonos de satin pâle. On parle beaucoup de cette charmante manière d'agiter les fioles sentimentales avant de s'en servir.

— Les souvenirs les meilleurs sont les plus courts et, si vous m'en croyez, regardez les rages bousculées de ces peintres en bâtiment. La mariée court on ne sait où et nous n'avons plus d'allumettes.

— Comme vous le dites, la fleur d'oranger ne saurait nous en tenir

lieu. Savez-vous le sort qui vous attend? Du côté de la principauté de Monaco, j'ai rencontré des ingénues bien tristes. Peut-être en êtes-vous amoureux?
— C'est un point à éclaircir, mais cette belle lumière nous ennuie. Tout est à refaire. Je passe dans cette avenue; un cheval emballé entre dans un jardin public : c'est une soirée perdue. . . .

Et d'autres fois certaines maximes naissaient, de la même manière automatique :

Ne bougeons plus

Le monde qui écrit 365 en caractères arabes a appris à le multiplier par un nombre de deux chiffres.
J'ai sur le bras, du côté interne, une marque sinistre, un M bleu qui me menace.
L'amour au fond des bois luit comme une grande bougie.
Ma jeunesse en fauteuil à roulettes avec des oiseaux sur le manche de l'avenir.
La volonté de grandeur de Dieu le Père ne dépasse pas 4 810 mètres en France, altitude prise au-dessus du niveau de la mer.
Qu'est-ce qu'on attend? Une femme? Deux arbres? Trois drapeaux? Qu'est-ce qu'on attend? Rien.
Tentation de se faire servir une consommation nouvelle : par exemple une démolition au platane.
Aujourd'hui ou un autre jour on oubliera d'allumer les réverbères.

Le Manifeste du surréalisme *témoignera plus tard du sentiment de libération éprouvé par André Breton lorsqu'il vit, grâce à l'écriture automatique, le poème couler pour ainsi dire de sa plume — au prix, cependant, d'une certaine monotonie à laquelle quelques-uns, sinon lui-même, furent sensibles*[1]*.*
Cependant d'autres constellations commençaient à monter sur l'horizon poétique. A New York, pendant la Première Guerre mondiale, Marcel Duchamp et Francis Picabia avaient mené, en précurseurs, des activités « anti-art » qu'on peut rétrospectivement considérer comme proto-dadaïstes, tandis qu'à Paris la pièce d'Apollinaire, les Mamelles de Tirésias, écrite avant 1914 mais jouée seulement en 1917, bien que qualifiée par son auteur de « drame surréaliste », pourrait être définie plus justement, en raison de sa fantaisie provocante, comme « dadaïste », par anticipation. En vérité, Dada était « dans l'air » et le nom venait d'être trouvé en 1916 à Zürich par les poètes Hugo Ball et Richard Huelsenbeck autour des-

---

1. Ainsi Raymond Radiguet (cf. David Noakes, *Raymond Radiguet*, Seghers 1968).

quels s'était assemblé un groupe d'écrivains et d'artistes de diverses natio-
nalités : Hans Arp, Tristan Tzara, Marcel Janco, Serner... Oublieux, en
Suisse, du cyclone guerrier qui ravageait l'Europe, le groupe organisa des
spectacles humoristiques dans un café de Zürich, le Cabaret Voltaire, *créa*
une revue du même nom, qui publia, à côté des textes des fondateurs,
diverses collaborations d'Apollinaire, de Cendrars, de Modigliani, de Picasso,
de Marinetti... A l'unique numéro de Cabaret Voltaire *succéda la revue*
Dada *dont les deux premiers fascicules, en 1916, comportaient des textes*
d'Apollinaire, de Reverdy, de Max Jacob et du groupe de Zürich.
Mais c'est à la fin de 1918, peu après l'armistice, que la présence en
Suisse de Francis Picabia, venant de Barcelone et de New York, sembla
donner une ardeur nouvelle à des foyers plus ou moins latents. La revue
Dada, *jusque-là plutôt sereine, manifesta, dans son troisième numéro daté de*
décembre 1918, un soudain déchaînement, typographique aussi bien que
littéraire, particulièrement flagrant dans la présentation et le ton du
Manifeste Dada 3 *de Tristan Tzara. Bientôt « dada » devint le mot*
de passe des cercles d'avant-garde en Allemagne et en Europe centrale,
mais il n'atteignit Paris que dans les premiers jours de 1920, lorsque
Tristan Tzara vint habiter la capitale française.
Littérature *avait pendant ce temps publié des annonces pour la revue*
Dada *de Zürich et des poèmes de Tzara figuraient dans chacun de ses*
numéros; ainsi, au n° 2, « Maison Flake [1] », que les poètes de Littérature
admiraient tout spécialement :

Maison Flake

déclenchez clairons l'annonce vaste et hyaline animaux du service
     maritime
forestier aérostatique tout ce qui existe chevauche en galop de
     clarté la vie
l'ange a des hanches blanches parapluie virilité
neige lèche le chemin et le lys vérifié vierge

$\frac{3}{25}$ d'altitude un méridien nouveau passe par ici
arc distendu de mon cœur machine à écrire pour les étoiles
qui t'a dit « écume hachée de prodigieuses tristesses-horloges »
t'offre un mot qu'on ne trouve pas dans le Larousse
et veut atteindre la hauteur
quelle vapeur d'un tube de foudre pousse
la nôtre contre l'éternelle et multiforme voile
ici on n'assassine pas les hommes sur les terrasses
qui se colorent de la succession intime des lenteurs
nous tentons des choses inouïes

---

1. © Éditions Flammarion.

mirages in-quarto micrographies des âmes chromatiques et des
  images
nous portons tous des grelots-tumulte que nous agitons
pour les fêtes majeures sur les viaducs et pour les animaux
tournure d'une danse en octave sur météore et violon
le jeu des glaces année qui passe
buvons un coup j'suis l'frère fou
encore du ciel lac d'hydromel
du vin opaque flake et hamac
pratique l'offrande tranquille et féconde
il gratte le ciel avec ses ongles
et le gratte-ciel n'est que son ombre
en robe de chambre
l'année sera parmi les palmiers et bananiers jaillis du halo en
  cubes d'eau
simple productive vaste musique surgissant à bon port
et le pain cramoisi à la future et multiple saison
des vieilles gravures des rois à la chasse joliment coloriées
pipe et boxe dans la vase sous l'as de pique pipier avec
les oiseaux et les nues fraîches un bateau alerte dans le bec
du roc moteur aux étincelles des bonnes nouvelles la tour Eiffel
  joue au rebec
ici chaque chaise est molle et confortable comme un archevêque
entreprise d'ascétisme moines garantis à tous les prix — mesdames
  ici — maison flake.

Lorsque, en septembre 1919, la Nouvelle Revue française *accusa le mouvement dada de n'être qu'« une sottise venant tout droit de Berlin », André Breton écrivit à Tzara, à Zürich, lui demandant de répondre à la NRF — laquelle ne publia pas la réponse de Tzara[1] qui fut en revanche insérée dans* Littérature n° 10 (décembre 1919) :

On n'écrit plus aujourd'hui avec la race, mais avec le sang (quelle banalité!). Ce que pour l'autre littérature était le *caractéristique* est aujourd'hui le *tempérament*. C'est à peu près égal si l'on écrit un poème en siamois ou si l'on danse sur une locomotive. Ce n'est que naturel pour les vieux de ne pas observer qu'un type d'hommes nouveaux se crée un peu partout. — Avec d'insignifiantes variations de race l'intensité est, je crois, partout la même, et si l'on trouve un caractère commun à ceux qui font la littérature d'aujourd'hui, ce sera celui de l'anti-psychologie.
Il y aurait encore tant de choses à dire et, d'abord, que penserait

1. © Éditions Flammarion.

M. Gide en lisant dans le journal une nouvelle de ce goût : la création à Berlin d'une école gidesque? Assurez-le d'ailleurs que
R. M. Rilke, dont il écrit que c'est le plus grand poète allemand
parce qu'il est devenu par simple formalité tchéco-slovaque, n'est
qu'un poète sentimental et un peu bête. On peut, sans être né sur
le territoire de la Tchéco-Slovaquie, sembler plus sympathique.
Trop peu connue est l'opposition de certains littérateurs allemands
en Suisse : espoir dans la défaite de l'esprit germanique, préparation lente de la révolution, etc., du reste, aussi peu intelligents que
tout propriétaire d'un point de vue.
J'ai eu pendant la guerre une attitude (!) assez nette, pour que je
puisse me permettre d'avoir des amis là où je les trouve sans être
obligé d'en rendre compte aux personnages qui délivrent des cer-
tificats de bonne conduite dont l'opinion publique sait mal se
passer.
Quoique je tente de ne perdre aucune occasion de me compromettre, je me permets de vous communiquer (un certain sens de la
propreté m'a toujours inspiré le dégoût des élaborats journalis-
tiques) que j'ai proposé, il y a trois années, pour titre d'une revue,
le mot DADA. Cela se passa à Zürich où, quelques amis et moi,
nous pensions n'avoir rien de commun avec les futuristes et les
cubistes. Au cours de campagnes contre tout dogmatisme, et par
ironie envers la création d'écoles littéraires, DADA devint le « Mouvement DADA ». Sous l'étiquette de cette nuageuse composition
s'organisèrent des expositions de peinture, je fis paraître quelques
publications et mis en colère le public de Zürich qui assista aux
soirées d'art se réclamant de cet illusoire Mouvement. Dans le
Manifeste DADA 3, j'ai décliné toute responsabilité d'une école lancée par les journalistes et appelée communément le « Dadaïsme ».
Ce n'est, après tout, que comique si des maniaques ou des hommes
ayant collaboré à la décomposition de l'ancien organisme germanique ont propagé une école que je n'ai jamais voulu fonder.
Si on écrit, ce n'est qu'un refuge : de tout « point de vue ». Je
n'écris pas par métier et n'ai pas d'ambitions littéraires. Je serais
devenu un aventurier de grande allure, aux gestes fins, si j'avais
eu la force physique et la résistance nerveuse de réaliser ce seul
exploit : ne pas m'ennuyer. On écrit aussi parce qu'il n'y a pas
assez d'hommes nouveaux, par habitude; on publie pour chercher des *hommes,* et pour avoir une occupation (cela même, c'est
très bête). Il y aurait une solution : se résigner; tout simplement :
ne rien faire. Mais il faut avoir une énorme énergie. Et on a un
besoin presque hygiénique de complications.

*Ce qui paraît avoir retenu l'attention de Breton, plus que les détails sur
les origines de Dada et du mot lui-même, c'est le dernier paragraphe*

du texte ci-dessus qui semble avoir inspiré une enquête de Littérature, *qualifiée ensuite, à juste titre, d'« enquête-piège ». La question : « Pourquoi écrivez-vous ? » fut posée par la revue à de nombreuses personnalités du monde littéraire (et amena des réponses souvent ridicules, ou embarrassées — voir les n°s 10, 11 et 12, de décembre 1919 à février 1920). D'autre part, faisant écho au mot de Tzara : « On publie pour chercher des hommes »,* Breton, *en 1924, dans* les Pas perdus, *répétera en déplaçant l'accent :* « On publie *pour chercher des hommes. » Quant à la déclaration de Tzara selon laquelle seul l'ennui l'avait empêché de devenir « un aventurier de grand style », ce propos typiquement littéraire dut séduire un écrivain comme Breton qui était autant et plus sujet à l'ennui qu'aucun des grands « ennuyés » de l'époque : Picabia, Duchamp, Jacques Rigaud, et Tzara lui-même. Quarante ans plus tard, dans ses* Entretiens, *André Breton parlera encore avec faveur de la formule de Tzara sur l'aventure et l'ennui.*

Au début de 1920 les jeunes poètes parisiens se lancèrent avec ardeur dans le jeu dadaïste, organisant et développant, en compagnie de Tzara, soirées, conférences et spectacles d'après les modèles zürichois. Le n° 13 de Littérature *présenta vingt-quatre manifestes dada par Picabia, Éluard, Breton, Aragon, Tzara, Arp, Soupault, Serner, Dermée, Ribemont-Dessaignes, W. C. Arensberg, etc. De nouveaux collaborateurs apparurent : le Belge Clément Pansaers, Arp avec de courts textes traduits de l'allemand (Arp n'écrivit de textes en français qu'à partir de 1926, après avoir quitté la Suisse pour venir à Paris), Benjamin Péret, Jacques Rigaud, Jean Paulhan... Picabia, peintre impressionniste au début du siècle, ensuite inventeur de l'art abstrait (concurremment avec d'autres prétendants à ce titre), protodada en Amérique avec Marcel Duchamp, dada en Suisse après la Première Guerre mondiale, fut à son retour à Paris membre de droit du groupe dada. Sa revue, 391, qu'il publia à Barcelone, Zürich, New York, Paris, incarnait le plus pur esprit dada. Disséminés parmi les pages de 391 ou dans des opuscules comme* Jésus-Christ rastaquouère *(1920) ou plus tard dans la deuxième série de* Littérature, *ses aphorismes exprimèrent l'essence de son humeur pessimiste-humoreuse :*

La connaissance est une vieille erreur qui pense à sa jeunesse.

Le goût est fatigant comme la bonne compagnie.

La plus belle découverte de l'homme est le bicarbonate de soude.

Les végétaux sont plus sérieux que les hommes et plus sensibles à la gelée.

Le monde est pour moi pétri de bon goût et d'ignorance collés.

La peinture est faite pour les dentistes.

Il n'y a vraiment que les médiocres qui aient du génie de leur vivant.

Il pleut et je pense aux pauvres gens pour lesquels il ne pleut pas.

Les hommes gagnent des diplômes et perdent leur instinct.
Plus on plaît, plus on déplaît.
La seule manière d'être suivi, c'est de courir plus vite que les autres.
Spinoza est le seul qui n'ait pas lu Spinoza.
Il est plus facile de se gratter le cul que le cœur (saint Augustin).
L'inconnu est une exception, le connu une déception.
Le vent favorable a des plumes bleues.
Les tables tournent grâce à l'esprit; les tableaux et les autres œuvres d'art sont comme des tables coffres-forts, l'esprit est dedans et devient de plus en plus génial selon les prix des salles des ventes.
Il n'y a d'indispensable que les choses inutiles.

« Le Ier Mai » (Littérature, *n° 14, juin 1920) est un texte caractéristique de la manière spontanée, à bâtons rompus, des écrits comme des tableaux de Picabia.*

Le Ier Mai

> Les jours de fête sont toujours pour moi plus gais
> que le lendemain. F. P.

Pas de poésie, pas de littérature, pas d'antilittérature, écrire quelque chose pour *Littérature*...
Premier Mai, atmosphère bien connue des dimanches, avec espoir de révolution (très difficile de savoir à quel moment commence une révolution et quand elle finit).
Une amie charmante vient me chercher pour visiter un petit hôtel, délicieux paraît-il, à deux pas de chez moi; impossible de refuser. Impression : les meubles et autres objets d'art ont l'air d'avoir été vendus et rachetés plusieurs centaines de fois; ils semblent avoir acquis leur valeur par contact avec les voitures de déménagements. Les femmes ne comprennent pas l'acte du corps. Oh, bien, oui! tu as peut-être raison vois-tu; belle, douce, je ne suis rien, j'aime les lignes...
Deux étages à monter pour trouver une chambre agréable donnant au midi; de là j'aperçois un jardin potager, au milieu duquel des nonnes cloîtrées jouent à cache-cache! Cela me fait croire au Premier Mai et j'ai envie de me joindre aux sœurs, étant révolutionnaire. En rentrant, je raconte à Tristan Tzara les émotions de ma promenade, il demande, lui aussi, à jouer à cache-cache...
Mais parlons de choses sérieuses : la conscience de Sardanapale, et celle du Christ, qui était un homme de goût, leur faisaient préférer un cercueil moucheté d'étoiles, aux larmes qu'ils pouvaient verser.

Mais non! La jalousie, voilà l'hiver, la neige qui tombe, le drame sifflé par un merle sans pitié.

Verlaine a doré son sexe, il avait la syphilis, une cirrhose du foie, des rhumatismes et du génie.

Ribemont-Dessaignes est le secrétaire de Marthe Chenal et du « Mouvement Dada », ce qui est la même chose[1].

Je voudrais bien savoir ce qu'est un poète; j'en suis un, je crois, car mon cerveau vésicatoire s'ouvre pour faire un tableau, de belles choses patientes. Belles choses, petite opération, petite infection dans la glace, impressions grotesques; quel goût la dernière goutte!

O attitude embêtée dans les entrailles jaunes et bleues des bâillements.

Baudelaire s'était fait faire un costume dans du drap de billard.

Lord Byron en habit, sortant de l'Opéra à Venise, regagna son hôtel à la nage.

Marthe Chenal se fout autant de la Marseillaise que du mouvement dada, comme elle a raison[2]!

On voit la campagne et la mer par ma fenêtre; quelle maladie cette lèpre-là; aimer l'ennui de la belle vue qui reflète la tristesse d'aujourd'hui. Je ne suis pas de votre avis, toutes les pièces qu'on joue en ce moment à Paris sont absolument idiotes.

A la fin de mai, il y aura à Paris des éléphants comme des pipes, et aussi des singes sublimes.

La peinture d'Henri Bataille est aussi stupide que sa littérature.

Oscar Wilde se promenait à New York, dans la 5e Avenue, en pantalon court et chaussettes!

Je voudrais fumer le tabac des oiseaux-mouches. Merci! je ne prends jamais de thé. Ne trouvez-vous pas que le modernisme de Cocteau ressemble à un stoppage?

Jouer du piano sur la passerelle; c'est étrange, l'humidité, mais nous parlons en garçons momies. Cela tient à l'ennui, à la disette de nouvelles et au médecin des cravates blanches. Le fond de l'eau paraît faux, le plongeur criait du fond de l'eau et sa voix était fausse. Les coquilles madrépores donnent des indigestions comme un bouillon sur les yeux. Je lève la tête, les hommes et les femmes sont des fontaines du Palais-Royal, bachelières à répétitions.

André Gide, l'aquarium vide, n'aime pas les Juifs, comme s'il y avait encore des Juifs! Quelle naïveté, cher Monsieur.

---

1. Ribemont-Dessaignes a-t-il réellement été le secrétaire du mouvement dada – et de Marthe Chenal, cantatrice qui fut la maîtresse de Picabia?

2. Peut-être se souvient-on que Marthe Chenal, drapée dans les plis d'un drapeau tricolore, chanta tous les soirs La Marseillaise sur la scène de l'Opéra-Comique pendant la guerre de 1914-1918 et, le soir de l'armistice, du haut du balcon de l'Opéra, devant la foule fêtant la victoire.

La bêtise, comme le plafond de fleurs d'orangers, sauf dans une caserne pleine de fleurs en bas-relief silence, pousse au mois de mai.
La verdure rangée autour des arbres, prodigieux paysage courroies de nuages, descend dans ma poitrine comme un dessin.
Le chant du coq qui gambade en brodequins d'argent, nous fera danser dans une lanterne, dans un temps plus ou moins long.
Effacez! plus rien à faire, plus rien à voir, les journaux sont des carafons éventés.
Il y a le mal de chien, toujours triste, il vole en rond, autour de nous. J'ai les yeux humides, mon sang tout le long de la route est impuissant envers les œillades méprisantes; prenez votre lorgnon pour contempler le mouvement d'un cheval, c'est bien un motif public.
Le 1er Mai va finir sous la pluie comme celui de l'année dernière[1].

Le moins qu'on puisse dire de « 1er Mai » est que ces lignes furent écrites par un personnage extrêmement apolitique et prodigieusement ennuyé. Le phénomène dada ne modifia pas l'apparence — couverture, format, typographie — de Littérature, *non plus que, d'une manière durable, son esprit. Les collaborateurs dadaïstes donnèrent des collaborations dada, mais la revue continua à publier Max Jacob ou Reverdy. Ni l'étude ironiquement abstruse de Jean Paulhan : « Si les mots sont des signes » (nos 15 et 16), ni l'extrait du roman de Jean Giraudoux* Suzanne et le Pacifique *(no 16), ni d'ailleurs l'article de Breton sur André Derain (no 18) ne peuvent passer pour des textes dadaïstes. Quant à la poésie d'Éluard, elle demeura égale à elle-même à travers l'orage dada; les poèmes suivants parurent dans le no 15 (1920), avec quelques autres, sous le titre général d'« Exemples » :*

L'art de la danse[2]

La pluie fragile, soutien des tuiles
En équilibre. Elle, la danseuse,
Ne parviendra jamais
A tomber, à sauter
Comme la pluie.

Ouvrier

Voir des planches dans les arbres,
Des chemins dans la montagne,
Au bel âge, à l'âge de force,

1. Nous nous rappelons fort bien qu'il neigea sur Paris le 1er mai 1920 et que, dans la soirée, effectivement il pleuvait.
2. « L'art de la danse » et « Fêtes » ont été reproduits dans Paul Éluard, *Les Nécessités de la vie et les Conséquences des rêves,* © Éditions Gallimard.

Tisser du fer et pétrir de la pierre,
Embellir la nature,
La nature dans sa parure,
Travailler.

Fêtes

La valse est jolie
Les grands élans du cœur le sont aussi.
Rues,
Une roue valsait éperdument.
Des roues, des robes, des chapeaux, des roses.
Arrosée,
La plante sera prête pour la fête à souhaiter.

Les Chansons des buts et des rois[1] *de Philippe Soupault peuvent-elles passer pour des poèmes dada? En tout cas la douzaine de petites pièces parues sous ce titre dans* Littérature n° 19 (mai 1921) *sont à ranger parmi les très rares réussites, en langue française, de cet exercice anglo-saxon qu'est le* nonsense[2].

CHANSONS DES BUTS ET DES ROIS

Si le monde était un gâteau
La mer de l'encre noire
Et tous les arbres des lampadaires
Qu'est-ce qu'il nous resterait à boire

Monsieur Miroir marchand d'habits
est mort hier soir à Paris
Il fait nuit
Il fait noir
Il fait nuit noire à Paris

J'achète un fusil
Tant pis
Je tue un curieux
Tant mieux

---

1. Reproduites dans *Poèmes et Poésies, op. cit.*
2. D'autant que la première et la dernière des pièces citées ci-dessous sont de brillantes adaptations de *nursery rhymes* anglais, comme nous l'a signalé notre ami Henri Parisot qui prépare une traduction française de ces petites pièces traditionnelles, d'après *The Oxford Dictionary of Nursery Rhymes*, par I. et O. Opie. Voir les n°s 483 et 548 de cet ouvrage.

Je vends mon fusil
Merci

Philippe Soupault dans son lit
  Né un lundi
  baptisé un mardi
  marié un mercredi
  malade un jeudi
  agonisant un vendredi
  mort un samedi
  enterré un dimanche
C'est la vie de Philippe Soupault

*Citons encore cette note de Soupault (*Littérature *n° 14, 1920), sur le Théâtre moderne, une sordide petite scène qui était située passage de l'Opéra, lieu fameux dans les annales du présurréalisme :*

Théâtre moderne : *Fleur-de-Péché.*
On danse autour de longues joies qui sifflent. Il n'y a rien qui ne soit admis dans ce théâtre au fond d'un passage. Ce n'est pas qu'on craigne de trop dire, mais on sait que rien ne demeure. Les calembours, les jeux de mots passent la rampe, s'irisent, flottent, puis crèvent. La conversation forme le décor, et la lumière est faite d'illusions. L'auteur nous présente une « femme de feu », une mère prude, une étrangère en quête de « sensations fortes » et les geishas qui n'apparaissent que pour laisser des regrets. Les personnages principaux, les plus curieux, n'agissent jamais à la légère. Voici d'abord Fleur-de-Péché, le valet Langdru et puis le bonze. Toute cette pièce repose sur le malentendu, principe essentiel au théâtre, sur la règle de nulle-part.
De ma place, où je pouvais apercevoir les rats courir sous les fauteuils, les cygnes peints sur des glaces, j'oubliais Paris, l'heure et mon âge. La pièce se passe au Japon, mais l'auteur, au lieu de chercher la vraisemblance, néglige la couleur locale et nous berce de mensonges. Il ne cherche qu'à amuser et à réveiller le désir. Ne riez pas, il sait être tragique. Écoutez Fleur-de-Péché :

La maison de mon cœur est prête
Et ne s'ouvre qu'à l'avenir
Puisqu'il n'est rien que je regrette
Mon bel amant tu peux venir

Le passage de l'Opéra, qui devait ce nom à l'ancien Opéra détruit par un incendie en 1867, reliait autrefois la rue Le Pelletier et les Boulevards. Pendant près de deux siècles ses allées jumelles : galerie du Baromètre, galerie du Thermomètre, furent les refuges des jeux et des commerces d'Éros et de beaucoup d'autres activités. Le vieux passage avec ses péripatéticiennes, son bordel, sa marchande de mouchoirs — dame d'âge mûr qui n'avait d'autres clients que des messieurs d'âge mûr —, sa « maison meublée » mal famée et son Théâtre moderne, mais aussi avec son coiffeur auquel les Goncourt, Horace Vernet et peut-être Courbet avaient accordé leur clientèle, avec son cireur, son orthopédiste, son marchand de timbres-poste, son armurier et son commerçant en champagnes, avec ses vagues « agences » et son vétuste hôtel de Monte-Carlo, ses librairies et ses restaurants, son établissement de bains et ses W.-C. publics, et avec Certâ, *le café que fréquentèrent Breton et ses amis, où les soirées dada furent préparées — ce labyrinthe de désirs et de plaisirs disparut dans les années vingt pour faire place à une nouvelle section du boulevard Haussmann. En 1925, Louis Aragon, dans* le Paysan de Paris [1], *rendit un dernier hommage au passage, à ses attraits, ses surprises et ses mystères, à* Certâ *en particulier et au Théâtre moderne.*

LE PAYSAN DE PARIS

.... Voici que j'atteins le seuil de *Certâ*, café célèbre duquel je n'ai pas fini de parler. Une devise m'y accueille sur la porte au-dessus d'un pavois qui groupe des drapeaux :

« AMONS NOS AUTES »

C'est ce lieu où vers la fin de 1919, un après-midi, André Breton et moi décidâmes de réunir désormais nos amis, par haine de Montparnasse et de Montmartre, par goût aussi de l'équivoque des passages, et séduits sans doute par un décor inaccoutumé qui devait nous devenir si familier; c'est ce lieu qui fut le siège principal des assises de Dada, que cette redoutable association complotât l'une de ces manifestations dérisoires et légendaires qui firent sa grandeur et sa pourriture, ou qu'elle s'y réunît par lassitude, par désœuvrement, par ennui, ou qu'elle s'y assemblât sous le coup d'une de ces crises violentes qui la convulsaient parfois quand l'accusation de modérantisme était portée contre un de ses membres. Il faut bien que j'apporte à en parler une sentimentalité incertaine.

Délicieux endroit au reste, où règne une lumière de douceur, et le calme, et la fraîche paix, derrière l'écran des mobiles rideaux jaunes qui dérobent tour à tour et dévoilent au consommateur assis près des grandes vitres descendant jusqu'à terre, qui dévoilent et dérobent tour à tour la vue du passage, suivant que la main énervée d'attente tire ou tend leur soie plissée. La décoration y

1. © Éditions Gallimard.

est brune comme le bois, et le bois y est partout prodigué. Un
grand comptoir occupe la majeure partie du fond du café. Il est
surplombé par des fûts de grande taille avec leurs robinets. A
droite, au fond, la porte du téléphone et du lavabo. A gauche un
petit retrait sur lequel je reviendrai, s'ouvre à la partie moyenne de
la pièce. Celle-ci, l'essentiel de son mobilier est que les tables n'y
sont pas des tables, mais des tonneaux. Il y a dans la grande pièce
deux tables, l'une petite, l'autre grande, et onze tonneaux. Autour
des tonneaux sont groupés des tabourets cannés et des fauteuils
de paille : vingt-quatre de chaque espèce environ. Encore faut-il
distinguer : presque chaque fauteuil de paille est différent de son
voisin. Confortables, au reste, toujours, quoique inégalement.
Je préfère les plus bas, ceux qui ont une partie à claire-voie dans le
haut du dossier. On est bien assis chez *Certâ,* et cela vaut qu'on le
souligne. Quand nous entrons, nous voyons à notre gauche un paravent de bois, et à notre droite un portemanteau. Après celui-ci un
tonneau et ses sièges. Contre le mur de droite quatre tonneaux et
leurs sièges. Puis vers le lavabo un nouveau paravent de bois. Entre
celui-ci et le comptoir, un radiateur, le meuble où se trouvent les
annuaires, la grande table et ses sièges. En avant du comptoir et
jusqu'à l'entrée du retrait que je signalais à la partie moyenne du
mur de gauche, trois tonneaux et leurs sièges. Au milieu deux tonneaux et leurs sièges. A l'entrée du retrait une petite table et un
fauteuil. Enfin entre le retrait et la porte du passage, à l'abri de
celle-ci grâce au paravent de bois, un dernier tonneau, et ses sièges.
Pour le retrait, on y trouve trois tables serrées sur le même rang,
avec, au fond, une seule banquette de moleskine qui en tient
toute la largeur, des chaises à l'opposé de la banquette, et dans le
coin droit distal, un petit radiateur à gaz mobile, très appréciable
en hiver. Ajoutez des plantes vertes à côté du comptoir, et au-dessus
de celui-ci des étagères à bouteilles, la caisse à son extrémité
gauche, près d'une petite porte fermée par une draperie, généralement relevée. Enfin, à la caisse, ou assise à la table du fond par
moments, laissant couler le temps, une dame qui est aimable et qui
est jolie, et dont la voix est si douce, que, je le confesse, je télé-
phonais souvent autrefois au Louvre 54-49 pour le seul plaisir de
m'entendre dire : « Non, Monsieur, personne ne vous a demandé »,
ou plutôt : « Il n'y a personne des Dadas, Monsieur. » C'est qu'ici
le mot dada s'entend un peu différemment d'ailleurs, et avec plus
de simplicité. Cela ne désigne ni l'anarchie, ni l'anti-art, ni rien
de ce qui faisait si peur aux journalistes qu'ils préféraient désigner
ce *mouvement* du nom de *Cheval d'enfant.* Être dada n'est pas un
déshonneur, cela désigne et voilà tout, un groupe d'habitués,
des jeunes gens un peu bruyants parfois, peut-être, mais sympa-
thiques. On dit : un dada, comme on dit : le monsieur blond.

Un signe distinctif en vaut un autre. Et même dada est si bien passé dans les mœurs qu'on appelle ici dada un cocktail. . . .
Et dans cette paix enviable, que la rêverie est facile. Qu'elle se pousse d'elle-même. C'est ici que le surréalisme reprend tous ses droits. On vous donne un encrier de verre qui se ferme avec un bouchon de champagne, et vous voilà en train. Images, descendez comme des confetti. Images, images, partout des images. Au plafond. Dans la paille des fauteuils. Dans les pailles des boissons. Dans le tableau du standard téléphonique. Dans l'air brillant. Dans les lanternes de fer qui éclairent la pièce. Neigez, images, c'est Noël. Neigez sur les tonneaux et sur les cœurs crédules. Neigez dans les cheveux et sur les mains des gens. Mais si, en proie à cette faible agitation de l'attente, car quelqu'un va venir, et je me suis peigné trois fois en y songeant, je soulève les rideaux des vitres, me voici repris par le spectacle du passage, ses allées et venues, ses passants. . . .

Après cette description (dont nous ne donnons qu'un fragment) d'un idéal et très réel café surréaliste, l'auteur visite, plus loin dans le passage, le Théâtre moderne.

. . . . Le bar, comme il faut y consommer, la plupart des spectateurs le regardent pauvrement de l'entrée. C'est un lieu orangé, où l'on danse au piano, avec un petit coin pour boire. On y retrouve les dames de la scène, et leurs hommes. Le tout teinté de l'espoir insensé de rencontrer l'Américain ou le vieillard rançonnable. On se croirait dans la province allemande : une imitation délabrée, sans décor expressionniste, de la Scala de Berlin. Quelques marches plus haut, on entre dans la salle.
Le Théâtre moderne eut-il jamais son époque de lustre et de grandeur ? A y voir trente spectateurs, les jours d'affluence, on se prend à penser au sort de ces petits théâtres, desquels on ne manque pas à dire qu'ils sont de véritables bonbonnières. Des garçons de quinze ans, quelques gros hommes, et des gens de hasard se glissent aux fauteuils les plus éloignés qui sont les moins chers, tandis que quelques fondants roses, professionnelles ou actrices entre deux scènes, se disséminent aux places à vingt-cinq francs. Parfois un marchand de bœufs ou un Portugais au risque d'apoplexie se paie la folie d'un premier rang, pour voir la peau. On a joué ici des pièces bien inégales, *l'École des garçonnes*, *Ce Coquin de printemps*, et une sorte de chef-d'œuvre, *Fleur-de-Péché*, qui reste le modèle du genre érotique, spontanément lyrique, que nous voudrions voir méditer à tous nos esthètes en mal d'avant-garde. Ce théâtre qui n'a pour but et pour moyen que l'amour même, est sans doute le seul qui nous présente une dramaturgie sans truquage, et vraiment

moderne. Attendons-nous à voir bientôt les snobs fatigués du music-hall et des cirques se rabattre comme les sauterelles sur ces théâtres méprisés, où le besoin de faire vivre quelques filles et leurs maquereaux, et deux ou trois gitons efflanqués a fait naître un art aussi premier que celui des mystères chrétiens du Moyen Age. Un art qui a ses conventions et ses audaces, ses disciplines et ses oppositions. Le sujet le plus souvent exploité suit à peu près ce canevas : une Française enlevée par un sultan se morfond au sérail jusqu'à ce qu'un aviateur en panne ou un ambassadeur vienne l'y divertir, contrecarré dans ses amours par la passion ridicule qu'il inspire à la cuisinière ou à la sultane mère, et tout finit le mieux du monde. Un prétexte quelconque, fête du harem, album de photographies feuilleté en chantant, suffit pour faire défiler cinq ou six femmes nues qui représentent les parties du monde ou les races de l'empire ottoman. Les grands ressorts de la comédie antique, méprises, travestissements, dépits amoureux, et jusqu'aux ménechmes, ne sont pas oubliés ici. L'esprit même du théâtre primitif y est sauvegardé par la communion naturelle de la salle et de la scène, due au désir, ou à la provocation des femmes, ou à des conversations particulières que les rires grossiers de l'auditoire, ses commentaires, les engueulades des danseuses au public impoli, les rendez-vous donnés établissent fréquemment, ajoutant un charme spontané à un texte débité de façon monotone et souvent détonnante, ou ânonné, ou soufflé, ou simplement lu au pied levé, sans fard. Quelques caractères constants forment le fond assez restreint de la faune dramatique : une sorte de mégère, un scapin niais et robuste, un prince efféminé, un héros sorti de la *Vie parisienne,* une faune exotique qui a de l'amour un sens tragique, une Parisienne qui en a la pratique et la philosophie suivant le goût du boulevard, des femmes nues, une ou deux servantes ou messagères. La morale est celle de l'amour, l'amour la préoccupation unique : les problèmes sociaux ne sauraient y être effleurés que s'ils sont prétexte à exhibition. La troupe n'est pas payée et prend des libertés avec ses rôles, elle vit d'aventures. Aussi est-elle âpre, comme une véritable troupe d'*artistes* et supporte-t-elle mal les plaisanteries ou le chahut. Aux entr'actes les mauvais plaisants sont pris à partie par les défenseurs naturels des interprètes : Qu'est-ce qu'elle t'a fait, cette petite? On défend son bifteck, etc.

Dans cette alhambra de putains se termine enfin ma promenade au pied de ces fontaines, de ces confusions morales, qui sont marquées à la fois de la griffe du lion et des dents du souteneur. Dans le geste à l'antique de la petite esclave qui se souvient de la rue Aubry-le-Boucher, tandis que son rôle se déroule : *Salut, maîtresse!* et que le chœur chante :

C'est le mois de Vénus,
C'est le mois le plus beau

(sacrilège de fausses perles et de cache-sexes pailletés) se fige la
dentelle arabe de pierres roses où ni le visage humain ni les soupirs
ne retrouvent le miroir ou l'écho cherchés. . . .

Dada brilla quelques mois dans le décor présurréaliste de Certâ, *ses acti-*
vités atteignant leur apogée au printemps de 1921 avec l'annonce dans
Littérature n° *10 (mai 1921) de la « Grande Saison Dada ». La « Mise*
sous whisky marin » : tel était le titre de la première exposition parisienne
de Max Ernst qui eut lieu en juin 1921 et fut l'un des événements mar-
quants de la susdite saison.
Au plus fort du mouvement dada, et traitant d'un peintre « dada », André
Breton, dans la préface du catalogue de l'exposition Max Ernst de 1921,
fondait son commentaire sur des données déjà surréalistes, sur la définition
de l'image par Reverdy et sur le dépaysement chiriquien, sur les principes
de l'automatisme et de l'exploration de l'inconscient, et aussi sur l'in-
fluence de nouveaux moyens techniques (le cinéma) qu'il considérait
comme susceptibles de perturber notre conception du temps.

Max Ernst [1]

L'invention de la photographie a porté un coup mortel aux vieux
modes d'expression, tant en peinture qu'en poésie où l'écriture
automatique apparue à la fin du XIXe siècle est une véritable photographie de la pensée. Un instrument aveugle permettant d'atteindre
à coup sûr le but qu'ils s'étaient jusqu'alors proposé, les artistes
prétendirent non sans légèreté rompre avec l'imitation des aspects.
Malheureusement l'effort humain, qui tend à varier sans cesse la
disposition d'éléments existants, ne peut être appliqué à produire
un seul élément nouveau. Un paysage où rien n'entre de terrestre
n'est pas à la portée de notre imagination. Le serait-il que lui
déniant *a priori* toute sa valeur affective nous nous refuserions à
l'évoquer. Il est, en outre, également stérile de revenir sur l'image
toute faite d'un objet (cliché de catalogue) et sur le sens d'un mot
comme s'il nous appartenait de le rajeunir. Nous devons en passer
par ces acceptions, quitte ensuite à les distribuer, à les grouper
selon l'ordonnance qu'il nous plaira. C'est pour avoir méconnu,
dans ces bornes, cette liberté essentielle que le symbolisme et le
cubisme ont échoué.
La croyance en un temps et un espace absolus semble prête à
disparaître. Dada ne se donne pas pour moderne. Il juge inutile,

---

1. Reproduit dans *Les Pas perdus, op. cit.*

aussi, de se soumettre aux lois d'une perspective donnée. Sa nature le garde de s'attacher si peu que ce soit à la matière comme de se laisser griser par les mots. Mais la faculté merveilleuse, sans sortir du champ de notre expérience, d'atteindre deux réalités distantes et de leur rapprochement de tirer une étincelle; de mettre à la portée de nos sens des figures abstraites appelées à la même intensité, au même relief que les autres; et, en nous privant de système de référence, de nous dépayser en notre propre souvenir, voilà qui provisoirement le retient. De celui qu'elle comble, une telle faculté ne peut-elle faire mieux qu'un poète, ce dernier n'étant pas forcé d'avoir l'intelligence de ses visions et devant, de toute façon, entretenir avec elles des rapports platoniques?

Il nous reste encore à faire justice de plusieurs règles semblables à la règle des trois unités. On sait aujourd'hui, grâce au cinéma, le moyen de faire *arriver* une locomotive sur un tableau. A mesure que se généralise l'emploi des appareils ralentisseur et accélérateur, qu'on s'habitue à voir jaillir des chênes et planer des antilopes, on pressent avec une émotion extrême ce que peuvent être ces temps locaux dont on entend parler. Bientôt l'expression « à vue d'œil » nous paraîtra dénuée de sens, c'est-à-dire que nous percevrons sans le moindre clignement de paupières le passage de la naissance à la mort, de même que nous prendrons conscience de variations infinies. Comme il est aisé de s'en apercevoir en appliquant cette méthode à l'étude d'un combat de boxe, le seul mécanisme que cela risque de paralyser en nous est celui de la souffrance. Qui sait si, de la sorte, nous ne nous préparons pas quelque jour à échapper au principe d'identité?

Parce que, résolu à en finir avec un mysticisme-escroquerie à la nature morte, il projette sous nos yeux le film le plus captivant du monde et qu'il ne perd pas la grâce de sourire tout en éclairant au plus profond, d'un jour sans égal, notre vie intérieure, nous n'hésitons pas à voir en Max Ernst l'homme de ces possibilités infinies.

Paul Éluard dans son recueil Répétitions *(1922) rendra aussi hommage à Max Ernst, illustrateur de ce même recueil :*

Max Ernst [1]

Dans un coin l'inceste agile
Tourne autour de la virginité d'une petite robe.
Dans un coin le ciel délivré
Aux pointes des anges laisse des boules blanches.

1. Reproduit dans Paul Éluard, *Capitale de la douleur,* © Éditions Gallimard.

Dans un coin le plus clair de tous les yeux
On attend les poissons d'angoisse.
Dans un coin la voiture de verdure de l'été
Immobile glorieuse et pour toujours

A la lueur de la jeunesse
Des lampes allumées très tard
La première montre ses seins que tuent des insectes rouges.

Dans le n° 10 (mai 1921) de Littérature *parut l'un des premiers textes publiés en français par Max Ernst et dédié à son ami Arp : hommage poétique-humoreux dont on lira un fragment ci-dessous* [1] :

ARP

Dès la naissance il prend fait et cause pour les trois vertus
    théologales et pour le théorème d'Archimède qui dit
    il faut mesurer le corps au corporel

ARP

pour ne pas violer le goût de son père il partage en deux ses
    babines et tatoue tous les astérismes sur sa langue
ainsi que les diagrammes de toutes les inflorescences
ainsi que les poulpes

ARP

cela ne l'empêche pas d'écouter toujours favorablement
les petites marguerites entrant au son des rayons
il garde dans son sein des éclairs perspectifs
dans les fentes de ses omoplates niche l'hirondelle des murailles
dans la conque de son oreille il saisit les aérolithes à la volée
son cœur et ses reins sont parfaitement décomposables

ARP

Au cours de l'année 1921, Dada et ses turbulentes performances commencèrent à décevoir les espérances de beaucoup de ses participants. Les séances, assez bon enfant, qui, à Zürich, avaient pendant la guerre diverti les dadas et choqué les Helvètes, finirent par épuiser, à Paris, bien que plus scandaleuses, leurs possibilités de renouvellement. Breton avec le « procès Barrès » (mai 1921), Tzara avec le « salon Dada » (juin 1921) essayèrent vainement d'infuser une nouvelle vie au mouvement. Picabia abandonna Dada, Duchamp cessa sa collaboration et la Grande Saison Dada fut le commencement de la fin. Dans les premiers mois de 1922, la tentative de Breton de sortir l'avant-garde d'une confusion croissante en proposant un « Congrès pour la détermination et la défense de l'esprit moderne » — le « Congrès de Paris », projet qui sombra dans un imbroglio d'accusations réciproques — confirma seulement la désagrégation définitive du mouvement dada.

---

1. Reproduit dans Max Ernst, *Écritures,* © Éditions Gallimard.

TROISIÈME PARTIE

SURRÉALISME

Chapitre IX

Littérature
Deuxième série

Deux hommes, que rencontrèrent les poètes de Littérature *pendant la période dada, les séduisirent par leurs dons d'invention et leur usage magistral d'armes subtiles ou violentes dans le combat pour le renouvellement des valeurs modernes et la destruction des rites conventionnels : Francis Picabia et Marcel Duchamp. Lorsque Picabia exposa ses peintures à la galerie Dalmau de Barcelone en novembre 1922, André Breton écrivit pour le catalogue une préface* [1] *dont nous extrayons les lignes suivantes :*

Francis Picabia

On ne prête pas à Francis Picabia, non qu'il ne soit le plus riche des hommes, mais parce que tout commentaire à son œuvre ferait l'effet d'une surcharge et ne saurait être tenu que pour un acte d'incompréhension. Toute l'activité de Picabia est en opposition ardente à cette surcharge. Se corriger, aussi bien que se répéter, n'est-ce pas aller en effet contre la seule chance que l'on ait à chaque minute de se survivre? Vous n'avez pas cessé de courir et, quelque distance que vous pensez avoir mise entre vous et vous, vous laissez sans cesse sur votre route de nouvelles statues de sel. Entre tous serez-vous seul à ne jamais sentir le cœur vous manquer? Et qu'on ne m'objecte point que Picabia doit mourir un jour; il suffit que pour l'instant cela me semble insensé.
Je suis assez jeune pour m'étonner encore — est-il besoin de dire que c'est aussitôt pour m'en féliciter? — de ne pas trouver Picabia à la tête d'une mission officielle internationale, disposant de pouvoirs illimités, et dont le but, d'ailleurs malaisé à définir, dépasse singulièrement celui de la poésie et de la peinture. C'est que, de plus en plus, nous sommes en proie à l'ennui et que, si l'on n'y prend garde, « ce monstre délicat » nous aura bientôt fait perdre tout intérêt à quoi que ce soit, autrement dit nous aura privé de toute raison de vivre. L'exemple de Picabia nous est ici d'un très

---

1. Reproduite dans *Les Pas perdus, op. cit.*

rare secours. Quelqu'un me racontait qu'à New York, parmi les visiteurs qui se pressent dans les galeries de peinture les jours de vernissage, il y a toujours quelques personnes pour ne jeter sur les murs qu'un coup d'œil désenchanté et s'informer en hâte du nom du prochain exposant. Si l'impossible voulait que pareil fait se produisît au cours d'une exposition Picabia, j'aimerais simplement qu'il fût répondu : Francis Picabia. Tant il est vrai qu'en ces sortes de choses on ne peut gagner au change et qu'aussi l'homme qui nous change le plus de Picabia, c'est Picabia.

Nous n'avons pas trop de tous nos yeux pour embrasser cet immense paysage et, ce faisant, l'émotion de *jamais vu* nous laisse à peine le temps de respirer. L'élan calculé en fonction de sa brisure et en prévision de nouveaux élans; une pensée ne répondant à aucune autre nécessité connue qu'à la foi en sa propre exception; cette perpétuelle sécurité dans l'insécurité qui lui confère l'élément dangereux sans quoi elle risquerait à son tour de se faire enseignante; l'humour, inaccessible aux femmes, qui, au-delà de la poésie même, est ce qui se peut opposer de mieux à la mobilisation, militaire ou artistique, aussi bien qu'à la mobilisation « dada », ce qui est amusant (l'humour et le *scandale* qui en procède); tous les talents aussi, avec le secret d'en user sans délectation particulière, comme de la chance au jeu; l'amour par-dessus tout, l'amour inlassable dont ces livres : *Cinquante-deux Miroirs, Poésie ron-ron* empruntent le langage même et épousent les charmantes machinations, font que nous sommes quelques-uns qui, chaque matin, en nous éveillant, aimerions consulter Picabia comme un merveilleux baromètre sur les changements atmosphériques décidés dans la nuit.

Cette nuit est, pour beaucoup, complète, et je ne m'attends pas à ce que l'anecdote suivante fasse autrement sensation. Mais je la tiens de Picabia et, au cours de ces lignes, elle mérite de passer comme un trait de lumière : Un jour qu'en compagnie d'un de ses amis, M. S. S. de haute noblesse persane, celui-ci était allé visiter une exposition de peinture à Lausanne, le jeune homme, demeuré par bonheur étranger à notre « culture », lui dit : « Vraiment tous ces artistes ne sont que des débutants; ils en sont encore à copier des pommes, des melons, des pots de confiture » et, sur l'observation que c'était très bien peint : « Ce qui est beau, c'est de bien peindre une invention; ce monsieur, Cézanne, comme vous l'appelez, a un cerveau de fruitier. ». . . .

Breton trace aussi un remarquable portrait de Marcel Duchamp [1] *dans* Littérature *n° 5 (nouvelle série, octobre 1922) :*

1. Reproduit dans *Les Pas perdus, op. cit.*

C'est autour de ce nom, véritable oasis pour ceux qui *cherchent* encore, que pourrait bien se livrer, avec une acuité particulière, l'assaut capable de libérer la conscience moderne de cette terrible manie de fixation que nous ne cessons de dénoncer. Le fameux mancenillier intellectuel qui a porté en un demi-siècle les fruits nommés symbolisme, impressionnisme, cubisme, futurisme, dadaïsme, ne demande qu'à être abattu. Le cas de Marcel Duchamp nous offre aujourd'hui une ligne de démarcation précieuse entre les deux esprits qui vont tendre à s'opposer de plus en plus au sein même de l'« esprit moderne », selon que ce dernier prétend ou non à la possession de la vérité qu'on représente à juste titre comme une femme idéale et nue, qui ne sort du puits que pour retourner se noyer dans son miroir.

Un visage dont l'admirable beauté ne s'impose par nul détail émouvant, et de même tout ce qu'on pourra dire à l'homme s'émoussera sur une plaque polie ne laissant rien apercevoir de ce qui se passe dans la profondeur, l'œil rieur avec cela, sans ironie, sans indulgence, qui chasse alentour la plus légère ombre de concentration et témoigne du souci qu'on a de demeurer extérieurement tout à fait aimable, l'élégance en ce qu'elle a de plus fatal et par-dessus l'élégance, l'*aisance* vraiment suprême, tel m'apparut à son dernier séjour à Paris Marcel Duchamp que je n'avais jamais vu et de l'intelligence de qui quelques traits qui m'étaient parvenus me faisaient supposer merveille.

Et tout d'abord observons que la situation de Marcel Duchamp par rapport au mouvement contemporain est unique en ceci que les groupements les plus récents s'autorisent plus ou moins de son nom, sans qu'il soit possible de dire à quel point son consentement leur a jamais été acquis, et alors qu'on le voit s'en détacher avec une liberté parfaite avant même que l'ensemble d'idées dont l'originalité lui revenait en grande part ait pris ce tour systématique qui en détourne quelques autres. Serait-ce que Marcel Duchamp parvienne plus vite que quiconque au *point critique* des idées ? Il semble, en tout cas, à considérer la suite de sa production, que son adhésion du premier jour au cubisme ait été tempérée par une sorte d'avance au futurisme (1912 : *le Roi et la Reine entourés de nus vites*) et que sa contribution à l'un et à l'autre n'ait pas été sans s'accompagner très tôt de réserves d'ordre dadaïste (1915 : *Broyeuse de chocolat*). Dada ne réussira pas mieux à lever de tels scrupules. . . .

J'ai vu faire à Duchamp une chose extraordinaire, jeter en l'air une pièce en disant : « Pile je pars ce soir en Amérique, face je reste à Paris. » A cela *nulle* indifférence, il préférait sans doute infiniment partir, ou rester. Mais la personnalité du choix, dont

Duchamp est un des premiers à avoir proclamé l'indépendance en
signant, par exemple, un objet manufacturé, n'est-elle pas la plus
tyrannique de toutes et ne convient-il pas de la mettre à l'épreuve,
pourvu que ce ne soit pas pour lui substituer un mysticisme du
hasard?

. . . . Je sais, Duchamp ne fait plus guère que de jouer aux échecs
et ce serait assez pour lui que de s'y montrer un jour inégalable.
Il a donc pris, dira-t-on, son parti de l'équivoque intellectuelle :
si l'on veut il consent à passer pour un artiste, voire, en ce sens,
pour un homme qui a peu produit parce qu'*il ne pouvait faire autrement.* Ainsi lui, qui nous a délivré de cette conception du lyrisme-
chantage à l'expression toute faite, sur laquelle nous aurons l'occasion de revenir, s'en remettrait pour le plus grand nombre à un
symbole. Je me refuse à voir là de sa part autre chose qu'un piège.
Pour moi, je l'ai dit, ce qui fait la force de Marcel Duchamp, ce
à quoi il doit d'être sorti vivant de plusieurs coupe-gorges, c'est
avant tout son *dédain de la thèse,* qui étonnera toujours de moins
favorisés.

Eu égard à ce qui va suivre, il serait bon, je crois, que nous concen-
trions notre attention sur ce dédain et pour cela il nous suffira
d'évoquer le tableau de verre auquel Duchamp aura bientôt donné
dix ans de sa vie, qui n'est pas le chef-d'œuvre inconnu et sur lequel
avant son achèvement courent déjà les plus belles légendes, ou
encore de nous remémorer tel ou tel de ces étranges calembours que
leur auteur signe : Rrose Sélavy et qui appellent un examen spécial :

> *Conseil d'hygiène intime :*
> *Il faut mettre la moelle de l'épée dans le poil de l'aimée.*

Pour Marcel Duchamp la question de l'art et de la vie aussi bien que
toute autre susceptible de nous diviser à l'heure actuelle ne se pose
pas.

Après une éclipse de quelques mois, la revue Littérature *avait recommencé
à paraître au début de 1922, sous un autre format et avec une nouvelle présentation due à Man Ray, le poète et peintre dada américain : la couverture
conçue par Man Ray représentait un chapeau haut de forme renversé d'où
émergeait, comme un lapin sortant du couvre-chef d'un prestidigitateur, le
mot « littérature », calligraphié, et agrémenté d'une tache d'encre (peut-être
« intellectuelle »...). Arrivé à Paris à la fin de 1921, Man Ray avait montré
ses tableaux en décembre de la même année à la librairie Six; le catalogue
contenait de courtes notations de différents dadaïstes, par exemple :*

Avec des larmes dans mes dents vides je vous remercie du printemps poétique. Je compte vos orteils dont vous avez dix tout
le monde le sait je me mets comme une fleur sous vos chaussures je veux vous servir de charbon en hiver et de chapeau de

paille en été. Je supporte les frais de détectives chiens policiers taxis mais sachez que je suis chaste comme une fiancée comme une forêt dans l'objectif[1]. *Hans Arp.*

Je vous aime de force comme vous réunissez la toupie qui danse et la toupie qui court, vous trouverez toujours des acheteurs, vous ne m'ennuyez pas pour fixer le manche maudit au balai muni d'un marteau. *Max Ernst.*

Pensées sur l'art. Après avoir habillé une moyenne carpe de Seine, vous la coupez par tronçons (ayez soin d'ôter la pierre d'amertume qui se trouve à la naissance de la tête). Parmi les artistes, 281 ont été mis en nourrice, dont un seulement à Paris; et d'autre part, il est à remarquer que, sur ce nombre, il n'y en a que 4 qui sont nourris au sein. *Man Ray.*

New York nous envoie un de ses doigts d'amour qui ne tardera pas à chatouiller la susceptibilité des artistes français. Espérons que ce chatouillement marquera encore une fois la plaie déjà célèbre qui caractérise la somnolence fermée de l'art. Les tableaux de Man Ray sont faits de basilic de macis d'une pincée de mignonnette et de persil en branches de dureté d'âme. *Tristan Tzara.*

Le chapeau haut de forme disparut de la couverture de Littérature *après le n° 3, remplacé par d'alertes compositions de Picabia, différentes pour chaque numéro. De nouveaux collaborateurs — Robert Desnos, Max Morise, Jacques Baron, Roger Vitrac — apparurent, tandis que les noms de certains aînés — Reverdy, Max Jacob — disparaissaient, ainsi que celui de Tzara qui ne collabora qu'au n° 1 de la nouvelle série. Un article de Breton dans le n° 2, « Lâchez tout », enterrait définitivement Dada. Cependant la revue poursuivait ses révélations de pages inconnues : poèmes de Germain Nouveau et d'Apollinaire, sonnets érotiques — les Stupra — de Rimbaud et, du même, des extraits d'un conte antireligieux qui venait d'être retrouvé :* Un cœur sous une soutane; *enfin des Lettres passionnées et sarcastiques d'Isidore Ducasse. Picabia apporta nombre d'articles, et des aphorismes dont voici encore quelques exemples, qui concernent le monde des Lettres et des Arts de cette époque :*

Rosenberg porte le cubisme comme Jésus portait la croix.

Le Salon d'automne compte cette année ouvrir ses portes aux artistes allemands, chose bien naturelle. M. Desvallières, personnage bien-pensant, comme vous le savez, trouve que ce n'est possible que si les Allemands payent leurs dettes de guerre. Cher Monsieur Desvallières, vous m'avez demandé un jour, pendant les opérations du jury, ce que j'avais fait pendant la guerre; je vous ai répondu que je m'étais formidablement emmerdé. Elle est finie

---

1. Reproduit dans Jean Arp, *Jours effeuillés,* © Éditions Gallimard.

depuis quatre ans : ne cherchez pas à la continuer avec quelques autres illuminés.

Brancusi vit entre la Haute-Égypte et Wagner.

Max Jacob découvre de plus en plus Cocteau pour lui faire prendre froid.

Paul Morand écrit le dimanche pour les revues d'avant-garde, cette inspiration hebdomadaire me plaît vraiment; toute la semaine il fait partie de l'arrière-garde mais le dimanche... Cher Monsieur, vous feriez mieux d'avoir un peu plus d'imagination toute la semaine et le dimanche de prier Dieu en compagnie de Léon Daudet pour que votre gloire dure toujours, ce qui m'étonnerait beaucoup.

« Bonjour, Monsieur de Segonzac », tu peins comme Courbet.

D'autre part, Philippe Soupault signala dans le n° 2 la publication du roman de Raymond Roussel : Impressions d'Afrique[1]. *Mais une lettre de Chirico, envoyée d'Italie et reproduite au n° 1 de la revue, témoigna pour la première fois des nouvelles préoccupations du peintre, problèmes de moyens et de techniques fort étrangers à son inspiration première.*
Le conte « La fleur de Napoléon » (Littérature n° 8, janvier 1923) est un bel exemple de la poésie de Benjamin Péret; il décrit les aventures fantaisistes de personnages historiques, ou inventés, dans des décors réels, ou imaginaires[2].

La fleur de Napoléon

Ce matin-là de petits poissons orangés circulaient à travers l'atmosphère. Les canons des Invalides déploraient une ancienne blennorragie qui faisait croître des iris rouillés entre leurs roues. Un Espagnol sema quelques grains de blé dans le moteur d'un avion qui attendait une bénédiction, laquelle ne vint pas. Napoléon en costume de Maréchal Foch sortit du « wagon où fut signé l'armistice », une main sur le front et les jambes décharnées. Derrière lui apparurent un gigantesque flacon d'eau de Cologne, une huître portugaise, un rhinocéros bicorne, une bûche de Noël et le Soldat Inconnu qui portait en bandoulière un seau rempli de colle de pâte. Un scarabée sortit du canon d'une mitrailleuse et vint se placer devant le cortège. L'Espagnol qui n'était autre que le Cid embrassa la photographie de Chimène et disparut par un couloir conduisant aux bureaux de la Place. Il arriva devant une porte fermée qui ne résista pas à la pression de son épaule. Il descendit

---

1. Voir chap. XX.
2. A paraître dans Benjamin Péret, *Œuvres complètes,* © Association des Amis de Benjamin Péret, Éditions Eric Losfeld.

un interminable escalier et se trouva dans une vaste salle où brillaient des milliers de cierges fichés le long des murs. Une foule entassée sur des gradins la remplissait à moitié laissant un cercle dans lequel des hommes étaient donnés en pâture aux serpents, après avoir subi mille supplices : depuis les ouvertures pratiquées dans l'abdomen à l'aide d'un sécateur, jusqu'aux clous de 5 centimètres de longueur enfoncés dans le crâne, en passant par les fragments d'os retirés des membres, la pinte, les brodequins, les ongles, les dents arrachés, les yeux crevés, la langue coupée, etc.

L'un des suppliciés, après avoir été avalé par le boa, ressortit par l'autre extrémité légèrement contusionné mais guéri des plaies produites par ses précédents supplices.

L'arrivée du Cid devait marquer un événement inattendu. Le cercle, dans lequel les malheureux étaient suppliciés, passait lentement de sa couleur primitive à une teinte rouge brique tout en se couvrant de grains de blé. Soudain le sol, en cette partie, sauta comme un bouchon de champagne et une énorme colonne de flammes jaillit par l'orifice ainsi produit.

Ce fut une panique, les uns jetaient leurs voisins dans les flammes, les autres, se coupant les membres pour se délester, essayaient de s'envoler. D'autres encore cultivaient des plantes rares, élevaient des oiseaux quasi inconnus qui parlaient en allemand; alors une grande vapeur passa avec un bruit de trompette céleste au travers des flammes qui parurent un instant s'apaiser.

Un couple : un séminariste enlaçant Osiris qu'il embrassait à cœur joie quitta l'angle de la salle où ils s'étaient dissimulés jusque-là et les membres tordus, entourés d'un essaim d'abeilles, ils vinrent jusqu'au bord des flammes et dirent :

« La cocaïne sévit dans trop de milieux clandestins.

« On sait qu'en Allemagne la cocaïne coûte très bon marché. Pour lui faire franchir la frontière les moyens les plus variés sont employés. Les pigeons sont, quelquefois, des messagers innocents. On leur suspend au cou une boîte remplie de cocaïne et la frontière est bientôt franchie. »

« Que coûte un cigare lorsqu'on l'a volé », se dit le Cid et il sortit de ce lieu pour se rendre à la Compagnie générale transatlantique où il prit un billet de première classe pour Buenos Aires. Il allait enfin réaliser le rêve de sa vie : quitter la vie du spadassin pour celle de l'agriculteur. Après tout, se disait-il, mon père, l'honneur, Chimène, le cours de la peseta, la situation économique internationale, la reprise des relations avec les Soviets ne sont pas des travaux d'artistes.

Napoléon qui était resté dans la cour des Invalides entra un instant dans la chapelle, considéra les figuiers de Barbarie qui croissaient autour de l'autel.

« Il manque des masques contre les gaz asphyxiants », lui dit le flacon d'eau de Cologne.

Tout à coup le Soldat Inconnu entra dans une violente colère : « J'ai perdu mon ruban, nom de Dieu », criait-il en donnant des coups de pied à l'huître qui commençait à s'écailler.

Comme il le cherchait ses yeux se portèrent sur un pilier et il resta bouche bée, muet de surprise en voyant que le ruban qu'il cherchait était fixé avec l'inscription : Stocks Américains. Un chapeau de l'armée américaine le surmontait, au-dessous on voyait un énorme browning accompagné d'un grand nombre de chargeurs. Le rhinocéros fit plusieurs fois le tour de l'église au petit trot, puis s'étendit au pied de l'autel de la Vierge et s'endormit. Napoléon, qui cherchait la racine cubique de 7347, fut outré de l'attitude du rhinocéros et lui lança un prie-Dieu à la tête. L'animal grogna, cracha un peu de vinaigre et revint docilement prendre sa place derrière Napoléon. Celui-ci quitta l'église et se rendit à son tombeau. Il souleva la pierre du sépulcre et descendit au caveau. Aussitôt des pétales de roses tombèrent autour de lui et s'entassèrent jusqu'à mi-corps. Il toussa et l'un des côtés tourna sur son axe, laissant voir une ouverture de un mètre vingt environ par laquelle Napoléon se glissa en se courbant; toute sa suite en fit autant. Le couloir allait en s'exhaussant et au bout de cent mètres, Napoléon s'étant redressé marchait à grands pas en mâchonnant des paroles incompréhensibles : « Dès le commencement du monde... Depuis quand ne l'a-t-on pas vu?... Il a appris de toi... Il fait un temps à se chauffer... Le fusil est une arme à feu... Il les entraîne en haut, en bas... » Il arriva à un carrefour où l'entrée de chaque tunnel était gardée par une fillette de 7 à 8 ans, nue, les cheveux frisés et un anneau passé au travers du sein droit. Elles dansaient toutes ensemble une danse monotone qui consistait à sauter d'un pied sur l'autre sur un rythme de pas cadencé en se frappant les fesses avec les mains et en criant : hi... hihi... hi... Il y avait également une cloche qui sonnait de seconde en seconde et un instrument, dont l'obscurité empêchait de définir la nature, qui poussait une sorte de sifflement continuel.

Un souffle d'épouvante passa sur la suite de Napoléon. Le rhinocéros poussa un grognement horrible qui eût effrayé tout autre que Napoléon. Le flacon d'eau de Cologne s'ébrécha à son orifice, l'huître bâilla et se referma avec un claquement sec. La bûche de Noël pétilla et le Soldat Inconnu laissa choir son seau de colle. Napoléon cria : « Souvenez-vous des Pyramides, d'Iéna, d'Austerlitz, d'Eylau, de la Moskova, de Waterloo et serrez votre ceinture... En avant... marche... une, deux... une, deux... » Un aigle passa et cria : « Camarade tu as bien mérité de la Patrie! » Et une trompette joua : « Descendras-tu cochon de vendu répondre

à l'appel de ton nom... » puis : « V'là l'général qui rentre au
quartier, la moustache emmerdée, attention les bleus, ça va
chier... »

La chaleur était intense. Napoléon comprit qu'il approchait du
centre de la terre, car les boutons de son uniforme commençaient
à fondre et ses bottes à roussir. Il remarqua qu'il n'était pas autrement incommodé par la chaleur croissante; cependant le flacon
d'eau de Cologne diminuait à vue d'œil. D'énormes chauves-souris
blanches volaient avec des bruits d'eau remuée. A un détour du
chemin, ils aperçurent le feu central où nageaient des cygnes noirs
hauts de trois mètres, qui chantaient *la Madelon* et s'envolaient
comme des éléphants. Des plantes surgissaient avec la rapidité de
l'éclair; une surtout, qui en trois minutes atteignit vingt mètres de
hauteur, se couvrait de fleurs nacrées auxquelles succédaient rapidement des fruits en forme d'éventail qui tombaient et éclataient
comme un pet. Alors des fruits éclatés surgissaient des monstres
qui avaient une tête de cétoine, un corps de chat; les membres
antérieurs étaient figurés par des ailerons rabougris, cependant
que les jambes avaient une forme humaine. Napoléon en fut irrité
et cracha plusieurs fois en frappant du pied avec fureur. Catherine de Médicis, plate et transparente comme du papier huilé,
vint et lui dit : « Je te jure, foi de chevalier, que je ne l'ai pas vu
(vous vous en apercevrez en lisant ce livre). »

Le voyant très souvent passer devant sa maison, elle dit en elle-
même : « Je viens de chez vous avec l'homme au manteau. »

De l'uniformité naît l'ennui, de l'ennui la réflexion, de la réflexion
le dégoût de la vie, du dégoût de la vie les artichauts, des artichauts les vaches, des vaches les enfants, des enfants Napoléon,
mais vous voyez bien que je dis tout cela pour plaisanter.

Napoléon était hors de lui. Il sortit son sabre et fendit en deux
Catherine de Médicis. L'une des parties : Catherine de Médicis,
tomba à terre et s'endormit, l'autre partie : Catherine de Médicis,
s'enfuit en jurant comme un sapeur.

Napoléon chantonna : « Ah, y n'fallait pas qu'y aille... ah, y n'fallait pas y aller... »

Autour de Napoléon et de sa suite, le sol se hérissait de cheveux
qui croissaient rapidement. Très gros et très touffus ils avaient
déjà atteint leur poitrine, ils allaient les étouffer s'ils ne prenaient
pas une rapide résolution. Se retournant Napoléon harangua sa
suite en ces termes :

« Il y avait, avant la guerre, cinquante demandes par an, dans
toute la France, de dispense de mariage. C'est-à-dire que cinquante jeunes gens ou jeunes filles qui n'avaient pas atteint l'âge
légal, quinze ans pour les femmes, dix-huit ans pour les hommes,
sollicitaient de pouvoir se marier pour des raisons d'ordre dif-

férent. Maintenant il y a cinquante demandes pour le seul département de la Seine en une année!... »
Que de jeunes gens pressés de connaître les joies du foyer!
Donnant l'exemple il s'élança dans les flammes. La chaleur était si dense qu'il pouvait nager aussi librement que dans une mer d'huile. Le flacon d'eau de Cologne, l'huître, le rhinocéros, la bûche de Noël et le Soldat Inconnu en firent autant, et après quelques semaines de navigation retardée par des vents contraires, ils débarquèrent sur une plage semée de sable bleu. Une bande de plésiosaures vint à leur rencontre et les porta en triomphe jusqu'à une plage immense dallée de soie où de petites Annamites fumaient négligemment, la main sur leur sexe et le regard heureux. Ils prirent le thé en compagnie des femmes et des plésiosaures, se reposèrent de leurs fatigues pendant plusieurs jours, puis repartirent par des chemins semés de pipes et de réveille-matin qui sonnaient sous leurs pieds. Le temps de compter jusqu'à 29 et ils étaient arrivés dans une cave de corail où ils trouvèrent le Cid examinant ses entrailles avec une loupe.
« Est-ce là une opération digne de toi? lui dit Napoléon. Allons, viens et sois mon allié. »

Les contes de Benjamin Péret ressemblent à des récits de rêves, et Littérature *publia d'ailleurs plusieurs textes présentés comme de véritables récits de rêves — par Breton dans les n°s 1 et 7, par Robert Desnos dans le n° 5. « Pénalités de l'Enfer », par Desnos (n° 4, septembre 1922), est à la fois un conte[1] et un rêve où l'on rencontre les amis du poète; nous en extrayons le passage suivant :*

Pénalités de l'Enfer

Aragon, Breton, Vitrac et moi habitons une maison miraculeuse au bord d'une voie ferrée.
Le matin, je descends l'escalier, assourdi de tapis tricolores, sur la pointe des pieds (pour ne pas réveiller Mme Breton qui dort encore). C'est curieux comme les locomotives hurlantes circulent alors dans mon poignet et dans mes tempes.
Benjamin Péret m'attend en bas. Nous nous en allons dans une île déserte.
Le zanzibar, sans doute, n'est pas une nourriture mais est-ce pour cela que Péret s'endort lorsqu'il n'y a plus de disques à donner aux entonnoirs printaniers et que je m'en vais?
Aux fortifications les douaniers ricanent à mon passage et me demandent mon permis de conduire :

---

1. © Éditions Gallimard.

— Mais je suis à pied!

Sourires mielleux, grossières insultes : je me sauve. Ils restent sur le pas de la porte à remuer les bras et à agiter leur képi.

Or il n'y a personne dans Paris, plus personne, sauf une vieille épicière morte dont le visage trempe dans un plein compotier de sourires à la crème. Les tramways et les autobus, par deux, sont alignés dans les rues. En plein midi celles-ci sont éclairées à l'électricité. Les horloges sonnent ensemble des heures différentes. Je rentre à la maison. Les photographies de Vitrac, de Baron, de M. et Mme Breton et d'Aragon sont clouées aux marches de l'escalier. Dans la chambre de Vitrac il y a un baril de whisky; dans celle d'Aragon un cornet à piston; dans celle de Baron un grand nombre de petits souliers. Sur la porte de la chambre de M. et Mme Breton il y a une inscription effrayante à la craie : « Numérotez vos abatis! » Je pénètre, la tête de Benjamin Péret est dans la glace. Je cours à l'Ile déserte, une éruption volcanique l'a détruite et Benjamin Péret sur un petit môle me fait des signes et il lui pousse une barbe immense dans laquelle je m'embarrasse en essuyant mes pieds.

Adieu Péret, adieu! Quand François Ier mourut les orbes des sphères lumineuses ne laissèrent nulle trace sur les vitres des fenêtres cadenassées de crêpe. Adieu Péret.

Le train passait rapidement. Il sauta dedans, Benjamin, sur la route des floraisons chimiques. Pas assez vite cependant car un de ses bras, le gauche, resta dans l'espace au-dessus du quai. A 500 kilomètres Benjamin m'appelait encore pour que je le lui envoyasse. Des troupeaux piétinèrent les angélus et des tapis de cheveux de femmes. A quoi bon... le bras de Benjamin Péret je l'ai laissé dans cette gare qui marque le pas. Le bras de Benjamin Péret, seul dans l'espace, au-dessus du quai, indique la sortie, et au-delà le grand café du Progrès et au-delà. . . .

Ainsi se poursuit, pendant plusieurs pages, la promenade enchantée de Desnos. « Chasse gardée » de Max Morise semble être un véritable rêve, ou plutôt un cauchemar (Littérature n° 5, octobre 1922). Voici la phase finale du songe :

Chasse gardée

. . . . Je m'engageai dans un couloir très étroit aux parois duquel étaient fixées face à face deux rangées de mannequins représentant des femmes dans des costumes divers, la plupart fort légers, et dont les bras étaient articulés et munis de gants de boxe. A côté de chaque mannequin, une petite fente, semblable à celle des distributeurs de chocolat Menier, et cette inscription sur émail :

POUR BOXER
mettez dix centimes

Je choisis une brune dont les jambes étaient vêtues d'un maillot
rose et le buste d'un corsage rouge retenu aux épaules par de
minces bretelles de soie, et je glissai mes deux sous. Je reçus aussitôt une violente volée de coups de poing. Je commençais à me
repentir de mon imprudence et je tentai de fuir sans riposter.
Mais les bras des mannequins voisins sortirent immédiatement de
leur immobilité et se mirent à me bourrer de horions. Je me
démenais comme un beau diable, frappant à mon tour mes adversaires qui semblaient insensibles, lorsque le mannequin que
j'avais provoqué le premier, allongeant ses deux jambes et s'appuyant du dos à la paroi du couloir, m'appliqua ses pieds si fort
sur le ventre que je me trouvai pris entre eux et la paroi opposée
comme dans un étau. Mes ennemis m'auraient assommé si, d'un
effort prodigieux, je ne m'étais dégagé. Je voulus d'un bond sortir
de leur cercle, mais je butai et j'entraînai dans ma chute le mannequin rouge et rose. Il m'enlaçait étroitement et nous nous débat-
tions à terre de telle sorte que nous mimions assez exactement
l'amour. Je me remis à frapper. Sous mes coups le mannequin
devint femme. Mes poings faisaient résonner ses côtes et mâchaient
sa chair. Elle hurlait mais ne cédait point. Ce combat corps à
corps commençait à exciter singulièrement mes sens. Un instant
après, continuant à lutter, nous nous accouplâmes. Alors je me
mis à la serrer dans mes bras avec une telle puissance que je la
sentis bientôt rendre le dernier soupir. J'essayai de me dégager,
mais ses bras m'emprisonnaient.

Jacques Baron avait seize ans lorsqu'il rencontra André Breton à la fin de
l'année 1921. Il donna à Littérature *des proses, des notes critiques, des*
poèmes. Le conte « La journée des mille dimanches », dont voici un fragment,
parut dans le n° 4 :

La journée des mille dimanches

L'homme qui était sur sa chaise, il s'appelait Deplusenplus, cracha
trois fois par terre et dit :
« Vous, sensationnel philosophe, gâché par le tabac à priser, devez
savoir pourquoi les gens qui marchent sur la tête n'ont pas de
cheveux, pourquoi aussi n'ont-ils pas de jambes sur la tête, ce qui
serait logique, pourquoi n'ont-ils pas de chaussures à ces jambes
et de pantalon sur ces jambes? »
Le philosophe ne répondit pas mais fit un grand geste. Il avait
perdu la mémoire et se découvrait épicier.

Deplusenplus ne tira pas son revolver, mais il sortit. Sur le palier
de la porte, il n'attendit pas une femme, contrairement à l'habitude, n'alluma pas une cigarette et ne se rendit pas au
café.
A ce sujet il est écrit dans l'histoire de France, p. 222 du tome
VIII :
« Ce monsieur (pourquoi tant d'ironie) est complètement ignoré,
mais on suppose qu'il fit de grandes œuvres. A ce titre il est nécessaire, vous entendez, nécessaire d'en conserver la mémoire.
Nous en parlerons donc souvent avec respect et pendant longtemps. »
Quelques années plus tard un marchand de plumes à l'autogène
brasée le rencontra dans une cave avec une femme nue. D'autres
rapportent qu'il s'asseyait souvent dans des fauteuils, jamais sur les
banquettes. Enfin une particularité, que tout le monde signale, est
à noter, jamais il ne réussit à laisser pousser sa barbe et c'était
là une sorte de désespoir cosmique.
Le monde est ainsi fait que nous nous en foutons totalement après
ce préambule, et le héros de cette histoire n'est pas celui qu'on
croit.
Comme je me promenais depuis une heure autour du bassin des
Tuileries, je vis un petit enfant, qui faisait des efforts désespérés
pour pousser son bateau dans la direction opposée, tomber par
terre. — Oh temps! Oh mœurs! Maintenant on ne tombait donc
plus à l'eau! Je le pris aussitôt par le fond de sa culotte et le jetai
dans le bassin, puis comme il pignait et commençait à être
mouillé, j'enlevai mon veston, mon pantalon et mes chaussures,
je me jetai à l'eau et au bout de trois heures d'efforts inouïs je
parvenais à le sauver et à le ramener à sa nourrice après lui avoir
tapé dans les mains et offert un sucre d'orge. Il m'embrassa à
plusieurs reprises malgré ma répugnance et me donna deux sous
pour me consoler.
Je partis, salué par les acclamations générales et rencontrai mon
meilleur ami. . . .

Le poème « Amour [1] », de Jacques Baron, figure au n° 6 de la revue.

Amour

Tu t'en vas fatigué homme aux huit cerveaux mâles
N'as-tu pas un fauteuil en osier sous une arche
avec des coussins carrés
rembourrés de plumes de paon

---

1. Reproduit dans Jacques Baron, *L'Allure poétique,* © Éditions Gallimard.

Douce douce coule Matine
fleur difoliée ou femme assurément
que j'aime aux yeux curieux aussi
comme une belle à la toilette

Un parfum charnu comme un sein
vole autour de ma longue tête
Moi alpiniste blanc comme neige
et pâle
homme de foi alerte et vive
Je vois trembler des émaux
et des morts qui étaient drôles
sont saouls et charment des amants
des amants qui ont des fleurs
pleines d'encre ou bien de poussière

Littérature nouvelle série *publia deux sketches de Breton et Soupault,*
S'il vous plaît *et* Vous m'oublierez, *écrits et joués en 1920, et dans le*
n° 3 *des « surprises théâtrales » et des « synthèses théâtrales » futuristes de*
Marinetti, Cangiullo et Calderone. Au n° 9 *paraît* Comme il fait beau,
un acte de Breton, Péret et Desnos. Le n° 5 *avait publié le fragment suivant*
d'une pièce de Roger Vitrac, Mademoiselle Piège [1]. *On sait le succès que*
connurent certaines des pièces de Vitrac : Victor ou les Enfants au pouvoir, *le* Coup de Trafalgar — *après la mort de l'auteur en 1948.*

MADEMOISELLE PIÈGE

Chêne (le gérant). — Bon. Bon. Bon. *(Raccrochant)* Bon. *(Appe-
lant)* Plomb.
Plomb. — Monsieur Chêne?
Chêne. — Pour le 49 : cinq.
Plomb. — Bon.

(Plomb disparaît dans l'ascenseur et redescend par l'escalier.)
Monsieur Musée (le fils) *(se dégageant)*. — Vous y pensiez.
Monsieur Clair. — N'est-ce pas?
Monsieur Musée (le fils). —La pantoufle en effet.
Monsieur Clair. — Sous globe elle est chère. Vous le regretterez.
Monsieur Musée (le fils). — Non, Monsieur Clair. — A pile ou face.

(Il s'assied par terre.)
Monsieur Clair. —Voici dix centimes.
Monsieur Musée (le fils) *lance la pièce.*
Monsieur Musée (le fils) et Monsieur Clair *(ensemble)*. — Pile.

1. Reproduit dans Roger Vitrac, *Théâtre III*, © Éditions Gallimard.

Monsieur Musée (le fils). — Autant *(silence)*. Pile.
Monsieur Clair. — Face.
Monsieur Musée (le fils). — C'est face.
Monsieur Clair *dignement s'éloigne et disparaît dans l'ascenseur.*
Chêne. — Plomb.
Plomb. — Monsieur Chêne?
Chêne. — La porte.
Entre Monsieur Musée (le père).
Monsieur Musée (le fils). — Papa.
Monsieur Musée (le père). — C'est moi. Toi?
Monsieur Musée (le fils). — Oui. Je n'ai pas pu.
Monsieur Musée (le père). — Tu t'arrangeras avec ta mère.
Monsieur Musée (le fils). — Mais toi?
Monsieur Musée (le père). — Je viens pour affaires.
Chêne. — Monsieur?

(Silence.)

Chêne. — Monsieur?
Monsieur Musée (le père).— Le 49?
Chêne. — Elle est là.
Chêne *appuie sur un bouton électrique. Sonnerie épouvantable.*
Monsieur Clair *redescend rapidement, les mains ensanglantées. Il traverse
le hall.* Plomb *lui ouvre la porte.* Monsieur Clair *disparaît.*
Monsieur Musée (le père). — Mais c'est Clair.
Monsieur Musée (le fils). — C'est lui.
Monsieur Musée (le père). — Ah... Et puis. Moi?
Monsieur Musée (le fils). — Papa.
Monsieur Musée (le père). — Quoi?
Monsieur Musée (le fils). — Les caoutchoucs.
Monsieur Musée (le père). — Parfaitement.
Monsieur Musée (le fils). — La nouvelle auto.
Monsieur Musée (le père). — Une merveille.
Monsieur Musée (le fils). — Tes rhumatismes.
Monsieur Musée (le père). — Disparus.
Monsieur Musée (le père) *disparaît dans l'ascenseur.* Monsieur Musée
(le fils) *est prostré.*
Chêne *à* Monsieur Musée (le fils). — Monsieur.

(Silence.)

Chêne, *même jeu.* — Monsieur.
Monsieur Musée (le fils) *tourne la tête.*
Chêne, *interrogateur.* — Monsieur?
Monsieur Musée (le fils). — Le 49?
Chêne. — Elle est là. Là-haut.

(Sonnerie de téléphone.)

Chêne *(à l'appareil).* — Ah? Bon. Ah? Bon. Ah? Bon. *(Il raccroche.)*
Bon. *(Il décroche.)* Allô. Allô. Mademoiselle s'il vous plaît Saxe
75-57. Allô. Trop rouge. Oui trop, trop. Mais trop rouge.
Comment? Eh bien cela n'a plus aucune importance, aucune,
aucune. Merci comment. Le 49. Elle est là. *(Il raccroche.)* Plomb.
Plomb. — Monsieur Chêne.
Chêne. — La note de la blanchisseuse.
Plomb. — Je la paierai. *(Silence.)*
Chêne. — C'est tout.
Plomb. — Non.
Chêne. — Il y a la robe de Mademoiselle Piège.
Plomb *(montrant une boîte).* — Elle est là.

(Silence.)

Monsieur Musée (le fils). (J'AI PERDU LE PEUPLE NOIRCI — QUI PRÈS
DES JAMBES ET DES ARBRES — RIAIT DE LA TERRE DES ANGES — UNE
MAIN D'ORANGE — ET LE SOUCI — AVANT LA NEIGE DÉPOUILLÉE — IL
SE RAPPROCHA DE PARIS — OÙ JE NE L'ENTENDS PLUS MARCHER)

(Criant.)

Monsieur.
Chêne. — Quoi. Le 49?
Monsieur Musée (le fils). — Quoi. Quelle heure est-il?
Chêne. — Cinq heures quarante-huit.
Monsieur Musée (le fils). — *(Silence)* 58-59-60.
Monsieur Musée (le fils) *se tire une balle dans la tête.*
Chêne. — Encore. Bon. Plomb.
Plomb. — Monsieur Chêne.
Chêne. — Viens.
Ils accoudent Monsieur Musée (le fils) *sur la table devant les journaux.*
Chêne. — Bon. Plomb.
Plomb.— Monsieur Chêne.
Chêne. — La porte.

(Chêne *et* Plomb *sortent.*)

Pas plus que Mademoiselle Piège, *le « drame sans paroles » de Vitrac,*
Poison[1], *paru dans le n° 8 de* Littérature, *n'a jusqu'ici été mis en scène.*
Peut-être cette pantomime n'est-elle pas injouable?

POISON

Premier tableau

Le fond de la scène est un vaste miroir. Dix personnages vêtus de
blouses noires uniformes s'y mirent. Tout à coup ils font face au
public, ils mettent la main droite en visière sur les yeux, se tâtent

1. Reproduit dans *Théâtre III, op. cit.*

le pouls, consultent leurs montres, s'agenouillent, se relèvent et vont s'asseoir respectivement sur les dix chaises qu'on a disposées au premier plan. Une détonation fait voler le miroir en éclats, découvrant sur un mur blanc l'ombre d'une femme nue qui tient toute la hauteur du théâtre et qui va en diminuant graduellement jusqu'au moment où elle atteint la taille normale. Il semble que la femme ait choisi ce moment pour se révéler. Elle apparaît alors, issue du mur même en une statue de plâtre. Elle se dirige vers le premier des dix personnages qui lui donne une paire de gants rouges qu'elle chausse sur-le-champ. Elle quitte le premier pour le deuxième qui lui donne un bâton de rouge dont elle se farde les lèvres. Le troisième lui fait don de lunettes noires. Le quatrième d'une fourrure. Le cinquième de postiches bleus. Le sixième de bas de soie blanche. Le septième d'un voile de crêpe dont elle se fait une traîne. Le huitième d'un revolver. Le neuvième d'un enfant. Le dixième la déshabille, et la poursuit avec un marteau.

2ᵉ tableau

La scène représente une chambre dont le plancher est recouvert de débris de plâtre. Du pot à eau, sur la toilette, jaillit une gerbe noire de liquide. Les draps du lit trahissent une forme énorme. On entend la sonnerie d'un réveille-matin. La porte s'ouvre et une tête de cheval apparaît. Elle se balance un moment et le lit se découvre mystérieusement. Il en sort une fumée abondante qui obscurcit momentanément la chambre. Lorsqu'elle s'est dissipée, on peut voir une chevelure qui tombe du plafond sur un diamant d'une grosseur démesurée, apparu sur le lit. Un personnage traverse la scène en se frottant les mains et se dirige vers l'armoire à glace, devant laquelle il s'arrête un instant. Il lève les bras au ciel en ouvrant la bouche, puis s'assied devant une table. Il agite une sonnette, aussitôt une femme couverte d'une robe de perles lui apporte, sur un plateau, un petit déjeuner. Il attend qu'elle soit sortie pour peindre sur la glace de l'armoire sa propre silhouette. A peine a-t-il terminé que l'armoire s'ouvre et que la femme à la robe de perles lui saute dans les bras. Il la renverse sur une chaise et la baise longuement sur la bouche. Mais de l'armoire restée ouverte surgissent douze soldats et un officier qui les mettent en joue l'un et l'autre.

3ᵉ tableau

La scène représente un poème écrit :

Entre l'amour et l'orthographe
Il y a plume pour penser

Au cri
Le sang fait le tour de la place
Homme debout avec l'été
Liberté, liberté des terres
Perdue ah! le... la vache
Avec des souliers de velours
Pointe du scalp et de la reine
Moins la tortue avec amour

Signé : Hector de JÉSUS

Un projecteur éclaire le poème sur lequel se superposent des ombres chinoises faites à la main. Ce sont : un chat, une vieille, un jockey, un bilboquet, une raquette, un masque, un palmier, une bottine, un cœur.

4ᵉ tableau

La scène représente une étoffe de soie froissée. Au lever du rideau on entend un bruit de verres qui se brisent. Des vapeurs colorées différemment flottent au-dessus. Un jeune homme et une jeune fille, le premier vêtu d'un costume marin, la seconde d'une robe de laine blanche, apportent au milieu de la scène un fauteuil où vient s'asseoir un violoniste. Ce dernier se met à jouer une romance populaire. Il en a à peine exécuté les premières mesures que l'étoffe de soie s'anime de mouvements confus. On entend le son des trompes de pompiers et l'étoffe se déchire en laissant apparaître des pieds, des mains, des têtes et autres parties du corps. Un homme et une femme, suivis d'un petit chien et s'abritant sous des parapluies, traversent la scène. Le violoniste effrayé est maintenant debout sur son fauteuil. On entend des acclamations, il salue à droite, à gauche, et tombe en arrière dans les bras du jeune homme et de la jeune fille qui l'emportent.

5ᵉ tableau

La scène est vide. Un personnage à l'allure de peintre vient faire des taches de couleur sur les murs. Deux amoureux, pendant qu'il travaille, apportent un banc de jardin et s'y installent. L'amant est en chemise, l'amante est enveloppée dans un drap. Soudain l'amant fait le signe du cercle, le peintre le regarde et éventre le mur du fond. Il plonge son bras dans le trou béant et en retire un câble qu'il déroule. Il semble qu'au bout de ce câble se trouve un objet léger, mais le mur s'effondre et un paquebot s'avance sur la scène. Une lampe électrique placée à la pointe fait des signaux de détresse.

6e tableau

La scène représente une cuisine. Une femme surveille le fourneau. Entre un homme vêtu d'un complet veston. Il a le visage ensanglanté. La femme lui offre un bol de bouillon. Il le boit d'un trait, puis ouvre la fenêtre. Il désigne un point dans la rue. On entend des sanglots et des plaintes. Des enfants font irruption et viennent se jeter à ses pieds. Il leur donne à chacun une petite tape amicale, et les reconduit à la porte. La mère, sans doute, apparaît alors en peignoir. Elle semble parler naturellement. L'homme la contemple et l'invite à regarder dans la rue. La porte du buffet s'ouvre et plusieurs centaines d'oranges roulent sur le parquet. Les trois personnages perdent l'équilibre et tombent.

7e, 8e, 9e, 10e, 11e tableaux

La scène représente une gare, un bureau, une cheminée, un livre, un tableau, devant lesquels se tiennent un homme, puis une femme, puis un homme, puis une femme, puis un homme portant respectivement des pancartes où sont inscrits les numéros 7, 8, 9, 10, 11.

12e tableau

La scène représente une bouche qui fait le simulacre de parler.

Mais voici, avec « Entrée des médiums », titre d'une communication d'André Breton dans le n° 6 (novembre 1922) de Littérature, *que de nouvelles perspectives semblent s'ouvrir dans le domaine de l'exploration poétique de l'inconscient. L'article de Breton analyse tout d'abord l'état des esprits pendant la période précédant les événements dont il va être question :*

Entrée des médiums [1]

Une manœuvre imprévue, un rien dont, les yeux à demi fermés les uns sur les autres, nous n'osions même auguer l'oubli de nos querelles, vient de remettre en marche le fameux *steam-swing* autour duquel nous n'avions pas besoin naguère de nous donner rendez-vous. Voici près de deux ans que l'étrange balançoire avait cessé de fonctionner, non sans nous avoir projetés assez vivement dans les directions les plus diverses, et que nous essayions avec

---

1. Reproduit dans *Les Pas perdus, op. cit.*

plus ou moins de grâce de reprendre connaissance. Il m'est déjà arrivé de dire que si nous nous rejetions, sans doute à tort et à travers, la responsabilité de l'accident, du moins il n'était pas un de nous qui regrettât d'avoir pris place dans le wagon faiblement éclairé du genou des filles, le wagon qui bat la mesure entre les maisons.

A n'en pas douter, nous y sommes de nouveau : Crevel, Desnos et Péret d'une part, Éluard, Ernst, Morise, Picabia et moi d'autre part. On verra tout à l'heure en quoi diffèrent nos positions. Dès maintenant et sans aucune arrière-pensée, j'ajoute qu'il est trois hommes dont la présence à nos côtés m'apparaît tout à fait nécessaire, trois hommes que j'ai vus se comporter de la façon la plus émouvante au *départ* précédent et qui, par suite d'une circonstance déplorable, leur absence de Paris, ignorent tout jusqu'ici de ces préparatifs : Aragon, Soupault, Tzara. Qu'ils me permettent de les associer virtuellement à notre aventure, ainsi que tous ceux qui n'ont pas désespéré de nous, qui se souviennent d'avoir partagé notre conviction première et, en dépit de nous-mêmes, ne l'ont jamais cru à la merci de ses avatars.

L'angle insolite sous lequel se présentent les faits que j'entreprends de relater justifierait mainte et mainte précaution. Certes il y a longtemps que le mot « Littérature », qu'on trouvera une fois de plus en tête de ces feuillets, semble une étiquette de pure fantaisie. Néanmoins, c'est grâce à lui qu'il nous est beaucoup pardonné. Passait encore l'inobservation du rite littéraire, quelques esprits forts y trouveraient leur compte et il paraît que l'art n'en était pas moins bien servi. Mais on n'apprendra pas sans haussement d'épaules que nous avons consenti à nous plier à une formalité autrement imbécile, plus bas il sera temps de dire laquelle; on verra que l'accomplissement de cette formalité s'impose à qui veut contrôler nos résultats. Je m'attends bien à ce que, lecture faite, beaucoup estiment avec soulagement que la « poésie » n'y perd rien : son compte est bon.

On sait, jusqu'à un certain point, ce que, mes amis et moi, nous entendons par *surréalisme*. Ce mot, qui n'est pas de notre invention et que nous aurions si bien pu abandonner au vocabulaire critique le plus vague, est employé par nous dans un sens précis. Par lui nous avons convenu de désigner un certain automatisme psychique qui correspond assez bien à l'état de rêve, état qu'il est aujourd'hui fort difficile de délimiter. Je m'excuse de faire intervenir ici une observation personnelle.

En 1919, mon attention s'était fixée sur les phrases plus ou moins partielles qui, en pleine solitude, à l'approche du sommeil, deviennent perceptibles pour l'esprit sans qu'il soit possible de leur découvrir une détermination préalable. Ces phrases,

remarquablement imagées et d'une syntaxe parfaitement correcte, m'étaient apparues comme des éléments poétiques de
premier ordre. Je me bornai tout d'abord à les retenir. C'est
plus tard que Soupault et moi nous songeâmes à reproduire volontairement en nous l'état où elles se formaient. Il suffisait pour cela
de faire abstraction du monde extérieur et c'est ainsi qu'elles nous
parvinrent deux mois durant, de plus en plus nombreuses, se
succédant bientôt sans intervalle avec une rapidité telle que *nous
dûmes recourir à des abréviations* pour les noter. *Les Champs magnétiques* ne sont que la première application de cette découverte :
chaque chapitre n'avait d'autre raison de finir que la fin du jour
où il était entrepris et, d'un chapitre à l'autre, seul le changement de vitesse ménageait des effets un peu différents. Ce que j'en
dis, sans préjudice de ridicule ou de réclame, tend surtout à établir
qu'en l'absence de toute intervention critique de notre part les
jugements auxquels nous nous exposions en publiant un tel livre
a priori tombaient à faux. Nous n'en risquions pas moins, en prêtant même malicieusement l'oreille à une autre voix que celle de
notre inconscient, de compromettre dans son essence ce murmure
qui se suffit à lui-même et je pense que c'est ce qui arriva. Jamais
plus par la suite, où nous le fîmes sourdre avec le souci de le
capter à des fins précises, il ne nous entraîna bien loin. Et pourtant
il avait été tel que je n'attends encore de révélation que de lui. Je
n'ai jamais cessé d'être persuadé que rien de ce qui se dit ou se fait
ne vaut hors de l'obéissance à cette *dictée* magique. Il y a là le
secret de l'attraction irrésistible qu'exercent certains êtres dont
le seul intérêt est de s'être un jour fait l'écho de ce qu'on est tenté
de prendre pour la conscience universelle, ou, si l'on préfère,
d'avoir recueilli sans en pénétrer le sens à la rigueur, quelques
mots qui tombaient de la « bouche d'ombre ».

De temps à autre, il est vrai que je m'en réfère à un autre point de
vue et cela parce que, selon moi, tout l'effort de l'homme doit être
appliqué à provoquer sans cesse la précieuse confidence. Ce que
nous pouvons faire est de nous porter au-devant d'elle sans crainte
de nous égarer. Bien fou qui l'ayant approchée un jour se vante
de la retenir. Elle n'a chance d'appartenir plusieurs fois qu'à ceux
qui sont rompus à la gymnastique mentale la plus complexe. Ces
derniers s'appellent aujourd'hui Picabia, Duchamp. Chaque fois
qu'elle se présente, presque toujours de la façon la plus inattendue,
il s'agit donc de savoir la prendre sans espoir de retour, en attachant une importance toute relative au mode d'introduction qu'elle
a choisi auprès de nous.

Pour en revenir au « surréalisme » j'étais arrivé ces derniers temps
à penser que l'incursion dans ce domaine d'éléments conscients le
plaçant sous une volonté humaine, littéraire, bien déterminée, le

livrait à une exploitation de moins en moins fructueuse. Je m'en désintéressais complètement. Dans le même ordre d'idées, j'avais été conduit à donner toutes mes préférences à des *récits de rêves* que, pour leur épargner semblable stylisation, je voulais sténographiques. Le malheur était que cette nouvelle épreuve réclamât le secours de la mémoire, celle-ci profondément défaillante et, d'une façon générale, sujette à caution. La question ne semblait guère devoir avancer, faute surtout de documents nombreux et caractéristiques. C'est pourquoi je n'attendais plus grand-chose de ce côté au moment où s'est offerte une troisième solution du problème (je crois bien qu'il ne reste qu'à la déchiffrer), solution où interviennent un nombre infiniment moins considérable de causes d'erreur, solution par suite des plus palpitantes. On en jugera à ce fait qu'après dix jours les plus blasés, les plus sûrs d'entre nous, demeurent confondus, tremblants de reconnaissance et de peur, autant dire ont perdu contenance devant la merveille. . . .

La nouvelle expérience était fondée sur le sommeil hypnotique (c'est la « formalité » dont parle Breton plus haut), qui permet aux sujets appelés « médiums » de parler, d'écrire, de dessiner, etc., en état d'inconscience. De telles manifestations présentent rarement un caractère poétique et concernent la plupart du temps de prétendus rapports avec les « esprits » des morts. Mais lorsque René Crevel découvrit par hasard qu'il possédait le don médiumnique, et après lui Robert Desnos et Benjamin Péret, les discours et écrits obtenus dans cet état second présentèrent un afflux d'images rappelant celles de l'écriture automatique ou des récits de rêve.
René Crevel était certainement un véritable médium, qui perdait tout à fait conscience au cours des expériences. Son premier discours en présence de ses amis fut dramatique et passionné et il en prononça quelques autres de même nature au cours de séances suivantes. Mais ces transes le fatiguaient à l'extrême et il se vit contraint de refuser son concours, ou, lorsqu'on insistait — de simuler : le conte humoristique d'une négresse qui porte des bas blancs, reproduit dans Littérature *comme ayant été prononcé en état de « sommeil », relève plutôt des propos éveillés de Crevel et de la bonne humeur qui, en général, les animait. Il y eut même, selon certains témoignages, dans un appartement où s'improvisa l'une des séances, des cas de « simulation collective » lorsque des participants occasionnels se mirent à parler, gesticuler, déambuler et enfin prétendirent se pendre à des portemanteaux : peu d'assistants et peut-être aucun des acteurs ne prirent tout cela très au sérieux. Les expériences avec Benjamin Péret paraissant de leur côté avoir tourné court, Desnos demeura le seul interprète de la nouvelle forme d'automatisme psychique. Il s'agissait vraisemblablement chez lui d'un état de « conscience interrompue » semblable, mais plus profondément marqué, à celui de l'écriture automatique. Le compte rendu suivant, paru dans* Littérature *n° 6, concerne l'une des toutes premières séances.*

(Desnos s'endort une seconde fois dans la soirée du 28 septembre 1922. Écriture spontanée) : umidité (*sic* – puis mot illisible). Je connais un repère bien beau. (On lui ordonne à ce moment d'écrire un poème.)

Nul n'a jamais conquis le droit d'entrer en maître
dans la ville concrète où s'accouplent les dieux
il voudrait inventer des luxures abstraites
et des plantes doigts morts au centre de nos yeux

Cœur battant nous montons à l'assaut des frontières
les faubourgs populeux regorgent de champions
remontons le courant des nocturnes artères
jusqu'au cœur impassible où dormiront nos vœux

Ventricule drapeau clairon de ces pays
l'enfant gâté par l'amour des autruches
au devoir de mourir n'aurait jamais failli
si les cigognes bleues se liquéfiaient dans l'air

Tremblez tremblez mon poing (dussé-je avaler l'onde)
a fixé sur mon ventre un stigmate accablant *
et les grands cuirassés jettent en vain leur sonde
aux noyés accroupis au bord des rochers blancs.

(Spont.) La Tour.
Q. – Qui est la tour? Une femme?
R. – Oui, naturellement.
Q. – Tu la connais?
R. – Oui (appuyé, crayon cassé).
Q. – Est-elle belle?
R. – Je ne sais.
Q. – A-t-elle d'autres qualités?
R. – Je ne l'aime pas.
Q. – Est-elle ici?
R. – Oui (crayon cassé).
Q. – Il ne faut plus parler d'elle?
R. – If you want.
Q. – Que feras-tu dans cinq ans?
R. – Le fleuve (l'e final commence un dessin de vague, petit bateau,

---

* C'est à la fin de ce vers que nous avons arrêté Desnos, pensant que le poème que dans la demi-obscurité nous ne pouvions lire était fini. Il se prêta de bonne grâce aux questions qui suivirent et c'est au bout de cinq ou dix minutes que sans transition il écrivit les deux derniers vers que nous ne reconnûmes pas tout d'abord.

fumée. Écrit avec beaucoup d'application) : elle s'appelle Berga-
mote.
Q. – Que fera Breton dans cinq ans?
R. – (Dessin du cercle avec son diamètre) Picabia Gulf Stream
Picabia.
Q. – Aimes-tu Breton?
R. – Oui (crayon cassé, puis lisiblement) : oui.
(Dessin d'une flèche.)
Q. – Que fera Éluard dans cinq ans?
R. – 1 000 000 frs.
Q. – Que fera-t-il de cet argent?
R. – La guerre à la flotte.
Q. – Qui est Max Ernst?
R. – Le scaphandrier et la grammaire espagnole.
Q. – Que penses-tu de Simone Breton?
(Pas de réponse.)
Q. – Qui est-elle? Que vois-tu pour elle?
R. – Je (biffé) volubilis (dessin de l'œil avec la flèche) la belle aimée
(dessin par-dessus lequel on lit :) le cheval.
Q. – C'est Gala Éluard qui te donne la main.
R. – (Dessin.)
Q. – Que vois-tu pour elle?
R. – L'heure fatale ou cela vous le verrez.
Q. – Que fera-t-elle?
R. – (Dessin d'une clé de sol.)
Q. – Mourra-t-elle bientôt?
R. – Opéra opéra.
(Ici se placent les deux vers : Et les grands cuirassés..., etc.)
Q. – Est-ce tout pour Gala Éluard?
R. – O il y aura des allumettes de trois couleurs (dessin d'une main
appuyée à une courbe) main contre la lune.
Q. – Que sais-tu de Max Ernst?
R. – La blouse blanche de Fraenkel à la Salpêtrière.
Q. – Qui est Max Ernst?
R. – Un *fa* dièse.
(Réveil.)

*Les séances ne fatiguaient jamais Desnos qui, au contraire, s'avéra en
mesure de prononcer à toute heure, plutôt que ces dialogues décousus des
expériences du début, d'inépuisables et sensationnels discours. En 1928,
dans le* Traité du style, *Louis Aragon se souvint de ce temps de merveilles
orales :*

Je me souviens d'une cascade au fond des grottes. Quelqu'un que
je connaissais, un ami nommé Robert Desnos, parlait. Il avait
retrouvé à la faveur d'un sommeil étrange plusieurs secrets perdus

de tous. Il parlait. Mais ce qui s'appelle parler. La grande mer commune se trouvait du coup dans la chambre avec ses ustensiles étonnés.

De toute évidence, Desnos possédait un don verbal exceptionnel qui trouvait pour se manifester une atmosphère stimulante dans la demi-obscurité d'une pièce silencieuse et l'entourage d'amis attentifs. Alors d'incessantes vagues de métaphores coulaient de ses lèvres et l'on peut regretter que presque aucun de ces discours n'ait été noté. Le poète finit par pouvoir exercer ce don sans aucun préparatif, comme le raconta récemment Michel Leiris (journal le Monde, *10 janvier 1975) :*

Les fameux discours surréalistes de Desnos, j'y ai assisté. J'ai un souvenir précis. Un soir on avait pris le train pour aller à Versailles, et puis, au cours de notre promenade, Desnos m'a fait une petite démonstration. Je ne crois pas qu'il fermait les yeux. Ce n'était pas la peine, il faisait nuit. Il a débité un texte surréaliste à peu près de la même qualité que ceux de *Deuil pour deuil*[1]. Je peux en témoigner absolument.

*Philippe Soupault dira de son côté (*le Monde, *10 janvier 1975) :*

J'ai assisté à un de ses « sommeils ». Desnos était naturellement doué, comme disent les spirites. Mais j'ai toujours eu le sentiment que son sommeil n'était qu'un prétexte, qui lui permettait de se livrer à son lyrisme naturel.

Le dormeur prit un tel goût à ses propres sommeils qu'il s'endormait à tout coup afin de développer inépuisablement ses extraordinaires discours. Quelques-uns parmi les assistants se lassèrent, voire s'irritèrent, de cette espèce de narcissisme poétique et certain jour où Desnos, ayant longtemps parlé, « refusait avec obstination de se réveiller » comme nous le dira ensuite Éluard chez qui la scène s'était passée, ce dernier, exaspéré, saisit une carafe d'eau et la vida sur la poitrine du « dormeur » qui, immédiatement conscient et horriblement vexé, empoigna un coupe-papier en métal et en aurait frappé Éluard si les assistants ne s'étaient interposés.
On a vu dans le fragment cité de la séance du 22 septembre 1922, comment Desnos pouvait bercer ses improvisations au rythme du vers alexandrin[2]. Ou bien il créait des jeux de mots à la manière de ceux de Marcel Duchamp qu'avait publiés Littérature *(n° 5, octobre 1922) : phrases signées « Rrose*

1. Voir plus loin des extraits de *Deuil pour deuil,* p. 179-180.
2. Nous avons nous-même observé que pendant une insomnie il est possible de retrouver le sommeil en composant mentalement, sans se préoccuper naturellement du « sens », des vers alexandrins — douze syllabes, césure et alternance des rimes masculines et féminines.

Sélavy », le pseudonyme féminin souvent utilisé par Duchamp. Desnos produi-
sit quantité de ces formules auxquelles la revue consacra plusieurs pages de son
n° 7 (décembre 1922) et où apparaît parfois, en écho, le nom de Rrose Sélavy :

Rrose Sélavy demande si les Fleurs du Mal ont modifié les mœurs
du phalle : qu'en pense Omphale? — La solution d'un sage est-
elle la pollution d'un page? — Rrose Sélavy connaît bien le marchand du sel. — Aragon recueille *in extremis* l'âme d'Aramis sur
un lit d'estragon. — Amoureux voyageur sur la carte du tendre,
pourquoi nourrir vos nuits d'une tarte de cendre? — Rrose Sélavy
s'étonne que de la contagion des reliques soit née la religion catholique. — Le mépris des chansons ouvre la prison des méchants. —
L'acte des sexes est l'axe des sectes. — Les lois de nos désirs sont
des dés sans loisirs. . . .

Les allitérations de Desnos paraissent avoir à leur tour inspiré Roger Vitrac.
Les phrases de Duchamp sont humoristiques (« Sa robe est noire, dit Sarah
Bernhardt » — « Opalin, ô ma laine » — « Abominables fourrures abdo-
minales », etc.), celles de Desnos introduisent souvent une métaphore,
ce qui est toujours le cas chez Vitrac dont les jeux de mots, rarement érotiques,
*ne sont jamais ironiques mais toujours métaphoriques (*Littérature *n° 9,*
février-mars 1923).

L'air des cimes est le lait des crimes. — Les fards des joues déjouent
les phares. — Les vaisseaux seront sauvés des ronces. — Entre les
sèves le centre d'Ève. — Chants de guerre, gants de chair. — Défense
de fumer, les fusées des femmes. — Les masses de l'onde lassent le
monde, la lune les attire et la lyre les allume. Sirène des noyés soyez
la reine des nids. — Faux roi des eaux, forêt d'oiseaux. . . .

« Les mots ont fini de jouer, les mots font l'amour », écrivait André Breton
en présentant les jeux de mots de Desnos. Nous découvrirons un quatrième
type de jeux de mots avec le Glossaire *de Michel Leiris (revue* La Révolution surréaliste *n°s 3, 4 et 6, 1925-1926) où les mots eux-mêmes sug-*
gèrent leurs définitions :

Glossaire : J'y serre mes gloses

ACADÉMIE — macadam pour les mites. ARTÈRES — lézardes et cratères.
CATHOLICISME — isthme de ta colique. CRIME — une mine de cris.
DÉCIMER — détruire les cimes. DOMINER — délire dérisoire, dédale
déchiré. ÉCLIPSE — ellipse de clarté. ÈRE — l'air que nous respirons,
notre aire d'action. FLAMME — Fluide mâle*. ERMITE — termite.
PERSPECTIVE — l'œil perce, lumière active. ROSAIRE — l'érosion
des prières. SCEPTRE — spectre. SIMILITUDE — (identiques, les trois I

---

* Flamme (du souvenir)=feu au derrière.

se mêlent et préparent la pierre unie de l'U). SOURCE — course.
TOTAL — le totem de Tantale. UNITÉ — nudité, nid de l'éternité.
VOCABLE — le câble ou le volcan. . . .

Leiris ajouta cette note à son Glossaire :

Une monstrueuse aberration fait croire aux hommes que le langage
est né pour faciliter leurs relations mutuelles. C'est dans ce but
d'utilité qu'ils rédigent des dictionnaires, où les mots sont catalo-
gués, doués d'un sens bien défini (croient-ils), basé sur la coutume
et l'étymologie. Or l'étymologie est une science parfaitement vaine
qui ne renseigne en rien sur le sens *véritable* d'un mot, c'est-à-dire
la signification particulière, personnelle, que chacun se doit de lui
assigner, selon le bon plaisir de son esprit. Quant à la coutume,
il est superflu de dire que c'est le plus bas critérium auquel on
puisse se référer.
Le sens usuel et le sens étymologique d'un mot ne peuvent rien
nous apprendre sur nous-mêmes, puisqu'ils représentent la frac-
tion collective du langage, celle qui a été faite pour tous et non
pour chacun de nous.
En disséquant les mots que nous aimons, sans nous soucier de
suivre ni l'étymologie, ni la signification admise, nous découvrons
leurs vertus les plus cachées et les ramifications secrètes qui se
propagent à travers tout le langage, canalisées par les associations
de sons, de formes et d'idées. Alors le langage se transforme en
oracle et nous avons là (si ténu qu'il soit) un fil pour nous guider,
dans la Babel de notre esprit.

Dans l'article du journal le Monde *cité plus haut, Leiris commente en ces*
termes la genèse de son « dictionnaire » :

S'il n'y avait pas eu les jeux de mots de Desnos, je n'aurais pas eu
l'idée de faire *Glossaire : J'y serre mes gloses.* Il y avait déjà des jeux de
mots dans les poèmes de Max Jacob, mais généralement comiques.
Avec Duchamp on est encore dans l'humour. Je crois que vraiment
Desnos a été l'inventeur du jeu de mots lyrique. C'étaient des jeux
de mots dont certains arrivaient à être des sortes d'adages philosophiques. Celui qui m'avait le plus frappé était : « Les lois de nos
désirs sont des dés sans loisirs. » C'est là probablement ce que j'ai
le plus admiré chez Desnos. Dans *Glossaire* je voulais pousser la
chose plus loin et faire un dictionnaire de jeux de mots. . . .

Les expériences avec Desnos se terminèrent vers la fin de 1923. A cette
époque, le n° 11-12 de la revue Littérature *(octobre 1923), que l'on peut*
considérer comme la première anthologie poétique du surréalisme, s'ouvrit
sur une brillante fantaisie, « La chanson du dékiouskioutage », dont le père
anonyme n'était autre que Max Jacob. Venaient ensuite des poèmes de

Desnos, Péret, Ernst, Vitrac, Picabia, Georges Limbour, Morise, Éluard,
Breton, Joseph Delteil, Soupault, Aragon, cependant qu'une double page
étalait, sous le titre Erutarettil, *les noms d'un grand nombre d'auteurs*
de toutes époques et de tous pays, imprimés en caractères différents selon la
valeur que la revue attribuait à ces maîtres et précurseurs du surréalisme
naissant, depuis le légendaire Hermès Trismégiste jusqu'à Arthur Cravan —
la plus voyante typographie étant réservée aux noms de Sade, Young, Lewis,
Rabbe, Lautréamont et Vaché.

Des livres parurent en 1923 : Mourir de ne pas mourir, *poèmes par*
Paul Éluard; Au 125 du boulevard Saint-Germain *et* Immortelle
Maladie *de Benjamin Péret. Louis Aragon avait publié en 1920 les poèmes*
de Feu de joie, *en 1921 un roman,* Anicet ou le Panorama, *en 1923*
une sorte de roman à clef : les Aventures de Télémaque; *en 1924*
son recueil le Libertinage [1] *contient des contes et des nouvelles et un*
texte intitulé « Madame à sa tour monte » dont sont extraits les passages sui-
vants, qui décrit la demeure imaginaire d'une dame non moins imaginaire
et curieusement baptisée « Matisse » par l'auteur. Demeure encore plus
surréaliste que Certâ.

LE LIBERTINAGE
Madame à sa tour monte

. . . . On a réuni deux étages, et c'est comme une maison démolie :
la trace du plafond abattu demeure à ces murs sur lesquels les
papiers lacérés des chambres, fleurettes claires, ramages foncés,
motif perpétuel d'une chasse répétée, et faux linoléum des cabinets
de toilette, témoignent d'une vie ancienne interrompue. Trace
brune et coudée des cheminées. Çà et là, la tapisserie plus claire se
souvient du lit, de l'armoire ou des tableaux. Crucifix. Sur deux
rangs, soldats mélancoliques, les six fenêtres regardent cet intérieur stupide avec reproche. Les portes supérieures se sentent sottes
de s'ouvrir sur le vide. En bas dans un coin un café surpris vivant
par la pioche appuie au décor de la dévastation son zinc encloué
de pièces fausses, le comptoir peint à la marbre-rose, les grands
tabourets branlants, et l'échafaudage léger des étagères lourdes
de litres et de bocks. C'est ici que Matisse reçoit les importuns :
ils ne peuvent bientôt plus supporter l'atmosphère désolée de ce
lieu, trouvent une excuse et s'esquivent. Au soir, une lampe de
chantier éclaire seule les démolitions. Les ombres se projettent,
immenses, jusqu'au plafond et Matisse imagine des romans.
Orpheline, elle débarque du village où s'usa l'honnêteté de ses
père et mère, à Paris, dans le bar de son oncle, jadis parti pour la
capitale, son dernier parent, son dernier soutien. Naïve et pure,
au milieu des charrons et des mines inquiétantes, convoiteuses, que

---

1. Louis Aragon, *Le Libertinage,* © Éditions Gallimard.

va-t-elle devenir? Son sort se lit aux yeux d'une fille que maltraite un souteneur. L'oncle même va la livrer à ce prince russe, et c'en est fait : mais l'inconnu paraît et la sauve. Force, beauté, richesse, il a dans sa vie un secret. Qu'on le connaisse, le roman est fini. Matisse est encore la panthère qui ruine les grands d'Espagne, pousse les enfants au suicide, les commis au vol, les banquiers à la banqueroute, les lycéens à l'assassinat. La voici qui vient séduire, rouleuse de théâtre, dans un café suburbain l'innocent rinceur de verres qui n'a pas seize ans. *Ici la scène devient réaliste* et tout à coup, beaux yeux que cherchez-vous dans les solives, la voluptueuse aperçoit une médaille au cou du jeune homme, ou une marque de naissance, ou un tatouage indélébile, et ma parole, c'est son fils abandonné dans la neige il y a beau temps sur les marches de quelque église. Après un tour pareil, on prend le voile : elle, passe dans la salle à manger.

La salle à manger, si l'on peut dire : Matisse prend ses repas au restaurant. Dans la demi-obscurité toujours, une table mal desservie semble à peine abandonnée de ses convives. Sur le damier rouge et blanc de la nappe, un compotier de fruits glauques et vulgaires, une bouteille débouchée et un casse-noisette veillent un verre bleu. C'est qu'il y a des amis qui seraient déplacés ailleurs, comme un piano dans une salle de bains. Matisse devant cette parade de dessert les reçoit et les regarde, et les caresse un peu parfois comme on fait les raisins ou les pêches. Ce sont des gens gras, bien vêtus, peut-être mélancoliques, mais sans une ride en tout cas.

La chambre à coucher ne sert qu'au repos : le jour y pénètre par des jalousies aux lattes joueuses, qui remplacent les persiennes sans douceur qu'on enleva. Zèbre d'ombre et de clarté : rien ne permet à l'imagination de se dérégler, aux sens de s'exercer, malgré la nuit équivoque des interférences lumineuses, de peur que la moindre exaltation ne bannisse le sommeil dont c'est ici le palais. Rien d'intime, de secret comme ce lieu : on n'y parle naturellement que bas. Une pudeur singulière dissimule le squelette de bois des sièges sous des étoffes qui vont du mordoré au grenat. Tout respire la mollesse et l'abandon; des fourrures à terre assourdissent les pas; nulle glace ne luit au cœur de cet arcane, œil dont Matisse en dormant garderait l'inquiétude ou qui introduirait dans ses rêves la vision dernière, avant de s'assoupir, de sa nudité excessivement belle ce soir. Le lit comme un navire au milieu de la pièce, une mer calme le porte et quand Matisse s'y allonge, elle est tentée de rénover les mythes et Morphée (ses paupières sont les pavots) et ce reposoir devient l'aboutissant du monde. Mais pour rendre le silence mieux sensible près de la fenêtre et captant la lumière un violon muet gît dans un cercueil d'acajou doublé de peluche bleue, et l'archet qui partage sa couche est le lien qui unit cet univers sans vie au monde réel.

Le monde on l'aperçoit de la fenêtre : toits de toile cirée grise; cheminées, sensuels spectateurs; ateliers ternis au jeu poussiéreux des stores; pan coupé des immeubles; terrains vagues; dans une cour l'escalier de service révélé par sa verrière; les vastes hangars d'où glissent, où retournent les automobiles attirées par les majuscules de la façade. Le cri d'un train, et l'on apprend le nom du quartier ROME qui allie à l'idée des civilisations antiques la magie des cités modernes, parfaitement.

Le cabinet de toilette après toute cette torpeur, tout y est luisant, géométrique, éclatant, incisif, que vous penseriez une salle d'opération. Jauger le cubage d'air est la première envie que donne cette pièce. Plus tard c'est le plaisir de quelque plaisir bref. Le ripolin des murs réfléchit une clarté cruelle qui ne cèlera ni une ride ni un cheveu blanc. . . .

Tournez à contre-sens le robinet d'écoulement de la toilette : tiens, une trappe glisse au plafond d'où descend une échelle de fer. Cacher un criminel, conspirer, escamoter un cadavre, un logement doit s'y prêter toujours. Par cette communication clandestine on passe à l'étage supérieur qui n'envie rien aux repaires des romans policiers. Tout d'abord une pièce nue, comme abandonnée, déconcerte le visiteur : aux murs sans papier ni peinture des ouvriers ont inscrit leurs noms, des additions, des réflexions sur la vie, dessiné leur idéal féminin; sur les vitres les maçons peignirent en blanc le symbole de l'infini. Le reste de l'appartement est le magasin d'accessoires d'un bon détective : microphones et enregistreurs de phonographe pour surprendre les conversations, appareils photographiques dissimulés dans des chiffonniers, fauteuils qui embrassent l'imprudent qui s'y assied, coffres-forts camouflés, faux coffres à sonnerie infernale ou à piège, parois transparentes, périscopes qui permettront d'observer sur le toit les faits et gestes des couvreurs (on ne sait jamais leurs desseins, c'est comme les réparateurs de téléphone). . . .

Le treizième et dernier numéro de Littérature *(juin 1924) se désignait lui-même comme un « numéro décourageant ». Pourtant il révélait des vers d'Apollinaire et les fragments d'*Un cœur sous une soutane *dont nous avons parlé plus haut (le texte complet du récit de Rimbaud fut publié un peu plus tard en librairie avec une préface d'Aragon et Breton). Dans le même numéro Desnos rendait compte des* Pas perdus, *recueil qui venait de paraître et où André Breton avait groupé de nombreux textes critiques (nous en avons cité précédemment plusieurs). Au début du recueil un court essai, « La confession dédaigneuse », constitue une sorte de programme pour la carrière littéraire de l'auteur.*

LES PAS PERDUS
La confession dédaigneuse

Parfois, pour signifier « l'expérience » on a recours à cette expression émouvante : le plomb dans la tête. Le plomb dans la tête, on conçoit qu'il en résulte pour l'homme un certain déplacement de son centre de gravité. On a même convenu d'y voir la condition de l'équilibre humain, équilibre tout relatif puisque, au moins théoriquement, l'assimilation fonctionnelle qui caractérise les êtres vivants prend fin lorsque les conditions favorables cessent, et qu'elles cessent toujours. J'ai vingt-sept ans et me flatte de ne pas connaître de longtemps cet équilibre. Je me suis toujours interdit de penser à l'avenir : s'il m'est arrivé de faire des projets, c'était pure concession à quelques êtres et seul je savais quelles réserves j'y apportais en mon for intérieur. Je suis cependant très loin de l'insouciance et je n'admets pas qu'on puisse trouver un repos dans le sentiment de la vanité de toutes choses. Absolument incapable de prendre mon parti du sort qui m'est fait, atteint dans ma conscience la plus haute par le déni de justice que n'excuse aucunement, à mes yeux, le péché originel, je me garde d'adapter mon existence aux conditions dérisoires, *ici-bas,* de toute existence. Je me sens par là tout à fait en communion avec des hommes comme Benjamin Constant jusqu'à son retour d'Italie, ou comme Tolstoï disant : « Si seulement un homme a appris à penser, peu importe à quoi il pense, il pense toujours au fond à sa propre mort. Tous les philosophes ont été ainsi. Et quelle vérité peut-il y avoir, s'il y a la mort? »
Je ne veux rien sacrifier au bonheur : le pragmatisme n'est pas à ma portée. Chercher le réconfort dans une croyance me semble vulgaire. Il est indigne de supposer un remède à la souffrance morale. Se suicider, je ne le trouve légitime que dans un cas : n'ayant au monde d'autre défi à jeter que le *désir,* ne recevant de plus grand défi que la mort, je puis en venir à désirer la mort. Mais il ne saurait être question de m'abêtir, ce serait me vouer aux remords. Je m'y suis prêté une fois ou deux : cela ne me réussit pas. Le désir... certes il ne s'est pas trompé, celui qui a dit : « Breton : sûr de ne jamais en finir avec ce cœur, le bouton de sa porte. » On me fait grief de mon enthousiasme et il est vrai que je passe avec facilité du plus vif intérêt à l'indifférence, ce qui, dans mon entourage, est diversement apprécié. En littérature, je me suis successivement épris de Rimbaud, de Jarry, d'Apollinaire, de Nouveau, de Lautréamont, mais c'est à Jacques Vaché que je dois le plus. Le temps que j'ai passé avec lui à Nantes, en 1916, m'apparaît presque enchanté. Je ne le perdrai jamais de vue, et quoique je sois encore appelé à me lier au fur et à mesure des rencontres, je sais que je

n'appartiendrai à personne avec cet abandon. Sans lui j'aurais peut-
être été un poète ; il a déjoué en moi ce complot de forces obscures
qui mène à se croire quelque chose d'aussi absurde qu'une vocation. Je me félicite, à mon tour, de ne pas être étranger au fait
qu'aujourd'hui plusieurs jeunes écrivains ne se connaissent pas la
moindre ambition littéraire. On *publie* pour chercher des hommes,
et rien de plus. Des hommes, je suis de jour en jour plus curieux
d'en découvrir.

Ma curiosité, qui s'exerce passionnément sur les êtres, est par
ailleurs assez difficile à exciter. Je n'ai pas grande estime pour l'érudition ni même, à quelque raillerie que cet aveu m'expose, pour la
culture. J'ai reçu une instruction moyenne, et cela presque inutilement. J'en garde, au plus, un sens assez sûr de certaines choses (on
a été jusqu'à prétendre que j'avais celui de la langue française avant
tout autre sentiment, ce qui n'a pas laissé de m'irriter). Bref, j'en
sais bien assez pour mon besoin spécial de connaissance humaine.
Je ne suis pas loin de penser, avec Barrès, que « la grande affaire,
pour les générations précédentes, fut le passage de l'absolu au
relatif » et qu'« il s'agit aujourd'hui de passer du doute à la négation sans y perdre toute valeur morale ». La question morale me
préoccupe. L'esprit naturellement frondeur que j'apporte au reste
m'inclinerait à la faire dépendre du résultat psychologique si, par
intervalles, je ne la jugeais supérieure au débat. Elle a pour moi
ce prestige qu'elle tient la raison en échec. Elle permet, en outre, les
plus grands écarts de pensée. Les moralistes, je les aime tous, particulièrement Vauvenargues et Sade. La morale est la grande conci-
liatrice. L'attaquer, c'est encore lui rendre hommage. C'est en elle
que j'ai toujours trouvé mes principaux sujets d'exaltation.

Par contre, je n'aperçois, dans ce qu'on nomme logique, que le
très coupable exercice d'une faiblesse. Sans aucune affectation, je
puis dire que le moindre de mes soucis est de me trouver conséquent avec moi-même. « Un événement ne peut être la cause d'un
autre que si on peut les réaliser tous deux au même point de
l'espace », nous apprend Einstein. C'est ce que j'ai toujours gros-
sièrement pensé. Je nie tant que je touche terre, j'aime à une certaine altitude, plus haut que ferai-je ? Encore dans l'un quelconque
de ces états ne repassai-je jamais par le même point et disant : je
touche terre, à une certaine altitude, plus haut, ne suis-je pas dupe
de mes images.

Je ne fais pas pour cela profession d'intelligence. C'est en quelque
sorte instinctivement que je me débats à l'intérieur de tel ou tel
raisonnement, ou de tout autre cercle vicieux. (Pierre n'est pas
nécessairement mortel. Sous l'apparente déduction qui permet
d'établir le contraire se trahit une très médiocre supercherie.
Il est bien évident que la première proposition : Tous les hommes

sont mortels, appartient à l'ordre des sophismes.) Mais rien n'est plus étranger que le soin pris par certains hommes de sauver ce qui peut être sauvé. La jeunesse est à cet égard un merveilleux talisman. Je me permets de renvoyer mes contradicteurs, s'il s'en trouve, à l'avertissement lugubre des premières pages d'*Adolphe* : « Je trouvais qu'aucun but ne valait la peine d'aucun effort. Il est assez singulier que cette impression se soit affaiblie précisément à mesure que les années se sont accumulées sur moi. Serait-ce pas qu'il y a dans l'espérance quelque chose de douteux et que lorsqu'elle se retire de la carrière de l'homme, celle-ci prend un caractère plus sévère, plus positif? »

Toujours est-il que je me suis juré de ne rien laisser s'amortir en moi, autant que j'y puis quelque chose.

Je n'en observe pas moins avec quelle habileté la nature cherche à obtenir de moi toutes sortes de désistements. Sous le masque de l'ennui, du doute, de la nécessité, elle tente de m'arracher un acte de renonciation en échange duquel il n'est point de faveur qu'elle ne m'offre. Autrefois, je ne sortais de chez moi qu'après avoir dit un adieu définitif à tout ce qui s'y était accumulé de souvenirs enlaçants, à tout ce que je sentais prêt à s'y perpétuer de moi-même. La rue, que je croyais capable de livrer à ma vie des surprenants détours, la rue, avec ses inquiétudes et ses regards, était mon véritable élément : j'y prenais comme nulle part ailleurs le vent de l'éventuel.

Chaque nuit, je laissais grande ouverte la porte de la chambre que j'occupais à l'hôtel dans l'espoir de m'éveiller enfin au côté d'une compagne que je n'eusse pas choisie. Plus tard seulement, j'ai craint qu'à leur tour la rue et cette inconnue me fixassent. Mais ceci est une autre affaire. A vrai dire, dans cette lutte de tous les instants dont le résultat le plus habituel est de figer ce qu'il y a de plus spontané et de plus précieux au monde, je ne suis pas sûr qu'on puisse l'emporter : Apollinaire, en maintes occasions très perspicace, était prêt à tous les sacrifices quelques mois avant de mourir; Valéry, qui avait signifié noblement sa volonté de silence, se laisse aujourd'hui aller, autorisant la pire tricherie sur sa pensée et sur son œuvre. Il n'est pas de semaine où l'on apprenne qu'un esprit estimable vient de « se ranger ». Il y a moyen, paraît-il, de se comporter avec plus ou moins d'honneur et c'est tout. Je ne m'inquiète pas encore de savoir pour quelle charrette je suis, jusqu'où je tiendrai. Jusqu'à nouvel ordre tout ce qui peut retarder le classement des êtres, des idées, en un mot entretenir l'équivoque, a mon approbation. Mon plus grand désir est de pouvoir longtemps prendre à mon compte l'admirable phrase de Lautréamont : « Depuis l'imprononçable jour de ma naissance, j'ai voué aux planches somnifères une haine irréconciliable. »

Pourquoi écrivez-vous ? s'est un jour avisée de demander *Littérature* à quelques-unes des prétendues notabilités du monde littéraire. Et la réponse la plus satisfaisante, *Littérature* l'extrayait à quelque temps de là du carnet du lieutenant Glahn, dans *Pan* : « J'écris, disait Glahn, pour abréger le temps. » C'est la seule à laquelle je puisse encore souscrire, avec cette réserve que je crois aussi écrire pour allonger le temps. En tout cas, je prétends agir sur lui et j'en atteste la réplique que je donnais un jour au développement de la pensée de Pascal : « Ceux qui jugent d'un ouvrage par règle sont, à l'égard des autres, comme ceux qui ont une montre à l'égard de ceux qui n'en ont pas. » Je continuais : « L'un dit, consultant sa montre : il y a deux heures que nous sommes ici. L'autre dit, consultant sa montre : il n'y a que trois quarts d'heure. Je n'ai pas de montre; je dis à l'un : vous vous ennuyez; et à l'autre : le temps ne vous dure guère; car il y a pour moi une heure et demie; et je me moque de ceux qui disent que le temps me dure à moi et que j'en juge par ma montre : ils ne savent pas que j'en juge par fantaisie [1]. »

Moi qui ne laisse passer sous ma plume aucune ligne à laquelle je ne vois prendre un sens lointain, je tiens pour *rien* la postérité. Sans doute une désaffection croissante menace-t-elle, d'ailleurs, les hommes après leur mort. De nos jours, il est déjà quelques esprits qui ne savent de qui tenir. On ne soigne plus sa légende... Un grand nombre de vies s'abstiennent de conclusion morale. Quand on aura fini de donner la pensée de Rimbaud ou de Ducasse en problème (à je ne sais quelles fins puériles), quand on pensera avoir recueilli les « enseignements » de la guerre de 1914, il est permis de supposer qu'on conviendra tout de même de l'inutilité d'écrire l'histoire. On s'aperçoit de plus en plus que toute reconstitution est

1. Voici le texte complet de la pensée de Pascal (Garnier 1968) : « Ceux qui jugent d'un ouvrage sans règle sont, à l'égard des autres, comme ceux qui n'ont pas de montre à l'égard des autres. L'un dit : " Il y a deux heures." L'autre dit : " Il n'y a que trois quarts d'heure. " Je regarde ma montre, et je dis à l'un : " Vous vous ennuyez "; et à l'autre : " Le temps ne vous dure guère; car il y a une heure et demie. " Et je me moque de ceux qui me disent que le temps me dure à moi, et que j'en juge par fantaisie; ils ne savent pas que je juge par ma montre. » (Rappelons que Pascal pourrait être considéré comme l'inventeur de la montre-bracelet : il portait toujours une montre attachée à son poignet.) Comme on voit, le commentaire de Breton corrige la pensée de Pascal, selon la méthode, sinon l'esprit, de Ducasse dans les *Poésies* (voir plus haut, p. 69). Voltaire, dans ses Notes de l'édition Condorcet (Genève 1778), avait lui-même corrigé Pascal en disant : « ...en ouvrage, en musique, en poésie, en peinture, c'est le goût qui tient lieu de montre, et celui qui n'en juge que par règle en juge mal. » Breton remplace, comme Voltaire, « montre » par « fantaisie » (« goût » et « fantaisie » étant ici synonymes); mais c'est le Temps et non seulement les œuvres qu'il soumet à la fantaisie (Breton prétendait d'ailleurs pouvoir dire l'heure exacte sans montre, et n'en portait jamais).

impossible. D'autre part, il est bien entendu qu'aucune vérité ne mérite de demeurer exemplaire. Je ne suis pas de ceux qui disent : « De mon temps », mais j'affirme simplement qu'un esprit, quel qu'il soit, ne peut qu'égarer ses voisins. Et je ne demande pas pour le mien un meilleur sort que celui que j'assigne à tout autre.

C'est de cette manière qu'il faut entendre la *dictature de l'esprit,* qui fut un des mots d'ordre de Dada. On conçoit, d'après cela, que l'art m'intéresse très relativement. Mais un préjugé s'accrédite aujourd'hui, qui tend à accorder au critérium « humain » ce qu'on refuse de plus en plus au critérium « beau ». Cependant il n'y a pas de degrés d'humanités ou bien l'œuvre de Germain Nouveau serait inférieure à celle d'un chanteur montmartrois, et naturellement : A bas le mélodrame où Margot... Échapper, dans la mesure du possible, à ce type humain dont nous relevons tous, voilà tout ce qui me semble mériter quelque peine. Pour moi se dérober, si peu que ce soit, à la règle psychologique équivaut à inventer de nouvelles façons de sentir. Après toutes les déceptions qu'elle m'a déjà infligées, je tiens encore la poésie pour le terrain où ont le plus de chances de se résoudre les terribles difficultés de la conscience avec la confiance, chez un même individu. C'est pourquoi je me montre, à l'occasion, si sévère pour elle, pourquoi je ne lui passe aucune abdication. Elle n'a de rôle à jouer qu'au-delà de la philosophie et par suite elle manque à sa mission chaque fois qu'elle tombe sous le coup d'un arrêté quelconque de cette dernière. On croit communément que le *sens* de ce que nous écrivons, mes amis et moi, a cessé de nous préoccuper, alors qu'au contraire nous estimons que les dissertations morales d'un Racine sont absolument indignes de l'expression admirable qu'elles empruntent. Nous tentons peut-être de restituer le *fond* à la forme et pour cela il est naturel que nous nous efforcions d'abord de dépasser l'utilité pratique. En poésie, nous n'avons guère derrière nous que des pièces de circonstance. Et d'ailleurs la signification propre d'une œuvre n'est-elle pas, non celle qu'on croit lui donner, mais celle qu'elle est susceptible de prendre par rapport à ce qui l'entoure?

A ceux qui, sur la foi de théories en vogue, seraient soucieux de déterminer à la suite de quel trauma affectif je suis devenu celui qui leur tient ce langage, je ne puis moins faire, avant de conclure, que dédier le portrait suivant, qu'il leur sera loisible d'intercaler dans le petit volume des *Lettres de guerre* de Jacques Vaché, paru en 1918 au Sans Pareil. Quelques faits, que cela aidera à reconstituer, illustreront, j'en suis sûr, de façon impressionnante, le peu que j'ai dit. Il est encore très difficile de définir ce que Jacques Vaché entendait par « umour » (sans h) et de faire savoir au juste où nous en sommes dans cette lutte engagée par lui contre

la faculté de s'émouvoir et certains éléments hautains. Il sera temps,
plus tard, de confronter l'umour avec cette poésie, au besoin sans
poèmes : la poésie telle que nous l'entendons. Je me bornerai,
cette fois, à dévider quelques souvenirs clairs. . . .

*L'article se poursuit avec le récit des rapports de Vaché et de Breton et de
ce que celui-ci put apprendre de l'existence et des attitudes de celui-là
grâce à quelques rencontres et à une correspondance intermittente. « La
confession dédaigneuse » se termine par ces lignes :*

. . . . Je n'ai pas pour habitude de saluer les morts mais cette existence que je me suis plu et déplu à retracer ici est, qu'on s'en per-
suade, presque tout ce qui m'attache encore à une vie faiblement
imprévue et à de menus problèmes. Tous les cas littéraires et
artistiques qu'il faut bien que je soumette passent après et encore
ne me retiennent-ils qu'autant que je puis les évaluer, en signification humaine, à cette mesure infinie. C'est pourquoi tout ce qui
peut se *réaliser* dans le domaine intellectuel me paraîtra toujours
témoigner de la pire servilité ou de la plus entière mauvaise foi. Je
n'aime, bien entendu, que les choses inaccomplies, je ne me propose rien tant que de trop embrasser. L'étreinte, la domination
seule sont des leurres. Et c'est assez, pour l'instant, qu'une si jolie
ombre danse au bord de la fenêtre par laquelle je vais recommencer chaque jour à me jeter.

Chapitre X

Le *Manifeste du surréalisme*

Les documents établissant la naissance officielle du mouvement surréaliste datent de l'automne 1924. Le mot « surréalisme » était alors couramment employé chez les poètes collaborateurs de la revue Littérature mais d'autres cercles d'esprit moderne l'utilisaient aussi, de sorte que lorsque Breton et ses amis s'emparèrent définitivement, en 1924, du néologisme qu'avait forgé Apollinaire en 1917, des rumeurs s'élevèrent parmi certains esthéticiens et écrivains qui ne dédaignaient pas de qualifier de surréalistes les fruits de leur intellect. En octobre 1924, parut une revue éditée par le poète Yvan Goll, intitulée Surréalisme dans l'évident dessein de couper l'herbe sous le pied de Breton, et ses effets au Manifeste du surréalisme, alors sous presse. Paul Dermée, dans le n° 28 de la revue L'Esprit nouveau (janvier 1925), dira que lui-même avait « systématiquement employé » le fameux vocable, d'un point de vue « pan-lyrique ». Revue fondée par Dermée, dirigée par Ozenfant, le peintre « puriste », et par l'architecte Le Corbusier, prophète de la maison-machine, L'Esprit nouveau (titre emprunté au manifeste d'Apollinaire de 1918 : L'Esprit nouveau et les Poètes), bien qu'elle se prétendît « revue internationale de l'activité contemporaine », avait toujours ignoré Littérature, ce qui ne l'avait pas protégée des flèches de Francis Picabia lorsqu'elle avait pris à partie, sur le sujet des machines, le magazine populaire Je sais tout. Picabia écrivit dans Littérature n° 4 (septembre 1922) :

Je sais tout est pour les esprits simples, *L'Esprit nouveau* pour les esprits compliqués. Je sais tout est fait pour l'appétit du peuple, *l'Esprit nouveau* est destiné à nourrir les artistes – c'est-à-dire l'élite.

L'Esprit nouveau apprécie l'intelligence mais trouve que le génie est trop précurseur – d'après lui le précurseur est un raté (très joli!).

L'esprit est conscient de tout, il est bien certain d'ailleurs qu'il ne fait suer que les inconscients comme moi.

L'Esprit nouveau marche sur ses deux pieds et, comme dit le poète, porte la tête si haute qu'il est impossible de la voir, je me demande si elle existe ?

Je sais tout choisit des monstres comme des chevaux de course remarquables. *L'Esprit nouveau* préfère les chevaux d'omnibus qui tirent péniblement la tapissière du cubisme et n'ont de monstrueux que les œillères.

L'Esprit nouveau trouve que Rémy de Gourmont exagère en affirmant que l'intelligence détruit tout. Heureusement pour les imbéciles à qui cela donne la possibilité de construire.

A la fin de 1924, Francis Picabia qui s'était querellé avec Breton dira dans le n° 19 de sa revue 391 (octobre 1924) : « Le surréalisme d'Yvan Goll se rapporte au cubisme, celui de Breton, c'est tout simplement Dada travesti en ballon réclame pour la maison Breton & Cie », et il proposera, « pour quelque temps », un nouveau nom : le mouvement « instantanéiste ».

Cependant aucun programme de quelque consistance ne venait à l'appui de ces revendications et tandis que le surréalisme s'avérait un concept dynamique attirant des talents jeunes, audacieux et brillants, Surréalisme *de Goll-Dermée mourait, ne laissant d'autre trace que son premier et dernier numéro auquel avait collaboré Picabia (et, plus curieusement, René Crevel). Coïncidences peut-être, cette période vit également disparaître l'*Esprit nouveau *et* 391.

Au début du mois d'octobre 1924, avait paru dans la revue Commerce, *sous le titre « Une vague de rêves », un long article de Louis Aragon qui constituait une première manifestation par l'écrit du surréalisme en tant que tel. Ce texte mettait l'accent sur les activités de rêve et sur la fondamentale irréalité de la vie courante, motif que Breton reprendra dès le début du* Manifeste du surréalisme *en écrivant : « Tant va la croyance à la vie, à ce que la vie a de plus précaire, la vie* réelle *s'entend, qu'à la fin cette croyance se perd. » Aragon développe déjà cette idée de manière dramatique dans « Une vague de rêves ».*

Il m'arrive de perdre soudain tout le fil de ma vie : je me demande, assis dans quelque coin de l'univers, près d'un café fumant et noir, devant des morceaux polis de métal, au milieu des allées et venues de grandes femmes douces, par quel chemin de la folie j'échoue enfin sous cette arche, ce qu'est au vrai ce pont qu'ils ont nommé ciel. Ce moment que tout m'échappe, que d'immenses lézardes se font jour dans le palais du monde, je lui sacrifierais toute ma vie, s'il voulait seulement durer à ce prix dérisoire. Alors l'esprit se déprend un peu de la mécanique humaine, alors je ne suis plus la bicyclette de mes sens, la meule à aiguiser les souvenirs et les rencontres. Alors je saisis en moi l'occasionnel, je saisis tout à coup comment je me dépasse : l'occasionnel c'est moi, et cette proposition formée je ris à la mémoire de toute activité humaine. C'est à ce point sans doute qu'il y aurait de la grandeur à mourir, c'est à ce point sans doute qu'ils se tuent, ceux qui partent un jour avec un regard clair. A ce point en tout cas commence la pensée; qui n'est aucunement ce jeu de glaces où plusieurs excellent, sans danger. Si l'on a éprouvé, fût-ce une fois ce vertige, il semble impossible d'accepter encore les idées machinales à quoi se résument aujourd'hui presque chaque entreprise de l'homme, et toute sa tranquillité . . . .

[Le réel] n'est qu'un rapport comme un autre, l'essence des choses n'est aucunement liée à leur réalité, il y a d'autres rapports que le réel que l'esprit peut saisir, et qui sont aussi premiers, comme le hasard, l'illusion, le fantastique, le rêve. Ces diverses espèces sont réunies et conciliées dans un genre, qui est la surréalité . . . .

Puis « Une vague de rêves » rappelle longuement les recherches de ceux qui devaient former le groupe surréaliste, leur perception d'une « grande unité poétique qui va des prophéties de tous les peuples aux Illuminations *et aux* Chants de Maldoror *», les expériences des* Champs magnétiques *en 1919 qui devinrent, dans tous les domaines, une ascèse de chaque moment.*

On voit alors ce qu'est le surréel. Mais en saisir la notion ne peut se faire que par extension, au mieux c'est une notion qui fuit comme l'horizon devant le marcheur, car comme l'horizon elle est un rapport entre l'esprit et ce qu'il n'atteindra jamais. Quand l'esprit a envisagé le rapport du réel dans lequel il englobe indistinctement ce qui est, il lui oppose naturellement le rapport de l'irréel. Et c'est quand il a dépassé ces deux concepts qu'il imagine un rapport plus général, où ces deux rapports voisinent, qui est le surréel . . . .

L'époque des « sommeils » est décrite avec ses exaltations, ses querelles et ses suspicions. Si, dans le passage ci-dessous, l'auteur utilise des pronoms au pluriel, il s'agit en réalité du seul Desnos :

Ils se querellent, et parfois il faut leur arracher les couteaux des mains. De véritables ravages physiques, la difficulté à plusieurs reprises de les tirer d'un état cataleptique où semble passer comme un souffle de la mort, forceront bientôt les sujets de cette extraordinaire expérience, à la prière de ceux qui les regardent accoudés au parapet de la veille, à suspendre ces exercices, que ni les rires ni les doutes n'ont pu troubler. Alors l'esprit critique reprend ses droits. On se demande s'ils dormaient vraiment. Il se trouve au cœur de quelques-uns une négation de cette aventure. L'idée de la

simulation est remise en jeu. Pour moi, je n'ai jamais pu me faire
une idée claire de cette idée. Simuler une chose, est-ce autre chose
que la penser? Et ce qui est pensé, est. Vous ne me ferez pas sortir
de là. Qu'on m'explique, d'ailleurs, par la simulation, le caractère
génial des rêves parlés qui se déroulaient devant moi! . . . .

*Or Desnos ne simulait pas la poésie, seulement le sommeil, comme le note
d'ailleurs Aragon :*

Aussi Robert Desnos apprend à rêver sans dormir. Il parvient à
parler ses rêves, à volonté. Rêves, rêves, rêves, le domaine des
rêves à chaque pas s'étend. Rêves, rêves, rêves, le soleil bleu des
rêves enfin fait reculer les bêtes aux yeux d'acier vers leurs tanières.
Rêves, rêves, rêves sur les lèvres de l'amour, sur les chiffres du
bonheur, sur les sanglots de l'attention, sur les signaux de l'espoir,
dans les chantiers où se résigne un peuple auprès des pioches.
Rêves, rêves, rêves, tout n'est que rêve où le vent erre, et les chiens
aboyeurs sortent sur les chemins. O grand Rêve, au matin pâle des
édifices, ne quitte plus, attiré par les premiers sophismes de l'aurore,
ces corniches de craie où t'accoudant tu mêles tes traits purs et
labiles à l'immobilité miraculeuse des Statues! . . . .

*On trouve alors dans « Une vague de rêves » une liste des précurseurs du
surréalisme, parmi lesquels Aragon range Saint-Pol Roux, Raymond Roussel, Saint-John Perse, Picasso, Chirico, Reverdy, Vaché, Léon-Paul Fargue,
Sigmund Freud, noms auxquels s'ajoutent, de manière provocante, ceux de
Philippe Daudet et de Germaine Berton : le premier, fils du leader royaliste Léon Daudet, s'était suicidé au début de 1924; la seconde, militante
anarchiste, avait tué la même année Marius Plateau, membre du parti
royaliste. Aragon donne ensuite les noms des « rêveurs », ce sont les premiers
participants au mouvement surréaliste. Une énumération que l'on va trouver
dans le Manifeste du surréalisme d'André Breton sera assez semblable
à celle d'Aragon, où ne figure pas le nom d'Éluard mais qui comporte
ceux, absents chez Breton, d'André Masson, Man Ray, Antonin Artaud,
Mathias Lübeck, Max Ernst, Maxime Alexandre, Alberto Savinio, Georges
Bessières et ceux de quelques amies ou épouses des surréalistes : Denise
(Naville), Simone (Breton), Renée (une amie de Péret)...
Le rêve est, pour conclure, l'illusion très réelle de la liberté humaine :*

. . . . Il arrive qu'aux murs du cachot le reclus taille une inscription
qui fait sur la pierre un bruit d'ailes. Il arrive qu'il sculpte au-dessus
du rivet le symbole empenné des amours de la terre. C'est qu'il
rêve, et je rêve, emporté, je rêve. Je rêve d'un long rêve où chacun
rêverait. Je ne sais pas ce que va devenir cette nouvelle entreprise
de songes. Je rêve sur le bord du monde et de la nuit. Que vouliez-

vous donc me dire? hommes dans l'éloignement, criant la main
en porte-voix, riant des gestes du dormeur? Sur le bord de la nuit
et du crime, sur le bord du crime et de l'amour. O Rivieras de
l'irréel, vos casinos sans distinction d'âge ouvrent leurs salles de
jeux à ceux qui veulent perdre! Il est temps croyez-moi, que l'on
ne gagne plus.
Qui est là? Ah très bien : faites entrer l'infini.

Le Manifeste du surréalisme [1] *d'André Breton paraît à la fin du mois
d'octobre 1924 et ses premières pages étudient le problème de la servitude de
l'homme dans une existence régie par la nécessité pratique, de l'impossibilité pour son imagination de se développer librement alors que des relations
prétendues logiques semblent être le seul lien entre les différents événements
de sa vie. Mais l'imagination, bien qu'extérieurement réprimée, conserve
ses pouvoirs : « Chère imagination, dit Breton, ce que j'aime en toi, c'est que
tu ne pardonnes pas. » Et il ajoute : « Le seul mot de liberté est tout ce qui
m'exalte encore. » Ainsi la liberté de l'imagination devrait être la porte
s'ouvrant sur une conception renouvelée de la vie. Mais l'imagination libérée
ne mènerait-elle pas à la folie? Breton repousse la distinction entre « folie »
et « normalité » et attaque les tenants du réalisme et particulièrement, en
littérature, les romanciers.*

. . . . Ce n'est pas la crainte de la folie qui nous forcera à mettre en
berne le drapeau de l'imagination.
Le procès de l'attitude réaliste demande à être instruit, après le
procès de l'attitude matérialiste. Celle-ci plus poétique, d'ailleurs,
que la précédente, implique de la part de l'homme un orgueil,
certes monstrueux, mais non une nouvelle et plus complète
déchéance. Il convient d'y voir, avant tout, une heureuse réaction
contre quelques tendances dérisoires du spiritualisme. Enfin, elle
n'est pas incompatible avec une certaine élévation de pensée.
Par contre, l'attitude réaliste, inspirée du positivisme, de saint
Thomas à Anatole France, m'a bien l'air hostile à tout essor intellectuel et moral. Je l'ai en horreur, car elle est faite de médiocrité,
de haine et de plate suffisance. C'est elle qui engendre aujourd'hui
ces livres ridicules, ces pièces insultantes. Elle se fortifie sans cesse
dans les journaux et fait échec à la science, à l'art, en s'appliquant à
flatter l'opinion dans ses goûts les plus bas : la clarté confinant à
la sottise, la vie des chiens. L'activité des meilleurs esprits s'en
ressent : la loi du moindre effort finit par s'imposer à eux comme
aux autres. Une conséquence plaisante de cet état de choses, en
littérature par exemple, est l'abondance des romans. Chacun y va
de sa petite « observation ». Par besoin d'épuration, M. Paul
Valéry proposait dernièrement de réunir en anthologie un aussi

1. Reproduit dans André Breton, *Les Manifestes du surréalisme,* © Éditions Jean-
Jacques Pauvert.

grand nombre que possible de débuts de romans, de l'insanité desquels il attendait beaucoup. Les auteurs les plus fameux seraient mis à contribution. Une telle idée fait encore honneur à Paul Valéry qui, naguère, à propos des romans, m'assurait qu'en ce qui le concerne, il se refuserait toujours à écrire : « La marquise sortit à cinq heures. » Mais a-t-il tenu parole?

Si le style d'information pure et simple, dont la phrase précitée offre un exemple, a cours presque seul dans les romans, c'est, il faut le reconnaître, que l'ambition des auteurs ne va pas très loin. Le caractère circonstanciel, inutilement particulier, de chacune de leurs notations, me donne à penser qu'ils s'amusent à mes dépens. On ne m'épargne aucune des hésitations du personnage : sera-t-il blond, comment s'appellera-t-il, irons-nous le prendre en été? Autant de questions résolues une fois pour toutes, au petit bonheur; il ne m'est laissé d'autre pouvoir discrétionnaire que de fermer le livre, ce dont je ne me fais pas faute aux environs de la première page. Et les descriptions! Rien n'est comparable au néant de celles-ci : ce n'est que superposition d'images de catalogue, l'auteur en prend de plus en plus à son aise, il saisit l'occasion de me glisser ses cartes postales, il cherche à me faire tomber d'accord avec lui sur des lieux communs :

La petite pièce dans laquelle le jeune homme fut introduit était tapissée de papier jaune; il y avait des géraniums et des rideaux de mousseline aux fenêtres; le soleil couchant jetait sur tout cela une lumière crue... La chambre ne renfermait rien de particulier. Les meubles, en bois jaune, étaient tous très vieux. Un divan avec un grand dossier renversé, une table de forme ovale vis-à-vis du divan, une toilette et une glace adossées au trumeau, des chaises le long des murs; deux ou trois gravures sans valeur qui représentaient des demoiselles allemandes avec des oiseaux dans les mains, — voilà à quoi se réduisait l'ameublement *.*

Que l'esprit se propose même passagèrement, de tels *motifs,* je ne suis pas d'humeur à l'admettre. On soutiendra que ce dessin d'école vient à sa place et qu'à cet endroit du livre l'auteur a ses raisons pour m'accabler. Il n'en perd pas moins son temps, car je n'entre pas dans sa chambre. La paresse, la fatigue des autres ne me retiennent pas. J'ai de la continuité de la vie une notion trop instable pour égaler aux meilleures ses minutes de dépression, de faiblesse. Je veux qu'on se taise, quand on cesse de ressentir. Et comprenez bien que je n'incrimine pas le manque d'originalité *pour* le manque d'originalité. Je dis seulement que je ne fais pas état des moments nuls de ma vie, que de la part de tout homme il peut être indigne de cristalliser ceux qui lui paraissent tels. Cette

---

* Dostoïevsky, *Le Crime et le Châtiment.*

description de chambre, permettez-moi de la *passer*, avec beaucoup
d'autres. . . .

Observant que les principes et qualités tels que logique, expérience, sens
commun, employés dans la vie courante pour des raisons d'utilité, sont
incapables de venir à bout des plus profonds problèmes de l'humanité, et
se référant aux travaux de Freud, Breton insiste sur l'importance des rêves.
Il espère que quelque jour une synthèse de la vie rêvée et de l'existence vigile
pourra être trouvée, et il proclame sa foi dans la puissance du merveilleux.

Je crois à la résolution future de ces deux états, en apparence si
contradictoires, que sont le rêve et la réalité, en une sorte de réalité
absolue, de *surréalité,* si l'on peut ainsi dire. C'est à sa conquête
que je vais, certain de n'y pas parvenir mais trop insoucieux de ma
mort pour ne pas supputer un peu les joies d'une telle possession. . . .
Il y aurait encore beaucoup à dire mais, chemin faisant, je n'ai
voulu qu'effleurer un sujet qui nécessiterait à lui seul un exposé
très long et une tout autre rigueur : j'y reviendrai. Pour cette fois,
mon intention était de faire justice de la *haine du merveilleux* qui
sévit chez certains hommes, de ce ridicule sous lequel ils veulent
le faire tomber. Tranchons-en : le merveilleux est toujours beau,
n'importe quel merveilleux est beau, il n'y a même que le merveilleux qui soit beau.
Dans le domaine littéraire, le merveilleux seul est capable de
féconder des œuvres ressortissant à un genre inférieur tel que le
roman et d'une façon générale tout ce qui participe de l'anecdote.
Le Moine de Lewis en est une preuve admirable. Le souffle du merveilleux l'anime tout entier. Bien avant que l'auteur ait délivré
ses principaux personnages de toute contrainte temporelle, on les
sent prêts à agir avec une fierté sans précédent. Cette passion de
l'éternité qui les soulève sans cesse prête des accents inoubliables
à leur tourment et au mien. J'entends que ce livre n'exalte, du
commencement à la fin, et le plus purement du monde, que ce qui
de l'esprit aspire à quitter le sol et que, dépouillé d'une partie
insignifiante de son affabulation romanesque, à la mode du temps,
il constitue un modèle de justesse, et d'innocente grandeur *. Il
me semble qu'on n'a pas fait mieux et que le personnage de
Mathilde, en particulier, est la création la plus émouvante qu'on
puisse mettre à l'actif de ce mode *figuré* en littérature. C'est moins
un personnage qu'une tentation continue. Et si un personnage
n'est pas une tentation, quel est-il? Tentation extrême que celui-là.
Le « rien n'est impossible à qui sait oser » donne dans *le Moine*

---

* Ce qu'il y a d'admirable dans le fantastique, c'est qu'il n'y a plus de fantastique : il n'y a que le réel.

toute sa mesure convaincante. Les apparitions y jouent un rôle
logique puisque l'esprit critique ne s'en empare pas pour les contester. De même le châtiment d'Ambrosio est traité de façon légitime,
puisqu'il est finalement accepté par l'esprit critique comme dénouement naturel.

Il peut paraître arbitraire que je propose ce modèle, lorsqu'il
s'agit du merveilleux, auquel les littératures du Nord et les littératures orientales ont fait emprunt sur emprunt, sans parler des
littératures proprement religieuses de tous les pays. C'est que la
plupart des exemples que ces littératures auraient pu me fournir
sont entachés de puérilité, pour la seule raison qu'elles s'adressent
aux enfants. De bonne heure ceux-ci sont sevrés de merveilleux
et, plus tard, ne gardent pas une assez grande virginité d'esprit
pour prendre un plaisir extrême à *Peau d'âne*. Si charmants soient-
ils, l'homme croirait déchoir à se nourrir de contes de fées, et
j'accorde que ceux-ci ne sont pas tous de son âge. Le tissu des
invraisemblances adorables demande à être un peu plus fin, à
mesure qu'on avance, et l'on en est encore à attendre ces espèces
d'araignées... Mais les facultés ne changent radicalement pas. La
peur, l'attrait de l'insolite, les chances, le goût du luxe, sont
ressorts auxquels on ne fera jamais appel en vain. Il y a des contes
à écrire pour les grandes personnes, des contes encore presque
bleus. . . .

*Le merveilleux pourrait être cherché et découvert autour et dans un châ-
teau, dit le* Manifeste. *Cette image du « château », ou plutôt de la vaste
demeure qui serait la maison de l'auteur et en même temps le lieu de rencontre de ceux qui quêtent la merveille aux mille visages, cette résidence
imaginaire où lui-même et ses amis vivraient leurs vies poétiques — dans le*
Manifeste *elle aurait même une Galerie des Glaces comme le château de*
Versailles —, *Breton l'évoquera encore dans des écrits ultérieurs.*

Pour aujourd'hui je pense à un *château*, dont la moitié n'est pas
forcément en ruine; ce château m'appartient, je le vois dans un
site agreste, non loin de Paris. Ses dépendances n'en finissent plus,
et quant à l'intérieur il a été terriblement restauré, de manière à
ne rien laisser à désirer sous le rapport du confort. Des autos
stationnent à la porte, dérobée par l'ombre des arbres. Quelques-
uns de mes amis y sont installés à demeure : voici Louis Aragon
qui part : il n'a que le temps de vous saluer; Philippe Soupault
se lève avec les étoiles et Paul Éluard, notre grand Éluard n'est pas
encore rentré. Voici Robert Desnos et Roger Vitrac, qui déchiffrent
dans le parc un vieil édit sur le duel; Georges Auric, Jean Paulhan;
Max Morise, qui rame si bien, et Benjamin Péret dans ses équations
d'oiseaux; et Joseph Delteil; et Jean Carrive; et Georges Limbour,

et Georges Limbour (il y a toute une haie de Georges Limbour);
et Marcel Noll; voici T. Fraenkel qui nous fait signe de son ballon
captif, Georges Malkine, Antonin Artaud, Francis Gérard, Pierre
Naville, J.-A. Boiffard, puis Jacques Baron et son frère, beaux et
cordiaux, tant d'autres encore, et des femmes ravissantes, ma foi.
Ces jeunes gens, que voulez-vous qu'ils se refusent? leurs désirs
sont, pour la richesse, des ordres. Francis Picabia vient nous voir
et, la semaine dernière, dans la galerie des glaces, on a reçu un
nommé Marcel Duchamp qu'on ne connaissait pas encore. Picasso
chasse dans les environs. L'esprit de *démoralisation* a élu domicile
dans le château, et c'est à lui que nous avons affaire chaque fois
qu'il est question de relation avec nos semblables, mais les portes
sont toujours ouvertes et on ne commence pas par « remercier »
le monde, vous savez. Du reste, la solitude est vaste, nous ne nous
rencontrons pas souvent. Puis l'essentiel n'est-il pas que nous
soyons nos maîtres, et les maîtres des femmes, de l'amour, aussi?
On va me convaincre de mensonge poétique : chacun s'en ira
répétant que j'habite rue Fontaine, et qu'il ne boira pas de cette
eau. Parbleu! Mais ce château dont je lui fais les honneurs, est-il
sûr que ce soit une image? Si ce palais existait, pourtant! Mes
hôtes sont là pour en répondre; leur caprice est la route lumineuse
qui y mène. C'est vraiment à notre fantaisie que nous vivons, *quand
nous y sommes.* Et comment ce que fait l'un pourrait-il gêner l'autre,
là, à l'abri de la poursuite sentimentale et au rendez-vous des
occasions? . . . .

Puis le Manifeste *rappelle la genèse du surréalisme : comment l'écriture
automatique fut expérimentée par Soupault et Breton, et comment cette
activité fut baptisée « surréalisme » en hommage à Guillaume Apollinaire.
Le mot est défini dans une formule d'autant plus frappante qu'elle est
rédigée comme un article de dictionnaire.*

C'est de très mauvaise foi qu'on nous contesterait le droit d'employer le mot *Surréalisme* dans le sens très particulier où nous
l'entendons car il est clair qu'avant nous ce mot n'avait pas fait
fortune. Je le définis donc une fois pour toutes :
SURRÉALISME, n. m. Automatisme psychique pur par lequel on se
propose d'exprimer, soit verbalement, soit par écrit, soit de toute
autre manière, le fonctionnement réel de la pensée. Dictée de la
pensée, en l'absence de tout contrôle exercé par la raison, en
dehors de toute préoccupation esthétique ou morale.
ENCYCL. *Philos.* Le surréalisme repose sur la croyance à la réalité
supérieure de certaines formes d'associations négligées jusqu'à
lui, à la toute-puissance du rêve, au jeu désintéressé de la pensée.
Il tend à ruiner définitivement tous les autres mécanismes psy-

chiques et à se substituer à eux dans la résolution des principaux problèmes de la vie. Ont fait acte *de surréalisme absolu* MM. Aragon, Baron, Boiffard, Breton, Carrive, Crevel, Delteil, Desnos, Éluard, Gérard, Limbour, Malkine, Morise, Naville, Noll, Péret, Picon, Soupault, Vitrac.

Ce semblent bien être, jusqu'à présent, les seuls, et il n'y aurait pas à s'y tromper, n'était le cas passionnant d'Isidore Ducasse, sur lequel je manque de données. Et certes, à ne considérer que superficiellement leurs résultats, bon nombre de poètes pourraient passer pour surréalistes, à commencer par Dante et, dans ses meilleurs jours, Shakespeare. *Au cours des différentes tentatives de réduction auxquelles je me suis livré de ce qu'on appelle, par abus de confiance, le génie, je n'ai rien trouvé qui se puisse attribuer finalement à un autre processus que celui-là.*

Les *Nuits* d'Young sont surréalistes d'un bout à l'autre; c'est malheureusement un prêtre qui parle, un mauvais prêtre, sans doute, mais un prêtre.

Swift est surréaliste dans la méchanceté.

Sade est surréaliste dans le sadisme.

Chateaubriand est surréaliste dans l'exotisme.

Constant est surréaliste en politique.

Hugo est surréaliste quand il n'est pas bête.

Desbordes-Valmore est surréaliste en amour.

Bertrand est surréaliste dans le passé.

Rabbe est surréaliste dans la mort.

Poe est surréaliste dans l'aventure.

Baudelaire est surréaliste dans la morale.

Rimbaud est surréaliste dans la pratique de la vie et ailleurs.

Mallarmé est surréaliste dans la confidence.

Jarry est surréaliste dans l'absinthe.

Nouveau est surréaliste dans le baiser.

Saint-Pol-Roux est surréaliste dans le symbole.

Fargue est surréaliste dans l'atmosphère.

Vaché est surréaliste en moi.

Reverdy est surréaliste chez lui.

St.J.Perse est surréaliste à distance.

Roussel est surréaliste dans l'anecdote.

Etc.

. . . .

Des « secrets de l'art magique surréaliste » sont révélés ensuite, parmi lesquels la technique de l'écriture automatique. De nombreux développements et possibilités du surréalisme dans le futur sont ensuite examinés et l'auteur donne au Manifeste du surréalisme *la conclusion suivante :*

.... Et, dès lors, il me prend une grande envie de considérer avec indulgence la rêverie scientifique, si malséante en fin de compte, à tous égards. Les sans-fils? Bien. La syphilis? Si vous voulez. La photographie? Je n'y vois pas d'inconvénient. Le cinéma? Bravo pour les salles obscures. La guerre? Nous riions bien. Le téléphone? Allô, oui. La jeunesse? Charmants cheveux blancs. Essayez de me faire dire merci : « Merci. » Merci... Si le vulgaire estime fort ce que sont à proprement parler les recherches de laboratoire, c'est que celles-ci ont abouti au lancement d'une machine, à la découverte d'un sérum, auxquels le vulgaire se croit directement intéressé. Il ne doute pas qu'on ait voulu améliorer son sort. Je ne sais ce qu'il entre exactement dans l'idéal des savants de vœux humanitaires, mais il ne me paraît pas que cela constitue une somme bien grande de bonté. Je parle, bien entendu, des vrais savants et non des vulgarisateurs de toutes sortes qui se font délivrer un brevet. Je crois, dans ce domaine comme dans un autre, à la joie surréaliste pure de l'homme qui, averti de l'échec successif de tous les autres, ne se tient pas pour battu, part d'où il veut et, par tout autre chemin qu'un chemin *raisonnable,* parvient où il peut. Telle ou telle image, dont il jugera opportun de signaliser sa marche et qui, peut-être, lui vaudra la reconnaissance publique, je puis l'avouer, m'indiffère en soi. Le matériel dont il faut bien qu'il s'embarrasse ne m'en impose pas non plus : ses tubes de verre ou mes plumes métalliques... Quant à sa méthode, je la donne pour ce que vaut la mienne. J'ai vu à l'œuvre l'inventeur du réflexe cutané plantaire; il manipulait sans trêve ses sujets, c'était tout autre chose qu'un « examen » qu'il pratiquait, *il était clair qu'il ne s'en fiait plus à aucun plan.* De-ci, de-là, il formulait une remarque, lointainement, sans pour cela poser son épingle, et tandis que son marteau courait toujours. Le traitement des malades, il en laissait à d'autres la tâche futile. Il était tout à cette fièvre sacrée.

Le surréalisme, tel que je l'envisage, déclare assez notre *non-conformisme* absolu pour qu'il ne puisse être question de le traduire, au procès du monde réel, comme témoin à décharge. Il ne saurait, au contraire, justifier que de l'état complet de distraction auquel nous espérons bien parvenir ici-bas. La distraction de la femme chez Kant, la distraction « des raisins » chez Pasteur, la distraction des véhicules chez Curie, sont à cet égard profondément symptomatiques. Ce monde n'est que très relativement à la mesure de la pensée et les incidents de ce genre ne sont que les épisodes jusqu'ici les plus marquants d'une guerre d'indépendance à laquelle je me fais gloire de participer. Le surréalisme est le « rayon invisible » qui nous permettra un jour de l'emporter sur nos adversaires. « Tu ne trembles plus, carcasse. » Cet été les roses sont bleues; le bois, c'est du verre. La terre drapée dans sa verdure me fait aussi peu d'effet qu'un revenant. C'est vivre et cesser de vivre qui sont des solutions imaginaires. L'existence est ailleurs.

A la théorie est jointe la pratique. Les « contes presque bleus » dont parlait André Breton, on les trouve à la suite du Manifeste du surréalisme sous le titre de « Poisson soluble », recueil de trente-six textes automatiques de l'auteur qui matérialisent un monde en vérité merveilleux, sans cesse merveilleux, peuplé de femmes charmantes, de fleurs et de papillons, de châteaux, de pierreries, et scintillant d'incessantes métamorphoses. Le conte ci-dessous est le treizième du recueil.

Poisson soluble

De peur que les hommes qui la suivent dans la rue se méprennent sur ses sentiments, cette jeune fille usa d'un charmant stratagème. Au lieu de se maquiller comme pour le théâtre (la rampe, n'est-ce pas le sommeil lui-même et ne convient-il pas de sonner les entrées en scène dans la jambe même des femmes ?) elle fit usage de craie, de charbon ardent et d'un diamant vert d'une rareté insigne que son premier amant lui avait laissé en échange de plusieurs tambours de fleurs. Dans son lit, après avoir soigneusement rejeté les draps de coque d'œuf, elle plia sa jambe droite de manière à poser le talon droit sur le genou gauche et, la tête tournée du côté droit, elle s'apprêta à toucher du charbon ardent la pointe de ses seins autour de laquelle se produisirent les choses suivantes : une sorte de halo vert de la couleur du diamant se forma et dans le halo vinrent se piquer de ravissantes étoiles, puis des pailles donnèrent naissance à des épis dont les grains étaient pareils à ces paillettes des robes de danseuses. Elle jugea alors le moment venu de moirer l'air sur son passage et pour cela elle fit encore appel au diamant qu'elle lança contre la vitre de la fenêtre. Le diamant, qui n'est jamais retombé, creusa dans le verre un petit orifice de sa forme et exactement de sa taille, qui prit au soleil, pendant que la précieuse pierre continuait son vol, l'aspect d'une aigrette des fossés. Puis elle mordit avec délice dans les étonnantes stratifications blanches qui restaient à sa disposition, les baguettes de craie, et celles-ci écrivirent le mot amour sur l'ardoise de sa bouche. Elle mangea ainsi un véritable petit château de craie, d'une architecture patiente et folle, après quoi elle jeta sur ses épaules un manteau de petit gris et, s'étant chaussée de deux peaux de souris, elle descendit l'escalier de la liberté, qui conduisait à l'illusion du jamais vu. Les gardes la laissèrent passer, c'étaient d'ailleurs des plantes vertes que retenait au bord de l'eau une fiévreuse partie de cartes. Elle atteignit ainsi la Bourse où ne régnait plus la moindre animation depuis que les papillons s'étaient avisés d'y procéder à une exécution capitale : tous alignés je les vois encore quand je ferme les yeux. La jeune fille s'assit sur la cinquième marche et là, elle conjura les puissances racornies de lui apparaître et de la soumettre aux racines sauvages du lieu. C'est depuis ce jour qu'elle passe chaque après-midi au-dessous du fameux escalier, renommée souterraine embouchant à ses heures le clairon de la ruine.

Un pamphlet publié à la fin de 1924 par les surréalistes montra que ceux-ci n'entendaient pas limiter leur action à l'exaltation du rêve et à la pratique de l'écriture automatique. Le cadavre « encore chaud » d'un des plus célèbres écrivains français de l'époque, admiré aussi bien par des révolutionnaires et des libéraux que par des réactionnaires, par le peuple comme par l' « élite », fut l'objet de leurs plus mordantes insultes. Anatole France venait de mourir, qui avait eu parfois l'attitude d'un esprit libre, qui fut dreyfusard au temps de la fameuse Affaire, et qui flirtait quelque temps avant sa disparition avec le parti communiste nouvellement formé. Mais l'écrivain dont le style ravissait les traditionalistes avait été aussi l'ennemi déclaré des valeurs poétiques modernes. Ses jugements impératifs, en tant que membre du jury pour la 3ᵉ Anthologie du Parnasse contemporain *en 1875, n'étaient pas oubliés des jeunes poètes de 1924; il s'était opposé à l'admission de Mallarmé par un catégorique : « Non. On se moquerait de nous »; à propos de Verlaine : « Non. L'auteur est indigne et ses vers parmi les plus mauvais qu'on puisse voir »; pour Charles Cros : « Non. Je serais obligé de retirer ma collaboration si la sienne était acceptée »; etc. Et l'article d'Aragon, dans le pamphlet surréaliste intitulé* Un cadavre, *rappellera que France avait écrit « la plus déshonorante des préfaces à un conte de Sade, lequel a passé sa vie en prison pour recevoir à la fin le coup de pied de cet âne officiel ».*

Dans Un cadavre, *Soupault dira : « ... Puisqu'il ne s'agit aujourd'hui que de déposer une palme sur un cercueil, qu'elle soit aussi lourde que possible et qu'on étouffe ce souvenir... »* Éluard *: « ... Le scepticisme, l'ironie, la lâcheté, France, l'esprit français, qu'est-ce? Un grand souffle d'oubli me traîne loin de tout cela. Peut-être n'ai-je jamais rien lu, rien vu, de ce qui déshonore la Vie?... » Et Aragon encore : « ... Exécrable histrion de l'esprit, fallait-il qu'il répondît vraiment à l'ignominie française pour que ce peuple obscur fût à ce point heureux de lui avoir prêté son nom!... » Enfin Breton :*

UN CADAVRE[1]
Refus d'inhumer

Si, de son vivant, il était déjà trop tard pour parler d'Anatole France, bornons-nous à jeter un regard de reconnaissance sur le journal qui l'emporte, le méchant quotidien qui l'avait amené.

1. Reproduit dans Maurice Nadeau, *Documents surréalistes, op. cit.*

Loti, Barrès, France, marquons tout de même d'un beau signe
blanc l'année qui coucha ces trois sinistres bonshommes : l'idiot,
le traître et le policier. Ayons, je ne m'y oppose pas, pour le troisième, un mot de mépris particulier. Avec France, c'est un peu de
la servilité humaine qui s'en va. Que ce soit fête le jour où l'on
enterre la ruse, le traditionalisme, le patriotisme, l'opportunisme,
le scepticisme, le réalisme et le manque de cœur ! Songeons que les
plus vils comédiens de ce temps ont eu Anatole France pour
compère et ne lui pardonnons jamais d'avoir paré des couleurs de
la Révolution son inertie souriante. Pour y enfermer son cadavre,
qu'on vide si l'on veut une boîte des quais de ces vieux livres « qu'il
aimait tant » et qu'on jette le tout à la Seine. Il ne faut plus que
mort cet homme fasse de la poussière.

QUATRIÈME PARTIE

LA RÉVOLUTION SURRÉALISTE

Chapitre XI

Morale

La nouvelle revue dont le premier numéro paraît en décembre 1924 ne se signalait pas à l'attention du lecteur par une typographie originale, une mise en pages excentrique ou une couverture inhabituelle. Son titre : la Révolution surréaliste, *était en soi suffisamment surprenant, et cette phrase grosse d'ambitions qui l'accompagnait : « Il faut aboutir à une nouvelle déclaration des droits de l'homme. » Au verso de la couverture on lisait : « Nous sommes à la veille d'une* RÉVOLUTION — *vous pouvez y prendre part. » Une préface*[1]*, signée J.-A. Boiffard, P. Éluard, R. Vitrac, résumait et soulignait dans ses images les thèses du* Manifeste *et d' « Une vague de rêves ».*

Préface

Le procès de la connaissance n'étant plus à faire, l'intelligence n'entrant plus en ligne de compte, le rêve seul laisse à l'homme tous ses droits à la liberté. Grâce au rêve, la mort n'a plus de sens obscur et le sens de la vie devient indifférent.

Chaque matin, dans toutes les familles, les hommes, les femmes et les enfants, S'ILS N'ONT RIEN DE MIEUX A FAIRE, se racontent leurs rêves. Nous sommes tous à la merci du rêve et nous devons subir son pouvoir à l'état de veille. C'est un tyran terrible habillé de miroirs et d'éclairs. Qu'est-ce que le papier et la plume, qu'est-ce qu'écrire, qu'est-ce que la poésie devant ce géant qui tient les muscles des nuages dans ses muscles ? Vous êtes là bégayant devant le serpent, ignorant les feuilles mortes et les pièges de verre, vous craignez pour votre fortune, pour votre cœur et vos plaisirs et vous cherchez dans l'ombre de vos rêves tous les signes mathématiques qui vous rendront la mort plus naturelle. D'autres et ce sont les prophètes dirigent aveuglément les forces de la nuit vers l'avenir, l'aurore parle par leur bouche, et le monde ravi s'épouvante ou se

---

1. Reproduite dans *Documents surréalistes, op. cit.*

félicite. Le surréalisme ouvre les portes du rêve à tous ceux pour qui la nuit est avare. Le surréalisme est le carrefour des enchantements du sommeil, de l'alcool, du tabac, de l'éther, de l'opium, de la cocaïne, de la morphine ; mais il est aussi le briseur de chaînes, nous ne dormons pas, nous ne buvons pas, nous ne fumons pas, nous ne prisons pas, nous ne nous piquons pas et nous rêvons, et la rapidité des aiguilles des lampes introduit dans nos cerveaux la merveilleuse éponge défleurie de l'or. Ah ! si les os étaient gonflés comme des dirigeables, nous visiterions les ténèbres de la mer Morte. La route est une sentinelle dressée contre le vent qui nous enlace et nous fait trembler devant nos fragiles apparences de rubis. Vous, collés aux échos de nos oreilles comme la pieuvre-horloge au mur du temps, vous pouvez inventer de pauvres histoires qui nous ferons sourire de nonchalance. Nous ne nous dérangeons plus, on a beau dire : *l'idée de mouvement est avant tout une idée inerte* [*], et l'arbre de la vitesse nous apparaît. Le cerveau tourne comme un ange et nos paroles sont les grains de plomb qui tuent l'oiseau. Vous à qui la nature a donné le pouvoir d'allumer l'électricité à midi et de rester sous la pluie avec du soleil dans les yeux, vos actes sont gratuits, les nôtres sont rêvés. Tout est chuchotements, coïncidences, le silence et l'étincelle ravissent leur propre révélation. L'arbre chargé de viande qui surgit entre les pavés n'est surnaturel que dans notre étonnement, mais le temps de fermer les yeux, il attend l'inauguration.

Toute découverte changeant la nature, la destination d'un objet ou d'un phénomène constitue un fait surréaliste. Entre Napoléon et le buste des phrénologues qui le représentent, il y a toutes les batailles de l'Empire. Loin de nous l'idée d'exploiter ces images et de les modifier dans un sens qui pourrait faire croire à un progrès. Que de la distillation d'un liquide apparaisse l'alcool, le lait ou le gaz d'éclairage, autant d'images satisfaisantes et d'inventions sans valeur. Nulle transformation n'a lieu mais pourtant, encre invisible, celui qui écrit sera compté parmi les absents. Solitude de l'amour, l'homme couché sur toi commet un crime perpétuel et fatal. Solitude d'écrire l'on ne te connaîtra plus en vain, tes victimes happées par un engrenage d'étoiles violentes, ressuscitent en elles-mêmes.

Nous constatons l'exaltation surréaliste des mystiques, des inventeurs et des prophètes et nous passons.

On trouvera d'ailleurs dans cette revue des chroniques de l'invention, de la mode, de la vie, des beaux-arts et de la magie. La mode y sera traitée selon la gravitation des lettres blanches sur les chairs nocturnes, la vie selon les partages du jour et des parfums, l'inven-

---

[*] Berkeley.

tion selon les joueurs, les beaux-arts selon le patin qui dit :
« orage » aux cloches du cèdre centenaire et la magie selon le mouvement des sphères dans des yeux aveugles.
Déjà les automates se multiplient et rêvent. Dans les cafés ils
demandent de quoi écrire, les veines du marbre sont les graphiques
de leur évasion et leurs voitures vont seules au Bois.
La Révolution... la Révolution... Le réalisme, c'est émonder les
arbres, le surréalisme, c'est émonder la vie.

*Une enquête était annoncée, à peine littéraire et qui s'avéra pour beaucoup
de participants une « enquête-piège » à la manière du « Pourquoi écrivez-
vous ? » de* Littérature :

Enquête : On vit, on meurt. Quelle est la part de la volonté en tout
cela ? Il semble qu'on se tue comme on rêve. Ce n'est pas une question morale que nous posons.
            LE SUICIDE EST-IL UNE SOLUTION ?

*Mais d'autres surprises attendaient le lecteur dans ce même nº 1, par
exemple un photomontage en hommage à la meurtrière du royaliste Plateau : Germaine Berton dont la photo apparaissait entourée de celles des
collaborateurs de la revue.
A propos de « la conscience » Philippe Soupault soumettait les réflexions
suivantes, sous le titre « L'ombre de l'ombre ».*

L'ombre de l'ombre

Je me méfie de l'opinion publique, ce vieux crâne plein de punaises
et de rognures desséchées, qui éprouve tout à coup le besoin de
retrouver une voix caverneuse pour parler selon le bon sens. Le
bon sens, on ne saurait trop le répéter, est l'expression de la médiocrité. Ce truisme, je n'hésite pas à l'écrire en ce moment où une
récente expérience m'en fait sentir toute la force.
On se heurte quotidiennement à cette pierre des gens de bonne
foi.
Tout cela pour expliquer qu'il faut ou qu'il ne faut pas faire telle
ou telle chose, qu'il n'est pas convenable, que c'est un manque
de tact ou encore une folie de dire, de faire ou d'écrire ce
que l'on a envie de dire, de faire, ou d'écrire. Ce « gros » bon sens,
comme l'on dit, m'aide quelquefois à ne pas perdre l'équilibre.
Quand on me le jette à la figure, je suis prêt, immédiatement
automatique, à faire *ce qui me passe par la tête.*
J'agis toujours d'accord avec moi-même, c'est-à-dire en complet

désaccord avec ceux qui vivent en dehors de moi. Cela me vaut de grandes joies. Imaginons pendant quelques secondes que je ne puisse plus reconnaître les limites actuelles de mon ombre et de ce qu'on nomme à tort ou à raison (mais plutôt à tort) ma vérité. Immédiatement je me sens léger, aérien, décidé et dépouillé de doutes. Tout me paraît simple et souple comme une nappe d'eau.

Mais dissipez ce malentendu. Vos limites sont en vous-mêmes et vous les imaginez. Si parmi vos « amis et connaissances » vous pouvez recruter quelques sujets, c'est-à-dire des hommes de bonne volonté, proposez-leur de ne pas s'attendrir et de regarder vraiment avec leurs yeux. Les phénomènes les plus extraordinaires s'élèveront, iront à la rencontre du regard et ils n'auront plus pour appuyer leurs doutes, qu'une canne de guimauve qu'on appellera, pour la circonstance, habitude.

Si vous ne trouvez pas de sujets, achetez pour quinze ou vingt centimes un quotidien et vous trouverez à la rubrique « Faits divers » des exemples souvent frappants de ce que j'avance. Le fait seul de lire en soi-même et de reconnaître des paysages intérieurs mérite qu'on s'y arrête quelques instants. Et remarquons tout d'abord qu'il n'y a aucune différence entre un véritable fait divers et les faits que nous attrapons au vol dans notre cerveau. Dites tout haut : « Il était une fois... » ou « Hier soir au début de la journée... » vous aurez reconnu les fameux « chiens écrasés » des journaux. Si par contre vous essayez d'imaginer l'emploi du temps de votre journée du lendemain (je parle de l'imaginer et non de le prévoir) vous serez certainement étonné de la médiocrité de votre vie. Vous serez toujours en retard.

A un jour donné, dans une ville de plusieurs millions d'habitants, il n'y a donc que dix, quinze, mettons trente individus qui vivent contre le bon sens, c'est-à-dire qui vivent selon la réalité, qui vivent purement et simplement.

Je découvre toujours dans les journaux, qu'on ne considère ici que comme des miroirs fidèles, une autre source de précieux renseignements.

Ouvrez une de ces feuilles qui s'intitulent : l'Humour, Paris-flirt, Mon béguin, l'Amour en vitesse et autres publications de ce genre. A la dernière page on aperçoit une rubrique très achalandée, celle des petites annonces. Ayez soin de lire attentivement mais pas entre les lignes, les demandes, les offres que l'on y fait. Vous vous rendrez compte à ce moment de l'étrange simplicité des désirs. Cette simplicité que j'ai qualifiée d'étrange est aussi et encore merveilleuse. Les désirs, j'ai écrit ces mots, les désirs, voilà les seuls témoins, les seuls fidèles porte-parole.

Rien n'est à recommencer mais il faut parfois avoir de la persévé-

rance. Suivez pendant quelques semaines ces petites annonces. La plupart sont attendues et prodigieuses. Et quand vous serez étonné, songez à la petite opération que l'annonceur a dû commettre. Premièrement : acheter *Mon béguin,* 25 ou 50 centimes ; deuxièmement : le lire, troisièmement : ici le mystère intervient ; quatrièmement : prendre une plume et de l'encre ; cinquièmement : écrire une petite annonce ; sixièmement : l'envoyer et septièmement : attendre, le cœur battant, le résultat. Il faut noter qu'*aucune de ces offres ne reste sans réponse.*
La vie est un rêve, dit-on. Je n'ai pas de preuves de ce qu'on avance. Je me contente de ces révélations pour le moins sensationnelles, et qui restent absolument *publiques.*

La Révolution surréaliste *publia de nombreux manifestes dénonçant les institutions coercitives du monde bourgeois — casernes, prisons, églises, asiles, universités, tribunaux... Dans le n° 2 (janvier 1925) parut ce mot d'ordre : « Ouvrez les prisons — licenciez l'armée » — et son commentaire :*

> *Ouvrez les prisons — licenciez l'armée*
> *Il n'y a pas de crimes de droit commun*

Les contraintes sociales ont fait leur temps. Rien, ni la reconnaissance d'une faute accomplie ni la contribution à la défense nationale ne saurait forcer l'homme à se passer de la liberté. L'idée de prison, l'idée de caserne sont aujourd'hui monnaie courante : ces monstruosités ne vous étonnent plus. L'indignité réside dans la quiétude de ceux qui ont tourné la difficulté par diverses abdications morales et physiques (honnêteté, maladie, patriotisme).
La conscience une fois reprise de l'abus que constitue d'une part l'existence de tels cachots, d'autre part l'avilissement, l'amoindrissement qu'ils engendrent chez ceux qui y échappent comme chez ceux qu'on y enferme — *et il y a, paraît-il, des insensés qui préfèrent au suicide la cellule ou la chambrée —,* cette conscience enfin reprise, aucune discussion ne saurait être admise, aucune palinodie. Jamais l'opportunité d'en finir n'a été aussi grande, qu'on ne nous parle pas de l'opportunité. Que MM. les assassins commencent, si tu veux la paix prépare la guerre, de telles propositions ne couvrent que la plus basse crainte ou les plus hypocrites désirs. Ne redoutons pas d'avouer que nous attendons, que nous appelons la catastrophe. La catastrophe, ce serait que persiste un monde où l'homme a des droits sur l'homme. L'union sacrée devant les couteaux ou les mitrailleuses, comment en appeler plus longtemps à cet argument disqualifié ? Rendez aux champs soldats et bagnards. Votre liberté ? Il n'y a pas de liberté pour les

ennemis de la liberté. Nous ne serons pas les complices des geôliers.

Le Parlement vote une amnistie tronquée; une classe au printemps
prochain partira; en Angleterre toute une ville a été impuissante
à sauver un homme, on a appris sans stupeur que pour Noël en
Amérique on avait suspendu l'exécution de plusieurs condamnés
parce qu'ils avaient une belle voix. Et maintenant qu'ils ont chanté,
ils peuvent bien mourir, faire l'exercice. Dans les guérites, sur les
fauteuils électriques, des agonisants attendent : les laisserez-vous
passer par les armes?

OUVREZ LES PRISONS   LICENCIEZ L'ARMÉE

*Dans le n° 3 parurent cinq manifestes, dont plusieurs faisaient appel à la
pensée de « l'Orient » et dans lesquels, dira plus tard André Breton,
« se marque fortement l'empreinte d'Antonin Artaud [1] ». Telles l'« Adresse
au Dalaï Lama », la « Lettre aux écoles de Bouddha », et cette « Adresse
au pape »[2].*

Adresse au pape

Le Confessionnal, ce n'est pas toi, ô Pape, c'est nous, mais
comprends-nous et que la catholicité nous comprenne.

Au nom de la Patrie, au nom de la Famille, tu pousses à la vente des
âmes, à la libre trituration des corps.

Nous avons entre notre âme et nous assez de chemins à franchir,
assez de distances pour y interposer tes prêtres branlants et cet
amoncellement d'aventureuses doctrines dont se nourrissent
tous les châtrés du libéralisme mondial.

Ton Dieu catholique et chrétien qui, comme les autres dieux a
pensé tout le mal :

1° Tu l'as mis dans ta poche.

2° Nous n'avons que faire de tes canons, index, péché, confessionnal, prêtraille, nous pensons à une autre guerre, guerre à toi,
Pape, chien.

Ici l'esprit se confesse à l'esprit.

Du haut en bas de ta mascarade romaine ce qui triomphe c'est la
haine des vérités immédiates de l'âme, de ces flammes qui brûlent
à même l'esprit. Il n'y a Dieu, Bible ou Évangile, il n'y a pas de
mots qui arrêtent l'esprit.

Nous ne sommes pas au monde. O Pape confiné dans le monde,
ni la terre ni Dieu ne parlent par toi.

---

1. André Breton, *Entretiens, op. cit.*
2. Textes reproduits dans *Documents surréalistes, op. cit.*

Le monde, c'est l'abîme de l'âme, Pape déjeté, Pape extérieur à l'âme, laisse-nous nager dans nos corps, laisse nos âmes dans nos âmes, nous n'avons pas besoin de ton couteau de clartés.

Dépourvu de toute coloration mystique, le réquisitoire acéré de la « Lettre aux médecins-chefs des asiles de fous » semble révéler plutôt la main d'André Breton :

Lettre aux médecins-chefs des asiles de fous

Messieurs,
Les lois, la coutume vous concèdent le droit de mesurer l'esprit. cette juridiction souveraine, redoutable, c'est avec notre entendement que vous l'exercez. Laissez-nous rire. La crédulité des peuples civilisés, des savants, des gouvernants, pare la psychiatrie d'on ne sait quelles lumières surnaturelles. Le procès de votre profession est jugé d'avance. Nous n'entendons pas discuter ici la valeur de votre science ni l'existence douteuse des maladies mentales. Mais pour cent pathogénies prétentieuses où se déchaîne la confusion de la matière et de l'esprit, pour cent classifications dont les plus vagues sont encore les seules utilisables, combien de tentatives nobles pour approcher le monde cérébral où vivent tant de vos prisonniers? Combien êtes-vous, par exemple, pour qui le rêve du dément précoce, les images dont il est la proie sont autre chose qu'une salade de mots?

Nous ne nous étonnons pas de vous trouver inférieurs à une tâche pour laquelle il y a peu de prédestinés. Mais nous nous élevons contre le droit attribué à des hommes, bornés ou non, de sanctionner par l'incarcération perpétuelle leurs investigations dans le domaine de l'esprit.

Et quelle incarcération! On sait — on ne sait pas assez — que les asiles loin d'être des *asiles,* sont d'effroyables geôles, où les détenus fournissent une main-d'œuvre gratuite et commode, où les sévices sont la règle, et cela est toléré par vous. L'asile d'aliénés, sous le couvert de la science et de la justice, est comparable à la caserne, à la prison, au bagne.

Nous ne soulèverons pas la question des internements arbitraires, pour vous éviter la peine de dénégations faciles. Nous affirmons qu'un grand nombre de vos pensionnaires, parfaitement fous selon la définition officielle, sont, eux aussi, arbitrairement internés. Nous n'admettons pas qu'on entrave le libre développement d'un délire, aussi légitime, aussi logique que toute autre succession d'idées ou d'actes humains. La répression des réactions antisociales est aussi chimérique qu'inacceptable en son principe. Tous les actes individuels sont antisociaux. Les fous sont les victimes individuelles par excellence de la dictature sociale; au nom de cette individualité qui est le propre de l'homme, nous réclamons qu'on libère ces forçats de la sensibilité, puisque aussi bien il n'est pas au pouvoir des lois d'enfermer tous les hommes qui pensent et agissent.

Sans insister sur le caractère parfaitement génial des manifestations de certains fous, dans la mesure où nous sommes aptes à les apprécier, nous affirmons la légitimité absolue de leur conception de la réalité, et de tous les actes qui en découlent.

Puissiez-vous vous en souvenir demain matin à l'heure de la visite, quand vous tenterez sans lexique de converser avec ces hommes sur lesquels, reconnaissez-le, vous n'avez d'avantage que celui de la force.

Nous citerons plus tard, à sa place historique, ou plus exactement à la place que l'histoire récente lui a donnée pendant les événements de mai 1968, la « Lettre aux recteurs des Universités européennes ».

Dans la table des matières de son dernier numéro (décembre 1929), la revue signale les manifestes, prospectus, catalogues et brochures surréalistes parus en dehors de la Révolution surréaliste, *parmi lesquels une « Lettre ouverte à M. Paul Claudel », du 1ᵉʳ juillet 1925* [1].

Lettre ouverte à M. Paul Claudel
Ambassadeur de France au Japon

> *Quant aux mouvements actuels, pas un seul ne peut conduire à une véritable rénovation ou création. Ni le* dadaïsme, *ni le* surréalisme *qui ont un seul sens : pédérastique.*
> *Plus d'un s'étonne non que je sois bon catholique, mais écrivain, diplomate, ambassadeur de France et poète. Mais moi, je ne trouve en tout cela rien d'étrange. Pendant la guerre, je suis allé en Amérique du Sud pour acheter du blé, de la viande en conserve, du lard pour les armées, et j'ai fait gagner à mon pays deux cents millions.*
>
> Il Secolo,
> *interview de Paul Claudel reproduite par* Comoedia,
> *le 17 juin 1925.*

Monsieur,

Notre activité n'a de pédérastique que la confusion qu'elle introduit dans l'esprit de ceux qui n'y participent pas.

Peu nous importe la création. Nous souhaitons, de toutes nos forces, que les révolutions, les guerres et les insurrections coloniales viennent anéantir cette civilisation occidentale dont vous défendez jusqu'en Orient la vermine et nous appelons cette destruction comme l'état de choses le moins inacceptable pour l'esprit.

---

1. Reproduite dans *Documents surréalistes, op. cit.*

Il ne saurait y avoir pour nous ni équilibre ni grand art. Voici déjà longtemps que l'idée de beauté s'est rassise. Il ne reste debout qu'une idée morale, à savoir par exemple qu'on ne peut être à la fois ambassadeur de France et poète.

Nous saisissons cette occasion pour nous désolidariser publiquement de tout ce qui est français, en paroles et en action. Nous déclarons trouver la trahison et tout ce qui, d'une façon ou d'une autre, peut nuire à la sûreté de l'État, beaucoup plus conciliable avec la poésie que la vente de « grosses quantités de lard » pour le compte d'une nation de porcs et de chiens.

C'est une singulière méconnaissance des facultés propres et des possibilités de l'esprit qui fait périodiquement rechercher leur salut à des goujats de votre espèce dans une tradition catholique ou gréco-romaine. Le salut pour nous n'est nulle part. Nous tenons Rimbaud pour un homme qui a désespéré de son salut et dont l'œuvre et la vie sont de purs témoignages de perdition.

Catholicisme, classicisme gréco-romain, nous vous abandonnons à vos bondieuseries infâmes. Qu'elles vous profitent de toutes manières; engraissez encore, crevez sous l'admiration et le respect de vos concitoyens. Écrivez, priez et bavez : nous réclamons le déshonneur de vous avoir traité une fois pour toutes de cuistre et de canaille.

Le 23 octobre 1927 les surréalistes envoyèrent une autre lettre ouverte[1], intitulée « Permettez! » au Comité pour la réérection à Charleville, ville natale de Rimbaud, d'une effigie du poète détruite par les armées allemandes pendant la Première Guerre mondiale. En voici la conclusion :

Permettez!

. . . . L'ombre semble s'appesantir chaque jour sur les marais envahisseurs. L'hypocrisie étend la hideur de sa main sur les hommes que nous aimons pour les faire servir à la préservation de ce qu'ils ont toujours combattu. Il va sans dire que nous ne nous abusons pas sur la portée de telles entreprises de confiscations, que nous ne nous alarmons pas outre mesure de vos manœuvres honteuses et coutumières, persuadés que nous sommes qu'une force d'accomplissement total anime contre vous tout ce qui au monde a été véritablement inspiré. Peu nous importe que l'on inaugure une statue à   , que l'on édite les œuvres complètes de   , que l'on tire quelque parti que ce soit des intelligences les plus subversives puisque leur venin merveilleux continuera à s'infiltrer éternellement dans l'âme des jeunes gens pour les corrompre ou pour les grandir.

1. Reproduite intégralement dans *Documents surréalistes, op. cit.*

La statue qu'on inaugure aujourd'hui subira peut-être le même sort que la précédente. Celle-ci, que les Allemands firent disparaître, dut servir à la fabrication d'obus et Rimbaud se fût attendu avec délices à ce que l'un d'eux bouleversât de fond en comble votre place de la Gare ou réduisît à néant le musée dans lequel on s'apprête à négocier ignoblement sa gloire.

« Prêtres, professeurs, maîtres, vous vous trompez en me livrant à la justice. Je n'ai jamais été chrétien; je suis de la race qui chantait dans le supplice; je ne comprends pas les lois; je n'ai pas le sens moral, je suis une brute : vous vous trompez. »

Autre rappel à l'ordre, l'article de Paul Éluard dans la Révolution sur-réaliste *n° 6 (mars 1926) attaque avec une extrême violence plusieurs colla-borateurs d'un numéro spécial de la revue* le Disque vert *consacré à Lau-tréamont, écrivains et critiques auxquels sont décernés d'insultants surnoms à la manière de ceux dont Isidore Ducasse flétrissait les Grandes-Têtes-Molles de son temps* [1] :

Le cas Lautréamont
d'après *le Disque vert*

A propos de Tout comme à propos de Rien, les poussiéreux époux de la Bêtise se donnent rendez-vous. Désignons-les une fois de plus.

M. Jean Hytier, le Faux-Bronze, se livre à ses habituelles âneries sur le style de Racine et déclare simplement que *« ce qu'on peut dire de plus favorable à Lautréamont, c'est que le travail est toujours récompensé »*.

M. Jean Cassou, le Chien-Savant, demande un sucre : *« Il appartient, plus qu'à la littérature, à la métalittérature. »*

M. Joseph Delteil, la Chair-à-canon, qui est œuf comme l'œuf est de porcelaine, ne peut que répéter : *« Il est comte comme l'aigle est aigle. »*

M. Marcel Arland, le Tout-à-l'Égout, demande sa statue : *« Et puis, voyons, si vous consacrez des numéros spéciaux aux écrivains inconnus, qu'attendez-vous pour le faire à moi? »*

M. Albert Thibaudet, la Conservation-de-la-Carie, commence par dire qu'il *« décline toute responsabilité dans sa réputation, mais la prenant comme un fait, je la trouve légitime en partie »*, puis s'embrouille dans une histoire imbécile d'île déserte, de récoltes, d'ananas et de nudités.

M. Maurice Maeterlinck, l'Oiseau-Déplumé, avoue sans ambages sa déchéance : *« Aujourd'hui, je n'ai pas le texte sous les yeux mais je crois bien que tout cela me paraîtrait illisible. »*

1. Voir plus haut, p. 68.

M. Paul Valéry, le Prédestiné-Ridicule, en arrive tout de même à
parler comme ses pairs : « *Il y a un temps infini* (sic)... *j'avais dix-neuf
ans.* »
Et puis, sans rougir, car nous parviendrons bien à l'abattre comme
une bête « puante », prononçons le nom de Jean Cocteau. La prudence n'a jamais empêché personne d'être immonde. « *Nous habitons
les galeries Lafayette, Ducasse Rimbaud, etc. La maison Isidore-Arthur
et Cie. Max, Radiguet et moi avons seuls flairé la chose. C'est la base de
notre mésentente avec la jeunesse.* » « *Flairé la chose* », charogne, c'était
plutôt aux bains de vapeur qu'aux Galeries Lafayette.
Dénonçons encore André Desson, André Harlaire, Paul Dermée,
Ramon Gomez de la Serna, O.-J. Périer, André Malraux et que le
feu, se retournant, nous brûle éternellement si nous ne pouvons
détruire la honte qu'ils nous infligent.

*La même violence pouvait s'exercer à l'égard de ceux dont les attitudes
dans l'existence semblaient incompatibles avec leur présence dans le
groupe. La rupture abrupte entre Breton et Joseph Delteil est illustrée par
la brève correspondance reproduite au n° 4 de* la Révolution surréaliste
(juillet 1925) :

Correspondance
de M. Joseph Delteil à M. André Breton

Mon cher Ami,
    Un journaliste roumain voudrait beaucoup vous voir pour un
interview. Au cas où cela vous amuserait, voudriez-vous lui donner
un rendez-vous ? Son adresse :
Tudor Shoïmaru, 5, rue du Mont-Dore, Paris.
Il repart, je crois, vendredi.
Et comment allez-vous ? A un de ces soirs, j'espère.
Bien amicalement.

de M. André Breton à M. Joseph Delteil

Merci pour le journaliste roumain, mais j'ai déjà fort à faire
avec toutes sortes d'emmerdeurs, parmi lesquels, depuis quelques
mois, j'ai le regret, Joseph Delteil, de vous compter. Entre nous,
votre *Jeanne d'Arc* est une vaste saloperie. Je me suis assez bien
mépris sur votre compte mais qu'à cela ne tienne. Vos innommables papiers de *L'Intransigeant,* vos plaisanteries infâmes sur
l'amour comme celles qu'a publiées *La Révolution surréaliste,* les
belles déclarations que vous avez faites à un certain Robert Gaby :
« Ceux qui viennent » (sic), votre goût maniaque de la vie en ce
qu'elle a de plus moche — vous ne rêvez jamais — finissent par me

taper singulièrement sur le système. La question serait de savoir
si vous êtes un porc ou un con (ou un porc et un con). Dans l'alternative, je préfère bien entendu ne plus vous voir, ne plus avoir à
vous examiner. Et me borner, au cas où vous deviendriez gênant,
voyez Cocteau, à prendre les mesures nécessaires pour réduire votre
activité à ses justes proportions, ce qui tout de même, vous n'y songez pas assez, est en mon pouvoir.

*L'attention des surréalistes se portait aussi sur les événements à l'étranger,
comme on a pu le voir plus haut*[1]. *Ils intervinrent en faveur de Charles
Chaplin lorsque l'épouse de ce dernier, s'estimant outragée à divers titres
par son mari, porta plainte contre lui en 1927. Le magazine de langue
anglaise* Transition, *publié à Paris, inséra le texte de protestation des surréalistes, intitulé « Hands off Love », dont la version française*[2] *parut dans*
La Révolution surréaliste *n° 9-10 (octobre 1927). Nous en donnons des
extraits ci-dessous :*

Hands off Love

Ce qui peut être invoqué, ce qui a force dans le monde, ce qui est
valable, avant tout défendu, aux dépens de tout, ce qui entraîne
infailliblement contre un homme quel qu'il soit la conviction d'un
juge, et songez un instant à ce que c'est qu'un juge, combien vous
dépendez à chaque instant de votre vie d'un juge auquel soudain
le moindre accident vous défère, bref ce qui met en échec toute
chose, le génie par exemple, voilà ce qu'un récent procès met soudain dans une lumière éclatante. La qualité du défendeur et la
nature des arguments qu'on lui oppose valent qu'on s'arrête à la
plainte de M**me** Charles Chaplin. . . . Il s'agit de voir ce qu'on
trouve à opposer à un tel homme, d'apprécier les moyens qu'on
emploie pour le réduire. Ces moyens reflètent étrangement la
moyenne opinion morale aux États-Unis en 1927, c'est-à-dire celle
de l'un des plus grands groupements humains, opinion qui tendra
à se répandre et à prévaloir partout, dans la mesure où l'immense
réservoir qui s'engorge de marchandises dans l'Amérique du
Nord est aussi un immense réservoir de sottise toujours prêt à se
déverser sur nous et particulièrement à crétiniser tout à fait
l'amorphe clientèle d'Europe, toujours à la merci du dernier enché-
risseur. . . .
Pour nous en tenir aux *scrupules* très épisodiques de la *vertueuse* et
inexpérimentée M**me** Chaplin, il y a du comique à considérer comme

---

1. Voir le tract « Ouvrez les prisons — licenciez l'armée », p. 157.
2. Reproduite dans *Documents surréalistes, op. cit.*

anormale, contre nature, pervertie, dégénérée et indécente l'habitude de la fellation. (*Tous les gens mariés font cela,* dit excellemment Chaplin.) Si la libre discussion des mœurs pouvait raisonnablement s'engager, il serait normal, naturel, sain, décent de débouter de sa plainte une épouse convaincue de s'être *inhumainement* refusée à des pratiques aussi générales et parfaitement pures et défendables. Comment une pareille stupidité n'interdit-elle pas par ailleurs de faire appel à l'amour, comme cette personne qui à 16 ans et 2 mois entre *consciemment* dans le mariage avec un homme riche et surveillé par l'opinion, ose aujourd'hui le faire avec deux *bébés,* nés sans doute par l'oreille *puisque le défendeur n'eut jamais avec elle des rapports conjugaux comme il est d'usage entre époux,* ses bébés qu'elle brandit comme les sales pièces à conviction de ses propres exigences intimes? Toutes ces italiques sont nôtres, et le langage révoltant qu'elles soulignent nous l'empruntons à la plaignante et à ses avocats, qui avant tout cherchent à opposer à un homme vivant le plus répugnant poncif des magazines idiots, l'image de la maman qui appelle *papa* son amant légitime, et cela dans le seul but de prélever sur cet homme un impôt que l'État le plus exigeant n'a jamais rêvé, *un impôt!* qui pèse avant tout sur son génie, qui tend même à le déposséder de ce génie, en tout cas à en discréditer la très précieuse expression.

Les griefs de Mme Chaplin relèvent de cinq chefs principaux : 1° cette dame a été séduite; 2° le suborneur a voulu qu'elle se fasse avorter; 3° il ne s'est résolu au mariage que contraint et forcé, et avec l'intention de divorcer; 4° pour cela il lui a fait subir un traitement injurieux et cruel suivant un plan bien arrêté; 5° le bien-fondé de ces accusations est démontré par l'immoralité des propos coutumiers de Charlie Chaplin, par la conception théorique qu'il se fait des choses les plus sacrées....

A l'appui de ses dires elle rapporte, comme autant de preuves morales de l'existence du plan exposé dans le reste de la plainte, des propos de Charlie Chaplin, après lesquels un honnête juge américain n'a plus à considérer le défendeur comme un homme, mais comme un sacripant et un Vilain Monsieur. La perfidie de cette manœuvre, son efficacité n'échapperont à personne. Voilà que les idées de Charlot, comme on dit en France, sur les sujets les plus brûlants nous sont tout à coup données, et d'une façon très directe qui ne peut manquer d'éclairer d'un jour singulier la moralité de ces films auxquels nous avons pris plus d'un plaisir, un intérêt presque sans égal. Un rapport tendancieux, et surtout dans l'état d'étroite surveillance où le public américain entend tenir ses favoris, peut, nous l'avons vu avec l'exemple de Fatty Arbuckle, ruiner un homme du jour au lendemain. Notre bonne épouse a joué cette carte : il arrive que ses révélations ont ailleurs un prix qu'elle ne soupçonnait pas. Elle croyait dénoncer son mari, la stupide, la vache. Elle nous apporte publiquement la grandeur d'un esprit, qui pensant avec clarté, avec justesse, tant de choses mortelles dans la société où tout, sa vie et jusqu'à son génie le confinent, a trouvé le moyen de donner à sa pensée une expression parfaite, et vivante, sans trahison à cette pensée, une expression dont l'humour et la force, dont la poésie en un mot prend tout à coup sous nos yeux un immense recul à la lueur de la petite lampe bourgeoise qu'agite au-dessus de lui une de ces garces dont on fait dans tous les pays les *bonnes* mères, les *bonnes* sœurs, les *bonnes* femmes, ces pestes, ces parasites de tous les sentiments et de tous les amours. . . .

Le tract s'attache à démonter et à réfuter avec la dernière vigueur les arguments et prétextes de l'épouse, et voit en conclusion dans l'œuvre de l'artiste poursuivi l'image et la réalité d'une existence exemplaire.

Nous songeons à cet admirable moment dans *Charlot et le Comte* quand soudain pendant une fête Charlot voit passer une très belle femme, aguichante au possible, et soudain abandonne son aventure pour la suivre de pièce en pièce, sur la terrasse, jusqu'à ce qu'elle disparaisse. Aux ordres de l'amour, il a toujours été aux ordres de l'amour, et voilà ce que très unanimement proclament et sa vie et tous ses films. De l'amour soudain, qui est avant tout un grand appel irrésistible. Il faut alors laisser toute chose, et par exemple, au minimum, un foyer. Le monde avec ses biens légaux, la ménagère et les gosses appuyés par le gendarme, la caisse d'épargne, c'est bien de cela qu'il s'évade sans cesse, l'homme riche de Los Angeles comme le pauvre type des quartiers suburbains, de *Charlot garçon de banque* à *la Ruée vers l'or*. Tout ce qu'il a dans sa poche, moralement, c'est justement ce dollar de séduction qu'un rien lui fait perdre, et que dans le café de *l'Émigrant* on voit sans cesse tomber du pantalon percé sur les dalles, ce dollar qui n'est peut-être qu'une apparence, facile à tordre d'un coup de dents, simple monnaie de singe qui sera refusée, mais qui permet que pendant un instant l'on invite à sa table la femme comme un trait de feu, la femme « merveilleuse » dont les traits purs seront à jamais tout le ciel. C'est ainsi que l'œuvre de Charlie Chaplin trouve dans son existence même la moralité qu'elle portait sans cesse exprimée, mais avec tous les détours que les conditions sociales imposent. Enfin si Mme Chaplin nous apprend, et elle sait le genre d'arguments qu'elle invoque, que son mari songeait, mauvais Américain, à exporter ses capitaux, nous nous rappellerons le spectacle tragique des passagers de troisième classe étiquetés comme des animaux sur le pont du navire qui amène Charlot en Amérique, les brutalités des représentants de l'autorité, l'examen cynique des émigrants, les mains sales frôlant les femmes, à l'entrée de ce pays de prohibition, sous le regard classique de la *Liberté éclairant le monde.* Ce que cette liberté-là projette de sa lanterne à travers tous les films de Charlot c'est l'ombre menaçante des flics, traqueurs de pauvres, des flics qui surgissent à tous les coins de rue et qui suspectent d'abord le misérable complet de vagabond, sa canne, Charlie Chaplin dans un singulier article la nommait *sa contenance,* la canne qui tombe sans cesse, le chapeau, la moustache, et jusqu'à ce sourire effrayé. Malgré quelques fins heureuses, ne nous y trompons pas, la prochaine fois nous le retrouverons dans la misère, ce terrible pessimiste qui de nos jours en anglais comme en français a redonné force à cette expression courante *dog's life,* une vie de chien.

UNE VIE DE CHIEN : à l'heure actuelle c'est celle de l'homme dont le génie ne sauvera pas la partie, de l'homme à qui tout le monde va tourner le dos, qu'on ruinera impunément, à qui l'on enlèvera tout moyen d'expression, qu'on démoralise de la façon la plus scandaleuse au profit d'une sale petite bourgeoise haineuse et de la plus grande hypocrisie publique qu'il soit possible d'imaginer. Une vie de chien. Le génie pour la loi n'est de rien quand le mariage est en jeu, le sacré mariage. Le génie d'ailleurs n'est de rien à la loi, jamais. Mais l'aventure de Charlot manifeste, au-delà de la curiosité publique et des avocasseries malpropres, de tout ce déballage honteux de la vie intime qui toujours se ternit à cette clarté sinistre, l'aventure de Charlot manifeste aujourd'hui sa destinée, la destinée du génie. Elle en marque plus que n'importe quelle œuvre le rôle et la valeur. Ce mystérieux ascendant qu'un pouvoir d'expression sans égal confère soudain à un homme, nous en comprenons soudain le sens. Nous comprenons soudain quelle place en ce monde est celle du génie. Il s'empare d'un homme, il en fait un symbole intelligible et la proie des brutes sombres. Le génie sert à signifier au monde la vérité morale, que la bêtise universelle obscurcit et tente d'anéantir. Merci donc à celui qui sur l'immense écran occidental, là-bas, sur l'horizon où les soleils un à un déclinent, fait aujourd'hui passer vos ombres, grandes réalités de l'homme, réalités peut-être uniques, morales, dont le prix est plus haut que celui de toute la terre. La terre à vos pieds s'enfonce. Merci à vous par-delà la victime. Nous vous crions merci, nous sommes vos serviteurs.

Ce manifeste portait les signatures suivantes :

Maxime Alexandre, Louis Aragon, Arp, Jacques Baron, Jacques-André Boiffard, André Breton, Jean Carrive, Robert Desnos, Marcel Duhamel, Paul Éluard, Max Ernst, Jean Genbach, Camille

Goemans, Paul Hooreman, Eugène Jolas, Michel Leiris, Georges Limbour, Georges Malkine, André Masson, Max Morise, Pierre Naville, Marcel Noll, Paul Nougé, Elliot Paul, Benjamin Péret, Jacques Prévert, Raymond Queneau, Man Ray, Georges Sadoul, Yves Tanguy, Roland Tual, Pierre Unik.

Chapitre XII

Politique

L'attitude surréaliste à l'égard du monde tel qu'il était fut tout d'abord protestation, refus, révolte. Les mordantes revues de presse de la Révolution surréaliste, *signées Paul Éluard et Benjamin Péret, dénonçaient la répression policière et la partialité de la justice, condamnaient le patriotisme, attaquaient le fascisme qui faisait alors son apparition en Italie, ainsi que les écrivains dits d' « avant-garde » qui s'y ralliaient : Marinetti, Ungaretti... Dans le n° 1 de la revue, Louis Aragon fit l'éloge de Germaine Berton, l'anarchiste meurtrière, tout en prenant ses distances avec l'anarchisme en tant que groupement.*

L'absolue liberté offense, déconcerte. Le soleil a toujours blessé les yeux de ses adorateurs. Passe encore que Germaine Berton tue Plateau, les anarchistes, et avec eux un très petit nombre d'hommes, moi-même, applaudissent. Mais c'est qu'alors elle sert, paraît-il, leur cause. Dès que sa vie l'emporte, qui la suivrait dans ce qu'on nomme ses écarts, ses inconséquences, il y a trop à parier qu'elle *compromettra* ses approbateurs. On préfère alors invoquer la maladie, la démoralisation. Et bien sûr que les anarchistes exaltent la vie, réprouvent le suicide qui est, comme on le sait, une lâcheté. C'est alors qu'ils me font connaître la honte : ils ne me laissent rien d'autre à faire que de me prosterner simplement devant cette femme *en tout admirable* qui est le plus grand défi que je connaisse à l'esclavage, la plus belle protestation élevée à la face du monde contre le mensonge hideux du bonheur.

André Breton, dans un article, « Le bouquet sans fleurs » (la Révolution surréaliste *n° 2, janvier 1925), se demande même si la violence aveugle n'est pas, pour l'individu, l'ultime et véritable affirmation :*

Le bouquet sans fleurs

. . . . Et pourtant le détestable bonheur, pour le peu qui m'en a été donné, peut bien s'évaporer dans sa touchante fiole de poison, ce n'est pas à lui que j'aurai recours pour vivre. Elles sont, les occasions, pourvues d'une si grande puissance affective, et si pressantes, que je n'ose me tracer un chemin à l'abri de leur cahotement, quitte à consterner ceux qui déjà croyaient à mon impassibilité en me voyant, à certaines heures, passer au-dessus d'eux avec l'exactitude d'un wagonnet de pierres.

On m'a beaucoup reproché dernièrement de telles défaillances et, tout d'abord, de ne pas agir de façon plus conforme à mes idées. Comme si, répondant au premier appel de celles-ci, obéissant à l'impulsion la plus fréquente et la plus forte que je subisse, il ne me restait pas qu'à descendre dans la rue, revolvers aux poings, et... l'on voit ce qu'il adviendrait. Puis, qui sait, j'épargnerais quelqu'un, et tout serait à refaire. En pareil domaine y a-t-il place, pourtant, pour autre chose? Quelle action indirecte me satisferait? Dès lors que je cherche, voici, paraît-il, que je rentre dans l'art, c'est-à-dire je ne sais quel ordre social où l'impunité m'est assurée mais où, jusqu'à un certain point, je cesse de tirer à conséquence.

Mais l'auteur va au-delà des solutions simplificatrices :

.... Dans sa « Préface à l'avenir », M. Jean Hytier déplore qu'après *les Pas perdus* je ne me sois pas suicidé. A le croire j'aurais fait machine arrière en revenant au surréalisme. Il a peut-être raison. Mais si je possède à quelque degré le sentiment tragique de la vie, concevrait-on qu'il me détourne d'exalter ce qui me paraît exaltable? Ne serait-ce pas méconnaître par là la nature de ce sentiment? J'ai pu, ces dernières années, constater les méfaits d'un certain nihilisme intellectuel dont la malice était à tout propos de poser la question de confiance la plus générale et la plus vaine. Dans le désarroi moral qui s'ensuivait, seuls trouvaient grâce quelques modes d'activité superficielle et de pauvres paradoxes. C'est ainsi que la nouveauté, au sens le plus fantaisiste du mot, passait en toutes matières pour un critérium suffisant. Hors d'elle il n'était pas de salut : elle justifiait avec insistance des tentatives dérisoires en peinture, en poésie. D'expérience valable aux confins de la vie et de l'art, de preuve par l'amour, de sacrifice personnel, pas trace.

Il s'agissait à tout prix d'y remédier. ....

L'action intellectuelle sera-t-elle subjective, objective; et dans quelle mesure engagera-t-elle, en définitive, la volonté universelle dont, à la fin du XIXᵉ siècle, on affecta de ne plus tenir compte? C'est au surréalisme de se prononcer. ....

*Les surréalistes se prononcèrent, tout d'abord, en ordre dispersé. Robert Desnos, dans « Description d'une révolte prochaine », exaltait l'idée de la « Terreur » à la manière de 1793 (*la Révolution surréaliste n° 3, avril 1925*), tandis qu'Aragon qui avait déjà traité le régime des Soviets de « gâteux » dans son article contre Anatole France (pamphlet* Un cadavre*), qualifia dans une note « Communisme et Révolution » (*la Révolution surréaliste n° 2, janvier 1925*) la Révolution russe de « vague crise ministérielle » et de « misérable petite activité révolutionnaire », Éluard de son côté voyait le « régime médiocre » des Soviets s'appuyer, « comme le régime capitaliste, sur l'ordre facile et répugnant du travail » (*la Révolution surréaliste n° 4, juillet 1925*).*

Il semble qu'André Breton n'ait pas tardé à s'aviser des difficultés qui attendaient ses amis et le surréalisme lui-même si les événements considérables qui se déroulaient à l'est de l'Europe étaient sommairement écartés à l'aide de quelques formules dédaigneuses. Rendant compte du Lénine *de* Léon Trotsky *— Lénine venait de mourir, Trotsky était encore un des leaders de l'Union soviétique — il désapprouve (*La Révolution surréaliste n° 5, octobre 1925*) les propos hostiles concernant la révolution bolchevique.*

Léon Trotsky : Lénine

A certaines allusions qui ont été faites ici même et ailleurs, on a pu croire que d'un commun accord nous portions sur la Révolution russe et sur l'esprit des hommes qui la dirigèrent un jugement assez peu favorable et que, si nous nous abstenions à leur égard de critiques plus vives, c'était moins par manque d'envie d'exercer sur eux notre sévérité, que pour ne pas rassurer définitivement l'opinion, heureuse de n'avoir à compter qu'avec une forme originale de libéralisme intellectuel, comme elle en a vu et toléré bien d'autres, d'abord parce que cela ne tire pas à conséquences, du moins à conséquences immédiates, ensuite parce qu'à la rigueur cela peut être envisagé, par rapport à la masse, comme pouvoir de décongestion. Il n'en est pas moins vrai que pour ma part je refuse absolument d'être tenu pour solidaire de tel ou tel de mes amis dans la mesure où il a cru pouvoir attaquer le communisme, par exemple, au nom de quelque principe que ce soit, — et même de celui, apparemment si légitime, de la non-acceptation du travail. Je pense en effet que le communisme, en existant comme système organisé, a seul permis au plus grand bouleversement social de s'accomplir *dans les conditions de durée qui étaient les siennes*. . . . Pour nous, révolutionnaires, il importe peu de savoir si le dernier monde est préférable à l'autre et, du reste, le moment n'est pas venu d'en juger. Tout au plus s'agirait-il de savoir si la Révolution russe a pris fin, ce que je ne crois pas. Finie, une révolution de

cette ampleur, si vite finie? Déjà les valeurs nouvelles seraient aussi
sujettes à caution que les anciennes? Allons donc, nous ne sommes
pas assez sceptiques pour en rester à cette idée. . . .

*Les appels à une Terreur réminiscente de la Révolution française sont
d'autre part jugés sans indulgence :*

. . . . Il serait fâcheux, en effet, que nous continuions, en fait
d'exemple humain, à nous en rapporter à celui des Conventionnels
français, et que nous ne puissions revivre avec exaltation que ces
deux années, très belles d'ailleurs, après lesquelles tout recom-
mence. Ce n'est pas dans un sentiment poétique, si intéressant
soit-il, qu'il convient d'aborder une période même lointaine de
révolution. Et j'ai peur que les boucles de Robespierre, le bain de
Marat ne confèrent un prestige inutile à des idées qui, sans eux, ne
nous apparaîtraient plus si clairement. . . .

*La personnalité de Trotsky, homme d'action et écrivain talentueux, traits
rarement réunis chez un révolutionnaire professionnel, attirait fortement
Breton :*

. . . . Trotsky se souvient de Lénine. Et tant de claire raison passe
par-dessus tant de troubles que c'est comme un splendide orage
qui se reposerait. Lénine, Trotsky, la simple décharge de ces deux
noms va encore une fois faire osciller des têtes et des têtes. . . . Et si
l'on m'objecte que d'après ce livre, Lénine est un *type* et que « les
types ne sont pas des hommes », je demande quel est celui de nos
raisonneurs barbares qui aura le front de soutenir qu'il y a quelque
chose à reprendre dans les appréciations générales portées çà et là
par Trotsky sur les autres et sur lui-même, et qui continuera à
détester vraiment cet homme, et qui ne se laissera en rien toucher
par son ton de voix, qui est parfait. . . . .
Vive donc Lénine! . . . .

*Ces mises au point ne restèrent pas sans effet : des vues plus favorables
au régime soviétique se firent jour dans la revue et l'on put lire, plus tard
(La* Révolution surréaliste *nᵒˢ 9-10, octobre 1927), un article fort
documenté de Louis Aragon : « Philosophie des paratonnerres », dirigé contre
les détracteurs du nouveau régime russe.*
La Révolution surréaliste *et des revues comme* Clarté, Correspondance *(une feuille belge proche des surréalistes),* Philosophies,
*publièrent en commun au moment de la guerre du Maroc un manifeste [1]
violemment antipatriotique : « La Révolution d'abord et toujours! » (La*

1. Reproduit dans *Documents surréalistes, op. cit.*

Révolution surréaliste n° 5, octobre 1925). Le texte déclarait, après un long préambule :

La Révolution d'abord et toujours !

1° Le magnifique exemple d'un désarmement immédiat, intégral et sans contrepartie qui a été donné au monde en 1917 par Lénine à Brest-Litovsk, désarmement dont la valeur révolutionnaire est infinie, nous ne croyons pas *votre* France capable de le suivre jamais.

2° En tant que, pour la plupart, mobilisables et destinés officiellement à revêtir l'abjecte capote bleu horizon, nous repoussons énergiquement et de toutes manières pour l'avenir l'idée d'un assujettissement de cet ordre, étant donné que pour nous la France n'existe pas.

3° Il va sans dire que, dans ces conditions, nous approuvons pleinement et contresignons le manifeste lancé par le Comité d'action contre la guerre du Maroc, et cela d'autant plus que ses auteurs sont sous le coup de poursuites judiciaires.

4° Prêtres, médecins, professeurs, littérateurs, poètes, philosophes, journalistes, juges, avocats, policiers, académiciens de toutes sortes, vous tous, signataires de ce papier imbécile : « Les intellectuels aux côtés de la Patrie », nous vous dénoncerons et vous confondrons en toute occasion. Chiens dressés à bien profiter de la patrie, la seule pensée de cet os à ronger vous anime.

5° Nous sommes la révolte de l'esprit; nous considérons la Révolution sanglante comme la vengeance inéluctable de l'esprit humilié par vos œuvres. Nous ne sommes pas des utopistes : cette Révolution nous ne la concevons que sous forme sociale. S'il existe quelque part des hommes qui aient vu se dresser contre eux une coalition telle qu'il n'y ait personne qui ne les réprouve (traîtres à tout ce qui n'est pas la Liberté, insoumis de toutes sortes, prisonniers de droit commun), qu'ils n'oublient pas que l'idée de Révolution est la sauvegarde la meilleure et la plus efficace de l'individu.

Ainsi les surréalistes s'étaient convaincus que les poètes devaient prendre part à la création révolutionnaire d'un nouvel ordre social; mais ils pensaient aussi que pour éliminer les séculaires contraintes matérielles et mentales, la Révolution sociale ne pouvait pas négliger l'apport de la révolution poétique. Or cette collaboration fut envisagée bien différemment par les leaders communistes, d'une part, et les surréalistes, d'autre part. Très vite suspicions et conflits naquirent, ce qui amena André Breton à tenter de clarifier la situation en publiant son pamphlet : « Légitime défense[1] » (La Révolution surréaliste n° 8, décembre 1920).

1. Reproduit dans André Breton : *Point du jour,* © Éditions Gallimard.

Légitime défense

. . . . Notre situation dans le monde moderne est cependant telle que notre adhésion à un programme comme le programme communiste, adhésion de principe enthousiaste bien qu'il s'agisse évidemment à nos yeux d'un programme minimum *, n'a pas été accueillie sans les plus grandes réserves et que tout se passe comme si, en fin de compte, elle avait été jugée irrecevable. Purs que nous étions de toute intention critique à l'égard du Parti français (le contraire, étant donné notre foi révolutionnaire, eût été peu conforme à nos méthodes de pensée), nous en appelons aujourd'hui d'une sentence aussi injuste. Je dis que depuis plus d'un an nous sommes en butte de ce côté à une hostilité sourde, qui n'a perdu aucune occasion de se manifester. Réflexion faite, je ne sais pourquoi je m'abstiendrais plus longtemps de dire que *l'Humanité,* puérile, déclamatoire, inutilement *crétinisante,* est un journal illisible, tout à fait indigne du rôle d'éducation prolétarienne qu'il prétend assumer. Derrière ces articles vite lus, serrant l'actualité de si près qu'il n'y a rien à voir au loin, donnant à tue-tête dans le particulier, présentant les admirables difficultés russes comme de folles facilités, décourageant toute autre activité extra-politique que le sport, glorifiant le travail non choisi ou accablant les prisonniers de droit commun, il est impossible de ne pas apercevoir chez ceux qui les ont commis une lassitude extrême, une secrète résignation à ce qui est, avec le souci d'entretenir le lecteur dans une illusion plus ou moins généreuse, à aussi peu de frais qu'il est possible. Qu'on comprenne bien que j'en parle techniquement, du seul point de vue de l'efficacité générale d'un texte ou d'un ensemble de textes quelconque. Rien ne me paraît concourir

---

* Je m'explique. Nous n'avons pas l'impertinence d'opposer aucun programme au programme communiste. Tel quel, il est le seul qui nous paraisse s'inspirer valablement des circonstances, avoir une fois pour toutes réglé son objet sur la chance totale qu'il a de l'atteindre, présenter dans son développement théorique comme dans son exécution tous les caractères de la fatalité. Au-delà nous ne trouvons qu'empirisme et rêverie. Et cependant il est en nous des lacunes que tout l'espoir que nous mettons dans le triomphe du communisme ne comble pas : l'homme n'est-il pas irréductiblement un ennemi pour l'homme, l'ennui ne finira-t-il qu'avec le monde, toute assurance sur la vie et sur l'honneur n'est-elle pas vaine, etc.? Comment éviter que ces questions ne se posent, n'entraînent des dispositions particulières dont il est difficile de ne pas faire état? Dispositions entraînantes, auxquelles la considération des facteurs économiques, chez des hommes non spécialisés, et par nature peu spécialisables, ne suffit pas toujours à donner le change. S'il faut à tout prix obtenir notre renoncement, notre désistement sur ce point, qu'on l'obtienne. Sinon, nous continuerons malgré nous à faire des réserves sur un abandon complet à une foi qui présuppose comme une autre un certain état de grâce.

ici à l'effet désirable, ni en surface ni en profondeur*. D'effort
réel, en dehors du rappel constant à l'intérêt humain immédiat,
d'effort qui tende à détourner l'esprit de tout ce qui n'est pas la
recherche de sa nécessité fondamentale, et l'on pourrait établir
que cette nécessité ne saurait être que la Révolution, je n'en vois
pas plus que de tentative sérieuse pour dissiper des malentendus
souvent formels, ne portant que sur les moyens, et qui, sans la
division par camps qu'on ne s'oppose aucunement à ce qu'ils
entraînent, ne seraient pas susceptibles de mettre en péril la cause
défendue**. Je ne puis comprendre que sur la route de la révolte
il y ait une droite et une gauche. A propos de la satisfaction de cet
intérêt humain immédiat qui est presque le seul mobile qu'on
juge bon d'assigner de nos jours à l'action révolutionnaire***,
qu'il me soit permis d'ajouter que je vois à son exploitation plus
d'inconvénients que de profits. L'instinct de classe me paraît avoir
à y perdre tout ce que l'instinct de conservation individuelle a,
dans le sens le plus médiocre, à y gagner. Ce ne sont pas les avantages matériels que chacun peut espérer tirer de la Révolution qui
le disposeront à jouer sa vie — sa vie — sur la carte rouge. Encore
faudra-t-il qu'il se soit donné toutes raisons de sacrifier le peu
qu'il peut tenir au rien qu'il risque d'avoir. Ces raisons, nous les
connaissons, ce sont les nôtres. Ce sont, je pense, celles de tous
les révolutionnaires. De l'exposé de ces raisons monterait une autre
lumière, se propagerait une autre confiance que celles auxquelles
la presse communiste veut bien nous accoutumer. Loin de moi le
projet de détourner si peu que ce soit l'attention que réclament
des dirigeants responsables du Parti français les problèmes de
l'heure, je me borne à dénoncer les torts d'une méthode de propagande qui me semble déplorable et à la révision de laquelle ne
sauraient, selon moi, être apportés trop, et trop rapidement, de
soins. . . .

« Légitime défense » s'attaque avec une âpreté particulière au directeur
littéraire de l'Humanité, l'écrivain Henri Barbusse, auteur d'un livre, le

---

* Exception faite pour la collaboration de Jacques Doriot, de Camille Fégy, de
Marcel Fourrier et de Victor Crastre, qui offrent toutes garanties.
** Je crois à la possibilité de se concilier dans une certaine mesure les anarchistes
plutôt que les socialistes, je crois à la nécessité de passer à certains hommes de
premier plan, comme Boris Souvarine, leurs erreurs de caractère.
*** Je répète que beaucoup de révolutionnaires, de tendances diverses, n'en
conçoivent pas d'autres. D'après Marcel Martinet (*Europe*, 15 mai), la déception
des surréalistes ne leur est venue qu'après la guerre, du fait d'avoir *mal à leur portefeuille;* « Si le Boche avait payé, pas de déception et la question de la Révolution
ne se posait pas plus qu'après une grève qui apporte quatre sous d'augmenta-
tion. » Affirmation dont nous lui laissons la responsabilité et dont l'évidente mauvaise foi me dispense de répondre point par point à son article.

Feu, qui avait été un grand succès de librairie pendant le premier conflit mondial; sorte de reportage sur « la guerre telle qu'elle était », cet ouvrage avait obtenu le prix Goncourt; ce qui, remarque Breton, ne conférait pas forcément à Barbusse les talents ni les idées d'un leader révolutionnaire.

. . . . Intellectuellement parlant, [M. Barbusse] n'est pas, à l'exemple des écrivains que nous, surréalistes, faisons profession d'admirer, *un éclaireur*. M. Barbusse est, sinon un réactionnaire, du moins un retardataire, ce qui ne vaut peut-être pas mieux. . . . Voilà un homme qui jouit, sur le plan même où nous agissons, d'un crédit que rien ne justifie : qui n'est pas un homme d'action, qui n'est pas une lumière de l'esprit, et qui n'est même positivement rien. . . . [M. Barbusse devrait éviter] d'abuser de la confiance des travailleurs en leur faisant l'éloge de Paul Claudel et de Cocteau, auteurs de poèmes patriotiques infâmes, de professions de foi catholiques nauséabondes, profiteurs ignominieux du régime et contre-révolutionnaires fieffés. Ce sont, dit-il, des « novateurs » et certes nul ne songerait à en écrire autant de M. Barbusse, le vieil emmerdeur bien connu. Passe encore que Jules Supervielle et Luc Durtain lui paraissent représenter avec le plus d'autorité et de valeur les nouvelles tendances : vous savez, Jules Supervielle et Luc Durtain, ces « deux écrivains remarquables en tant qu'écrivains » *(sic)*, mais Cocteau, mais Claudel! . . . .
Je ne sais, je le répète humblement, comment on peut espérer réduire à notre époque le malentendu, angoissant au possible, qui résulte des difficultés en apparence insurmontables d'objectivation des idées. Nous nous étions, de notre propre chef, placés au centre de ce malentendu et prétendions veiller à ce qu'il ne s'aggravât. Du seul point de vue révolutionnaire, la lecture de *L'Humanité* tendrait à prouver que nous avions raison. Nous pensions être dans notre rôle en dénonçant de là les impostures et les déviations qui se révélaient autour de nous les plus caractéristiques et aussi nous estimions que, n'ayant rien à gagner à nous placer directement sur le terrain politique, de là nous pouvions en matière d'activité humaine user à bon droit du rappel aux principes et servir de notre mieux la cause de la Révolution. . . .

Pierre Naville, lui-même membre du groupe surréaliste, avait dans une brochure, La Révolution et les Intellectuels, que peuvent faire les surréalistes? *posé ouvertement la question : « Oui ou non, cette révolution souhaitée est-elle celle de l'esprit a priori, ou celle du monde des faits? Est-elle liée au marxisme, ou aux théories contemplatives, à l'épuration de la vie intérieure? »* « Légitime défense » *répond :*

. . . . Cette question est d'un tour beaucoup plus subtil qu'elle n'en a l'air, quoique sa principale malignité me paraisse résider dans l'opposition de la réalité intérieure au monde des faits, opposition tout artificielle qui cède aussitôt à l'examen. Dans le domaine des faits, de notre part aucune équivoque n'est possible : il n'est personne de nous qui ne souhaite le passage du pouvoir des mains de la bourgeoisie à celles du prolétariat. En attendant, il n'en est pas moins nécessaire, selon nous, que les expériences de la vie intérieure se poursuivent et cela, bien entendu, sans contrôle extérieur, même marxiste. Le surréalisme ne tend-il pas, du reste, à donner à la limite ces deux états pour un seul, en faisant justice de leur prétendue inconciliabilité pratique par tous les moyens, à commencer par le plus primitif de tous, dont l'emploi trouverait mal à se légitimer s'il n'en était pas ainsi : je veux parler de l'appel au merveilleux. . . . .

Je suis bien d'avis, avec l'auteur du manifeste : *la Révolution et les Intellectuels,* que « le salariat est une nécessité matérielle à laquelle les trois quarts de la population mondiale sont contraints, indépendante des conceptions philosophiques des soi-disant Orientaux ou Occidentaux » et que « sous la férule du capital les uns et les autres sont des exploités », mais je ne saurais partager sa conclusion, à savoir que « les querelles de l'intelligence sont absolument vaines devant cette unité de condition ». J'estime, au contraire, que l'homme doit moins que jamais faire abandon de son pouvoir discriminateur; qu'ici le surréalisme doctrinaire cesse précisément d'être de mise, et qu'à un examen plus approfondi, qui mérite d'être tenté, le *salariat* ne saurait passer pour la cause efficiente de l'état de choses que nous supportons; — qu'il admettrait pour lui-même une autre cause à la recherche de laquelle l'intelligence, en particulier notre intelligence, est en droit de s'appliquer *.

. . . . Comment échapper à la pétition de principe ? On vient encore de m'assurer, en toute connaissance de cause, qu'au cours de cet article je commets une erreur en attaquant, de l'extérieur du Parti, la rédaction d'un de ses organes, et de me représenter que cette action, apparemment bien intentionnée et même louable, était de

---

* Il n'est aucunement question de mettre en cause le *matérialisme historique,* mais une fois de plus le matérialisme tout court. Est-il bien nécessaire de rappeler que, dans l'esprit de Marx et d'Engels, le premier n'a pris naissance que dans la négation exaspérée, définitive du second ? Aucune confusion n'est permise à ce sujet. Selon nous l'idée du matérialisme historique, dont nous songeons moins que jamais à contester le caractère génial, ne peut se soutenir et, comme il importe, s'exalter dans la durée, ne peut aussi nous forcer à envisager concrètement ses conséquences, que si elle reprend à chaque instant connaissance d'elle-même, que si elle s'oppose sans crainte toutes les idées antagonistes, à commencer par celles qu'à l'origine il lui a fallu vaincre pour être et qui tendent à se représenter sous de nouvelles formes. Ce sont ces dernières qui nous paraissent faire sournoisement leur chemin dans l'esprit de certains dirigeants du parti communiste français. Peut-on leur demander de méditer les pages terribles de Théodore Jouffroy : *Comment les dogmes finissent ?*

nature à donner des armes aux ennemis du Parti dont je juge moi-même qu'il est, révolutionnairement, la seule force sur laquelle on puisse compter. Ceci ne m'avait pas échappé, et je puis dire que c'est pourquoi j'ai longtemps hésité à parler, pourquoi je ne m'y suis résolu qu'à contrecœur. Et il est vrai, rigoureusement vrai, qu'une telle discussion, qui ne se propose rien moins que d'affaiblir le Parti, eût dû se poursuivre à l'intérieur du Parti. Mais de l'aveu même de ceux qui s'y trouvent on eût écourté cette discussion au possible, à supposer qu'on lui eût même permis de s'engager. Il n'y avait pour moi, pour ceux qui pensent comme moi, rien à en attendre, exactement. A ce sujet je savais dès l'année dernière à quoi m'en tenir et c'est pourquoi j'ai jugé inutile de me faire *inscrire* au Parti communiste. Je ne veux pas être rejeté arbitrairement dans l' « opposition » d'un parti auquel j'adhère sans cela de toutes mes forces, mais dont je pense que possédant pour lui la Raison, il devrait, s'il était mieux mené, s'il était véritablement lui-même, dans le domaine où mes questions se posent, avoir réponse à tout.

Je termine en ajoutant que, malgré tout, cette réponse je l'attends toujours. Je ne suis pas près de me retourner d'un autre côté. Je souhaite seulement que de l'absence d'un grand nombre d'hommes comme moi, retenus pour des motifs aussi valables, les rangs de ceux qui préparent utilement et en pleine entente la Révolution prolétarienne ne soient pas plus clairs, surtout si parmi eux se glissent des fantômes, c'est-à-dire des êtres sur la réalité desquels ils s'abusent et qui, de cette Révolution, ne veulent pas.

. . . .

Légitime défense ?

Pourtant Breton et d'autres de ses amis se résolurent un peu plus tard à rejoindre le parti communiste, voulant essayer de militer à l'intérieur de cette organisation, ainsi qu'ils l'expliquèrent dans une brochure intitulée Au grand jour *signée par Éluard, Aragon, Breton, Péret et un nouveau venu, Pierre Unik — avant de décider que c'était impossible. Mais ce fut, en effet, impossible; l'utilisation révolutionnaire des moyens propres aux surréalistes ne fut jamais tentée ni seulement envisagée, dans les « cellules » où ils furent quelque temps intégrés. Ils abandonnèrent bientôt leur tentative. Quant à Pierre Naville, il finit par se séparer à la fois des surréalistes et du Parti et exerça son activité dans les cercles communistes oppositionnels.*

Chapitre XIII
Humour, amour et poésie

Entre 1924 et 1930, plusieurs œuvres surréalistes de première impor-
tance virent le jour; nous mentionnerons d'abord, de Robert Desnos, Deuil
pour deuil *(1924) et la* Liberté ou l'Amour *(1926). Les deux textes*
qui suivent, extraits de Deuil pour deuil [1]*, parurent dans le n° 1 de la*
revue surréaliste.

L'étoile du Nord à l'étoile du Sud envoie ce télégramme : « Déca-
pite à l'instant ta comète rouge et ta comète violette qui te
trahissent. – L'étoile du Nord. » L'étoile du Sud assombrit son
regard et penche sa tête brune sur son cou charmant. Le régiment
féminin des comètes à ses pieds s'amuse et voltige; jolis canaris
dans la cage des éclipses. Devra-t-elle déparer son mobile trésor
de sa belle rouge, de sa belle violette? Ces deux comètes qui,
légèrement, dès cinq heures du soir, relèvent une jupe de taffetas
sur un genou de lune. La belle rouge aux lèvres humides, amie
des adultères et que plus d'un amant délaissé découvrit, blottie
dans son lit, les cils longs et feignant d'être inanimée, la belle
rouge enfin aux robes bleu sombre, aux yeux bleu sombre, au cœur
bleu sombre comme une méduse perdue, loin de toutes les côtes,
dans un courant tiède hanté par les bateaux fantômes. Et la belle
violette donc! la belle violette aux cheveux roux, à la belle voilette,
au lobe des oreilles écarlate, mangeuse d'oursins, et dont les
crimes prestigieux ont lentement déposé des larmes d'un sang
admirable et admiré des cieux entiers sur sa robe, sur sa précieuse
robe. Les étranglera-t-elle de ses doigts de diamant, elle la charmante étoile du Sud, suivant le perfide conseil de l'étoile du Nord,
la magique, tentatrice et adorable étoile du Nord dont un diamant
remplace le téton à la pointe d'un sein chaud et blanc comme le
reflet du soleil à midi?
Timonières, comètes violette et rouge, timonières du bateau fan-

1. © Éditions Gallimard.

tôme, où guidez-vous votre cargaison de putains et de squelettes dont le superbe accouplement apporte aux régions que vous traversez le réconfort de l'amour éternel? Séductrices! La voilette de la violette est le filet de pêche et le genou de la rouge sert de boussole. Les putains du bateau fantôme sont quatre-vingt-quatre dont voici quelques noms : Rose, Mystère, Étreinte, Minuit, Police, Directe, Folle, Et cœur et pique, De moi, De loin, Assez, L'or, Le verre vert, Le murmure, La galandine et La mère-des-rois qui compte à peine seize années, de celles que l'on nomme les belles années. En désespoir de cause les squelettes de *l'Armada* livrent combat à ceux de la *Méduse*.

Là-haut, dans le ciel, flottent les méduses dispersées.

Avant que de devenir comète l'étoile du Sud à l'étoile du Nord envoie ce télégramme : « Plonge le ciel dans tes icebergs! justice est faite – L'étoile du Sud. »

Perfide étoile du Nord!

Troublante étoile du Sud!

Adorables!

Adorables!

Guillaume le Conquérant, celui même qui découvrit la loi d'attraction des bateaux, Guillaume le Conquérant est enterré non loin d'ici. Un fossoyeur s'assied sur une tombe. Il a déjà quatre-vingts ans depuis le début de ce récit. Il n'attend pas longtemps. D'une taupinière à ses pieds sort une lumière verdâtre, qui ne l'étonne guère, lui, habitué au silence, à l'oubli et au crime et qui ne connaît de la vie que le doux bourdonnement qui accompagne la chute perpendiculaire du soleil au moment où, serrées l'une contre l'autre, les aiguilles de la pendule fatiguées d'attendre la nuit appellent inutilement du cri fatidique douze fois répété le violet défilé des spectres et des fantômes retenus loin de là, dans un lit de hasard, entre l'amour et le mystère au pied de la liberté bras ouverts contre le mur. Le fossoyeur se souvient que c'est lui qui jadis alors que ses oreilles ne tressaillaient guère tua à cet endroit la taupe reine dont la fourrure immense revêtit tour à tour ses maîtresses d'une armure de fer mille fois plus redoutable que la fameuse tunique de Nessus et contre laquelle ses baisers prenaient la consistance de la glace et du verre et dans le chanfrein de laquelle durant des nuits et des nuits il constata la fuite lente et régulière de ses cheveux doués d'une vie infernale. Les funérailles les plus illustres se prolongèrent à l'attendre. Quand il arrivait les assistants avaient vieilli, certains et parfois même les croque-morts et les pleureuses étaient décédés. Il les jetait pêle-mêle dans la fosse réservée à un seul et glorieux mort sans que personne osât protester tant l'auréole verte de ses cheveux imposait silence et respect aux porte-deuil. Mais voici qu'avec le minuit anniversaire de la mort de Guillaume le Conquérant le dernier cheveu est parti laissant un trou, un trou noir dans son crâne tandis que la lumière verte irradiait de la taupinière.

Et voici que, précédées par le lent grincement des serrures forcées arrivent les funérailles du *Mystère* suivies par les clefs en bataillons serrés.

Elles sont là toutes, celles qui tombèrent aux mains des espions, celle que l'amant assassin brisa dans la serrure en s'en allant, celle que le justicier jeta dans la rivière après avoir définitivement fermé la porte des représailles, les clefs d'or des geôliers volées par les captifs, les clefs des villes vendues à l'ennemi par les vierges blondes, par la vierge blonde, les clefs de diamant des ceintures de chasteté, les clefs des coffres-forts vidés à l'insu des banquiers par un aventurier, celles que, sans bruit, le jeune et idéal conquérant retire de la serrure pour, d'un œil guetter le coucher de la vierge blonde.

Et tandis que les cieux retentissaient du bruit des serrures divines fermées en hâte le fossoyeur, le fossoyeur mourait sous l'entassement cannibale des clefs, sur la tombe de Guillaume le Conquérant, tandis que, dans la taupinière, à la lumière verte, se déroulaient les funérailles de la fourmi d'or, la serrure des intelligences.

Paul Éluard publia en 1926 un recueil : Capitale de la douleur [1] *— poèmes d'amour, poèmes sur l'amour.*

> Ta chevelure d'oranges dans le vide du monde
> Dans le vide des vitres lourdes de silence
> Et d'ombre où mes mains nues cherchent tous tes reflets
>
> La forme de ton cœur est chimérique
> Et ton amour ressemble à mon désir perdu
> O soupirs d'ambre, rêves, regards.
>
> Mais tu n'as pas toujours été avec moi. Ma mémoire
> Est encore obscurcie de t'avoir vu venir
> Et partir. Le temps se sert de mots comme l'amour.

Le poème ci-dessous, hommage à une troupe de danseuses américaines qu'on avait pu applaudir à cette époque au music-hall du Moulin-Rouge, *figure également dans* Capitale de la douleur. *Il y avait notamment*

1. © Éditions Gallimard.

dans le spectacle des Gertrude Hoffmann Girls un numéro d'escrime où se déchaînaient les dons et la technique de ces filles magnifiques :

Gertrude, Dorothy, Mary, Claire, Alberta,
Charlotte, Dorothy, Ruth, Catherine, Emma,
Louise, Margaret, Ferral, Harriet, Sara,
Florence toute nue, Margaret, Toots, Thelma,

Belles-de-nuit, belles-de-feu, belles-de-pluie,
Le cœur tremblant, les mains cachées, les yeux au vent
Vous me montrez les mouvements de la lumière,
Vous échangez un regard clair pour un printemps,

Le tour de votre taille pour un tour de fleur,
L'audace et le danger pour votre chair sans ombre,
Vous échangez l'amour pour des frissons d'épées
Et le rire inconscient pour des promesses d'aube.

Vos danses sont le gouffre effrayant de mes songes
Et je tombe et ma chute éternise ma vie,
L'espace sous vos pieds est de plus en plus vaste,
Merveilles, vous dansez sur les sources du ciel.

L'un des plus émouvants poèmes d'Éluard, « La dame de carreau », parut en mars 1926 dans la Révolution surréaliste n° 6 :

La dame de carreau

Tout jeune, j'ai ouvert mes bras à la pureté. Ce ne fut qu'un battement d'ailes au ciel de mon éternité, qu'un battement de cœur, de ce cœur amoureux qui bat dans les poitrines conquises. Je ne pouvais plus tomber.

Aimant l'amour. En vérité, la lumière m'éblouit. J'en garde assez en moi pour regarder la nuit, toute la nuit, toutes les nuits.

Toutes les vierges sont différentes. Je rêve toujours d'une vierge.

A l'école, elle est au banc devant moi, en tablier noir. Quand elle se retourne pour me demander la solution d'un problème, l'innocence de ses yeux me confond à un tel point que, prenant mon trouble en pitié, elle passe ses bras autour de mon cou.

Ailleurs, elle me quitte. Elle monte sur un bateau. Nous sommes presque étrangers l'un à l'autre, mais sa jeunesse est si grande que son baiser ne me surprend point.

Ou bien, quand elle est malade, c'est sa main que je garde dans les miennes, jusqu'à en mourir, jusqu'à m'éveiller.

Je cours d'autant plus vite à ses rendez-vous que j'ai peur de
n'avoir pas le temps d'arriver avant que d'autres pensées me
dérobent à moi-même.

Une fois, le monde allait finir et nous ignorions tout de notre
amour. Elle a cherché mes lèvres avec des mouvements de tête lents
et caressants. J'ai bien cru, cette nuit-là, que je la ramènerais
au jour.

Et c'est toujours le même aveu, la même jeunesse, les mêmes yeux
purs, le même geste ingénu de ses bras autour de mon cou, la
même caresse, la même révélation.

Mais ce n'est jamais la même femme.

Les cartes ont dit que je la rencontrerai dans la vie, *mais sans la
reconnaître.*

Aimant l'amour.

En 1929 le recueil l'Amour la Poésie[1] *est dédié à Gala, la femme
du poète (plus tard Gala Dali).*

L'AMOUR LA POÉSIE

Premièrement

Je te l'ai dit pour les nuages
Je te l'ai dit pour l'arbre de la mer
Pour chaque vague pour les oiseaux dans les feuilles
Pour les cailloux du bruit
Pour les mains familières
Pour l'œil qui devient visage ou paysage
Et le sommeil lui rend le ciel de sa couleur
Pour toute la nuit bue
Pour la grille des routes
Pour la fenêtre ouverte pour un front découvert
Je te l'ai dit pour tes pensées pour tes paroles
Toute caresse toute confiance se survivent.

*Citons enfin, toujours de Paul Éluard, le poème ci-dessous, publié dans
la* Révolution surréaliste *n° 12 (décembre 1929), qui parut ensuite en
octobre 1930 dans un recueil de format miniature (11 cm × 7 cm) intitulé*
A toute épreuve :

Amoureuses

Elles ont les épaules hautes
Et l'air malin
Ou bien des mines qui déroutent

1. © Éditions Gallimard.

La confiance est dans la poitrine
A la hauteur où l'aube de leurs seins se lève
Pour dévêtir la nuit
Des yeux à casser les cailloux
Des sourires sans y penser
Pour chaque rêve
Des rafales de cris de neige
Des lacs de nudité
Et des ombres déracinées.

Il faut les croire sur baiser
Et sur parole et sur regard
Et ne baiser que leurs baisers

Je ne montre que ton visage
Les grands orages de ta gorge
Tout ce que je connais et tout ce que j'ignore
Mon amour ton amour ton amour ton amour.

Le Grand Jeu, par Benjamin Péret, publié en 1928, contenait un certain nombre de pièces parues dans Littérature *(nouvelle série) et d'autres poèmes plus récents, parmi lesquels les deux suivants* [1] *:*

Mes derniers malheurs

A Yves Tanguy

270 Les bouleaux sont usés par les miroirs
441 Le jeune pape allume un cierge et se dévêt
905 Combien sont morts sur des charniers plus doux
1097 Les yeux du plus fort emportés par le dernier orage
1371 Les vieux ont peut-être interdit aux jeunes de gagner le désert
1436 Premier souvenir des femmes enceintes
1525 Le pied sommeille dans un bocal d'airain
1668 Le cœur dépouillé jusqu'à l'aorte se déplace de l'est à l'ouest
1793 Une carte regarde et attend les dés
1800 Vernir il s'agit bien d'autre chose
1845 Caresser le menton et laver les seins
1870 Il neige dans l'estomac du diable
1900 Les enfants des invalides ont fait tailler leur barbe
1914 Vous trouverez du pétrole qui ne sera pas pour vous
1922 On brûle le *Bottin* place de l'Opéra

1. Reproduits dans *Œuvres complètes, op. cit.,* t. I.

J'irai veux-tu

Il était une grande maison
sur laquelle nageait un scaphandre de feu

Il était une grande maison
ceinte de képis et de casques dorés

Il était une grande maison
pleine de verre et de sang

Il était une grande maison
debout au milieu d'un marécage

Il était une grande maison
dont le maître était de paille
dont le maître était un hêtre
dont le maître était une lettre
dont le maître était un poil
dont le maître était une rose
dont le maître était un soupir
dont le maître était un virage
dont le maître était un vampire
dont le maître était une vache enragée
dont le maître était un coup de pied
dont le maître était une voix caverneuse
dont le maître était une tornade
dont le maître était une barque chavirée
dont le maître était une fesse
dont le maître était la *Carmagnole*
dont le maître était la mort violente

Dites-moi dites-moi où est la grande maison

Benjamin Péret fut un virtuose du poème polémique, ou pour mieux dire insultant : antibourgeois, antireligieux, antipatriotique. Quatre de ces textes : « La Société des nations », « Le congrès eucharistique de Chicago », « Le Tour de France cycliste », « La baisse du franc », figurent dans le n° 8 de la revue surréaliste (décembre 1926). Poèmes de circonstance, comme tous ceux qui composeront le recueil Je ne mange pas de ce pain-là, *publié en 1936, où l'on retrouve les quatre pièces mentionnées ci-dessus — qui, à ce jour, n'ont en vérité rien perdu de leur actualité*[1].

1. Reproduites dans *Œuvres complètes, op. cit.,* t. I.

Le congrès eucharistique de Chicago

Lorsque les cloportes rencontrent les cafards
et que les beefsteaks secrètent leurs hosties
tous les crachats se réunissent dans le même égout et disent Jésus
viens avec nous
et toutes les biques du monde répandent leurs crottes dans l'égout
et s'ouvre le congrès eucharistique
et chacun d'accourir vers les divins excréments et les crachats sacrés

C'est que dieu constipé depuis vingt siècles n'a plus de boueux
    messie pour féconder les terrestres latrines
et les prêtres ne vendangeaient plus que leur propre crottin

C'est alors que leur sueur murmura
Vous êtes du cambouis et je suis dieu
Pour me recevoir vous tendrez vos vastes battoirs
Lorsque vos oreilles et votre nez se rempliront de boue
vous me verrez sous la forme d'un putois pourri
Alors tous les poux nègres se retrouvèrent sur la même fesse
et dirent dieu est grand
dieu est plus grand que notre fesse
Nous avons fait l'hostie et il nous a fait crapauds
pour que nous puissions tout le jour croasser le *dies irae*

Cependant la poussière des césars pénétrait dans leurs naseaux
et ces ruminants galeux beuglaient
Judas a vendu dieu comme des frites
et ses os ont gratté les sabots des pur-sang

Ah qui nous donnera un dieu rafraîchi comme un crâne sortant de
    chez le coiffeur
un dieu plus sale et plus nu que la boue
le nôtre lavé par les rivières
n'est plus qu'un absurde et livide galet

Après le Paysan de Paris *de 1926 dont nous avons donné des extraits
plus haut, Aragon publie en 1928 le* Traité du style, *violent pamphlet
contre les critiques, les journalistes, l'armée, etc. Parmi les poèmes qu'il
écrivait vers cette époque, citons « Les frères la côte » (n° 4 de la* Révolution
surréaliste, *juillet 1925).*

Les frères la côte

à Malcolm Cowley

Le raz de marée entra dans la pièce
Où toute la petite famille était réunie
Il dit Salut la compagnie

Et emporta la maman dans le placard
Le plus jeune fils se mit à pousser de grands cris
Il lui chanta une romance de son pays
Qui parlait de bouts de bois
Bouts de bois bouts de bois
Comme ça
Le père lui dit Veuillez considérer
Mais le raz refusa de se laisser emmerder
Il mit un peu d'eau salée dans la bouche du malheureux géniteur
Et le digne homme expira
Dieu ait son âme
Alors vint le tour des filles
Par rang de taille
L'une à genoux
L'autre sur les deux joues
La troisième la troisième
Comme les animaux croyez-moi
La quatrième de même
La cinquième je frémis d'horreur
Ma plume s'arrête
Et se refuse à décrire de telles abominations
Seigneur Seigneur seriez-vous moins clément qu'elles
Ah j'oubliais
Le poulet
Fut à son tour dévoré
Par le raz l'ignoble raz de marée [1]

La fantaisie de Max Morise lui dicta le poème suivant « pour chanter en voyage », qu'on trouve dans le n° 8 de la Révolution surréaliste *(décembre 1926) et que nous citons en partie :*

Au sillage des otaries
Flottent des mâchoires brisées
Que les tarpans de la prairie
Prennent pour des fleurs fanées

*Dors de fer, tarpan, dors de verre,
Un grand baobab ton pareil
Veille à la porte de tes rêves,
Dors de lune, dors de soleil.*

1. C'est ce poème qu'Yves Tanguy avait calligraphié sur les murs de la maison de la rue du Château qu'il habitait en 1924 avec Jacques Prévert et Marcel Duhamel. Les trois amis rencontrèrent les surréalistes l'année suivante (voir notre *Histoire de la peinture surréaliste, op. cit.,* p. 164).

. . . . .

Moi je considère la vie
Au fil des couteaux du futur,
Comme une papesse en folie
Qui chérit la littérature
Au refrain

Les troubles, les émotions,
les cormorans, les diplomates,
les heures, les révolutions,
les égarés, les mille-pattes,
Au refrain

Sont autant d'aveugles chanteurs
Dont les dents tombèrent jadis
A l'instant où sonnaient dix heures
1, 2, 3, 4, 5, 6, 7, 8, 9, 10.
Au refrain

Or parmi les papillons mâles
Qui volent autour des cercueils
Voici le visage très pâle
De mon dernier ami : l'Œil.
Au refrain

Les nuages plus bas que terre
Qui charrient les vœux de l'amour
Vont éclater en grand mystère
Dans le pays du tour-à-tour,
Au refrain

Et le tarpan au nez sordide
Attend sans hâte le moment
Où, ses artères étant vides,
Il fera peut-être beau temps.
Au refrain

Les récits de rêve occupent une place importante dans la Révolution *surréaliste, presque chaque numéro de la revue reproduit de ces contes oniriques, et le premier texte publié dans le n° 1, à la suite de la préface citée plus haut, est un récit de rêve dû à Giorgio de Chirico :*

En vain je lutte avec l'homme aux yeux louches et très doux. Chaque fois que je l'étreins, il se dégage en écartant doucement les bras et ces bras ont une force inouïe, une puissance incalculable;

ils sont comme des leviers irrésistibles, comme ces machines toutes-puissantes, ces grues gigantesques qui soulèvent sur le fourmille-ment des chantiers des quartiers de forteresses flottantes aux tou-relles lourdes comme les mamelles de mammifères antédiluviens. En vain je lutte avec l'homme au regard très doux et louche; de chaque étreinte, pour furieuse qu'elle soit, il se dégage douce-ment en souriant et en écartant à peine les bras... C'est mon père qui m'apparaît ainsi en rêve et pourtant, quand je le regarde, il n'est pas tout à fait comme je le voyais de son vivant, au temps de mon enfance. Et pourtant c'est lui; il y a quelque chose de plus *lointain* dans toute l'expression de sa figure, quelque chose qui existait peut-être quand je le voyais vivant et qui maintenant, après plus de vingt ans, m'apparaît dans toute sa puissance quand je le revois en rêve.

La lutte se termine par mon *abandon; je renonce;* puis les images se confondent; le fleuve (le Pô ou le Pénée) que pendant la lutte je pressentais couler près de moi s'assombrit; les images se confondent comme si des nuages orageux étaient descendus très bas sur la terre; il y a eu *intermezzo,* pendant lequel je rêve peut-être encore, mais je ne me souviens de rien, que de recherches angoissantes le long de rues obscures, quand le rêve s'éclaircit de nouveau. Je me trouve sur une place d'une grande beauté métaphysique; c'est la *piazza* Cavour à Florence peut-être; ou peut-être aussi une de ces très belles places de Turin, ou peut-être aussi ni l'une ni l'autre; on voit d'un côté des portiques surmontés par des appartements aux volets clos, des balcons solennels. A l'horizon on voit des collines avec des villas; sur la place le ciel est très clair, lavé par l'orage, mais cependant on sent que le soleil décline car les ombres des maisons et des très rares passants sont très longues sur la place. Je regarde vers les collines où se pressent les derniers nuages de l'orage qui fuit; les villas par endroits sont toutes blanches et ont quelque chose de solennel et de sépulcral, vues contre le rideau très noir du ciel en ce point. Tout à coup je me trouve sous les portiques, mêlé à un groupe de personnes qui se pressent à la porte d'une pâtisserie aux étalages bondés de gâteaux multicolores; la foule se presse et regarde dedans comme aux portes des pharma-cies quand on y porte le passant blessé ou tombé malade dans la rue; mais voilà qu'en regardant moi aussi je vois de dos mon père qui, debout au milieu de la pâtisserie, mange un gâteau; cepen-dant je ne sais si c'est pour lui que la foule se presse; une certaine angoisse alors me saisit et j'ai envie de fuir vers l'ouest dans un pays plus hospitalier et nouveau, et en même temps je cherche sous mes habits un poignard, ou une dague, car il me semble qu'un danger menace mon père dans cette pâtisserie et je sens que si j'y entre, la dague ou le poignard me sont indispensables comme lorsqu'on entre dans le repaire des bandits, mais mon angoisse augmente et subitement la foule me serre de près comme un remous et m'entraîne vers les collines; j'ai l'impression que mon père n'est plus dans la pâtisserie, qu'il fuit, qu'on va le poursuivre comme un voleur, et je me réveille dans l'angoisse de cette pensée.

C'est la même nostalgie teintée d'angoisse qui apparaît avec « Une nuit », l'un des trois poèmes de Chirico, datés de 1911-1913, que publie le n° 5 de la revue (octobre 1925) :

Une nuit

La nuit dernière le vent sifflait si fort que je croyais qu'il allait
  abattre les rochers en carton.
Tout le temps des ténèbres les lumières électriques
Ardaient comme des cœurs
Dans le troisième sommeil je me réveillai près d'un lac
Où venaient mourir les eaux de deux fleuves. Autour de la table
  les femmes lisaient,
Et le moine se taisait dans l'ombre.
Lentement j'ai passé le pont et au fond de l'eau obscure
Je vis passer lentement de grands poissons noirs.
Tout à coup je me trouvai dans une ville grande et carrée.
Toutes les fenêtres étaient closes, partout c'était silence,
Partout c'était méditation
Et le moine passa encore à côté de moi. A travers les trous de son
  cilice pourri je vis la beauté de son corps pâle et blanc comme
  une statue de l'amour.
Au réveil le bonheur dormait encore près de moi.

Récit de rêve et en même temps écriture inspirée, description d'inattendus paysages animés, « Le pays de mes rêves », de Michel Leiris, dont on lira un extrait ci-dessous, parut dans le n° 2 de la revue (janvier 1925).

Le pays de mes rêves

Sur les marches qui conduisaient aux perspectives du vide, je me tiens debout, les mains appuyées sur une lame d'acier. Mon corps est traversé par un faisceau de lignes invisibles qui relient chacun des points d'intersection des arêtes de l'édifice avec le centre du soleil. Je me promène sans blessures parmi tous ces fils qui me transpercent et chaque lieu de l'espace m'insuffle une âme nouvelle. Car mon esprit n'accompagne pas mon corps dans ses révolutions; machine puisant l'énergie motrice dans le fil tendu le long de son parcours, ma chair s'anime au contact des lignes de pers-

pectives qui, au passage, abreuvent ses plus secrètes cellules de
l'air du monument, âme fixe de la structure, reflet de la courbure
des voûtes, de l'ordonnance des vasques et des murs qui se coupent
à angle droit.
Si je trace autour de moi un cercle avec la pointe de mon épée, les
fils qui me nourrissent seront tranchés et je ne pourrai sortir du
cachot circulaire, m'étant à jamais séparé de ma pâture spatiale et
confiné dans une petite colonne d'esprit immuable, plus étroite que
les citernes du palais.
La pierre et l'acier sont les deux pôles de ma captivité, les vases
communicants de l'esclavage : je ne peux fuir l'un qu'en m'en-
fermant dans l'autre — jusqu'au jour où ma lame abattra les
murailles, à grands coups d'étincelles.

Le repli d'angle dissipé, d'un coup de ciseaux la décision fut en
balance. Je me trouvai sur une terre labourée, avec le soleil à ma
droite et, à ma gauche, le disque sombre d'un vol de vautours qui
filaient parallèlement aux sillons, le bec rivé à la direction des
crevasses par le magnétisme du sol.
Des étoiles se révulsaient dans chaque cellule de l'atmosphère. Les
serres des oiseaux coupaient l'air comme une vitre et laissaient
derrière elles des sillages incandescents. Mes paumes devenaient
douloureuses, percées par ces lances de feu, et parfois l'un des
vautours glissait le long d'un rayon, lumière serrée entre ses griffes.
Sa descente rectiligne le conduisait à ma main droite qu'il déchirait
du bec, avant de remonter rejoindre la troupe qui s'approchait
vertigineusement de l'horizon.
Je m'aperçus bientôt que j'étais immobile, la terre tournant sous
mes pieds et les oiseaux donnant de grands coups d'aile afin de se
maintenir à ma hauteur. J'enfonçais les horizons comme des
miroirs successifs, chacun de mes pieds posé dans un sillon qui me
servait de rail et le regard fixé au sillage des vautours.
Mais finalement ceux-ci me dépassèrent. Gonflant toutes les
cavités de leur être afin de s'alléger, ils se confondirent avec le
soleil. La terre s'arrêta brusquement, et je tombai dans un puits
profond rempli d'ossements, un ancien four à chaux hérissé de
stalagmites : dissolution rapide et pétrification des rois. . . .

Le Pèse-nerfs, d'Antonin Artaud[1]*, parut en 1925. Dans le fragment
ci-dessous l'auteur s'adresse à ses amis de manière assez elliptique au sujet
d'une sorte de « mise en condition inconsciente » de l'esprit.*

J'ai senti vraiment que vous rompiez autour de moi l'atmosphère,
que vous faisiez le vide pour me permettre d'avancer, pour donner

1. Antonin Artaud, *Le Pèse-nerfs,* © Éditions Gallimard.

la place d'un espace impossible à ce qui en moi n'était encore que
puissance, à toute une germination virtuelle, et qui devait naître,
aspirée par la place qui s'offrait.

Je me suis mis souvent dans cet état d'absurde impossible, pour
essayer de faire naître en moi la pensée. Nous sommes quelques-
uns à cette époque à avoir voulu attenter aux choses, à créer en
nous des espaces à la vie, des espaces qui n'étaient pas et ne semblaient pas devoir trouver place dans l'espace.

J'ai toujours été frappé de cette obstination de l'esprit à vouloir
penser en dimensions et en espaces, et à se fixer sur des états
arbitraires des choses pour penser, à penser en segments, en cris-
talloïdes, et que chaque moindre mode de l'être reste figé sur un
commencement, que la pensée ne soit pas en communication
instante et ininterrompue avec les choses, mais que cette fixation
et ce gel, cette espèce de mise en monuments de l'âme, se produise
pour ainsi dire *avant la pensée*. C'est évidemment la bonne condition pour créer.

Mais je suis encore plus frappé de cette inlassable, de cette météorique illusion, qui nous souffle ces architectures déterminées, cir-
conscrites, pensées, ces segments d'âme cristallisés, comme s'ils
étaient une grande plage plastique et en osmose avec tout le reste
de la réalité. Et la surréalité est comme un rétrécissement de
l'osmose, une espèce de communication retournée. Loin que j'y
voie un amoindrissement du contrôle, j'y vois au contraire un
contrôle plus grand, mais un contrôle qui au lieu d'agir, se méfie,
un contrôle qui empêche les rencontres de la réalité ordinaire et
permet des rencontres plus subtiles et raréfiées, des rencontres
amincies jusqu'à la corde, qui prend feu et ne rompt jamais.

J'imagine une âme travaillée et comme soufrée et phosphoreuse
de ces rencontres, comme le seul état acceptable de la réalité.
Mais c'est, je ne sais pas quelle lucidité innommable, inconnue, qui
m'en donne le ton et le cri et me les fait sentir à moi-même. Je les
sens à une certaine totalité insoluble, je veux dire sur le sentiment de
laquelle aucun doute ne mord. Et moi, par rapport à ces remuantes
rencontres, je suis dans un état de moindre secousse, je voudrais
qu'on imagine un néant arrêté, une masse d'esprit enfouie quelque
part, devenue virtualité. . . .

*Plus loin Artaud refuse violemment toute parenté avec la littérature et les
littérateurs :*

. . . . Toute l'écriture est de la cochonnerie.

Les gens qui sortent du vague pour essayer de préciser quoi que ce
soit de ce qui se passe dans leur pensée sont des cochons.

Toute la gent littéraire est cochonne, et spécialement celle de ce
temps-ci.

Tous ceux qui ont des points de repère dans l'esprit, je veux dire
d'un certain côté de la tête, sur des emplacements bien localisés
de leur cerveau, tous ceux qui sont maîtres de leur langue, tous
ceux pour qui les mots ont un sens, tous ceux pour qui il existe des
attitudes dans l'âme, et des courants dans la pensée, ceux qui ont
l'esprit de l'époque, et qui ont nommé ces courants de la pensée,
je pense à leurs besognes précises, et à ce grincement d'automate
qui rend à tous vents leur esprit — sont des cochons.
Ceux pour qui certains mots ont un sens, et certaines manières
d'être, ceux qui font si bien des façons, ceux pour qui les sentiments
ont des classes et qui discutent sur un degré quelconque de leurs
hilarantes classifications, ceux qui croient encore à des « termes »,
ceux qui remuent des idéologies ayant pris rang dans l'époque,
ceux dont les femmes parlent si bien et ces femmes aussi qui parlent
si bien et qui parlent des courants de l'époque, ceux qui croient
encore à une orientation de l'esprit, ceux qui suivent des voies, qui
agitent des noms, qui font crier les pages des livres — ceux-là sont
les pires cochons.
Vous êtes bien gratuit, jeune homme !
Non, je pense à des critiques barbus.
Et je vous l'ai dit : pas d'œuvres, pas de langue, pas de parole, pas
d'esprit, rien.
Une sorte de station incompréhensible et toute droite, au milieu
de tout dans l'esprit.
Et n'espérez pas que je vous nomme ce tout, en combien de parties
il se divise, que je vous dise son poids, que je marche, que je me
mette à discuter sur ce tout, et que, discutant, je me perde et que
je me mette ainsi sans le savoir à *penser,*
— et qu'il s'éclaire, qu'il vive, qu'il se pare d'une multitude de mots,
tous bien frottés de sens, tous divers, et capables de bien mettre au
jour toutes les attitudes, toutes les nuances d'une très sensible et
pénétrante pensée.
Ah ces états qu'on ne nomme jamais, ces situations éminentes
d'âme, ah ces intervalles d'esprit, ah ces minuscules ratées qui sont
le pain quotidien de mes heures, ah ce peuple fourmillant de données — ce sont toujours les mêmes mots qui me servent et vraiment
je n'ai pas l'air de beaucoup bouger dans ma pensée, mais j'y bouge
plus que vous en réalité, barbes d'ânes, cochons pertinents, maîtres
du faux verbe, trousseurs de portraits, feuilletonistes, rez-
de-chaussée, herbagistes, entomologistes, plaies de ma langue.
Allons, je serai compris dans dix ans par les gens qui feront aujour-
d'hui ce que vous faites. Alors on connaîtra mes geysers, on verra
mes glaces, on aura appris à dénaturer mes poisons, on décèlera
mes jeux d'âmes.
Alors tous mes cheveux seront coulés dans la chaux, toutes mes

veines mentales, alors on percevra mon bestiaire, et ma mystique sera devenue un chapeau. Alors on verra fumer les jointures des pierres, et d'arborescents bouquets d'yeux mentaux se cristalliseront en glossaires, alors on verra choir des aérolithes de pierre, alors on verra des cordes, alors on comprendra la géométrie sans espaces, et on apprendra ce que c'est que la configuration de l'esprit, et on comprendra comment j'ai perdu l'esprit.

Alors on comprendra pourquoi mon esprit n'est pas là, alors on verra toutes les langues tarir, tous les esprits se dessécher, toutes les langues se racornir, les heures humaines s'aplatiront, se dégonfleront, comme aspirées par des ventouses desséchantes, et cette lubréfiante membrane continuera à flotter dans l'air, cette membrane lubréfiante et caustique, cette membrane à deux épaisseurs, à multiples degrés, à un infini de lézardes, cette mélancolique et vitreuse membrane, mais si sensible, si pertinente elle aussi, si capable de se multiplier, de se dédoubler, de se retourner avec son miroitement de lézardes, de sens, de stupéfiants, d'irrigations pénétrantes et vitreuses,

alors tout ceci sera trouvé bien,

et je n'aurai plus besoin de parler. . . .

Raymond Queneau donnera à la revue un poème : « Le tour de l'ivoire », *un article sur Chirico et deux* « textes surréalistes » ; *récits ironiquement irrationnels dont on lira ci-dessous un fragment* (la Révolution surréaliste, *n° 11*) :

. . . . L'histoire du capricorne mérite quelque attention de la part de toute personne s'intéressant de près — ou de loin — au surréalisme. Certes, on le sait depuis quelques années, il y a des surréalistes, une vingtaine environ. Il y a également des gens qui s'intéressent au surréalisme : il m'est arrivé d'en rencontrer et j'ai toujours été étonné qu'aucune de ces personnes n'avait, au milieu du front, un œil pinéal. Pourtant elles devraient en avoir un. C'est drôle. Ceci nous ramène au capricorne qui, lui, en possédait un et par conséquent s'intéressait au surréalisme. Sa mère aurait bien voulu l'étrangler lorsqu'il naquit mais son père s'y opposa, espérant un jour montrer ce monstre dans les foires, ces fours crématoires de la vanité et du mal de mer. L'hiver se drapa dans un mur et se frotta les mains qu'il avait palmées et squameuses : alors on s'aperçut qu'il faisait froid et le capricorne, s'évadant du ridicule berceau de nouilles fraîches où ses parents l'avaient couché, sauta par la fenêtre et se trouva de plain-pied au bord d'un lac de lave qui, lentement, envahissait les comtés de l'ouest de l'Irlande. Cette lave était la plus belle incarnation du feu et ne se gênait pas pour se promener nue. Le capricorne l'aima et dès qu'il eut compris que son amour était plus certain que les misérables villages incen-

diés, il s'aperçut que sa chute n'avait pas cessé et qu'il n'y avait
aucune raison pour qu'elle cessât, puisque, arrivé sur une voiture
de siphons, il continuait toujours à tomber. La voiture démarra et,
dans un grand galop, les chevaux l'emportèrent vers le jardin des
Plantes. Les siphons dansaient de joie dans leurs petites caisses et
le capricorne pensait toujours à la lave, se demandant où il pourrait la rencontrer. Les siphons s'en étaient tous allés et il restait
seul dans sa chute, lorsque, enfin, il arriva à son point d'arrivée,
un divan où la lave l'attendait. Ils s'aimèrent pendant huit jours, et
l'aube naviguait dans des cercles de dentelles et l'hiver se drapait
dans son mur pour qu'il fît encore plus froid et pour que les
crépuscules parussent plus désespérés. Le capricorne voyait chaque
matin un bras bleu comme le néon traverser la chambre, puis disparaître, et chaque soir un fou évadé, chaque soir nouveau lui
venait serrer la main pour partir vers son destin solitaire et merveilleux, sans comprendre que ces évasions journalières étaient à la
fois la cause et l'effet de son amour; de même il ne comprit pas
lorsque la lave eut quitté les provinces de l'ouest de l'Irlande, vint
ensevelir les prés, les églises, les hommes et les porcs de la France,
et il ne comprit pas lorsque la lave le drapa dans un manteau de
soufre pur pour le porter dans ses bras jusque sur les monts de
l'Himalaya que la détresse des hommes avait taillés en forme de
vague. Le capricorne ne comprit pas. . . .

De Jacques Baron on put lire dans la Révolution surréaliste *plusieurs
textes surréalistes et des poèmes, dont le suivant (n° 9-10, octobre 1927)* [1] *:*

Au-dessus de mon front il y a un soleil
Un soleil aussi sec qu'un hareng saur
Il y a des fontaines taries
Toutes les fontaines sont taries
Tous les mondes sont perdus en mer
et toutes les étoiles sont inimitables

Monde vaillant
réveille-toi dans tes os
Dans les prairies si hautes la mort est pareille à la vie
et la vie doit t'appartenir
Monde vivant Monde extrême
isolé dans la nature comme une route inconnue des états sous-
    marins
Une seule goutte d'eau née derrière tant de paupières
faisant germer des hommes au cœur étincelant

1. Reproduit dans *L'Allure poétique, op. cit.*

dans le monde vivant
et dans le monde à venir
une seule goutte de rêve fait venir la tempête
Balayeurs aux beaux yeux dispersez les nuages

L'Esprit contre la raison, publié en 1927 par René Crevel [1], est un essai résumant l'aventure poétique depuis Dada. Les lignes suivantes appartiennent aux dernières pages du livre :

.... Responsabilité, merveilleuse responsabilité des poètes. Dans le mur de toile, ils ont percé la fenêtre dont rêvait Mallarmé. D'un coup de poing ils ont troué l'horizon, et voilà qu'en plein éther vient d'être découverte une île. Cette île, nous la touchons du doigt. Déjà nous pouvons la baptiser du nom qu'il nous plaira. Elle est notre point sensible. Mais que, grâce à des hommes, leurs semblables, à portée de la main soit ce point sensible, cette corbeille de surprises, de dangers et de douleurs, c'est bien ce que ne sauraient pardonner tous ceux qu'effraie le risque et cependant tente l'aventure. Il est un fait que, depuis deux années, le problème de l'Esprit et de la Raison, plus nettement que jamais posé par le surréalisme, n'a plus laissé indifférent quiconque a le goût des choses de l'intelligence. Et même ceux qui, trop faibles pour accepter la redoutable liberté offerte, préfèrent continuer à vivre dans le petit fromage de la tradition, ne peuvent s'empêcher, parmi toutes les œuvres d'aujourd'hui de préférer celles qui expriment le plus parfaitement la nécessité de libération. Sans doute, une claire bonne foi, la continuité de certains efforts ne peuvent manquer de forcer au respect, et la fidélité à l'esprit a d'autant plus de valeur si on la compare à l'inconstance de beaucoup qui, d'abord décidés à aller de l'avant, n'ont point persévéré dans les voies de l'audace et, parvenus à une certaine altitude, privés des parapets séculaires, ont été pris d'une telle peur qu'ils n'ont osé marcher plus longtemps ni risquer davantage. D'où leur retour sournois déjà mentionné aux questions accessoires, à des problèmes de forme. Ils essaient de se rattraper aux branches séculaires, de dessiner des arabesques, d'oublier le fond pour la forme, de ne plus penser au pourquoi, mais au plus simple, au plus facile comment.

Jacques Rigaut, qui fut dadaïste, avait suggéré, entre autres propositions déprimantes, que les riches familles américaines fassent remplacer à leurs frais, sur les champs de bataille de la Première Guerre mondiale, les croix de bois des tombes militaires par des croix de marbre. Adoptant à l'égard de sa propre disparition de ce bas monde l'attitude de l'humour le plus noir,

---

1. © Éditions Jean-Jacques Pauvert.

il avait pendant des années exaspéré les cercles littéraires en annonçant son suicide, toujours imminent. En 1920, Littérature *(première série) avait publié dans son numéro de décembre un texte de Rigaut qui aurait pu s'intituler « Mémoires d'un suicidé ».*

. . . . La première fois que je me suis tué, c'est pour embêter ma maîtresse. Cette vertueuse créature refusa brusquement de coucher avec moi, cédant au remords, disait-elle, de tromper son amant chef d'emploi. Je ne sais pas bien si je l'aimais, je me doute que quinze jours d'éloignement eussent singulièrement diminué le besoin que j'avais d'elle : son refus m'exaspéra. Comment l'atteindre ? Ai-je dit qu'elle m'avait gardé une profonde et durable tendresse ? Je me suis tué pour embêter ma maîtresse. On me pardonne ce suicide quand on considère mon extrême jeunesse à l'époque de cette aventure.

La deuxième fois que je me suis tué, c'est par paresse. Pauvre, ayant pour tout travail une horreur anticipée, je me suis tué un jour, sans convictions, comme j'avais vécu. On ne me tient pas rigueur de cette mort, quand on voit quelle mine florissante j'ai aujourd'hui.

La troisième fois... je vous fais grâce du récit de mes autres suicides, pourvu que vous consentiez à écouter encore celui-ci : Je venais de me coucher, après une soirée où mon ennui n'avait certainement pas été plus assiégeant que les autres soirs. Je pris la décision et, en même temps, je me le rappelle très précisément, j'articulai la seule raison : Et puis, zut! Je me levai et j'allai chercher l'unique arme de la maison, un petit revolver qu'avait acheté un de mes grands-pères, chargé de balles également vieilles. (On verra tout à l'heure pourquoi j'insiste sur ce détail.) Couchant nu dans mon lit, j'étais nu dans ma chambre. Il faisait froid. Je me hâtai de m'enfouir sous mes couvertures. J'avais armé le chien, je sentis le froid de l'acier dans ma bouche. A ce moment il est vraisemblable que je sentais mon cœur battre, ainsi que je le sentais battre en écoutant le sifflement d'un obus avant qu'il n'éclatât, comme en présence de l'irréparable pas encore consommé. J'ai pressé sur la gâchette, le chien s'est abattu, le coup n'était pas parti. J'ai alors posé mon arme sur une petite table, probablement en riant un peu nerveusement. Dix minutes après je dormais. Je crois que je viens de faire une remarque importante, si tant est que... naturellement! Il va de soi que je ne songeai pas un instant à tirer une seconde balle. Ce qui importait, c'était d'avoir pris la décision de mourir, et non que je mourusse. . . .

Neuf ans plus tard, le 5 novembre 1929, Rigaut donna une tardive mais décisive réponse à la question posée au n° 2 de la Révolution surréa-

liste : « *Le suicide est-il une solution ?* » *Il se tira une balle dans le cœur.*
L'article ci-dessus fut réimprimé dans le douzième numéro de la revue,
en décembre 1929.
La Révolution surréaliste *publia en mars 1929 (n° 11) un extrait*
d'un livre d'André Breton : Nadja [1], *qui parut en librairie la même année.*
On a dit que cet ouvrage était un roman mais c'est d'abord un manifeste,
ou une illustration du Manifeste du surréalisme, *montrant comment*
l'imagination poétique peut dominer une existence humaine de la manière
la plus concrète à travers toutes les nécessités et les embûches de la vie cou-
rante. Avant que le récit ne commence, de nombreuses pages sont consacrées
au souvenir de lieux où l'auteur sentit passer ce « vent de l'éventuel » dont
il parlait dans les Pas perdus. *Il évoque par exemple, après Soupault et*
Aragon, le Théâtre moderne *du temps de* Certà *et du passage de l'Opéra,*
ou les détails de la représentation d'une pièce : les Détraquées, *qui l'avait*
vivement impressionné lorsqu'elle fut jouée dans un petit théâtre de la rue
Fontaine, le théâtre des Deux-Masques [2].
Puis le récit commence et, peu à peu, nous entrons au cœur de l'aventure
poétique.

NADJA

.... Le 4 octobre dernier [1932], à la fin d'une de ces après-midi
tout à fait désœuvrées et très mornes, comme j'ai le secret d'en
passer, je me trouvais rue Lafayette : après m'être arrêté quelques
minutes devant l'étalage de la librairie de *l'Humanité* et avoir fait
l'acquisition du dernier ouvrage de Trotsky, sans but je poursui-
vais ma route dans la direction de l'Opéra. Les bureaux, les ateliers commençaient à se vider, du haut en bas des maisons des
portes se fermaient, des gens sur le trottoir se serraient la main, il
commençait tout de même à y avoir plus de monde. J'observais
sans le vouloir des visages, des accoutrements, des allures. Allons,
ce n'étaient pas encore ceux-là qu'on trouverait prêts à faire la
Révolution. Je venais de traverser ce carrefour dont je ne sais pas
le nom, là, devant une église. Tout à coup, alors qu'elle est peut-
être encore à dix pas de moi, venant en sens inverse, je vois une
jeune femme, très pauvrement vêtue, qui, elle aussi, me voit, ou m'a
vu. Elle va la tête haute, contrairement à tous les autres passants.
Si frêle qu'elle se pose à peine en marchant. Un sourire impercep-
tible erre peut-être sur son visage. Curieusement fardée, comme
quelqu'un qui, ayant commencé par les yeux, n'a pas eu le temps
de finir, mais le bord des yeux si noir pour une blonde. Le bord,

---

1. © Éditions Gallimard.
2. Cette pièce fut reprise en 1933 et la nouvelle interprétation déçut quelque peu
ceux des surréalistes qui avaient assisté aux premières représentations.

nullement la paupière (un tel éclat s'obtient et s'obtient seulement
si l'on ne passe avec soin le crayon que sous la paupière. . . .). Je
n'avais jamais vu de tels yeux. Sans hésitation j'adresse la parole
à l'inconnue, tout en m'attendant, j'en conviens du reste, au pire.
Elle sourit, mais très mystérieusement, et, dirai-je, comme *en connaissance de cause,* bien qu'alors je n'en puisse rien croire. Elle se
rend, prétend-elle, chez un coiffeur du boulevard Magenta (je dis :
prétend-elle, parce qu'elle a reconnu par la suite qu'elle n'allait
nulle part). Elle m'entretient bien avec une certaine insistance de
difficultés qu'elle éprouve du côté de l'argent, mais ceci, semble-
t-il, plutôt en manière d'excuse et pour expliquer l'assez grand
dénuement de sa mise. Nous nous arrêtons à la terrasse d'un café
voisin de la gare du Nord. Je la regarde mieux. Que peut-il bien se
passer de si extraordinaire dans ces yeux? Que s'y mire-t-il à la
fois obscurément de détresse et lumineusement d'orgueil? C'est
aussi l'énigme que pose le début de confession que, sans m'en
demander davantage, avec une confiance qui pourrait (ou bien qui
ne pourrait?) être mal placée elle me fait. . . .

*L'histoire de Nadja — elle avait choisi ce nom « parce que c'est en russe le
commencement du mot espérance, et ce n'en est que le commencement »,
disait-elle — est celle de tant de jeunes femmes venues dans la grande ville,
délaissant le foyer désuni de leurs parents, et un bébé placé en nourrice ou
élevé dans la famille, qui ne peuvent se plier à des emplois quotidiens —
misérablement payés — et tombent souvent sous la coupe de souteneurs
mais parfois, comme Nadja, parviennent à rester indépendantes et vivent
d' « amis » de passage. Dans leur solitude affective elles confient parfois à
ceux qu'elles rencontrent des fragments de leur existence et c'est ainsi que
Nadja racontera à André Breton quelques détails sur ses parents et certains
épisodes de la vie qu'elle mène à Paris depuis deux ou trois ans. Mais l'une
de ses réflexions sur les foules du métro et des lieux publics qu'elle aime
fréquenter aux heures d'affluence provoquera une violente riposte de son
interlocuteur à propos des « braves gens », disait Nadja, qu'on peut rencontrer chez ces travailleurs libérés le soir des chaînes quotidiennes. Des
braves gens, dit Breton, allons donc!*

. . . . [La liberté est aussi] la plus ou moins longue mais merveilleuse
suite de pas qu'il est permis à l'homme de faire désenchaîné. Ces
pas, les supposez-vous capables de les faire? En ont-ils le temps,
seulement? En ont-ils le cœur? De braves gens, disiez-vous, oui,
braves comme ceux qui se sont fait tuer à la guerre, n'est-ce pas?
Tranchons-en, des héros : beaucoup de malheureux et quelques
pauvres imbéciles. Pour moi, je l'avoue, ces *pas* sont tout. Où
vont-ils, voilà la véritable question. Ils finiront bien par dessiner
une route et sur cette route, qui sait si n'apparaîtra pas le moyen de

désenchaîner ou d'aider à se désenchaîner ceux qui n'ont pu suivre?....

Nadja ne répond rien à cette éloquente diatribe mais, au moment de la séparation, elle se montre soudain très éloignée d'une conception théorique de la liberté :

.... Je veux prendre congé d'elle. Elle me demande qui m'attend. « Ma femme — Marié! Oh! alors... » et, sur un autre ton très grave, très recueilli : « Tant pis. Mais... et cette grande idée? J'avais si bien commencé tout à l'heure à la voir. C'était vraiment une étoile, une étoile vers laquelle vous alliez. Vous ne pouviez manquer d'arriver à cette étoile. A vous entendre parler, je sentais que rien ne vous en empêcherait : rien, pas même moi... Vous ne pourrez jamais voir cette étoile comme je la voyais. Vous ne comprenez pas : elle est comme le cœur d'une fleur sans cœur. » Je suis extrêmement ému. Pour faire diversion je demande où elle dîne. Et soudain cette légèreté que je n'ai vue qu'à elle, cette *liberté* peut-être précisément : « Où? (le doigt tendu :) mais là, ou là (les deux restaurants les plus proches), où je suis, voyons. C'est toujours ainsi. » Sur le point de m'en aller, je veux lui poser une question qui résume toutes les autres, une question qu'il n'y a que moi pour poser, sans doute, mais qui, au moins une fois, a trouvé une réponse à sa hauteur : « Qui êtes-vous? » Et elle, sans hésiter : « Je suis l'âme errante. » ....

Lors de la seconde rencontre, cette pratique poétique de la liberté apparaît de nouveau, à l'émerveillement d'André Breton :

.... Je me dispose à rentrer chez moi. Nadja m'accompagne en taxi. Nous demeurons quelque temps silencieux, puis elle me tutoie brusquement : « Un jeu : Dis quelque chose. Ferme les yeux et dis quelque chose. N'importe, un chiffre, un prénom. Comme ceci (elle ferme les yeux) : Deux, deux quoi? Deux femmes. Comment sont ces femmes? En noir. Où se trouvent-elles? Dans un parc... Et puis, que font-elles? Allons, c'est si facile, pourquoi ne veux-tu pas jouer? Eh bien moi, c'est ainsi que je me parle quand je suis seule, que je me raconte toutes sortes d'histoires. Et pas seulement de vaines histoires : c'est même entièrement de cette façon que je vis *. » Je la quitte à ma porte : « Et moi, maintenant? où aller? Mais il est si simple de descendre lentement vers la rue

---

*. Ne touche-t-on pas là au terme extrême de l'aspiration surréaliste, à sa plus forte *idée limite?*

Lafayette, le faubourg Poissonnière, de commencer par revenir à l'endroit même où nous étions. »....

Nadja cependant se confiait davantage et racontait certains aspects plus intimes de son proche passé :

.... Puis elle me parle de deux amis qu'elle a eus : l'un, à son arrivée à Paris, qu'elle désigne habituellement sous le nom de « Grand ami », c'est ainsi qu'elle l'appelait et il a toujours voulu qu'elle ignorât qui il était, elle montre encore pour lui une immense vénération, c'était un homme de près de soixante-quinze ans, qui avait longtemps séjourné aux colonies, il lui a dit en partant qu'il retournait au Sénégal; l'autre, un Américain, qui semble lui avoir inspiré des sentiments très différents : « Et puis il m'appelait Lena, en souvenir de sa fille qui était morte. C'est très affectueux, très touchant, n'est-ce pas ? Pourtant il m'arrivait de ne plus pouvoir supporter d'être appelée ainsi, comme en rêvant : Lena, Lena... Alors je passais plusieurs fois la main devant ses yeux, très près de ses yeux, comme ceci, et je disais : « Non, pas Lena, Nadja. ». . . .

Un peu plus tard :

. . . . Elle me reparle de cet homme qu'elle appelle « Grand ami », et à qui elle me dit devoir d'être qui elle est. « Sans lui je serais maintenant la dernière des grues. » J'apprends qu'il l'endormait chaque soir, après le dîner. Elle a mis plusieurs mois à s'en apercevoir. Il lui faisait narrer dans tous ses détails l'emploi de sa journée, approuvait ce qu'il jugeait bon, blâmait le reste. Et toujours ensuite une gêne physique localisée dans la tête l'empêchait de refaire ce qu'il avait dû lui interdire. Cet homme, perdu dans sa barbe blanche, qui a voulu qu'elle ignorât tout de lui, lui fait l'effet d'un roi. Partout où elle est entrée avec lui, il lui a semblé que sur son passage un mouvement d'attention très respectueuse se produisait. Pourtant, depuis, elle l'a revu un soir, sur le banc d'une station de métro, et elle l'a trouvé très las, très négligé, très vieilli. . . .

Aux yeux d'André Breton, Nadja par sa seule présence transfigurait les lieux et les événements lorsque tous deux erraient à travers Paris :

. . . . Une certaine confusion a dû s'établir dans son esprit, car elle nous fait conduire, non dans l'île Saint-Louis, comme elle le croit, mais place Dauphine. . . . (Cette place Dauphine est bien un des lieux les plus profondément retirés que je connaisse, un des pires terrains vagues qui soient à Paris. Chaque fois que je m'y suis trouvé, j'ai senti m'abandonner peu à peu l'envie d'aller ailleurs, il m'a fallu argumenter avec moi-même pour me dégager d'une étreinte très douce, trop agréablement insistante et, à tout prendre, brisante. De plus, j'ai habité quelque temps un hôtel voisin de cette place, *City Hotel,* où les allées et venues à toute heure, pour qui ne se satisfait pas de solutions trop simples, sont suspectes.) Le jour baisse. Afin d'être seuls nous nous faisons servir dehors par le marchand de vins. Pour la première fois, durant le repas, Nadja se montre assez frivole. Un ivrogne ne cesse de rôder autour de notre table. Il prononce très haut des paroles incohérentes, sur le ton de la protestation. Parmi ces paroles reviennent sans cesse un ou deux mots obscènes sur lesquels il appuie. Sa femme, qui le surveille de sous les arbres, se borne à lui crier de temps à autre : « Allons, viens-tu ? » J'essaie à plusieurs reprises de l'écarter, mais en vain. Comme arrive le dessert, Nadja commence à regarder autour d'elle. Elle est certaine que sous nos pieds passe un souterrain qui vient du Palais de Justice (elle me montre de quel endroit du Palais, un peu à droite du perron blanc) et contourne l'hôtel Henri IV. Elle se trouble à l'idée de ce qui s'est déjà passé sur cette place et de ce qui s'y passera encore. Où ne se perdent en ce moment dans l'ombre que deux ou trois couples, elle semble voir une foule. « Et les morts, les morts! » L'ivrogne continue à plaisanter lugubrement. Le regard de Nadja fait maintenant le tour des maisons. « Vois-tu, là-bas, cette fenêtre! Elle est noire, comme toutes les autres. Regarde bien. Dans une minute elle va s'éclairer. Elle sera rouge. » La minute passe. La fenêtre s'éclaire. Il y a, en effet, des rideaux rouges. (Je regrette mais je n'y puis rien, que ceci passe peut-être les limites de la crédibilité. Cependant, à pareil sujet je m'en voudrais de prendre parti : je me borne à *convenir* que de noire, cette fenêtre est alors devenue rouge, et c'est tout.) J'avoue qu'ici la peur me prend, comme aussi elle commence à prendre Nadja. « Quelle horreur! Vois-tu ce qui passe dans les arbres? Le bleu et le vent, le vent bleu. Une seule autre fois j'ai vu sur ces mêmes arbres passer ce vent bleu. C'était là, d'une fenêtre de l'hôtel Henri IV*, et mon ami, le second dont je t'ai parlé, allait partir. Il y avait aussi une voix qui disait : Tu mourras, tu mourras. Je ne voulais pas mourir mais j'éprouvais un tel vertige... Je serais certainement tombée si l'on ne m'avait retenue. » . . . .

Au cours de ses relations avec Breton Nadja commença à écrire des phrases poétiques : « Le rose est mieux que le noir mais les deux s'accordent. » —

---

* Lequel fait face à la maison dont il vient d'être question, ceci toujours pour les amateurs de solutions faciles.

« Pourquoi cette balance qui oscillait dans l'obscurité d'un trou plein de boulets de charbon ? » — « Ne pas alourdir ses pensées du poids de ses souliers », etc. Elle se mit à dessiner des images qui comptent parmi les plus beaux dessins typiquement et authentiquement surréalistes — ainsi cette « fleur des amants » à quatre pétales de regards entrecroisés, reproduite parmi les photographies illustrant le livre. Breton dit que :

. . . . Plusieurs fois elle a tenté de faire mon portrait les cheveux dressés, comme aspirés par le vent d'en haut, tout pareils à de longues flammes. . . .

ce qui est une représentation traditionnelle de la chevelure des sorcières, comme on peut le voir dans des compositions des XVIIIe et XIXe siècles, en particulier chez Gustave Doré — ce que Nadja ignorait certainement. Ses commentaires sur tels livres ou sur les objets ou les tableaux de la collection de Breton étaient remarquables d'intelligence et d'intuition. Mais à d'autres moments elle racontait à son compagnon certaines de ses moins exaltantes aventures, qui le démoralisaient parfois jusqu'aux larmes.

. . . . Qui est la vraie Nadja, de celle qui me dit avoir erré toute une nuit, en compagnie d'un archéologue, dans la forêt de Fontainebleau, à la recherche de je ne sais quels vestiges de pierre que, pensera-t-on, il était bien temps de découvrir pendant le jour — mais si c'était la passion de cet homme ! — je veux dire de la créature toujours inspirée et inspirante qui n'aimait qu'être dans la rue, pour elle seul champ d'expérience valable, dans la rue, à portée d'interrogation de tout être humain lancé sur une grande chimère, ou (pourquoi ne pas le reconnaître ?) celle qui *tombait,* parfois, parce qu'enfin d'autres s'étaient crus autorisés à lui adresser la parole, n'avaient su voir en elle que la plus pauvre de toutes les femmes et de toutes la plus mal défendue ! Il m'est arrivé de réagir avec une affreuse violence contre le récit par trop circonstancié qu'elle me faisait de certaines scènes de sa vie passée, desquelles je jugeais, sans doute très extérieurement, que sa dignité n'avait pu sortir tout à fait sauve. . . .

L'aventure de Nadja et d'André Breton ne dura que quelques mois. Ce dernier, qui avait « pris, du premier au dernier jour, Nadja pour un génie libre », ne put supporter certains aspects de cette liberté.

. . . . J'avais, depuis assez longtemps, cessé de m'entendre avec Nadja. A vrai dire peut-être ne nous sommes-nous jamais entendus, tout au moins sur la manière d'envisager les choses simples de l'existence. Elle avait choisi une fois pour toutes de n'en tenir aucun compte, de se désintéresser de l'heure, de ne faire aucune différence entre les propos oiseux qu'il lui arrivait de tenir et les autres qui m'importaient tant, de ne s'inquiéter en rien de mes dispositions passagères et de la plus ou moins grande difficulté que j'avais à lui passer ses pires distractions. Elle n'était pas fâchée, je l'ai dit, de me narrer sans me faire grâce d'aucun détail les péripéties les plus lamentables de sa vie, de se livrer çà et là à quelques coquetteries déplacées, de me réduire à attendre, le sourcil très froncé, qu'elle voulût bien passer à d'autres exercices, car il n'était bien sûr pas question qu'elle devînt *naturelle.* . . . Quelque envie que j'en ai eue, quelque illusion peut-être aussi, je n'ai peut-être pas été à la hauteur de ce qu'elle me proposait. Mais que me proposait-elle ? N'importe. Seul l'amour au sens que je l'entends — mais alors le mystérieux, l'improbable, l'unique, le confondant et le *certain* amour — tel enfin qu'il ne peut être qu'à toute épreuve, eût pu permettre ici l'accomplissement d'un miracle.

On est venu, il y a quelques mois, m'apprendre que Nadja était folle. A la suite d'excentricités auxquelles elle s'était, paraît-il, livrée dans les couloirs de son hôtel, elle avait dû être internée à l'asile de Vaucluse. D'autres que moi épilogueront très inutilement sur ce fait, qui ne manquera pas de leur apparaître comme l'issue fatale de tout ce qui précède. Les plus avertis s'empresseront de rechercher la part qu'il convient de faire, dans ce que j'ai rapporté de Nadja, aux idées déjà délirantes et peut-être attribueront-ils à mon intervention dans sa vie, intervention pratiquement favorable au développement de ces idées, une valeur terriblement déterminante. Pour ce qui est de ceux du « Ah! alors », du « Vous voyez bien », du « Je me disais aussi », du « Dans ces conditions », de tous les crétins de bas étage, il va sans dire que je préfère les laisser en paix. L'essentiel est que pour Nadja je ne pense pas qu'il puisse y avoir une extrême différence entre l'intérieur d'un asile et l'extérieur. Il doit, hélas, y avoir tout de même une différence, à cause du bruit agaçant d'une clé qu'on tourne dans une serrure, de la misérable vue de jardin, de l'aplomb des gens qui vous interrogent quand vous n'en voudriez pas pour cirer vos chaussures. . . .

Ici l'auteur prononce une longue et virulente attaque contre les psychiatres, leurs méthodes et leurs asiles et envisage avec pessimisme le destin de l'internée :

. . . . Le mépris qu'en général je porte à la psychiatrie, à ses pompes et à ses œuvres, est cause que je n'ai pas encore osé m'enquérir de ce qu'il était advenu de Nadja. J'ai dit pourquoi j'étais pessimiste sur son sort, en même temps que sur celui de quelques êtres de son espèce. Traitée dans une maison de santé particulière avec tous les égards qu'on doit aux riches, ne subissant aucune promiscuité qui pût lui nuire, mais au contraire réconfortée en temps opportun par des présences amies, satisfaite le plus possible dans ses goûts, ramenée insensiblement à un sens acceptable de la réalité, ce qui eût nécessité qu'on ne la brusquât en rien et qu'on prît la peine de la faire remonter elle-même à la naissance de son trouble, je m'avance peut-être, et pourtant tout me fait croire qu'elle fût sortie de ce mauvais pas. Mais Nadja était pauvre, ce qui au temps où nous vivons suffit à passer condamnation sur elle, dès qu'elle s'avise de ne pas être tout à fait en règle avec le code imbécile du bon sens et des bonnes mœurs. Elle était seule aussi : « C'est, par moments, terrible d'être seule à ce point. Je n'ai que vous pour amis », disait-elle à ma femme, au téléphone, la dernière fois. . . .

Manifeste, compte rendu, confession, Nadja *est cependant aussi un roman puisque des souvenirs y sont choisis, organisés, commentés, voire interprétés, et le livre pourrait, ainsi que tous les romans, porter comme titre le nom de l'auteur au lieu de celui de l'héroïne — d'ailleurs,* Nadja *avait prédit à Breton qu'il « écrirait un roman sur elle ».*
Mais un post-scriptum — ou une préface... — termine l'ouvrage. Une autre femme est apparue dans la vie de l'auteur à qui il reconnaît du « génie », non pas le génie qui crée les œuvres, mène à la renommée ou apporte la fortune, mais celui qui est du domaine de la « poésie sans poèmes », la vie au sens surréaliste du mot. La nouvelle venue avait — et elle a gardé l'essentiel de ces traits à travers les années — la grâce, la vivacité, l'imagination, une intelligence dégagée de toute attitude littéraire ou artistique, et aussi, contrairement à Nadja, *un sens inné de la vie positive. S'adressant à son nouvel amour, l'auteur de* Nadja *écrit à la fin du livre :*

. . . . O toi qui ne peux plus te souvenir, mais qui, ayant, comme par hasard, eu connaissance du début de ce livre, es intervenue si opportunément, si violemment et si efficacement auprès de moi sans doute pour me rappeler que je le voulais « battant comme une porte » et que par cette porte je ne verrais sans doute jamais entrer que toi. Entrer et sortir que toi. Toi qui de tout ce qu'ici j'ai dit n'auras reçu qu'un peu de pluie sur ta main levée vers LES AUBES. Toi qui me fais tant regretter d'avoir écrit cette phrase absurde et irrenable sur l'amour, le seul amour « tel qu'il ne peut être qu'à toute épreuve ». Toi qui, pour tous ceux qui m'écoutent, ne dois pas être une entité mais une femme, toi qui n'es rien tant qu'une femme, malgré tout ce qui m'en a imposé et m'en impose en toi pour que tu sois une Chimère. Toi qui fais admirablement tout ce que tu fais et dont les raisons splendides, sans confiner pour moi à la déraison, rayonnent et tombent mortellement comme le tonnerre. Toi la créature la plus vivante, qui ne parais avoir été mise sur mon chemin que pour que j'éprouve dans

toute sa rigueur la force de ce qui n'est pas éprouvé en toi. Toi qui
ne connais le mal que par ouï-dire. Toi, bien sûr, idéalement belle.
Toi que tout ramène au point du jour et que par cela même je ne
reverrai peut-être plus...

Que ferais-je sans toi de cet amour du génie que je me suis toujours
connu, au nom duquel je n'ai pu moins faire que tenter quelques
reconnaissances çà et là ? Le génie, je me flatte de savoir où il est,
presque en quoi il consiste et je le tenais pour capable de se concilier toutes les autres grandes ardeurs. Je crois aveuglément à ton
génie. Ce n'est pas sans tristesse que je retire ce mot, s'il t'étonne.
Mais je veux alors le bannir tout à fait. Le génie... que pourrais-je
encore bien attendre des quelques possibles *intercesseurs* qui me
sont apparus sous ce signe et que j'ai cessé d'avoir auprès de
toi !

Sans le faire exprès, tu t'es substituée aux formes qui m'étaient
les plus familières, ainsi qu'à plusieurs figures de mon pressentiment. Nadja était de ces dernières, et il est parfait que tu me l'aies
cachée. . . .

Une certaine attitude en découle nécessairement à l'égard de la
beauté, dont il est trop clair qu'elle n'a jamais été envisagée ici qu'à
des fins passionnelles. . . . ni dynamique ni statique, la beauté je la
vois comme je t'ai vue.

Et, dans la dernière phase de son livre, Breton définit cette beauté nou-
velle :

La beauté sera CONVULSIVE ou ne sera pas.

En dehors du livre qui porte le nom qu'elle s'était donné, Nadja semble
avoir aussi peu appartenu à ce monde que tout autre personnage de roman.
Elle disparaît à la fin du récit. Nul ne se soucia de rendre visite à l'« âme
errante » dans l'asile où elle fut enfermée. Elle avait inspiré un très beau
motif littéraire et elle ne reçut rien en échange.
Pour Suzanne, qui entra dans la vie de Breton après la disparition de
Nadja et pour laquelle il se sépara de sa première femme, Simone, fut écrit
ce qui est sans doute son plus beau poème : « L'union libre » (publié en
juin 1931)[1] — une litanie de l'amour : la seule « épouse » d'un homme
est la femme qu'il aime :

L'union libre

Ma femme à la chevelure de feu de bois
Aux pensées d'éclairs de chaleur
A la taille de sablier
Ma femme à la taille de loutre entre les dents du tigre

1. Reproduit dans *Poèmes, op. cit.*

Ma femme à la bouche de cocarde et de bouquet d'étoiles de der-
    nière grandeur
Aux dents d'empreintes de souris blanche sur la terre blanche
A la langue d'ambre et de verre frottés
Ma femme à la langue d'hostie poignardée
A la langue de poupée qui ouvre et ferme les yeux
A la langue de pierre incroyable
Ma femme aux cils de bâtons d'écriture d'enfant
Aux sourcils de bord de nid d'hirondelle
Ma femme aux tempes d'ardoise de toit de serre
Et de buée aux vitres
Ma femme aux épaules de champagne
Et de fontaine à tête de dauphins sous la glace
Ma femme aux poignets d'allumettes
Ma femme aux doigts de hasard et d'as de cœur
Aux doigts de foin coupé
Ma femme aux aisselles de martre et de fênes
De nuit de la Saint-Jean
De troène et de nid de scalares
Aux bras d'écume de mer et d'écluse
Et de mélange du blé et du moulin
Ma femme aux jambes de fusée
Aux mouvements d'horlogerie et de désespoir
Ma femme aux mollets de moelle de sureau
Ma femme aux pieds d'initiales
Aux pieds de trousseaux de clés aux pieds de calfats qui boivent
Ma femme au cou d'orge imperlé
Ma femme à la gorge de Val d'or
De rendez-vous dans le lit même du torrent
Aux seins de nuit
Ma femme aux seins de taupinière marine
Ma femme aux seins de creuset du rubis
Aux seins de spectre de la rose sous la rosée
Ma femme au ventre de dépliement d'éventail des jours
Au ventre de griffe géante
Ma femme au dos d'oiseau qui fuit vertical
Au dos de vif-argent
Au dos de lumière
A la nuque de pierre roulée et de craie mouillée
Et de chute d'un verre dans lequel on vient de boire
Ma femme aux hanches de nacelle
Aux hanches de lustre et de pennes de flèche
Et de tiges de plumes de paon blanc
De balance insensible
Ma femme aux fesses de grès et d'amiante

Ma femme aux fesses de dos de cygne
Ma femme aux fesses de printemps
Au sexe de glaïeul
Ma femme au sexe de placer et d'ornithorynque
Ma femme au sexe d'algue et de bonbons anciens
Ma femme au sexe de miroir
Ma femme aux yeux pleins de larmes
Aux yeux de panoplie violette et d'aiguille aimantée
Ma femme aux yeux de savane
Ma femme aux yeux d'eau pour boire en prison
Ma femme aux yeux de bois toujours sous la hache
Aux yeux de niveau d'eau de niveau d'air de terre et de feu

Chapitre XIV

Peinture

Créé par des poètes et trouvant ses premières expressions dans la poésie écrite — et parlée — le surréalisme compta très tôt des peintres dans ses rangs et la question de l'existence, ou non, d'une peinture spécifiquement surréaliste, à laquelle le Manifeste *de Breton avait à peine fait allusion, ne tarda pas à se poser. Dans le n° 1 de* la Révolution surréaliste, *un article de Max Morise, « Les yeux enchantés », aborde pour la première fois le problème de l'adaptation de l'activité surréaliste telle que le* Manifeste *la définissait, au domaine de la peinture.*

Les yeux enchantés

La seule représentation précise que nous ayons aujourd'hui de l'idée de *surréalisme* se réduit, ou à peu près, au procédé d'écriture inauguré par *les Champs magnétiques,* à tel point que pour nous le même mot désigne à la fois ce mécanisme facilement définissable, et au-delà de celui-ci une des modalités de l'existence de l'esprit se manifestant dans des sphères inexplorées jusque-là et dont ce mécanisme semble avoir pour la première fois révélé clairement l'existence et l'importance. Mais que le critérium matériel que nous admettons provisoirement comme probant, faute de mieux, vienne à nous manquer, et nous ne retrouvons plus que par intuition et presque au hasard la part du surréalisme dans l'inspiration. Cet univers, sur lequel une fenêtre s'est ouverte, peut et doit désormais nous appartenir, et il nous est impossible de ne pas tenter de jeter bas la muraille qui nous en sépare ; chacun des modes d'extériorisation de la pensée nous offre, à n'en pas douter, une arme pour y parvenir. Ce que l'écriture surréaliste est à la littérature, une plastique surréaliste doit l'être à la peinture, à la photographie, à tout ce qui est fait pour être vu.
Mais où est la pierre de touche ?
Il est plus que probable que la succession des images, la fuite des idées sont une condition fondamentale de toute manifestation

surréaliste. Le cours de la pensée ne peut être considéré sous un aspect statique. Or si c'est dans le temps qu'on prend connaissance d'un texte écrit, un tableau, une sculpture ne sont perçus que dans l'espace, et leurs différentes régions apparaissent simultanément. Il ne semble pas qu'un peintre soit encore parvenu à rendre compte d'une suite d'images, car nous ne pouvons pas nous arrêter au procédé des peintres primitifs qui représentaient sur divers endroits de leur toile les scènes successives qu'ils imaginaient. Le cinéma — un cinéma perfectionné qui nous tiendrait quittes des formalités techniques — nous ouvre une voie vers la solution de ce problème. Supposé même que la figuration du temps ne soit pas indispensable dans une production surréaliste (un tableau, après tout, concrétise un ensemble de représentations intellectuelles et non une seule, on peut lui attribuer une courbe comparable à la courbe de la pensée), il n'en reste pas moins que pour peindre une toile il faut commencer par un bout, continuer ailleurs, puis encore ailleurs, procédé qui laisse de grandes chances à l'arbitraire, au goût et tend à égarer la dictée de la pensée.

La confrontation du surréalisme avec le rêve ne nous apporte pas de très satisfaisantes indications. La peinture comme l'écriture sont aptes à raconter un rêve. Un simple effort de mémoire en vient assez facilement à bout. Il en va de même pour toutes les apparitions; d'étranges paysages sont apparus à Chirico; il n'a eu qu'à les reproduire, à se fier à l'interprétation que lui fournissait sa mémoire. Mais cet effort de seconde intention qui déforme nécessairement les images en les faisant affleurer à la surface de la conscience nous montre bien qu'il faut renoncer à trouver ici la clef de la peinture surréaliste. Tout autant, certes, mais pas plus que le récit d'un rêve, un tableau de Chirico ne peut passer pour typique du surréalisme : les images sont surréalistes, leur expression ne l'est pas.

Morise examine alors certaines possibilités picturales qui d'ailleurs se concrétiseront plus tard dans la peinture surréaliste : qu'il évoque les molles et tièdes masses de pâtes sucrées comme en manient les confiseurs, ou seulement des nuages d'orage, il y a là une anticipation des objets « savoureux » de la peinture d'Yves Tanguy et plus encore des « structures molles » de Salvador Dali :

Ainsi que l'autour et le guépard, lancés à la poursuite d'une proie fugitive et succulente, volent, bondissent — suivant leurs facultés particulières — par-dessus ruisseaux et civilisations, montagnes et bouts de bois, délaissant les sentiers frayés pour serrer de plus près l'objet de leur convoitise, le corps, déformé par la vitesse et par les heurts du chemin, affectant tantôt la forme d'une boule polie qui

envoie vers chaque point de l'horizon un rayon de lumière, ambassadeur accrédité auprès de l'infini, tantôt l'apparence allongée et
impalpable que l'on voit quelquefois prendre aux masses de gui-
mauves pendues à leurs crochets et maniées par les poignets experts
du marmiton qui vend deux sous le bâton mou, mais que l'on
observe plus souvent dans les profondeurs du ciel lorsque les
nuages, pressentant les colères divines, éprouvent la souplesse de
leurs muscles en les soumettant à une gymnastique géométrique
et cruelle; ainsi va le pinceau du peintre à la recherche de sa
pensée. . . .

Prenant à témoin une invention de Picasso, l'article souligne que les mots
eux-mêmes peuvent devenir des éléments plastiques :

. . . . Un mot est bientôt écrit, et il n'y a pas loin de l'idée d'étoile au
mot « étoile », au signe symbolique que lui attribue l'écriture :
ÉTOILE. Je pense à ce décor de Picasso pour *Mercure* qui représentait la nuit; dans le ciel, aucune étoile; seul le mot écrit y scintil-
lait plusieurs fois. . . .

Morise pense aussi que le cubisme fut à ses débuts une activité en un sens
« automatique », le papier collé *étant utilisé dans le tableau à la façon*
des mots dans un poème. Enfin, concernant les expressions médiumniques,
une peinture surréaliste, dit-il, n'aurait avec leurs images d'autres rapports
que ceux du poème surréaliste au texte écrit par un médium. La grande
possibilité reste l'idée de dépaysement (encore que Morise n'utilise pas le
mot lui-même), déjà présente dans l'art de Chirico.

. . . . Les premiers tableaux cubistes : aucune idée préconçue ne
venait imposer le souci d'une représentation quelconque; les lignes
s'organisaient au fur et à mesure qu'elles apparaissaient et pour
ainsi dire *au hasard;* l'inspiration pure, semble-t-il, présida à cette
manière de peindre, avant que celle-ci trouvât en elle-même un
modèle et réintégrât le goût dans ses anciens privilèges. A chaque
seconde il était permis au peintre de prendre un cliché cinématographique de sa pensée et, comme sa pensée s'appliquait parfois
aux objets qui l'environnaient, il inventa le collage qui lui rendait
aisé l'emploi des figures toutes faites dont son imagination pouvait
instantanément disposer. Coups de pinceau ou paquets de tabac,
la peinture n'a jamais eu la tête plus près du bonnet. . . .
Bon nombre de peintures de fous ou de médiums offrent à la vue
des apparences insolites et témoignent des ondulations les plus
imperceptibles du flux de la pensée. On pourrait poser en équation
algébrique qu'une telle peinture est à x ce qu'un récit de médium
est à un texte surréaliste. Parbleu!

Mais qui nous fournira la drogue merveilleuse qui nous mettra en
état de réaliser x? . . . .
Aujourd'hui nous ne pouvons imaginer ce que serait une plastique
surréaliste qu'en considérant certains rapprochements d'apparence fortuite mais que nous supposons dus à la toute-puissance
d'une loi intellectuelle supérieure, la loi même du surréalisme. . . . .

*Les tentatives de découvrir ce que devait être une véritable peinture surréa-
liste se heurtaient évidemment à la difficulté de transférer dans le domaine
plastique la définition du surréalisme donnée dans le* Manifeste *: « Automatisme pur, dictée de la pensée... », etc. Pierre Naville en prit argument
pour dénier carrément à la peinture surréaliste toute possibilité d'existence
(*la Révolution surréaliste n°3, avril 1925) :*

. . . . Plus personne n'ignore qu'il n'y a pas de *peinture surréaliste*. Ni
les traits du crayon livré au hasard des gestes, ni l'image retraçant
les figures de rêve, ni les fantaisies imaginatives, c'est bien entendu,
ne peuvent être ainsi qualifiées. . . .

*André Breton perçut certainement les inconvénients de cette extrême et par-
fois tendancieuse fidélité à la définition du* Manifeste *et, dans une série
d'articles intitulés « Le surréalisme et la peinture » (*la Révolution surréaliste *n° 4, juillet 1925; n° 6, mars 1926; n° 7, juin 1926; n° 9-10,
octobre 1927), noyau d'un recueil de thèses et de préfaces qui devait sans
cesse grossir au cours des années* [1]*, il envisagea les concepts de la vue, de la
vision, de la réalité, sans nullement se référer dans ces premiers articles à l automatisme; mais l'idée du dépaysement est sous-jacente dans son discours.*

Le surréalisme et la peinture

L'œil existe à l'état sauvage. Les Merveilles de la terre à trente
mètres de hauteur, les Merveilles de la mer à trente mètres de profondeur n'ont guère pour témoin que l'œil hagard qui, pour les
couleurs, rapporte tout à l'arc-en-ciel. Il préside à l'échange
conventionnel de signaux qu'exige, paraît-il, la navigation de l'esprit. Mais qui dressera l'échelle de la vision? Il y a ce que j'ai déjà vu
maintes fois, et ce que d'autres pareillement m'ont dit voir, ce que
je crois pouvoir reconnaître, soit que je n'y tienne pas, soit que j'y
tienne, par exemple la façade de l'Opéra de Paris ou bien un cheval,
ou bien l'horizon : il y a ce que je n'ai vu que très rarement et que je
n'ai pas toujours choisi d'oublier ou de ne pas oublier, selon le cas ;
il y a ce qu'ayant beau le regarder je n'ose jamais voir, qui est tout
ce que j'aime (et je ne vois pas le reste non plus); il y a ce que

---

1. André Breton, *« Le surréalisme et la peinture »*, © Éditions Gallimard.

d'autres ont vu, disent avoir vu, et que par suggestion ils parviennent ou ne parviennent pas à me faire voir ; il y a aussi ce que je
vois différemment de ce que le voient tous les autres, et même ce que
je commence à voir *qui n'est pas visible*. Ce n'est pas tout.
A ces divers degrés de sensations correspondent des réalisations
spirituelles assez précises et assez distinctes pour qu'il me soit
permis d'accorder à l'expression plastique une valeur que par
contre je ne cesserai de refuser à l'expression musicale, celle-ci
de toutes la plus profondément confusionnelle. En effet les images
auditives le cèdent aux images visuelles non seulement en netteté,
mais encore en rigueur, et n'en déplaise à certains mélomanes,
elles ne sont pas faites pour fortifier l'idée de la grandeur humaine.
Que la nuit continue donc à tomber sur l'orchestre, et qu'on me
laisse, moi qui cherche encore quelque chose au monde, qu'on me
laisse les yeux ouverts, les yeux fermés — il fait grand jour — à ma
contemplation silencieuse. . . .
Or, je l'avoue, j'ai passé comme un fou dans les salles glissantes
des musées : je ne suis pas le seul. Pour quelques regards merveilleux que m'ont jeté des femmes en tout semblables à celles d'aujourd'hui, je n'ai pas été dupe un instant de ce que m'offraient
d'inconnu ces murs souterrains et inébranlables. J'ai délaissé sans
remords d'adorables suppliantes. C'étaient trop de scènes à la fois
sur lesquelles je ne me sentais pas le cœur de jouer. A travers toutes
ces compositions religieuses, toutes ces allégories champêtres, je
perdais irrésistiblement le sens de mon rôle. Dehors la nuit disposait pour moi de mille plus vrais enchantements. Ce n'est pas ma
faute si je ne puis me défendre d'une profonde lassitude à l'interminable défilé des concurrents de ce prix de Rome gigantesque où
rien, ni le sujet ni la manière de le traiter, n'est laissé facultatif. . . .

C'est à Picasso que vont les premiers hommages de « Le surréalisme et la
peinture », c'est son œuvre qui paraît, pour Breton, porter en premier lieu
les espoirs du surréalisme dans les arts visuels, sans qu'il faille toutefois
l'y associer exclusivement.

. . . . Il faut ne se faire aucune idée de la prédestination exceptionnelle de Picasso pour oser craindre ou espérer de lui un renoncement partiel. Que, pour décourager d'insupportables suiveurs ou
arracher un soupir de soulagement à la bête réactionnaire, il fasse
mine de temps à autre d'adorer ce qu'il a brûlé, rien ne me semble
plus divertissant, ni plus juste. Du laboratoire à ciel ouvert continueront à s'échapper à la nuit tombante des êtres divinement
insolites, danseurs entraînant avec eux des lambeaux de cheminées
de marbre, tables adorablement chargées, auprès desquelles les
vôtres sont des tables tournantes, et tout ce qui reste suspendu au

journal immémorial « LE JOUR... ». On dit qu'il ne saurait y avoir de peinture surréaliste. Peinture, littérature, qu'est-ce là, ô Picasso, vous qui avez porté à son suprême degré l'esprit, non plus de contradiction, mais d'évasion! Vous avez laissé pendre de chacun de vos tableaux une échelle de corde, voire une échelle faite avec les draps de votre lit, et il est probable que, vous comme nous, nous ne cherchons qu'à descendre, à monter de notre sommeil. Et ils viennent nous parler de la peinture, ils viennent nous faire souvenir de cet expédient lamentable qu'est la peinture! . . . .
C'est à ces multiples égards que nous le revendiquons hautement pour un des nôtres, alors même qu'il est impossible et qu'il serait du reste impudent de faire porter sur ces moyens la critique rigoureuse que, par ailleurs, nous nous proposons d'instituer. Le surréalisme, s'il tient à s'assigner une ligne morale de conduite, n'a qu'à en passer par où Picasso a passé et en passera encore; j'espère en disant cela me montrer très exigeant. Je m'opposerai toujours à ce qu'une étiquette * prête à l'activité de l'homme dont nous persistons le plus à attendre un caractère absurdement restrictif. Depuis longtemps l'étiquette cubiste a ce tort. Si elle convient à d'autres, il me paraît urgent qu'on en fasse grâce à Picasso et à Braque.

Toutefois le second article, consacré à Braque et aux « fauves », adopte parfois un ton fort incisif.

. . . . En présence de la faillite complète de la critique d'art, faillite tout à fait réjouissante d'ailleurs, il n'est pas pour nous déplaire que les articles d'un Raynal, d'un Vauxcelles ou d'un Fels passent les bornes de l'imbécillité. Le scandale continu du cézanisme, du néo-académisme ou du machinisme est incapable de compromettre la partie à l'issue de laquelle nous sommes vraiment intéressés. Qu'Utrillo « se vende » encore ou déjà, que Chagall arrive ou non à se faire passer pour surréaliste, c'est l'affaire de ces messieurs les employés de l'Épicerie. . . .
Ceux qui s'appelèrent « les Fauves », avec un sens prophétique si particulier, ne font plus qu'exécuter derrière les barreaux du temps des tours dérisoires et de leurs derniers bonds, si peu à craindre, le moindre marchand ou dompteur se garde avec une chaise. Matisse et Derain sont de ces vieux lions décourageants et découragés. De la forêt et du désert dont ils ne gardent pas même la nostalgie, ils sont passés à cette arène minuscule : la reconnaissance pour ceux qui les matent et les font vivre. . . .

---

* Fût-ce l'étiquette « surréaliste ».

Je ne puis m'empêcher de m'attendrir sur la destinée de Georges
Braque. Cet homme a pris des précautions infinies. De sa tête à
ses mains il me semble voir un grand sablier dont les grains ne
seraient pas plus pressés que ceux qui dansent dans un rayon de
soleil. Parfois le sablier se couche sur l'horizon et alors le sable
ne coule plus. C'est que Braque « aime la règle qui corrige l'émotion » alors que je ne fais, moi, que nier violemment cette règle.
Cette règle où la prend-il? Il doit y avoir encore une quelconque
idée de Dieu là-dessous *. *C'est très joli* de peindre et *c'est très joli* de
ne pas peindre. On peut même « bien » peindre et bien ne pas
peindre. Enfin... Braque est, à l'heure actuelle, un grand réfugié.
J'ai peur, d'ici un an ou deux, de ne plus pouvoir prononcer son
nom. Je me hâte. . . .
Je sais que Braque eut naguère l'idée de transporter deux ou
trois de ses tableaux au sein d'un champ de blé, pour voir s'ils
« tenaient », à condition qu'on ne se demande pas à quoi, à côté
de quoi « tient » le champ de blé. Pour moi les seuls tableaux que
j'aime, y compris ceux de Braque, sont ceux qui tiennent devant
la famine.
Je souhaiterais que nul admirateur de Braque ne s'arrêtât à ces
réserves. A quoi bon dire que malgré tout celui dont nous parlons
reste le maître des *rapports concrets*, si difficilement négligeables,
qui peuvent s'établir entre les objets immédiats de notre attention?
A quelle plus belle étoile, sous quelle plus lumineuse rosée pourra
jamais se tisser la toile tendue de ce paquet de tabac bleu à ce verre
vide? Il y a là une sorte de fascination à laquelle je ne demeure,
pas plus qu'un autre, étranger. L'amour, je le sais, a de ces piétinements et il est permis, en certaines circonstances, de songer que
rien ne nous est proposé de tel que nous devions à tout prix méconnaître l'amour et ses charmes. . . .

---

* Parler de Dieu, penser à Dieu, c'est à tous égards donner sa mesure et quand je
dis cela il est bien certain que cette idée je ne la fais pas mienne, même pour la
combattre. *J'ai toujours parié contre Dieu* et le peu que *j'ai gagné* au monde n'est pour
moi que le gain de ce pari. Si dérisoire qu'ait été l'enjeu (ma vie) j'ai conscience
d'avoir pleinement gagné. Tout ce qu'il y a de chancelant, de louche, d'infâme, de
souillant et de grotesque passe pour moi dans ce seul mot : Dieu! Dieu! Chacun
a vu un papillon, une grappe de raisin, une de ces écailles de fer-blanc en forme
de triangle curviligne comme les cahots des rues mal pavées en font tomber le soir
de certains camions et qui ressemblent à des hosties retournées, retournées contre
elles-mêmes; il a vu aussi des ovales de Braque et des pages comme celles que
j'écris qui ne sont damnantes ni pour lui ni pour moi, on peut en être sûr. Quelqu'un se proposait dernièrement de décrire Dieu « comme un arbre » et moi une
fois de plus je voyais la chenille et je ne voyais pas l'arbre. Je passais sans m'en
apercevoir entre les racines de l'arbre, comme sur une route des environs de
Ceylan. Du reste on ne décrit pas un arbre, on ne décrit pas l'informe. On décrit
un porc et c'est tout. Dieu, qu'on ne décrit pas, est un porc.

Le troisième article traitera de Chirico, c'est-à-dire, maltraitera gravement ce peintre. Chirico, en Italie depuis la Première Guerre mondiale, préoccupé depuis 1919 des vertus de la « technique », comme il le disait dans la lettre publiée par Littérature *n°1 (nouvelle série), à laquelle nous avons fait allusion plus haut [1], avait changé de style et peignait des scènes mythologiques. Son retour dans la capitale française et sa fréquentation du groupe surréaliste qui le reçut avec chaleur ne ressuscitèrent pas son ancienne inspiration ni n'infléchirent ses nouvelles tendances au sujet desquelles Max Morise s'inquiéta (la* Révolution surréaliste *n°4), et avec lui tous les surréalistes, quand il montra ses œuvres récentes à Paris en 1925. Morise écrivait :*

A propos de l'exposition Chirico

. . . . Je peux bien énoncer un certain nombre d'axiomes à la vérité desquels je crois profondément, comme « il ne faut pas travailler », « il n'y a pas de progrès en art », « la pensée gagne à s'exprimer outrageusement », etc., etc. Mais si j'éclaire ces idées à la lumière de Chirico, sais-je ce qui va rester de leur réalité ? Un étrange malaise me prend en considérant ces tableaux qui rappellent l'antique et, aussi évident que paraisse le renoncement auquel semble s'abandonner Chirico, sait-on si ce n'est pas un nouveau miracle auquel il nous convie ? . . . .
Quelle est cette nouvelle énigme ? Quel piège nous tendez-vous là, Chirico ? Et pourquoi ne relèverai-je pas le défi ? Je ne puis me résoudre à ne pas comprendre et je sens qu'un voile a besoin d'être déchiré. La tentation me prend de vous mettre en mauvaise posture. . . .

Mais lorsque tous espoirs durent être abandonnés de voir Chirico développer ses anciennes merveilles ou en découvrir de nouvelles, les réactions des surréalistes furent aussi violentes que leur patience avait été longue, et profonde leur déception. Aragon (dans une préface à une exposition de toiles anciennes du peintre organisée par les surréalistes en février 1928) et Queneau (la Révolution surréaliste *n° 11, mars 1928) écrivirent d'insultantes notices, après Breton qui disait en juin 1926, dans « Le surréalisme et la peinture » :*

. . . . J'ai mis, nous avons mis cinq ans à désespérer de Chirico, à admettre qu'il eût perdu tout sens de ce qu'il faisait. Nous y sommes-nous assez souvent retrouvés sur cette place où tout semble si près d'être et est si peu ce qui est ! C'est là que nous avons tenu

---

1. P. 106.

nos assises invisibles, plus que partout ailleurs. Là qu'il eût fallu nous chercher — nous et le manque de cœur. C'était le temps où nous n'avions pas peur des promesses. On voit comme déjà j'en parle à mon aise. Des hommes comme Chirico prenaient alors figure de sentinelles sur la route à perte de vue des Qui-vive. Il faut dire qu'arrivés là, à ce poste où il se tenait, il nous était devenu impossible de rebrousser chemin, qu'il y allait de toute notre gloire de *passer*. Nous sommes passés. Plus tard, entre nous et à voix basse, dans l'incertitude croissante de la mission qui nous était confiée, nous nous sommes souvent reportés à ce point fixe comme au point fixe Lautréamont, qui suffirait avec lui à déterminer notre ligne droite. Cette ligne, dont il ne nous appartient plus désormais de nous écarter, peu importe que Chirico lui-même l'ait perdue de vue : longtemps il ne tiendra qu'à nous qu'elle soit la seule. Quelle plus grande folie que celle de cet homme, perdu maintenant parmi les assiégeants de la ville qu'il a construite, et qu'il a faite imprenable ! A lui comme à tant d'autres, elle opposera éternellement sa rigueur terrible, car il l'a voulue telle que ce qui s'y passe ne pourrait pas ne pas s'y passer. C'est l'*Invitation à l'attente* que cette ville tout entière comme un rempart, que cette ville éclairée en plein jour de l'intérieur. Que de fois j'ai cherché à m'y orienter, à faire le tour impossible de ce bâtiment, à me figurer les levers et les couchers, nullement alternatifs, des soleils de l'esprit ! Époque des Portiques, époque des Revenants, époque des Mannequins, époque des Intérieurs, dans le mystère de l'ordre chronologique où vous m'apparaissez, je ne sais quel sens attacher au juste à votre succession, au terme de laquelle on est bien obligé de convenir que l'inspiration a abandonné Chirico, ce même Chirico dont le principal souci est aujourd'hui de nous empêcher de prouver sa déchéance. . . .

Pourtant, chose étrange, il s'avéra que la fameuse stimmung, *éteinte dans sa peinture, conservait son pouvoir dans les écrits de Chirico. Le roman* Hebdomeros [1] *publié à la fin de 1929 est imprégné de cette nostalgie particulière. Mémoires et souvenirs, anecdotes et discours, légendes mythologiques, incidents de la vie courante qui parfois font apparaître l'ouvrage comme un « roman à clef », réminiscences des œuvres anciennes aussi bien que des tableaux récents de l'artiste, un courant d'humour et d'ironie légère se mêlant à une rêveuse mélancolie,* Hebdomeros, *qui fut écrit directement en français, demeure l'un des très rares romans purement surréalistes.*

1. © Éditions Flammarion.

HEBDOMEROS

. . . .

... Et alors commença la visite de cet étrange immeuble situé dans une rue sévère, mais distinguée et sans tristesse. Vu de la rue l'immeuble faisait penser à un consulat allemand à Melbourne. De grands magasins occupaient tout le rez-de-chaussée. Bien que ce fût ni dimanche ni aucun jour de fête, les magasins étaient fermés en ce moment et cela conférait à cette partie de la rue un aspect d'ennui mélancolique, une certaine désolation, cette atmosphère particulière qu'ont le dimanche les villes anglo-saxonnes. Dans l'air flottait une légère odeur de docks; odeur indéfinissable et hautement suggestive qui se dégage des entrepôts de marchandises près des quais, dans les ports. L'aspect de consulat allemand à Melbourne était une impression purement personnelle d'Hebdomeros et lorsqu'il en parla à ses amis ceux-ci sourirent et trouvèrent que la comparaison était *drôle* mais ils n'insistèrent pas et parlèrent aussitôt d'autre chose, d'où Hebdomeros conclut que peut-être ils n'avaient pas bien compris le sens de ses mots. Et il réfléchit sur la difficulté qu'il y a à se faire comprendre quand on commence à évoluer à une certaine altitude ou profondeur. « C'est curieux, se répétait Hebdomeros à lui-même, moi, l'idée que quelque chose ait échappé à ma compréhension m'empêcherait de dormir, tandis que les gens en général peuvent voir, entendre ou lire des choses pour eux complètement obscures sans se troubler. » Ils commencèrent à monter l'escalier qui était très large et entièrement construit en bois verni; au milieu il y avait un tapis; au pied de l'escalier, sur une petite colonne dorique taillée dans le chêne et où aboutissait la rampe, était posée une statue polychrome, en bois elle aussi, représentant un nègre californien qui de ses deux bras soulevait au-dessus de sa tête une lampe à gaz dont le bec était revêtu d'un capuchon d'amiante. Hebdomeros avait l'impression de monter chez un dentiste ou chez un médecin pour maladies vénériennes; il en ressentit une légère émotion et comme le début d'une petite colique; il chercha à surmonter ce trouble en pensant qu'il n'était pas seul, que deux amis l'accompagnaient, garçons robustes et sportifs, portant des pistolets automatiques avec chargeurs de rechange dans la poche-revolver de leurs pantalons. S'apercevant qu'ils approchaient de l'étage qu'on leur avait signalé comme étant le plus riche en fait d'apparitions étranges, ils commencèrent à monter plus lentement et sur la pointe des pieds; leurs regards devinrent plus attentifs. Ils s'écartèrent un peu l'un de l'autre, tout en se tenant sur la même ligne, pour pouvoir redescendre l'escalier librement et au plus vite, dans le cas où quelque apparition d'un genre spécial les eût forcés à le faire. Hebdomeros pensa en ce moment aux rêves de son enfance; lorsqu'il montait avec angoisse et dans une lumière indécise de larges escaliers en bois verni au milieu desquels un épais tapis étouffait le bruit de ses pas — (au demeurant ses souliers, même en dehors des rêves, craquaient rarement car il se faisait chausser sur mesure par un cordonnier nommé Perpignani qui était connu dans toute la ville pour la bonne qualité de ses cuirs; le père d'Hebdomeros au contraire n'avait aucun talent pour s'acheter des souliers; ceux-ci faisaient un bruit abominable comme s'il eût écrasé à chaque pas des sacs de noisettes) —. Puis c'était l'apparition de l'ours, de l'ours troublant et obstiné, qui vous suit sur les escaliers et à travers les corridors, tête baissée et ayant l'air de penser à autre chose; la fuite éperdue à travers les chambres aux issues compliquées, le saut par la fenêtre dans le vide (suicide dans le rêve) et la descente en vol plané, comme ces hommes-condors que Léonard s'amusait à dessiner parmi les catapultes et les fragments anatomiques. C'était un rêve qui prédisait toujours des désagréments et surtout des maladies.

« Nous y voilà! » dit Hebdomeros en étendant les bras devant ses compagnons avec le geste classique du capitaine temporisateur qui arrête l'élan de ses soldats. Ils arrivèrent au seuil d'une salle vaste et haute de plafond, décorée à la mode de 1880; complètement vide de meubles, cette salle, par l'éclairage et le ton général, faisait penser aux salles de jeu de Monte-Carlo; dans un coin deux gladiateurs aux masques de scaphandriers s'exerçaient sans conviction sous le regard ennuyé d'un maître, ex-gladiateur retraité à l'œil de vautour et au corps couvert de cicatrices. « *Gladiateurs!* Ce mot contient une énigme », dit Hebdomeros en s'adressant à voix basse au plus jeune de ses compagnons. Et il pensa aux music-halls dont le plafond éclairé évoque les visions du paradis dantesque; il pensa à ces après-midi romains, à la fin du spectacle, lorsque le soleil décline et que l'immense vélarium augmente l'ombre sur l'arène d'où monte une odeur de sciure de bois et de sable trempé de sang...

      Vision romaine, fraîcheur antique
      Angoisse du soir, chanson nautique.

. . . . Lorsque l'après-midi, après un repas frugal consommé en compagnie des maîtres sauteurs et des maîtres pugilistes, tous gentilshommes accomplis, qui tandis qu'ils s'excusaient pour leur manque d'opulence et leur cuisine sans prétention, insistaient chaque fois pour payer son repas, il se rendait en cette ville construite comme une citadelle ayant ses cours intérieures et ses jardins oblongs et géométriques revêtant la forme sévère des remparts, il y trouvait toujours les mêmes hommes aux proportions justes, parfaitement sains de corps et d'esprit, et appliqués à leur occupation favorite : *la construction de trophées*. Ainsi surgissaient au milieu des chambres et des salons des échafaudages curieux, sévères et amusants à la fois; joie et réjouissance des hôtes et des enfants. Constructions qui prenaient la forme des montagnes car comme les montagnes elles étaient nées sous l'action d'un feu intérieur et, une fois passé le bouleversement de la création, elles attestaient par leur équilibre tourmenté la poussée ardente qui avait provoqué leur apparition; par cela même elles étaient *pyrophiles* c'est-à-dire que, pareilles aux salamandres, elles *aimaient le feu;* elles étaient immortelles, car elles ne connaissaient ni les aurores ni les couchants, mais l'éternel midi . . . .

« *Quelle est cette rumeur qui monte des rues obscures?* » demanda Lyphontius le philosophe en levant la tête vers la fenêtre de la chambre où il travaillait près d'une table couverte de livres et de papiers. Il habitait un appartement modeste au-dessus des portiques qui encadraient la place principale de la ville. De sa fenêtre il pouvait voir de dos la statue de son père qui s'érigeait sur un socle bas, au milieu de la place. Son père aussi avait été philosophe et l'éminence de son œuvre avait décidé ses concitoyens à lui ériger ce monument au milieu de la plus vaste et de la plus belle place de la ville. Les maisons qui entouraient cette place étaient plutôt basses de sorte que l'on pouvait aisément apercevoir les collines parsemées de villas et de terrasses soutenant de beaux jardins. Au sommet de la plus élevée de ces collines on voyait une vaste bâtisse qu'on disait être un monastère, mais qui ressemblait plutôt à un château fort ou encore à une grande caserne ou une vaste poudrière; elle était entourée d'un mur crénelé et percé de meurtrières. Quand les voiles noires des pirates apparaissaient au loin sur la mer, les habitants des villas couraient se réfugier dans cette bâtisse; ils emportaient avec eux leurs objets les plus précieux, leurs livres, leurs instruments de travail, du linge et des habits; pas d'armes; ils avaient horreur des armes et d'ailleurs en ignoraient complètement le maniement. Non seulement ils n'avaient pas d'armes chez eux mais ils évitaient, surtout devant leurs enfants, de prononcer le nom d'une arme; les mots : revolver, pistolet, carabine, poignard, étaient considérés par ces gens hystériques et puritains comme des mots tabous; et si quelque étranger, ignorant ces habitudes, commençait à causer armes chez eux, il jetait un froid et causait un malaise difficile à dissiper. Lorsque, par hasard, les enfants étaient présents, le malaise devenait intolérable. La seule arme dont on pouvait prononcer le nom était le canon, parce qu'on n'a pas l'habitude de tenir des canons chez soi. Ils ne laissaient dans les villas abandonnées que quelques vieux meubles, et des animaux empaillés dont la présence, au milieu des pièces vides, effrayait

les premiers pirates qui ouvraient les portes des chambres, ivres
de massacre et de pillage. Les réfugiés de la bâtisse jouissaient en
outre d'un grand confort. Des provisions abondantes étaient entas-
sées dans les souterrains. Au milieu des vastes cours intérieures se
trouvaient des jardins artistiquement arrangés, des coins enso-
leillés où poussaient les arbres fruitiers, des tonnelles fleuries, des
fontaines ornées de belles statues et même des bassins où nageaient
des poissons et où, poitrine au vent, voguaient des cygnes d'une
blancheur immaculée. Tout cela permettait aux réfugiés d'oublier
leur triste situation d'assiégés et de se croire dans une de ces villes
d'eaux, vrais paradis terrestres de notre planète où pendant les étés
torrides, les citadins fatigués par les tracas continuels des affaires
et les soucis de leur réussite, vont soigner leurs foies grossis et leurs
estomacs fatigués. Hebdomeros ne pouvait être de l'avis de ces
sceptiques qui trouvaient que tout cela était des fables et que les
centaures n'avaient jamais existé, pas plus que les faunes, les
sirènes et les tritons. Comme pour prouver le contraire ils étaient
tous à la porte, qui piaffaient et chassaient à grands coups de queue
les mouches qui s'obstinaient sur leurs flancs parcourus de frissons; ils étaient tous là, ces centaures à la croupe tachetée; parmi
eux il y avait des vieillards, des vieux centaures; ils étaient plus
grands que les autres bien que plus maigres; ils paraissaient comme
desséchés et comme si leurs os sous le poids des années se fussent
élargis et allongés; à l'ombre des épais sourcils blancs qui contras-
taient curieusement avec la couleur foncée de leur visage, on voyait
leurs yeux céruléens et doux, comme les yeux des enfants nor-
diques; leur regard était imprégné d'une tristesse infinie (la tristesse des demi-dieux); il était attentif et immobile comme le regard
des marins, des montagnards, des chasseurs d'aigles et de chamois,
et en général le regard de ceux qui sont habitués à regarder de très
loin et de très loin à distinguer les hommes, les animaux et les
choses. Les autres, plus jeunes, se flanquaient entre eux de grandes
tapes à mains ouvertes et s'amusaient à lancer des ruades contre
les palissades des jardins potagers. Parfois un centaure adulte se
détachait du groupe et s'en allait au petit trot par les sentiers qui
descendaient jusqu'au fleuve; là il s'arrêtait à causer avec les blanchisseuses qui, à genoux sur la rive, battaient leur linge. A l'approche de l'homme-cheval les plus jeunes s'inquiétaient. Hebdomeros, qui plus d'une fois avait assisté à cette scène, était toujours
intrigué par l'inquiétude des jeunes blanchisseuses; mais cette fois
il crut en avoir découvert la raison : — ce sont sûrement des réminiscences d'ordre mythologique qui les inquiètent, se disait-il à
lui-même; et il continuait à penser : — hantée par ces réminiscences, leur imagination féminine, toujours prête à imaginer le
drame, voit déjà l'*enlèvement;* le centaure traversant le fleuve au

milieu des remous et entraînant avec lui la femme hurlante et échevelée comme une bacchante ivre; Hercule sur la rive, décochant
avec effort et en ahanant ses dards empoisonnés; et puis la chlamyde trempée de sang; la chlamyde dont la couleur s'assombrit
et devient comme la couleur de la lie de vin, et puis se colle indélé-
bilement sur le torse du centaure qu'elle moule d'une façon parfaite. . . .

*Le fantastique et le réel se fondent pour atteindre à la vérité supérieure
de la poésie. Comme le livre s'achève le narrateur évoque avec un humour
plein de tendresse le souvenir de son père, ses opinions et ses principes, et
enfin il rencontre une femme — qui a les yeux de son père :*

. . . . Et encore une fois ce fut le désert et la nuit. De nouveau tout
dormait dans l'immobilité et le silence. Tout à coup Hebdomeros
vit que cette femme avait les yeux de son père; et *il comprit.* Elle
parla d'immortalité, dans la grande nuit sans étoiles.
« ... O Hebdomeros, dit-elle, je suis l'Immortalité. Les noms
ont leur genre, ou plutôt leur sexe, comme tu as dit une fois avec
beaucoup de finesse, et les verbes, hélas, se déclinent. As-tu jamais
pensé à ma mort? As-tu jamais pensé à la mort de ma mort? As-tu
pensé à ma vie? Un jour, ô frère... »
Mais elle ne parla pas plus loin. Assise sur un tronçon de colonne
brisée, elle lui appuya doucement une main sur l'épaule et avec
l'autre elle pressa la droite du héros. Hebdomeros, le coude appuyé
sur la ruine et le menton sur la main, ne pensait plus... Sa pensée,
à la brise très pure de la voix qu'il venait d'entendre, céda lentement et finit par s'abandonner tout à fait. Elle s'abandonnait aux
flots caressants des paroles inoubliables et sur ces flots voguait
vers des plages étranges et inconnues. Elle voguait dans une tiédeur
de soleil qui décline, souriant dans son déclin aux solitudes céru-
léennes...
Cependant, entre le ciel et la vaste étendue des mers, des îles
vertes, des îles merveilleuses passaient lentement, comme passent
les navires d'une escadre devant le vaisseau amiral, tandis que des
longues théories d'oiseaux sublimes, d'une blancheur immaculée,
volaient en chantant.

*Or il devenait évident, à cette époque, que la peinture surréaliste existait
bel et bien et développait un langage qui lui était propre, ne devant qu'au
seul Chirico certains de ses secrets, d'ailleurs par elle transfigurés. Le dernier
texte de Breton sur la peinture publié par la revue surréaliste traite des
œuvres de Max Ernst, des photographies de Man Ray, et enfin d'André
Masson. Cette série d'articles paraîtra pour la première fois en 1928, aug-
mentée de notices sur Joan Miró, Yves Tanguy et Jean Arp.*

En 1929 Max Ernst publia la Femme 100 têtes, *album de cent collages avec légendes, et l'année suivante un autre livre de collages :* Rêve d'une petite fille qui voulut entrer au Carmel. *Ce sont bien là de ces « livres d'enfants pour adultes » dont le* Manifeste du surréalisme *souhaitait l'apparition, où la succession des légendes crée un poème écrit, en contrepoint du poème imagé. Ainsi le chapitre IV du premier de ces albums :*

. . . . Et Loplop, le supérieur des oiseaux, s'est fait chair sans chair et habitera parmi nous. – Son sourire sera d'une sobre élégance. – Son arme sera l'ivresse, sa morsure le feu. – Son regard s'enfoncera tout droit dans les débris des villes desséchées. – Vivant seule sur son globe-fantôme, belle et parée de ses rêves : Perturbation, ma sœur, la femme 100 Têtes. – Chaque émeute sanglante la fera vivre pleine de grâce et de vérité. – Son sourire, le feu, tombera sous forme de gelée blanche et de rouille noire sur les flancs de la montagne. – Et son globe-fantôme nous retrouvera... – ... à toutes les escales.

Dans la préface[1] *qu'écrivit André Breton pour* la Femme 100 têtes, *le dépaysement est cette fois clairement désigné comme moyen privilégié de la création surréaliste :*

. . . . On attendait un livre qui tînt compte essentiellement du renforcement fatal à distance de certains traits, accru de l'effacement de tous les autres, un livre dont l'auteur sût prendre l'élan capable de lui faire franchir le précipice d'inintérêt qui fait qu'une statue est moins intéressante à considérer sur une place que dans un fossé, qu'une aurore boréale, reproduite dans le journal *la Nature,* est moins belle que partout ailleurs. La surréalité sera d'ailleurs fonction de notre volonté de dépaysement complet de tout (et il est bien entendu qu'on peut aller jusqu'à dépayser une main en l'isolant d'un bras, que cette main y gagne en tant que main, et aussi qu'en parlant de dépaysement, nous ne pensons pas seulement à la possibilité d'agir dans l'espace). On attendait un livre qui échappât à ce travers de ne vouloir avoir rien de commun que l'encre et les caractères d'imprimerie avec quelque autre, comme s'il était de la moindre nécessité, pour faire apparaître une statue dans un fossé, d'être l'auteur de la statue! J'ajouterai, d'ailleurs, que, pour que cette statue soit vraiment dépaysée, il faut qu'elle ait commencé par vivre de sa vie conventionnelle, à sa place conventionnelle. Toute la valeur d'une telle entreprise – et peut-être de toute entreprise artistique – me paraît dépendre du goût, de l'audace et de la réussite par le pouvoir d'appropriation à soi-même, de certains *détournements.* . . . . On attendait, enfin, *la Femme 100 têtes* parce

1. Reproduite dans *Point du jour, op. cit.*

qu'on savait que Max Ernst est seul, de nos jours, à avoir réprimé durement en lui tout ce qu'il y a, chez quiconque entreprend de s'exprimer, de préoccupation de « forme » subalterne, à l'égard desquelles toute complaisance mène à entonner le cantique idiot des « trois pommes » commises en fin de compte, d'autant plus grotesquement qu'avec des manières, par Cézanne et Renoir. .... *La Femme 100 têtes* sera, par excellence, le livre d'images de ce temps où il va de plus en plus apparaître que chaque salon est descendu « au fond d'un lac » et cela, il convient d'y insister, avec ses lustres de poissons, ses dorures d'astres, ses danses d'herbes, son fond de boue et ses toilettes de reflets. Telle est, à la veille de 1930, notre idée du progrès que nous sommes heureux et impatients, pour une fois, de voir des yeux d'enfants, grands de tout le devenir, s'ouvrir comme des papillons au bord de ce lac tandis que pour leur émerveillement et le nôtre tombe le loup de dentelle noire qui recouvrait les cent premiers visages de la fée.

C'est pour une exposition de collages à la galerie Gœmans qu'Aragon écrivit en 1931 la longue préface [1] *intitulée « La peinture au défi » dont nous donnons ci-dessous deux extraits :*

La peinture au défi

.... Tous les peintres qu'on a pu appeler surréalistes, cela aussi est significatif, ont employé le collage au moins passagèrement. Si les collages de plusieurs se rapprochent plus du papier collé que du collage comme il se rencontre chez Max Ernst, parce qu'il n'est guère qu'une modification de la boîte de peinture, chez la plupart cependant il joue un rôle important, et on le voit apparaître à un moment décisif de l'évolution qu'il jalonne. Arp, qui sous le titre *Fatagaga,* avait fait des collages en collaboration avec Max Ernst, plus voisins de l'esprit de celui-ci, chercha à coller des papiers au hasard, puis se servit de papier découpé. Il y a identité d'aspect entre ses collages et sa peinture, à cause du caractère simplifié de celle-ci qui ne doit rien à la pâte, au tremblé, qui tiennent lieu de personnalité à bien des peintres. Arp fait exécuter ses reliefs par le menuisier, c'est pure concession s'il les colore lui-même, et quand ils se salissent on peut les repeindre sans déranger l'auteur. Ces mœurs picturales sont nouvelles, et c'est pure bêtise que de s'en étonner. Dès lors pourquoi se servir de couleurs? Une paire de ciseaux et du papier, voilà la seule palette qui ne nous ramène pas aux bancs de l'école. Man Ray * a fait ainsi *Revolving Doors,* tout

1. Reproduite dans Louis Aragon, *Collages,* © Éditions Hermann.
* Il faut rattacher aux collages l'emploi inventé par Man Ray de la photographie sans appareil (Rayographie) dont le résultat n'est pas prévisible. C'est une opération philosophique de même caractère, au-delà de la peinture, et sans rapport réel avec la photographie.

un livre de papiers de couleur découpés. Le papier découpé est entré comme élément dans presque tous les tableaux d'Yves Tanguy vers 1926, soit pour sa couleur soit pour figurer de véritables collages d'objets, il est vrai toujours anecdotiques dans le tableau. . . . André Masson a utilisé le sable et la plume, donnant avec celle-ci un effet qui rappelle les anciennes étoffes péruviennes. Magritte a employé le papier collé et très récemment, le collage d'illustrations *. Il faut faire une place à part aux collages de Francis Picabia.

. . . . On vit Picabia dresser, comme des singes savants dans le cirque de cette fausse peinture, des objets particulièrement peu faits pour entrer au Louvre et qui cependant y pénétreront, car tout se classe, sauf le rire que Picabia fait parfois entendre. C'étaient des pailles Pipoz et leur habit de papier, des cure-dents, des épingles de nourrice. Du bouquet de fleurs au paysage, rien ne fut épargné.

Vers le même temps, il arriva que Picasso fît une chose très grave. Il prit une chemise sale et il la fixa sur une toile avec du fil et une aiguille. Et comme avec lui tout tourne en guitare, ce fut une guitare par exemple. Il fit un collage avec des clous qui sortaient du tableau. Il eut une crise, il y a deux ans, une véritable crise de collages : je l'ai entendu alors se plaindre, parce que tous les gens qui venaient le voir et qui le voyaient animer de vieux bouts de tulle et de carton, des ficelles et de la tôle ondulée, des chiffons ramassés dans la poubelle, croyaient bien faire en lui apportant des coupons d'étoffes magnifiques *pour en faire des tableaux*. Il n'en voulait pas, il voulait les vrais déchets de la vie humaine, quelque chose de pauvre, de sali, de méprisé.

Un drôle d'homme, c'est Miró. Bien des choses dans sa peinture rappellent ce qui n'est pas peint : il fait des tableaux sur des toiles de couleur, et y peint une tache blanche, comme si là, il n'avait pas peint, et que la toile fût la peinture. Il dessine exprès la trace du châssis dans le tableau, comme si le châssis avait porté à faux sur la toile. Il est arrivé tout naturellement l'année dernière à ne plus rien faire d'autre que des collages, qui sont plus voisins des collages de Picasso et des tableaux de Miró que de toute autre chose. Le papier n'y est généralement pas absolument collé : ses bords sont libres, il ondule et flotte. Le bitume est un des éléments préférés de Miró en 1929. Il est difficile de dire si les collages de Miró imitent sa peinture, ou si ce n'est pas plutôt sa peinture qui imitait par avance l'effet du collage, tel que Miró arrivait lentement à le pratiquer. Je penche pour cette dernière interprétation.

Ce qui défie probablement le mieux l'interprétation, c'est l'emploi

---

* Y a-t-il un lien entre le collage et l'emploi de l'écriture dans le tableau comme Magritte le pratique? Je ne vois pas le moyen de le nier.

du collage par Salvador Dali. Celui-ci peint à la loupe; il sait imiter à ce point le chromo, que l'effet est immanquable : les parties de chromo collées passent pour peintes alors que les parties peintes passent pour collées. Veut-il par là dérouter l'œil, et se réjouit-il d'une erreur provoquée? On peut le penser, mais sans trouver l'explication de ce double jeu, qui n'est pas imputable au désespoir du peintre devant l'inimitable, ni à sa paresse devant le tout-exprimé. Il est certain aussi que l'aspect incohérent du tableau de Dali, dans son ensemble, rappelle l'incohérence particulière aux collages. On a tenté jadis de réduire les collages de Max Ernst à des poèmes plastiques. Si on voulait à des fins psychologiques esquisser une manœuvre de la même espèce à l'égard des peintures de Dali, il faudrait prétendre que chacun de ses tableaux est un roman. Par là aussi Dali s'associe à cet esprit antipictural qui faisait naguère crier les peintres, puis les critiques, et qui envahit aujourd'hui la peinture. C'est ce qui est à retenir de cette suite de faits auxquels nous assistons et qui pourraient sembler chaotiques à qui n'en verrait pas le lien essentiel. . . .

Les poètes surréalistes ne manquèrent pas de dédier des poèmes à leurs amis peintres. De Paul Éluard, dans Capitale de la douleur :

Giorgio de Chirico

Un mur dénonce un autre mur
Et l'ombre me défend de mon ombre peureuse.
O tour de mon amour autour de mon amour
Tous les murs filaient blanc autour de mon silence.

Toi, que défendais-tu? Ciel insensible et pur
Tremblant tu m'abritais. La lumière en relief
Sur le ciel qui n'est plus le miroir du soleil,
Les étoiles du jour parmi les feuilles vertes,

Le souvenir de ceux qui parlaient sans savoir,
Maîtres de ma faiblesse et je suis à leur place
Avec des yeux d'amour et des mains trop fidèles
Pour dépeupler un monde dont je suis absent.

Paul Klee

Sur la pente fatale le voyageur profite
De la faveur du jour, verglas et sans cailloux,
Et les yeux bleus d'amour, découvre sa saison
Qui porte à tous les doigts de grands astres en bague.

Sur la plage la mer a laissé ses oreilles
Et le sable creusé la place d'un beau crime.

Le supplice est plus dur aux bourreaux qu'aux victimes
Les couteaux sont des signes et les balles des larmes.

Arp

Tourne sans reflets aux courbes sans sourires des ombres à moustaches, enregistre les murmures de la vitesse, la terreur minuscule,
cherche sous des cendres froides les plus petits oiseaux, ceux qui
ne ferment jamais leurs ailes, résiste au vent.

*Les deux « Portraits de Max Ernst » ci-dessous, par Benjamin Péret, sont
datés respectivement de 1923 et 1926[1].*

I

Tes pieds sont loin
je les ai vus la dernière fois
sur le dos d'un cheval-jument
qui était mou qui était mou
trop mou pour être honnête
trop honnête pour être vrai

Le cheval le plus vrai
n'est jeune qu'un moment
mais toi
toi je te retrouve
dans les rues du ciel
dans les pattes des homards
dans les inventions sauvages

II

Il avait les oreilles d'une huître
et ses cheveux dansaient dans la mousse
lorsque les rochers blancs s'évaporaient
au passage des mouches
Il avait les yeux bleus comme les olives
il avait les olives noires comme son ventre
et demandait aux cheminées le secret
de la fumée
qui court dans l'axe de ses yeux
comme la neige des spectres
lorsque les pierres s'habillent à la mode de leurs pères

---

1. Reproduits dans *Œuvres complètes, op. cit.,* t. I. Le premier de ces textes est
erronément intitulé, dans ce t. I : « Portrait de Marx *(sic)* Ernst. » On peut aussi
regretter que la mise en pages de ces *Œuvres complètes* sépare beaucoup de poèmes
en fragments apparemment indépendants, défaut encore aggravé par l'absence de
table des matières dans les deux tomes parus.

dont les pieds s'allongent comme un rayon de soleil
le long des schistes
des bois tricolores
des tulipes nageant comme une raie dans l'avenue des pieds gelés
des squelettes aux os de gramophone
des vitres blanches comme une escalope
des statues de radis
des cuivres morts
et surtout des filets d'eau douce coulant au fond des oreilles de
      saints

Chapitre XV

Variétés

Le mouvement surréaliste se développa en Belgique avec le peintre René Magritte et son ami le poète Édouard Mesens, avec Paul Nougé, auteur de textes théoriques, et les écrivains Jean Scutenaire, André Souris, Camille Goemans qui eut à Paris une galerie de peinture, Marcel Leconte, et quelques autres. En juin 1929, la revue **Variétés**, *fondée à Bruxelles l'année précédente par P. G. Van Hecke, fit paraître un numéro spécial établi par les surréalistes parisiens : « Le surréalisme en 1929 », dans lequel de nombreuses collaborations et illustrations témoignent des activités surréalistes à la fin des années vingt.*

L'article de tête était emprunté à un essai de Sigmund Freud sur l' « Humour » et, de fait, l'humour se manifeste à maintes reprises dans les pages du numéro spécial de **Variétés**. *Louis Aragon y contribuait par de brefs poèmes* [1], *tels les suivants :*

Moderne

Bordel pour bordel
J'aime mieux le métro
C'est plus gai
Et puis c'est plus chaud

Ça ne se refuse pas

Garçon un cure-dent
C'est pour le Maréchal
Garçon un coup de torchon
C'est pour le Général
Garçon une capote anglaise
C'est pour l'armée française

---

1. Reproduits dans Louis Aragon, *Persécuté-persécuteur* (Éditions surréalistes 1930.)

Ancien combattant

J'ai fait le mouvement Dada
Disait le dadaïste
J'ai fait le mouvement Dada
Et en effet
Il l'avait fait

*Poèmes aussi d'Éluard, d'Unik, de Mesens... tandis qu'une longue ode de Desnos, en vers plus ou moins alexandrins : « The night of loveless nights [1] », frôlait le pastiche de certaines pièces d'Apollinaire, en particulier de « Merlin et la vieille femme », d'*Alcools :

The night of loveless nights

à Charles Baron

. . . .
Le soleil ce jour-là couchait dans la cité
L'ombre des marronniers au pied des édifices.
Les étendards claquaient sur les tours et l'été
Amoncelait les fruits pour d'annuels sacrifices.

Tu viens de loin, c'est entendu, vomisseur de couleuvres
Héros, bien sûr, assassin morne, l'amoureux
Sans douleur disparaît, et toi, fils de tes œuvres,
Suicidé rougis-tu du désir d'être heureux?
. . . .

Mais on retrouvait aussi le bercement lyrique des « sommeils » :

. . . .
Quel destin t'enchaîna pour servir les sévères,
Celles dont les cheveux charment les colibris,
Celles dont les seins durs sont un fatal abri
Et celles dont la nuque est un nid de mystère,

Celles rencontrées nues dans les nuits de naufrage,
Celles des incendies et celles des déserts,
Celles qui sont flétries par l'amour avant l'âge,
Celles qui pour mentir gardent les yeux sincères,

Celles au cœur profond, celles aux belles jambes,
Celles dont le sourire est subtil et méchant,
Celles dont la tendresse est un diamant qui flambe
Et celles dont les reins balancent en marchant,

1. © Éditions Gallimard.

Celles dont la culotte étroite étreint les cuisses,
Celles qui sous la jupe ont un pantalon blanc
Laissant un peu de chair libre par artifice
Entre la jarretière et le flot des rubans,

Celles que tu suivis dans l'espoir ou le doute,
Celles que tu suivis ne se retournaient pas
Et les bouquets fanés qu'elles jetaient en route
T'entraînèrent longtemps au hasard de leurs pas.

. . . .

Benjamin Péret publia dans ce numéro surréaliste l'un de ses contes mer-
veilleusement absurdes, René Crevel un pamphlet sur « M. Français
Moyen », Paul Nougé une « Nouvelle géographie élémentaire » dont nous
reproduisons quelques passages. Une épigraphe attribuait ce texte à une
dame imaginaire : Clarisse Juranville.

Nouvelle géographie élémentaire

Si une image s'éloigne, — plus elle grandit.
Au retour de vos voyages, si vous parlez des chemins parcourus,
des bois traversés, des collines gravies, des cités et des villages, des
surprises et des habitudes, si vous décrivez le pays visité, ne croyez
pas qu'il vous soit dès lors impossible de parcourir sans la reconnaître toute la surface de la terre.
Vous êtes partout sans être nulle part. Rien ne sert de vivre longtemps. Et comment donc apprendre ? . . . .
Comment s'appellent ceux qui font de longs voyages et quel nom
donner aux voyageurs qui découvrent des pays inconnus ? L'on
sait la réponse. La terre, là-bas, ne cesse de se refroidir et l'obscurité, pour un peu, serait parfaite : c'est à peine si l'on peut y
vivre. Il existe cependant une étoile qui conserve toujours la même
position dans le ciel. Mais qu'y a-t-il d'écrit au bas du paysage ?
Quel est l'objet suspendu au mur à gauche ou à droite de la
fenêtre ? Qu'aperçoit-on par la fenêtre ? Que représentent les deux
mouvements de cette toupie et quels sont les deux objets qui se
ressemblent le plus ? Il ne faut pas songer à la goutte d'eau. L'on
ne distingue que les imaginaires. Et la forme de la Terre ? Question dont le sens est à jamais perdu.
Dans un train en marche, les voyageurs voient s'enfuir les arbres
et les maisons qui bordent la voie. Une pensée les précède. Mais
la pensée n'est pas lumineuse par elle-même ; elle nous éclaire pendant la nuit en nous renvoyant le reflet qu'elle reçoit de notre
bouche endormie : un cercle obscur, un demi-cercle éclairé, un
cercle éclairé dans son entier. Quelle est donc l'image où la clarté
est la plus vive, la plus faible ? Il y a de la lumière à toutes les
fenêtres. . . .

Si vous êtes en pleine campagne, que votre vue n'est bornée par aucun obstacle, il devient évident qu'au loin, de tous côtés, la terre touche au ciel. Mais le soleil surgit ou se lève toujours du même côté, il disparaît et se couche toujours du même côté et cependant le pôle des étoiles ne s'est pas fixé pour toujours au même point de l'espace. On a beau mettre sur les clochers, au-dessous des girouettes, deux tiges de fer croisées qui portent à leurs extrémités les quatre lettres : l'esprit souffle où il peut et la figure étoilée, la rose flamboyante, se tourne à son gré vers tous les horizons.

Humour chez Raymond Queneau qui traite d'une cosmologie très pataphysicienne dans l'article suivant :

Lorsque l'esprit...

Lorsque l'esprit, abandonnant les recherches d'un but immédiatement pratique, s'adonne à l'étude du monde physique, sa diversité le déroute à ce point que des principes de relativité ou de dénombrement s'offrent seuls pour l'explication de ladite diversité, dont le possessif précédent s'appliquait aussi bien à l'esprit rechercheur qu'au physique recherché. La classification en vivants et en non-vivants est à la base de la physique comme de la chimie, car la chute des corps, dont les lois se modèlent sur la plume ou le plomb, ne prend jamais pour exemple le cochon d'Inde ou l'escargot. Pourquoi les expériences établissant les lois de la pesanteur n'ont-elles jamais été faites avec les êtres vivants : un pigeon, par exemple, ou un aigle ? Il y a là manque d'honnêteté chez le physicien. D'autre part, puisqu'une *majorité* d'objets ne *tombe* pas (les poussières en suspension dans l'atmosphère, les oiseaux, les nuages, les ballons, les aéroplanes, les planètes, les étoiles, les archéoptéryx (en leur temps), etc.), c'est sans doute qu'il n'y a aucune raison pour que les *autres* tombent. A vrai dire, une chose ne se dirige vers le centre (?) de la terre (??) que si elle rencontre un tampon. Un tampon est un être invisible, imaginaire et fallacieux, qui guette les objets sans support matériel et s'accroche à eux. Puis il vole vers la terre et les y dépose : puis repart. On a ainsi l'illusion d'une chute, mais il n'en est rien : il n'y a là qu'une sorte de transport, je dirai même un mode de locomotion.
Nous étudierons, dans le cours supérieur, les tampons spécialisés dans la chute des feuilles et ceux qui prennent les formes de l'âge et de la mort.

Le monde est un comprimé tombé dans un verre d'eau.

L'air et l'eau sont identiques par rapport à la terre, l'éther et l'eau par rapport au monde : les montagnes résultent de la désagrégation de la terre sous l'effet de l'air.

Les planètes résultent de la désagrégation du soleil sous l'effet de l'eau (éther).

Les satellites sont les bulles d'air contenues dans le comprimé qui s'échappent au moment de sa désagrégation, entraînant avec elles certaines parcelles solides. Les aérolithes et les comètes paraissent être uniquement solides et d'ordre explosif.

Ainsi la lune est creuse.

Il y a au fond du monde un comprimé qui, se désagrégeant, projette les étoiles dans le ciel.
Alexandrin : L'astre est au fond perdu et les cieux sont de l'eau.
. . . .

L'astronomie est une science ratée et le soleil continue à tourner autour de la terre. Les préoccupations relatives aux millions d'années-lumière n'ont jamais intéressé que les vulgarisateurs, et le nombre, incalculable paraît-il, des étoiles, n'a rien à voir avec l'infini.
L'astronomie, vacillante et faiblarde, s'asile. Dans des établissements de forme obscène dits observatoires : une coupole fendue en deux dans laquelle s'insère un télescope.

L'idée de la Lune est un concept en forme de poire.

De même, le concept de soleil a la forme d'un œuf.

Louis-Philippe, c'est le roi-lune; Louis XIV, le roi-œuf.

Sont en forme de poire : la royauté, la SDN, la bourgeoisie, le Code civil, l'intégrité du territoire, le drapeau. Sont en forme d'œuf : le pape, le christ, le soldat inconnu, le baptême, la circoncision, le Vatican.

La guerre est un concept en forme de coupe-cigare, le petit jour en forme de tête de mort (le réveille-matin, par exemple, est supporté par deux tibias), le parapluie en forme de machine à écrire. Il y a aussi des idées en forme de boîte à sardines : les rébus, les maisons, les langues mortes, les langues vivantes.

Inutile d'aller plus loin : il me suffit d'ouvrir la voie aux chercheurs futurs et dentifiés (le concept de recherche étant en forme de dent).

Les « *jeux surréalistes* », *humour et dépaysement mêlés, apparaissent dans* Variétés *avec des exemples d'une des nombreuses variantes de ces poétiques divertissements désignés sous le nom de « cadavres exquis » et définis comme suit dans le* Dictionnaire abrégé du surréalisme *(1938) :*

Cadavre exquis. – Jeu de papier plié qui consiste à faire composer une phrase ou un dessin par plusieurs personnes, sans qu'aucune d'elles puisse tenir compte de la collaboration ou des collaborations précédentes. L'exemple, devenu classique, qui a donné son nom au jeu tient dans la première phrase obtenue de cette manière : « Le cadavre – exquis – boira – le vin – nouveau. »

Ce jeu prit naissance vers 1925, comme le raconta Breton en 1948 dans la préface à une exposition de cadavres exquis [1], *dans la vieille maison (à présent détruite) de la rue du Château près de la gare Montparnasse à Paris, où habitaient – nous l'avons noté plus haut – avec leur ami Marcel Duhamel, Jacques Prévert et Yves Tanguy. Les souvenirs de Simone Breton (première femme d'André Breton, aujourd'hui Simone Collinet) sur la genèse de ces jeux ont été publiés dans le catalogue d'une récente exposition* [2]:

C'est au cours d'une de ces soirées de désœuvrement et d'ennui qui furent nombreuses au temps du surréalisme – contrairement à ce qu'on se représente rétrospectivement – que le cadavre exquis fut inventé. L'un de nous dit : « Si on jouait aux petits papiers, c'est très amusant. » Et on joua aux « petits papiers » traditionnels. Monsieur rencontre Madame, il lui parle, etc. Cela ne dura pas. On élargit très vite. « Il n'y a qu'à mettre n'importe quoi », dit Prévert. Au tour suivant, le cadavre exquis était né. Sous la plume de Prévert précisément, qui en écrivit les premiers vocables, si bien complétés par les suivants; l'un : boira le vin; l'autre : nouveau.
Une fois l'imagination de ces messieurs déclenchée, on ne s'arrêtait plus. André poussa des cris de joie et vit tout de suite là une de ces sources ou cascades naturelles d'inspiration qu'il aimait tant découvrir. Ce fut un déchaînement. Plus sûrement encore qu'avec l'écriture automatique, on était sûr du mélange détonnant. La surprise violente provoquait l'admiration, les rires soulevaient une envie inextinguible de nouvelles images – des images inimaginables par un seul cerveau – issues de l'amalgame involontaire, inconscient, imprévisible de trois ou quatre esprits hétérogènes. Certaines phrases prenaient une existence agressivement subversive. D'autres tombaient dans une absurdité excessive. La corbeille à papiers joua son rôle. On l'oublie.

1. Galerie Nina Dausset, Paris.
2. « Le cadavre exquis, son exaltation », galerie Arturo Schwarz, Milan 1975.

Il n'en reste pas moins que le pouvoir de suggestion de ces rencontres arbitraires de mots était si stupéfiant, éblouissant, vérifiait de façon si éclatante les thèses et mentalités surréalistes, que le jeu devint un système, une méthode de recherche, un moyen d'exaltation et de stimulation, une mine de trouvailles enfin, peut-être une drogue.

Un soir, quelqu'un suggéra qu'on mette le même jeu en pratique par le dessin au lieu des mots. La technique de transmission fut vite trouvée. On plia le papier sur un premier dessin, en faisant dépasser trois ou quatre lignes au-delà de la pliure. Le suivant devait les prolonger, leur donner forme, sans avoir vu le début. Alors, ce fut du délire. A longueur de soirée, nous nous donnions un spectacle fantastique, avec le sentiment de le recevoir tout en y ayant contribué, la joie de voir apparaître des créatures insoupçonnables, et pourtant de les avoir créées. Cette création naïve et collective posait à nouveau la question de la création collective — comme le surréalisme le fit à plusieurs reprises.

Il est incontestable que la participation de certains de nos grands peintres à ce jeu fit naître quelques joyaux. Mais la véritable découverte fut la participation de ceux qui n'avaient pas de talent et l'aptitude à la création qu'il leur offrit en ouvrant en permanence une porte sur l'inconnu.

Une variante de ce passe-temps est signalée dans la Révolution surréaliste *n° 11 (mars 1928) sous le titre « Le dialogue en 1928 » (en 1934 un nouveau « numéro surréaliste » d'une revue belge,* Documents 34, *publiera d'autres exemples de ces « dialogues »). Nous reproduisons ci-dessous un choix de ceux parus dans* la Révolution surréaliste, *avec la notice de présentation* [1].

Question? Réponse. Simple travail d'adéquation qui implique tout l'optimisme de la conversation. Les pensées des deux interlocuteurs se poursuivent séparément. Le rapport momentané de ces pensées leur en impose pour une coïncidence même dans la contradiction. Très réconfortant, somme toute, puisque vous n'aimez rien tant que questionner ou répondre, le « cadavre exquis » a fait exécuter à votre intention quelques questions et réponses dont la dépendance, soigneusement imprévue, est aussi bien garantie. Nous ne nous opposons pas à ce que les esprits inquiets n'y voient qu'une amélioration, plus ou moins sensible, des règles du jeu des « petits papiers ».

1. Les initiales correspondent aux personnes suivantes : N. : Marcel Noll; Q. : Raymond Queneau; B. : André Breton; S. : Suzanne Muzard; A. : Louis Aragon; M. : Max Morise; P. : Benjamin Péret; A. A. : Antonin Artaud.

N. — Qu'est-ce que Benjamin Péret?
Q. — Une ménagerie révoltée, une jungle, la liberté.

Q. — Qu'est-ce qu'André Breton?
N. — Un alliage d'humour et de sens du désastre; quelque chose comme un chapeau haut de forme.

N. — Qu'est-ce que la peur?
A. — Jouer son va-tout sur une place déserte.

B. — Qu'est-ce que le baiser?
S. — Une divagation, tout chavire.

S. — Qu'est-ce que le jour?
B. — Une femme qui se baigne nue à la tombée de la nuit.

S. — Qu'est-ce que les yeux?
B. — Le veilleur de nuit dans une usine de parfums.

B. — Qu'est-ce qu'un lit?
S. — Un éventail déplié. Le bruit d'une aile d'oiseau.

M. — Qu'est-ce qu'un anthropophage?
S. — C'est une mouche dans un bol de lait.

A. — Pourquoi faut-il briser une glace en cas d'incendie?
S. — Parce qu'il gèle, les pensées patinent.

N. — Qu'est-ce que l'admiration?
S. — Un étalage de confiseur; les bonbons sont remplacés par des bulles de savon.

P. — Qu'est-ce qu'un magistrat?
B. — C'est un voyou, un saligaud et un con.

B. — Qu'est-ce que le service militaire?
P. — C'est le bruit d'une paire de bottes tombant dans un escalier.

A. A. — Le surréalisme a-t-il toujours la même importance dans l'organisation ou la désorganisation de notre vie?
B. — C'est de la boue, dans la composition de laquelle n'entrent guère que des fleurs.

Les exemples de cadavres exquis publiés dans le numéro surréaliste de Variétés *appartiennent à une autre variante encore. En voici quelques-uns* [1] :

---

1. Les initiales correspondent aux personnes suivantes : L. A. : Louis Aragon; G. S. : Georges Sadoul; S. M. : Suzanne Muzard; E. P. : Elsie Péret; B. P. : Benjamin Péret; A. B. : André Breton; Y. T. : Yves Tanguy; P. U. : Pierre Unik; R. D. : Robert Desnos. J. T. : Jeannette Tanguy.

L. A. — Si la nuit ne finissait plus
G. S. — Il n'y aurait plus rien, plus rien, mais plus rien du tout.

S. M. — Quand les majuscules feront des scènes aux petites lettres
E. P. — Les points d'exclamation ne diront pas grand-chose.

B. P. — Quand les lacets pousseront dans les jardins ouvriers
S. M. — Les cheminots se moucheront avec des pinces à sucre.

S. M. — Quand l'impossible donnera la main à l'imprévu
A. B. — La peur montera très haut sur son ressort.

Y. T. — Quand les enfants gifleront leurs pères
A. B. — Les jeunes gens auront tous des cheveux blancs.

E. P. — Si les tigres pouvaient nous prouver leur reconnaissance
S. M. — Les requins s'engageraient à nous servir de périssoires.

B. P. — Si les orchidées poussaient dans le creux de ma main
A. B. — Les masseurs auraient de quoi faire.

S. M. — Si l'ombre de ton ombre visitait une galerie de glaces
A. B. — La suite serait indéfiniment remise au prochain numéro.

A. B. — Si les objets pleins étaient remplacés par l'intervalle qu'il y a entre ces objets, cet intervalle étant plein, les anciens objets servant d'intervalle
E. P. — Personne n'arriverait à prendre quoi que ce soit.

P. U. — Si les journaux étaient imprimés sur papier d'argent
L. A. — Eh bien, merde.

P. U. — Quand on élèvera une statue à l'association des idées
L. A. — L'ange du bizarre inventera l'art du billard.

A. B. — Si tous les chevaux avaient pour fers des aimants
R. D. — Le cœur des amants cesserait de battre.

E. P. — Quand les couleurs n'auront plus aucun éclat
A. B. — L'œil ira voir l'oreille.

A. B. — Si Poincaré mourait
J. T. — Je prendrais des bains de mer et serais hirondelle.

L. A. — Quand les oiseaux nageront
A. B. — La moule fera preuve d'énergie.

B. P. — Si le mercure courait à perdre haleine
A. B. — Je te garantis qu'il y aurait de la casse.

L. A. — Si rien n'était irréparable
A. B. — Il y aurait du pain sur la planche : du pain rassis, du pain moisi, mais enfin du pain.

C'est encore l'humour qui imprègne le mélodrame-revue d'Aragon et Breton que publia in extenso Variétés : *mêlant l'actualité au merveilleux et à des trouvailles de music-hall,* le Trésor des jésuites *était fondé sur un fait divers authentique, l'assassinat mystérieux en février 1928 du caissier des Missions étrangères de la Compagnie de Jésus, dans son bureau de la rue de Varenne à Paris. L'auteur du crime ne fut jamais découvert. Aucune somme n'avait été dérobée mais une serviette contenant des documents avait disparu. Un certain Simon fut soupçonné qui possédait cependant un alibi solide (curieusement, ce Simon habitait, près de la place Dauphine, le* City Hotel *que Breton, dans* Nadja, *estimait être un lieu suspect [1]). La pièce avait été conçue en vue d'un gala qui devait avoir lieu au théâtre de l'Apollo le 1ᵉʳ décembre 1928, au bénifice de René Cresté, protagoniste à l'époque héroïque du cinéma d'un film à épisodes :* Judex. *Man Ray composa la couverture photographique du programme et Musidora, l'actrice qui avait personnifié la « souris d'hôtel » dans les* Vampires, *autre film à épisodes, devait jouer le principal rôle féminin, celui de « Mad Soûri », dans le* Trésor des jésuites. *Mais le gala n'eut pas lieu et la pièce ne fut jamais représentée.*

LE TRÉSOR DES JÉSUITES
Prologue

Devant le rideau

LE TEMPS *(représentation conventionnelle, faulx);* L'ÉTERNITÉ *(jeune femme en robe blanche, cheveux épars, serrant dans ses bras une grande étoile lumineuse).*

LE TEMPS. — Je suis le Temps.

L'ÉTERNITÉ. — Je suis l'Éternité.

LE TEMPS. — Je tiens la faulx.

L'ÉTERNITÉ. — Je tiens l'étoile.

LE TEMPS. — Je coupe.

L'ÉTERNITÉ. — J'illumine.

LE TEMPS. — Mirage, nous sommes au cinéma. Les images de l'écran, infidèles comme les jolies femmes, s'effacent sous les yeux des spectateurs. Qu'importe! le rôle du cinéma n'est-il pas simplement de charmer les heures des hommes?

L'ÉTERNITÉ. — Les heures... les heures de loisir, les heures de travail. Qu'est-ce que les heures? La pellicule s'altère, les grandes maisons d'exploitation s'effondrent les unes après les autres. Il n'en va pas autrement de la vie, ce film impossible à suivre et dont cependant un jour s'éclaire mystérieusement le sens.

LE TEMPS. — Bah! tout passe.

L'ÉTERNITÉ. — Non.

---

1. Voir p. 201.

LE TEMPS. — Qu'est-ce donc qui persiste?
L'ÉTERNITÉ. — Ce qui trouve dans la vie un écho merveilleux...
Tiens, puisque tu t'intéresses au cinématographe, je vais te faire
assister à l'apothéose d'un genre oublié, que les événements de
chaque jour font renaître. On comprendra bientôt qu'il n'y eut
rien de plus réaliste et de plus poétique à la fois que le ciné-
feuilleton qui faisait naguère la joie des esprits forts. C'est dans
les Mystères de New York, c'est dans *les Vampires* qu'il faudra chercher la grande réalité de ce siècle. Au-delà de la mode, au-delà
du goût. Viens avec moi. Je te montrerai comment on écrit l'histoire. *(Au public, très haut :)* 1917!

(Ils sortent, le rideau se lève.)

*Le premier acte, tragique-humoristique, montre un soldat permissionnaire,
Simon, arrêté dans une chambre d'hôtel pour un crime commis par sa
« marraine de guerre », Mad Souri — la mystérieuse « souris d'hôtel ».
Au moment où la police emmène Simon, Mad Souri lui fait savoir qu'ils se
rencontreront onze ans plus tard, au théâtre de l'Apollo.
Le second acte est une sorte de revue d'actualité — genre de divertissement
à peu près éteint aujourd'hui...*

Acte II

La scène représente le théâtre de l'Apollo le 1ᵉʳ décembre 1928. LE TEMPS
(en knickerbockers) et L'ÉTERNITÉ *(à la dernière mode), tenant respectivement la faulx et l'étoile, entrent de part et d'autre de la scène, devant
le rideau, et se heurtent vers le milieu.*
L'ÉTERNITÉ. — Pourriez faire attention.
LE TEMPS. — Je suis confus, Madame.
L'ÉTERNITÉ *(le reconnaissant)*. — Oh! cher ami!
LE TEMPS. — Je cherchais justement une commère pour la représentation donnée à l'instant même en l'honneur de René Cresté,
vous souvenez-vous, Judex? Et qui donc, mieux que l'Éternité...
L'ÉTERNITÉ. — J'accepte. *(Se tournant vers la salle :)* Cher public, l'année 1928 tire à sa fin. As-tu remarqué, cher public, le caractère
bouleversant de cette année exceptionnelle et *bissextile?*
VOIX DANS LA SALLE. — Oui, oui, bissextile!
L'ÉTERNITÉ. — Eh bien, le prétexte nous a paru excellent, au Temps
et à moi, pour faire défiler devant vous les éléments les plus
typiques du ciné-feuilleton, qu'on n'a que trop perdus de vue
depuis les progrès déroutants accomplis par ce qu'il est convenu
d'appeler le Septième Art. A remarquer que ce qui était le propre
de l'écran a passé dans le domaine de la vie, comme nous l'avons
déjà fait observer. Et ce sera l'occasion ou jamais d'évoquer devant
toi, cher public, « Les Fantômes! »

(Bruit de chaînes. Apparition de fantômes conventionnels.)
LE TEMPS. — « Les Spectres! »
Obscurité. Des projecteurs qui se croisent révèlent la profondeur du théâtre après le lever du rideau.
L'ÉTERNITÉ. — « L'Automate! »
Musique et voix : « Le Beau Bébé. » Danse d'un personnage dont le veston porte à la craie l'indication des articulations.
LE TEMPS. — « Les Mannequins! »
Un coin de la scène s'éclaire, on y découvre le mannequin de couturière, le mannequin de tailleur, le mannequin argent de Siégel, devant lequel vient parader un mannequin de la rue de la Paix. Air : « Ain't she sweet! »
L'ÉTERNITÉ. — « Les Trains de banlieue! »
On entend un sifflement sourd. Paraît un chef de gare, agitant son falot.
LE CHEF DE GARE. — En voiture... en voiture... Colombes... Colombes... Colombes... (Il a traversé la scène.)
LE TEMPS. — « La Syncope! »
La toile de fond représente une boutique. Un vieux marcheur suit un trottin. Soudain il porte la main à son cœur. Scène classique de l'homme atteint de l'angine de poitrine. Il cherche à dissimuler la douleur qui le reprend à chaque pas en feignant de s'intéresser à la devanture. Le trottin s'arrête étonné. Chute de l'homme. Attroupement semi-circulaire. Long silence.
L'ÉTERNITÉ. — Le sol s'est dérobé sous lui. A ce propos : « Les Terrains vagues! »
Toile tombant des cintres et agitée rythmiquement, hors de laquelle apparaît un torse nu de femme coiffée d'un gibus défoncé et tenant dans les mains une casserole et une boîte à sardines de grandes dimensions. Orchestre : « Fascination », valse.
LE TEMPS. — « Les Faits divers! »
La scène s'éclaire. Un bureau. Un crucifix au mur. Le caissier.
C'est le samedi 11 février 1928, vers 16 heures. Dans son bureau, M. Félix de la Tajada de Pérédès, caissier des Missions catholiques de France, met en ordre sa comptabilité. La pièce est sommairement meublée d'un bureau, de deux sièges, d'un coffre-fort. Au mur pend un grand crucifix de fonte. D'un tiroir, M. de Pérédès vient de sortir deux larges portefeuilles bourrés de billets de mille. Le soir commence à tomber. Cette fin d'après-midi est froide et triste. M. de Pérédès allume un bec de gaz au-dessus de son bureau. Puis, tournant le dos à la porte d'entrée, il reprend l'examen de ses livres. Parfois, il plonge ses doigts mobiles et fins dans le portefeuille. Une sonnerie retentit : un visiteur. Le caissier des Missions n'a pas besoin de se déranger. Il appuie sur un bouton électrique placé près de sa main. La porte s'ouvre sans bruit; un souffle d'air soulève les papiers. Le visiteur est entièrement enveloppé dans une cape enroulée qu'il retient en avant de son visage avec son bras gauche. Brusquement, l'ombre d'un crucifix grandit sur le mur devant les yeux exorbités par l'horreur de M. de Pérédès. Le visiteur en frappant déroule sa cape; on reconnaît Mad Souri,

en maillot. Projection violette sur elle, verte sur le caissier. Roulement de tambour, la scène reste éclairée, les personnages immobiles comme dans un tableau du musée Grévin. Et la mort s'abat sur M. de Pérédès.

L'ÉTERNITÉ. — Mais c'est l'assassinat de M. de Pérédès, le caissier des Missions catholiques étrangères de la Compagnie de Jésus!

LE TEMPS. — Tu l'as dit, bouffie! *(Le rideau tombe.)*

L'ÉTERNITÉ. — On a déjà vu ça dans toutes les revues. Maintenant passons à quelque chose d'absolument inédit : « Les Maisons hantées! »

LE TEMPS. — Oh, par exemple, encore!

L'ÉTERNITÉ. — Tant pis.

Devant le rideau, deux personnages quelconques se tenant par la main, dos au public, considèrent avec terreur le milieu du rideau qui s'entrouvre, laissant passer deux mains en entonnoir devant une bouche chantant :

> Oui, c'est moi la maison hantée
> J'suis différente
> Des maisons environnantes
> Tous ceux qui n'croient pas sont athées
> J'suis la maison hantée
>
> C'qui bat à ma porte c'est un cœur
> En guise de marteau
> Comme il est tard comme il est tôt
> Mes murs sont couleur de la peur
> J'suis la maison hantée
>
> Ceux qui m'habitent n'ont pas de bail
> Trois six neuf treize
> Ils s'électrisent sur leurs chaises
> Lorsque entre l'armure d'écaille
> J'suis la maison hantée
>
> J'suis dans les bois très écartée
> De mon jardin
> Mes meubles craquent tout est châtain
> Le lion rugit l'âne est bâté
> J'suis la maison hantée

(Les deux personnages sortent.)

LE TEMPS. — « Les Passe-partout! »

Rideau. — Dix personnages courent en désordre et se heurtent, tendant des clefs à tour de bras. Le rideau retombe immédiatement.

L'ÉTERNITÉ. — Vive Freud, le grand savant viennois! Égarons-nous maintenant, s'il vous plaît, dans « les Sous-Bois »!

Six petites femmes entrent sur la pointe des pieds, portant des branchages. L'Éternité et le Temps les pelotent. Elles sortent de l'autre côté. Orchestre : « Old man river. »

LE TEMPS. — Ma chère, je t'ai gardé pour la bonne bouche : « Les Catastrophes intimes! »

Par une corde, Mad Souri descend sur la scène en robe du soir, avec de grands mouchoirs or et argent dans les mains.

MAD SOURI. — Je suis la femme. Que me veut-on?

Le rideau s'ouvre, on voit sur toute la scène des personnages en proie au plus grand désespoir, dans des postures variées. Danse de la catastrophe intime. Air : « Anything but Love », par Mad Souri et toute la troupe.

L'ÉTERNITÉ. — Mais dis-moi, est-ce que je ne reconnais pas dans cette belle personne l'assassin de ce jésuite, comment l'appelais-tu?

LE TEMPS. — Ça se passe comme ça dans les revues. *(Se tournant vers Mad Souri :)* Ne voudriez-vous pas, Mademoiselle, mettre le piquant de l'actualité dans cette revue de fin d'année?

MAD SOURI. — Mais comment donc, grand-père! *(Au public :)* « Les Articles 70 et 71! »

Entrent les articles par les deux côtés [1] : petites femmes masquées d'un loup noir, entièrement cachées par de grandes pancartes portant leurs numéros, marchant de côté et se rejoignant au milieu de la scène pour se prendre par le bras. Mad Souri vient devant elles; scène de séduction d'un article après l'autre, baisers rapides; les deux articles se querellent, jaloux, et, ce faisant, se disjoignent. Triomphe de Mad Souri, au milieu. Les articles, en se retournant, montrent au public leur nudité.

LE SOUFFLEUR *jaillissant de son trou.* — Exact au rendez-vous, Mad Souri! *(Il se jette sur elle et, face au public, commence à l'étrangler.)* On reconnaît Simon. Le Temps et l'Éternité, lâchant leurs insignes, lui arrachent sa victime.

MAD SOURI *revient vers Simon, le cou tendu.* — Encore! encore!

Il l'étrangle longuement. Obscurité.

Les crimes mystérieux de la souris d'hôtel étaient en rapport avec la disparition d'un fabuleux « trésor des jésuites » que Simon, sorti de prison, a finalement retrouvé avec l'aide occulte de Mad Souri, alias Mario Sud, « le Très Sinistre Illustre Inconnu Autorité Suprême », que l'on voit apparaître au dernier acte dans la salle du Grand Orient de France où Simon vient d'être reçu « Illustre Souverain Inspecteur Général ». Ceci se passe en 1939 — donc, pour l'époque, dans l'avenir — pendant la guerre « endémique » qui a été inoculée aux populations afin de les protéger des guerres

---

1. On a certainement oublié, dans la France de 1978, la tempête politique qui s'éleva en novembre 1928 lorsque Raymond Poincaré, président du Conseil, ministre des Finances et « sauveur du franc », introduisit subrepticement dans le budget deux articles (70 et 71), donnant des avantages financiers et administratifs aux établissements et missions catholiques, ce qui amena le départ des ministres représentant les partis de gauche dans le gouvernement d' « Union nationale ». Poincaré forma alors un nouveau ministère sans personnalités de gauche — mais les articles litigieux furent « disjoints »; en fait : supprimés.

« épidémiques » de jadis — remarquable prophétie, ajouterons-nous. Des tables de café et leurs consommateurs envahissent la scène à la fin de la pièce et Musidora, devant le rideau qui vient de tomber, salue le public et prononce cette phrase qui, sous un certain angle, résume la philosophie existentielle du surréalisme :

Avenir, avenir! Le monde devrait finir par une belle terrasse de café!

D'Aragon et Breton encore, mais sur un tout autre ton, un texte intitulé « A suivre » occupe au début de la revue Variétés *une trentaine de feuillets hors-texte sur papier rose; nous ne pouvons que les résumer ici très brièvement. Il s'agit de la préparation et du déroulement d'une séance qui réunit en mars 1929 les surréalistes et un certain nombre d'écrivains, notamment les collaborateurs de la revue* le Grand Jeu, *en vue d'une action commune sur le plan révolutionnaire. L'assemblée eut lieu au* bar du Château, *rue du Château, et les incidents qui la précédèrent et l'accompagnèrent conduisirent Aragon et Breton à présenter un compte rendu des événements dans* Variétés :

A suivre
Petite contribution au dossier de certains intellectuels
à tendances révolutionnaires *(Paris 1929).*

On sait assez l'ordre de reproches faits aux surréalistes, à leurs méthodes. La stéréotypie même de ces reproches (mœurs de chapelle, goût des mises en jugement, aucun respect de la vie privée, se croire « purs », beaucoup de bruit pour rien) est de nature à nous les faire reprendre à notre compte. Et, pour comiques que paraissent à distance les *excommunications majeures* qu'on dit que nous lançons, il nous suffit d'avoir vu se défendre, bafouiller, se débattre ceux de nos anciens *camarades* dont nous avons trouvé plus propre de nous défaire pour estimer qu'après tout de telles sanctions ne sont pas sans motifs ni sans effets réels. Nous n'avons pas toujours donné toute la publicité désirable à ces confondantes petites séances où l'humour et la morale, curieusement, trouvaient en même temps leur compte, mais il n'est pas dit que nous nous en tiendrons toujours à une si rassurante discrétion. A titre d'échantillon, nous mettons aujourd'hui les lecteurs de *Variétés* au courant de notre dernière entreprise.

Le thème de discussion adopté pour la réunion avait été l'examen du sort réservé en Russie à Léon Trotsky, le compagnon de Lénine victime de Staline. L'assemblée devint houleuse lorsque des questions personnelles furent soulevées par les surréalistes au sujet de l'attitude, d'un point de vue révolutionnaire, de certains participants et particulièrement de celle d'un membre du Grand Jeu, *Roger Vailland* [1], *présent à la réunion et auteur d'un article de journal à la gloire du préfet de police Chiappe, « l'épurateur de la capitale », selon Vailland* [2]. *Celui-ci, approuvé par l'ancien dadaïste Ribemont-Dessaignes, déclara en substance qu'il écrivait ce genre d'articles pour gagner sa vie. L'embarras des autres membres du* Grand Jeu *ne fit qu'accroître la confusion, et la séance prit fin sans autre résultat qu'une lettre de justification envoyée le lendemain par Vailland à Breton et que les auteurs de « A suivre », en la publiant, qualifièrent de « tissu de palinodies ». Le compte rendu se termine par ces lignes :*

Pour nous, sans prétendre détenir en pareille matière la vérité, nous nous contentons d'apporter ici les pièces d'un procès que nous poursuivons, ne redoutant guère d'en voir dégager nos mobiles. On y trouvera des redites ; ce n'est pas par pure complaisance que nous avons transcrit tant de déclarations que d'autres auraient négligées en raison de leur burlesque ; nous nous faisons peu d'illusions sur le caractère distrayant de ce qui précède : ne nous en excusons pas. Ce manque de désinvolture de notre part, le temps apparemment perdu à résoudre des problèmes d'un intérêt si restreint — des problèmes qu'il suffirait, pourrait-on croire, de ne pas poser — ce goût de la récidive en pareille matière, tout cela serait entièrement inexplicable si l'on ne devinait que nous ne nous acharnons à démasquer des individus d'un aspect si inoffensif que parce que nous savons que c'est sous cet aspect que se présente la graine de zigotos qui, à la faveur de quelques petits travaux littéraires, trouvent toujours moyen d'en imposer, pendant un temps plus ou moins court, jusqu'à ce que quelque événement social, de caractère bouleversant, leur fasse perdre toute prudence. Nous les avons vus en 1914 ; c'étaient alors des gens connus dont l'effroyable ineptie n'a pas encore cessé de nous étonner, de Bergson à Claudel (« Tant que vous voudrez, mon général »). La génération suivante, dont nous avons connu les lamentables commencements, est en bonne voie pour les égaler. On ne nous fera pas croire que cette célèbre racaille ait attendu la gloire pour se définir ignoblement. Le métier d'intellectuel s'exerce avec une telle impunité qu'il est inutile d'attendre, pour les signaler à l'attention publique, que les petits garçons inoffensifs soient devenus des hommes respectés, qui apporteront au service de ce que nous haïssons les ressources d'une longue pratique confusionnelle et l'art de faire le beau devant les chiens.

1. Lequel devint plus tard romancier (prix Goncourt) et fut longtemps stalinien. Mort dans les années soixante.
2. Voir aussi dans les *Entretiens* d'André Breton *(op. cit.)* l'interview où Breton, à propos de déclarations mensongères de Vailland à son sujet, évoque l'affaire de la rue du Château.

Chapitre XVI

Second Manifeste du surréalisme

Paru d'abord sous forme d'un long article dans le n° 12 de la Révolution surréaliste (décembre 1929), puis publié en librairie au début de 1930 avec quelques additions et des notes, le Second Manifeste du surréalisme [1] précisait et développait, à la lumière d'événements contemporains, les voies de l'expérience surréaliste :

En dépit des démarches particulières à chacun de ceux qui s'en sont réclamés ou qui s'en réclament, on finira bien par accorder que le surréalisme ne tendit à rien tant qu'à provoquer, au point de vue intellectuel et moral, une *crise de conscience* de l'espèce la plus générale et la plus grave et que l'obtention ou la non-obtention de ce résultat peut seule décider de sa réussite ou de son échec historique.

Au point de vue intellectuel il s'agissait, il s'agit encore d'éprouver par tous les moyens et de faire reconnaître à tout prix le caractère factice des vieilles antinomies destinées hypocritement à prévenir toute agitation insolite de la part de l'homme, ne serait-ce qu'en lui donnant une idée indigente de ses moyens, qu'en le défiant d'échapper dans une mesure valable à la contrainte universelle. L'épouvantail de la mort, les cafés-chantants de l'au-delà, le naufrage de la plus belle raison dans le sommeil, l'écrasant rideau de l'avenir, les tours de Babel, les miroirs d'inconsistance, l'infranchissable mur d'argent éclaboussé de cervelle, ces images trop saisissantes de la catastrophe humaine ne sont peut-être que des images. Tout porte à croire qu'il existe un certain point de l'esprit d'où la vie et la mort, le réel et l'imaginaire, le passé et le futur, le communicable et l'incommunicable, le haut et le bas cessent d'être perçus contradictoirement. Or, c'est en vain qu'on chercherait à l'activité surréaliste un autre mobile que l'espoir de détermination de ce point. On voit assez par là combien il serait absurde de lui

---

1. Reproduit dans André Breton, *Les Manifestes du surréalisme, op. cit.*

prêter un sens uniquement destructeur, ou constructeur : le point dont il est question est *a fortiori* celui où la construction et la destruction cessent de pouvoir être brandies l'une contre l'autre. Il est clair, aussi, que le surréalisme n'est pas intéressé à tenir grand compte de ce qui se produit à côté de lui sous prétexte d'art, voire d'anti-art, de philosophie ou d'antiphilosophie, en un mot de tout ce qui n'a pas pour fin l'anéantissement de l'être en un brillant, intérieur et aveugle, qui ne soit pas plus l'âme de la glace que celle du feu. Que pourraient bien attendre de l'expérience surréaliste ceux qui gardent quelque souci de la place qu'ils occuperont *dans le monde ?* En ce lieu mental d'où l'on ne peut plus entreprendre que pour soi-même une périlleuse mais, pensons-nous, une suprême reconnaissance, il ne saurait être question non plus d'attacher la moindre importance aux pas de ceux qui arrivent ou aux pas de ceux qui sortent, ces pas se produisant dans une région où, par définition, le surréalisme n'a pas d'oreille. On ne voudrait pas qu'il fût à la merci de tels ou tels hommes ; s'il déclare pouvoir, par ses méthodes propres, arracher la pensée à un servage toujours plus dur, la remettre sur la voie de la compréhension totale, la rendre à sa pureté originelle, c'est assez pour qu'on ne le juge que sur ce qu'il a fait et sur ce qui lui reste à faire pour tenir sa promesse. . . .

Un intervalle de presque deux ans sépare les n°s 11 et 12 de la revue surréaliste. Pourquoi la Révolution surréaliste *avait-elle, pendant ce temps, cessé de paraître ? Le n° 12 répond à cette question en reproduisant, sur sa première page, de rouges empreintes labiales : les bouches des amies ou épouses des surréalistes — Yvonne Goemans, Suzanne Muzard, Marie-Berthe Ernst, Jeannette Tanguy, Gala Éluard, Nancy Cunard, Ruta Sadoul. Or, non seulement l'amour, ses joies et ses orages avaient suspendu la publication de la revue, mais des conflits s'étaient développés à l'intérieur du groupe, graves et profonds, si l'on en juge par le commentaire du* Second Manifeste :

. . . . Nous avons pu constater, Aragon et moi, par l'accueil fait à notre collaboration critique au numéro spécial de *Variétés* : « Le surréalisme en 1929 », que le peu d'embarras que nous éprouvons à apprécier, au jour le jour, le degré de qualification morale des personnes, que l'aisance avec laquelle le surréalisme se flatte de *remercier,* à la première compromission, celle-ci ou celle-là, est moins que jamais du goût de quelques voyous de presse, pour qui la dignité de l'homme est tout au plus matière à ricanements. A-t-on idée, n'est-ce pas, d'en demander tant aux gens dans le domaine, à quelques exceptions romantiques près, suicides et autres, jusqu'ici le moins surveillé ! Pourquoi continuerions-nous à faire les dégoûtés ? Un policier, quelques viveurs, deux ou trois maquereaux de plume, plusieurs déséquilibrés, un crétin, auxquels nul ne s'opposerait à ce que viennent se joindre un petit nombre d'êtres sensés, durs et probes, qu'on qualifierait d'énergumènes, ne voilà-t-il pas de quoi composer une équipe amusante, inoffensive, tout à fait à l'image de la vie, une équipe d'hommes payés aux pièces, gagnant aux points ?

MERDE.

Breton met en lumière — citant Hegel et se référant aussi bien à Marx qu'à Freud et à d'autres philosophes et sociologues — le fait que les convictions morales et les jugements personnels doivent être confirmés sur le plan social et que c'est sur ce terrain que les surréalistes, en prenant part aux luttes politiques, apprécient les comportements individuels.

Les obstacles opposés par le parti communiste à la collaboration surréaliste sont évoqués, puis certaines difficultés rencontrées par suite du développement des moyens expérimentaux du surréalisme lui-même, comme l'écriture automatique ou le récit de rêve, etc. Les définitions du premier Manifeste *réapparaissent sous une autre forme dans une parenthèse à propos de l'« inspiration ».*

. . . . Inutile de s'embarrasser à ce propos de subtilités, on sait assez ce qu'est l'inspiration. Il n'y a pas à s'y méprendre ; c'est elle qui a pourvu aux besoins suprêmes d'expression en tous temps et en tous lieux. On dit communément qu'elle y *est* ou qu'elle n'y est pas et, si elle n'y est pas, rien de ce que suggèrent auprès d'elle l'habileté humaine qu'oblitère l'intérêt, l'intelligence discursive et le talent qui s'acquiert par le travail ne peut nous guérir de son absence. Nous la reconnaissons sans peine à cette prise de possession totale de notre esprit qui, de loin en loin, empêche que pour tout problème posé nous soyons le jouet d'une solution rationnelle plutôt que d'une autre solution rationnelle, à cette sorte de court-circuit qu'elle provoque entre une idée donnée et sa répondante (écrite par exemple). Tout comme dans le monde physique, le court-circuit se produit quand les deux « pôles » de la machine se trouvent réunis par un conducteur de résistance nulle ou trop faible. En poésie, en peinture, le surréalisme a fait l'impossible pour multiplier ces courts-circuits. Il ne tient et il ne tiendra jamais tant qu'à reproduire artificiellement ce moment idéal où l'homme, en proie à une émotion particulière, est soudain empoigné par ce « plus fort que lui » qui le jette, à son corps défendant, dans l'immortel. Lucide, éveillé, c'est avec terreur qu'il sortirait de ce mauvais pas. Le tout est qu'il n'en soit pas libre, qu'il continue à parler tout le temps que dure la mystérieuse sonnerie : c'est, en effet, par où il cesse de s'appartenir qu'il nous appartient. . . . .

Le Second Manifeste *malmène nombre d'anciens membres du groupe dont le comportement, selon l'auteur, aurait à divers titres risqué de détourner ou de compromettre l'action surréaliste : Artaud, Carrive, Delteil, Gérard, Limbour, Masson, Soupault, Vitrac, Baron, Naville... A propos de Robert Desnos, Breton signale son « usage immodéré du don verbal » qui l'a conduit en fin de compte à une « incompréhension inexcusable des fins poétiques actuelles ». Au sujet de l'écrivain Georges Bataille il déclare — ceci n'est qu'un aperçu du ton polémique du* Second Manifeste, *le passage étant loin de compter parmi les plus violents — :*

.... Le cas de M. Bataille présente ceci de paradoxal et pour lui de gênant que sa phobie de « l'idée », à partir du moment où il entreprend de la communiquer, ne peut prendre qu'un tour idéologique. Un état de déficit conscient à forme généralisatrice, diraient les médecins. Voici, en effet, quelqu'un qui pose en principe que *l'horreur n'entraîne aucune complaisance pathologique et joue uniquement le rôle du fumier dans la croissance végétale, fumier d'odeur suffocante sans doute mais salubre à la plante.* Cette idée, sous son apparence infiniment banale, est, à elle seule, malhonnête ou pathologique (il resterait à prouver que Lulle, et Berkeley, et Hegel, et Rabbe, et Baudelaire, et Rimbaud, et Marx, et Lénine se sont, très particulièrement, conduits dans la vie comme des porcs). Il est à remarquer que M. Bataille fait un abus délirant des adjectifs : souillé, sénile, rance, sordide, égrillard, gâteux, et que ces mots, loin de lui servir à décrier un état de choses insupportable, sont ceux par lesquels s'exprime le plus lyriquement sa délectation. Le « balai innommable » dont parle Jarry étant tombé dans son assiette, M. Bataille se déclare enchanté. Lui qui, durant les heures du jour, promène sur de vieux et parfois charmants manuscrits des doigts prudents de bibliothécaire (on sait qu'il exerce cette profession à la Bibliothèque nationale), se repaît la nuit des immondices dont, à son image, il voudrait les voir chargés : témoin cette *Apocalypse de Saint-Sever* à laquelle il a consacré un article dans le n° 2 de *Documents,* article qui est le type parfait du faux témoignage. Qu'on veuille bien se reporter, par exemple, à la planche du *Déluge* reproduite dans ce numéro, et qu'on me dise si objectivement *un sentiment jovial et inattendu apparaît avec la chèvre qui figure au bas de la page et avec le corbeau dont le bec est plongé dans la viande* (ici M. Bataille s'exalte) *d'une tête humaine.* Prêter une apparence humaine à des éléments architecturaux, comme il le fait tout le long de cette étude et ailleurs, est encore, et rien de plus, un signe classique de psychasthénie. A la vérité, M. Bataille est seulement très fatigué. ...

Cependant, au sujet de Tristan Tzara, le ton change et Breton reconnaît que les attaques qu'il porta contre ce poète au début des années vingt étaient

injustifiées ¹. *Demandant enfin « l'occultation profonde, véritable du surréalisme », mettant en relief l'importance des « sciences secrètes », le* Second
Manifeste *se termine par un appel à la pureté, à l'intensité, à l'efficacité
des idées qui dirigent l'action surréaliste :*

. . . . Le surréalisme est moins disposé que jamais à se passer de
cette intégrité, à se contenter de ce que les uns et les autres, entre
deux petites trahisons qu'ils croient autoriser de l'obscur, de
l'odieux prétexte qu'il faut bien vivre, lui abandonnent. Nous
n'avons que faire de cette aumône de « talents ». Ce que nous
demandons est, pensons-nous, de nature à entraîner un consentement, un refus total et non à se payer de mots, à s'entretenir d'espoirs velléitaires. Veut-on, oui ou non, tout risquer pour la seule
joie d'apercevoir au loin, tout au fond du creuset où nous proposons de jeter nos pauvres commodités, ce qui nous reste de bonne
réputation et nos doutes, pêle-mêle avec la jolie verrerie « sensible », l'idée radicale d'impuissance et la niaiserie de nos prétendus devoirs, *la lumière qui cessera d'être défaillante?*
Nous disons que l'opération surréaliste n'a chance d'être menée
à bien que si elle s'effectue dans des conditions d'asepsie morale
dont il est encore très peu d'hommes à vouloir entendre parler.
Sans elles il est pourtant impossible d'arrêter ce cancer de l'esprit
qui réside dans le fait de penser par trop douloureusement que
certaines choses « sont », alors que d'autres, qui pourraient être,
« ne sont pas ». Nous avons avancé qu'elles doivent se confondre,
ou singulièrement s'intercepter, à la limite. Il s'agit, non d'en
rester là, mais de *ne pouvoir faire moins que de tendre désespérément
à cette limite.*
L'homme, qui s'intimiderait à tort de quelques monstrueux échecs
historiques, est encore libre de *croire* à sa liberté. Il est son maître,
en dépit des vieux nuages qui passent et de ses forces aveugles qui
butent. N'a-t-il pas le sens de la courte beauté dérobée et de l'ac-
cessible et longue beauté dérobable? La clé de l'amour, que le
poète disait avoir trouvée, lui aussi qu'il cherche bien : il l'a. Il ne
tient qu'à lui de s'élever au-dessus du sentiment passager de vivre
dangereusement et de mourir. Qu'il use, au mépris de toutes les
prohibitions, de l'arme vengeresse de l'*idée* contre la bestialité de
tous les êtres et de toutes les choses et qu'un jour, vaincu — mais
vaincu seulement *si le monde est monde —*, il accueille la décharge de
ses tristes fusils comme un feu de salve.

*Plusieurs de ceux qu'André Breton avait pris pour cibles, et quelques
autres, firent paraître après la publication du* Second Manifeste *un*

1. Aussi bien, Breton récusera, dans une préface aux rééditions d'après-guerre du
Second Manifeste, la violence de ses jugements sur Bataille et d'autres.

pamphlet intitulé — à la manière de la feuille qu'avaient publiée les surréa-
listes à la mort d'Anatole France — Un cadavre; *avec un portrait du*
leader du surréalisme représenté les yeux fermés et couronné d'épines,
tandis qu'une douzaine d'articles, notes et témoignages énuméraient ses
méfaits...
Ni Breton ni le surréalisme ne moururent de ces obsèques précipitées. De
nouveaux noms étaient apparus dans la Révolution surréaliste *n° 12 :*
René Char, Salvador Dali, Luis Buñuel — Dali et Buñuel reconnais-
saient leur dette envers le surréalisme dans leur notice de présentation du
scénario du film : Un chien andalou. *Ce n° 12 comporte encore des*
pensées illustrées, pleines d'humour, de René Magritte : « Les mots et les
images », deux courts textes de Francis Picabia et, de Tristan Tzara, des
extraits de son grand poème « L'homme approximatif » :

. . . .

nous allions dans les landes adoucies par l'attention
doucement attentifs aux cahots monotones des phénomènes
que l'ingrat exercice de l'infini imprimait aux blocs de connais-
    sance
mais l'écailleuse structure des opinions éparses
sur la moite infinité de diadèmes — les champs —
dédaigne des vérités la pulpe sensible
d'une prompte faveur de supplice avivée

les haches cognaient dans des rires alezans
et les disques des heures volaient à l'attaque
éclataient dans la tête des troupeaux aériens
c'était nos raisons en jachère qui endiguaient leur diaphane
    turbulence
et les trajets noueux qu'ils traçaient temporels
s'incarnaient tentaculaires dans la contrainte du lierre
. . . .

taillée est désormais la proue des remparts selon la figure de nage
mais maintenant les yeux guident le cyclone
hautaine ténébreuse intention
et sur mer jusqu'à la limite des veillées d'oiseau
le vent tousse jusqu'à la limite où se décharge la mort
des cataractes prométhéennes d'échos tonnent dans nos consciences
    engourdies
c'est souffrir quand la terre se souvient de vous et vous secoue
battu chien de village et pauvre tu erres
reviens sans cesse au point de départ inconsolé avec le mot
une fleur au coin de la bouche une fleur phtisique chahutée par
    l'âpre nécropole
des tonnes de vent se sont déversées dans la sourde citadelle de la
    fièvre

une quille à la merci d'un élan étourdi que suis-je
un point de départ inconsolé auquel je reviens fumant le mot au
    coin de la bouche
une fleur battue par la rugueuse fièvre du vent
et rocailleux dans mes vêtements de schiste j'ai voué mon attente
au tourment du désert oxydé
au robuste avènement du feu
. . . .

« *Introduction à 1930* », *article de Louis Aragon, considère « le moder-*
nisme » comme un symptôme — ainsi la tendance orientaliste au siècle passé
était un symptôme et la Grèce de Byron, « un cadre à parabole »; ou, plus
tard, l'intérêt qu'éveillèrent au début du siècle certaines formes de publi-
cité commerciale. Dada enfin fut un symptôme, et davantage :

. . . . Plusieurs signes annonçaient Dada, et l'on commence à voir
de nos jours ce que cette grande convulsion intellectuelle aura
vraiment détruit, ce qu'elle aura rendu définitivement impossible,
et comment elle a été un moment de ce devenir moderne dont
nous parlons, et un moment décisif de ce devenir. Certes c'est le
propre de l'homme de vieillir et de s'y refuser. Il faut alors qu'une
sorte de fatalité s'abatte sur lui et le balaye. Ce fut le rôle de Dada
pour ses devanciers. On était à l'époque où le cubisme admis et
commercialisé ne comportait plus aucune idée nouvelle, ne remet-
tait plus rien en question. Le débat pour lequel en 1910 on pouvait
se passionner aboutissait dans le décor des ballets russes à une
sorte de faveur officielle dont la trace serait retrouvable dans les
décrets gouvernementaux de 1919, et les instructions ministérielles
officieusement données aux fabricants du faubourg Saint-Antoine
de travailler à l'avènement d'un style moderne en vue de l'exposition de 1925. Il est certain que depuis dix années cette complaisance que Dada sut retarder (au premier vendredi de *Littérature*,
il fallait voir la colère de Juan Gris parce que l'on avait eu tant de
mal pour se faire prendre au sérieux, et que voilà, tout était à
recommencer!), il est certain que cette complaisance n'a fait que
croître et que le signe distinctif de ces dernières années est la stupide bonne volonté d'un public, le sourire averti. Cette apathie
entraîne une transformation d'attitude de la part de ceux qui la
rencontrent, dont tout l'effet n'est pas encore possible à réaliser.
Nous sommes très loin de nos jours des considérations d'Apollinaire sur la surprise, considérations qui rendirent alors admirablement compte du moderne de leur contemporain. En 1929, la plus
belle surprise du monde, si elle n'est que surprise, son sort
n'aura rien de surprenant : les snobs sont là, et c'est peu dire, et
peut-être encore user d'un vocabulaire d'avant-hier, car mainte-

nant tout le monde est snob, tout le monde sait, le monde dont
la voix se fait entendre et consacre les succès de bon aloi. C'est
à Dada que je rends ici hommage, car du temps de ce mouvement
au moins, l'art rendu impossible n'était pas une entreprise de
jouets pour gens riches. Le procès que menait Dada ne pouvait
se poursuivre, ses contradictions devaient donner naissance à
autre chose. La poussée d'éléments nouveaux et d'idées qui tendaient à s'imposer à l'attention aux dépens des autres transfi-
gura la modernité des années qui suivirent.

Cet article est écrit pour le n° 12 de *la Révolution surréaliste,* qui
termine une sorte d'année mentale qui dura cinq ans. La collection
de cette revue reflète mieux que je ne pourrais le faire l'évolution
du moderne pendant cette période. On aimerait à en voir la critique faite par quelqu'un qui sache dominer cette question. L'irré-
gularité de parution de cette revue traduit toute une vie intellectuelle manifestée à des intervalles de longueur apparemment
arbitraire, nous donne notion d'une série de crises idéologiques,
et d'écarts de pittoresque. Chaque numéro résume ce qui a pu
réunir quelques hommes à la date qu'il porte, il a une valeur
de résultante. Je ne puis qu'y renvoyer les esprits capables d'analyse. Qu'il me suffise pour établir d'une formule les rapports du
surréalisme et du modernisme, de faire remarquer les ressem-
blances qui unissent la modernité et ce qu'on a appelé la surréalité.
Que l'on se reporte à la définition que je donnais de la modernité,
le dernier membre de celle-ci qui qualifie les objets modernes
« dont on vient de découvrir un emploi nouveau qui dépasse celui
qu'on leur connaissait au point de faire qu'on l'oublie » n'est-il
pas descriptif du mouvement même qui, niant la réalité d'un objet,
dépasse cette négation et la concilie avec son affirmation dans la
surréalité? Par là, on conçoit que le surréalisme ne soit pas
attaché à un moderne précis comme le furent le cubisme ou le
futurisme par exemple, mais que méthodiquement il s'exprime à
travers le moderne de son époque. C'est ce qui permet de parler
du surréalisme chez tel ou tel qui n'ont pas connu le mot et qui
vivaient n'importe quand. On a reproché aux surréalistes de se
chercher des ancêtres. Ce grief primaire donne une idée de la
façon dont se traduisent pour des têtes un peu faibles, des considérations qui dépassent le cadre expérimental qui leur est coutu-
mier. On se contentera de remarquer encore que de tous ces prétendus ancêtres, il n'en est pas un auquel le nom de moderniste
ne puisse être appliqué. . . .

*« Qu'est-ce qui est moderne aujourd'hui? » demande en conclusion Aragon.
Sa réponse, en 1929 : le modernisme n'est plus entre les mains des poètes;
ce qui caractérise l'époque, affirme-t-il, c'est la police, c'est le contrôle*

policier sur les expressions intellectuelles et sur la vie même, collective et individuelle. Et il ajoute :

. . . . J'appelle tout ce qui hait le mouchard à mon aide. Puisqu'il est le symbole d'aujourd'hui, puisque c'est vers lui qu'aujourd'hui se tourne, rappelez-vous que le moderne est le point névralgique de la conscience d'une époque. Ne vous réfugiez pas devant le flic dans l'oubli du flic. Pas de fuite et moins encore de retraite au cœur du monde. Vous avez à nier ceci, mais non pas en détournant la tête. Cela est, que cela ne soit plus. Accepterez-vous d'avoir été des hommes au temps où régnaient les bourres? Accepterez-vous que tout ce que vous aimez n'apparaisse à l'avenir que dans une perspective commandée par une matraque et que tout ce qui est votre vie, votre pensée et votre force soit, un jour qui viendra, regardé par les gens comme un peu trop chiappe, et le nom n'y fait rien?
Je pose cette question à ceux qui peuvent y répondre.

D'autres articles (Jean Koppen, Georges Sadoul, André Thirion, Maxime Alexandre) dénoncent de leur côté l'armée, la religion, le travail, l'argent, et Benjamin Péret apporte sa contribution à cette offensive contre de tels signes « modernes », avec de scandaleux poèmes, tel celui-ci (reproduit ensuite dans le recueil Je ne mange pas de ce pain-là)[1] :

Hymne des anciens combattants patriotes

Regardez comme je suis beau
J'ai chassé la taupe dans les Ardennes
pêché la sardine sur la côte belge
Je suis un ancien combattant
Si la Marne se jette dans la Seine
c'est parce que je l'ai gagnée la Marne
S'il y a du vin en Champagne
c'est parce que j'y ai pissé
J'ai jeté ma crosse en l'air
mais les tauben m'ont craché sur la gueule
C'est comme ça que j'ai été décoré
Vive la république
J'ai reçu des pattes de lapin dans le cul
j'ai été aveuglé par des crottes de bique
asphyxié par le fumier de mon cheval
alors on m'a donné la croix d'honneur

---

1. T. I des *Œuvres complètes, op. cit.*

Mais maintenant je ne suis plus militaire
les grenades me pètent au nez
et les citrons éclatent dans ma main
Et pourtant je suis un ancien combattant
Pour rappeler mon ruban
Je me suis peint le nez en rouge
et j'ai du persil dans le nez
pour la croix de guerre
Je suis un ancien combattant
regardez comme je suis beau

Le douzième numéro de la Révolution surréaliste *se termine par une enquête sur l'Amour :*

Si une idée semble avoir échappé jusqu'à ce jour à toute entreprise de réduction et, loin d'encourir leur fureur, avoir tenu tête aux plus grands pessimistes, nous pensons que c'est l'idée d'*amour*, seule capable de réconcilier tout homme, momentanément ou non, avec l'idée de *vie*. … C'est de ceux qui ont véritablement conscience du *drame de l'amour* (non au sens puérilement douloureux mais au sens pathétique du mot) que nous attendons une réponse à ces quelques phrases d'enquête :

I.   Quelle sorte d'espoir mettez-vous dans l'amour?
II. Comment envisagez-vous le passage de l'*idée d'amour* au *fait d'aimer?* Feriez-vous à l'amour, volontiers ou non, le sacrifice de votre liberté? L'avez-vous fait? Le sacrifice d'une cause que jusqu'alors vous vous croyiez tenu de défendre, s'il le fallait, à vos yeux, pour ne pas démériter de l'amour y consentiriez-vous? Accepteriez-vous de ne pas devenir celui que vous auriez pu être si c'est à ce prix que vous deviez de goûter pleinement la certitude d'aimer? Comment jugeriez-vous un homme qui irait jusqu'à trahir ses convictions pour plaire à la femme qu'il aime? Un pareil gage peut-il être demandé, être obtenu?
III. Vous reconnaîtriez-vous le droit de vous priver quelque temps de la présence de l'être que vous aimez, sachant à quel point l'absence est exaltante pour l'amour, mais apercevant la médiocrité d'un tel calcul?
IV. Croyez-vous à la victoire de l'amour admirable sur la vie sordide ou de la vie sordide sur l'amour admirable?

Reproduites par la revue, les quelque cinquante réponses obtenues, précises ou évasives, se rencontrèrent en général pour écarter ou refuser le problème n° III.
Luis Buñuel émit une opinion parfaitement claire :

I. Si j'aime, tout l'espoir. Si je n'aime pas, aucun.
II. 1° Pour moi, n'existe que le fait d'aimer.
   2° Je ferais volontiers à l'amour le sacrifice de ma liberté. Je l'ai déjà fait.
   3° Je ferais par amour le sacrifice d'une cause, mais cela est à voir sur-le-champ.
   4° Oui.
   5° Je le jugerais très bien. Mais, malgré cela, je demanderais à cet homme de ne pas trahir ses convictions. J'irais même jusqu'à l'exiger.
III. Je ne voudrais pas me séparer de l'être aimé. A aucun prix.
IV. Je ne sais pas.

René Char fut concis et énigmatique :

Non, pas sur cette grande personne laborieuse que j'ai dépassée sans la reconnaître.

Paul Éluard :

I. L'espoir d'aimer toujours, quoi qu'il arrive à l'être que j'aime.
II. L'idée d'amour se plie trop pour moi au fait d'aimer pour que j'envisage le passage de l'une à l'autre. Et j'aime depuis ma jeunesse.
   J'ai longtemps cru faire à l'amour le douloureux sacrifice de ma liberté mais maintenant tout est changé : la femme que j'aime n'est plus inquiète ni jalouse, elle me laisse libre et j'ai le courage de l'être.
   La cause que je défends est aussi celle de l'amour.
   Un pareil gage demandé à un honnête homme ne peut que détruire son amour ou le mener à la mort.
III. La vie, en ce qu'elle a de fatal, entraîne toujours l'absence de l'être aimé, le délire, le désespoir.
IV. L'amour admirable tue.

D'une très longue réponse de Paul Nougé nous extrayons les passages suivants :

I. . . . . . L'amour, je répondrais alors que je n'en attends rien. Rien que l'on doive, à quelque titre que ce soit, tenir pour un effet, une conséquence, une résultante de cet amour; rien que l'on puisse nommer en dehors de lui. . . .
II. — 1° Le défaut d'adhérence entre l'idée et le fait prend ici la netteté d'un exemple. . . . 2° La possibilité d'une antinomie qui

opposerait, en quelque circonstance que ce fut, l'amour à la liberté, relève à mon sens d'un malentendu assez grossier où l'amour n'entre pas. . . . 3° Toute expérience me faisant ici défaut, à peine puis-je concevoir ce conflit, et seulement sous les traits douteux d'une abstraction qui a toute ma défiance. . . . 4° Ce que je suis, serai, ce que j'ai été, ce que je pourrais être — j'ai trop le sens, et il faut bien le dire, l'expérience de la révélation, de l'illumination, je me sens par trop incapable de juger, au regard d'une fin qui vaille, les circonstances de ma vie, mes avatars, pour qu'il me soit possible de distinguer, dans l'ordre ou le désordre de cette vie ce qui est de nature à en fausser, à en raffermir le sens véritable. . . . 5° . . . . Mais je crois que c'est encore abuser de l'amour que de le nommer ici. . . .

III. Si j'en venais à de semblables manœuvres dont, par ailleurs, j'imagine assez bien la portée et le charme, je sais qu'il me faudrait aussitôt mettre en question l'amour qu'elles engagent. Quant au mépris où je devrais ensuite me tenir...

IV. L'admirable dans l'amour auquel je crois est de tenir dans une vie quelconque, aussi sordide qu'on l'éprouve ou qu'on l'imagine.

Quant à André Breton, il demanda à son amie Suzanne Muzard une réponse aux questions que lui-même avait posées :

I. L'espoir de ne me reconnaître jamais aucune raison d'être en dehors de lui.

II. Le passage de l'idée d'amour au fait d'aimer? Il s'agit de découvrir un objet, le seul que je juge indispensable. Cet objet est dissimulé : on fait comme les enfants, on commence par être « dans l'eau », on « brûle ». Il y a un grand mystère dans le fait que l'on *trouve*. Rien n'est comparable au fait d'aimer, l'idée d'amour est faible et ses représentations entraînent à des erreurs. Aimer, c'est être sûre de soi. Je ne puis accepter que l'amour ne soit pas réciproque et, donc, que deux êtres qui s'aiment puissent penser contradictoirement sur un sujet aussi grave que l'amour. Je ne désire pas être libre, ce qui ne comporte aucun sacrifice de ma part. L'amour tel que je le conçois n'a pas de barrière à franchir ni de cause à trahir.

III. Si j'arrivais à calculer, je serais trop inquiète pour oser prétendre que j'aime.

IV. Je vis. Je crois à la victoire de l'amour admirable.

Breton eût sans doute souhaité une réponse plus développée mais il n'hésita pas à faire sienne celle de Suzanne en y ajoutant cette phrase :

Aucune réponse différente de celle-ci ne pourrait être tenue pour la mienne.

Jacques Prévert ne publia rien au cours de sa fréquentation des surréalistes, ni même avant de faire leur connaissance. Le premier texte qu'il fit paraître fut la note extrêmement ironique concernant Breton, qu'on put lire dans le deuxième Cadavre. *Pourtant les poèmes qu'il composa par la suite participent de l'atmosphère surréaliste de dépaysement, de révolte et d'humour, avec une note spécifique de gai « nonsense », ainsi dans la fameuse « Pêche à la baleine » :* [1]

La pêche à la baleine

A la pêche à la baleine, à la pêche à la baleine,
Disait le père d'une voix courroucée
A son fils Prosper, sous l'armoire allongé,
A la pêche à la baleine, à la pêche à la baleine,
Tu ne veux pas aller,
Et pourquoi donc?
Et pourquoi donc que j'irais pêcher une bête
Qui ne m'a rien fait, papa,
Va la pépé, va la pêcher toi-même
Puisque ça te plaît,
J'aime mieux rester à la maison avec ma pauvre mère,
Et le cousin Gaston.
Alors dans sa baleinière le père tout seul s'en est allé
Sur la mer démontée...
Voilà le père sur la mer
Voilà le fils à la maison
Voilà la baleine en colère,
Et voilà le cousin Gaston qui renverse la soupière
La soupière au bouillon.
La mer était mauvaise,
La soupe était bonne.
Et voilà sur sa chaise Prosper qui se désole :
A la pêche à la baleine, je ne suis pas allé,
Et pourquoi donc que j'y ai pas été?
Peut-être qu'on l'aurait attrapée,
Alors j'aurais pu en manger.
Mais voilà la porte qui s'ouvre, et ruisselant d'eau
Le père apparaît hors d'haleine,
Tenant la baleine sur son dos.
Il jette l'animal sur la table, une belle baleine aux yeux bleus,

---

1. Extrait de Jacques Prévert, *Paroles* © Éditions Gallimard.

Une bête comme on en voit peu,
Et dit d'une voix lamentable :
Dépêchez-vous de la dépecer,
J'ai faim, j'ai soif, je veux manger.
Mais voilà Prosper qui se lève,
Regardant son père dans le blanc des yeux,
Dans le blanc des yeux bleus de son père,
Bleus comme ceux de la baleine aux yeux bleus :
Et pourquoi donc que je dépècerais une pauvre bête qui ne m'a
    rien fait?
Tant pis, j'abandonne ma part.
Puis il jette le couteau par terre,
Mais la baleine s'en empare, et se précipitant sur le père
Elle le transperce de part en part.
Ah, ah, dit le cousin Gaston,
Ça me rappelle la chasse, la chasse aux papillons.
Et voilà
Voilà Prosper qui prépare les faire-part,
La mère qui prend le deuil de son pauvre mari
Et la baleine, la larme à l'œil contemplant le foyer détruit,
Soudain elle s'écrie :
Et pourquoi donc j'ai tué ce pauvre imbécile,
Maintenant les autres vont me pourchasser en moto-godille
Et puis ils vont exterminer toute ma petite famille,
Alors, éclatant d'un rire inquiétant,
Elle se dirige vers la porte et dit
A la veuve en passant :
Madame, si quelqu'un vient me demander,
Soyez aimable et répondez :
La baleine est sortie,
Asseyez-vous,
Attendez là,
Dans une quinzaine d'années, sans doute elle reviendra...

D'incessants jeux de mots transforment lieux communs ou expressions argo-
tiques en propositions étranges et parfois menaçantes. L'extrait suivant [1]
appartient à un long texte, de la même époque que le précédent :

Souvenirs de famille
ou l'Ange garde-chiourme

. . . . L'abbé, c'était un homme en robe avec des yeux très mous et
de longues mains plates et blêmes; quand elles remuaient, cela faisait assez penser à des poissons crevant sur une pierre d'évier. Il

---

1. De *Paroles, op. cit.*

nous lisait toujours la même histoire, triste et banale histoire d'un homme d'autrefois qui portait un bouc au menton, un agneau sur les épaules et qui mourut cloué sur deux planches de salut, après avoir beaucoup pleuré sur lui-même dans un jardin, la nuit. C'était un fils de famille, qui parlait toujours de son père — mon père par-ci, mon père par-là, le Royaume de mon père, et il racontait des histoires aux malheureux qui l'écoutaient avec admiration, parce qu'il parlait bien et qu'il avait de l'instruction.

Il dégoitrait les goitreux et, lorsque les orages touchaient à leur fin, il étendait la main et la tempête s'apaisait.

Il guérissait aussi les hydropiques, il leur marchait sur le ventre en disant qu'il marchait sur l'eau, et l'eau qu'il leur sortait du ventre il la changeait en vin; à ceux qui voulaient bien en boire il disait que c'était son sang.

Assis sous un arbre, il parabolait : « Heureux les pauvres d'esprit, ceux qui ne chercheront pas à comprendre, ils travailleront dur, ils recevront des coups de pieds au cul, ils feront des heures supplémentaires qui leur seront comptées plus tard dans le royaume de mon père. »

En attendant, il leur multipliait les pains, et les malheureux passaient devant les boucheries en frottant seulement la mie contre la croûte, ils oubliaient peu à peu le goût de la viande, le nom des coquillages et n'osaient plus faire l'amour.

. . . . Il laissait venir à lui les petits enfants; rentrés chez eux, ceux-ci tendaient à la main paternelle qui les fessait durement la fesse gauche après la droite, en comptant plaintivement sur leurs doigts le temps qui les séparait du royaume en question.

Il chassait les marchands de lacets du Temple : pas de scandale, disait-il, surtout pas de scandale, ceux qui frapperont par l'épée périront par l'épée... Les bourreaux professionnels crevaient de vieillesse dans leur lit, personne ne touchant un rond, tout le monde recevait des gifles, mais il défendait de les rendre à César.

Ça n'allait déjà plus tout seul, quand un jour le voilà qui trahit Judas, un de ses aides. Une drôle d'histoire : il prétendit savoir que Judas devait le dénoncer du doigt à des gens qui le connaissaient fort bien lui-même depuis longtemps, et, sachant que Judas devait le trahir, il ne le prévint pas.

Bref, le peuple se met à hurler Barabbas, Barabbas, mort aux vaches, à bas la calotte et, crucifié entre deux souteneurs dont un indicateur, il rend le dernier soupir, les femmes se vautrent sur le sol en hurlant leur douleur, un coq chante et le tonnerre fait son bruit habituel.

Confortablement installé sur son nuage amiral, Dieu le père, de la maison Dieu père fils Saint-Esprit et Cie, pousse un immense soupir de satisfaction, aussitôt deux ou trois petits nuages subalternes éclatent avec obséquiosité et Dieu père s'écrie : « Que je sois loué, que ma sainte raison sociale soit bénie, mon fils bien-aimé a la croix, ma maison est lancée ! »

Aussitôt il passa les commandes et les grandes manufactures de scapulaires entrent en transes, on refuse du monde aux catacombes et, dans les familles qui méritent ce nom, il est de fort bon ton d'avoir au moins deux enfants dévorés par les lions.

— Eh bien, eh bien, je vous y prends, petits saltimbanques, à rire de notre sainte religion. Et l'abbé qui nous écoutait derrière la porte arrive vers nous, huileux et menaçant.

Mais depuis longtemps ce personnage, qui parlait les yeux baissés en tripotant ses médailles saintes comme un gardien de prison ses clefs, avait cessé de nous impressionner et nous le considérions un peu comme les différents ustensiles qui meublaient la maison et que mon père appelait pompeusement « les souvenirs de famille » : les armoires provençales, les bains de siège, les poteaux-frontière, les chaises à porteurs et les grandes carapaces de tortue.

Ce qui nous intéressait, ce que nous aimions, c'était Costal l'Indien, c'était Sitting-Bull, tous les chasseurs de chevelures ; et quelle singulière idée de nous donner pour maître un homme au visage pâle et à demi scalpé. . . .

Prévert écrivit aussi des poèmes d'amour, petits contes simples et déchirants [1] :

Le message

La porte que quelqu'un a ouverte
La porte que quelqu'un a refermée
La chaise où quelqu'un s'est assis
Le chat que quelqu'un a caressé
Le fruit que quelqu'un a mordu
La lettre que quelqu'un a lue
La chaise que quelqu'un a renversée
La porte que quelqu'un a ouverte
La route où quelqu'un court encore
Le bois que quelqu'un traverse
La rivière où quelqu'un se jette
L'hôpital où quelqu'un est mort.

Pour toi mon amour

Je suis allé au marché aux oiseaux
Et j'ai acheté des oiseaux
Pour toi

1. Les deux poèmes qui suivent sont extraits de *Paroles, op. cit.*

mon amour
Je suis allé au marché aux fleurs
Et j'ai acheté des fleurs
Pour toi
mon amour
Je suis allé au marché à la ferraille
Et j'ai acheté des chaînes
De lourdes chaînes
Pour toi
mon amour
Et puis je suis allé au marché aux esclaves
Et je t'ai cherchée
Mais je ne t'ai pas trouvée
mon amour.

Sauf quelques textes parus dans des revues au cours des années trente-quarante, les poèmes de Prévert ne furent publiés qu'après la Seconde Guerre mondiale, dans le recueil Paroles *qui n'en devint pas moins un « best-seller », exploit remarquable, à notre époque, pour un livre de poésies.*

CINQUIÈME PARTIE

AU SERVICE
DE LA RÉVOLUTION

Chapitre XVII

Le surréalisme ASDLR

Juillet 1930, une nouvelle revue surréaliste apparaît, dont le titre : le Surréalisme au service de la révolution, *indiquait bien l'intention du groupe de poursuivre sa participation au vaste mouvement tendant à un changement radical de la société. En dépit des difficultés déjà rencontrées avec le parti communiste, les surréalistes jugeaient nécessaire d'en suivre la ligne politique : la première page de la revue reproduit le texte d'un télégramme adressé de Moscou aux surréalistes par le « Bureau international de littérature révolutionnaire », et la réponse de ces derniers :*

Question

BUREAU INTERNATIONAL LITTÉRATURE RÉVOLUTIONNAIRE PRIE RÉPONDRE QUESTION SUIVANTE LAQUELLE SERA VOTRE POSITION SI IMPÉRIALISME DÉCLARE GUERRE AUX SOVIETS STOP ADRESSE BOÎTE POSTALE 650 MOSCOU.

Réponse

CAMARADES SI IMPÉRIALISME DÉCLARE GUERRE AUX SOVIETS NOTRE POSITION SERA CONFORMÉMENT AUX DIRECTIVES TROISIÈME INTERNATIONALE POSITION DES MEMBRES DU PARTI COMMUNISTE FRANÇAIS.
SI ESTIMEZ EN PAREIL CAS UN MEILLEUR EMPLOI POSSIBLE DE NOS FACULTÉS SOMMES À VOTRE DISPOSITION POUR MISSION PRÉCISE EXIGEANT TOUT AUTRE USAGE DE NOUS EN TANT QU'INTELLECTUELS STOP VOUS SOUMETTRE SUGGESTIONS SERAIT VRAIMENT TROP PRÉSUMER DE NOTRE RÔLE ET DES CIRCONSTANCES
DANS SITUATION ACTUELLE DE CONFLIT NON ARMÉ CROYONS INUTILE ATTENDRE POUR METTRE AU SERVICE DE LA RÉVOLUTION LES MOYENS QUI SONT PLUS PARTICULIÈREMENT LES NÔTRES.

Utilisant une mise en pages sur une, deux ou trois colonnes qui permettait de séduisants arrangements typographiques et un contact visuel entre articles de fond et chroniques, le Surréalisme ASDLR *reprit l'attitude de protestation de* la Révolution surréaliste, *dénonçant derechef toutes attaques contre la liberté, qu'elles vinssent de la police, de la justice, de la presse ou de l'armée, instruments de la domination du pouvoir bourgeois. Des notes de Péret, d'Éluard, de Crevel mettaient l'accent sur les mesures de répression dans le monde capitaliste, dans les colonies, et principalement, en ce temps-là, en Indochine. Les communistes n'étaient pas épargnés lorsque leurs démarches paraissaient dangereuses ou équivoques, et le problème se posa une fois de plus du conflit entre les plus intimes passions de l'homme et ses convictions sociales. Dans le n° 1 de la nouvelle revue, un texte d'André Breton[1] portait comme titre la phrase d'adieu du poète Maïakovski qu'il écrivit avant son suicide à Moscou en juin 1929 : « La barque de l'amour s'est brisée contre la vie courante », lorsque, a-t-on dit, la possibilité lui fut refusée par les autorités soviétiques de rejoindre à l'étranger la femme qu'il aimait, qui n'était pas communiste. Breton ne mentionne pas cette version des faits mais tout son article se réfère, à propos du destin du poète russe, à la contradiction qui peut s'élever entre l'amour éprouvé par un individu et ce qu'il considère comme son devoir révolutionnaire. Si le suicide de Maïakovski semble une tragique réponse (anticipée) à l'enquête sur l'Amour dans* la Révolution surréaliste *en décembre 1929, au problème de l'Amour et de la Révolution, et l'on peut penser que c'est précisément ce suicide qui détermina l'enquête en question, l'article de Breton constitue aussi une réponse : l'Amour est le choix légitime, ou tout simplement fatal.*

. . . . Fragiles représentations, ne le nions pas, nous ne sommes pas assez vieux, que celles d'un monde socialement plus tolérable à l'édification duquel nous aurons contribué — quand nous n'y serons plus. Il n'est rien là qui ne se résolve, momentanément du moins, dans la folie d'un baiser, du baiser échangeable par un homme avec la femme qu'il aime et avec cette seule femme . . . . Maïakovski, de son vivant, n'y a rien pu, je n'y pourrai rien : il y a des seins trop jolis. . . .

C'est à cette époque que Luis Buñuel montra son second film : l'Age d'or, *dont le thème fut celui du combat de l'Amour contre les conventions de ce monde — ici, le monde bourgeois dans son « âge d'or ». Le film fut présenté en novembre 1930 dans un cinéma d'avant-garde, le* Studio 28 *à Paris. Le programme établi à cette occasion comportait cette déclaration de Salvador Dali, coauteur du scénario avec Buñuel :*

Mon idée générale en écrivant avec Buñuel le scénario de *l'Age d'or* a été de présenter la ligne droite et pure de « conduite » d'un être qui poursuit l'amour à travers les ignobles idéaux humanitaire, patriotique et autres misérables mécanismes de la réalité.

---

1. Reproduit dans *Point du jour, op. cit.*

Cette note était suivie d'un résumé du film :

Des scorpions vivent dans les rochers. Grimpé sur un de ces rochers, un bandit avise un groupe d'archevêques qui chantent assis dans un paysage minéral. Le bandit court annoncer à ses amis la présence tout près d'eux des Majorquins * (ce sont les archevêques). Arrivé dans sa cabane, il trouve ses amis dans un étrange état de faiblesse et de dépression. Ils prennent les armes et sortent tous à l'exception du plus jeune qui ne peut plus même se lever. Ils se mettent à marcher parmi les rochers; mais, les uns après les autres, n'en pouvant plus, tombent à terre. Alors, le chef des bandits s'affaisse sans espoir. Du lieu où il est, il entend le bruit de la mer et aperçoit les Majorquins qui, maintenant, sont à l'état de squelettes disséminés entre les pierres.

Une énorme caravane maritime touche la côte à cet endroit abrupt et désolé. La caravane se compose de curés, de militaires, de nonnes, de ministres et de diverses gens en civil. Tous se dirigent vers l'endroit où reposent les restes des Majorquins. A l'imitation des autorités qui composent le cortège, la foule se découvre.

Il s'agit de fonder la Rome impériale. On en pose la première pierre, quand des cris perçants détournent l'attention générale. Dans la boue, à deux pas, un homme et une femme luttent amoureusement. On les sépare, on frappe l'homme et des policiers l'entraînent.

Cet homme et cette femme seront les protagonistes du film. L'homme, grâce à un document qui révèle sa haute personnalité et l'importante mission humanitaire et patriotique que le gouvernement lui a confiée, est bientôt remis en liberté. A partir de ce moment, toute son activité se tourne vers l'amour. Au cours d'une scène d'amour inaccomplie présidée par la violence des actes manqués, le protagoniste est appelé au téléphone par le haut personnage qui l'a chargé de la responsabilité de la mission humanitaire en question. Ce ministre l'accuse. Parce qu'il a abandonné sa tâche, des milliers de vieillards et d'enfants innocents ont péri. Cette accusation, le protagoniste du film l'accueille avec des injures et, sans plus en entendre, revient aux côtés de la femme aimée au moment où un très inexplicable hasard réussit, plus définitivement encore, à la séparer de lui. Par la suite on le voit jeter par une fenêtre un sapin en flammes, un énorme instrument agricole, un archevêque, une girafe, des plumes. Tout cela à l'instant précis où les survivants du château de Selligny en franchissent le pont-levis couvert de neige. Le comte de Blangis est évidem-

---

* Majorquins : habitants de l'île de Majorque (Espagne).

ment Jésus-Christ. Ce dernier épisode est accompagné d'un paso-
doble *.

*Signée collectivement par les surréalistes [1], une longue préface de présen-
tation débutait ainsi :*

L'ÂGE D'OR

Le mercredi 12 novembre 1930 et les jours suivants devant quotidiennement prendre place dans une salle de spectacle plusieurs
centaines de personnes guidées vers ce lieu par des aspirations
très diverses, fortement contradictoires, allant, comme sur une
échelle plus vaste, des meilleures aux pires, ces personnes en général ne se connaissant pas, et même, du point de vue social, tenant
aussi peu que possible les unes aux autres, mais se conjurant,
qu'elles le veuillent ou non par la vertu de l'obscurité, de l'aligne-
ment insensible et de l'heure qui, pour toutes, est la même, pour
faire aboutir ou échouer avec *l'Age d'or* de Buñuel, un des pro-
grammes maxima de revendications qui se soient proposés à la
conscience humaine jusqu'à ce jour, il sied peut-être, mieux que de
s'abandonner au délice de voir enfin transgressées au suprême
degré les lois décourageantes qui passaient pour rendre inoffensive
l'œuvre d'art sous laquelle il y a un cri et devant laquelle l'hypocrisie aidant on s'efforce de ne reconnaître, sous le nom de beauté,
qu'un bâillon, il sied même certainement de mesurer avec quelque
rigueur l'envergure de cet oiseau de proie aujourd'hui totalement
inattendu dans le ciel qui baisse, dans le ciel occidental qui baisse :
l'Age d'or.
.... Bien qu'il suffise à peine, maintenant, qu'un livre, un tableau,
un film contienne en lui-même ses moyens d'agression propres à
décourager l'escroquerie, nous continuons malgré tout à penser
que la provocation est une précaution comme une autre et, sur ce
plan, rien ne manque à *l'Age d'or* pour décevoir quiconque espère
y trouver commodément sa pâture. ...

*Les différents chapitres de la préface : « L'instinct sexuel et l'instinct de
mort » — « C'est la mythologie qui change » — « Le don de violence » —
« L'amour et le dépaysement » — « Situation dans le temps » — « Aspect social,
éléments subversifs », commentaient les nombreux aspects d'une œuvre
consacrée à la cause de l'Amour liée à celle de la Révolution :*

---

* On voit encore dans ce film, entre autres détails, un aveugle maltraité, un
chien écrasé, un fils tué presque gratuitement par son père, une vieille dame
giflée, etc.
1. Maxime Alexandre, Aragon, André Breton, René Char, René Crevel, Salvador
Dali, Paul Éluard, Benjamin Péret, Georges Sadoul, André Thirion, Tristan
Tzara, Pierre Unik, Albert Valentin.

. . . . Buñuel a formulé une hypothèse sur la révolution et l'amour qui touche au plus profond de la nature humaine, par le plus pathétique des débats, et fixé à travers une profusion de bienfaisantes cruautés, ce moment unique où, les lèvres serrées, on suit la voix la plus éloignée, la plus présente, la plus lente, la plus pressante, jusqu'au hurlement si fort qu'à peine on peut l'entendre :
AMOUR... Amour... Amour... Amour...

La série des représentations de l'Age d'or *fut brève. La réponse à ses images provocantes vint de bandes fascistes, les « Camelots du Roi » du journal* l'Action française *et une « Ligue antijuive », qui mirent à sac les locaux du* Studio 28 *et détruisirent la plupart des œuvres exposées dans le hall du cinéma : peintures, sculptures, dessins par* Arp, Dali, Miró, Man Ray, Tanguy. *Après quoi Chiappe, le préfet de police, interdit le film comme « générateur de désordres ».*
Buñuel a maintenu tout au long de sa carrière d'auteur et de metteur en scène la même attitude rigoureuse sur les problèmes de la liberté, de la révolution, de l'amour. Chez lui le sentiment antireligieux exclut toutes contorsions apologétiques, qu'il s'agisse de la brève mais dévastatrice caricature de la « Cène » dans Viridiana *ou du faux miracle de Jésus à la fin de* la Voie lactée. *Servie, dans le médium cinématographique, par une virtuosité technique qui se fonde sur une nouveauté de moyens simples et efficaces, l'irrépressible passion emporte dans ses films femmes et hommes au-delà de la morale, ou de l'antimorale; elle règne suprême dans le rêve de* Los Olvidados *et dans la rêverie de* Subido el Cielo, *dans les obsessions de* El, *le masochisme de* Nazarin, *la nymphomanie de* Belle de jour, *etc. Que Luis Buñuel soit un poète surréaliste se révèle encore avec sa description d'un remarquable objet, imaginaire mais parfaitement réalisable, parue au n° 6 du* Surréalisme ASDLR *(mai 1933).*

Une girafe

Cette girafe, de grandeur naturelle, est une simple planche de bois découpée en forme de girafe et qui offre une particularité qui la différencie du reste des animaux du même genre fabriqués en bois. Chaque tache de sa peau, qui, à trois ou quatre mètres de distance, n'offre rien d'anormal, est en réalité constituée soit par un couvercle que chaque spectateur peut très facilement ouvrir en le faisant tourner sur un petit gond invisible placé dans un de ses côtés, soit par un objet, soit par un trou laissant apparaître le jour — la girafe n'a que quelques centimètres d'épaisseur —, soit par une concavité contenant les différents objets qu'on détaille dans la liste ci-dessous.
Il est à remarquer que cette girafe ne prend véritablement son sens

que lorsqu'elle est entièrement réalisée, c'est-à-dire, quand chacune de ses taches remplit la fonction à laquelle elle est destinée. Si cette réalisation est *très dispendieuse* elle n'en reste, pour cela, pas moins possible.

TOUT EST ABSOLUMENT RÉALISABLE.

Pour cacher les objets qui doivent se trouver derrière l'animal, il faudra placer celui-ci devant un mur noir de dix mètres de hauteur sur quarante de longueur. La surface du mur doit être intacte. Devant ce mur il faudra entretenir un jardin d'asphodèles dont les dimensions seront les mêmes que celles du mur.

CE QUI DOIT SE TROUVER
DANS CHAQUE TACHE DE LA GIRAFE

Dans la première : L'intérieur de la tache est constitué par un petit mécanisme assez compliqué ressemblant beaucoup à celui d'une montre. Au milieu du mouvement des roues dentées, tourne vertigineusement une petite hélice. Une légère odeur de cadavre se dégage de l'ensemble. Après avoir quitté la tache, prendre un album qui doit se trouver par terre aux pieds de la girafe. S'asseoir dans un coin du jardin et feuilleter cet album qui présente des dizaines de photos de très misérables et toutes petites places désertes. Ce sont de vieilles villes castillanes : Alba de Tormes, Soria, Madrigal de las Altas Torres, Orgaz, Burgo de Osma, Tordesillas, Simancas, Sigüenza, Cadalso de los Vidrios et surtout Toledo.

Dans la deuxième : A condition de l'ouvrir à midi, comme le précise l'inscription extérieure, on se trouve en présence d'un œil de vache dans son orbite, avec ses cils et sa paupière. L'image du spectateur se reflète dans l'œil. La paupière doit tomber brusquement, mettant fin à la contemplation.

Dans la troisième : En ouvrant cette tache on lit, sur un fond de velours rouge, ces deux mots :

AMERICO CASTRO [*]

Les lettres étant détachables, on pourra se livrer avec elles à toutes les combinaisons possibles.

Dans la quatrième : Il y a une petite grille, comme celle d'une prison. A travers la grille, on entend les sons d'un véritable *orchestre* de cent musiciens jouant l'ouverture des *Maîtres chanteurs.*

Dans la cinquième : Deux boules de billard tombent à grand fracas dès l'ouverture de la tache. A l'intérieur de celle-ci ne reste plus, debout, qu'un parchemin roulé, entouré d'une ficelle; le dérouler afin de pouvoir lire ce poème :

---

[*] Professeur à l'université de Madrid, ex-ambassadeur à Berlin.

A RICHARD CŒUR DE LION

« Du cœur à la cave, de la cave à la colline, de la colline à l'enfer, au sabbat d'agonies de l'hiver.

« Du chœur au sexe de la louve qui fuyait dans la forêt sans temps du Moyen Age.

« *Verba vedate sunt fodilo en culo et puto gafo* c'était le tabou de la première cabane dressée dans le bois infini, c'était le tabou de la déjection de la chèvre d'où sortirent les foules qui élevèrent les cathédrales.

« Les blasphèmes flottaient dans les marécages, les tourbes tremblaient sous le fouet des évêques de marbre mutilés, on employait les sexes féminins pour mouler des crapauds.

« Avec le temps reverdissaient les religieuses, de leurs côtés secs poussaient des branches vertes, les incubes leur faisaient de l'œil tandis que les soldats pissaient dans les murs du couvent et que les siècles grouillaient dans les plaies des lépreux.

« Des fenêtres, pendaient des grappes de nonnes sèches qui produisaient, à l'air du tiède vent printanier, une suave rumeur d'oraison. »

Dans la sixième : La tache traverse de part en part la girafe. On contemple alors le paysage à travers le trou; à une dizaine de mètres, ma mère — Mᵐᵉ Buñuel —, habillée en blanchisseuse, est agenouillée devant un petit ruisseau en train de laver le linge. Quelques vaches derrière elle.

Dans la septième : Une simple toile de vieux sac salie de plâtre.

Dans la huitième : Cette tache est légèrement concave et se trouve couverte de poils très fins, frisés, blonds, pris au pubis d'une jeune adolescente danoise aux yeux bleus très clairs, potelée de corps, à la peau brûlée par le soleil, de toute innocence et candeur. Le spectateur devra souffler suavement sur les poils.

Dans la neuvième : A la place de la tache on découvre un gros papillon nocturne obscur, avec la tête de mort entre les ailes.

Dans la dixième : A l'intérieur de la tache une appréciable quantité de pâte à pain. On est tenté de la pétrir entre ses doigts. Des lames de rasoir très bien dissimulées mettront en sang les mains du spectateur.

Dans la onzième : Une membrane en vessie de porc remplace la tache. Plus rien. Prendre la girafe et la transporter en Espagne pour la placer au lieu-dit « Masara del Vicario », à 7 km de Calanda, au sud de l'Aragon, la tête dirigée vers le nord. Crever d'un coup de poing la membrane et regarder par le trou. On verra une maisonnette très pauvre, blanchie à la chaux, au milieu d'un paysage désertique. Un figuier est placé à quelques mètres de la porte, en

avant. Au fond, des montagnes pelées et des oliviers. Un vieux laboureur sortira peut-être, à cet instant, de la maison, pieds nus.
Dans la douzième : Une très belle photo de la tête du Christ couronné d'épines mais RIANT AUX ÉCLATS.
Dans la treizième : Au fond de la tache une très belle rose plus grande que nature fabriquée avec des pelures de pommes. L'androcée est en viande saignante. Cette rose deviendra noire quelques heures après. Le lendemain pourrira. Trois jours plus tard, sur les restes apparaîtra une légion de vers.
Dans la quatorzième : Un trou noir. On entend ce dialogue chuchoté avec une grande angoisse :
   Voix de femme : « Non, je t'en supplie, ne gèle pas. »
   Voix d'homme : « Si, il le faut. Je ne pourrais pas te regarder en face. » *(On entend le bruit de la pluie.)*
   Voix de femme : « Je t'aime tout de même, je t'aimerai toujours, mais ne gèle pas. NE... GÈLE... PAS. »
   (Pause.)
   Voix d'homme (très bas, très doux) : « Mon petit cadavre... » *(Pause. On entend un rire étouffé.)*
Une lumière très vive se fait brusquement à l'intérieur de la tache. A cette lumière, on voit quelques poules qui picorent.
Dans la quinzième : Une petite fenêtre à deux battants construite à l'imitation parfaite d'une grande. Il en sort tout à coup une épaisse bouffée de fumée blanche, suivie, quelques secondes plus tard, d'une explosion éloignée. (Fumée et explosion doivent être comme celles d'un canon, vues et entendues à quelques kilomètres de distance.)
Dans la seizième : En ouvrant la tache on voit à deux ou trois mètres une *Annonciation* de Fra Angelico, très bien encadrée et éclairée, mais dont l'état est pitoyable : déchirée à coups de couteau, gluante de poix, la figure de la vierge soigneusement souillée avec des excréments, les yeux crevés par des aiguilles, le ciel portant en caractères très grossiers l'inscription : A BAS LA MÈRE DU TURC.
Dans la dix-septième : Un jet de vapeur très puissant jaillira de la tache au moment de son ouverture et aveuglera affreusement le spectateur.
Dans la dix-huitième : L'ouverture de la tache provoque la chute angoissante des objets suivants : aiguilles, fil, dé, morceaux d'étoffe, deux boîtes d'allumettes vides, des grains de Vals, une montre carrée, un morceau de bougie, un jeu de cartes très vieux, quelques boutons, des flacons vides, une poignée de porte, une pipe cassée, deux lettres, des appareils orthopédiques et quelques araignées vivantes. Le tout s'éparpille de la manière la plus inquiétante. (Cette tache est la seule qui symbolise la mort.)
Dans la dix-neuvième : Une maquette de moins d'un mètre carré

derrière la tache, représentant le désert du Sahara sous une lumière écrasante. Couvrant le sable, cent mille petits maristes en cire, le tablier blanc se détachant sur la soutane. A la chaleur, les maristes fondent peu à peu. (Il faudra avoir plusieurs millions de maristes de réserve.)

Dans la vingtième : On ouvre cette tache. Rangés sur quatre planches on voit douze petits bustes en terre cuite, représentant Mme ... *, merveilleusement bien faits et ressemblants malgré leurs dimensions d'environ deux centimètres. A la loupe on constatera que les dents sont faites en ivoire. Le dernier petit buste a toutes les dents arrachées.

L'Age d'or et ses tendances sadistes appartient à une période où les recherches de Maurice Heine, ami et collaborateur des surréalistes, amenèrent la découverte de plusieurs textes importants du marquis de Sade. Maurice Heine (mort en 1940) joua un rôle de premier plan pour libérer la mémoire de Sade du cachot intellectuel des auteurs « obscènes » et pour placer cet écrivain à son véritable rang de poète et moraliste révolutionnaire. Dans le n° 2 du Surréalisme ASDLR *Heine publia la* Lettre du 4 octobre 1779, *souvent citée depuis, et au n° 5 (mai 1933) il commenta les « Petites feuilles », cent onze notes rédigées par Sade pour la* Nouvelle Justine, *lesquelles, étant donné leur liberté de ton, durent être imprimées à part sur feuilles volantes. Dans le n° 4 (décembre 1931), Maurice Heine avait fait paraître la « Pensée » suivante où Sade expose les fondements de sa philosophie et de sa morale.*

Pensée

Dieu est absolument pour l'homme ce que sont les couleurs pour un aveugle de naissance, il lui est impossible de se les figurer ; mais vous dit-on a cela, cependant ces couleurs existent, ainsi si cet aveugle ne se les figure pas, c'est faute de sens mais non faute d'existence de la chose, de meme si l'homme ne comprend pas dieu, c'est faute de sens, mais non faute de la certaine existence de cet etre. Et voila precisement ou git le sophisme, le nom et les proprietes ou differences de ces couleurs ne sont que des choses de conventions, dependantes de la necessité ou nos sens nous ont mis de les différencier, mais leur existence est frivole, cest a dire quil est tres frivole de decider qu'un ruban teint de couleur brune, soit effectivement brun, il n'y a de reel a cela que nos conventions, dieu est de meme, il ne se présente absolument a notre imagination, que comme la couleur se peut au cerveau des aveugles, cest a dire, comme une chose que l'on lui dit etre, mais dont rien ne prouve la realité, et qui par consequent peut fort bien ne pas etre, ainssi

---

* Je ne puis révéler ce nom.

lorsque vous presentés un ruban a un aveugle en l'assurant quil est brun, non seulement vous ne lui donnes aucune idée, mais meme vous ne lui dites rien quil ne puisse nier sans que vous ayies et puissies avoir d'armes pour le convaincre, de meme lors que vous parles de dieu a l'homme; non seulement vous ne lui donnes aucune idée, mais meme vous n'aportes a son imagination qu'une chose quil peut nier, combatre, ou detruire sans que vous ayies le plus petit argument reel a employer pour le persuader. Dieu n'existe donc pas plus pour l'homme que les couleurs pour l'aveugle de naissance, l'homme est donc aussi en droit d'affirmer quil n'y a pas de dieu, que l'aveugle l'est d'assurer quil n'y a point de couleurs car les couleurs ne sont point une chose reelle, mais seulement une chose de convention, et toutes les choses de convention ne peuvent aquerir de realité sur l'esprit de l'homme qu'autant quelles affectent ses sens et quelles peuvent en etre comprises, une chose peut donc pourtant etre reelle, aux yeux de tous les hommes, doués de leurs cinq sens, et devenir douteuse et meme nulle pour celui qui est privé du sens necessaire a la concevoir mais la chose, absolument incomprehensible, ou absolument impossible a apercevoir des sens, devient nulle, et aussi nulle que la couleur le devient pour l'aveugle, donc si la couleur est nulle p^r l'aveugle parcequil n'a pas le sens necessaire a l'adopter, de meme dieu est nul pour l'homme puisqu aucun de ses sens ne sçauroit l'apercevoir et ce dieu alors n'a donc plus comme la couleur, qu'une existence de convention mais en elle meme aucune realité; . . . . eu egard a cette belle chimere quon qualifie du nom de dieu, nous sommes cette societé d'aveugles, nous nous sommes figuré une chose que nous avons cru necessaire, mais qui n'a d'autre existance que le besoin que nous avons eu de la creer. Tous les principes de la morale humaine, s'anneantiroient de meme, mesurés a ce meme compas, car tous ces devoirs n'etant que de conventions, sont de meme tous chimeriques, l'homme a dit telle chose sera vertu parcequelle me sert, telle autre sera vice parcequelle me nuit, ce sont les futiles conventions de la societé des aveugles dont les loix n ont aucune realité intrinseque, la veritable façon de juger notre faiblesse relativement aux sublimes misteres de la nature, est de juger de la faiblesse d'etres, qui ont un sens moins que nous, leurs erreurs, vis a vis de nous, sont les notres vis a vis de la nature, l'aveugle se fait des conventions relatives a ses besoins et a la mediocrité de ses facultés, l'homme de meme a fait des loix, relativement a ses petites connoissances, ses petites vues, et ses petits besoins — mais rien de reel dans tout cela, rien qui ne puisse etre, ou incompris, d'une societé qui nous serait inferieure en facultés, ou nié formellement par une qui nous surpasseroit par des organes plus delicats, ou par des sens de plus. Comme nos loix, nos vertus, nos vices, nos divinités, seroient meprisables aux yeux d'une societé qui auroit deux ou trois sens de plus que nous, et une sensibilité double de la notre, et pourquoi, cest que cette societé seroit plus parfaite, et plus raprochée de la nature, d'ou il resulte, que l'etre le plus parfait que nous puissions concevoir, sera celui qui s eloignera le plus de nos conventions, et les trouvera le plus meprisables, ainssi que nous trouvons celles d'une societé qui nous est inferieure, suivons la chaine et arrivons a la nature meme, nous comprendrons facilement que tout ce que nous disons, que tout ce que nous arrangeons, decidons, est aussi eloigné de la perfection de ses vues, et aussi inferieur a elle, que le sont par rapport a nos loix, celles de cette societé d'aveugles. Point de sens point d'idées, *nihil est in intellectu, quod non prius fuerit in sensu,* est en un mot la grande base et la grande verité qui etablit le sisteme precedent, il est inoui que M. Nicole dans sa logique ait voulu detruire, cet axiome certain de toute vraiye philosophie, il entre pretend-il dans notre esprit d'autres idées que celles acquises par les sens, et l'une de ces grandes idées qui peuvent arriver a nous, abstraction faite des sens, est *je pense donc que je suis.* Cette idée, dit cet auteur, n'a aucun son, aucune couleur, aucune odeur &c donc elle n'est pas l'ouvrage des sens, peut-on s'absteindre aussi servilement a la poussiere de l'ecole jusqua faire des raisonnements de cette fausseté la, sans doute cette idée *je pense donc je suis* n'est pas de l'espece de celle, cette table est unie, parceque le sens du touchés, en aporte la preuve a mon esprit, elle n'est j'en conviens l'operation d'aucun sens en particulier, mais elle est le resultat de tous, et si reellement, que s il etoit possible qu'une creature existat sans aucun sens, il lui seroit parfaitement impossible de former cette pensée, *je pense donc je suis,* donc cette pensée est le resultat de l'operation de tous nos sens, quoi quelle ne le soit d'aucun en particulier, et donc elle ne peut detruire le grand et infaillible raisonnement de l'impossibilité d aquerir des idées abstractivement des sens; la religion ne sy acorde pas j'en conviens, mais la religion est la chose du monde quil faut le moins consulter en matiere de philosophie, par ce quelle est celle qui en obscurcit le plus tous les principes, et qui courbe le plus honteusement l'homme sous ce joug ridicule de la foi destructeur de toutes les verites.

La virulence de bien des articles de la revue surréaliste pouvait rivaliser avec l'implacable ironie de la logique du Marquis. Le sarcasme antireligieux se développe dans le texte de Max Ernst[1] dont nous reproduisons ci-dessous la dernière partie et qui parut dans le Surréalisme ASDLR n° 3 (décembre 1930).

---

1. Reproduit dans Max Ernst, *Écritures, op. cit.*

Danger de pollution

.... Il est curieux de constater que nul chien n'ait jamais élevé la voix en manière de protestation contre les insultes faites à sa race par la race des prêtres et contre l'emploi péjoratif fait en général du mot chien dans l'argumentation ecclésiastique, et en particulier de l'expression : *à la manière des chiens*. A ces injures, les chiens ont toujours répondu avec le mépris le plus complet et par la sanction du silence. Ainsi n'a-t-on jamais vu un chien entrer dans un confessionnal pour y avouer, dans l'intention d'humilier le prêtre, avoir pratiqué le coït *à la manière des chrétiens* (pour avoir des enfants qui servent Dieu fidèlement). On n'a pas vu non plus de chien qui se serait efforcé de satisfaire à la justice divine par des larmes, des aumônes, des prières et des jeûnes, après s'être entretenu d'objets voluptueux, dans un endroit écarté, avec une chienne de sa connaissance et après lui avoir parlé du coït et des délices de faire l'amour de différentes façons. On n'a jamais vu deux chiens du même sexe ou de sexe différent se donner mutuellement l'absolution de leur péché commun *à la manière des prêtres,* après s'être livrés ensemble à des actions honteuses, des attouchements impudiques ou des baisers libidineux. (Il est d'ailleurs fort probable qu'en pareil cas l'absolution serait nulle, même en temps de jubilé, et l'excommunication majeure, réservée au Saint-Siège, serait prononcée contre les chiens qui oseraient le faire.) Dans notre diocèse, tout chien qui se respecte s'abstient rigoureusement de tout commerce, charnel ou spirituel, avec les prêtres ou les religieuses, non par respect pour la sainte religion, mais parce que la raison lui dit qu'après pareille souillure aucune chienne ne voudrait plus de lui, même les chiennes de mauvaise vie.

Quant à la race humaine, plus confiante et moins fière que la race canine, elle ne s'est pas refusée à entrer dans les confessionnaux. On m'a même assuré qu'il existe encore des représentants de cette race qui y mettent les pieds. Pourtant il n'existe sur terre pas d'image plus frappante de guet-apens qu'un confessionnal sous toutes ses formes ; pas d'aspect plus apte à réveiller la circonspection qu'un confesseur vaquant à ses turpitudes selon les préceptes de saint Augustin, saint Thomas d'Aquin, saint Alphonse de Liguori et Mgr Bouvier, évêque obscène du Mans et comte romain. A en juger par l'aspect physique et la détresse morale de l'humanité actuelle, on doit reconnaître que les bons confesseurs ont fait du bon travail : les hommes sont devenus hideux et formidables à force de s'être livrés pendant des siècles à celle qui est la mère de tous les vices : la confession. Leur digestion s'est détraquée à force d'avaler le corps anémique du Seigneur, leur sexe s'est affaibli à force de tuer le plaisir et de multiplier l'espèce, leur passion à force de prier une Vierge; leur intelligence a sombré dans les ténèbres de la méditation. La vertu de l'orgueil, qui faisait la beauté de l'homme, a cédé la place au vice de l'humilité chrétienne, qui fait sa laideur. Et l'amour, qui doit donner un sens à la vie, est gardé à vue sous la surveillance de la police cléricale.

Le triste devoir conjugal qui a été inventé pour mettre en branle la machine à multiplier, pour fournir à l'Église des âmes abrutissables, aux patries des individus aptes aux exigences de la production et au service militaire, le triste acte conjugal tel que les docteurs de l'Église le permettent à ceux qui veulent s'unir dans l'amour, n'est qu'une photographie très ressemblante de l'acte de l'amour. Les amoureux sont *volés par l'Église*. *L'Amour est à réinventer*. Rimbaud l'a dit.

L'amour doit renaître non des efforts isolés d'hommes isolés : l'amour renaissant prendra ses origines dans une subconscience collective et devra, par les découvertes et les efforts de tous, monter à la surface de la conscience collective. Cela n'est pas possible sous le règne de la police cléricale et capitaliste.

L'amour doit être fait par tous, non par un. Lautréamont l'a dit, ou presque dit.

Aussi fréquent que le motif antireligieux, l'antipatriotisme fleurissait dans les pages de la revue en divers articles et chroniques, et, comme nous l'avons déjà vu, avec les poèmes de Benjamin Péret qui trouvait dans ces deux sources une bonne partie de son inspiration. Le poème suivant [1] *fut écrit par Péret au moment de la mort du maréchal Foch (*le Surréalisme ASDLR n° 2, octobre 1930).

Vie de l'assassin Foch

Un jour d'une mare de purin une bulle monta
et creva
A l'odeur le père reconnut
Ce sera un fameux assassin
Morveux crasseux le cloporte grandit
et commença à parler de Revanche
Revanche de quoi Du fumier paternel
ou de la vache qui fit le fumier

A six ans il pétait dans un clairon
A huit ans deux crottes galonnaient ses manches
A dix ans il commandait aux poux de sa tête
et les démangeaisons faisaient dire à ses parents
Il a du génie

1. Reproduit dans *Œuvres complètes, op. cit.,* t. I.

A quinze ans un âne le violait
et ça faisait un beau couple
Il en naquit une paire de bottes avec des éperons
dans lesquelles il disparut comme une chaussette sale

Ce n'est rien dit le père
son bâton de maréchal est sorti de la tinette
C'est le métier qui veut cela
Le métier était beau et l'ouvrier à sa hauteur
Sur son passage des geysers de vomissements jaillissaient
et l'éclaboussaient
Il eut tout ce qu'on fait de mieux dans le genre
des dégueulis bilieux de médaille militaire
et la vinasse nauséabonde de la Légion d'honneur
qui peu à peu s'agrandit
Ce mou de veau soufflé s'étalait
et faisait dire aux passants pendant la guerre
C'est un brave Il porte ses poumons sur sa poitrine
Tout alla bien jusqu'au jour où sa femme recueillit
le chat de la concierge
On avait beau faire
le chat se précipitait sur le mou de veau
dès qu'il apparaissait
et finalement c'était fatal il l'avala
Sans mou de veau Foch n'était plus Foch
ce n'était que le boucher
et comme le boucher il creva d'une blessure de cadavre

Dans le même n° 2 Salvador Dali publia un texte insultant pour son pays natal, la Catalogne, et pour ses habitants.

Intellectuels castillans et catalans

Je crois absolument impossible qu'il existe sur terre (sauf naturellement l'immonde région valencienne) aucun endroit qui ait produit quelque chose de si abominable que ce qui est appelé vulgairement des intellectuels castillans et catalans : ces derniers sont une énorme cochonnerie; ils ont l'habitude de porter des moustaches toutes pleines d'une véritable et authentique merde et, pour la plupart, ils ont en outre l'habitude de se torcher le cul avec du papier, sans se savonner le trou comme il faut, comme cela est pratiqué dans divers pays, et ils ont les poils des couilles et les aisselles remplis matériellement d'une infinité grouillante de tous petits et enragés « maîtres Millets », « Angel Guimeras ». Parfois, ces intellectuels affectent de polis et mutuels hommages, et voilà pourquoi ils concèdent aux autres « mutuellement » que leurs langues sont très belles, et de ce fait ils dansent des danses réellement « cojonudas » telles que la sardane, par exemple, qui à elle seule suffirait pour couvrir de honte et d'opprobre une contrée entière à condition qu'il fût imposssible, comme il arrive dans la région catalane, d'ajouter encore une honte de plus à celles que constituent par elles-mêmes le paysage, les villes, le climat, etc., etc., de cet ignoble pays.

L'article de Dali intitulé « L'âne pourri » parut en juillet 1930 dans le n° 1 de la revue, développant des vues surréalistes exaltées qui deviendront des thèmes spécifiquement daliniens :

L'âne pourri

. . . . Le mécanisme paranoïaque, par lequel naît l'image à multiples figurations, donne à la compréhension la clé de la naissance et de l'origine de la nature des simulacres, dont la furie domine l'aspect sous lequel se cachent les multiples apparences du concret. C'est justement de la furie et de la nature traumatique des simulacres vis-à-vis de la réalité et de l'absence de la plus légère osmose entre celle-ci et les simulacres, que nous concluons à l'impossibilité (poétique) de tout ordre de *comparaison*. Il n'y aurait possibilité de comparer deux choses que si seulement était possible la non-existence d'aucun ordre de reliement entre elles, conscient ou inconscient. Une telle comparaison rendue tangible illustrerait pour nous avec clarté l'idée que nous nous sommes fait du gratuit.

C'est par leur manque de cohérence avec la réalité et pour ce qu'il peut y avoir de gratuit dans leur présence que les simulacres peuvent facilement prendre la forme de la réalité et celle-ci à son tour s'adapter aux violences des simulacres, qu'une pensée matérialiste confond * crétinement avec les violences de la réalité.

Rien ne peut m'empêcher de reconnaître la multiple présence des simulacres dans l'exemple de l'image multiple, même si l'un de ses états adopte l'apparence d'un âne pourri et même si un tel âne est réellement et horriblement pourri, couvert de milliers de mouches et de fourmis, et, comme dans ce cas on ne peut pas supposer la signification par elle-même des états distincts de l'image en dehors de la notion du temps, rien ne peut me convaincre que cette cruelle putréfaction de l'âne soit autre chose que le reflet aveuglant et dur de nouvelles pierres précieuses.

* J'ai ici en vue, particulièrement, les idées matérialistes de Georges Bataille, mais aussi en général tout le vieux matérialisme que ce monsieur prétend sénilement rajeunir en s'appuyant gratuitement sur la psychologie moderne.

Et nous ne savons pas si derrière les trois grands simulacres, la merde, le sang et la putréfaction, ne se cache pas justement la *désirée* « terre de trésors ».

Connaisseurs des simulacres, nous avons appris depuis longtemps à reconnaître l'image du désir derrière les simulacres de la terreur, et même le réveil des « âges d'or » derrière les ignominieux simulacres scatologiques.

L'acceptation de simulacres dont la réalité s'efforce péniblement d'imiter les apparences, nous conduit au *désir* des choses *idéales*.

Peut-être aucun simulacre n'a-t-il créé des ensembles auxquels le mot *idéal* convienne plus exactement, que le grand simulacre qui constitue la bouleversante architecture ornementale du Modern' Style. Aucun effort collectif n'est arrivé à créer un monde de rêve aussi pur et aussi troublant que ces bâtiments modern style, lesquels, en marge de l'architecture, constituent à eux seuls de vraies réalisations de désirs solidifiés, où le plus violent et cruel automatisme trahit douloureusement la haine de la réalité et le besoin de refuge dans un monde idéal, à la manière de ce qui se passe dans une névrose d'enfance.

Voilà ce que nous pouvons aimer encore, le bloc imposant de ces bâtiments délirants et froids épars par toute l'Europe, méprisés et négligés par les anthologies et les études. Voici ce qu'il suffit d'opposer à nos porcs d'esthéticiens contemporains, défenseurs de l'exécrable « art moderne » et même voici ce qu'il suffit d'opposer à toute histoire de l'art.

Il convient de dire, une fois pour toutes, aux critiques d'art, artistes, etc., qu'ils n'ont à attendre des nouvelles images surréalistes que la déception, la mauvaise impression et la répulsion. Tout à fait en marge des investigations plastiques et autres « conneries », les nouvelles images du surréalisme vont prendre de plus en plus les formes et les couleurs de la démoralisation et de la confusion. Il n'est pas loin le jour où un tableau aura la valeur et n'aura que la seule valeur d'un simple acte moral et pourtant celle d'un simple acte gratuit.

Les nouvelles images, comme forme fonctionnelle de la pensée, vont prendre le libre penchant du désir, tout en étant refoulées violemment. L'activité mortelle de ces nouvelles images peut encore, parallèlement à d'autres activités surréalistes, contribuer à la ruine de la réalité, au profit de tout ce qui, à travers les infâmes et abominables idéaux de tout ordre, esthétiques, humanitaires, philosophiques, etc., nous ramène aux sources claires de la masturbation, de l'exhibitionnisme, du crime, de l'amour.

Idéalistes sans participer à aucun idéal. Les images idéales du surréalisme au service de l'imminente crise de la conscience, au service de la Révolution.

En 1930 Salvador Dali publia son poème la Femme visible *qui traite du « Grand Masturbateur », personnage dont l'image, forme molle reposant sur l'extrémité d'un immense nez, apparaissait déjà dans plusieurs de ses tableaux. En 1931 c'est* l'Amour *et la* Mémoire *où le motif scatologique se donne libre cours :*

. . . .
L'image de ma sœur
L'anus rouge
de sanglante merde
la verge
à demi gonflée
appuyée avec élégance
contre
une immense
lyre
coloniale
et personnelle
. . . .
Loin de l'image de ma sœur
Gala
ses yeux ressemblant à son anus
son anus ressemblant à ses genoux
ses genoux ressemblant à ses oreilles
ses oreilles ressemblant à ses seins
. . . .

A côté de chapitres sur « L'âne pourri », « La chèvre sanitaire », « L'amour », la Femme visible *comprenait une « section théorique » présentant la « méthode paranoïaque-critique » définie comme suit : « Méthode spontanée de connaissance irrationnelle fondée sur l'association interprétative-critique des phénomènes délirants. » Cependant, un article de Max Ernst, intitulé « Comment on force l'inspiration », dans le n° 6 de la revue (mai 1933) montrera que « l'image paranoïaque » ou « image multiple » était déjà présente dans les « collages », « frottages », etc.* [1].

Comment on force l'inspiration

. . . . Partant d'un souvenir d'enfance au cours duquel un panneau de faux acajou, situé en face de mon lit, avait joué le rôle de provocateur optique d'une vision de demi-sommeil, et me trouvant,

1. Texte republié avec de nombreuses additions en 1936 dans *Au-delà de la peinture* (revue *Cahiers d'art*, nᵒˢ 6-7, 1936). Reproduit dans *Écritures, op. cit.*

par un temps de pluie, dans une auberge au bord de la mer, je fus
frappé par l'obsession qu'exerçait sur mon regard irrité le plancher, dont mille lavages avaient accentué les rainures. Je me décidai alors à interroger le symbolisme de cette obsession et, pour
venir en aide à mes facultés méditatives et hallucinatoires, je tirai
des planches une série de dessins, en posant sur elles, au hasard,
des feuilles de papier que j'entrepris de frotter à la mine de plomb.
J'insiste sur le fait que les dessins ainsi obtenus perdent de plus en
plus, à travers une série de suggestions et de transmutations qui
s'offrent spontanément — à la manière de ce qui se passe pour
les visions hypnagogiques — le caractère de la matière interrogée
(le bois) pour prendre l'aspect d'images d'une précision inespérée,
de nature probablement à déceler la cause première de l'obsession ou à produire un simulacre de cette cause. Ma curiosité éveillée
et émerveillée, j'en vins à interroger indifféremment, en utilisant
pour cela le même moyen, toutes sortes de matières pouvant se
trouver dans mon champ visuel : des feuilles et leurs nervures, les
bords effilochés d'une toile de sac, les coups de couteau d'une
peinture « moderne », un fil déroulé de bobine, etc., etc. J'ai réuni
sous le titre : *Histoire naturelle* les premiers résultats obtenus
par le procédé de frottage, de la *Mer et la Pluie* jusqu'à *Ève, la seule
qui nous reste*. Plus tard, c'est en restreignant toujours davantage ma
propre participation active, afin d'élargir par là la part active des
facultés de l'esprit, que je parvins à assister *comme en spectateur*
à la naissance de tableaux tels que : *Femmes traversant une rivière en
criant, Vision provoquée par les mots : le père immobile, Homme marchant
sur l'eau, prenant par la main une jeune fille et en bousculant une autre,
Vision provoquée par une ficelle que j'ai trouvée sur ma table, Vision
provoquée par une feuille de buvard*, etc. (Voir les reproductions de certaines œuvres de cette époque dans *le Surréalisme et la Peinture*,
d'André Breton.)
Le procédé de frottage paraissait d'abord applicable seulement
au dessin. Si l'on songe que, depuis lors, il a pu être adapté avec
succès aux moyens techniques de la peinture (grattage de couleurs
sur un fond préparé en couleurs et posé sur une surface inégale,
etc.) sans que pour cela il eût été pris la moindre liberté avec le principe de l'intensification de l'irritabilité des facultés de l'esprit, je
crois pouvoir affirmer sans exagération que le surréalisme a permis
à la peinture de s'éloigner, à pas de bottes de sept lieues, des trois
pommes de Renoir, des quatre asperges de Manet, des petites
femmes au chocolat de Derain et du paquet de tabac des cubistes,
pour voir s'ouvrir devant elle un champ de *vision* limité seulement
par la *capacité d'irritabilité des facultés de l'esprit*. Cela, bien entendu,
au plus grand désespoir des critiques d'art, qui s'effraient de voir
réduite au minimum l'importance de « l'auteur » et anéantie la

conception du « talent ». Contre eux nous maintenons que la peinture surréaliste est à la portée de tous ceux qui sont épris de révélations véritables et pour cela sont prêts à vouloir aider ou forcer l'inspiration.

En cédant tout naturellement à la vocation de reculer les apparences et de bouleverser les rapports des « réalités », elle a pu contribuer, le sourire aux lèvres, à précipiter la crise de conscience générale qui doit avoir lieu de nos jours.

L'auteur de la présente Anthologie donna sa première contribution aux revues surréalistes dans ce même n° 6 du Surréalisme ASDLR, *avec la préface de son album de 24 images :* Mourir pour la patrie *(publié l'année suivante aux éditions Cahiers d'art) accompagnée de la reproduction d'une des images de l'album. C'est encore de réminiscences d'enfance dans le jeu de la création poétique que traitait ce texte, qui exprimait d'autre part la conviction que nulle Révolution ne saurait être complète si elle ne restituait pas aux hommes, d'une certaine manière,*

. . . . cette patrie perdue de la liberté mentale où nous pouvions, enfant, errer, jouer dès que s'ouvraient les livres, cette patrie dont la belle éducation de notre « sainte famille » nous a fait perdre le chemin, dont seulement des échos, des reflets, si fugaces, si décevants, nous parviennent à présent. . . . la seule patrie pour laquelle nous voudrions mourir.

Un des articles les plus curieux de la revue fut, au n° 4 (décembre 1931), une « Rêverie » de Dali, conte érotique comme il en arrive à l'imagination de construire afin de réaliser idéalement des aventures sexuelles. Le récit détaillé, par Dali, de son fantasme décrit d'abord son état d'esprit et son comportement pendant un après-midi d'automne, en Espagne, prologue à demi conscient où le sujet hésite entre un travail intellectuel et des pratiques masturbatoires, et qui se développe en une rêverie à partir de la réminiscence inattendue d'un rêve précédent où, « couché parmi les excréments et la paille pourrie d'une écurie très obscure, je sodomise la femme que j'aime, très excité par la puanteur du lieu ». Alors surgit l'image d'une fillette, Dulita, onze ans, aperçue par le rêveur plusieurs années auparavant, ce qui l'amène à combiner mentalement un ensemble de circonstances et d'événements susceptibles de faire jouer à Dulita un rôle dans la scène de l'écurie.

Rêverie

. . . . Voici comment les choses devront se passer pendant cinq jours. Il faut que Dulita ne se doute de rien et même au contraire qu'elle soit préparée par des lectures édifiantes et d'une extrême

chasteté, entourée d'une grande douceur et tendresse comme
pour sa première communion, qu'elle doit d'ailleurs faire d'ici
très peu de temps. Le cinquième jour, on amènera Dulita à la
fontaine des cyprès, deux heures avant le coucher du soleil. Là,
elle goûtera de pain et de chocolat et la Gallo [1], aidée de Matilde [2],
initiera Dulita, de la façon la plus brutale et la plus grossière. Elle
s'aidera d'une profusion de cartes postales pornographiques, dont
j'aurai auparavant fait moi-même un choix précis d'un pathé-
tisme bouleversant.

Le même soir, Dulita doit apprendre tout de la Gallo et de sa
mère, à savoir que je n'étais pas un sourd-muet, que dans trois
jours je la sodomiserai parmi les excréments de l'étable aux
vaches. Pendant trois jours, il lui faudra faire comme si elle ne
savait rien de tout cela. Il lui est rigoureusement interdit de faire la
moindre allusion à tout ce qu'on vient de lui révéler (c'est-à-dire
qu'elle, Dulita, saurait que moi je savais qu'elle savait). Tout,
jusqu'au moment précis de l'étable, doit continuer dans le
mutisme et avec les apparences quotidiennes.

Pour réaliser le programme des fantaisies que je viens de vivre
dans la rêverie générale, une des conditions essentielles consistait
dans la toute inéluctable nécessité, pour moi, de contempler l'initiation de Dulita, à la fontaine des cyprès, par la fenêtre de la
salle à manger, ce qui, en réalité, apparaît impraticable, du fait
de divers conflits parfaitement physiques, comme, par exemple,
les cyprès dont se trouvait entièrement entourée la fontaine. Ainsi
étais-je empêché de contempler l'initiation de Dulita, qui, précisément, devait se passer à l'intérieur de la fontaine. N'y pouvait
suffire la toute petite porte d'entrée qui obligeait à courber la tête
pour passer. Mais une nouvelle fantaisie, qui m'apparaît particulièrement excitante, vient apporter une solution à ce premier
conflit. Un incendie, provoqué par un énorme tas de feuilles sèches
mal éteint, avait brûlé en partie les cyprès de devant la fontaine,
la laissant à découvert, mais de telle manière qu'une branche mal
brûlée pouvait encore offrir une très faible et presque inexistante
difficulté à la contemplation de la scène avec Dulita.

Au reste, le même incendie a brûlé tous les alentours, les arbustes
et les arbres mélangés et épais.

Voilà qui obligera Dulita à se salir, à noircir son tablier blanc et ses
jambes, le jour que sa mère et Gallo la forceront à passer par cet
endroit pour aller goûter à la fontaine. L'idée que Dulita ait à se
salir me paraît dès lors indispensable, se complète et atteint à sa

---

1. La Gallo est une vieille prostituée, mentionnée précédemment dans le récit de
la rêverie.
2. Matilde est la mère de Dulita. Dans la rêverie elle est follement amoureuse du
rêveur et a consenti à lui livrer sa fille, avec l'aide de la Gallo.

perfection dans la fantaisie suivante. Je vois Dulita qui arrive à la fontaine et se salit les pieds avec une espèce de boue pestilentielle mélangée à la mousse décomposée, qui, dans la réalité, recouvre le dallage de la fontaine, chaque fois que la conduite se bouche avec les feuilles et provoque une de ces inondations très fréquentes, surtout l'automne. Bien que l'endroit fût fermé, les feuilles sèches n'en arrivaient pas moins à pénétrer, poussées par les rafales des jours d'orage. Mais la fontaine aux cyprès, dont l'incendie eût dû me permettre de voir l'intérieur, reste encore invisible de la salle à manger. Un pan de mur qui fait suite à l'étable la cache.

Déplacer la fontaine jusqu'à la faire rentrer dans mon champ visuel me semble une solution insuffisante et qui détruirait tout le sens de ma rêverie. Par contre, je vois très nettement la fin de l'incendie qui avait brûlé les cyprès et, ainsi, détruit le mur de séparation qui, d'ailleurs, permet « la communication tout immédiate entre l'écurie et la fontaine aux cyprès ». . . .

Malgré la disparition du mur qui cachait la fontaine aux cyprès, il est impossible de la voir de la salle à manger, car elle reste encore cachée, très à gauche, par la fenêtre.

Après plusieurs fantaisies insuffisantes qui me conduisent, peu à peu, à la solution, je conçois d'imaginer la scène de l'initiation de Dulita reflétée dans le grand miroir de la chambre de Dulita, chambre contiguë à la salle à manger. Ainsi pourrai-je observer tout de ma propre chaise, avec l'avantage d'une certaine complication et d'un certain vague des images absolument souhaitable et déjà ressenti du fait de la brûlure légèrement incomplète des cyprès. Et aussi, grâce à la grande distance qui me sépare du lieu de la scène, les images me parviendront dans un état d'imprécision qui m'apparaît particulièrement troublant.

Je vois, avec une netteté et une précision toute particulières, cette nouvelle phase de la rêverie qui va suivre. . . .

Le décor ainsi disposé avec la plus satisfaisante minutie, l'initiation de Dulita va prendre place et le déroulement en est décrit dans ses moindres détails. La rêverie peut atteindre alors son point culminant et son dénouement.

. . . . Le lendemain est un dimanche. Il faut profiter très vite, vers quatre heures, de ce que tout le monde va au village. J'attends un signe de Matilde dans la prairie et je me précipite, couvert de mon seul burnous, d'abord dans la salle où se trouve l'épi de maïs puis au premier étage. Là je trouve Dulita, Gallo et Matilde, entièrement nues. Un instant Dulita me masturbe très maladroitement, cela m'excite beaucoup. Les trois femmes traversent la cour et rentrent dans l'étable. Pendant ce temps, je cours à la fontaine des cyprès, m'assieds sur le banc de pierre mouillé et je dresse de toutes mes forces mon pénis de mes deux mains, puis me dirige vers l'étable où Dulita et les deux femmes sont couchées nues, parmi les excréments et la paille pourrie. J'enlève mon burnous et je me jette sur Dulita, mais Matilde et Gallo ont subitement disparu et Dulita s'est transformée en la femme que j'aime, finissant la rêverie avec les mêmes images du souvenir du rêve.

Alors, la rêverie prend fin, car je viens de me rendre compte que je suis en train, depuis quelque temps, d'analyser d'une façon objective la rêverie que je viens de subir et que j'annote immédiatement avec les plus grands scrupules.

Le n° 2 du Surréalisme ASDLR *(octobre 1930) contenait des extraits de* l'Immaculée Conception [1], *ensemble de proses poétiques par André Breton et Paul Éluard, comportant quatre chapitres :* « L'homme » *(Conception, Vie prénatale, Naissance, Vie, Mort);* « Les possessions » *(cinq textes présentés comme des* « essais de simulation » *de différents types d'écriture délirante);* « Les médiations » *(La force de l'habitude, La surprise, Rien n'est incompréhensible, Le sentiment de la nature, L'amour, L'idée du devenir);* et « Le jugement original » *(recueil de maximes).*

Dans le premier chapitre, le texte sur « La naissance » *s'avère violemment* « anti-bébé » :

L'IMMACULÉE CONCEPTION

La naissance

Le calcul des probabilités se confond avec l'enfant, noir comme la mèche d'une bombe posée sur le passage d'un souverain qui est l'homme par un anarchiste individualiste de la pire espèce qui est la femme. La naissance n'est, à ceci près, qu'un rond-point. Une pareille auréole appliquée au fils de l'homme et de la femme ne risque pas de faire paraître moins fades les langes de rat qui lui sont préparés et le berceau comme un égout dans lequel on le déverse avec l'eau sale et le sel de la bêtise qui a laissé attendre sa venue comme celle d'un phénix obéissant.

Le voisin soutient qu'il est fait à l'image du feu de bois, la voisine qu'on ne peut mieux le comparer qu'à l'air des aéroplanes et la fée dégénérée qui a élu domicile dans la cave incline à lui donner pour ancêtre le gypse en fer de lance qui a un pied sur l'oisiveté, l'autre sur le travail. Pour tous, il tient ses promesses. Chacun veut apprendre sa langue filiale et interprète son silence. On dit partout qu'il favorise de sa présence un monde qui ne pouvait plus se

---

1. A. Breton et P. Éluard, *L'Immaculée Conception,* © Éditions Seghers.

passer de lui. C'est l'aiguilleur à quatre pattes, celui qui provoque à coup sûr le déraillement avec vue du pont, célébré par le *Petit Journal illustré*. Il porte en médaillon le sauvetage. « Papa » est un disque en forme de lune, « Maman » maintenant est concave comme la vaisselle.

Pour suspendre l'effet d'une présence aussi obstinée que celle du vase de laiton sur la cheminée de salpêtre, un rayon de miel vient se coiffer dans la chambre. Tous les compliments d'usage ont été inutiles. Il n'y a personne ici. Il n'y a jamais eu personne.

Les lignes suivantes constituent l'avant-propos de la deuxième partie de l'ouvrage : « Les possessions ».

Les possessions

Les auteurs se font un scrupule de garantir la loyauté absolue de l'entreprise qui consiste pour eux à soumettre, tant aux spécialistes qu'aux profanes, les cinq essais suivants, auxquels la moindre possibilité d'emprunt à des textes cliniques ou de pastiche plus ou moins habile de ces mêmes textes suffirait évidemment à faire perdre toute raison d'être, à priver de toute efficacité.

Loin de sacrifier par goût au pittoresque en adoptant tour à tour, de confiance, les divers langages tenus, à tort ou à raison, pour les plus inadéquats à leur objet, non contents d'en attendre même un réel effet de curiosité, ils espèrent, d'une part, prouver que l'esprit, dressé *poétiquement* chez l'homme normal, est capable de reproduire dans ses grands traits les manifestations verbales les plus paradoxales, les plus excentriques, qu'il est au pouvoir de cet esprit de se soumettre à volonté les principales idées délirantes sans qu'il y aille pour lui d'un trouble durable, sans que cela soit susceptible de compromettre en rien sa *faculté* d'équilibre. Il ne s'agit, du reste, aucunement de préjuger de la vraisemblance parfaite de ces faux états mentaux, l'essentiel étant de faire penser qu'avec quelque entraînement ils pourraient être rendus parfaitement vraisemblables. C'en serait fait alors des catégories orgueilleuses dans lesquelles on s'amuse à faire entrer les hommes qui ont eu un compte à régler avec la raison humaine, cette même raison qui nous dénie quotidiennement le droit de nous exprimer par les moyens qui nous sont instinctifs. Si je puis successivement faire parler par ma propre bouche l'être le plus riche et l'être le plus pauvre du monde, l'aveugle et l'halluciné, l'être le plus craintif et l'être le plus menaçant, comment admettrai-je que cette voix, qui est, en définitive, seulement la mienne, me vienne de lieux même provisoirement condamnés, de lieux où il me faut, avec le commun des mortels, désespérer d'avoir accès ?

Nous ne sommes pas fâchés de permettre, d'autre part, la confrontation de ces quelque vingt-cinq pages, à l'élaboration desquelles ont présidé certaines intentions confusionnelles, avec les autres pages de ce livre et les pages d'autres livres définis comme surréalistes. Le concept de simulation en médecine mentale n'ayant à peu près cours qu'en temps de guerre et cédant la place, autrement, à celui de « sursimulation », nous attendons impatiemment de savoir sur quel fond morbide les juges compétents en la matière s'accorderont à dire que nous opérons.

Enfin, nous déclarons nous être plu, très spécialement, à cet exercice nouveau de notre pensée. Nous y avons pris conscience, en nous, de ressources jusqu'alors insoupçonnables. Sans préjudice des enquêtes qu'il présage sous le rapport de la liberté la plus haute, nous le tenons, au point de vue de la poétique moderne, pour un remarquable critérium. C'est assez dire que nous en proposerions fort bien la généralisation et qu'à nos yeux l'« essai de simulation » de maladies qu'on enferme remplacerait avantageusement la ballade, le sonnet, l'épopée, le poème sans queue ni tête et autres genres caducs.

Cinq exemples de tels « essais » suivent : simulation de la débilité mentale, de la manie aiguë, de la paralysie générale, du délire d'interprétation, de la démence précoce. Plus tard Breton, dans les Vases communicants *(1932), fera allusion aux symptômes de certaines de ces affections : « La fuite des idées dans la manie aiguë, l'utilisation des moindres excitations extérieures dans le délire d'interprétation, les réactions affectives paradoxales dans la démence précoce. »*
La fuite des idées, d'après l'Immaculée Conception :

Essai de simulation de la manie aiguë

Bonjour Messieurs, bonsoir Mesdames et la Compagnie du Gaz. Monsieur le Président, je suis à vos ordres, j'ai un lampion noir à ma bicyclette. On a mis le chat, le chien, ma mère et mon père, mes enfants, l'aigle dans sa petite charrette, on a mis ces spécimens pauvres au fourgon dont les gonds tournent, tournent et tournent. D'un pont à l'autre, les aiguilles tombent comme autant de coups de sabre. Le cimetière est au bout du village près de la maison de ville. Voilà qui n'est pas pour renouer les chaînes de la famille en temps de famine.

Le cocorico des coquettes anime les alinéas des écrivains. Il y a là Lamartine qui couchait dans un drapeau sur l'affût d'un arrière-train de lièvre à toute vitesse, il y a là Bazaine qui allait rendre Sedan à César. Toi, par exemple, tu n'es pas là : tu tiens un arrosoir, tu as une jambe coupée, ça fait deux jambes que j'enjambe au mois de janvier. En février je ramasse les fèves. En 1930 je suis rentier. . . .

L'utilisation des moindres excitations extérieures :

Essai de simulation du délire d'interprétation

Quand c'en fut fait de cet amour, je me trouvai *comme l'oiseau sur la branche.* Je ne servais plus à rien. J'observai toutefois que les taches dé pétrole dans l'eau me renvoyaient mon image et je m'aperçus que le *Pont-au-Change,* près duquel se tient le marché aux oiseaux, se courbait de plus en plus.

C'est ainsi qu'un beau jour je suis passé pour toujours de l'autre côté de l'arc-en-ciel à force de regarder les oiseaux changeants. Maintenant je n'ai plus rien à faire sur la terre. Non plus que les autres oiseaux je dis que je n'ai plus à me commettre sur la terre, *à faire acte de présence ailée* sur la terre. Je refuse de répéter avec vous la chanson verte : « Nous mourons pour les p'ti-i-its oiseaux, régalez vos p'ti-i-its oiseaux ! »

Le bariolage de l'averse par le perroquet. Il couve le vent qui éclôt avec des graines dans les yeux. La double paupière du soleil se lève et s'abaisse sur la vie. Les pattes des oiseaux sur le carreau du ciel sont ce que j'appelais naguère les étoiles. La terre elle-même dont on s'explique si mal la démarche tant qu'on demeure sous la voûte, la terre *palmée* de ses déserts est soumise aux lois de la migration. . . .

Les réactions affectives paradoxales :

Essai de simulation de la démence précoce

La femme que voici un bras sur sa tête rocailleuse de pralines qui sortent d'ici sans qu'on y voie clair parce que c'est un peu plus de midi ici en sortant du rire dans les dents qui reculent à travers le palais des Danaïdes que je caresse de ma langue sans penser que le jour de Dieu est arrivé musique en tête des petites filles qui pleurent de la graine et qu'on regarde sans les voir pleurer par la main des grâces sur la fenêtre du quatrième à réséda du chat que la fronde prit à revers et de jour de fête. En me boulangeant avec le général des Thermopyles lancé sur un tricycle et rouge d'apercevoir. Le baquet est coché dans le ciel par la Vierge immobile dans son tonneau. Dieu me fait des langues avec le pain. J'ablette les montagnes. . . .

D'autre part la paralysie générale se manifeste, comme on sait, par les idées ambitieuses et les emportements.

Essai de simulation de la paralysie générale

Ma grande belle adorée belle comme tout sur la terre et dans les
plus belles étoiles de la terre que j'adore ma grande femme adorée
par toutes les puissances des étoiles belle avec la beauté des milliards de reines qui parent la terre l'adoration que j'ai pour ta
beauté me met à genoux pour te supplier de penser à moi je me
mets à tes genoux j'adore ta beauté pense à moi ma beauté adorable
ma grande beauté que j'adore je roule les diamants dans la mousse
plus haute que les forêts dont tes cheveux les plus hauts pensent à
moi − ne m'oublie pas ma petite femme sur mes genoux à l'occasion au coin du feu sur le sable en émeraude − regarde-toi dans
ma main qui me sert à me baser sur tout au monde pour que tu me
reconnaisses pour ce que je suis ma femme brune-blonde ma belle
et ma bête pense à moi dans les paradis la tête dans mes mains.
Je n'avais pas assez des cent cinquante châteaux où nous allions
nous aimer on m'en construira demain cent mille autres j'ai chassé
des forêts de baobabs de tes yeux les paons les panthères et les
oiseaux-lyres je les enfermerai dans mes châteaux forts et nous
irons nous promener tous deux dans les forêts d'Asie d'Europe
d'Afrique d'Amérique qui entourent nos châteaux dans les forêts
admirables de tes yeux qui sont habitués à ma splendeur. . . .

Quant à la débilité mentale, les auteurs de l'Immaculée Conception
*semblent avoir considéré cette maladie comme un conformisme profond, une
misère de la pensée sociale.*

Essai de simulation de la débilité mentale

De tous les hommes, à vingt-quatre ans, j'ai reconnu que pour
s'élever au rang d'homme considéré, il ne fallait pas avoir plus que
moi la conscience de sa valeur. J'ai soutenu il y a longtemps que la
vertu n'est pas estimée, mais que mon père avait raison quand il
voulait que je m'élève très haut au-dessus de ses confrères. Je ne
comprends absolument pas qu'on remette la croix de la Légion
d'honneur à des personnalités étrangères de passage en France. Je
trouve que cette décoration devrait être réservée aux officiers qui
ont fait acte de bravoure et aux ingénieurs des mines sortant de
Polytechnique. Il faut en effet que le grand maître de l'Ordre de la
Chevalerie n'ait pas de bon sens pour reconnaître du mérite là
où il n'y en a pas. De toutes les distinctions, officier est la plus
flatteuse. Mais on ne peut pas se passer du diplôme. Mon père a
donné à ses cinq enfants garçons et filles la meilleure instruction
et une bonne éducation. Ce n'est pas pour occuper un emploi sans
rétribution dans une administration qui ne paye pas. En voici la
preuve : quand on est capable comme mon frère aîné, qui a

concouru plusieurs fois dans les journaux, de décrocher la timbale contre des bacheliers ès lettres ès sciences, on peut dire qu'on a de qui tenir. Mais à chaque jour suffit sa peine, dit le proverbe. J'ai dans la poche intérieure de mon veston d'été le plan d'un sous-marin que je veux offrir à la Défense nationale. La cabine du commandant est dessinée en rouge et les canons lance-torpilles sont du dernier modèle hydraulique, à commande artésienne. Les as de la route ne montrent pas une énergie plus grande que moi. Je ne suis pas gêné pour assurer que cette invention doit réussir. Tous les hommes sont partisans de la Liberté, de l'Égalité, de la Fraternité et, j'ajoute, de la Solidarité mutuelle. Mais ce n'est pas une raison pour ne pas se défendre contre ceux qui nous attaquent par mer. J'ai écrit au Président de la République une lettre *secrète* sur papier ministre pour demander à le voir. L'escadre méditer-ranéenne croise en ce moment au large de Constantine, mais l'ami-ral accorde trop de permissions. Un soldat a beau se mettre à genoux par humilité devant son supérieur, l'ordre est l'ordre. La discipline gagne quand le chef est juste et ferme. On ne donne pas des galons à tort et à travers et le maréchal Foch méritait bien d'être le maréchal Foch. La libre pensée a eu le tort de ne pas se mettre au service de la France.

Je tiens aussi à ce qu'on débaptise les fusiliers marins, j'ai fait une démarche dans ce sens à la Ligue des Droits de l'Homme. Ce nom est indigne de leur col bleu. À eux, d'ailleurs, de se faire respecter. La Grèce de Lacédémone était autrement fière. Enfin l'homme croit en Dieu et on a vu de fortes têtes demander l'extrême-onction, c'est déjà un bon point.

Les pages du chapitre sur « L'amour » dans la troisième partie de l'Im-maculée Conception : *« Les médiations », sont une sorte de* Kama Sou-tra *surréaliste où les fameuses « 32 positions » reçoivent de nouvelles appel-lations :*

L'amour

L'amour réciproque, le seul qui saurait nous occuper ici, est celui qui met en jeu l'inhabitude dans la pratique, l'imagination dans le poncif, la foi dans le doute, la perception de l'objet intérieur dans l'objet extérieur.

Il implique le baiser, l'étreinte, le problème et l'issue indéfiniment problématique du problème.

L'amour a toujours le temps. Il a devant lui le front d'où semble venir la pensée, les yeux qu'il s'agira tout à l'heure de distraire de leur regard, la gorge dans laquelle se cailleront les sons, il a les seins et le fond de la bouche. Il a devant lui les plis inguinaux, les jambes qui couraient, la vapeur qui descend de leurs voiles, il a le plaisir de la neige qui tombe devant la fenêtre. La langue dessine les lèvres, joint les yeux, dresse les seins, creuse les aisselles, ouvre la fenêtre; la bouche attire la chair de toutes ses forces, elle sombre dans un baiser errant, elle remplace la bouche qu'elle a prise, c'est le mélange du jour et de la nuit. Les bras et les cuisses de l'homme sont liés aux bras et aux cuisses de la femme, le vent se mêle à la fumée, les mains prennent l'empreinte des désirs.

On distingue les problèmes en problèmes du premier, du second et du troisième degré. Dans le problème du premier degré, la femme, s'inspirant des sculptures Tlinkit du Nord-Amérique, recherchera l'étreinte la plus parfaite avec l'homme : il s'agira de ne faire à deux qu'un seul bloc. Dans celui du second degré, la femme, prenant modèle sur les sculptures Haïda d'origine à peine différente, fuira le plus possible cette étreinte; il s'agira de ne se toucher qu'à peine, de ne se plaire à rien tant qu'au délié. Dans celui du troisième degré, la femme adoptera tour à tour toutes les positions naturelles.

La fenêtre sera ouverte, entrouverte, fermée, elle donnera sur l'étoile, l'étoile montera vers elle, l'étoile devra l'atteindre ou passer de l'autre côté de la maison.

1. Lorsque la femme est sur le dos et que l'homme est couché sur elle, c'est la *cédille*.

2. Lorsque l'homme est sur le dos et que sa maîtresse est couchée sur lui, c'est le *c*.

3. Lorsque l'homme et sa maîtresse sont couchés sur le flanc et s'observent, c'est le *pare-brise*.

4. Lorsque l'homme et la femme sont couchés sur le flanc, seul le dos de la femme se laissant observer, c'est la *Mare-au-Diable*.

5. Lorsque l'homme et sa maîtresse sont couchés sur le flanc, s'observant, et qu'elle enlace de ses jambes les jambes de l'homme, la fenêtre grande ouverte, c'est l'*oasis*.

6. Lorsque l'homme et la femme sont couchés sur le dos et qu'une jambe de la femme est en travers du ventre de l'homme, c'est le *miroir brisé*.

7. Lorsque l'homme est couché sur sa maîtresse qui l'enlace de ses jambes, c'est la *vigne vierge*.

8. Lorsque l'homme et la femme sont sur le dos, la femme sur l'homme et tête-bêche, les jambes de la femme glissées sous les bras de l'homme, c'est le *sifflet du train*.

9. Lorsque la femme est assise, les jambes étendues sur l'homme couché lui faisant face, et qu'elle prend appui sur les mains, c'est la *lecture*.

10. Lorsque la femme est assise, les genoux pliés, sur l'homme

couché, lui faisant face, le buste renversé ou non, c'est l'*éventail*.

11. Lorsque la femme est assise de dos, les genoux pliés, sur l'homme couché, c'est le *tremplin*.

12. Lorsque la femme, reposant sur le dos, lève les cuisses verticalement, c'est l'*oiseau-lyre*.

13. Lorsque la femme, vue de face, place ses jambes sur les épaules de l'homme, c'est le *lynx*.

14. Lorsque les jambes de la femme sont contractées et maintenues ainsi par l'homme contre sa poitrine, c'est le *bouclier*.

15. Lorsque les jambes de la femme sont contractées, les genoux pliés à hauteur des seins, c'est l'*orchidée*.

16. Lorsqu'une des jambes seulement est étendue, c'est *minuit passé*.

17. Lorsque la femme place une de ses jambes sur l'épaule de l'homme et étend l'autre jambe, puis met celle-ci à son tour sur l'épaule et étend la première, et ainsi de suite alternativement, c'est la *machine à coudre*.

18. Lorsqu'une des jambes de la femme est placée sur la tête de l'homme, l'autre jambe étant étendue, c'est le *premier pas*.

19. Lorsque les cuisses de la femme sont élevées et placées l'une sur l'autre, c'est la *spirale*.

20. Lorsque l'homme, pendant le problème, tourne en rond et jouit de sa maîtresse sans la quitter, celle-ci ne cessant de lui tenir les reins embrassés, c'est le *calendrier perpétuel*.

21. Lorsque l'homme et sa maîtresse prennent appui sur le corps l'un de l'autre, ou sur un mur et, se tenant ainsi debout, engagent le problème, c'est *à la santé du bûcheron*.

22. Lorsque l'homme prend appui sur un mur et que la femme, assise sur les mains de l'homme réunies sous elle, passe ses bras autour de son cou et, collant ses cuisses le long de sa ceinture, se remue au moyen de ses pieds dont elle touche le mur contre lequel l'homme s'appuie, c'est l'*enlèvement en barque*.

23. Lorsque la femme se tient à la fois sur ses mains et ses pieds, comme un quadrupède, et que l'homme reste debout, c'est la *boucle d'oreille*.

24. Lorsque la femme se tient sur ses mains et ses genoux et que l'homme est agenouillé, c'est la *Sainte-Table*.

25. Lorsque la femme se tient sur ses mains et que l'homme debout la tient soulevée par les cuisses, celles-ci lui enserrant les flancs, c'est la *bouée de sauvetage*.

26. Lorsque l'homme est assis sur une chaise et que sa maîtresse, lui faisant face, est assise à califourchon sur lui, c'est le *jardin public*.

27. Lorsque l'homme est assis sur une chaise et que sa maîtresse,

lui tournant le dos, est assise à califourchon sur lui, c'est le *piège*.
28. Lorsque l'homme est debout et que la femme repose le haut de son corps sur le lit, ses cuisses enserrant la taille de l'homme, c'est la *tête de Vercingétorix*.
29. Lorsque la femme est accroupie sur le lit devant l'homme debout contre le lit, c'est le *jeu de la puce*.
30. Lorsque la femme est à genoux sur le lit, face à l'homme debout contre le lit, c'est le *vétiver*.
31. Lorsque la femme est à genoux sur le lit, tournant le dos à l'homme debout contre le lit, c'est le *baptême des cloches*.
32. Lorsque la vierge est renversée en arrière, le corps puissamment arqué et reposant sur le sol par les pieds et les mains, ou mieux par les pieds et la tête, l'homme étant à genoux, c'est l'*aurore boréale*.
L'amour multiplie les problèmes. La liberté furieuse s'empare des amants plus dévoués l'un à l'autre que l'espace à la poitrine de l'air. La femme garde toujours dans sa fenêtre la lumière de l'étoile, dans sa main la ligne de vie de son amant. L'étoile, dans la fenêtre, tourne lentement, y entre et en sort sans arrêt, le problème s'accomplit, la silhouette pâle de l'étoile dans la fenêtre a brûlé le rideau du jour.

*Dans « Le jugement originel », recueil de préceptes qui forme la dernière partie de l'*Immaculée Conception, *nous avons relevé les pensées suivantes :*

Ne lis pas. Regarde les figures blanches que dessinent les intervalles séparant les mots de plusieurs lignes des livres et inspire-t'en.

Habite les maisons abandonnées. Elles n'ont été habitées que par toi.

S'ils frappent à ta porte, écris tes dernières volontés avec la clé.

Ne bois pas d'eau.

Ce que tu trouves ne t'appartient que pendant que ta main est tendue.

Sache attendre, les pieds devant. C'est ainsi que tu sortiras prochainement, bien couvert.

Pour découvrir la nudité de celle que tu aimes, regarde ses mains. Son visage est baissé.

Dessine dans la poussière les jeux désintéressés de ton ennui.

Ne t'attends jamais.

Ne mange que des oiseaux en feuilles : l'arbre animal peut subir l'automne.

Coupe les arbres si tu veux, casse aussi les pierres mais prends garde, prends garde à la lumière livide de l'utilité.

Frappe à la porte, crie : Entrez, et n'entre pas.

Tu n'as rien à faire avant de mourir.

La première de ces maximes est évidemment d'André Breton : on retrouve en effet cette idée d'espace suggestif entre les mots d'un livre [1], exprimée à nouveau dans le poème « Les écrits s'en vont » du recueil le Revolver à cheveux blancs, *publié en 1932.*

Les écrits s'en vont [2]

Le satin des pages qu'on tourne dans les livres moule une femme si
    belle
Que lorsqu'on ne lit pas on contemple cette femme avec tristesse
Sans oser lui parler sans oser lui dire qu'elle est si belle
Que ce qu'on va savoir n'a pas de prix
Cette femme passe imperceptiblement dans un bruit de fleurs
Parfois elle se retourne dans les saisons imprimées
Et demande l'heure ou bien encore elle fait mine de regarder des
    bijoux bien en face
Comme les créatures réelles ne font pas
Et le monde se meurt une rupture se produit dans les anneaux
    d'air
Un accroc à l'endroit du cœur
Les journaux du matin apportent des chanteuses dont la voix a la
    couleur du sable sur des rivages tendres et dangereux
Et parfois ceux du soir livrent passage à de toutes jeunes filles qui
    mènent des bêtes enchaînées
Mais le plus beau c'est dans l'intervalle de certaines lettres
Où des mains plus blanches que la corne des étoiles à midi
Ravagent un nid d'hirondelles blanches
Pour qu'il pleuve toujours
Si bas si bas que les ailes ne s'en peuvent plus mêler
Des mains d'où l'on remonte à des bras si légers que la vapeur des

1. Il est curieux à cet égard, que l'écrivain américain Marshall MacLuhan ait pensé que la fascination exercée par la télévision tient non pas aux images mais à l'*intervalle* entre les lignes de l'écran du téléviseur (revue *Réalités*, décembre 1974).
2. Reproduit dans *Poèmes, op. cit.*

prés dans ses gracieux entrelacs au-dessus des étangs est leur
imparfait miroir
Des bras qui ne s'articulent à rien d'autre qu'au danger exception-
nel d'un corps fait pour l'amour
Dont le ventre appelle les soupirs détachés des buissons pleins de
voiles
Et qui n'a de terrestre que l'immense vérité glacée des traîneaux
de regards sur l'étendue toute blanche
De ce que je ne reverrai plus
A cause d'un bandeau merveilleux
Qui est le mien dans le colin-maillard des blessures.

René Char collabora au dernier numéro de la Révolution surréaliste *en
1929 avec un court texte :* « Profession de foi du sujet ». *Il publia la même
année son premier recueil de poèmes :* Arsenal, *et collabora par des articles
et des poèmes au* Surréalisme ASDLR, *cependant qu'il partageait la
vie et les activités du groupe. En 1930 il publia* Artine, *en 1931* L'action
de la justice est éteinte, *en 1934 le* Marteau sans maître, *recueil de
ses premières poésies et de pièces plus récentes. Tous ces ouvrages furent
publiés aux* « Éditions surréalistes », *label qui, avant la Première Guerre
mondiale, couvrait les éditions à compte d'auteur des membres du groupe*[1].
Le n° 1 du Surréalisme ASDLR *contient, de Tristan Tzara, un texte
poétique :* « Avant que la nuit... »; *le n° 4, un* « essai sur la situation de
la poésie » *fondé sur l'idée que la poésie est une* « activité de l'esprit » *plutôt qu'un* « moyen d'expression »; *le n° 6, un long* « Rêve expérimental ». *En
1931, Tzara publia* l'Antitête, *recueil poétique qui contient, outre le
poème dadaïste* « Monsieur Aa l'antiphilosophe », *des proses poétiques pos-
térieures, et inédites à cette époque. L'extrait suivant provient du chapitre*
« Minuit pour géants[2] ».

L'ANTITÊTE

Minuit pour géants

La marche plus légère à cause de l'attraction des pas nouveaux,
l'air haletant entre les rangs de dents qui rongent les routes, les
feuilles crispées. Parmi les milliers de pierres se hâtant vers la
terre béante, j'ai pris une pierre au hasard, un fruit du fer et de la
gomme souterraine. Elle est maintenant sur ma table. Je la touche
avec le bout des doigts, comme une secousse électrique à la périphérie d'un cœur. Une tranche d'impassibilité solide, une bouche
de tête de mort. L'œil n'a pas pu fermer ses paupières sur les
veines de métal. Il y a des plantes et des histoires à l'intérieur. Un

---

1. Nous ne pouvons donner d'extraits d'œuvres de René Char, celui-ci désirant
qu'elles ne figurent dans aucune anthologie.
2. © Éditions Flammarion.

riche paysan se rendant un jour au marché s'aperçut à sa marche soudain alourdie que l'air vigoureux et noir de la mort conquérait son souffle obscurci. Il se crut assailli par des bandits et cacha sa bourse sous une pierre de la route. Quelques pas plus loin, raide et foudroyé, balayé par le vent verdâtre, il tomba dans le précipice. L'oubli et sa racine s'incrustèrent dans la pierre. Celle-ci grossit dans la chute.

Est-ce le caillou avec lequel l'enfant a chassé les oiseaux? Les oiseaux picotent l'herbe avec leurs queues déshabillées.

On l'a peut-être jeté sur l'idiot du village. Il l'a ramassé peut-être. L'œuf d'une bête aux entrailles de fer, des fibres de charbon, un lacet de nerfs morts, lavé par une mémoire de couleurs indistinctes, les petits étincellements aperçus aux rares rayons propices.

Quand l'artère se frotte contre l'artère, quand les rivières débordent et s'unissent aux autres rivières, quand l'homme se confie à un autre homme par la voie des vertus et de la modération, quand un coup de revolver quitte le port pour la conclusion d'un pacte réciproque et décisif, le ciel soudain immobilisé par des nuages paralytiques se couvre le visage avec mépris, — son fard s'efface et coule avec les malheureuses filles des boulevards. Le ciel s'écoule sur les boulevards avec ce grand chapeau que nous nommons pleureuse, comme une fille malheureuse s'écoule et dégouline le long des boulevards, ces rues que nous nommons pleureuses comme des filles malheureuses.

Mais vers quelle vérité chimique nous pousse tout d'un coup le tambour du ciel battant, comme des grains de sel jetés dans les robes renversées des légumes admirablement fleurissants? . . . .

Maurice Henry fut membre du groupe « le Grand Jeu » dans les années vingt, il rejoignit les surréalistes en 1932. Le poème suivant parut dans le n° 5 du Surréalisme ASDLR *(mai 1933), accompagné d'un dessin de l'auteur :*

Ce que tu voudras

Ce que tu voudras. Elle a, la nuit, des culottes de ciseaux et dans la bouche, entre les dents et la langue, le gant des grands oiseaux qui s'obstinent à vouloir mourir. Je ferai ce que tu voudras. La tête au front lisse, avec cette insaisissable étoffe, est-ce velours ou soie, et de quelle couleur, dans laquelle s'enfoncent les doigts, contre laquelle crissent les ongles — l'horizon se déchire — et que depuis l'enfance elle caresse sur l'oreiller de roche spongieuse, parce qu'une fois les yeux fermés elle fait l'amour, le rideau retombe. Je te donnerai ce que tu voudras. A portée de sa main, le vent, il ternit les dents par bouffées comme sur le nickel l'haleine, et sa chevelure secoue ses feuilles et ses fleurs sur la petite place déserte, à l'heure où tout le monde dîne, et où les enfants jettent leurs dernières billes dans la rainure du caniveau. L'aquarium tant que tu voudras. Sur son lit blanc, la neige devient plus brillante, les fenêtres battent, une longue clameur sourd des crevasses où les nuages attardés s'accrochent aux portemanteaux, les miroirs de l'antichambre se brisent parce qu'on allume soudain l'électricité, son départ chaque fois fait fondre les immeubles et le niveau de la Seine monte un peu plus vite; puis la course échevelée tremblante, on ne voit plus rien que les traces de lèvres sur les journaux perdus au bord des trottoirs.

Des nombreux poèmes de Paul Éluard publiés dans la revue, détachons les deux suivants du n° 4 (décembre 1931) :

Houx douze roses [1]

La hache la façon de tenir un verre brisé
La négation d'une fausse note les clous les fards
Le sens commun les algues les ravins l'éloge tout ou rien
La pourriture astrale et le reflet de son délire
La lune de rosée et beaucoup d'animaux gaillards
Dans cette ville disparue dans cette ville camarade
L'orage vagabond ses prunelles éclatées son feu virtuel
Le brassage des graines des germes et des cendres
Coin des Acacias masqué d'odeurs le sable fait la moue

Lune la feuille fleur le sein et les paupières lourdes
Les longs baisers de la balafrée aux cheveux pâles
Qui m'accompagne toujours qui n'est jamais seule
Qui m'oppose le flot des non quand les oui ne pleuvent pas
Elle a pour elle sa faiblesse machinale
Les gémissements incessants de l'amour
L'introuvable gorgée d'eau vive
La décevante gorgée d'eau neuve
Elle a pour elle les premières et les dernières fumées
Légères les fourrures mortes de chaleur
Le sang des crimes qui défait des statues négatives
Elle est pâle et blessée et taciturne
Elle est d'une grande simplicité artificielle
Velours insondable vitrine éblouie
Poudre impalpable au seuil des brises du matin
Toutes les images obscures
Perdues dans l'étendue de sa chevelure diurne.

1. Reproduit dans Paul Éluard, *La Vie immédiate,* © Éditions Gallimard.

Critique de la poésie [1]

C'est entendu je hais le règne des bourgeois
Le règne des flics et des prêtres
Mais je hais plus encore l'homme qui ne le hait pas
Comme moi
De toutes ses forces

Je crache à la face de l'homme plus petit que nature
Qui à tous mes poèmes ne préfère pas cette *Critique de la poésie*.

Dans le même n° 4, Louis Aragon publiait deux poèmes : « Tant pis pour moi », et « Demi-dieu » qu'on lira ci-dessous :

Demi-dieu

Le sable de la mer fatigué par les pieuvres
est tombé dans la drague où les hommes qui crachaient
l'ont pris pour le jeter comme une coupe de Thulé
dans le four et voici qu'après d'incroyables péripéties
le baiser d'un diamant
la rencontre inattendue
d'une tortue
et dans une salle à manger hollandaise les petits cris de bonne fête
le sable est aujourd'hui calé dans l'arcade sourcilière
d'un héméralope de l'œil droit

Il faut dire que cet agent de change
a été fait dans un boudoir gothico-mauresque
par une brodeuse habillée en hussard
et son amant le juge qui avait échangé l'hermine
pour un petit pet-en-l'air vénitien
se croyait à ces moments-là le Masque-de-Fer
L'agent de change est encore plus fatigué que le sable de la mer
Il porte comme lui la trace des pieds nus des voyageuses
Son corps est couvert d'infamies
Son manteau traîne à terre couvrant
les Vosges ombilicales que bride
un bandage herniaire
Des femmes plus adorables qu'un feu de bois
lui font de loin des signes d'intelligence
Il sait qu'il peut enlever ses chaussettes s'il le veut

1. Reproduit dans *Le Lit, la Table*, © Éditions Gallimard.

devant des fillettes semblables à la nacre de l'aurore
assis sur un sofa de reps au-dessous d'un portrait de magnanarelle
et boire du pipi de prêtre avec des maîtresses de pension
si ça lui chante dans une station balnéaire

Il est extrêmement fatigué cet agent de change
Il va déjeuner tout à l'heure avec un ami
qui est le vivant portrait d'un furoncle
arrivant à maturité
Ils parleront mines de potasse et gisements
de cadavres feront
des plaisanteries sur le chômage à l'île-du-Diable
et se rappelleront une soirée
qu'ils passèrent ensemble aux Folies-Furieuses

Pour un agent de change fatigué
il est fatigué cet agent de change
Je ne vois que des bottines pour être aussi fatiguées que ça

Chapitre XVIII

Objets

Marcel Duchamp, qui pendant des années avait disparu des mouvements d'avant-garde et semblait ne plus s'intéresser qu'au jeu d'échecs, reprit une sorte d'activité publique lorsque, en octobre 1930, il fit paraître dans le deuxième numéro du Surréalisme ASDLR *un texte concernant, précisément, les échecs, extrait d'une étude écrite en collaboration avec un spécialiste : Vitaly Halberstadt.* L'opposition et les cases conjuguées sont réconciliées, *tel était le titre intriguant de l'étude*[1] *qui tendait pourtant, selon ses auteurs, à débarrasser certain problème de fin de partie « de son aspect pseudo-ésotérique*[2] *». Mais plus mystérieuses encore apparaissaient les notes en relation avec le tableau sur verre* la Mariée mise à nu par ses célibataires, même, *écrites par Duchamp lorsqu'il élaborait les structures de cette œuvre. Les fragments suivants furent publiés pour la première fois par* le Surréalisme ASDLR n° 5, *en mai 1933, précédés d'une courte introduction d'André Breton.*

La Mariée mise à nu par ses célibataires, même

Le texte de Marcel Duchamp qu'on va lire est extrait du très abondant recueil de notes entièrement inédit, qui devait servir d'ac-

---

1. Publiée en 1931 aux Éditions de l'Échiquier, Paris et Bruxelles.
2. Voici le commentaire de Duchamp sur ce problème : « L'opposition, c'est un système qui permet de faire telle ou telle opération. Les cases conjuguées, c'est la même chose que l'opposition, mais c'est une invention plus récente à laquelle on a donné un nom différent. Naturellement les défenseurs de l'ancien procédé étaient toujours en bisbille avec ceux du nouveau. C'est parce que j'avais trouvé un système qui supprimait l'antithèse que j'ai ajouté " réconciliées ". Or, ces fins de parties sur lesquelles cela se joue n'intéressent aucun joueur d'échecs; c'est cela qui est le plus drôle. Cela ne concerne que trois ou quatre personnes dans le monde qui ont essayé de faire les mêmes recherches qu'Halberstadt et moi, puisque nous avons écrit le livre ensemble. Les champions d'échecs ne lisent même pas ce livre puisque le problème qu'il pose n'arrive vraiment dans la vie qu'une fois. Ce sont des problèmes de fin de parties possibles, mais si rares qu'ils sont presque utopiques. » (*Entretiens avec Marcel Duchamp*, par Pierre Cabanne, Paris 1967).

compagnement et de commentaire (à la façon d'un catalogue d'exposition idéal) au « Verre » (objet peint sur glace transparente) connu sous le titre : LA MARIÉE MISE À NU PAR SES CÉLIBATAIRES, MÊME (1915-1918) et figurant à New York dans la collection K. S. Dreyer.

La situation historique exceptionnelle de cette œuvre plastique permet aux surréalistes d'accorder aux pages qui suivent, en raison de la lumière toute nouvelle qu'elles projettent sur les préoccupations de leur auteur, une valeur documentaire considérable.

> pour écarter le *tout fait en série,* du *tout trouvé.* L'écart est une opération.

AVERTISSEMENT [*]

Étant donnés 1° la chute d'eau
              2° le gaz d'éclairage
on déterminera les conditions d'un Repos instantané (ou apparence allégorique d'une succession [d'un ensemble] de faits divers semblant se nécessiter l'un l'autre par des lois, *pour isoler le signe de la concordance entre,* d'une part, ce *Repos* (capable de toutes les excentricités) et, d'autre part, un *choix de possibilités* légitimées par ces lois et aussi les occasionnant.

Ou :

on déterminera les conditions de [la] meilleure exposition du repos extra-rapide [de la pose extra-rapide] (= apparence allégorique) d'un ensemble..., etc.

Ou :

Étant donnés dans l'obscurité 1° la chute d'eau
                              2° le gaz d'éclairage,
on déterminera [**] (les conditions de) l'exposition extra-rapide (= apparence allégorique [***] de plusieurs collisions [attentats] semblant se succéder rigoureusement chacune à chacune — suivant des lois [****] — *pour isoler le signe de la concordance* entre cette exposition extra-rapide (capable de toutes les excentricités) *d'une part* et le choix des possibilités légitimées par ces lois *d'autre part.*

Comparaison algébrique :

a   a étant l'exposition
b   b étant les possibilités

---

[*] Ce mot entouré sur le manuscrit d'un trait rouge et surmonté de la mention : *rien peut-être.*
[**] Ce mot surmonté par *considérera.*
[***] Ces deux mots surmontés par *reproduction allégorique.*
[****] Ces trois mots entourés d'un trait et surmontés de la mention : *inutile.*

le rapport $\frac{a}{b}$ est tout entier non pas dans un nombre c ($\frac{a}{b} = c$) mais dans le signe qui sépare a et b; dès que a et b sont « connus » ils deviennent des unités nouvelles et perdent leur valeur numérique relative (ou de durée); reste le signe — qui les séparait *(signe de la concordance* ou plutôt de...? *chercher).*

Étant donné le gaz d'éclairage
PROGRÈS (AMÉLIORATION) DU GAZ D'ÉCLAIRAGE
JUSQU'AUX PLANS D'ÉCOULEMENT
Moules mâliques *(mâlic)* (?)

Par matrice d'éros on entend l'ensemble des uniformes ou livrées creux et destinés [à recevoir le] au gaz d'éclairage qui prend 8 formes mâliques (gendarme, cuirassier, etc.).
Les *moulages* de gaz ainsi obtenus, entendraient les litanies que récite le chariot, refrain de toute la machine célibataire, sans qu'*ils* pourront jamais dépasser le Masque. Ils auraient été comme enveloppés le long de leurs regrets, d'un miroir qui leur aurait renvoyé leur propre complexité au point de les halluciner assez onaniquement (Cimetières des 8 uniformes ou livrées).
Chacune des 8 formes mâliques est bâtie au-dessus et au-dessous d'un plan horizontal commun, le plan de sexe qui les coupe au point de sexe.

Ou :

Chacune des 8 formes mâliques est coupée par un plan horizontal imaginaire en un point appelé point de sexe.

INSCRIPTION DU HAUT

obtenue avec les pistons de courant d'air (indiquer la manière de « préparer » ces pistons).
Ensuite les « placer » pendant un certain temps (2 à 3 mois) et les laisser donner leur empreinte en tant que [3] *filets* à travers lesquels passent les commandements du pendu femelle (commandements dont l'alphabet et les termes sont régis par l'orientation des 3 filets [une sorte de triple « grille » à travers laquelle la voie lactée apporte les — et est conductrice desdits — commandements).
Les enlever ensuite afin qu'il n'en reste plus que leur empreinte rigide, c'est-à-dire dans la forme permettant toutes combinaisons de lettres envoyées à travers cette dite forme triple, commandements, ordres, autorisations, etc., devant aller *rejoindre les tirés et l'éclaboussure.*

La Mariée mise à nu... de Duchamp est un objet, *les représentations sur sa surface transparente sont celles d'objets. Les surréalistes furent toujours*

*passionnés d'objets, que ce soient des constructions « à contenu symbolique »,
des « poèmes-objets », ou des « objets trouvés » dont la forme et l'aspect
suggèrent un emploi inconnu, une signification au-delà de l'utilité. On sait
qu'André Breton fut parmi les premiers à hanter régulièrement la Foire aux
Puces aux portes de Paris et ses entrepôts d'épaves toujours renouvelées. Il
en rapportait d'étranges ou précieuses découvertes, montrant parfois plus
d'intérêt pour ces trouvailles que pour des poèmes ou des tableaux. Le
« hasard objectif », la découverte inattendue d'un trésor sans valeur et sans
prix, était pour lui l'équivalent de l'inspiration poétique. Il avait aussi
signalé « l'objet onirique » dès 1924, dans son* Introduction au discours
sur le peu de réalité[1] :

.... C'est ainsi qu'une de ces dernières nuits, dans le sommeil, à
un marché en plein air qui se tenait du côté de Saint-Malo, j'avais
mis la main sur un livre assez curieux. Le dos de ce livre était constitué par un gnome de bois dont la barbe blanche, taillée à l'assy-
rienne, descendait jusqu'aux pieds. L'épaisseur de la statuette était
normale et n'empêchait en rien, cependant, de tourner les pages
du livre, qui étaient de grosse laine noire. Je m'étais empressé de
l'acquérir et, en m'éveillant, j'ai regretté de ne pas le trouver près
de moi. Il serait relativement facile de le reconstituer. J'aimerais
mettre en circulation quelques objets de cet ordre, dont le sort me
paraît éminemment problématique et troublant. J'en joindrais un
exemplaire à chacun de mes livres pour en faire présent à des personnes choisies.
Qui sait, par là je contribuerais peut-être à ruiner ces trophées
concrets, si haïssables, à jeter un plus grand discrédit sur ces êtres
et ces choses de « raison » ? Il y aurait des machines d'une construction très savante qui resteraient sans emploi ; on dresserait minutieusement des plans de villes immenses qu'autant que nous
sommes, nous nous sentirions à jamais incapables de fonder, mais
qui classeraient, du moins, les capitales présentes et futures. Des
automates absurdes et très perfectionnés, qui ne feraient rien
comme personne, seraient chargés de nous donner une idée correcte
de l'action. . . .

Dans le n° 3 du Surréalisme ASDLR *(décembre 1931), Breton traitera de l'« Objet fantôme » — texte qui figurera dans son ouvrage* les Vases
communicants, *paru en 1932. Dans le même numéro Salvador Dali décrit
des « objets à fonctionnement symbolique » réalisés à cette époque par Alberto
Giacometti, Valentine Hugo, André Breton, Gala Éluard et Dali lui-même.
La première en date de ces œuvres était la « Sphère suspendue » de Giacometti.*

---

1. Reproduit dans *Point du jour, op. cit.*

Une boule de bois marquée d'un creux féminin est suspendue, par une fine corde à violon, au-dessus d'un croissant dont une arête effleure la cavité. Le spectateur se trouve instinctivement forcé de faire glisser la boule sur l'arête, ce que la longueur de la corde ne lui permet de réaliser que partiellement.

La « Sphère suspendue » inaugura en vérité la série des « objets surréalistes » qui furent créés par la suite. Des esquisses d' « Objets mobiles et muets », également dans le n° 3 de la revue — plusieurs deviendront des sculptures — sont commentées comme suit par Giacometti :

Toutes choses... près, loin, toutes celles qui sont passées et les autres, par-devant, qui bougent et mes amies — elles changent (on passe tout près, elles sont loin), d'autres approchent, montent, descendent, des canards sur l'eau, là et là, dans l'espace, montent, descendent — je dors ici, les fleurs de la tapisserie, l'eau du robinet mal fermé, les dessins du rideau, mon pantalon sur une chaise, on parle dans une chambre plus loin; deux ou trois personnes, de quelle gare? Les locomotives qui sifflent, il n'y a pas de gare par ici, on jetait des pelures d'orange du haut de la terrasse, dans la rue très étroite et profonde — la nuit, les mulets braillaient désespérément, vers le matin, on les abattait — demain je sors — elle approche sa tête de mon oreille — sa jambe, la grande — ils parlent, ils bougent, là et là, mais tout est passé.

Souvenirs d'enfance qui prennent forme, reviennent à la vie... D'autres rappels du passé seront décrits par l'artiste dans le n° 5 de la revue :

Hier, sables mouvants

Étant enfant (entre quatre et sept ans), je ne voyais du monde extérieur que les objets qui pouvaient être utiles à mon plaisir. C'étaient avant tout des pierres et des arbres, et rarement plus d'un objet à la fois. Je me rappelle que pendant deux étés au moins, je ne voyais de ce qui m'entourait qu'une grande pierre qui se trouvait à environ 800 mètres du village, cette pierre et les objets qui s'y rapportaient directement. C'était un monolithe d'une couleur dorée, s'ouvrant à sa base sur une caverne : tout le dessous était creux, l'eau avait fait ce travail. L'entrée était basse et allongée, à peine aussi haute que nous à cette époque. Par endroits l'intérieur se creusait davantage jusqu'à sembler former tout au fond une seconde petite caverne. Ce fut mon père qui, un jour, nous montra ce monolithe. Découverte énorme; tout de suite je considérai cette pierre comme une amie, un être animé des meilleures intentions à notre égard; nous appelant, nous souriant, comme quelqu'un qu'on aurait connu autrefois, aimé et qu'on retrouverait avec une surprise et une joie infinies. Tout de suite, elle nous occupa exclusivement. Depuis ce jour nous passâmes là toutes nos matinées et nos après-midis. Nous étions cinq ou six enfants, toujours les mêmes, qui ne nous quittions jamais. Tous les matins, en m'éveillant, je cherchais la pierre. De la maison je la voyais dans ses moindres détails, ainsi que, tel un fil, le petit chemin qui y menait ; tout le reste était vague et inconsistant, de l'air qui ne s'accroche à rien. Nous suivions ce chemin sans jamais en sortir et ne quittions jamais le terrain qui entourait immédiatement la caverne. Notre premier souci, après la découverte de la pierre, fut d'en délimiter l'entrée. Elle ne devait être qu'une fente tout juste assez large pour nous laisser passer. Mais j'étais au comble de la joie quand je pouvais m'accroupir dans la petite caverne du fond ; j'y pouvais à peine tenir ; tous mes désirs étaient réalisés. . . .

En fait de sollicitation mentale, à répétition, je me souviens que pendant des mois je ne pus m'endormir le soir sans imaginer avoir traversé d'abord, au crépuscule, une épaisse forêt et être parvenu à un château gris qui se dressait à l'endroit le plus caché et ignoré. Là, je tuais, sans qu'ils puissent se défendre, deux hommes, dont l'un, d'environ dix-sept ans, m'apparaissait toujours pâle et effrayé, et dont l'autre portait une armure sur le côté gauche de laquelle quelque chose brillait comme de l'or. Je violais, après leur avoir arraché leur robe, deux femmes, l'une de trente-deux ans, tout en noir, à la figure comme de l'albâtre, puis sa fille, sur laquelle flottaient des voiles blancs. Toute la forêt retentissait de leurs cris et de leurs gémissements. Je les tuais aussi, mais très lentement (il faisait nuit à ce moment-là) souvent à côté d'un étang aux eaux vertes croupissantes, qui se trouvait devant le château. Chaque fois avec de légères variantes. Je brûlais ensuite le château et, content, je m'endormais.

Encore au n° 3 du Surréalisme ASDLR, *des dessins d'Yves Tanguy, intitulés « Poids et couleurs », sont accompagnés de précises descriptions :*

Poids et couleurs

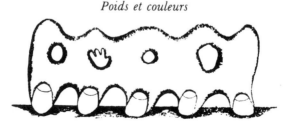

L'objet ci-dessus, de la grandeur de la main et comme s'il était pétri par elle, est en peluche rose. Les cinq terminaisons du bas qui se replient sur l'objet sont en celluloïd transparent et nacré. Les quatre trous dans le corps de l'objet permettent d'y passer les quatre grands doigts de la main.

Dans l'ensemble ci-dessus, l'objet de gauche est en plâtre peint de couleur zinzoline et l'ongle rose. Il est lesté dans le bas par une boule de plomb qui, permettant des oscillations, le ramène toujours à la même position.
Le très petit objet du milieu, plein de mercure, est recouvert de paille tressée rouge vif afin de paraître extrêmement léger. Le gros objet de droite est en coton moulé vert pâle, les ongles en celluloïd rose. Le dernier objet de droite est en plâtre couvert d'encre noire, l'ongle est rose.

L'objet de gauche est en cire molle imitation chair. L'appendice du haut est flottant et d'une couleur plus brune. Les trois formes arrondies du centre sont en matière dure, d'un blanc mat.

L'objet de droite est en craie bleu ciel. Dans le haut, des poils.
Cet objet doit servir à écrire sur un tableau noir. Il sera usé par la
base, pour qu'il ne finisse par subsister que la touffe de poils du
haut.

*Tanguy proposera au n° 6 de la revue une « Vie de l'objet », dessin qui
incorpore un texte écrit aux formes d'un objet.*
*Dans ce même numéro des notules poétiques de Jean Arp : « L'air est une
racine [1] », illustrent des dessins de pierres et de branches remode-
lées et recréées par Arp, qui acclame gaiement ses propres inventions :*

L'air est une racine

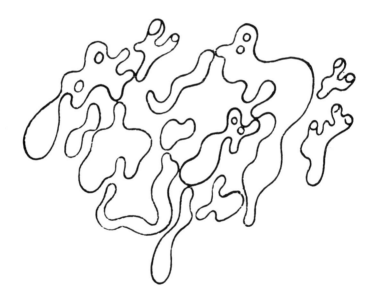

les pierres sont remplies d'entrailles. bravo. bravo. les pierres
sont remplies d'air.
les pierres sont des branches d'eaux.

---

1. Reproduit dans *Jours effeuillés, op. cit.*

sur la pierre qui prend la place de la bouche pousse une feuille
arête. bravo.
une voix de pierre est tête à tête et pied à pied avec un regard
de pierre.

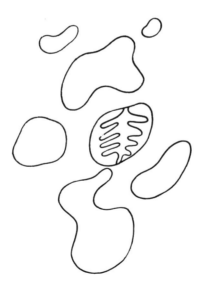

les pierres sont tourmentées comme la chair
les pierres sont des nuages car leur deuxième nature leur danse
sur leur troisième nez. bravo. bravo.

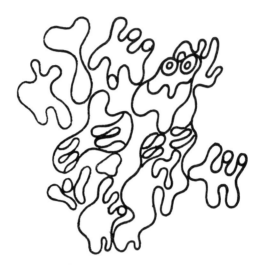

quand les pierres se grattent des ongles poussent aux racines.
bravo. bravo.
les pierres ont des oreilles pour manger l'heure exacte.

Le début d'un article de Dali au n° 5 de la revue, sur les « Objets psycho-
atmosphériques-anamorphiques », pastiche brillamment certaines strophes
des Chants de Maldoror :

Objets psycho-atmosphériques-anamorphiques

Que celui de mes lecteurs à la tête lourde et marconisée qui n'est
pas parvenu à concevoir intégralement « l'essentielle originalité »
des objets surréalistes à fonctionnement symbolique (originalité faite de l'absence absolue des vertus familières « plastico-
formelles ») renonce, cette fois encore, à me suivre, dans l'itinéraire
explicatif — trop incommode, trop déprimant pour lui — du
« processus dialectique » de « l'objet surréaliste ». Le volume où
ces pages lui apparaîtront imprimées, qu'il l'écarte d'un geste bref
de sa main délicate dont le petit doigt a déjà la raideur maniérée
de la catalepsie partielle. Qu'il laisse, sans crainte et doucement,
sa tête plus lourde que le mercure s'immobiliser sur une plate-
forme appropriée de pain imbibé d'éther, et que, dans ces conditions favorables, surgissent à la surface blême de la peau tendue
et sensiblement violacée de ses tempes douloureuses, les minuscules — mais nombreuses et progressivement nettes — photogra-

phies en couleurs de Marconi illuminé par le soleil de l'après-midi, en train de persécuter avec une longue tige de plomb un perroquet effaré, parmi les innombrables rosiers en fleurs d'un jardin humide et ainsi, jusqu'à ce que lesdites photographies finissent par recouvrir, avec l'accélération morbide caractéristique, sa tête masochiste d'une épaisse et inguérissable végétation de champignons polychromes. . . .

Voici, en effet, dépassé le stade de cannibalisme d'objets et même, je le soupçonne, voici dépassé tout stade symbolique en général et ceci, grâce au projet de confection scrupuleuse des imminents objets psycho-atmosphériques-anamorphiques.

Aujourd'hui rien n'appelle mes besoins lyriques avec une plus nécessaire exclusivité, que les objets psycho-atmosphériques-anamorphiques, rien si ce n'est, bien entendu, Gala qui les incarne et en constitue mon exemple vivant. . . .

Suit la longue et minutieuse description de certain procédé, compliqué à plaisir, de fabrication desdits objets « psycho-atmosphériques-etc. », qui apparaîtront à la fin comme des morceaux de mâchefer parfaitement nuls, « informes et inexpressifs », dira Dali, semblables aux résidus d'un météore et par conséquent atmosphériques et anamorphiques, mais aussi, grâce à la rhétorique dalinienne, psychiques.

En février-mars 1933, des recherches expérimentales eurent lieu parmi les surréalistes sur la « connaissance irrationnelle de l'objet ». Des questionnaires portant, par exemple, sur la boule de cristal des voyantes, voire sur une simple pièce d'étoffe, guidèrent l'exploration des « qualités irrationnelles » de ces spécimens, en relation avec le temps, les accidents, les rencontres, etc. Ainsi, concernant « un morceau de velours rose », l'enquête demandait :

Est-il diurne ou nocturne? Est-il favorable à l'amour? Est-il apte aux métamorphoses? Quelle est sa situation spatiale par rapport à l'individu? A quelle époque correspond-il? A quel élément correspond-il? A quel personnage historique peut-il être identifié? Comment meurt-il? Avec quoi devrait-il se rencontrer sur une table de dissection pour que ce soit beau? A quel endroit d'un corps nu de femme endormie le poseriez-vous? Et si la femme est morte? A quelle maladie fait-il penser? Quel quartier de Paris habite-t-il? Quelle pourrait être sa profession? De quelle matière le voyez-vous enveloppé? Est-il heureux ou malheureux? Quelle langue parle-t-il? Quel est son poète préféré? Quelle place occupe-t-il dans la famille? Comment le tueriez-vous? Comment se déplace-t-il? A quelle perversion sexuelle correspond-il? Quel est le parfum qui lui convient? A quel peintre correspond-il?

Voici, d'autre part, quelques questions et réponses à propos d'une expérience « sur les possibilités irrationnelles de pénétration et d'orientation dans un tableau » — ici, l'Énigme d'une journée, de Giorgio de Chirico, toile que l'on pouvait voir à l'époque dans l'atelier d'André Breton, où les réunions surréalistes avaient le plus souvent lieu.

1. Où est la mer ? — André Breton : « Derrière la statue. » René Char : « De tous côtés dans la conversation des deux personnages. » Paul Éluard : « Dans les arcades. » Alberto Giacometti : « Très proche, derrière les premières arcades. » Maurice Henry : « Du côté du spectateur. » Benjamin Péret : « De notre côté, mais nous lui tournons le dos. » Tristan Tzara : « A douze kilomètres derrière les cheminées. »

2. Où apparaîtrait un fantôme ? — A. B. : « Dans la deuxième arcade. C'est un fantôme-femme très sanglant. » J. M. Monnerot : « On le verrait peut-être à l'unique lucarne au-dessus des arcades. » B. P. : « Il surgirait de sous le caillou, derrière la statue. »

5. Décrire le paysage qui entoure la ville. — R. C. : « Paysage des Vosges ou de la Sardaigne. Quelques marécages, une mer morte. Immédiatement derrière les cheminées, une usine de chocolat. A gauche, à quelques kilomètres, un broyeur de plâtre et une usine de talc. Dans les combles du bâtiment de gauche, un grenier à crin. Sol volcanique. C'est la grève. C'est l'île du Diable. Au loin et quelquefois dans les plis du drapeau, le fantôme d'Annibal. La statue est en terre. Dessous, des tuyaux la vidangent continuellement pour qu'elle reste fraîche. Dans l'air des émanations de soufre. » P. E. : « La ville est sur un plateau. Des murailles à pic de tous côtés. Puis d'autres places semblables au bas des murailles, puis d'autres murailles, d'autres places, etc. » César Moro : « Cette ville au sommet d'une île, la mer est très agitée. Des débris de bateau, des noyés. Une locomotive traîne inlassablement tout autour de l'île des wagons plombés absolument vides. » Yolande Oliviero : « Il n'y a pas de ville, mais seulement la place au sommet d'une très haute montagne. En se penchant sur les garde-fous, on ne voit que de l'eau et de la fumée. »

7. A quel endroit ferait-on l'amour ? — A. B. : « Dans le socle de la statue. » P. E. : « Sur le socle de la statue. » A. G. : « Sous le portique de droite. » B. P. : « Debout au milieu de la place, sans tenir compte des deux personnages, qui sont morts. » T. T. : « Le tableau étant aveugle, on ferait l'amour au soleil. »

8. A quel endroit se masturberait-on ? — A. B. : « Derrière la voiture de déménagement, de manière à ne pas voir les cheminées et en se déplaçant pour apercevoir constamment la locomotive qui avance très lentement. » Y. O. : « Assise sur le socle de la statue, entre ses pieds. » T. T. : « En tournant le dos au tableau. »

9. Où déféquerait-on ? — P. E. : « Dans la gare qu'on ne voit pas, à droite. » A. G. « Assez loin dans le fond, à droite de la cheminée. » M. H. : « Dans la main droite de la statue. » Y. O. : « Sur le caillou exactement. » B. P. : « Sur le pied droit de la statue. » T. T. : « Sur le caillou, à gauche. »

11. Que représente la statue ? — A. B. : « Lincoln. » P. E. : « Le père. » A. G. : « Un disciple de Cavour. » M. H. : « Un déménageur célèbre dans le pays. » Y. O. : « Benjamin Franklin. » B. P. : « L'inventeur de la décalcomanie. » T. T. : « Un inventeur célèbre dans le monde de la boulangerie. »

12. Quelle heure est-il ? — A. B. : « Onze heures du soir. » P. E. : « Midi. » A. G. : « Trois heures du matin. Le soleil est faux. » M. H. : « Midi. » C. M. : « Quatre heures trente de l'après-midi. » Y. O. : « Cinq heures du soir en été. » B. P. : « Entre six et sept heures du soir, en juin. » T. T. : « Soleil de minuit. »

15. Quelle publicité ferait-on sur le bâtiment principal de gauche ? — P. E. : « Faites votre voyage de noces à Detroit. » A. G. : « Le mot " savon " au-dessus de chaque arcade. » M. H. : « Rasurel ou Paramount. » J. M. M. : « Bouillon Kub. » Y. O. : « Dubonnet. » B. P. : « Dubonnet. » T. T. : « Bovril ou Boulodromme. »

Deux autres enquêtes dont le compte rendu figure comme les précédents dans le n° 6 du Surréalisme ASDLR *(avec un commentaire de Paul Éluard et des remarques d'Arthur Harfaux et Maurice Henry), portaient sur « les possibilités irrationnelles de la vie à une date quelconque » (en l'an 409, chiffres tirés au sort) et sur « les possibilités d'embellissement irrationnel d'une ville » (en l'espèce, Paris).*

Sur certaines possibilités d'embellissement irrationnel d'une ville

Doit-on conserver, déplacer, modifier, transformer ou supprimer :

1. L'Arc de Triomphe. — André Breton : « Faire sauter après l'avoir enfoui dans une montagne de fumier. » Paul Éluard : « Le coucher et en faire la plus belle pissotière de France. » Arthur Harfaux : « Une délégation quotidienne le détruira peu à peu. » Benjamin Péret : « Le remplacer par un volubilis grimpant à une hallebarde. »

2. L'Obélisque. — A. B. « A transporter à l'entrée des abattoirs où une immense main gantée de femme le tiendra. » P. E. : « L'insérer délicatement dans la flèche de la Sainte-Chapelle. » Tristan Tzara : « L'arrondir et faire poser à son sommet une plume en acier à sa mesure. »

15. Le Lion de Belfort. — A. B. : « Lui faire ronger un os et le tourner vers l'ouest. » P. E. : « Jucher sur son dos un scaphandrier tenant dans la main droite un pot dans lequel trempe une poule. » T. T. : « Le transpercer d'une énorme barre et le faire rôtir à des flammes de bronze. »

16. L'Opéra. — Maurice Henry : « A transformer en skating pour femmes nues. Académie nationale de patinage à roulettes. » T. T. : « Y installer le Jardin zoologique, section des singes et des kangourous. Remplacer le décor extérieur par des squelettes. Sur le perron, la reproduction en acier d'une bicyclette aussi haute que toute la façade. »

18. Le Palais de Justice. — A. B. : « A raser. Dessiner sur l'emplacement un magnifique graffite pour la vue en avion. » P. E. : « A détruire. Installer une piscine sur son emplacement. » B. P. : « A détruire. Mettre à la place une piscine où ne seraient admises que de très belles femmes nues. »

20. Le Chabannais. — A. B. : « A transformer en exposition permanente d'horticulture. » P. E. : « A transformer en épicerie. » M. H. : « Remplacer les femmes par des généraux. Bordel pour chiens. » B. P. : « Le classer église romane et y mettre le feu après y avoir entassé tous les curés de Paris. »

21. Notre-Dame. — A. B. : « Remplacer les tours par un immense huilier croisé en verre, l'un des flacons rempli de sang, l'autre de sperme. Le bâtiment servira d'école sexuelle pour les vierges. »

25. La statue de Clemenceau. — T. T. : « Placer sur le gazon, tout autour, des milliers de moutons en bronze, dont un en camembert. »

29. La statue de Louis XIV. — M. H. : « Laisser le socle en place, vide. Représenter Louis XIV courant derrière son cheval qui s'enfuit par la rue Étienne-Marcel. » B. P. : « A remplacer par une botte d'asperges décorées de la Légion d'honneur. »

Signalons, par anticipation, dans ce chapitre sur les objets, l'exposition d' « objets surréalistes » qui eut lieu en juin 1936 chez l'expert en objets sauvages Charles Ratton, rue Montaigne, à Paris. La plupart des œuvres exposées furent reproduites dans le numéro spécial publié à cette occasion par la revue Cahiers d'art *où un texte de Breton traitait de la « Crise de l'objet », où Éluard publiait un article poétique : « L'habitude des tropiques », et où Gabrielle Buffet-Picabia parlait de l'œuvre de Marcel Duchamp (lequel avait orné la couverture de la revue d'une composition en bleu et rouge : « Cœurs volants ») en ces termes :*

Cœurs volants

. . . . Cette œuvre tyrannique, dont l'effort de désincarnation, de rationalisation se manifeste en ses moindres détails, n'en reste pas moins marquée du sceau d'une personnalité irréductible qui s'impose sans autre explication. Malgré son obscurité évidente et la nécessité pour la lire, d'un travail préparatoire ardu, elle ne réussit point à diminuer la popularité de son auteur à cette époque ce qui explique sans doute que son activité se manifeste de plus en plus rarement et sous des formes fort imprévues, volontairement scandaleuses, décevantes, cruelles mêmes que l'on pourrait qualifier la recherche de l'*Anti-chef-d'œuvre*. Il expose un Urinoir aux Indépendants de New York en 1917 (ce qui lui valut quelques désagréments); il signe une photographie de la Joconde à laquelle il a infligé en surcharge une moustache, une barbiche et des lettres majuscules à double sens : L.H.O.O.Q; il cultive les quiproquos, contrepèteries, à-peu-près humoristiques dont il orne des objets : l'*Anémic Cinéma* est une suite de variations sur des formes géométriques entrecoupées d'inscriptions à jeux de mots. Mais que l'on ne s'y trompe pas, ces jeux ne sont pas innocents, l'humour de Duchamp est un blasphème gai; cette usurpation des privilèges du chef-d'œuvre par le calembour en détruit le prestige, mieux que n'importe quelle thèse.

Il serait fâcheux d'assimiler à une sorte d'abdication, cette décision *de ne plus rien faire* : décision due à son éloignement de toute activité normale et surtout de la vie des arts et de ses ambitions. Forcé pourtant de brûler cet extraordinaire besoin de controverse et de combinaison, il change soudain d'être et se mue, au grand désespoir de ses amis, en un passionné joueur d'échecs. . . .

« Honneur à l'objet! » disait Dali dans son article de Cahiers d'art; *sa stylistique acrobatique mène ici à un éloge... de la croix gammée :*

Honneur à l'objet!

Quand Platon écrit : « Défense d'entrer à celui qui n'est pas géomètre », nous savons tous très bien que c'est de la façon miplaisantine, mi-bonne humeur qui caractérise toujours le tempérament facétieux et bavard de ce philosophe, car, en vérité, si quelqu'un se soucia peu de la géométrie, c'est bien lui. En effet, Platon, loin de toute rigueur périmétrique, fut quelque chose de très semblable, en son temps, à la Dame aux camélias. Il fut même, véritablement, l'authentique Dame aux camélias de la pensée méditerranéenne, puisque, comme elle, il vécut silencieusement, en marge de toute géométrie, avec le sex-appeal matérialiste que possédaient déjà alors les statues de la « pensée sculpturale » de type morphologique antigéométrique par excellence, inaugurant brillamment de cette façon et sans trop s'en douter, la première grande maison publique officielle de l'esthétique. . . .

Jésus-Christ, que je sache, ne dit pas : « Défense d'entrer à qui ne connaît pas l'arithmétique », mais il aurait pu le dire, et s'il l'avait dit on aurait eu raison de prendre cette interdiction au sérieux, car c'est avec le christianisme que vient véritablement le moment de faire les comptes politiques. C'est la croix arithmétique du christianisme qui demande compte de l'état de promiscuité aphrodisiaque dans lequel (sous l'emblème de Léda avec le cygne) les droites et les gauches vivaient entremêlées ; c'est bien l'arithmétique qui, pour la première fois, fait la croix entre les droites et les gauches, les mettant à ses côtés, tout en tranchant la tête à la virilité de l'aigle romaine qui surmonte le vexille impérialiste, lui enlevant toutes ses plumes et le convertissant en la croix nette et pelée qu'il portait déjà dans ses propres os. Aigle impérialiste qui n'était rien d'autre déjà que le triomphe puissant et l'érection définitive de ce phallus ailé : le cygne de Léda, puisque dans le cas de Léda (personnification des droites) et de son cygne (personnification des gauches), ce dernier restait encore bien loin de la prise de conscience de ses possibilités d'aigle, rapaces et dominatrices, puisqu'il demeurait aphrodisiaquement étourdi par le sex-appeal des droites, c'est-à-dire de Léda, et ne sachant pas très bien ce qu'il faisait, ce qui, étant donné les circonstances, nous paraît naturel.

Mais cette croix, cet objet, emblème politique et arithmétique, qui ne nous laisse plus de repos (car s'il commence par être le signe de l'addition, il devient ensuite celui de la multiplication, celui des plans quinquennaux au moment où il se transforme en « faucille et marteau »), est destinée plus ou moins à se gammer, c'est-à-dire à redevenir ce qu'elle avait été au temps des conceptions antiplatoniciennes des météores et surtout du soleil. . . .

Dans une grande étude paranoïaque-critique sur la droite et la gauche dans les emblèmes politiques, je démêle, dans une espèce de morphologie générale de la croix gammée qui occupe de longues pages, les conflits catastrophiques et territoriaux de ce signe qui milite à tout moment et avec la dernière violence en faveur des objets surréalistes. Ce signe, éminemment irrationnel, sorti des climats de la civilisation octogonale, se présente avant tout à nous comme l'amalgame (le mot est peut-être ambitieux) des tendances et mouvements antagoniques. En effet, son mouvement tendant simultanément vers la droite et vers la gauche, il s'agit donc bien de l'emblème même de la « quadrature du cercle », surgi de l'octogone. Cette Roue, dont personne ne sait si elle marche, est, en tout cas, destinée à faire marcher les hommes. Exemple : l'Allemagne actuelle, exemple aussi : ceux de mes lecteurs qui sont obligés, par l'intérêt évident de mon article, de rouler en avant et en arrière comme de véritables Roues gammées qu'ils ne sont pas, par bonheur . . . .

Dali, vers le milieu des années trente, commençait à adopter dans ses textes et ses discours des thèmes pronazis, attitude considérée d'abord par les surréalistes comme humoristique mais que sa persistance et ses développements finirent par faire prendre au sérieux et qui, avec d'autres raisons, amena la séparation définitive de leur auteur et des surréalistes peu avant la Seconde Guerre mondiale.

Nous apportâmes notre contribution au numéro spécial de Cahiers d'art *avec, sur l'exposition d'Objets, un article dont le titre :* « Arrivée de la Belle Époque », *était celui d'une des œuvres exposées par Oscar Dominguez, grand fabricateur, dès son entrée dans le groupe, de remarquables objets surréalistes.*

Arrivée de la Belle Époque

. . . . Voici les images d'une trentaine d'objets parmi ceux visibles actuellement à l'exposition de la rue Montaigne. Des désirs solidifiés, les procès intellectuels les plus subtils, une violence prête à exploser et qui peut exploser, la plupart de ces inventions étant susceptibles de fonctionnement ou de maniement. L'objet n'est plus tant destiné à l'accomplissement de tel acte symbolique déterminé, toujours le même, il tend à répondre à des besoins physiologiques-intellectuels généraux, un besoin par exemple, qui serait à la nutrition ce qu'est aux tasses et aux cuillers le « couvert en fourrure » de Méret Oppenheim. Tout ceci est assez clair et l'on retrouve la perversion sexuelle et son éclatante valeur poétique, à peine latente et tout *naturellement* incorporée à l'objet qu'elle a fait naître.

Il s'agit toujours d'une dépréciation de la sculpture et de la peinture au bénéfice d'une activité supérieure.

On m'a cité le cas d'une petite fille de cinq ans à peine qui, dans un milieu assez éloigné, apparemment, de l'activité qui nous occupe, avait fabriqué de tels objets : une carotte coupée près de sa base et flottant, les fanes en bas, dans un verre d'eau; une paire de ciseaux fermés, plantée par les pointes dans le trou d'une bobine dépouillée de son fil. Ces symboles, avec lesquels cette enfant *jouait à la marchande,* il est d'autant plus regrettable qu'on ne s'emploie pas à en recueillir de semblables, qu'à coup sûr il s'en confectionne tous les jours, dans les familles, de plus subtils et d'aussi spontanés; mais les parents sans doute les jettent aux ordures.

C'est par la présence organique du contenu sexuel-poétique qu'on peut constater la vie profonde et le développement des objets surréalistes depuis leurs premières apparitions. Leur origine souvent automatique, parfois onirique, rend compte de cette présence et n'exclut pas que quelques-uns de ces objets ne présentent un aspect « plastique », voire, pour beaucoup d'autres, luxueux (c'est aussi bien le fait de certains ustensiles très courants). Le côté plastique est évident dans l'oiseau de Max Ernst, né du maniement d'une coquille marine, ou dans l' « Exacte sensibilité » d'Oscar Dominguez. Le « Grand Paranoïaque » de Jacqueline et André Breton étincelle de toutes les nuances du vert, le smoking de Dali est brodé de verres de cristal, habit de lumière pour quelle mise à mort? La moindre splendeur n'est pas celle, éteinte, de l' « objet détruit » de Man Ray.

L'objet trouvé est toujours un objet retrouvé.

Retrouvé cette fois dans son sens symbolique, original ou acquis, ce qui lui confère une plénitude rarement atteinte par l'objet « créé ». Briques, verre fondu, racine, pipe, étoile en biscuit, tabernacle pour rites inconnus [1], ils montrent les mille facettes de la vie irrationnelle de l'homme.

On sera frappé, en feuilletant les pages de la présente revue, du caractère général d'*attente* qui se dégage de ces objets. Sublimé par le désir sexuel, c'est, tout au contraire d'une fixation (peinture ou sculpture), du *mouvement en puissance,* à grande violence poétique : attente-désir d'un ennemi ou d'une compagne, d'une compagne ennemie, comme l'insecte mimétique immobile, donc invisible; attente, comme l'objet usuel, d'une utilisation pour tel besoin vital. . . .

L'objet surréaliste est luxueux, usuel, plastique-assimilé, à fonctionnement symbolique. . . .

Les « Variations sur une mineure articulée » de Hans Bellmer seront reproduites pour la première fois dans la revue Minotaure *n⁰ 6, en décembre 1934. Chez Ratton, Bellmer montrera sa « Poupée » au sujet de laquelle il donna dans* Cahiers *d'art le bref commentaire qui suit :*

... Ce qui transpirait par l'escalier ou la fente des portes, lorsqu'elles jouaient au médecin, là-haut dans le grenier, ce qui suintait de ces clystères au jus, ou si j'ose dire au verjus de framboise, tout cela pouvait bien prendre en somme l'apparence de la séduction, voire exciter l'envie.

On devra reconnaître comme je ne le fais qu'à contrecœur, qu'on gardait trop le souvenir lancinant de tout ce que l'on n'avait pu apprendre d'elles. Et comme moi nul n'aurait perdu toute méfiance à l'égard de pareilles gamines.

---

1. Cette énumération se référait à des objets montrés à l'exposition et trouvés respectivement par Brignoni, Maurice Henry, Magnelli, Marcel Jean, Dora Maar, Yves Tanguy.

Quand leurs jambes se tenaient là, sans rien faire que musarder, on ne pouvait guère exiger de leur allure cagneuse, surtout vers les genoux, plus que de s'apparenter à celle des jeunes chèvres folâtres. Vues de face ou de côté, leur profil prêtait déjà beaucoup moins à rire; la courbe frêle du mollet s'enhardissait dans le rembourrage du genou, s'aventurait à une convexité curieuse. Mais l'ahurissement était à son comble lorsqu'elles se raidissaient à l'improviste, comparant leur fonctionnement prétentieux à la course d'un cerceau en fuite, pour finir par pendre nues hors des dentelles à jour et des plis chiffonnés, et savourer l'une l'autre l'arrière-goût de leur jeu...

Chapitre XIX

Rêve et révolution

Publié en 1932, l'ouvrage d'André Breton, les Vases communicants, *est, en un sens, un autre* Nadja : *récits de rêves et d'étranges rencontres, rêve·et vie éveillée s'interpénétrant. Mais cette fois l'héroïne reste anonyme. Celle que les dernières pages de* Nadja *saluent comme un génie, dont la réponse à l'enquête sur l'amour fut contresignée par Breton comme la sienne propre, la compagne pour laquelle il écrivit « L'union libre », lui avait demandé, au moment où leur liaison passionnée et orageuse se brisait définitivement, de ne pas écrire de livre sur elle — pourtant les* Vases communicants *furent écrits, mais ils ne font allusion à Suzanne Muzard que sous la seule initiale X.*
Suzanne a rédigé récemment quelques souvenirs de son existence dans le surréalisme, et elle nous a fait l'amitié de nous permettre de reproduire ce texte inédit :

Ma marche à reculons, pour remémorer mon passage dans le surréalisme des années 1927-1932, risque de ne pas être concluante. Il m'est difficile de prétendre y avoir connu André Breton tel qu'il était, et il est probable que des personnes, autres que moi, l'ont considéré sous un angle différent. Je me réfère seulement au fait d'avoir été incorporée au groupe surréaliste, à la faveur d'une passion sentimentale qui devait bouleverser ma vie pendant cinq ans... et qui n'est pas parvenue à m'unir à André Breton dans la durée des temps, pour le pire et pour le meilleur.
Breton encensait ses amours; il façonnait la femme qu'il aimait pour que, conforme à ses aspirations, elle devienne à ses yeux une valeur affirmée. Or, je n'ai été que le sujet d'une déception, parce qu'inadaptable à ce qu'il voulait que je sois. Trop rétive, je subissais plutôt des impulsions incontrôlables, fugitives, incapables de se plier à des sentiments suggérés. Aussi, je ne revendique pas ce qui me concerne à la fin de *Nadja*. Ce texte a été dicté dans l'élan d'une passion irréfléchie, aussi poétique que délirante, et il est plutôt à l'honneur de Breton qu'au mien. D'autre part, qu'Aragon

prétende que j'ai été la seule qui ait réellement compté dans la vie d'André Breton et qu'il l'assure à qui veut l'entendre ou le lire, me semble vraiment excessif... à moins que d'en avoir été la passagère insoumise ne m'ait marquée d'un intérêt particulier. En ce qui me concerne, je n'ai pas aimé l'homme en vue d'une postérité qui le plaçait d'avance sur un piédestal. C'était trop haut pour moi, dont l'objectivité ne recherchait que des émotions à portée du cœur. L'Amour est un piège pour des amants en quête d'absolu. J'ai souvent été très touchée, très flattée par les hommages qu'André Breton me rendait en public, mais jamais conquise dans le privé par des habitudes qui en rompaient le charme. Cependant, je suis certaine de l'avoir aimé, ne serait-ce que pour l'unique raison du cadeau que fait toujours un homme à une femme en la choisissant pour l'aimer... Peut-être avais-je la faculté de provoquer l'amour, et André Breton celle de l'inspirer sans posséder le don magique de pouvoir l'entretenir. Notre liaison n'a vécu que dans les soubresauts des révoltes et des réconciliations et n'essayait de survivre que pour sauver ce que nous en avions espéré. Cela a duré le temps de consumer l'amour à petit feu. Les souvenirs se parent de toutes les grâces, et si j'essaie de les raviver, c'est pour donner à l'amour les raisons de sa séduction, et de celle d'André Breton en particulier, entre autres cette façon charmante qu'il avait d'attacher autant d'importance à une fleur des champs qu'à une précieuse orchidée poussée dans une serre; exactement comme pour les femmes, ainsi Nadja, cette curieuse naufragée qui vivait d'imprévus dans un hôtel sordide, ou Lise Deharme qui situait son élégante existence dans un décor fastueux... deux femmes opposées qu'André Breton plaçait dans un cadre plus surréaliste que concrètement vivable. C'est après elles que je suis intervenue dans sa vie, étonnée par lui et (parce qu'il le voulait ainsi) étonnante pour lui. Ne lui avais-je pas appris que toute jeune fille, je l'avais sûrement côtoyé à l'un des carrefours de cette banlieue où, étudiant à Paris, il revenait chaque soir rejoindre sa famille... Nous donnions à ce hasard la valeur d'une étrange coïncidence qui devait inévitablement nous destiner à nous rencontrer plus tard... Nous évoquions avec Éluard, lui-même né à Saint-Denis, la jeunesse de ces filles qui grandirent comme moi aux portes de Paris, à proximité des terrains vagues et des anciennes fortifications. Notre esprit banlieusard s'auréolait d'un snobisme très particulier et nous accordions notre idéologie populaire à une révolution russe encore toute fraîchement teintée de rouge.

Le surréalisme faisait, lui aussi, à sa manière, sa révolution. André Breton veillait à ce que ce mouvement précurseur ne se prive d'aucun scandale. Il fallait frapper très fort pour imposer des formules nouvelles, non conformistes et anticonventionnelles. Or, nous voici en 1975 et le surréalisme est classé dans le monde des Arts, de la Poésie et des Lettres. En 1927, le présent était difficile. Pour Breton, la vie quotidienne s'insurgeait contre l'exceptionnel. Il se sentait toujours agressé par des difficultés d'ordre pratique dont il exagérait l'importance tout en affectant de les mépriser. Il prétendait exposer toutes choses, et son comportement envers elles, comme à travers une « maison de verre » qui eût été sa demeure. Pourtant il me semblait plus authentique et je le trouvais plus à l'aise à l'abri des murs de son atelier. L'agitation extérieure qu'il s'obligeait à subir lui faisait éprouver quelquefois un réel besoin de solitude, laquelle lui permettait d'écrire et de s'exprimer à fond. Il ne formulait pas spontanément sa pensée, il lui fallait la disséquer poétiquement, rechercher la valeur intensive et perfectionnée d'une phrase. Il était sincère lorsqu'il disait considérer ce travail comme éprouvant, mais sa franchise était douteuse quand il le déclarait fastidieux. Ce qui était fastidieux, plutôt, c'est qu'en période de désœuvrement, et s'abandonnant à une paresse fondamentale, il ne parvenait ni à vaincre celle-ci ni à la supporter ; c'est alors que la porte de la « maison de verre » l'invitait à s'échapper vers des récréations pratiquées en groupe.

Le « Café » a joué un très grand rôle dans le surréalisme, offrant un cadre approprié pour de nombreuses réunions où André Breton officiait devant un entourage attentif. Depuis la création de son mouvement, il entendait puissamment le représenter. Baptisé le « pape » du surréalisme, il acceptait ce titre avec une présomption amusée, mais en y ajoutant une ostensible et autocratique intransigeance qui l'aidait surtout à dissimuler une certaine bonté, refoulée comme une tare affligeante, comme une faiblesse qui l'aurait rendu par trop vulnérable. Aussi, avait-il recours envers ses disciples et amis à des verdicts dictés par une volonté formelle, décisive, par une autorité qui enlevait à ses meilleurs amis le droit d'avoir une opinion divergente. Il y eut beaucoup de brouilles et d'expulsions dans le surréalisme ! Il y avait en André Breton une certaine intégrité à l'égard d'une discipline d'esprit qu'il s'imposait à lui-même et il ne s'est jamais engagé dans une prétendue évolution qui l'aurait en fait incité à déroger. Même en politique il est resté fidèle à son admiration pour Trotsky jusqu'à la mort de ce dernier et à la sienne survenue plus tard. André Breton n'est plus..., et si les souvenirs s'estompent ou « s'arrangent », son œuvre demeure à laquelle des biographes se référeront. Sûrement, l'amour sera mentionné. L'amour humanise un personnage qui en a mesuré autant la force que les faiblesses... Deux divorces, entre-temps des aventures charmantes avec des femmes charmées, et la trace de cette passion amoureuse qui fut naguère la sienne et la mienne, et qui, pour ma part, m'a enrichie de connaissances qui

me faisaient défaut et d'une expérience qui m'a aidée à parfaire
ma vie. Aussi, je garde envers elle, beaucoup plus de tendresse
que d'accusants regrets. André Breton n'a-t-il pas enfin trouvé, lui
aussi, la compagne qu'il lui fallait pour harmoniser sa vie? Élisa
Breton lui a offert avec constance un amour total et sans condition.
Je puis témoigner qu'André Breton avait su l'apprécier, mais j'ai
su aussi que, jusqu'à la fin de sa vie, il n'a pu s'empêcher d'avoir
recours à d'indépendantes « impulsions », peut-être dans le but de
se rassurer et de s'offrir l'illusion de ne pas vieillir.

Quarante ans avant que ces lignes fussent tracées, les Vases communicants [1] *disaient la détresse de celui dont l'être aimé s'est éloigné pour
toujours.*

.... L'année 1931 s'est ouverte pour moi sur des perspectives
extrêmement sombres. Le cœur était au mauvais fixe, on ne le
verra que trop lorsque, dans la seconde partie de ce livre, je devrai
exposer à certaines fins quelques-uns de mes égarements d'alors.
X n'était plus là, il n'était plus vraisemblable qu'elle y fût jamais
et pourtant j'avais longtemps espéré la retenir toujours; moi qui
ne crois guère à mon pouvoir je m'étais fait longtemps de mon
pouvoir cette idée que s'il était, il devait tout entier servir à la
retenir toujours. Ainsi en allait-il d'une certaine conception de
l'amour unique, réciproque, réalisable envers et contre tout que je
m'étais faite dans ma jeunesse et que ceux qui m'ont vu de près
pourront dire que j'ai défendue, plus loin peut-être qu'elle
n'était défendable, avec l'énergie du désespoir. Cette femme, il
fallait me résigner à ne plus en rien savoir ce qu'elle devenait, ce
qu'elle deviendrait : c'était atroce, c'était fou. J'en parle aujour-
d'hui, il arrive cette chose inattendue, cette chose misérable, cette
chose merveilleuse et indifférente que j'en parle, il sera dit que
j'en ai parlé. Voilà, c'est fini pour le cœur. ...

Pourtant l'ouvrage reviendra plus loin sur cette infortune sentimentale :

.... J'étais mû, pour autant que je sache, à cette époque, par
l'angoisse où me laissait la disparition d'une femme que je n'appel-
lerai d'aucun nom, pour ne pas la désobliger, sur sa demande.
Cette angoisse tenait essentiellement à l'impossibilité où je me
trouvais de faire la part des raisons de caractère social qui avaient
pu nous séparer, à jamais, comme alors je le savais déjà. Tantôt
ces raisons occupaient tout le champ de ma connaissance, connaissance fort embuée d'ailleurs par le manque de trace objective

_____

1. André Breton, *Les Vases communicants,* © Éditions Gallimard.

de cette disparition même, tantôt, le désespoir l'emportant sur tout mode valable de considération, je sombrais dans l'horreur pure et simple de vivre sans savoir comment encore je pouvais vivre, comment je pourrais encore vivre. Je n'ai jamais tant souffert, c'est médiocre à dire, de l'absence d'un être et de la solitude, que de sa présence ailleurs, où je n'étais pas, et de ce que je pouvais imaginer malgré tout de sa joie pour une vétille, de sa tristesse, de son ennui pour un ciel d'un jour, un peu trop bas. C'est la brusque impossibilité d'apprécier une à une les réactions de cet être par rapport à la vie extérieure qui m'a toujours le mieux précipité en bas de moi-même. Je ne conçois pas encore aujourd'hui que cela soit tolérable, je ne le concevrai jamais. . . .

Cependant le livre s'est ouvert sur une discussion au sujet des rêves et de leurs interprétations par les psychologues, interprétations que l'auteur juge souvent entachées de spiritualisme et plus généralement insuffisantes. Il raconte alors deux de ses rêves et retrouve en les analysant les correspondances avec des incidents de la vie éveillée, afin d'en finir « avec l'argumentation qui s'efforce de faire, au moyen du rêve, le procès de la connaissance matérialiste ». Le réel est fondé, dit Breton en conclusion, sur « le critérium sensoriel soumis à l'épreuve du temps », le temps dans le rêve n'étant pas différent du temps dans la veille. Le rêve n'a pas de réalité autonome ni d'origine transcendante, sa réalité dépend de celle du monde vigile, s'imbrique en lui, et réciproquement.
Réciproquement, car dans les Vases communicants *seront racontés des événements de la vie réelle qui, dans l'état mental et sentimental où l'auteur se trouve après le départ de X, lui paraissent survenir « comme en rêve ».*

. . . . Le 5 avril 1931, vers midi, dans un café de la place Blanche où mes amis et moi avons coutume de nous réunir. . . . mon regard rencontra celui d'une jeune femme, ou d'une jeune fille, assise en compagnie d'un homme, à quelques pas de nous. Comme elle ne paraissait pas autrement gênée de l'attention que je lui marquais, je la détaillai, de la tête aux pieds, très complaisamment, ou peut-être est-ce que d'emblée je ne parvins plus à détacher d'elle mon regard. Elle me souriait maintenant, sans baisser les yeux, ne semblant pas craindre que son compagnon lui en fît grief. Celui-ci, très immobile, très silencieux et dans sa pensée visiblement très éloigné d'elle – il pouvait avoir une quarantaine d'années – me faisait l'impression d'un homme éteint, plus que découragé, vraiment émouvant d'ailleurs. Je le vois encore assez bien : hâve, chauve, voûté, d'aspect très pauvre, l'image même de la négligence. Près de lui, cet être paraissait si éveillé, si gai, si sûr de soi et dans toutes ses manières si provocant que l'idée qu'ils

vécussent ensemble donnait presque envie de rire. La jambe parfaite, très volontairement découverte par le croisement bien
au-dessus du genou, se balançait vive, lente, plus vive dans le
premier pâle rayon de soleil — le plus beau — qui se montrait de
l'année. Ses yeux (je n'ai jamais su dire la couleur des yeux; ceux-ci
pour moi sont seulement restés des yeux clairs), comment me faire
comprendre, était de ceux *qu'on ne revoit jamais*. Ils étaient jeunes,
directs, avides, sans langueur, sans enfantillage, sans prudence,
sans « âme » au sens poétique (religieux) du mot. Des yeux sur
lesquels la nuit devait tomber d'un seul coup. Comme par un effet
de ce tact suprême dont savent seulement faire preuve les femmes
qui en manquent le plus, et cela en des occasions d'autant plus rares
qu'elles se savent plus belles, pour atténuer ce qu'il pouvait y
avoir de désolant dans la tenue de l'homme, elle était, comme on
dit, mise elle-même avec la dernière simplicité. Après tout ce dénuement, si paradoxal fût-il, pouvait être réel. J'entrevis sans profondeur un abîme de misère et d'injustice sociales qui est, en effet,
celui qu'on côtoie chaque jour dans les pays capitalistes. Puis je
songeai qu'il pouvait s'agir d'artistes de cirque, d'acrobates, comme
il n'est pas rare d'en voir circuler dans ce quartier. Je suis toujours
surpris par ces couples qui, dans leur assemblage, paraissent échapper aux modes actuels de sélection : la femme trop belle manifestement pour l'homme, celui-ci, pour qui ce fut une nécessité
professionnelle de se l'adjoindre, eu égard à cette beauté seule,
épuisé par son travail propre plus dur, plus difficile. Cette idée,
du reste passagère, impossible à retenir, parce qu'on était le jour de
Pâques et que le boulevard retentissait tout entier du bruit des
cars promenant dans Paris les étrangers en visite. Il ne pouvait,
en fin de compte, s'agir que de gens de passage, plus précisément
d'Allemands, comme je le vérifiai par la suite. J'étais sûr, en les
voyant partir, que la jeune femme, qui s'était attardée à regarder
derrière elle, reviendrait le lendemain ou, en cas d'impossibilité,
l'un des plus prochains jours. . . .

Le couple revint en effet deux ou trois fois au café, mais le compagnon de la
jeune femme devint de plus en plus soupçonneux, de sorte que l'admirateur
silencieux de cette dernière ne put trouver l'occasion de lui parler.

. . . . Je tentai l'impossible pour me procurer son adresse mais les
précautions incessantes qu'on prenait, bien malgré elle, pour que
celle-ci restât cachée, se montrèrent suffisamment opérantes.

L'aventure se termina avant d'avoir commencé :

Que voilà donc un récit qui tourne court! Un personnage n'est
pas plus tôt donné qu'on l'abandonne pour un autre — et, qui sait

même, pour un autre? A quoi bon, dès lors, ces frais d'exposition? Mais l'auteur, qui paraissait avoir entrepris de nous livrer quelque chose de sa vie, parle comme dans un rêve! — *Comme dans un rêve.*

Un peu plus tard c'est une autre rencontre, les yeux d'une autre passante.

. . . . Le 12 avril, vers six heures du soir, je me promenais avec mon chien Melmoth, sur les boulevards extérieurs quand, à la hauteur de la Gaîté-Rochechouart devant laquelle m'avait immobilisé l'affiche de *Péché de Juive,* je découvris près de moi une jeune fille dont l'attention semblait non moins vivement éveillée par cette affiche. Trop occupée pour prendre garde à moi, elle me laissait tout loisir pour la contempler. Rien de plus charmant, de moins abrégeable au monde que cette contemplation. Très apparemment pauvre, comme il le fallait sans doute à cette époque de ma vie, je l'ai dit, pour que toute l'émotion dont je suis capable à la vue d'une femme entrât en jeu, elle pouvait faire évoquer à la première seconde celle pour qui Charles Cros, à la fin de son plus beau poème : « Liberté », n'a pu trouver que ces mots insuffisants et merveilleux :

« Amie éclatante et brune »

ou encore celle dont elle avait les yeux, mais oui, les yeux qui depuis quinze ans n'ont pas cessé d'exercer sur moi leur fascination, la « Dalila » de la petite aquarelle de Gustave Moreau que je suis allé si souvent revoir au Luxembourg. Aux lumières, ces yeux, si j'en appelle à une comparaison à la fois plus lointaine et plus exacte, me firent aussitôt penser à la chute, sur de l'eau non troublée, d'une goutte d'eau imperceptiblement teintée de ciel, mais de ciel d'orage. C'était comme si cette goutte se fût indéfiniment maintenue à l'instant où une goutte touche l'eau, juste avant celui où au ralenti on pourrait la voir s'y fondre. Cette impossibilité, réfléchie dans un œil, était à damner les aigues-marines, les émeraudes. Dans l'ombre, comme je l'ai vu par la suite, on pouvait s'en faire l'idée d'un effleurement continu, et pourtant sans cesse recommencé, de cette même eau par une très fine pointe retenant un soupçon d'encre de Chine. Tout, de la grâce de cette personne, était le contraire de prémédité. Elle était vêtue de choses d'un noir lamentable qui ne lui allaient encore que trop bien. Il y avait dans son allure, maintenant qu'elle flânait le long des boutiques, je ne sais quoi de si aveuglant et de si grave, parce que parfaitement ignoré d'elle, que cela ne pouvait que rappeler, dans sa loi que nous cherchons patiemment à entrevoir, la grande nécessité *physique* naturelle tout en faisant plus tendrement songer à la nonchalance de certaines hautes fleurs qui commencent à éclore. . . .

André Breton aborde la jeune personne et la trouve « confiante, attentive, quoique apparemment peu curieuse de » lui. Elle est danseuse, elle vit avec sa mère. Elle accepte un rendez-vous pour le lendemain.

.... Midi moins vingt : je savais que j'allais arriver beaucoup trop tôt. Il ne me restait plus qu'à patienter une demi-heure au café Batifol, 7, rue du Faubourg-Saint-Martin. Bien qu'il eût dépendu de la jeune fille que j'attendais et non de moi-même de fixer notre rendez-vous à cet endroit, nul autre, je dois dire, ne m'était plus familier. J'y étais entré, quelques mois auparavant, à la suite d'une femme très belle, dont, naturellement, les yeux étaient ce qui m'avait d'abord subjugué : le tour de l'iris me faisait songer au bord rétractile des marennes vertes. Les renseignements que j'avais cru pouvoir prendre sur elle auprès du garçon ayant été pour tempérer mon désir de la connaître, j'en avais été quitte pour la regarder de loin et pour me promettre, quand je me trouverais par trop seul, de revenir de loin la regarder. Mais la salle où elle venait d'entrer eût été, à elle seule, capable de me retenir : elle était envahie, entre six et huit heures, par l'espèce la plus grouillante de foule que j'eusse encore vue; petits artistes de théâtre et de concert, auxquels se mêlaient un certain nombre de femmes et d'hommes d'une profession socialement à peine moins définie. Véritable Cour des Miracles de l'art, le café Batifol confondait dans une sorte de bruit marin montant et descendant, bruit de rafale, l'espoir et le désespoir qui se quêtent au fond de tous les beuglants du monde. Des mois durant, par la suite, mes amis et moi nous y étions retrouvés à la fin de chaque après-midi, chacun de nous appréciant, semble-t-il, de ne pouvoir presque y parler aux autres, faute d'espérer s'en faire entendre. Une fois la poignée de main donnée, le morceau de glace introduit dans le verre, il n'y avait plus qu'à se laisser bercer par ce vent secouant le tablier d'une cheminée dont la fumée eût été de la soie. Il y avait là quelques femmes très jeunes qui mijotaient avant de l'entreprendre par un rire éclatant, une œillade forcenée, une exhibition négligente de cuisses nues, la conquête d'un « directeur »; d'autres, ailleurs, tout affalées, parvenues au terme de leur carrière. Des négociations d'un caractère manifestement sordide se poursuivaient. Tout cela, bon pain, s'embrassait, se chicanait, parfois se battait : rien de plus accaparant, de plus reposant que ce spectacle. ....

Mais la jeune fille aux yeux « de gouttes d'eau » ne vint pas au rendez-vous et la recherche incertaine reprit, aux terrasses des cafés, le long des boulevards, à travers les lieux et les rues du Paris d'alors où l'on pouvait sentir battre le cœur de l'aventure surréaliste. L'esprit du promeneur est

retenu tour à tour par des rencontres ou des réminiscences que le livre
commente au fur et à mesure : les romans noirs anglais, les écrits natura-
listes, les problèmes sociaux et le grand désir vers la Révolution, certains
films, une lettre reçue d'une ancienne relation, une caricature dans un jour-
nal humoristique, des conversations avec des passants inconnus ou connus,
tout cela apparaît et disparaît « comme en rêve ».

. . . . C'est à dessein que j'ai choisi, pour la retracer, l'époque de
ma vie que je puis considérer, par rapport à moi, comme moment
particulièrement irrationnel. Il s'agissait, comme on l'a vu, du
moment où, soustrait à toute activité pratique par la privation intolérable d'un être, de sujet et d'objet que j'avais jusqu'alors été et
que je suis redevenu, je ne parvenais plus à me tenir que pour
sujet. J'étais tenté de croire que les choses de la vie, dont je retenais
à peu près ce que je voulais, plus exactement dont je ne retenais
que ce dont je pouvais avoir le besoin immédiat, ne s'organisaient
ainsi que pour moi. Ce qui se produisait, non sans lenteur et sans
avatars exaspérants, dans la mesure où j'en prenais conscience, me
paraissait m'être dû. J'y trouvais des indications, j'y cherchais des
promesses. Ceux qui se seront trouvés dans une situation analogue ne m'en voudront pas. De ce rêve éveillé, traînant sur plusieurs jours, le contenu manifeste était, à première vue, à peine
plus explicite que celui d'un rêve endormi. . . .

A chaque irruption de l'irrationnel dans la vie courante correspond en effet,
dans les Vases communicants, un développement raisonné, on pourrait
dire une « analyse » qui, à travers la personnalité de l'auteur, se situe sur
les plans les plus vastes. C'est ainsi qu'au cours du récit reviennent cita-
tions et commentaires des ancêtres et maîtres du communisme : Feuerbach,
Engels, Marx, Lénine. Mais si le livre salue le renouvellement social mani-
festé à l'est de l'Europe, il précise que c'est l'homme lui-même qui est à la
base de toutes transformations — l'homme et ses rêves :

. . . . Dans le vacarme des murailles qui s'effondrent, parmi les
chants d'allégresse qui montent des villes déjà reconstruites, au
sommet du torrent qui clame le retour perpétuel des formes
prises sans cesse par le changement, sur l'aile battante des affections, des passions alternativement soulevant et laissant retomber
les êtres et les choses, au-dessus des feux de paille dans lesquels se
crispent les civilisations, par-delà la confusion des langues et des
mœurs, je vois l'homme, ce qui de lui demeure à jamais immobile
au centre du tourbillon. Soustrait aux contingences de temps et
de lieu, il apparaît vraiment comme le pivot de ce tourbillon
même, comme le médiateur par excellence. Et comment me le
concilierais-je si je ne le restituais essentiellement à cette faculté

fondamentale qui est de dormir, c'est-à-dire de se retremper, chaque fois qu'il est nécessaire, au sein même de cette nuit surabondamment peuplée dans laquelle tous, êtres comme objets, sont lui-même, participent obligatoirement de son être éternel, tombant avec la pierre, volant avec l'oiseau? . . . . Il m'a paru et il me paraît encore, c'est même tout ce dont ce livre fait foi, qu'en examinant de près le contenu de l'activité la plus irréfléchie de l'esprit, si l'on passe outre à l'extraordinaire et peu rassurant bouillonnement qui se produit à la surface, il est possible de mettre au jour un *tissu capillaire* dans l'ignorance duquel on s'ingénierait en vain à vouloir se figurer la circulation mentale. Le rôle de ce tissu est, on l'a vu, d'assurer l'échange constant qui doit se produire dans la pensée entre le monde extérieur et le monde intérieur, échange qui nécessite l'interpénétration continue de l'activité de veille et de l'activité de sommeil. Toute mon ambition a été de donner ici un aperçu de sa structure. Quels que soient la prétention commune à la conscience intégrale et les menus délires de rigueur, on ne peut nier que ce tissu couvre une assez vaste région. C'est là que se consomme pour l'homme l'échange permanent de ses besoins satisfaits et insatisfaits, là que s'exalte la soif spirituelle que, de la naissance à la mort, il est indispensable qu'il calme et qu'il ne guérisse pas. . . . Il est trop simple, selon moi, de vouloir réduire le besoin d'adéquation de l'homme à la vie à un réflexe pénible qui aurait chance de céder à la suppression des classes. Ce besoin est pour cela beaucoup trop insituable dans le temps et c'est même, je ne crains pas de le dire, parce que je veux le voir s'imposer sans entrave à l'homme que je suis révolutionnaire. J'estime, en effet, qu'il ne s'imposera sans entrave à l'homme que lorsqu'il pourra s'imposer à *tout* homme, que lorsque la précarité tout artificielle de la condition sociale de celui-ci ne lui voilera plus la précarité réelle de sa condition humaine. Je prétends qu'il n'y a en cela, de ma part, nul pessimisme mais que, bien au contraire, il est d'une vue déplorablement courte et timide d'admettre que le monde peut être changé une fois pour toutes et de s'interdire au-delà, comme si elle devait être profanatoire, toute incursion sur les terres immenses qui resteront à explorer. . . .

La poésie incarne précisément cette recherche et elle devra en conséquence changer profondément de nature, dit en conclusion l'auteur dans sa langue sinueuse, travaillée, mais dont la syntaxe sans défaut se construit comme d'instinct — splendide modèle stylistique en vérité. Le pur courant des Vases communicants *serpente ou se précipite avec la fraîcheur des eaux « convulsives » d'une rivière transparente traçant son chemin en terrain accidenté. Car le style de Breton n'est pas seulement style, brillant exercice, réussite de virtuose : il traduit une pensée au premier chef volon-*

taire. A la fin du livre, le concept de la fusion des contraires monte en ondes
hégéliennes vers un contraste suprême et la vérité surgit, étincelle jaillis-
sant des contradictions, confluent des extrêmes.

. . . . C'est des poètes, malgré tout, dans la suite des siècles, qu'il
est possible de recevoir et permis d'attendre les impulsions susceptibles de replacer l'homme au cœur de l'univers, de l'abstraire
une seconde de son aventure dissolvante, de lui rappeler qu'il est
pour toute douleur et toute joie extérieure à lui un lieu indéfiniment perfectible de résolution et d'écho.
Le poète à venir surmontera l'idée déprimante du divorce irréparable de l'action et du rêve. Il tendra le fruit magnifique de l'arbre
aux racines enchevêtrées et saura persuader ceux qui le goûtent
qu'il n'a rien d'amer. Porté par la vague de son temps, il assumera
pour la première fois sans détresse la réception et la transmission
des appels qui se pressent vers lui du fond des âges. Il maintiendra
coûte que coûte en présence les deux termes du rapport humain
par la destruction duquel les conquêtes les plus précieuses devien-
draient instantanément lettre morte : la conscience objective des
réalités et leur développement interne en ce que, par la vertu du
sentiment individuel d'une part, universel d'autre part, il a jusqu'à nouvel ordre de magique. Ce rapport peut passer pour
magique en ce sens qu'il consiste dans l'action inconsciente, immédiate, de l'interne sur l'externe et que se glisse aisément dans
l'analyse sommaire d'une telle notion l'idée d'une médiation transcendante qui serait, du reste, plutôt celle d'un démon que d'un
dieu. Le poète se dressera contre cette interprétation simpliste du
phénomène en cause : au procès immémorialement intenté par
la connaissance rationnelle à la connaissance intuitive, il lui appar-
tiendra de produire la pièce capitale qui mettra fin au débat. L'opération poétique, dès lors, sera conduite au grand jour. On aura
renoncé à chercher querelle à certains hommes, qui tendront à
devenir tous les hommes, des manipulations longtemps suspectes
pour les autres, longtemps équivoques pour eux-mêmes, auxquelles ils se livrent pour retenir l'éternité dans l'instant, pour
fondre le général dans le particulier. Eux-mêmes ils ne crieront
plus au miracle chaque fois que par le mélange, plus ou moins
involontairement dosé, de ces deux substances incolores que sont
l'existence soumise à la connexion objective des êtres et l'existence échappant concrètement à cette connexion, ils auront réussi
à obtenir un précipité d'une belle couleur durable. Ils seront déjà
dehors, mêlés aux autres en plein soleil et n'auront pas un regard
plus complice et plus intime qu'eux pour la vérité lorsqu'elle viendra secouer sa chevelure ruisselante de lumière à leur fenêtre
noire.

René Crevel publie en 1932 un pamphlet, le Clavecin de Diderot[1], *compte rendu satirique des systèmes de pensée bourgeois, dédié à André Breton et Paul Éluard, qui débute ainsi :*

LE CLAVECIN DE DIDEROT

Lénine, dans *Matérialisme et Empiriocriticisme,* constate, dès l'introduction, que : *Diderot arrive presque aux vues du matérialisme contemporain, d'après lesquelles les syllogismes ne suffisent pas à réfuter l'idéalisme, car il ne s'agit pas, en l'occurrence, d'arguments théoriques.* Lénine, qui ne craint pas d'apporter ses preuves, met à ample contribution l'*Entretien avec d'Alembert.*

A notre tour de citer parmi ce qui a été cité : *Supposez au clavecin de la sensibilité et de la mémoire, et, dites-moi s'il ne répétera pas, de lui-même, les airs que vous aurez exécutés sur ses touches? Nos sens sont autant de touches qui sont pincées par la nature qui les environne et qui se pincent souvent elles-mêmes.*

Et d'abord, il importe de noter que si un terme de comparaison, celui-là et pas un autre, s'est imposé au maître des encyclopédistes, pour une fois, le symbole n'a pas perdu son homme. Mais, au contraire, l'homme a réhabilité son symbole. Je veux dire qu'un instrument dont le rôle habituel était de nous la faire au petit évocateur, enfin, nous apparaît décapé de tout pittoresque d'époque. Tarabiscotage, vernis martin écaillé, musique aux bougies, clairs de lune aristocratiques, Trianon et ses trois marches de marbre rose, fichus et bergerie Marie-Antoinette, *et ron et ron petit patapon et s'ils n'ont pas de pain qu'ils mangent de la brioche,* plaisir de vivre et bagatelles, de Louis XV cette pourriture satinée, au comte d'Artois ce dadais, de la Pompadour pédante, phtisique et corsetée à la du Barry née Bécu, du moindre nobliau cul-terreux au prince de Ligne, ce premier des grands Européens, les êtres, les choses qui ont prêté à tant d'évocations abominablement exquises, marquises, abbés de cour, soubrettes, chevaliers, Camargos et *tutti quanti,* ces bibeloteries, fadaises, fêtes galantes ou non, toute cette pacotille, tous ces accessoires de cotillon, pas un pouce de la belle surface lisse du clavecin de Diderot ne s'en est trouvé sali. Au contraire, tel que nous le recevons des mains de Lénine, il abolit, de sa masse exacte, propre, ces répugnants petits menuets de souvenirs verlainiens. Sa lumière a eu raison des maquillages symbolards, de leur opacité. L'écrivain fait sa métaphore, mais sa métaphore dévoile, ici éclaire, son écrivain. On respire, après tant de nuages de poudre aux yeux et de poudre de perlimpinpin. Non qu'il s'agisse d'ailleurs de se féliciter, à la

---

1. René Crevel, *Le Clavecin de Diderot,* © Éditions J.-J. Pauvert.

manière des critiques en mal de conclusion : *On cherche un écrivain et on trouve un homme.*
Cette formule, nous la laissons à tous les mijoteurs, cuiseurs, distributeurs, amateurs du Gâteau Littéraire dont elle est le four banal. . . .

L'auteur dirige ses sarcasmes contre l'humanisme, le réalisme, le colonialisme, Dieu, la religion... et sa verve, qui faisait merveille dans sa conversation, s'épanche ici dans un style un peu entortillé. Le chapitre : « De très dérisoires thérapeutiques individuelles », attaque les psychanalystes.

. . . . Un problème posé d'après les règles et formules de la psychologie traditionnelle, des questions réduites à elles-mêmes, au gré de la méthode analytique, ne peuvent recevoir de juste solution, ni même de réponse approximative. Il ne saurait plus, d'ailleurs, en aucun cas, s'agir d'anecdotes personnelles, ou, plutôt, il n'est d'anecdote personnelle qui ne doive entraîner au-delà, hors d'elle-même la créature à propos, autour de qui, en qui ont eu lieu les faits matériels ou moraux, occasions de ladite anecdote.
Sans doute, certaines interrogations même engluées d'égoïsme, signifient-elles qu'un travail de déblaiement est déjà commencé. Mais que doit espérer de son labeur celui qui creuse, sans auparavant s'être mis en garde contre ses propres éboulis de prétextes et d'hypocrisies. Que soit, grâce aux efforts et recherches d'un petit nombre, levé ce que Breton appelait *le terrible interdit,* de quoi cela servira-t-il, si, à nouveau, les anciennes zones interdites se trouvent morcelées en jardins d'agrément ou de désagréments individuels, si, par veulerie panthéiste, elles se laissent tourner en terrain vague, ou si, tout au long des avenues qui se prétendront modernes, poussent des gratte-ciel scolastiques.
Les partisans et défenseurs de la tradition à tout prix, escrocs ou jobards, sont toujours prêts à crier au miracle, au cristal, dès que les poussières de mica, par leurs soins amoncelées, interceptent notre, votre, leur peu de lumière pour nous, vous, se la renvoyer en plein visage, par faisceaux aigrelets et aveuglants. Au reste, le petit sadisme des observateurs, l'orgueil masochiste des observés se réjouissent de toutes les conjonctivites, comme si, au degré de leur violence, pouvait se mesurer sinon l'illumination, du moins la clairvoyance. . . .
. . . . Aux soigneurs et philanthropes, amateurs et professionnels des États capitalistes, je demande : Pourquoi accorder et raccorder ce clavecin sensible, comment s'étonner qu'il ne réponde pas juste, s'il continue d'être touché, pincé injustement. . . .

René Crevel fera paraître en 1933 les Pieds dans le plat, *picaresque roman des mœurs mondaines-bourgeoises de l'époque.*

En dépit des hommages rendus par le surréalisme au marxisme-léninisme, les relations entre le mouvement et le parti communiste restaient tendues. En 1932, Aragon, suivi de quelques autres (Sadoul, puis Unik), qui avaient mis leurs activités au service du parti communiste, ne prirent plus part aux entreprises poétiques et politiques de leurs anciens amis. L'adhésion (suivie de leur exclusion) de plusieurs membres du groupe, en 1934, à une Association des écrivains et artistes révolutionnaires *patronnée par le parti communiste, dissipa les dernières illusions quant aux possibilités d'une entente. Mais les surréalistes étaient mêlés de plus en plus activement aux luttes sociales et politiques. Le début de 1934 avait vu la première émeute fasciste en France (6 février), une contre-manifestation communiste (9 février), la grève générale de protestation des travailleurs (12 février). Préparé le lendemain même de la journée du 6, un tract surréaliste :* Appel à la lutte[1], *qui avait réuni un grand nombre de signatures, parut dès le 10, demandant l'unité d'action des forces de gauche. Les surréalistes entrèrent au Comité de vigilance antifasciste que lancèrent un peu plus tard Paul Rivet, Alain et Paul Langevin.*

A cette époque Léon Trotsky avait été autorisé à résider aux environs de Paris. Le « gouvernement de trêve » issu du 6 février l'expulsa de France. La protestation surréaliste prit la forme d'un tract rédigé par André Breton : la Planète sans visa[1].

L'année suivante, en juin 1935, dans un « Congrès pour la défense de la culture » organisé par les communistes, Breton ainsi que le délégué tchèque, favorable au surréalisme, furent mis dans l'impossibilité d'intervenir : une altercation, quelques jours auparavant, entre Breton et l'écrivain stalinien Ilya Ehrenbourg qui s'était répandu en injures contre le surréalisme et ses participants, était le prétexte plus ou moins avoué de cette interdiction, laquelle fut en tout cas l'une des causes du suicide, le 24 juin, de René Crevel qui avait tenté de concilier pour lui-même une certaine orthodoxie communiste avec une attitude et des amitiés surréalistes.

Cette même année 1935 vit paraître en brochure un texte signé par vingt-six surréalistes ou sympathisants[2], intitulé Du temps que les surréalistes avaient raison[3], *qui ne dénonçait pas seulement la politique réactionnaire de l'URSS et des partis satellites dans le domaine intellectuel, mais aussi, plus généralement, l'idolâtrie stalinienne. On en lira ci-dessous deux passages, dont la conclusion.*

---

1. Reproduit dans *Documents surréalistes, op. cit.*
2. André Breton, Salvador Dali, Oscar Dominguez, Paul Éluard, Max Ernst, Marcel Fourrier, Maurice Heine, Maurice Henry, Georges Hugnet, Sylvain Itkine, Marcel Jean, Dora Maar, René Magritte, Léo Malet, Marie-Louise Mayoux, Jehan Mayoux, E. L. T. Mesens, Paul Nougé, Méret Oppenheim, Henri Parisot, Benjamin Péret, Man Ray, Maurice Singer, André Souris, Yves Tanguy, Robert Valançay.
3. Reproduit dans André Breton : *Position politique du surréalisme,* © Éditions J.-J. Pauvert, et dans *Documents surréalistes, op. cit.*

Du temps que les surréalistes avaient raison

.... Le « Congrès international pour la défense de la culture »
s'est déroulé sous le signe de l'étouffement systématique : étouffement des problèmes culturels véritables, étouffement des voix
non reconnues pour celles du chapitre. Adressée à cette majorité de nouveaux conformistes à toute épreuve, la phrase du
discours d'ouverture de Gide : « Il me paraît à peu près impossible aujourd'hui, dans la société capitaliste où nous vivons
encore, que la littérature de valeur soit autre qu'une littérature d'opposition », prenait un sens énigmatique assez cruel.
Étouffement partiel des discours de Madeleine Paz, de Plisnier,
escamotage pur et simple de celui du délégué chinois, retrait
complet de la parole à Nezval[1] (combien d'autres, instruits de ces
méthodes, avaient préféré ne pas être là !) mais par contre — dans
l'intervalle d'émouvantes déclarations comme celles de Malraux,
de Waldo Franck, de Pasternak — bain de redites, de considérations infantiles et de flagorneries : ceux qui prétendent sauver la
culture ont choisi pour elle un climat insalubre. La manière dont
ce Congrès, d'inspiration soi-disant révolutionnaire, s'est dissous,
est exactement à la hauteur de la manière dont il s'était annoncé.
Il s'était annoncé par des affiches desquelles se détachaient certains
noms en plus gros caractères et en rouge; il a abouti à la création
d'une « Association internationale des écrivains pour la défense
de la culture » dirigée par un bureau de 112 membres, ayant à sa
tête un présidium, bureau qui, selon toute apparence, s'est désigné
lui-même, puisque sur sa composition n'ont été consultés ni les
participants ni les assistants du Congrès.
Ce bureau, cette association, nous ne pouvons que leur signifier
formellement notre défiance. . . .
.... On nous a beaucoup reproché, naguère, de nous être faits
l'écho des protestations que soulevait le spectacle de certains films
soviétiques à tendance niaisement moralisatrice, du type *le Chemin
de la vie*. « Le vent de crétinisation qui souffle d'URSS... » n'avait
pas craint de dire à ce propos un de nos correspondants. Il y a
quelques mois, la lecture dans *Lu* des réponses à une enquête
menée par les journaux soviétiques sur la conception actuelle de
l'amour et de la vie commune de l'homme et de la femme en
URSS (il y avait là un choix de confidences d'hommes et de
femmes toutes plus navrantes les unes que les autres) nous avait
fait un instant nous demander si le propos ci-dessus — que
jusque-là nous n'avions pas repris à notre compte — était tellement
excessif. Passons rapidement sur la déception dans laquelle nous

1. Le délégué tchécoslovaque.

ont entretenus les piètres réalisations de l' « art prolétarien » et du « réalisme socialiste ». Nous n'avons pas cessé non plus de nous inquiéter du *culte idolâtre* par lequel certains zélateurs intéressés s'efforcent d'attacher les masses ouvrières, non seulement à l'URSS, mais encore à la personne de son chef (le « tout cela grâce à toi, grand éducateur Staline », de l'ancien bandit Avdeenko, n'est pas sans faire évoquer le « tant que vous voudrez, mon général » de l'ignoble Claudel). . . . Bornons-nous à enregistrer le processus de régression rapide qui veut qu'après la patrie ce soit la famille qui, de la Révolution russe agonisante, sorte indemne (qu'en pense André Gide?). Il ne reste plus là-bas qu'à rétablir la religion — pourquoi pas? —, la propriété privée, pour que c'en soit fait des plus belles conquêtes du socialisme. Quitte à provoquer la fureur de leurs thuriféraires, nous demandons s'il est besoin d'un autre bilan pour juger à leurs œuvres un régime, en l'espèce le régime *actuel* de la Russie soviétique et le chef tout-puissant sous lequel ce régime tourne à la négation même de ce qu'il devrait être et de ce qu'il a été.

Ce régime, ce chef, nous ne pouvons que leur signifier formellement notre défiance.

Toujours en 1935, Georges Bataille tente un rapprochement avec André Breton sur le plan politique. Ses amis et ceux de Breton forment un groupe qui s'intitule « Contre-Attaque » (Union de lutte des intellectuels révolutionnaires), et prétend s'opposer aux menaces grandissantes du fascisme sans pour autant se fondre dans d'autres organisations politiques. « Contre-Attaque » tint pendant quelques semaines des réunions publiques et privées. Cependant, bâtir un mouvement politique implique des tâches pratiques fort absorbantes que peu, voire aucun des participants à « Contre-Attaque » ne pouvaient, ou ne voulaient assumer de façon suivie (sauf Bataille). D'autre part, sur certains points d'idéologie (et aussi de caractère), les divergences entre Breton et Bataille étaient trop accusées pour permettre une collaboration étroite et constante.

Breton néanmoins joignit à son recueil : Position politique du surréalisme *(1935) la « Résolution » qui avait formulé les principes et les buts de « Contre-Attaque ». Le même ouvrage contient le texte de différents discours et conférences prononcés par Breton en 1935.*

Ainsi, parallèles et mêlées à la fois, l'action politique et la quête poétique se poursuivaient dans l'activité surréaliste. En 1934, le suicide de Raymond Roussel, en Italie, et la publication de son ouvrage posthume : Comment j'ai écrit certains de mes livres, *attiraient à nouveau sur le poète et ses œuvres l'attention du groupe surréaliste. Nous les examinons au chapitre suivant.*

SIXIÈME PARTIE

LA GRANDE ACTUALITÉ POÉTIQUE

Chapitre XX

Raymond Roussel

En *1911*, *l'étrange féerie adaptée du roman de Raymond Roussel :* Impressions d'Afrique, *mettant en jeu des objets, des mécanismes, des êtres inattendus ou inventés, ne laissa pas que d'attirer l'attention de certains esprits curieux, comme Marcel Duchamp qui vit le spectacle en compagnie d'Apollinaire et de Picabia et qui fit plus tard grand cas des trouvailles de Roussel. Edmond Rostand, d'autre part, fut l'un des premiers et des plus fervents admirateurs du poète. Mais le grand public accueillit la pièce par des rires et des sifflets, de même que celles qui suivirent :* Locus Solus *en 1921,* l'Étoile au front *en 1924,* Poussière de soleils *en 1928. Roussel assumait les frais des mises en scène, aucun directeur de théâtre ne voulant s'en charger, et publiait à compte d'auteur ses livres dont les invendus s'empilaient chez l'éditeur Lemerre. Après la Première Guerre mondiale, les surréalistes furent à peu près les seuls défenseurs de Roussel, bien que celui-ci n'ait jamais approché leur groupe.*
Le texte suivant, dont l'action se situe au Canada, est extrait du roman Impressions d'Afrique [1]. *On y rencontre un thème classique des contes de fées, celui de l'innocente et généreuse jeune fille victime de méchants parents; mais l'élément merveilleux est absolument original.*

Les ensorcelés du lac Ontario

Au bord du lac Ontario vivait un riche planteur d'origine française nommé Jouandon. Veuf depuis peu, Jouandon reportait toute sa tendresse sur sa fille Ursule, gracieuse enfant de huit ans confiée aux soins de la dévouée Maffa, Huronne douce et prévenante qui l'avait nourrie de son lait. Jouandon se trouvait en butte aux manœuvres d'une intrigante nommée Gervaise, qui, ayant coiffé Sainte-Catherine à cause de sa laideur et de sa pauvreté, s'était mis en tête d'épouser le planteur opulent. Faible de caractère, Jouandon se laissa prendre à la comédie amoureuse habilement jouée par la mégère, qui bientôt devint sa seconde femme.

1. © Éditions J.-J. Pauvert.

La vie fut dès lors intolérable dans le logis autrefois si paisible et rayonnant. Gervaise avait installé dans son appartement sa sœur Agathe et ses deux frères Claude et Justin, tous trois aussi envieux qu'elle-même; cette clique infernale faisait la loi, criant et gesticulant du matin au soir. Ursule, principalement, servait de cible aux railleries de Gervaise aidée de ses acolytes, et c'est à grand-peine que Maffa parvenait à soustraire la fillette aux mauvais traitements dont on la menaçait.

Au bout de deux ans, Jouandon mourut de consomption, miné par le'chagrin et le remords, s'accusant d'avoir fait le malheur de sa fille en même temps que le sien par la déplorable union qu'il n'avait pas eu la force de rompre. Gervaise et ses trois complices s'acharnèrent plus que jamais après la malheureuse Ursule, qu'ils espéraient faire mourir comme son père afin d'accaparer ses richesses.

Indignée, Maffa se rendit un jour auprès des guerriers de sa tribu et dépeignit la situation au vieux sorcier Nô, réputé pour son pouvoir très étendu. Nô promit de châtier les coupables et suivit Maffa, qui le guida vers l'habitation maudite. En longeant le lac Ontario ils aperçurent de loin Gervaise et Agathe se dirigeant vers la rive, escortées de leurs deux frères, qui portaient Ursule immobile et muette. Les quatre monstres, mettant à profit l'absence de la nourrice, avaient bâillonné l'enfant, qu'ils venaient précipiter dans les eaux profondes du lac. Maffa et Nô se dissimulèrent derrière un bouquet d'arbres, et le groupe arriva sur la berge sans les avoir aperçus.

Au moment où les deux frères balançaient le corps d'Ursule pour le lancer dans les flots, Nô prononça une incantation magique et sonore qui provoqua sur l'heure quatre soudaines métamorphoses. Gervaise fut changée en ânesse et placée devant une auge pleine de son appétissant; mais, dès qu'elle s'approchait de l'abondante pitance, une sorte de séton lui entravait subitement la mâchoire et l'empêchait de satisfaire sa fringale. Quand, lassée de ce supplice, elle voulait fuir la décevante tentation, une herse d'or se dressait devant elle, lui barrant le passage par son obstacle imprévu toujours prêt à surgir en n'importe quel point d'une enceinte strictement délimitée.

Agathe, transformée en oie, courut éperdument, pourchassée par Borée, qui soufflait sur elle à pleins poumons en la fouettant avec une rose épineuse. Claude conserva son corps d'homme, mais on vit sa tête se muer en hure de sanglier. Trois objets de poids divers, un œuf, un gant et un fétu de paille, se mirent à sauter dans ses mains, qui, malgré elles, les lançaient continuellement en l'air pour les rattraper avec adresse. Pareil à un jongleur qui, au lieu de dompter ses babioles, se laisserait entraîner par elles, le malheu-

reux s'enfuyait en ligne droite, subissant une sorte de vertigineuse aimantation. Justin, métamorphosé en brochet, fut projeté dans le lac, dont il devait indéfiniment faire le tour à grande vitesse, comme un cheval lâché dans un gigantesque hippodrome. Maffa et Nô s'étaient approchés d'Ursule pour la débarrasser de son bâillon. Remplie de compassion et oublieuse de toute rancune, la fillette, qui avait vu s'accomplir le quadruple phénomène, voulut intercéder en faveur de ses bourreaux. Elle demanda au sorcier de faire cesser l'enchantement, plaidant avec chaleur la cause des coupables, qui, selon elle, ne méritaient pas un éternel châtiment. Touché par tant de bonté, Nô lui donna ce précieux renseignement : une fois l'an, au jour anniversaire et à l'heure précise de l'incantation, les quatre ensorcelés devaient se retrouver au point de la berge occupé par l'ânesse, qui seule resterait sédentaire pendant les courses vagabondes des trois errants; cette rencontre ne durerait qu'une seconde, aucun temps d'arrêt n'étant permis aux infortunés fuyards; si, pendant cet instant à peine appréciable, une main généreuse armée d'un engin quelconque parvenait à pêcher le brochet et à le rejeter sur la rive, le charme se romprait aussitôt, et la forme humaine serait rendue aux quatre maudits; mais la moindre maladresse dans le geste libérateur pouvait ajourner à l'année suivante la possibilité d'une nouvelle tentative.
Ursule grava dans sa mémoire tous les détails de cette révélation et remercia Nô, qui s'en retourna seul chez les sauvages de son clan. Un an plus tard, quelques minutes avant l'heure prescrite, Ursule monta en barque avec Maffa et guetta le brochet près de l'endroit où l'ânesse continuait à flairer inutilement son auge toujours pleine. Soudain la fillette aperçut au loin, dans les eaux transparentes, le poisson rapide qu'elle attendait; en même temps, de deux points opposés de l'horizon, accouraient vers le même but le jongleur à tête de sanglier et l'oie cruellement fouaillée par Borée. Ursule immergea verticalement un large filet, en coupant le chemin suivi par le brochet, qui pénétra comme une flèche au milieu de l'engin flottant. D'un mouvement brusque, la jeune pêcheuse voulut projeter le poisson sur la berge. Mais l'expiation, sans doute, n'était pas encore suffisante, car les mailles, bien que fines et solides, livrèrent passage au captif, qui retomba dans l'eau et reprit sa course folle. Le jongleur et l'oie, un instant réunis près de l'ânesse, se croisèrent sans ralentir leur élan et disparurent bientôt dans des directions divergentes.
Selon toute évidence, le déboire d'Ursule était dû à une influence surnaturelle, car après l'événement aucune déchirure n'endommageait les mailles du filet. Trois nouveaux essais, séparés chaque fois par un an d'intervalle, donnèrent le même résultat négatif.
Enfin, la cinquième année, Ursule eut un geste si habile et si prompt

que le brochet atteignit le bord extrême de la rive sans avoir eu le temps de glisser à travers la trame emprisonnante. Aussitôt les quatre consanguins reprirent leur forme humaine, et, terrifiés par l'éventuelle perspective d'un nouvel ensorcellement, quittèrent sans retard le pays, où nul ne les revit jamais.

*L'invention chez Roussel paraît plus étrange encore lorsqu'elle délaisse le conte de fées et qu'elle comporte une explication rationnelle. Le texte ci-dessous, également extrait d'*Impressions d'Afrique, *décrit l'une des plus curieuses trouvailles de l'auteur : une statue roulant sur des rails en mou de veau; il s'agit, dans le roman, de l'un des numéros d'un spectacle donné à un roi nègre par des Européens naufragés sur la côte d'Afrique. La description concerne ici un objet « réel ».*

. . . . [La statue] évoquait un homme atteint mortellement par une arme enfoncée dans son cœur. Instinctivement les deux mains se portaient vers la blessure, pendant que les jambes fléchissaient sous le poids du corps rejeté en arrière et prêt à s'effondrer. La statue était noire et semblait, au premier coup d'œil, faite d'un seul bloc; mais le regard, peu à peu, découvrait une foule de rainures tracées en tous sens et formant généralement de nombreux groupes parallèles. L'œuvre, en réalité, se trouvait composée uniquement d'innombrables baleines de corset coupées et fléchies suivant les besoins du modelage. Des clous à tête plate, dont la pointe devait sans doute se recourber intérieurement, soudaient entre elles ces souples lamelles qui se juxtaposaient avec art sans jamais laisser place au moindre interstice. La figure elle-même, avec tous ses détails d'expression douloureuse et angoissée, n'était faite que de tronçons bien ajustés reproduisant fidèlement la forme du nez, des lèvres, des arcades sourcilières et du globe oculaire. Le manche de l'arme plongée dans le cœur du mourant donnait une impression de grande difficulté vaincue, grâce à l'élégance de la poignée, dans laquelle on retrouvait les traces de deux ou trois baleines coupées en courts fragments arrondis comme des anneaux. Le corps musculeux, les bras crispés, les jambes nerveuses et à demi ployées, tout semblait palpiter ou souffrir, par suite du galbe saisissant et parfait donné aux invariables lamelles sombres. Les pieds de la statue reposaient sur un véhicule très simple, dont la plate-forme basse et les quatre roues étaient fabriquées avec d'autres baleines noires ingénieusement combinées. Deux rails étroits, faits d'une substance crue, rougeâtre et gélatineuse, qui n'était autre que du mou de veau, s'alignaient sur une surface de bois noirci et donnaient, par leur modelé sinon par leur couleur, l'illusion exacte d'une portion de voie ferrée; c'est sur eux que s'adaptaient, sans les écraser, les quatre roues immobiles.

Le plancher carrossable formait la partie supérieure d'un piédestal en bois, complètement noir, dont la face principale montrait une inscription blanche conçue en ces termes : « La Mort de l'ilote Saridakis » . . . .

L'histoire de l'esclave noir que représente la statue fait l'objet d'un conte séparé. Le fonctionnement de la machine, déclenché par l'intervention d'une pie dressée à cet effet, est décrit comme suit :

. . . . Deux ouvertures à peine appréciables et distantes de plus d'un mètre étaient percées presque à ras de terre dans la face visible du socle noir. La pie s'approcha de l'ouverture la plus lointaine, dans laquelle son bec pénétra subitement pour faire jouer quelque ressort intérieur. Aussitôt, la plate-forme carrossable se mit à basculer lentement, s'enfonçant à gauche dans l'intérieur du socle pour s'élever à droite au-dessus de son niveau habituel. L'équilibre étant rompu, le véhicule chargé de la statue tragique se déplaça doucement sur les rails gélatineux, qui présentaient maintenant une pente assez sensible. Les quatre roues en lamelles noires se trouvaient préservées de tout déraillement par une bordure intérieure qui dépassait un peu leur jante solidement maintenue sur la voie. Parvenu au bas de la courte descente, le wagonnet fut arrêté soudain par le bord du socle.
Pendant les quelques secondes consacrées au trajet, la pie, en sautillant, s'était transportée devant l'autre ouverture, au sein de laquelle son bec disparut vivement. A la suite d'un déclenchement nouveau, le mouvement de bascule s'effectua en sens inverse. Le véhicule, hissé progressivement – puis entraîné vers la droite par son propre poids –, roula sans aucun moteur sur la voie silencieuse et vint buter contre le bord opposé du socle, dont la paroi se dressait maintenant comme un obstacle devant la plate-forme descendue.
Le va-et-vient se reproduisit plusieurs fois, grâce à la manœuvre de la pie qui oscillait sans cesse d'une ouverture à l'autre. La statue de l'ilote restait soudée au véhicule, dont elle suivait tous les voyages, et l'ensemble était d'une légèreté telle que les rails, malgré leur inconsistance, n'offraient aucune trace d'aplatissement ni de cassure. . . .

Le domaine exploré par Roussel est souvent proche de celui qu'on appelle aujourd'hui « science-fiction »; ainsi les descriptions, dans le roman Locus Solus [1], *des nombreuses inventions qui peuplent la propriété – « lieu solitaire » – du savant Canterel. Voici l'une de ces inventions :*

1. © Éditions J.-J. Pauvert.

Canterel avait trouvé le moyen de composer une eau dans laquelle, grâce à une oxygénation spéciale et très puissante qu'il renouvelait de temps à autre, n'importe quel être terrestre, homme ou animal, pouvait vivre complètement immergé sans interrompre ses fonctions respiratoires.

Le maître voulut construire un immense récipient de verre, pour rendre bien visibles certaines expériences qu'il projetait touchant plusieurs partis à tirer de l'étrange liquide.

La plus frappante particularité de l'onde en question résidait de prime abord dans son éclat prodigieux; la moindre goutte brillait de façon aveuglante et, même dans la pénombre, étincelait d'un feu qui lui semblait propre. Soucieux de mettre en valeur ce don attrayant, Canterel adopta une forme caractéristique à multiples facettes pour l'édification de son récipient, qui, une fois terminé puis rempli de l'eau fulgurante, ressembla servilement à un diamant gigantesque. C'était sur l'endroit le plus ensoleillé de son domaine que le maître avait placé l'éblouissante cuve, dont la base étroite reposait presque à ras de terre dans un rocher factice; dès que l'astre luisait, l'ensemble se parait d'une irradiation presque insoutenable. Certain couvercle métallique pouvait au besoin, en bouchant un orifice rond ménagé dans la partie plafonnante du joyau colossal, empêcher la pluie de se mélanger avec l'eau précieuse, qui reçut de Canterel le nom d'*aqua-micans*.

Pour jouer l'indispensable rôle d'ondine, le maître, tenant à choisir une femme séduisante et gracieuse, manda par une lettre prodigue d'instructions précises la svelte Faustine, danseuse réputée pour l'harmonie et la beauté de ses attitudes.

Arborant un maillot couleur chair et laissant tomber naturellement, comme l'exigeait son personnage, tous ses immenses et magnifiques cheveux blonds, Faustine monta sur une luxueuse et délicate échelle double en métal nickelé, installée près du grand diamant, puis pénétra dans l'onde photogène.

Malgré les encouragements de Canterel, qui en s'immergeant lui-même avait souvent expérimenté la facile respiration sous-marine que procurait l'oxygénation particulière de son eau, Faustine n'enfonça qu'avec précaution, s'agrippant des deux mains au bord surplombant de la cuve et ressortant plusieurs fois la tête avant de plonger définitivement. Enfin, divers essais, toujours plus prolongés, l'ayant pleinement rassurée, elle se laissa choir et prit pied sur le fond du récipient.

Ses cheveux touffus ondulaient doucement avec une tendance à monter, pendant qu'elle esquissait maintes poses plastiques, embellies et facilitées par l'extrême légèreté que lui donnait la pression liquide. Peu à peu une riante griserie s'empara d'elle, due à une trop grande absorption d'oxygène. Puis, à la longue,

une résonance vague s'exhala de sa chevelure, enflant ou diminuant selon que sa tête remuait plus ou moins. L'étrange musique
prit bientôt plus de corps et d'intensité; chaque cheveu vibrait
comme une corde instrumentale, et, au moindre mouvement de
Faustine, l'ensemble, pareil à quelque harpe éolienne, engendrait,
avec une infinie variété, de longues enfilades de sons. Les soyeux
fils blonds, suivant leur longueur, émettaient des notes différentes,
et le registre s'étendait sur plus de trois octaves.
Au bout d'une demi-heure, le maître, perché sur l'échelle double,
aida Faustine, en l'agrippant d'une main par la nuque, à se hisser
près de lui sur le haut du récipient afin de redescendre jusqu'au
sol.
Canterel, qui avait assisté à toute la séance, examina la splendide
crinière musicale et découvrit autour de chaque cheveu une sorte
de fourreau aqueux excessivement mince, provenant d'un dépôt
subtil occasionné par certains sels chimiques en dissolution dans
l'aqua-micans. Violemment électrisée par la présence de ces
imperceptibles enveloppes, la tignasse entière s'était mise à vibrer
sous le frottement de l'eau brillante, qui — le maître l'avait cons-
taté antérieurement — joignait une grande puissance acoustique
à ses incomparables propriétés lumineuses. . . .

*Ce n'est qu'un an après la mort de Raymond Roussel que le secret de son
imagination, ou plus exactement le secret du procédé par lequel il « forçait »
son inspiration, fut dévoilé dans son ouvrage posthume :* Comment j'ai
écrit certains de mes livres *(1935)*[1] :

Je me suis toujours proposé d'expliquer de quelle façon j'avais
écrit certains de mes livres *(Impressions d'Afrique, Locus Solus,
l'Étoile au front et la Poussière de soleils).*
Il s'agit d'un procédé très spécial. Et, ce procédé, il me semble
qu'il est de mon devoir de le révéler, car j'ai l'impression que des
écrivains de l'avenir pourraient peut-être l'exploiter avec fruit.
Très jeune j'écrivais déjà des contes de quelques pages en
employant ce procédé. Je choisissais deux mots presque semblables (faisant penser aux métagrammes). Par exemple *billard* et
pillard. Puis j'y ajoutais des mots pareils mais pris dans deux sens
différents, et j'obtenais ainsi deux phrases presque identiques. En
ce qui concerne *billard* et *pillard* les deux phrases que j'obtins
furent celles-ci :
1° *Les lettres du blanc sur les bandes du vieux billard...*
2° *Les lettres du blanc sur les bandes du vieux pillard.*
Dans la première, « lettres » était pris dans le sens de « signes

1. © Éditions J.-J. Pauvert.

typographiques », « blanc » dans le sens de « cube de craie » et
« bandes » dans le sens de « bordures ». Dans la seconde, « lettres »
était pris dans le sens de « missives », « blanc » dans le sens
d' « homme blanc » et « bandes » dans le sens de « hordes guer-
rières ».

Les deux phrases trouvées, il s'agissait d'écrire un conte pouvant
commencer par la première et finir par la seconde. Or c'était dans
la résolution de ce problème que je puisais tous mes matériaux.
Dans le conte en question il y avait un *blanc* (un explorateur) qui,
sous ce titre « Parmi les noirs », avait publié sous forme de *lettres*
(missives) un livre où il était parlé de *bandes* (hordes) d'un pillard
(roi nègre). Au début on voyait quelqu'un écrire avec un *blanc*
(cube de craie) des *lettres* (signes typographiques) sur les *bandes*
(bordures) d'un billard. Ces lettres, sous une forme cryptogra-
phique, composaient la phrase finale : « Les lettres du blanc sur
les bandes du vieux pillard », et le conte tout entier reposait sur
une histoire de rébus basée sur les récits épistolaires de l'explorateur. . . . Amplifiant ensuite le procédé, je cherchai de nouveaux
mots se rapportant au mot *billard,* toujours pour les prendre dans
un sens autre que celui qui se présentait tout d'abord, et cela me
fournissait chaque fois une création de plus. . . .
[Puis] je choisissais un mot et le reliais à un autre par la prépo-
sition *à;* et ces deux mots, pris dans un sens autre que le sens
primitif, me fournissaient une création nouvelle. . . . Je dois dire
que ce premier travail était difficile et me prenait déjà beaucoup
de temps. . . .

*Roussel donne un très grand nombre d'exemples montrant comment il créa,
à partir de son procédé, les divers épisodes de plusieurs de ses ouvrages.
Ainsi l'histoire, citée plus haut, de la statue en baleines de corset roulant
sur des rails en mou de veau, venait de :*

1° *Baleine* (mammifère marin) à *îlot* (petite île); 2° *baleine* (lamelle) à
ilote (esclave spartiate)*; 1° *mou* (individu veule) à *raille* (ici je pensai
à un collégien paresseux que ses camarades raillent pour son incapacité); 2° *mou* (substance culinaire) à *rail* (rail de chemin de fer).
Ces deux accouplements de mots m'ont donné la statue de l'ilote,
faite en baleines de corset, roulant sur des rails en mou de veau. . . .
Le procédé évolua et je fus conduit à prendre une phrase quelconque, dont je tirais des images en la disloquant, un peu comme
s'il se fût agi d'en extraire des dessins de rébus. . . . J'usais de
n'importe quoi. . . . Je me servis même du nom et de l'adresse
de mon cordonnier : « Hellstern, 5, place Vendôme », dont je fis

---

*. Il y avait parfois une légère différence entre les mots, comme ici, par exemple,
où *îlot* diffère un peu d'*ilote.*

« Hélice tourne zinc plat se rend dôme »[1]. Le chiffre cinq avait été pris au hasard; je ne crois pas qu'il était exact. . . . « Les ensorcelés du lac Ontario » sont construits sur des vers du *Napoléon II* de Victor Hugo. Mais ici il y a dans ma mémoire beaucoup de lacunes qui m'obligeront à mettre des points de suspension.

1° Oh revers oh leçon quand l'enfant de cet homme
2° Or effet herse oh le son . . . . séton
1° Eut reçu pour hochet la couronne de Rome
2° Ursule brochet lac Huronne drome (hippodrome)
1° Quand on l'eut revêtu d'un nom qui retentit
2° Carton hure œuf fétu . . . .
1° Quand on eut pour sa soif posé devant la France
2° . . . . pourchasse oie rose aide vent . . .

. . . . Ce procédé, en somme, est parent de la rime. Dans les deux cas il y a création imprévue due à des combinaisons phoniques[2]. C'est essentiellement un procédé poétique. Encore faut-il savoir l'employer. Et de même qu'avec des rimes on peut faire de bons ou de mauvais vers, on peut, avec ce procédé, faire de bons ou de mauvais ouvrages. . . . C'était d'ailleurs le propre du procédé de faire surgir des sortes d'*équations de fait* (suivant une expression employée par Robert de Montesquiou dans une étude sur mes livres) qu'il s'agissait de résoudre *logiquement*[3].

La continuité introduite dans la discontinuité du procédé donne naissance à des substances et à des êtres dans lesquels les lois naturelles sont exaltées

1. D'où l'épisode d'*Impressions d'Afrique* où l'on voit une créature, découverte au fond de la mer et qui ressemble à un simple disque plat en zinc, prendre une forme de dôme lorsqu'un ventilateur électrique souffle dessus.
2. De même les collages de Max Ernst sont des créations à partir de combinaisons *visuelles*.
3. Nous avons rencontré un autre exemple de créations par équivalents phoniques dans un curieux petit livre : *Mots d'heures, gousses, rames*, par Van Rooten (Grossman Publishers, New York 1967), qui n'est autre qu'une collection de *Mother Goose Rhymes* traduits phonétiquement, pour ainsi dire, en pseudo-« vieux français ». Ainsi la chanson enfantine : *Pussy cat, pussy cat, where have you been?* — *I've been to London to look at the Queen...* devient dans la version Van Rooten : *Pousse y gâte, pousse y gâte, et Arabe yeux bine?* — *Ah ben, tout l'on donne Toluca de couenne...* dialogue que l'auteur, dans une note, explique comme suit : « Un Arabe est réprimandé pour avoir laissé une récolte se gâter, se contentant de regarder sa houe : les Arabes sont, de tradition, un peuple nomade et non des agriculteurs. L'interpellé admet qu'il s'est borné à rêver d'une gourde de cuir, faite à Toluca (célèbre ville de marché au Mexique) : ces gourdes qui servent à conserver l'eau sont précieuses pour un habitant du désert... » Le procédé est identique, mais bilingue, à celui de l'auteur de *Locus Solus*, et ne manque pas de créer à son tour d'irrationnelles « équations de fait » aux solutions, ici, humoristiques. On ne s'étonnera pas que ce soit Marcel Duchamp qui nous ait, à l'époque, signalé cet ouvrage typiquement roussellien.

plutôt que transgressées, un monde super-humain, et non pas transcendant.
Il n'y a ni dieu ni miracles dans cet univers (sauf, bien entendu, dans les
histoires présentées comme des contes de fées) — il n'y a que des merveilles.
C'est de manière neutre, conventionnelle et précise, en un certain sens scien-
tifique, que Roussel explique le comportement de ses créations sur-réalistes.
Ses récits sont comme des comptes rendus de rêveries au cours desquelles
l'imagination surmonte toutes difficultés ou impossibilités faisant obstacle
au désir de résoudre un problème donné. Les solutions de ces rébus nés de
jeux de mots sont parfois logiques et scientifiques à tel point que l'une d'elles,
dans le passage de Locus Solus *cité plus haut, semble être une prémonition*
de la musique électronique, sinon de « l'eau lourde »... Au commencement
était le Verbe...
Lorsque l'Étoile au front, *pièce jouée en 1924 au théâtre du Vaude-*
ville à Paris, parut en librairie l'année suivante, Paul Éluard écrivit dans
la Révolution surréaliste *n° 4 (juillet 1925) :*

Raymond Roussel : l'Étoile au front

Là se tiennent les conteurs. L'un commence, l'autre continue. Ils
sont marqués du même signe, ils sont la proie de la même imagination qui porte sur sa tête la terre et les cieux. Toutes les histoires
du monde sont tissées de leurs paroles, toutes les étoiles du
monde sont sur leurs fronts, miroirs mystérieux de la magie des
rêves et des faits les plus bizarres, les plus merveilleux. Distrairont-
ils ces insectes qui font une musique monotone en pensant et en
mangeant, qui les écoutent à peine et qui ne comprennent pas la
grandeur de leur délire ?
Prestidigitateurs, voici qu'ils transforment les mots simples et purs
en une foule de personnages bouleversés par les objets de la passion
et c'est un rayon d'or qu'ils tiennent dans leur main, et c'est l'éclosion de la vérité, de la dignité, de la liberté, de la félicité et de
l'amour.
Que Raymond Roussel nous montre tout ce qui n'a pas été. Nous
sommes quelques-uns à qui cette réalité seule importe.

On retrouve sous d'autres formes l'exaltation des facultés humaines dans
des œuvres comme la Vue [1] *ou* Nouvelles Impressions d'Afrique [1], *qui*
ne furent pas composées selon le procédé révélé par le livre posthume. La
Vue *(écrit en 1904) est une description qui dépasse le cadre du genre*
descriptif, une super-description en quelque sorte, l'énumération sur plus de
cent pages des plus infimes détails qu'un sens visuel prodigieusement affiné
pourrait découvrir dans ces minuscules photographies insérées sous une
petite loupe dans la hampe de porte-plumes-souvenirs, comme on en trouve
dans les boutiques des lieux de villégiature. Le plus étrange est qu'un tel
texte soit rédigé en prose versifiée. Il s'agit ici d'un paysage au bord de la mer.

1. © Éditions J.-J. Pauvert.

.... Complètement à gauche et dans l'intérieur
Des terres, se profile une vaste hauteur;
A peu près à mi-côte, on peut se rendre compte,
Sans la voir, qu'une route interminable monte
De gauche à droite, assez rapidement et fort;
Elle est suffisamment haute pour que son bord
La cache à ceux qui la voient d'en bas; on devine
Et l'on suit le tracé constant qu'elle dessine
Grâce aux divers chalets, masures ou villas
Qui la bordent sur son parcours de haut en bas.
        .... Un brave homme, une hotte
Légère, assurément pas pleine, sur le dos,
Est immobile et prend un instant de repos
Pour interrompre un peu la montée; il allume
Sa pipe qui déjà commence à prendre et fume. ...
La flamme, large, forme une tache peu nette,
Blanchâtre, indéfinie et claire; l'allumette
Flambe actuellement tout entière à la fois
Sauf une extrémité non atteinte; son bois
Est calciné, tout noir en partie ....

*Tout ceci se situe à plusieurs kilomètres de l'observateur, et sur une photo
à peine grande comme un confetti. Le côté merveilleux de l'apparition magni-
fiée d'une image presque invisible, qui fait tout le charme des objets en question, est développé au-delà de ses propres possibilités. Procédé de développement, d'agrandissement, qui reparaît dans* Nouvelles Impressions
d'Afrique *(1932), cette fois dans le domaine conceptuel : des parenthèses-
gigognes s'ouvrent et se referment l'une dans l'autre, contenant d'intermi-
nables listes de comparaisons que suggère telle idée de la parenthèse
précédente. Et toujours la même prosodie laborieuse :*

Damiette
La maison où Saint Louis fut prisonnier

Sans doute à réfléchir, à compter cela porte,
D'être avisé que là, derrière cette porte,
Fut trois mois prisonnier le roi saint!... Louis neuf!...
Combien le fait, pourtant, paraît tangible et neuf
En ce pays jonché de croulantes merveilles,
Telles qu'on n'en sait point ici-bas de plus vieilles!
Elles présentes, tout semble dater d'hier :
Le nom dont, écrasé, le porteur est si fier
Que de mémoire, à fond, il sait sans une faute
(Comme sait l'occupant, dans une maison haute,
D'un clair logis donnant sur le dernier palier
— Photographe quelconque habile à palier

Pattes d'oie et boutons par de fins stratagèmes —
((Pouvoir du retoucheur! lorsque arborant ses gemmes
(((Chacun, quand de son moi, dont il est entiché,
Rigide, il fait tirer un orgueilleux cliché,
— Se demandant, pour peu qu'en respirant il bouge,
Si sur la gélatine, à la lumière rouge,
Dans le révélateur il apparaîtra flou, —
((((Tels se demandent : — S'il diffère d'un filou,
Le fat qui d'un regard (((((parfois une étincelle,
L'entourant de pompiers qui grimpent à l'échelle,
Fait d'un paisible immeuble un cratère qui bout *;)))))
Enflamma, dépourvu lui de toute fortune,
Une catin de marque ayant voiture, hôtel,
Qu'il vient, le rouge au front, de conduire à l'autel;
— A Nice, l'arrivant, l'œil sur le thermomètre,
Si, défiant le rhume, en toile il va se mettre;
— Resté seul, Horace, à quelle vitesse fuir;
— Le lièvre si lorsqu'il musait par la bruyère
L'eût distancé même un vieux morceau de gruyère;
— Si valsent ou non les bouteilles de Clicquot
Le soupeur dont le nez tourne au coquelicot. . . .

Les parenthèses ne se ferment, dans le premier des quatre poèmes du livre, qu'après vingt pages de cet exercice. En outre, Nouvelles Impressions... *est illustré d'images de toute banalité, exécutées selon les instructions précises de l'auteur par un dessinateur qui signait « Zo » (zéro?). Le génie de Raymond Roussel se place hors des catégories habituelles de la littérature et pouvait s'exprimer dans d'autres domaines encore. En 1932, l'auteur de* l'Étoile au front *commença à s'intéresser au jeu d'échecs; dans les trois mois il avait trouvé la solution d'un des problèmes les plus anciens et les plus controversés, étudié sans résultats convaincants depuis le temps de Philidor, le joueur d'échecs et musicien du XVIII*e *siècle. Roussel découvrit la réponse, brève, précise, élégante et décisive au « mat du Fou et du Cavalier » : « Le Fou tenant, grâce à la coopération de son Roi, le Roi adverse dans une prison de plus en plus restreinte, le rôle du Cavalier se borne à se mettre en état de cédille ou de future cédille. » La formule, expliquée et commentée par le grand maître S. Tartakover, fut publiée dans la revue* l'Échiquier *en novembre 1932. Elle figure dans* Comment j'ai écrit certains de mes livres *avec la reproduction de plusieurs articles sur « Raymond Roussel, joueur d'échecs »...*

*. Que n'a-t-on, lorsqu'il faut d'un feu venir à bout,
Un géant bon coureur, — quand une maison flambe,
Un sauveteur loyal doit-il, traînant la jambe,
Considérer de loin la besogne en boudeur? —
Qui, prêt, tel Gulliver, à vaincre sa pudeur,
Aurait à satisfaire une envie opportune.

Chapitre XXI

Minotaure

Fondée à Paris en mai *1933* par l'éditeur suisse Albert Skira, la revue Minotaure *se présentait comme un magazine d'art, éclectique et luxueux. Dirigée à ses débuts par le critique Tériade, elle réservait une place importante aux maîtres de l'art moderne, tels Derain et Matisse, ou, dans le passé, Cézanne, Degas, Seurat..., et naturellement, dans l'actualité, Picasso qui composa la couverture du premier numéro et dont les plus récentes sculptures furent présentées, dans ce numéro inaugural, par un article d'André Breton :* « Picasso dans son élément. » *Ce qui caractérisa en effet la revue fut la collaboration régulière des surréalistes et leur influence grandissante sur son contenu — Breton et quelques-uns de ses amis finirent par former le comité de direction.*

Une série de brillants articles d'André Breton reprirent les thèmes principaux du surréalisme tout au long des treize numéros et des six années d'existence de Minotaure *: l'automatisme (« Le message automatique »,* n° *3-4, décembre 1933), la beauté surréaliste (« La beauté sera convulsive »,* n° *5, mars 1934), l'amour et les coïncidences (« La nuit du tournesol »,* n° *7, juin 1935, récit de la rencontre de l'auteur avec Jacqueline, qui devait devenir sa seconde femme), les précurseurs du surréalisme (« Têtes d'orage »,* n° *10, décembre 1937), etc. Poèmes et études littéraires, ethnographiques, psychologiques, essais sur les sciences secrètes, les techniques divinatoires, les folklores, eurent souvent pour auteurs des membres du groupe qui maintes fois pourvurent à la magnifique illustration de la revue par des documents inédits; des photos de Man Ray se voyaient dans chaque numéro, ainsi que des reproductions des œuvres des artistes surréalistes dont plusieurs : Ernst, Magritte, Dali, Miró, Masson, Duchamp, composèrent les couvertures de* Minotaure.

Le n° *3-4 de la revue reproduisit un grand nombre d'anciennes et pittoresques cartes postales, extraites d'une collection appartenant à Paul Éluard. Dans le* n° *5, celui-ci commenta une image populaire du XVIIIe siècle : « La folie des hommes ou le monde à rebours. » En décembre 1936 (* n° *10), les « Premières vues anciennes » d'Éluard constituaient une brève anthologie de certains poètes qui précédèrent le surréalisme. En mai 1938, « Juste milieu » fut au* n° *11 la dernière contribution d'Éluard qui se sépara de Bre-*

ton pendant les mois qui précédèrent la Seconde Guerre mondiale; son nom ne figure plus dans le comité de rédaction du dernier numéro (12-13, mai 1939) de Minotaure.

Juste milieu

BALTIMORE. — La ville de Baltimore a deux côtés fendants comme un sabot aux fesses d'un butor. Dans le quartier des Abattoirs, des rires aux clartés de colombe allongent les chaudes soirées qui sont l'amour même. Ailleurs le duvet l'emporte.
A Baltimore, quand on a trouvé le point faible, le reste marche tout seul. Baltimore est bâtie du bois dont on fait les blondes. Elle a pour devise : *que lirite tu sade.*
FESTON. — Ce feston, paraît-il, c'était moi. Des grappes de raisin, des bleuets, des tulipes, un fruit jaune entre deux feuilles vertes, des touffes de plumes blanches au milieu d'une étoile bien étalée et un tout petit bout de feston. J'étais fier, fier à m'en faire craquer les vertèbres.
NOURRICE. — Nourrice, naïade, j'ai toujours lié ces deux mots. C'est qu'une charmante naïade fut pour moi cette autre mère qui prend de notre amour filial ce qu'il y a de meilleur. Elle m'emportait avec elle, me déposait au bord de l'eau, me donnant pour jouet un roseau ou une algue marine. Le flot me balançait, la voile blanche du bateau qui passait se recourbait tendrement sur moi et là-haut, je voyais le ciel, les nuages, je voyais la souple tête des peupliers lorsqu'ils se baissaient sous le vent, et je m'endormais bientôt au chant des laveuses et des hirondelles.
. . . .
VALET. — « Ainsi faisions-nous, Excellence : lorsque notre pied avait rencontré la dernière marche enfouie dans les ténèbres, appuyée contre la porte de pierre des caveaux, notre regard ébloui remontait. Et Votre Excellence me demandait de lui expliquer, pour la centième fois, les raisons que nous avions d'être là, comme des taupes débusquées. »
. . . .

Dans le n° 3-4, Man Ray développa ses vues sur la création artistique avec un texte qui constituait la préface d'un album de ses photographies choisies parmi celles exécutées de 1920 à 1934[1] :

L'âge de la lumière

Dans cet âge semblable à tous les âges, où le problème de la perpétuation d'une race ou d'une classe et la destruction de ses enne-

1. Publié en 1934 par James T. Soby à Hartford, USA et par les Cahiers d'art à Paris.

mis absorbe totalement une société civilisée, il semble mal venu et futile de créer des œuvres inspirées seulement de l'émotion et du désir de l'individu. Il semble qu'on ne puisse retourner aux occupations idylliques qu'après avoir mérité ce retour par une solution des problèmes plus vitaux. D'un autre côté, l'incapacité d'une race ou d'une classe à s'améliorer n'a d'égale que son incapacité à profiter des erreurs passées et des exemples de l'histoire; car tout progrès naît d'un désir intense dans l'individu vers un meilleur présent immédiat, remédiant à une insuffisance matérielle. Dans cet état d'exaltation, l'action s'impose et prend la forme révolutionnaire. Race, classe, comme la mode, perdent alors leur place, tandis que l'émotion individuelle prend le sens universel. Peut-on, en effet, imaginer un rapprochement des êtres plus impératif que la découverte d'un désir commun? Où trouver une meilleure source d'action que dans la confiance éveillée par une expression lyrique de ce désir? Du premier geste de l'enfant montrant du doigt un objet et lui donnant un nom, mais avec quelle intense signification, à l'esprit développé créant une image qui nous émeut au plus profond de notre inconscient par son étrangeté et sa réalité, l'éveil d'un désir est toujours le premier pas vers la participation et l'expérience.

C'est dans un esprit d'expérience et non d'expérimentation que sont présentées les images autobiographiques qui suivent. Saisies au moment d'un détachement visuel, pendant des périodes de contact émotionnel, ces images sont des oxydations de résidus, fixés par la lumière et la chimie, des organismes vivants. Toute expression plastique n'est que le résidu d'une expérience. La reconnaissance d'une image qui, tragiquement, a survécu à une expérience, rappelant l'événement plus ou moins clairement, comme les cendres intactes d'un objet consumé par les flammes, la reconnaissance de cet objet si peu visible et si fragile et sa simple identification de la part du spectateur, avec une expérience personnelle similaire, exclut toute possibilité de classification psychanalytique ou d'assimilation à un système décoratif arbitraire. Quant à la question de mérite et d'exécution, c'est l'affaire de ceux qui se dispensent d'atteindre même les frontières de telles expériences. Car, soit qu'un peintre, pour intensifier l'idée qu'il veut exprimer, introduit des morceaux de chromos dans son travail manuel, soit qu'un autre, se servant directement de la lumière et de la chimie, arrive à déformer le sujet au point de lui ôter presque toute ressemblance avec l'original en créant une forme nouvelle, ce viol des matériaux employés est une garantie des convictions de l'auteur. Un certain mépris pour le moyen physique d'exprimer une idée est indispensable pour la réaliser au mieux.

Chacun de nous, par sa timidité, ne peut aller au-delà d'une certaine limite sans être outragé. Celui qui, par une application sévère, a réussi, pour lui-même, à pousser plus loin cette limite, éveille nécessairement un sentiment d'antagonisme chez ceux qui, pour accepter des conventions admises par tout le monde, ne montrent aucune initiative. Et cet antagonisme prend généralement la forme d'un ricanement insignifiant, d'une critique ou même d'une persécution. En tout cas, cette outrance apparente est préférable aux habitudes monstrueuses excusées par l'étiquette et l'esthétisme.

Tout effort mû par le désir doit aussi s'appuyer sur une énergie automatique ou subconsciente qui aide à sa réalisation. De cette énergie, nous possédons des réserves illimitées; il suffit de vouloir puiser en nous-mêmes en éliminant tout sentiment de retenue ou de convenance. De même que le savant qui, comme un simple prestidigitateur, manipule les nombreux phénomènes de la nature et profite de tous les prétendus hasards ou lois, le créateur, s'occupant de valeurs humaines, laisse filtrer les forces inconscientes colorées par sa propre personnalité, qui n'est autre chose que le désir universel de l'homme et met en lumière des motifs et des instincts longtemps réprimés qui sont, après tout, une base de fraternité et de confiance. L'intensité du message n'inquiète qu'en raison du degré de liberté accordé à l'automatisme ou au subconscient. Tout changement aux modes de présentation obstinément ancrés, qui, sous une apparence d'artificiel et d'étrange, affirme le libre fonctionnement de cet automatisme, doit être accueilli sans réserve.

Chaque jour, ouvertement, on nous fait des confidences; notre œil peut s'entraîner à les comprendre sans préjugé ni contrainte.

Dans ce n° 3-4 Salvador Dali mit l'accent sur l'architecture Modern' Style. Son article : « De la beauté terrifiante et comestible de l'architecture Modern' Style », illustré d'œuvres de Gaudi, Guimard et autres, opposait le « décorativisme psychique » de l'art 1900 aux tendances modernes que Dali qualifiait de « décorativisme antidécoratif ». La relation entre le décoratif et le psychique est étudiée sous un autre angle dans ce même n° 3-4 de Minotaure *avec un texte de Tristan Tzara : « D'un certain automatisme du goût*[1] *». La manière dont les femmes s'habillent, plus spécialement le choix des formes de leurs chapeaux, tend à prouver, dit Tzara, « qu'une femme ne se trompe jamais dans ses goûts », les détails de leur vêture et surtout de leurs coiffures révélant métaphoriquement leurs désirs et leurs impulsions. A la fin de l'article, Tzara aborde, sous la même lumière symbolique, le problème de l'architecture, des lieux habités par l'homme :*

.... L'architecture « moderne », aussi hygiénique et dépouillée d'ornements qu'elle veuille paraître, n'a aucune chance de vivre

1. © Éditions Flammarion.

— elle pourra vivoter grâce aux perversités passagères qu'une génération se croit en droit de formuler en s'infligeant la punition de qui sait quels péchés inconscients (la mauvaise conscience peut-être sortie de l'oppression capitaliste) — car elle est la négation complète de l'image de la demeure. Depuis la caverne, car l'homme habitait la terre, la « mère », à travers la yourta des Esquimaux, forme intermédiaire entre la grotte et la tente, remarquable exemple de construction utérine à laquelle on accède par des cavités à forme vaginale, jusqu'à la cabane conique ou demi-sphérique pourvue à l'entrée d'un poteau à caractère sacré, la demeure symbolise le confort prénatal. Quand on rendra à l'homme ce qui lui a été ravi pendant l'adolescence et qu'enfant encore il pouvait posséder, les royaumes de « luxe, calme et volupté » qu'il se construisait sous les couvertures du lit, sous les tables, tapi dans les cavités de terre, celles surtout à entrée étroite, quand on verra que le bien-être réside dans le clair-obscur des profondeurs tactiles et molles de la seule hygiène possible, celle des désirs prénataux, on reconstruira les maisons circulaires, sphériques et irrégulières que l'homme a conservées depuis les cavernes jusqu'aux berceaux et à la tombe dans sa vision de vie intra-utérine qui, elle, ne connaît pas l'esthétique de castration dite moderne. Ce sera, en faisant valoir à ces aménagements les acquisitions de la vie actuelle, non pas un retour en arrière, mais un réel progrès sur ce que nous avons pris comme tel, la possibilité qu'on donnera à nos désirs les plus puissants, parce que latents et éternels, de se libérer normalement. L'intensité de ceux-ci n'a pas dû grandement changer depuis le stade de sauvagerie de l'homme, les formes des satisfactions se sont seulement morcelées et dispersées sur une masse plus large et, affaiblies au point de perdre, avec leur acuité, le sens de la juste réalité et de la quiétude, elles ont, par leur dégénérescence même, préparé la voie de l'agressivité autopunitive qui caractérise les temps modernes.

L'architecture de l'avenir sera intra-utérine si elle a résolu les problèmes du confort et du bien-être matériels et sentimentaux, si elle renonce à son rôle d'interprète-serviteur de la bourgeoisie dont la volonté coercitive ne peut que séparer l'homme des chemins de sa destinée.

Ce texte échappa sans doute à l'attention d'un jeune artiste qui ne rencontra les surréalistes qu'en 1937 : Roberto Matta Echaurren, mais des préoccupations voisines de celles de Tzara se retrouvent dans « Mathématique sensible, architecture du temps », article que Matta publia en mars 1938 dans Minotaure *n° 11, et qui traite de la recherche d'aspects nouveaux qui satisferaient, dans les habitations humaines, à la fois les états inconscients et les nécessités matérielles. Une formation d'architecte, d'abord dans son pays natal, le Chili, puis comme dessinateur avec Le Corbusier à Paris, avait donné à Matta l'expérience pratique et théorique des problèmes d'architecture, encore que ses vues paraissent assez éloignées de celles de l'apôtre de la « maison-machine » et s'apparenteraient plutôt aux leçons du modern style — sauf, toutefois, l'élément caractéristique de ce dernier : l'ornement.*

Mathématique sensible — architecture du Temps

Il s'agit de découvrir la manière de passer entre les rages qui se déplacent dans de tendres parallèles, des angles mous et épais ou sous des ondulations velues à travers lesquelles se retiennent bien des frayeurs. L'homme regrette les obscures poussées de son origine qui l'enveloppaient de parois humides où le sang battait tout près de l'œil avec le bruit de la mère.

Que l'homme s'accroche, s'incruste jusqu'à la possession d'une géométrie où les rythmes du papier marbré, froissé, de la mie de pain, de la désolation de la fumée lui soient comme une pupille entre les lèvres. . . .

Très apéritifs et de profils moulés, avancent les meubles qui déroulent d'inattendus espaces, cédant, se pliant, s'arrondissant comme une marche dans l'eau, jusqu'à un livre qui, de miroir en miroir, reflète ses images en un parcours informulable qui dessine un espace nouveau, architectural, habitable. Ce serait un mobilier qui déchargerait le corps de tout son passé à angle droit de fauteuil, qui délaissant l'origine du style de ses prédécesseurs, s'ouvrirait au coude, à la nuque, épousant des mouvements infinis selon l'organe à rendre conscient et l'intensité de vie.

Trouver pour chacun de ces cordons ombilicaux qui nous mettent en communication avec d'autres soleils, des objets à liberté totale qui seraient comme des miroirs plastiques psychanalytiques. Et certaines heures de repos comme si, entre autres choses, les pompiers vêtus de masques, s'accroupissant pour ne briser aucune ombre, apportaient à madame une carte pleine de pigeons et un paquet de tirelires. Il faudrait un cri contre les digestions à angle droit au milieu desquelles on se laisse abrutir en contemplant des nombres comme des étiquettes de prix et en ne considérant les choses que sous l'aspect d'une seule fois parmi tant d'autres. . . . Et nous commencerons à le gaspiller, ce temps sale et troué que nous offre le soleil. Et nous demanderons à nos mères d'accoucher d'un meuble aux lèvres tièdes.

Max Ernst publia dans le n° 5 de la revue (mars 1934) une sorte de « catéchisme forestier » intitulé : « Les mystères de la forêt [1] » :

---

1. Reproduit dans *Écritures, op.cit.*

Qu'est-ce qu'une forêt? — Un insecte merveilleux. Une planche à dessin.

Que font les forêts? — Elles ne se couchent jamais de bonne heure. Elles attendent le tailleur.

Quelle est la belle saison des forêts? — C'est le futur; ce sera la saison où les masses d'ombre seront capables de se transformer en paroles et où des êtres doués de la parole auront l'orgueil de chercher minuit à X heures.

Mais c'est du passé, il me semble. — Peut-être.

A cette époque passée, les rossignols croyaient-ils en Dieu? — A cette époque passée, les rossignols ne croyaient pas en Dieu : ils étaient liés d'amitié avec le mystère.

Et l'homme, dans quelle position se trouvait-il? — L'homme et le rossignol se trouvaient dans la position la plus favorable pour *imaginer* : ils avaient, dans la forêt, un parfait conducteur du rêve.

Qu'est-ce que le rêve? — Vous m'en demandez trop : c'est une femme qui abat un arbre.

A quoi servent les forêts? — A faire des allumettes qu'on donne aux enfants comme jouets.

Le feu est donc dans la forêt? — Le feu est dans la forêt.

De quoi se nourrissent les plantes? — De mystère.

Quel jour sommes-nous? — Merde.

Quelle sera la fin des forêts? — Viendra le jour où une forêt, amie jusque-là de la dissipation, prendra la résolution de ne plus fréquenter que les endroits sages, les routes goudronnées et les promeneurs du dimanche. Elle se nourrira de journaux en conserve. Se laissant toucher par la vertu, elle se corrigera des mauvaises habitudes contractées dans sa jeunesse. Elle deviendra géométrique, consciencieuse, besogneuse, grammaticale, juridique, pastorale, ecclésiastique, constructiviste et républicaine. On s'y ennuiera.

Ce sera le beau temps? — Tu parles! On ira à la chasse présidentielle.

Cette forêt s'appellera-t-elle Blastule ou Gastrula? — Elle s'appellera Mme de Rambouillet.

La forêt sera-t-elle louée pour sa nouvelle conduite? — Pas par moi. Elle trouvera cela très injuste, et un jour ne pouvant plus y tenir, elle ira déposer ses ordures dans le cœur du rossignol.

Qu'en dira le rossignol? — Le rossignol sera écorché. « Mon amie, répondra-t-il, vous valez encore moins que votre réputation. Allez faire un petit tour en Océanie, et vous verrez. »

Y ira-t-elle? — Trop fière.

Existe-t-il encore des forêts là-bas? — Elles sont, paraît-il, sauvages et impénétrables, noires et rousses, extravagantes, séculaires, fourmilières, diamétrales, négligentes, féroces, ferventes et aimables, sans hier ni lendemain. D'une île à l'autre, par-dessus les volcans, elles jouent aux cartes avec des jeux dépareillés. Nues, elles ne se parent que de leur majesté et de leur mystère.

Le contenu du n° 6 de Minotaure *(mai 1934) fut particulièrement riche. « Physique de la poésie », par Paul Éluard, traitait des livres de poèmes illustrés par des artistes célèbres, et André Breton esquissait, avec « Phare de la mariée », une interprétation du grand Verre de Marcel Duchamp. Le Dr Lotte Wolff appliquait ses talents de chiromancienne à l'étude de mains d'écrivains et d'artistes : Gide, Derain, Ravel, Éluard, Breton... Salvador Dali intitulait son article : « L'apparition aérodynamique des êtres-objets » — les nouvelles structures des autos, des avions, commençaient à intéresser le grand public et, comme s'il avait voulu « tirer les vers du nez » des dessinateurs industriels, Dali voyait dans les* comédons *(« points noirs ») au moment de leur extraction de l'épiderme, un paradigme des formes aérodynamiques des « êtres étranges de l'espace ». Les premières représentations des Poupées de Hans Bellmer parurent dans ce n° 6 où Maurice Heine, dont nous avons parlé à propos de Sade, décrivait dans « La femme féique » l'idéal féminin de Restif de La Bretonne. Le critique Pierre Courthion explorait « Le sadisme d'Urs Graf ». On pouvait lire des contes et pensées d'auteurs tels que Saint-Exupéry, Jean Wahl, Ramuz, Louise de Vilmorin, et un texte de Léon-Paul Fargue : « Pigeondre ». Tériade proposa une « Réhabilitation du chef-d'œuvre » tandis qu'un article d'Élie Faure : « Margaritas » étudiait de son côté la relativité de la notion de chef-d'œuvre, et que Paul Valéry écrivait, à propos d'« Art moderne et Grand Art », ces lignes extraites d'un ouvrage sur* Degas :

. . . . L'art moderne tend à exploiter presque exclusivement la sensibilité « sensorielle » aux dépens de la sensibilité générale ou affective, et de nos facultés de construction, d'addition des durées, et de transformation par l'esprit. Il s'entend merveilleusement à exciter l'attention et use de tous moyens pour l'exciter : intensités, contrastes, énigmes, surprises. Il saisit parfois, par la subtilité de ses moyens, ou l'audace de l'exécution, certaines proies très spécieuses : des états très complexes ou très éphémères, des valeurs « irrationnelles », sensations à l'état naissant, résonances, correspondances, pressentiments d'une instable profondeur... Mais nous payons ces avantages.

Qu'il s'agisse de politique, d'économie, de manières de vivre, de divertissements, ou de mouvements, j'observe que l'allure de la modernité est toute celle d'une intoxication. Il nous faut augmenter la dose — ou changer de poison. Telle est la loi.

— De plus en plus *avancé* — de plus en plus *intense* — de plus en plus *grand* — de plus en plus *vite* — et *toujours plus neuf* — telles sont ces exigences qui correspondent nécessairement à quelque endurcissement de la sensibilité. Nous avons besoin, pour nous sentir vivre, d'une intensité croissante des agents physiques et de perpétuelle diversion... Tout le rôle que jouaient dans l'art de jadis les considérations de durée est à peu près aboli. Je pense que personne ne fait rien aujourd'hui pour être goûté dans deux cents ans. Le ciel, l'enfer, et la postérité ont beaucoup perdu dans l'opinion. D'ailleurs, nous n'avons plus le temps de prévoir ni d'apprendre. . . .

Imprimées dans le corps de la revue sur papier bleu clair, des collaborations poétiques surréalistes apparaissent dans ce sixième numéro de Minotaure *comme une sorte de hors-texte qui s'intitule « La grande actualité poétique » : préface de Breton, poèmes de Breton, Éluard, Pierre Jean Jouve, Péret, et d'une jeune fille de quelque quinze années, Gisèle Prassinos, qui écrivait d'insolents et très spontanés petits contes, tels celui-ci* [1] :

Lotion capillaire

Un homme, une femme, un vieillard. Ils sont dans une hutte. L'homme tient un journal devant lui et, avec ses doigts, sort de sa bouche des petites choses comme des macaroni. La femme est assise par terre. Elle est nue et sur son corps il y a des boutons à bouts jaunes terminés par un petit filament. Elle a sur ses genoux un sac de toile et elle essaye, avec une épingle à cheveux, de se couper les ongles des pieds.

Dans un coin, un vieillard imberbe et chauve la regarde faire. Ses yeux roses n'ont pas de prunelles et ses paupières sont cousues aux sourcils, comme pour faire de la marche. Sur son crâne pointu, des petits clous dorés enfoncés à moitié. Les oreilles sont décollées et, derrière, il y a de longs poils ondulés. Il tient dans sa main noire une sorte de poupée en fil de fer entourée de papier jaune. L'autre main est absente. A sa place il y a une frange faite de lacets de chaussures.

. . . .

La femme s'est levée. Elle a mis son extraordinaire ouvrage dans une bassine et maintenant elle veut le faire cuire. Mais comme elle n'a sans doute pas d'allumettes, elle fait un signe au vieux. Celui-ci s'approche. Avec un crochet il fait un trou dans la chair et en retire un sifflet. Puis il le met dans la bassine.

Maintenant ils sont tous trois autour de la bassine et ils la regardent. Le vieillard se lève solennellement et dit de sa voix sciante : « La soupe ne vaut pas un clou. » Alors l'homme le prend par la main

1. Reproduit dans *Trouver sans chercher*, © Éditions Flammarion 1976.

et le mène dans une autre pièce où il le laisse. Il revient vers la femme et lui dit : « O Calice parfumé, je te serai fidèle! » Puis il sort. En passant, il attrape une bobine de fil jaune qu'il va porter dans la chambre où il a mis le vieillard. Quand il rentre, il sent une aiguille le frôler. Alors il prend la bobine, la met dans sa bouche et soupire. Le vieillard sourit puis court vers lui. Alors ils s'en vont bras dessus bras dessous dans la chambre voisine.

Quand ils arrivèrent, la femme avait mis sur son pied un écheveau rouge de soie d'Alger.

C'est aussi dans « La grande actualité poétique » que figurent des extraits du poème d'André Breton qui devait paraître en volume peu après : l'Air de l'eau [1], *dédié à Jacqueline, et dont voici un passage :*

Yeux zinzolins de la petite Babylonienne trop blanche
Au nombril sertissant une pierre de même couleur
Quand s'ouvre comme une croisée sur un jardin nocturne
La main de Jacqueline X
Que vous êtes pernicieux au fond de cette main
Yeux d'outre-temps à jamais humides
Fleur qui pourriez vous appeler la réticence du prophète
C'en est fait du présent du passé de l'avenir
Je chante la lumière unique de la coïncidence
La joie de m'être penché sur là grande rosace du glacier supérieur
Les infiltrations merveilleuses dont on s'aperçoit un beau jour
    qu'elles ont fait un cornet du plancher
La portée des incidents étranges mais insignifiants à première vue
Et leur don d'appropriation finale vertigineuse à moi-même
Je chante votre horizon fatal
Vous qui clignez imperceptiblement dans la main de mon amour
Entre le rideau de vie
Et le rideau de cœur
Yeux zinzolins
Y Z
De l'alphabet de la toute nécessité

Nous ne pouvons énumérer et encore moins citer toutes les collaborations de ce n° 6 – non plus que des autres numéros, d'ailleurs. Relevons cependant les extraits de textes de Mallarmé fort peu connus en 1934 et parus jadis dans le magazine la Dernière Mode, *que dirigea le poète de septembre à décembre 1894 et dont il rédigeait toutes les rubriques sous divers pseudonymes. L'article ci-dessous, reproduit dans* Minotaure, *était signé « Marguerite de Ponty ».*

---

1. Reproduit dans *Poèmes, op.cit.*

Bijoux

Une Corbeille de Mariage! Nous commencerions par y mettre une paire de pendants d'oreilles tout en or, d'un travail absolument artistique, longs (car la Mode le veut ainsi), à quoi nous assortirions une jolie croix avec chaîne; une deuxième parure en lapis, pierre très appréciée aujourd'hui, et une troisième plus habillée : des cabochons grenat en forme de poires ou de pommes dont la queue est garnie de diamants. Boutons de manchettes assortis à chacune de ces garnitures.

Nous choisirions ensuite, pour dîners ou soirées, des boutons d'oreilles et un médaillon dont le milieu serait occupé par une très grosse perle noire entourée de trois rangées de brillants; c'est un objet tout nouveau, en ce moment, chez les grands bijoutiers : ceux dont nous citions les noms plus haut et d'autres encore.

Une fort belle parure prendrait place à côté de la précédente : composée de saphirs taillés en tablettes et entourés de brillants. Cette pierre, recherchée plus que jamais à l'heure qu'il est, efface un peu de son éclat moins vif les superbes émeraudes. Collier pareil. Je préférerais ces joyaux variés aux éternels solitaires en brillants, que nous avons connus si longtemps.

. . . .

Un petit flacon, soit en ors différents, roses, verts, jaunes, Louis XV ou Louis XVI, à guirlande (ou moderne, en émail, avec des feuillages et des oiseaux japonais) étant un objet indispensable à côté du mouchoir de dentelles, nous n'aurions garde de l'oublier; non plus qu'un éventail : en soie noire avec ganse rose, bleue ou grise pour Toilette du Matin, en soie blanche avec tableau pour les Cérémonies. Le Sujet se place de côté et non plus au milieu. Toutefois, rien ne vaudra jamais un éventail, riche tant qu'on voudra sa monture, ou même très simple, mais présentant, avant tout, une valeur idéale. Laquelle? celle d'une peinture : ancienne, de l'école de Boucher, de Watteau et peut-être par ces Maîtres; moderne, de notre collaborateur Edmond Morin. Scènes de perrons d'hôtels ou des parcs héréditaires et de l'asphalte et de la grève, le monde contemporain avec sa fête qui dure toute l'année : voilà ce que nous montrent ces rares chefs-d'œuvre placés en des mains de grandes dames.

Nous ne quitterons pas la Dernière Mode *sans citer, d'après* Minotaure, *deux extraits de la « Correspondance avec les abonnées » :*

Mme L., à Toulouse. — Faites faire, Madame, une robe de cachemire noire garnie de crêpe anglais ou de crêpe impératrice : ce dernier, d'aussi bonne qualité que le crêpe anglais, est d'un prix moins élevé. Vous n'ignorez point que vous ne pouvez pas porter de confection (pardessus, etc.), dès maintenant, le châle et le voile long étant de rigueur pendant trois mois; mais on est moins généralement au fait de ceci que les boucles d'oreilles sont en bois durci au lieu d'être en jais. Je poursuis, n'est-ce pas? puisque vous voulez bien m'interroger sur l'étiquette absolue du deuil : cachemire noir et crêpe pendant les six premiers mois, soie noire et crêpe lisse noir pendant les six autres; enfin du gris, du violet ou du noir et blanc pendant les six dernières semaines. On porte le deuil pour un beau-père, oui, de la même façon que pour un père.

Lydie... à Bruxelles. — Oui, mon enfant, vous serez ravissante ainsi pour votre premier bal. Le blanc ne vous pâlira pas; et le tulle-illusion, que du reste, vous demandez à notre dernier Courrier de Modes relatif aux fêtes mondaines, enveloppera d'un nuage mobile votre aspect tout vaporeux. Ne tremblez donc point, le choix était excellent; et de cet échange de lettres il n'y a que nous qui profitions, puisque nous gardons votre photographie. — Ah! un mot : au lieu de muguet, je vois plutôt des clématites.

L'article d'André Breton dans le n° 3-4 de Minotaure *sur « Le message automatique* [1] *» eut le même point de départ que le récit, dans le premier* Manifeste *du surréalisme, de la naissance de la notion surréaliste : la perception inattendue d'une phrase, dans la demi-conscience qui précède le sommeil :*

Le message automatique

« Oh non non j'parie Bordeaux Saint-Augustin... C'est un cahier ça. » Le 27 septembre 1933, une fois de plus sans que rien de conscient en moi ne la provoque, alors que, plus tôt que de coutume, vers onze heures du soir je cherche à m'endormir, j'enregistre une de ces suites de mots comme prononcés à la cantonade, mais parfaitement nets, et constitués, à ce qu'il est convenu d'appeler l'oreille intérieure, en un groupement remarquablement autonome. A plusieurs reprises je me suis efforcé d'attirer l'attention sur ces formations verbales particulières qui, selon les cas, peuvent paraître très riches ou très pauvres de sens mais, du moins par la soudaineté de leur passage et le manque total, frappant, d'hésitation que révèle la manière dont elles s'ordonnent, apportent à l'esprit une certitude trop exceptionnelle pour qu'on n'en vienne pas à les considérer de très près. L'homme, pris le jour dans l'éboulement des idées reçues, est amené à concevoir toutes choses et à se concevoir lui-même à travers une série vertigineuse

---

1. Reproduit dans *Point du jour, op.cit.*

de glissades aussitôt dérobées, de faux pas rectifiés tant bien que mal. Le déséquilibre foncier du civilisé moderne tend vainement à s'absorber dans le souci tout artificiel d'équilibres minimes, transitoires : la rature odieuse afflige de plus en plus la page écrite, comme elle barre d'un trait de rouille la vie. Tous ces « sonnets » qui s'écrivent encore, toute cette horreur sénile de la spontanéité, tout ce raffinement rationaliste, toute cette morgue de moniteurs, toute cette impuissance d'aimer, tendent à nous convaincre de l'impossibilité de fuir la vieille maison de correction... Corriger, *se* corriger, polir, reprendre, trouver à redire et non puiser aveuglément dans le trésor subjectif pour la seule tentation de jeter de-ci de-là sur le sable une poignée d'algues écumeuses et d'émeraudes, tel est l'ordre auquel une rigueur mal comprise et une prudence esclave, dans l'art comme ailleurs, nous engagent à obtempérer depuis des siècles. Tel aussi l'ordre qui, historiquement, s'est trouvé enfreint dans des circonstances exceptionnelles, fondamentales. Le surréalisme part de là. . . .

Dans un autre article : « Le merveilleux contre le mystère[1] » (à propos du symbolisme, Minotaure n° 9, octobre 1939), Breton admettait d'ailleurs la difficulté pour un écrivain de trouver les mots exprimant une pensée consciente :

. . . . Les mondes renversés, les utopies criantes ou non, les rêveries d'éden se sont fait dans le langage une place que le réalisme primaire ne parviendra pas à leur reprendre. La cause profonde en est, selon moi, que le langage non strictement usuel, non strictement adapté aux besoins pratiques, entraîne de la part de qui s'y exerce un effort pénible, met en jeu une certaine quantité de souffrance. Les mots requis ne sont pas toujours libres, ils se font prier, voire implorer. Ce que je tiens le plus à dire n'est pas, il s'en faut, ce que je dis le mieux. Une grande déception me vient de l'absence, mille fois constatée, de tout secours *extérieur* en pareil cas. Par contre, ce secours ne m'a jamais fait défaut quand je me suis aventuré sur des routes moins certaines. C'est seulement alors que j'ai cru éveiller parfois les instruments de musique, que j'ai prêté à mes paroles la chance de quelque retentissement. . . .

Concernant ces messages qui semblent parfois venir de quelque invisible instrument musical, nous pouvons à nouveau citer Stéphane Mallarmé. Un texte célèbre de ce poète, daté de 1864, se fonde sur une phrase inattendue surgissant dans la conscience du sujet. Mais les mots énigmatiques suscitent chez Mallarmé non pas tant l'émerveillement qu'un certain humour où perce, cependant, un profond sentiment d'inquiétude.

1. Reproduit dans *La Clé des champs, op. cit.*

Le démon de l'analogie

Des paroles inconnues chantèrent-elles sur vos lèvres, lambeaux maudits d'une phrase absurde?

Je sortis de mon appartement avec la sensation propre d'une aile glissant sur les cordes d'un instrument, traînante et légère, que remplaça une voix prononçant les mots sur un ton descendant : « La Pénultième est morte », de façon que

La Pénultième

finit le vers et

Est morte

se détacha de la suspension fatidique plus inutilement en le vide de signification. Je fis des pas dans la rue et reconnus en le son *nul* la corde tendue de l'instrument de musique, qui était oublié et que le glorieux Souvenir certainement venait de visiter de son aile ou d'une palme et, le doigt sur l'artifice du mystère, je souris et implorai de vœux intellectuels une spéculation différente. La phrase revint, virtuelle, dégagée d'une chute antérieure de plume ou de rameau, dorénavant à travers la voix entendue, jusqu'à ce qu'enfin elle s'articulât seule, vivant de sa personnalité. J'allais (ne me contentant plus d'une perception) la lisant en fin de vers, et, une fois, comme un essai, l'adaptant à mon parler; bientôt la prononçant avec un silence après « Pénultième » dans lequel je trouvais une pénible jouissance : « La Pénultième » puis la corde de l'instrument, si tendue en l'oubli sur le son *nul,* cassait sans doute et j'ajoutais en matière d'oraison : « Est morte. »

Je ne discontinuai pas de tenter un retour à des pensées de prédilection, alléguant, pour me calmer, que, certes, pénultième est le terme du lexique qui signifie l'avant-dernière syllabe des vocables, et son apparition, le reste mal abjuré d'un labeur de linguistique par lequel quotidiennement sanglote de s'interrompre ma noble faculté poétique : la sonorité même et l'air de mensonge assumé par la hâte de la facile affirmation étaient une cause de tourment. Harcelé, je résolus de laisser les mots de triste nature errer eux-mêmes sur ma bouche, et j'allai murmurant avec l'intonation susceptible de condoléance : « La Pénultième est morte, elle est morte, bien morte, la désespérée Pénultième », croyant par là satisfaire l'inquiétude, et non sans le secret espoir de l'ensevelir en l'amplification de la psalmodie quand, effroi! — d'une magie aisément déductible et nerveuse — je sentis que j'avais, ma main réfléchie par un vitrage de boutique y faisant le geste d'une caresse qui descend sur quelque chose, la voix même (la première qui indubitablement avait été l'unique).

Mais où s'installe l'irrécusable intervention du surnaturel, et le commencement de l'angoisse sous laquelle agonise mon esprit naguère seigneur c'est quand je vis, levant les yeux, dans la rue des antiquaires instinctivement suivie, que j'étais devant la boutique d'un luthier vendeur de vieux instruments pendus au mur, et, à terre, des palmes jaunes et les ailes enfouies en l'ombre, d'oiseaux anciens. Je m'enfuis, bizarre, personne condamnée à porter probablement le deuil de l'inexplicable Pénultième.

Le sixième numéro de Minotaure *avait présenté des « Souvenirs » d'Ambroise Vollard sur Cézanne. Mais les références de Dali à ce peintre (dans un article du n° 8, en juin 1936, sur les préraphaélites anglais) présentèrent un vigoureux contraste avec les propos du célèbre collectionneur.*

Le surréalisme spectral de l'éternel féminin préraphaélite

La lenteur caractéristique de l'esprit moderne est une des causes de l'heureuse incompréhension du surréalisme de la part de tous ceux qui, au prix d'un véritable effort intellectuel, se bouchant les narines et fermant les yeux, essayèrent de mordre dans la pomme par excellence incomestible de Cézanne, se contentant ensuite de la regarder en purs « spectateurs » et de l'aimer platoniquement, puisque la structure et le sex-appeal du fruit en question ne permettaient pas d'aller plus loin. Ces gens sans appétit crurent que, précisément, c'était dans la simplicité de cette attitude anti-épicurienne que résident tout le mérite et toute la santé esthétique de l'esprit. Ils crurent aussi que la pomme de Cézanne avait le même poids que la pomme de Newton et encore une fois ils se trompèrent lourdement, car, en réalité, la gravité de la pomme de Newton réside par excellence dans le poids des pommes d'Adam des cous courbes, physiques et moraux, du préraphaélisme. C'est pourquoi, si l'on crut à tort que l'aspect cubique de Cézanne représentait une tendance matérialiste consistant en quelque sorte à faire toucher de pied ferme l'inspiration et le lyrisme, nous voyons maintenant qu'il ne fit que le contraire : accentuer l'élan vers l'idéalisme absolu du lyrisme formel qui, loin de toucher terre, s'envola vers les nuages. . . . Par contre, ceux qui commencèrent à faire toucher véritablement de pied ferme l'inspiration furent précisément les languissants et soi-disant immatériels préraphaélites. . . .
Et comment Salvador Dali ne serait-il pas ébloui par le surréalisme flagrant du préraphaélisme anglais? Les peintres préraphaélites nous apportent et nous font resplendir les femmes à la fois les plus désirables et les plus effrayantes qui existent, car il s'agit de la sorte d'êtres qu'on aurait le plus de terreur et d'angoisse à manger : ce sont les phantasmes charnels des « faux souvenirs » d'enfance,

c'est la viande gélatineuse des plus coupables rêves sentimentaux. Le préraphaélisme dépose sur la table ce plat sensationnel de l'éternel féminin, agrémenté d'une pointe morale et excitante de très respectable « répugnance ». Ces concrétions charnelles de femmes à l'excès idéales, ces matérialisations enfiévrées et haletantes, ces Ophélies et Béatrices florales et molles nous produisent, en nous apparaissant à travers la lumière de leurs cheveux, le même effet de terreur et de répugnance attirante non équivoque que le ventre tendre du papillon entre la lumière de ses ailes. Il y a un effort douloureux et défaillant du cou pour soutenir ces têtes de femmes aux yeux lourds de larmes constellées, aux épaisses chevelures lourdes de fatigue lumineuse et de halos. Il y a une lassitude inguérissable des épaules écroulées sous le poids de l'éclosion de ce légendaire printemps nécrophilique dont Botticelli parla vaguement. Mais Botticelli était encore trop près de la chair vive du mythe pour atteindre à cette gloire exténuée, magnifique et prodigieusement matérielle de toute la « légende » psychologique et lunaire de l'Occident. . . .

L' « amour platonique » envers Cézanne, ironiquement dénoncé par Dali, semblait trouver son illustration dans la remarque entendue par Vollard et notée dans ses « Souvenirs », d'un quidam disant devant un paysage du peintre : « Chaque fois que je regarde ce tableau-là, je me dis : Voilà un endroit où j'aimerais aller à la pêche le dimanche; en ont-ils de la veine, ceux qui peuvent s'offrir une maison aussi bien plantée! Je m'y connais, je suis maçon... » Ces aperçus techniques ne pouvaient laisser Dali indifférent et il poursuit, dans l'article précité :

. . . . Du point de vue morphologique Cézanne nous apparaît comme une espèce de maçon platonicien qui se contente du plan de la droite, du cercle, des formes régulières en général et méconnaît les courbes géodésiques qui, comme on sait, constituent à certains égards le chemin le plus court d'un point à un autre. La pomme de Cézanne tend à avoir la même structure fondamentale que celle du squelette des éponges siliceuses, lequel tout entier n'est autre que l'échafaudage de nos maçons, rectiligne et orthogonal, et dans lequel on retrouve avec stupeur de nombreux spicules réalisant matériellement le « dièdre trirectangle » familier aux géomètres. Je dis qu'elle *tend* à la structure orthogonale, parce qu'en réalité, dans le cas de la pomme, cette structure est bosselée, déformée et dénaturée par l'espèce d' « impatience » qui porta Cézanne à tant de mauvais résultats. Si la pomme de Cézanne est une espèce d' « éponge fantomatique », c'est-à-dire a des prétentions de volume sans poids, de « volume virtuel », par contre, les pommes d'Adam des belles lumineuses de Rossetti sont des pommes morales sous-cutanées, spectrales de toute nécessité, recouvertes par le tissu « géodésique » des muscles et par les « chaînettes » des costumes translucides et lunaires. . . .

C'est dans le n° 8 de la revue qu'André Breton préfaça les premières décalcomanies, *planches automatiques exécutées selon une technique qu'Oscar Dominguez, quelques mois auparavant, avait révélée aux surréalistes :*

D'une décalcomanie sans objet préconçu [1]
(Décalcomanie du désir)

La forêt tout à coup plus opaque, qui nous ramène aux temps de Geneviève de Brabant, de Charles VI, de Gilles de Rais, puis qui nous tend la carline géante de ses clairières, un certain *point sublime* dans la montagne, épaules nues, écumes et aiguilles, les burgs délirants des grottes, les lacs noirs, les feux follets de la lande, ce qui a été entrevu dans leurs premiers poèmes par Maeterlinck et par Jarry, les tas de sable volants, le front éternellement dans leurs mains, les rochers caressés ou non par la dynamite, la flore sous-marine, la faune abyssale toute parodique de l'effort humain — représentation et compréhension — n'en prendrais-je pour type que ce monstre au bec pourvu de trois hameçons (armé pour la pêche à la ligne ?) dont l'explosion quand on le ramène à la surface prend à nos dépens le caractère d'un éclat de rire, tout ce qui défie, en raison de sa complexité, de sa minutie, de son instabilité, la figuration plastique, ce dont l'imitation plastique nous paraîtrait entre toutes fastidieuse, puérile quand il ne s'agirait que d'une touffe de mousse, tout ce à quoi pourrait être étendu le mot « désespoir du peintre » (et du photographe) nous est rendu par suite d'une communication récente de notre ami Oscar Dominguez, dans laquelle le surréalisme se plaît à voir *pour tous* une nouvelle source d'émotions. . . . La découverte d'Oscar Dominguez porte sur la méthode à suivre pour obtenir des champs d'interprétation idéaux. Voici retrouvé l'état le plus pur, dans les images qui suivent, le charme sous lequel nous tenaient, au sortir de l'enfance, les rochers et les saules d'Arthur Rackham. Il s'agit, une fois de plus, d'une recette *à la portée de tous* qui demande à être incorporée aux « Secrets de l'art magique surréaliste » et peut être formulée comme suit :

Pour ouvrir à volonté sa fenêtre
sur les plus beaux paysages du monde et d'ailleurs

Étendez au moyen d'un gros pinceau de la gouache noire, plus ou moins diluée par places, sur une feuille de papier blanc satiné que

---

1. Reproduit dans *Le Surréalisme et la Peinture, op. cit.*

vous recouvrez aussitôt d'une feuille semblable sur laquelle vous exercez du revers de la main une pression moyenne. Soulevez sans hâte par son bord supérieur cette seconde feuille à la manière dont on procède pour la décalcomanie, quitte à la réappliquer et à la soulever de nouveau jusqu'à séchage à peu près complet. Ce que vous avez devant vous n'est peut-être que le vieux mur paranoïaque de Vinci, mais c'est ce mur *porté à sa perfection.* Qu'il vous suffise, par exemple, d'intituler l'image obtenue en fonction de ce que vous y découvrez avec quelque recul pour être sûr de vous être exprimé de la manière la plus personnelle et la plus valable [1].

Maurice Heine poursuivit sa collaboration à Minotaure *avec divers articles, entre autres, au n° 9 (octobre 1936), une étude sur d'anciennes représentations sadistiques :*

Martyres en taille-douce

La représentation de scènes empreintes de cruauté, telles que supplices, tortures et, singulièrement, martyres subis par les chrétiens, occupe dans l'art occidental, jusqu'au cours du XVIIe siècle, une place éminente; et sans doute n'est-ce point un hasard si la période glorieuse de ce genre limité, mais tellement énergique, coïncide avec le XVIe.

Jusque vers la fin du XVe siècle, en effet, la miniature et la peinture seules pouvaient développer pareilles données : mais le temps est venu que la vulgarisation des procédés de taille-douce offre aux artistes de nouveaux moyens d'expression. Voici donc la planche de cuivre qui se soumet à l'attaque de la pointe, à l'incision du burin, peu après à la morsure à l'eau-forte : procédés, purement agressifs, de violence exercée sur le métal tendre par le métal dur ou la chimie, technique proprement sadique et merveilleusement adaptée à l'interprétation de scènes de même ordre.

. . . . Par ailleurs, dans le même temps, l'intolérance religieuse est poussée au paroxysme. Les rues s'encombrent de massacres; les places, de bûchers; les fleuves, de noyades; les chambres de question, de tortures; en bref, la Renaissance succède à l'obscur Moyen Age. L'ingéniosité des bourreaux ne se déconcerte pas pour autant, et l'artiste, prenant modèle sur le vif, n'aura, pour faire œuvre pie, qu'à muer en saint l'hérétique. Il y suffit le plus souvent d'une auréole ou d'une légende. . . .

1. La découverte de Dominguez était en fait une re-découverte, comme il est de règle, semble-t-il, en matière de techniques picturales; voir à ce sujet notre *Histoire de la peinture surréaliste, op. cit.,* p. 266. Faisant suite à la présentation de Breton, des reproductions de décalcomanies dues à Dominguez, Yves Tanguy, Marcel Jean, André et Jacqueline Breton, Hugnet, illustraient dans la revue un conte poétique que cette suite de planches avait inspiré à Benjamin Péret.

L'épuisement de cette veine s'annonce pourtant dès la fin du xvi⁰ siècle et se révèle, comme il est fréquent, par un événement d'ordre didactique : l'apparition d'une grammaire. Certes on peut bien qualifier de la sorte ce vade-mecum du parfait tortionnaire, qu'un prêtre romain de l'Oratoire, le P. Antonio Gallonio, publia en 1571, à Rome, sous le titre (en italien) de *Traité des instruments du martyre et des manières variées de martyriser, mis en usage par les Gentils contre les Chrétiens.* Une riche illustration en quarante-six planches ne laisse dans l'ombre aucun aspect pratique de ces supplices que Giovanni de Guerra, de Modène, et Antonio Tempesta, de Florence, passent pour avoir *descrite et intaglia in rame.* Mais un tel excès de technique a pour rançon le contraste insoutenable entre l'ingéniosité des machines meurtrières et l'ingratitude des mannequins impassibles, qu'elles tourmentent et mutilent à fonds perdus. Avec le xvii⁰ siècle, ce sont les travaux en série qui vont poursuivre et achever la décadence du genre. . . .

Enfin l'adoucissement progressif des mœurs, suivi, quoique à distance, d'une réforme de la procédure et d'une atténuation des peines, allait rendre plus scabreux le choix de certains sujets et plus périlleuse leur exécution réaliste. L'artiste en vient donc, de plus en plus souvent, à expurger son sujet du thème atroce et essentiel, pour lui substituer une symbolique allusive et illusoire. Sainte Apolline, souriante, brandit au bout d'une pince quelqu'une de ses molaires; ou bien sainte Agathe, la gorge avantageuse sous les chastes fronces de son corsage, tient ostensibles sur une patène ses deux seins coupés, la pointe en haut, comme de beaux fruits. Dorénavant, rien de plus conventionnel, de plus fade, de plus *sulpicien,* en un mot, que ce motif déchirant du martyre, à la fois échec et triomphe extorqués de la chair humaine par la douleur et la mort, pourvoyeuses de la vie éternelle.

Dans le n⁰ 11 (mai 1938), on peut encore relever ce commentaire de Maurice Heine à propos d'idoles tibétaines :

Eritis sicut dii...

L'attitude dans laquelle se trouvent les divinités avec leur Çakti est appelée couramment en tibétain Yab-Yum, c'est-à-dire littéralement Père-Mère. Rien que ce terme indique qu'aux yeux des croyants, il ne s'agit dans cette attitude que de la procréation, et il faut dire qu'aucun bouddhiste n'y voit quelque chose d'obscène ou même de grivois. . . .

J. DENIKER, *Collection G., Catalogue...,* Paris 1904.

Exalté et divinisé, identifié à la plus pure extase, l'acte d'amour a reçu des lamas-artistes, dans les temples du Tibet, les grandes lettres de noblesse que la Gnose fut empêchée, par les persécutions de l'Église, de lui conférer en Occident. *Eritis sicut dii...* Voici symbolisée la promesse du sage Serpent. Le *Yi-Dam* uni à sa *Çakti,* être double qui parfait son authentique unité au comble de la béatitude, tel est le Protecteur, nécessairement bienveillant, qui se peut élire parmi les émanations des bouddhas et des bodhisatvas. Amours divines du *Yah* et de la *Yum...* Inaltérables sourires complices... Regards filtrant à jamais des obliques paupières mi-closes... Gestes précieux des multiples bras aux mains tenant de magiques emblèmes... Douceur de l'amour des divinités douces! Mais aussi, fureur des divinités farouches! Sous son nom tibétain de *gChin-r Je-gChed* ou celui, plus usuel, de *Yamântaka,* qui ne reconnaîtrait le Minotaure? Seize jambes pour écraser, trente-quatre bras pour massacrer et sept têtes pour dévorer — dont la plus effroyable est sa tête de taureau — est-ce accorder trop de moyens au Minotaure? Nullement, puisque la tête du bodhisatva Mañjuçri — comme la pensée préside à l'acte — domine les sept chefs à l'œil triple, commande les trente-quatre mains chargées d'armes ou de trophées sanglants et dirige chaque groupe de huit pieds qui écrase sa douzaine d'ennemis à tout pas d'une marche infatigable. C'est à peine si tant d'horreurs suffisent à la sainte colère du bouddha *désigné.* Ainsi Yamântaka qui en émane, venge, comme fit Minotaure, les dieux courroucés.

Une ceinture de serpents balançant des têtes coupées, une peau d'éléphant jetée sur les épaules, voilà de quoi former le costume du Farouche, avec, pour chacune de ses têtes, un diadème emperlé de crânes. Tel, devant une gloire de flammes rouges, le dieu noir étreint la déesse bleue : dans cette union, encensée de fumées, avec sa Çakti, l'esprit s'incorpore, le Minotaure s'incarne. Le Yab ne suspend néanmoins aucune de ses activités. Il poursuit sa course de gauche à droite, et tandis que ses bras de la première paire se referment sur la Yum qu'il entraîne, le travail de leurs mains ne s'interrompt jamais : la gauche tient fermement le *thod-khrag,* la calotte crânienne qu'emplit le sang fumant et où la droite vient hacher avec le couperet du *gri-gug,* les viscères des victimes. La déesse cependant jette aux épaules du dieu ses deux mains dis-jointes; mais la gauche élève un *thod-khrag* vide, la droite brandit un gri-gug impatient, car l'insatiable Çakti réclame sa part de sanglantes délices. Chaque partenaire contribue à exalter jusqu'à son expression suprême l'inégalable sadisme du couple.

A moins toutefois que le Minotaure ne livre son entier secret — ou ne le laisse entrevoir — qu'au fond de l'antre où parfois il abrite de statiques amours. Jamais, sauf aux rares instants de cette épouvantable pause, l'expression lascive de sa face irritée n'atteint pareille intensité. Il semble que toute la fureur de ses énergies disponibles se concentre dans la tête taurine, qui paraît prête à dévorer la Yum...

... Et qui sait si l'éternelle Çakti, la Matière renaissant sans fin de la matière, n'est pas, en une délirante communion, dévorée elle-même par l'Esprit? Pourquoi donc le Minotaure, ressuscité au Tibet, n'aurait-il plus de traits communs avec son anthropophage ancêtre de Crète?

Pierre Mabille, qui commença à collaborer au mouvement surréaliste pendant les années trente, présenta dans le n° 11 des dessins inédits de Seurat, dont César de Mauke et Félix Fénéon avaient communiqué les photographies à la revue :

La nuit ardente n'a inscrit sur ce grand front pudique aucune trace directe de cauchemars fantastiques. Les dessins de Seurat évoquent davantage les mystères de l'aube et du crépuscule. A l'heure de l'éveil, comment savoir ce que l'œil contient encore de la rosée du rêve et ce qu'il perçoit déjà de la ville? Dans l'étrange cité des gris, la lumière insinue son progressif triomphe. Des morceaux d'espace rebelles à la traversée des rayons se font objets. Un monde dépouillé de détails supporte l'étonnement du poète. Êtres et choses, oublieux de leur laborieuse fabrication, surgissent sans passé de la communion nocturne. Les fantômes cristallisent leur fluidité. Vont-ils dissiper aussi vite leurs corps tissés dans la lumière?
Débarrassé des accidents singuliers, des éclats, des ombres trop précises, l'univers est rendu à son unité. Intervalles ou « valeurs », contrastes voisins chantent la symphonie cosmique des ondes sensibles. L'identité de la lumière et de la conscience supprime les frontières entre l'homme et les choses. Du blanc au noir, par le jeu du papier et de la « mine », un seul frémissement, un seul témoignage.
Mais lorsque le jour a vaincu, les hommes effacent avec assurance leur certitude primitive, ils s'obligent à recréer pièce à pièce un monde à leur volonté.
Surmontant les notes fugitives, instants brefs de la sensibilité infaillible, Seurat se fait peintre conscient. Il défie la nature qui l'a ému. Par l'intelligence, par la science, il possède la clef de l'univers en l'équation de la lumière. Les pigments, exactement juxtaposés, recomposeront sur la toile l'architecture des ondes mouvantes. Dans l'émerveillement de l'œuvre permanente, la conscience croit à sa victoire.
En ce voyage que chaque humanité répète, heureux l'acte lucide où se retrouve l'émotion de l'éveil. C'est elle qui au-delà des problèmes résolus donne aux dessins de Seurat leur sens fondamental.

Médecin, Mabille écrivit des études d'anthropologie et de morphologie
humaine (entre autres une « Préface à l'éloge des préjugés populaires »,
n° 6) et il décrivit et analysa, dans Minotaure, *n° 12-13 (mai 1939),*
le déplorable accident dont Victor Brauner, le peintre roumain entré dans
le cercle surréaliste depuis 1933, venait d'être victime.

L'œil du peintre

. . . . Mystérieuse est l'éclosion brutale d'un drame entre gens se
connaissant de longue date dont les rapports semblent définitivement établis. Cependant ces équilibres sont instables, soudain une
querelle survient, imprévisible; personne, ni sur le moment ni
plus tard, ne peut en éclaircir les motifs réels. . . . C'est une scène
rapide de ce genre qui survint ce soir-là. D. se prend de colère
violente contre un de ses camarades. Des menaces, il passe aux
actes. L'assistance inquiète s'interpose. On les sépare pour empêcher un déplorable combat. Victor Brauner retient celui qui avait été
pris à partie. Mais D. au comble de la frénésie libère un bras, il
saisit le premier projectile à sa portée, un verre; il le lance. Brauner
s'écroule ensanglanté, son œil gauche arraché pendait.
. . . . La thèse officielle du jeu de hasard exigerait pour être adoptée
que rien auparavant n'ait pu faire prévoir l'accident. Or nous
allons constater que toute la vie de Brauner convergeait vers cette
mutilation. En elle se trouve la clé de la psychologie de l'homme;
en elle la solution qui éclaire l'activité antérieure du peintre. . . . [Un
autoportrait qui date de 1931 représente le peintre avec l'œil
gauche crevé.] Sur un tableau de la même époque on s'aperçoit
qu'un personnage abrité sous un parasol est éborgné. Une toile
assez mystérieuse, ornée de caractères rappelant ceux des hermé-
tistes anciens, représente un personnage masculin atteint à l'œil
par une tige qui supporte un D. Cette lettre se trouve être l'initiale
de celui qui causa l'accident. Ainsi pendant plus de huit années,
des dizaines, peut-être des centaines de figurations annoncent
qu'un œil doit être détruit. Ces documents abondants si lisibles
n'exigent pas d'ingéniosité quant à leur interprétation. Les faits
s'expliquent-ils par une prémonition persistante ou le peintre n'a-
t-il pas été victime d'une sorte d'envoûtement? Les formes muti-
lées n'ont-elles pas mis en œuvre des forces magiques, créé un
climat psychique dont l'accident devait être le terme inéluctable?
Les deux thèses ne sont pas opposées, car, à supposer qu'une
action magique de cet ordre soit possible, il faudrait expliquer
pourquoi une telle mutilation a été électivement choisie. Elle révèle
sans conteste une obsession profonde et ancienne. Devant cette
hantise persistante, on est en droit de chercher dans le passé de
Brauner si un choc psychique grave n'est pas venu à un moment

donné charger l'œil d'un complexe particulier. . . . Mes conversations avec Brauner ne m'ont rien révélé de démonstratif. J'avoue
d'ailleurs l'insuffisance d'une enquête qui n'a pas été une psychanalyse prolongée. Là n'était d'ailleurs pas mon dessein; m'intéressent davantage le rôle joué par la hantise obsessionnelle d'une
mutilation oculaire dans le développement psychique de Brauner
et la transformation de la crainte en fait matériel accompli.
Si les toiles de 1931-1932 font apparaître la nécessité de crever
l'œil, les œuvres ultérieures témoignent à cet égard d'une évolution; les yeux sont remplacés par des cornes dressées, comme l'indique une peinture de 1937 où un étrange personnage mi-humain,
mi-animal, tend à constituer une sorte de mythe autour duquel se
centre l'activité intellectuelle et sensible de l'artiste.
A n'en pas douter, l'œil est dans le visage une partie de nature
féminine. Les plus anciennes traditions de l'astrologie, de la morphologie en témoignent au même titre que de nombreux aphorismes populaires. Le fait est si patent que le sexe féminin a été
parfois représenté comme un œil. Un dessin de Brauner, exécuté
en 1927, publié en 1928, fait apparaître clairement que cette valeur
symbolique n'échappait pas à l'artiste. L'obsession qui, au début,
tendait à la destruction simple de l'œil, se complique d'années
en années. L'équivalent de l'organe sexuel femelle doit être remplacé par un attribut masculin – la corne – signe d'érection, de
puissance, d'autorité et même de brutalité animale. L'être ainsi
transformé sera devenu un surmâle. . . . L'originalité de la figure
mythique tracée par Brauner tient moins à la présence des cornes
qu'à leur valeur de remplacement à l'égard des yeux. . . .

Mais cette « brutalité animale » des cornes dans certain tableau de Brauner
ne semble-t-elle pas une nouvelle prémonition de l'agresseur futur : un
Espagnol avec les instincts violents du pays qui a inventé les courses de
taureaux? L'étude de Mabille, en premier lieu tentative amicale de rendre
confiance à Brauner, évitait toute allusion directe à l'auteur du geste invo-
lontaire : Oscar Dominguez. Qui dira pourquoi Brauner illustra de manière
aussi flagrante son désir d'être aveuglé par un Espagnol dont l'initiale
serait D? D'autant que dans la « période cosmique » que, avant l'accident de
Brauner, traversait la peinture de Dominguez, apparaissaient des sortes de
planètes, des sphères ressemblant à des globes oculaires, déchirés (voir dans
ce même n° 12-13 de Minotaure *la reproduction de la toile de Dominguez*
intitulée Lancelot 28°33'*).*
Mabille ajoute, dans son article :

. . . . Le souci d'atteindre par le sacrifice d'une mutilation grave
un plus haut degré d'énergie s'est trouvé, chez notre ami, pleinement comblé. L'homme, que je connaissais avant l'accident, était

effacé, timide, pessimiste, démoralisé par son dernier séjour en Roumanie, il est aujourd'hui délivré, affirmant avec clarté et autorité ses idées, il travaille avec une vigueur nouvelle et atteint davantage son but. . . .

Effectivement, les pulsions masochistes de Brauner semblèrent s'infléchir après l'accident, sa peinture se renouvela et s'affirma, encore que près de vingt ans dussent s'écouler avant que cette œuvre éveille l'intérêt des amateurs et des marchands. Mais la veine sadique et créatrice de Dominguez parut, elle, s'étioler. La « période cosmique » prit fin et des influences extérieures — Chirico, Picasso — prirent possession de sa peinture. Sa personnalité pittoresque et exubérante lui acquit une certaine renommée dans les milieux d'artistes après la Seconde Guerre mondiale. On sait qu'il se suicida en 1957, comme si, par un renversement des rôles dans la tragédie vécue par les deux peintres, c'était lui qui, finalement, devait en devenir la véritable victime.

Tandis que Minotaure *se transformait en une revue purement surréaliste mais toujours luxueuse, le mouvement continuait à se manifester par des expositions, par d'autres publications sur d'autres plans, et, comme nous l'avons vu au chapitre XIX, par l'action politique. Nous avons parlé plus haut de l'exposition d'Objets surréalistes en juin 1935. Mai 1934 avait vu paraître une* Petite Anthologie poétique surréaliste, *établie par Breton et Éluard, qui réunissait textes et poèmes (de Breton, Char, Crevel, Dali, Éluard, Georges Hugnet, E. L. T. Mesens, Nougé, Péret, Gui Rosey, Tzara), quelques reproductions d'œuvres plastiques, des comptes rendus de jeux surréalistes, un « cadavre exquis » et le Manifeste* Permettez! *à propos de Rimbaud. L'introduction avait été confiée à Hugnet (ce texte fut loin, d'ailleurs, de rencontrer l'approbation générale et parut précédé d'une note indiquant que les opinions qu'il émettait n'engageaient « que la responsabilité de son auteur et nullement celle des collaborateurs de l'anthologie »).*

La conférence qu'André Breton donna en juin 1934 à Bruxelles : « Qu'est-ce que le surréalisme? », décrivant les buts et l'action du mouvement, fut publiée sous forme de brochure la même année en Belgique avec un dessin de couverture de René Magritte, première version de son célèbre tableau : le Viol.

La revue bruxelloise Documents 34 *publia, également au mois de mai, un numéro spécial : « Intervention surréaliste », avec la collaboration des membres des groupes français et belge. Toujours la même année, et publiée aussi en Belgique, la brochure de poèmes et de dessins intitulée* Violette Nozières *(1934) à laquelle collaborèrent seize surréalistes[1] concernait une*

---

1. Poèmes de Breton, Char, Éluard, Maurice Henry, César Moro, Péret, Tzara; dessins de Arp, Brauner, Dali, Ernst, Giacometti, Marcel Jean, Magritte, Tanguy; couverture photographique de Man Ray.

*jeune fille soupçonnée d'avoir empoisonné ses père et mère (la mère avait
survécu à une intoxication suspecte et accusa sa fille). L'événement souleva
à l'époque une émotion considérable en raison des circonstances obscures
du crime supposé, de présomptions d'inceste avec le père, lequel, mécanicien de chemins de fer, extrêmement bien noté, avait été le conducteur
attitré des trains spéciaux du président de la République. Voici, par
E. L. T. Mesens, du groupe surréaliste belge, l'un des poèmes de ce recueil
collectif*[1] :

> On ne conduit pas sa fille comme un train
>
> Le père Nozières
> Dans la meilleure des républiques
> Conduisait la locomotive
> Du train de bien des présidents
> Et quand il passait dans une gare
> L'armée française lui rendait les honneurs
>
> A mener le train de ces trains-là
> On risque toujours quelque chose
> Et ce quelque chose arriva
>
> Combien de bonnes mères
> Et combien de mauvais pères
> Et combien de bons pères
> Et de mauvaises mères
> Aux rendez-vous de la morale bourgeoise
> Te nommeront garce salope
> Violette
> O embrasseuse d'aubes
>
> Fille d'une partie civile et d'un train
> Fille de ce siècle en peau de cadenas
> Malgré la boue et le temps menaçant
> Malgré les jours livides et les nuits illusoires
> Tu vivais ô combien anxieusement
>
> Te voilà muette ou presque à présent
> A la faible lueur des quinquets
> Du labyrinthe judiciaire
>
> Nous ne sommes hélas pas nombreux
> Violette
> Mais nous ferons cortège à nos ombres
> Pour effrayer tes justiciers

---

1. Reproduit dans E.L.T. Mesens, *Poèmes,* © Le Terrain vague, 1959.

Au tribunal du corps humain
Je condamnerai les hommes aux chapeaux melons
A porter des chapeaux de plomb.

Le vendredi 13 décembre 1935, une exposition de dessins surréalistes s'ouvrit à Paris, galerie des Quatre Chemins; le catalogue contenait une série de phrases dues à chacun des exposants[1]; en voici quelques-unes :

Une main liée au cœur palpitant. — *Man Ray.*
Peinture : je sais la beauté par cœur. — *Hans Bellmer.*
Je n'attends rien de ma réflexion, mais je suis sûr de mes réflexes. — *Yves Tanguy.*
Une course de taureaux dans l'eau. — *Oscar Dominguez.*
Les feuilles de l'arbre avec le temps vont pourrir et disparaître. La souche seule va rester toute nue. — *Joan Miró.*
En cédant tout naturellement à la vocation de reculer les apparences et de bouleverser les rapports des « réalités », la peinture surréaliste a pu contribuer, le sourire aux lèvres, à précipiter la crise de conscience générale qui doit avoir lieu de nos jours. — *Max Ernst.*
Un tableau surréaliste s'écrit comme un poème et se mange comme un objet de première nécessité. — *Maurice Henry.*
N'attendez plus. Le rideau s'est levé sur une fenêtre en feu. — *Marcel Jean.*
Le printemps vient en mille feuilles de beurre fin. — *Méret Oppenheim.*
Une chose est certaine, c'est que je hais, sous toutes ses formes, la simplicité. — *Salvador Dali.*
La réalité de l'élément qui nous livre son secret est bien le lieu d'où il ne faut s'écarter à aucun prix, c'est un point de repère. — *René Magritte.*

En 1935-1936, Picasso fut pris d'une véritable fièvre de poésie écrite et se mit à composer des textes automatiques que publia, accompagnés d'articles des surréalistes, un numéro spécial de la revue Cahiers d'art *en 1936. Voici deux exemples des poèmes automatiques du peintre :*

28 novembre 1935

langue de feu évente sa face dans la flûte la coupe qu'en lui chantant ronge le coup de poignard du bleu si enjoué qui assis dans l'œil du taureau inscrit dans sa tête ornée de jasmins attend que la voile enfle le morceau de cristal que le vent enveloppé dans la cape

---

1. Reproduite *in extenso*, dans *Documents surréalistes, op. cit.*

du *mandoble* dégoulinant de caresses distribue le pain à l'aveugle
et à la colombe couleur lilas et serre de toute sa méchanceté contre
les lèvres du citron flambant la corne torse qui effraye de ses gestes
d'adieu la cathédrale qui défaille entre ses bras sans un bravo tandis qu'éclate dans son regard la radio éveillée par l'aube qui pho-
tographiant dans le baiser une punaise de soleil mange l'arôme
de l'heure qui tombe et traverse la page qui vole défait le bouquet
qu'emporte fourré entre l'aile qui soupire et la peur qui sourit le
couteau qui bondit de plaisir en laissant même aujourd'hui flottant à sa guise et n'importe comment au moment précis et nécessaire en haut du puits le cri du rose que la main lui jette comme
une petite aumône

écoute dans ton enfance l'heure que blanc dans le souvenir bleu
borde blanc dans ses yeux très bleu et morceau d'indigo de ciel
d'argent les regards blanc traversent cobalt le papier blanc que
l'encre bleue arrache bleuâtre son outremer descend que blanc
jouit du repos bleu agité dans le vert foncé mur vert qu'écrit son
plaisir pluie vert clair que nage vert jaune dans l'oubli clair au bord
de son pied vert le sable terre chanson sable de la terre après midi
sable terre

*Jean Arp commençait à cette époque à écrire des textes en français — nous
avons cité précédemment « L'air est une racine », paru dans* le Surréalisme ASDLR *en mai 1933. En 1937 paraît la plaquette* Des taches
dans le vide [1] *dont voici quelques extraits :*

> . . . .
> les murs sont en chair humaine
> les champignons ont des voix de tonnerre
> et brandissent de lourdes rapières
> contre des souris ancestrales
> aux dents d'éléphants
>
> des pis en porcelaine se balancent
> sur des trapèzes d'or
> parmi des branches de cravates
> tandis que des étoiles jargonnent
> et volent de fruit en fruit
>
> la pelure de diamant adoucit les mœurs
> les réjouissances se prolongent
> parfois jusqu'après la mort
> même jusque derrière la balustrade
> en espace usé

---

1. Reproduit dans *Jours effeuillés, op. cit.*

les nuages gourmands enfoncent
leurs trompes et leurs queues
dans les plaies parfumées
des fleurs avec des perruques de miel
se promènent sur l'eau bavarde

les nuages se déshabillent
sur des tables charnues
la chemise de paille embrasse
l'éponge paradoxale
prends garde aux rouages des figures

En 1938, Arp fit paraître le recueil Sciure de gamme. *En 1939, dans
la revue* Plastique *(n° 5) que dirigeait sa femme Sophie Taeuber, il publia
un chapitre*[1] *d'un « roman en collaboration » auquel devaient contribuer
Duchamp, Éluard, Ernst, Gisèle Prassinos, Henri Pastoureau, Hugnet, etc.,
mais qui resta inachevé. Voici quelques passages de l'allègre collaboration
de Jean Arp :*

L'homme qui a perdu son squelette
Quatrième chapitre
« le squelette en vacances »

Le squelette était joyeux comme un fou à qui on enlève sa camisole
de force. C'était pour lui une délivrance de pouvoir se promener
sans le fardeau de la chair. Les moustiques ne le piquaient plus. Il
n'avait plus besoin de se faire couper les cheveux. Il n'avait ni faim,
ni soif, ni froid, ni chaud. Il était loin du lézard de l'amour et de
ses bourgeois, loin du lait des concubines, loin de la morve de
lune. . . .
Chaque matin, il se levait, pur comme une lame Gillette. Il déco-
rait ses os avec de fines herbes, se brossait les dents avec de la moelle
d'aïeul et se vernissait les ongles avec du rouge Fatma. Le soir, à
l'apéritif, il se rendait au bistrot du coin où il lisait régulièrement
le Journal des nécromanciens, feuille préférée de la haute volée cré-
mante des cadavres. Souvent il s'amusait à jouer des tours d'ivoire
et de dandy. Une fois il fit semblant d'avoir soif et commanda de
quoi écrire; il vida l'encrier entre ses mâchoires à l'intérieur de sa
carcasse; l'encre éclaboussa et tacha ses beaux os blancs. Une autre
fois, il pénétra chez un bimbelotier et acheta une provision de ces
plaisants articles de Paris, des étrons naturalistes; il en plaça le soir
dans son vase de nuit et le domestique n'en revenait pas au réveil :

1. Reproduit dans *Jours effeuillés, op. cit.*

dire qu'un squelette qui ne mange ni ne boit avait des besoins comme tout le monde.

Il advint qu'un jour le squelette dessina des petites noisettes qui se promenaient sur de mignonnes petites jambes à travers des montagnes qui crachaient par la bouche, les yeux, les oreilles, le nez et autres ouvertures et trous, des grenouilles. Le squelette s'en effraya comme un squelette qui rencontre en plein jour un squelette. Vite, il fit pousser sur sa tête un potiron détective qui avait le côté diurne d'un pain de patchouli et le côté nocturne de l'œuf de Colomb, et s'en alla, à demi rassuré, chez une cartomancienne.

Aux Éditions Sagesse qui avaient publié Des taches dans le vide *et un grand nombre d'autres plaquettes de poètes contemporains, nous-même fîmes paraître en 1939 un court recueil :* Pêche pour le sommeil jeté, *dont on nous permettra de détacher le poème suivant :*

La fumée rouge

Je ne plaindrai pas l'avenir puisqu'il est brillant comme un diamant
     retrouvé
Joyaux inaccessibles
Découverts après nous
Quand l'écho de nos voix ne nous appellera plus dans les maisons
     détruites
Je tiens pour certain que mes mains sortiront pleines d'eau de la
     source de sel
La destinée d'amis dans le sordide voyage
Le mur vide leur absence
Ce que je cherche est pâle comme le feu
Où le jais courbe son front
C'est dans un buisson de journaux dépliés
Que je trouverai ce que doit me donner ce que je cherche
Qui est doux comme le sable pâle
Et glacé comme des lèvres dans la mer
Qui est plus vivant que la double existence des voleurs mondains
     et des espions
Fièvre blanche
Qui est plus vivant que le mensonge et la naissance
Ce que je cherche est à portée de mon corps
En me couchant sur le sol il se penchera sur moi
Ce n'est ni mon ombre ni mon double ni ma moitié ni un autre
     moi-même
C'est une algue dont chaque tentacule est un corps frotté de poudre
     douce
C'est la surprise des achats d'après-midi

C'est un cercle de réveille-matin sans timbre qui dansent sur une
    toile transparente
C'est l'attente jamais déçue
Ce que je cherche écoute aux portes
Et je le conjure à tâtons.

*En 1938, les éditions G.L.M. consacrèrent au « rêve » leur 7ᵉ « Cahier »,
présenté par André Breton : citations et images d'auteurs anciens (Paracelse, Dürer, Pouchkine...), articles et illustrations des surréalistes parisiens.*
*Je sublime parut en 1938, recueil de poèmes d'amour de Benjamin Péret,
parmi lesquels le suivant* [1] :

Clin d'œil

Des vols de perroquets traversent ma tête quand je te vois de pro-
    fil
et le ciel de graisse se strie d'éclairs bleus
qui tracent ton nom dans tous les sens
Rosa coiffée d'une tribu nègre égarée dans un escalier
où les seins aigus des femmes regardent par les yeux des hommes
Aujourd'hui je regarde par tes cheveux
Rosa d'opale du matin
et je m'éveille par tes yeux
Rosa d'armure
et je pense par tes seins d'explosion
Rosa d'étang verdi par les grenouilles
et je dors dans ton nombril de mer Caspienne
Rosa d'églantine pendant la grève générale
et je m'égare entre tes épaules de voie lactée fécondée par des
    comètes
Rosa de jasmin dans la nuit de lessive
Rosa de maison hantée
Rosa de forêt noire inondée de timbres-poste bleus et verts
Rosa de cerf-volant au-dessus d'un terrain vague où se battent
    des enfants
Rosa de fumée de cigare
Rosa d'écume de mer faite cristal
Rosa

*Le Corps trop grand pour un cercueil, poème de Henri Pastoureau, pré-
facé par André Breton, parut en 1938. L'année suivante Pastoureau publia*

---

1. Reproduit dans *Œuvres complètes, op. cit.*, t. II.

Cri de la méduse, *orné de dessins d'Yves Tanguy. Voici deux extraits du* Corps trop grand pour un cercueil :

par-dessus les collines dangereuses
les corps confiants des amoureuses
s'ouvrent et se ferment
nuages d'espoir aux cheveux roses
perdus dans le ciel où je m'endors

une femme aux yeux fidèles
sème ses lèvres au vent

il pousse des bouches à tout venant
des bouches de rosée
des bouches de lait tiède
des bouches de neige
des empreintes de bouche sur la neige
j'en mets une sur ma bouche
et des boules de gui dansent sur mes paupières

. . . .

une fois mort on mettra un dirigeable sur mes yeux
je partirai par la porte du sud-ouest
j'entrerai dans le petit café-tabac où l'on vend de si beaux dés à
    coudre en chair d'enfant nouveau-né
un repas me sera servi dont je ne mangerai rien
ni des cartes-lettres
ni des passeports
ni des valises
ni des complets-vestons
ni du bout des doigts
je boirai seulement la mer
dans mon lit
dans l'ourlet des draps
sans faire attention à la vie
ni trembler comme les feuilles vivantes

A cette époque Léo Malet n'avait pas encore, comme il le fit après la guerre, promené dans une série de romans-mystères un imaginaire détective à travers les vingt arrondissements de Paris, mais il écrivait des poèmes dont un recueil : Hurle à la vie *(1939) auquel nous empruntons le fragment suivant* [1], *fut illustré par André Masson.*

1. Reproduit dans Léo Malet, *Poèmes surréalistes*, Lausanne, Éditions Alfred Eibel, 1975.

A la croisée des sexes
mon désir le plus vif

Anticiper et placer son époque
derrière un faux air de bonhomie reposée
tu te chargeras
du spectacle des beautés naturelles quand je te le dirai
Jolie dame jamais infidèle
les parfaits amants viennent
me remplacer en toute hâte
ma situation leur plaisait
mauvaise fortune si mauvaise
cela me fait trop de peine
donner des tapes amicales sur la tête des serpents
te serrer tout entière
la montagne est plus facile
je t'attends

Tête bronzée tête préoccupée
il me semble que je n'en suis pas sorti et pourtant
prendre chaque jour vos deux seins
et t'apprendre la mort nouvelle d'un être qui m'est cher
pour les passants nous sommes
la partie de ce conte avec revenants
la moitié d'une destinée
le tic-tac d'une pendule

Tête rouge aux yeux clairs
granit volcan syllabique
majesté penchez-vous

sur le raide vivant
dans le couloir d'un bouge

Tu
laisses courir l'imagination

Chapitre XXII

Le surréalisme international

Les surréalistes belges furent les premiers, hors de France, à former un groupe organisé. Comme nous l'avons vu plus haut, les revues belges Variétés *et* Documents 34 *publièrent, respectivement en 1929 et 1934, des numéros spéciaux entièrement consacrés au surréalisme. René Magritte résida et travailla en France en 1927-1929, prenant part à la vie du mouvement parisien. Il est l'auteur de plusieurs textes théoriques, parmi lesquels* « La pensée et les images », *brève étude parue dans* René Magritte, *monographie publiée à Bruxelles en 1954 par les Éditions de la Connaissance. Quoique relativement récent, ce texte du peintre concerne aussi bien son œuvre ancienne.*

La pensée et les images

. . . . Les images qu'offrent les tableaux peuvent être dotées de valeurs impropres : la « valeur » commerciale, par exemple; ou encore, celle estimée par ces maniaques qui se soucient avant tout des dimensions métriques du tableau, par les partisans décidés des petites et grandes portions d'espace, par les champions du bon cimentage des fresques, de la texture des supports, de l'authenticité des craquelures et de la composition des pâtes et de la maroufle, par les experts en matière d'anatomie, de perspective ou d'ombres portées.

Les valeurs qui concernent vraiment l'image dépendent, au gré des préférences personnelles, d'une ou plusieurs théories esthétiques qui conditionnent la confection des tableaux ou qui en résultent. La crainte d'être mystifié concerne assurément aussi l'image peinte qui a la force de provoquer une telle crainte. Un choix de « tout repos » peut aisément s'opérer entre la gloire des impressionnistes, le dynamisme des futuristes, le cubisme de Picasso, l'art abstrait de Mondrian ou d'Archipenko et le génie de Chirico. Il est possible également de donner de la valeur au dernier « Prix de Rome » bien discipliné par l'école ou bien de « vibrer » avec les

« jeunes » (et les vieux) qui ahurissent la critique d'art par leurs
« découvertes » en 1954 de l'abstraction et de la non-figuration.
Les femmes, les enfants et les hommes qui ne pensent jamais à
l'histoire de l'art ont des préférences personnelles tout autant
que les esthètes. La discordance des préférences ne peut être expliquée par les influences de « milieux » différents. En effet, des
« frères siamois » ont généralement des goûts dissemblables et
des croyances opposées, ni plus ni moins qu'un individu qui est
double, notamment par ses désirs contradictoires. Si les différences
sentimentales sont « expliquées » par des différences détermi-
nantes dans la conformation de la « matière grise », il est visible
que cette « explication » n'est pas éclairante et qu'elle ressemble
fort aux réponses administrées par les médecins de Molière. C'est
la pensée qui permet une « explication ». C'est la pensée qui lui
donne une valeur. Que l'explication soit d'ordre théologique,
métaphysique, psychologique ou biologique, elle est « émise »
par la pensée, qui explique *sans jamais s'expliquer elle-même,* quoi
qu'il y paraisse. . . .
La pensée a quelque liberté quand, par exemple, elle donne de la
valeur à la sympathie que l'on éprouve pour une pierre ou quand
elle accorde la plus grande valeur à la vie et à l'Univers dont la vie
dépend. Il faut, pour sa liberté, aimer Ruskin, ce passionné d'art,
quand il écrit : « Périssent toutes les œuvres d'art plutôt que les
oiseaux qui chantent dans les arbres. »
La Vie, l'Univers, le Néant n'ont aucune valeur pour la pensée
dans la plénitude de sa liberté. Pour elle, la seule Valeur est le
Sens, c'est-à-dire la pensée morale de l'Impossible. Penser le Sens
signifie pour la pensée se libérer des idées ordinaires, presque
ordinaires ou extraordinaires. . . .
Mes tableaux sont des images. La description valable d'une image
ne peut être faite sans l'orientation de la pensée vers la liberté. Il
faut aussi être attentif à la fois à l'image et aux mots qui sont
choisis pour la décrire. La description de l'image peinte, devenue
image spirituelle dans la pensée, doit être *perfectible indéfiniment.*
Il importe, en outre, de se méfier de l'usage inopportun de certains mots (abstrait, concret, conscience, inconscience, imaginaire,
réel, mystification, sincérité, raison, folie, palette, littérature, tempérament, idéal, etc.). J'estime comme étant valable l'essai de langage consistant à dire que mes tableaux ont été conçus pour être des
signes matériels de la liberté de la pensée. Ils visent, dans toute
la « mesure du possible », à ne pas démériter du sens, c'est-à-dire
de l'Impossible.
Pouvoir répondre à la question : « Quel est le " sens " de ces
images ? » correspondrait à faire ressembler le Sens, l'Impossible,
à une idée possible. Tenter d'y répondre serait lui reconnaître un

« sens ». Le spectateur peut voir, avec la plus grande liberté possible, mes images *telles qu'elles sont,* en essayant comme leur auteur de penser au Sens, ce qui veut dire à l'Impossible.

Vers 1935, le désir de faire connaître au public anglais le surréalisme incita le poète David Gascoyne, encouragé par son ami Roland Penrose, écrivain, peintre et collectionneur, à publier A Short Survey of Surrealism, *la première étude de langue anglaise sur le sujet. A ces deux pionniers, se joignirent plusieurs écrivains et artistes dont les efforts se matérialisèrent par l'organisation d'une Exposition internationale de peinture surréaliste qui, représentant des artistes de 14 pays, se tint en juin-juillet 1936 aux New Burlington Galleries de Londres. Le comité d'exposition, présidé par Rupert Lee, réunissait aux noms de Gascoyne et de Penrose ceux de Hugh Sykes Davies, Humphrey Jennings, McKnight Kauffer, Henry Moore, Paul Nash, Herbert Read. Le catalogue comportait une préface d'André Breton et une introduction par Herbert Read — qui venait de publier* Surrealism, *anthologie de textes et d'études traduits du français — dont sont extraits, d'après le texte original anglais, les paragraphes suivants :*

. . . . Ce mouvement est de dimensions internationales, mais comme tant de mouvements artistiques depuis un siècle, son centre est à Paris où André Breton lui a donné sa définition et sa cohésion. Dans ses aspects théoriques, il est redevable du système psychanalytique de Freud par lequel cette région de l'esprit où naît l'inspiration du poète, l'inconscient, est acceptée comme une réalité. La notion courante de la réalité se fonde sur les données restreintes de l'ego conscient; la surréalité aujourd'hui librement proclamée par l'artiste est une synthèse d'expériences qui prennent en compte le témoignage de toutes les manifestations de la vie.
Pour justifier son art le surréaliste invoquera l'art irrationnel des races sauvages dont l'impact est si puissant même sur les sensibilités des civilisés. Il relèvera l'intérêt des différents arts populaires et de l'art inconscient des enfants. Il montrera l'étrange et déconcertante beauté des graffiti qu'on découvre sur certains murs et celle des objets trouvés en des lieux inattendus; il observera les fantaisies de la nature et demandera que l'on reconnaisse les qualités vitales du rêve. Mais — pour éviter un possible malentendu — il n'entreprendra pas de fonder un art sur ces seules données. Il confrontera le conscient et l'inconscient, l'action et le rêve, la vérité et la fable, la raison et la déraison, et de ces oppositions il créera par le processus dialectique de son activité d'artiste, une nouvelle synthèse.
La croyance dans la primauté de l'imagination entraîne une autre conséquence : l'habileté, le tour de main, la joliesse, les floraisons d'une civilisation raffinée, passent au second plan. Il devient hors de propos de parler de forme et de composition, de traitement et

d'écriture. L'œuvre d'art doit être jugée, en premier lieu, non sur son aspect physique, mais sur sa dimension imaginaire, ses révélations intimes, sa surprenante incohérence, sa surréalité. Ne traitez pas ce mouvement avec l'indulgence que l'on montre pour quelque tour de force amusant. Le surréalisme est un défi — l'acte désespéré d'hommes trop profondément convaincus du délabrement de notre civilisation pour tenter de sauver le moindre lambeau de sa respectabilité. Les philosophes, a dit Marx, ont seulement *interprété* le monde, de différentes manières ; pourtant, il s'agit de le *changer*. Les artistes aussi ont seulement interprété le monde ; il s'agit, pourtant, de le transformer. *La contribution de l'Angleterre.*—Une nation qui a donné le jour à des superréalistes tels que William Blake et Lewis Carroll est terre d'élection pour le surréalisme. Parce que notre art et notre littérature sont les plus romantiques du monde, ils peuvent probablement devenir les plus surréalistes. La contribution anglaise à cette exposition est à titre d'essai, expérimentale, mais nos poètes et nos peintres sont encore à peine conscients de ce mouvement international. Maintenant que celui-ci se révèle dans toute son étendue et son irrationalité, ils sont en mesure de reconquérir, pour ainsi dire, le courage de leurs instincts.

Tandis qu'un groupe surréaliste anglais prenait forme, des poèmes de Paul Éluard étaient traduits (chez Europa Press, présentés par George Reavey) sous le titre Thorns of Thunder, *et la brochure de Breton :* Qu'est-ce que le surréalisme ? *paraissait en langue anglaise (chez Faber and Faber). L'éditeur annonçait le pamphlet en ces termes :*

Monsieur Breton explique exactement ce que signifie le surréalisme en peinture, en sculpture et en politique, et le montre non pas comme l'une de ces petites activités sectaires destinées à agiter les cafés de Londres ou de Paris, mais comme une tentative délibérée et même désespérée de transformer le monde. Le surréalisme peut vous distraire, il peut vous choquer, il peut vous scandaliser, mais une chose est certaine : vous ne pourrez pas l'ignorer.

D'un Bulletin international du surréalisme, *né en 1935, quatre numéros successifs furent publiés, dans quatre pays différents, en français et dans les langues desdits pays, illustrant les activités des groupes hors de France, donnant des traductions de textes théoriques et d'articles, des commentaires sur les événements littéraires, artistiques et politiques, reproduisant les manifestes des formations surréalistes locales. Le n° 1 fut publié en avril 1935 à Prague, au moment d'une visite d'André Breton et de Paul Éluard, invités par un cercle surréaliste tchécoslovaque extrêmement actif. Ce numéro reproduisait des extraits, enthousiastes, de journaux communistes tchèques à propos de la présence à Prague des surréalistes français. En effet, à leur grande surprise, les visiteurs avaient découvert en Tchécoslovaquie un parti communiste dont plusieurs personnalités non seulement étaient averties de l'action des travaux du mouvement surréaliste mais aussi approuvaient pleinement son attitude quant aux relations de la poésie et de la révolution [1]. Le* Bulletin *n° 2 parut à Ténériffe lorsque Breton et Péret se rendirent aux îles Canaries en mars 1935 à l'occasion d'une exposition surréaliste; le n° 3 vit le jour à Bruxelles en août 1935.*

Le n° 4, publié à Londres en septembre 1936, comportait un compte rendu de l'Exposition surréaliste, un texte sur la position du groupe anglais, des extraits de conférences prononcées par Herbert Read et Hugh Sykes Davies, ainsi que des photos de l'Exposition et des reproductions d'œuvres exposées. Un recueil d'extraits de presse donnait une vue d'ensemble des sentiments de la critique; nous le traduisons ci-dessous, avec quelques-unes des réflexions de la rédaction du Bulletin.

1. « Le surréalisme est simplement la dernière étape d'une attitude individualiste et subjective envers l'art. » *The Spectator,* 19 juin.

2. « Prenez l'antirationalisme de Blake, ajoutez Lamartine, etc., et vous aurez le plat surréaliste. » *The Spectator*, 19 juin.

3. « L'impression d'ensemble est qu'il s'agit d'un groupe de jeunes gens qui, simplement, n'ont pas l'audace d'aborder quoi que ce soit sérieusement et qui essaient de se justifier à l'aide de raisonnements tapageurs et compliqués. » *Daily Worker,* 12 juin.

4. « Reliques d'un romantisme périmé. » *Daily Telegraph,* 12 juin.

5. « Ayant vu des exemples du " dadaïsme " et du " cubisme ", j'étais préparé à toutes les terreurs du " surréalisme ". » *Daily Dispatch,* 12 juin.

6. « Le surréalisme a atteint Londres — un peu tard, c'est vrai, mal fagoté, un peu râpé et éculé et en général affaibli... décrépit à Paris, il peut encore devenir à la mode à Londres. » *Listener,* 17 juin.

7. « Ce n'est pas non plus par accident que la majorité de ceux qui fréquentèrent l'exposition était les " artistes " eux-mêmes. » *Daily Worker,* 12 juin.

8. « Jeudi dernier (jour du vernissage), il y avait 1 150 visiteurs, tandis que les chiffres pour les jours suivants furent 1 245, 1 364 et 1 143. » *Northern Whig,* 16 juin.

9. « L'Exposition surréaliste est terriblement impressionnante. Il y a là des choses qui vous hanteront jusqu'à votre mort. » *Edinburgh Evening News, Lancashire Daily Post, Northhampton Daily Chronicle,* 12 juin.

1. Un certain nombre de ces surréalistes et sympathisants n'ont pas survécu aux « purges » staliniennes après la Seconde Guerre mondiale : Zavis Kalandra, Karel Teige et d'autres.

Tels sont quelques exemples des commentaires sur l'exposition. Nous n'avons pas grand-chose à dire à leur sujet, notre tâche n'étant pas d'affronter les critiques mais de continuer à insister sur les aspects positifs du mouvement.

Les extraits 1, 2 et 3 viennent de marxistes et de communistes. Seuls 1 et 2 sont des critiques à proprement parler. 3 représente la fausse attitude prolétarienne adoptée si souvent par notre seul quotidien communiste. Ici comme ailleurs les marxistes diffèrent clairement de nous. Ils refusent d'accepter le monde de l'inconscient et tout leur système est bâti sur le seul plan de l'homme et du monde extérieur. Il leur est par conséquent tout à fait impossible d'apprécier notre synthèse dialectique et matérialiste du monde intérieur et extérieur comme base d'une théorie générale. N'ayant aucune attitude cohérente envers le monde du rêve, ils apparaissent obsédés et gouvernés par lui. Dans nos travaux ils ne voient que le rêve mais ils restent aveugles à l'autre élément de la synthèse. L'étiquette dont ils affublent leurs distorsions personnelles est : « individualisme bourgeois ». Leurs rêves sont nourris de leurs propres terreurs et ils ignorent le simple fait que les hommes se ressemblent bien plus par leurs rêves que par leurs pensées et leurs actions. C'est là, en vérité, le domaine commun, le lieu de rencontre de toute l'humanité, la partie essentielle de cet élan d'égalité que nous, avec eux, désirons établir – et non le refuge de l'individualisme. Nous regrettons, une fois de plus, qu'ils se méprennent sur notre attitude.

Les extraits 4, 5 et 6 représentent la critique des gens chic, les irrémédiables dilettantes qui, quand ils découvrent une nouveauté, l'appellent un « coup d'éclat », et quand la nouveauté dure plus longtemps qu'ils ne voudraient, se plaignent que ce ne soit plus un coup d'éclat. Ce qui était un coup d'éclat il y a dix ans pendant leurs brèves visites à Paris, ils s'affligent de le voir à Londres parce qu'il détruit quelque chose de leur esprit de caste. Pour eux, le surréalisme est seulement un autre « isme ». Ils y voient un nouveau style de peinture et une théorie artistique car ils en savent fort peu sur les styles et encore moins sur les théories en art. Le surréalisme englobe toutes les activités humaines et, en tant qu'attitude envers la totalité de la vie, il se situe au-delà des étroites dimensions de leur pensée habituelle. Ils ne savent rien de Freud ou de Marx et tout ce qu'on peut dire c'est qu'ils sont de bonne foi dans leur mesquinerie et leur ignorance.

L'extrait nº 7 représente une critique marxiste qui est simplement de mauvaise foi. L'extrait suivant en est un commentaire suffisant. Nous regrettons que notre seul journal communiste se permette des erreurs de fait aussi grossières et dépasse même la presse bourgeoise comme source de mensonges.

De la presse bourgeoise sont venues toutes les accusations que l'on pouvait en attendre : exploitation du scandale, obscénité, etc. Les ressources de l'inconscient sont admirables même chez les journalistes. Leur rôle est de fournir ce genre de copie et nous ajouterons seulement ceci : que nous désapprouvons le système social et économique qui les oblige à un tel travail. . . . .

Des revues ou des numéros spéciaux [1], des ouvrages originaux ou en traduction virent le jour dans plusieurs pays, publiés par les différents groupes et cercles surréalistes qui s'étaient formés vers 1935. Aux États-Unis il n'y eut pas, avant la Seconde Guerre mondiale, de groupe ou de revue représentatifs du mouvement mais la première exposition surréaliste à l'étranger eut lieu à Hartford, Connecticut, dès 1931. Par la suite, dans sa galerie de New York, Julien Levy exposa la plupart des peintres parisiens et, dans le courant de l'année 1935, il publia une Anthologie *abondamment illustrée de vignettes et de reproductions de tableaux et qui offrait des traductions en anglais de fragments de Lautréamont, Sade et Rimbaud, de poèmes surréalistes et de courtes citations et aphorismes en relation avec les différentes facettes de l'activité surréaliste, le tout fort joliment imprimé sur papiers de différentes couleurs. La préface de présentation, par Julien Levy, se terminait par ces mots :*

. . . . En général il y a en Amérique un très grand malentendu quant au point de vue surréaliste, et les nombreux efforts semi-surréalistes des quelques années précédentes ont seulement mis en lumière des détails superficiels et des idiosyncrasies sans jamais réaliser un contact étroit et profond avec le surréalisme comme *vision*. On ne peut assez insister sur le fait que tandis que le surréalisme est d'essence fantastique, toute fantaisie n'est pas forcément surréaliste; le surréalisme utilise des symboles mais tout ce qui est symboliste n'est pas toujours surréaliste; le surréalisme est souvent profondément troublant mais tout ce qui choque n'est pas *ipso facto* surréaliste.

En décembre 1936 une importante exposition, « Fantastic Art, Dada and Surrealism *», s'ouvrit au Museum of Modern Art de New York, organisée par Alfred A. Barr dont la brève préface dans le catalogue de l'Exposition déclarait en conclusion :*

. . . . Il doit être entendu que le surréalisme en tant que mouvement d'art est une affaire sérieuse et que pour beaucoup il est davantage qu'un mouvement d'art : c'est une philosophie, une manière de

---

1. *Surrealismus* (Prague), *Nadrealizan dana i ovde* (Belgrade), *Gaceta de Arte* (Ténériffe), *Konkretion* (Copenhague), *Surrealist Exchange* (Tokio), etc.

vivre, une cause à laquelle quelques-uns des peintres et des poètes les plus remarquables de notre époque se consacrent avec une brûlante dévotion.

En France, cependant, il y avait — et depuis longtemps — beaucoup plus qu'un malentendu à l'égard du surréalisme; à côté d'encouragements méritoires comme ceux de la revue Minotaure, *une hostilité mêlée de mépris ironique se manifestait plus ou moins ouvertement dans les milieux artistiques et littéraires. Il n'est peut-être pas oiseux de le répéter : les conditions d'existence de beaucoup de surréalistes étaient alors difficiles, souvent des plus précaires et devaient rester telles pendant des années. Le fait remarquable, cependant, pour un mouvement ainsi tenu à l'écart et même périodiquement « enterré », est que sa force d'expansion ne faiblissait pas. En 1938, dans la treizième année de l'existence « officielle » du surréalisme, eut lieu la Grande Exposition internationale surréaliste à la galerie des Beaux-Arts à Paris, où furent présentées, dans un impressionnant décor imaginé par Marcel Duchamp, plus de deux cents œuvres d'une soixantaine d'artistes de divers pays (performance que ne réalisèrent jamais le cubisme, le futurisme, ou Dada, au cours de leurs brèves périodes actives). Mais les extraits de la presse française de l'époque rendant compte de cette manifestation, si nous avions le goût et le loisir de les réunir et la place de les citer dans la présente Anthologie, constitueraient, à quelques exceptions près, un florilège d'insultes, de jugements bâclés et de sarcasmes élémentaires qui l'emporterait de très loin en violence et en étendue sur le recueil de moqueries et protestations qu'on a pu lire plus haut, suscitées par l'Exposition de Londres en 1936 (il faut dire que cubisme, futurisme et Dada ne furent pas, en leur temps, beaucoup mieux partagés). Dans un Dictionnaire abrégé du surréalisme publié au moment de l'Exposition parisienne, dont le texte s'illustrait de dessins et de vignettes et que complétaient de nombreuses pages iconographiques, vocables et patronymes étaient accompagnés d' « exemples » ou de « définitions »; on en lira quelques-uns ci-dessous* [1] :

AIR — « Dans l'air beau et noir » *(Lautréamont).* « Ma faim, c'est des bouts d'air noir » *(Rimbaud).* « L'air de la chambre est beau comme des baguettes de tambour » *(André Breton).*
ANGOISSE — Lampe qui file avec un bruit de rapière *(Jeux surréalistes).*
ARP (Jean) — L'anguille des dunes.
BAS — « Des bas en soie... la chose aussi » *(Rrose Sélavy).*
BRETON (André) — Le verre d'eau dans la tempête.

---

1. On pourra en trouver d'autres, cités dans notre *Histoire de la peinture surréaliste, op. cit.,* p. 286.

CADAVRE — « Le cadavre bat des mains comme un caillou dans une vitre » *(Benjamin Péret)*.

CHARMILLE — « Sous la lampe ce soir charmille est un prénom » (Paul Éluard).

DALI (Salvador) — Prince de l'intelligence catalane, colossalement riche.

ÉGLISE — « Tout est bien excepté l'église... Là tout vous attriste, car l'on n'y fait rien autre que vous ruiner, vous épouvanter et vous enterrer » *(Baffo)*.

ÉLÉPHANT — « Les éléphants sont contagieux *(Paul Éluard et Benjamin Péret)*.

ÉLUARD (Paul) — La nourrice des étoiles.

ERNST (Max) — Loplop, le supérieur des oiseaux.

ÉROTISME — Cérémonie fastueuse dans un souterrain *(Jeux surréalistes)*.

LAUTRÉAMONT — « J'estime que le plus beau titre de gloire du groupe surréaliste est d'avoir reconnu et proclamé l'importance ultra-littéraire de l'admirable Lautréamont » *(André Gide)*.

MA — « Ma fille, ma, car vous êtes à tous / Donc aucun d'eux ne fut valable maître » *(Jarry)*.

NOMBRE — « L'ombre niée » *(Michel Leiris)*.

OR — « Lorsque nous aurons remporté la victoire à l'échelle mondiale, nous édifierons, je pense, dans les rues des plus grandes cités, des pissotières en or » *(Lénine)*.

PANTOUFLE — « Il avait donné des noms à ses deux pantoufles » *(Lichtenberg)*.

PÉRET (Benjamin) — Le Mandarin-citron.

PRÉVERT (Jacques) — « Celui qui rouge de cœur. »

REPOPULATION — « Reste donc celui qui spécule sur la vanité des morts, le fantôme de la repopulation » *(Max Ernst)*.

SAVOIR — « Je savais tout, j'ai tant cherché à lire dans mes ruisseaux de larmes » *(Nadja)*.

TÉLÉPHONE APHRODISIAQUE — « Les appareils téléphoniques seront remplacés par des homards, dont l'état avancé sera rendu visible par des plaques phosphorescentes, véritables *attrape-mouches truffières* » *(Salvador Dali)*.

VOYAGE — « Le poète n'endort pas ses fauves pour jouer au dompteur, mais, toutes cages ouvertes, clés jetées au vent, il part, voyageur qui ne pense pas à soi mais au voyage, aux plages de rêve, forêts de mains, animaux d'âmes, à toute l'indéniable surréalité » *(René Crevel)*.

De mai 1936 à l'automne de l'année suivante, le poète Roger Roughton fit paraître à Londres une revue : Contemporary Poetry and Prose, *qui contenait des versions en anglais de certains précurseurs du surréalisme*

(Jarry, Lautréamont) et d'écrivains surréalistes français, ainsi que des poèmes d'auteurs modernes, anglais et américains (Dylan Thomas, E. E. Cummings, David Gascoyne, Francis Scarfe, et beaucoup d'autres) et des exemples de poésie populaire, poésie enfantine, etc. Les deux « Reportages » d'Humphrey Jennings que nous traduisons ci-dessous parurent dans les n°s 3 et 4 de la revue :

Les funérailles d'un gentilhomme

La carrière de ce gentilhomme peut se comparer à un soleil d'hiver qui brille entre les orages et disparaît soudain dans l'obscurité.
L'appartement où il expira est remarquable par un velum placé devant la fenêtre.
C'était un délicieux jour d'été. L'enthousiasme était immense. A Parkside les locomotives s'arrêtèrent pour prendre de l'eau. Mr. Huskisson étant descendu de sa voiture le Duc lui fit signe de venir auprès de lui et ils étaient en train de se serrer la main quand un cri fut poussé par les spectateurs horrifiés qui s'apercevaient que le corps était celui de Lord Byron qu'on emmenait à Newstead. Toute raison disparut à la suite de cette hideuse coïncidence. Le voyage se termina sous un déluge de pluie hostile et de tonnerre, on lançait des projectiles contre la voiture où voyageait le Duc.
De la tombe, en direction de la mer, on peut voir Brighton dans le lointain, Worthing plus près, et à courte distance, dans la vallée, le village de Salvington.

Les fenêtres de la façade du rez-de-chaussée étaient entièrement closes par des volets intérieurs et les locaux semblaient déserts. Au bout d'un instant la porte s'ouvrit et Mr. Kellerman se présenta. Ses manières étaient extrêmement polies et gracieuses. Sur son teint fortement plombé ses grands yeux noirs roulaient dans leurs orbites. Il me conduisit dans un parloir ayant une fenêtre donnant sur l'arrière de la maison, verrouilla la porte et mit la clef dans sa poche, et me pria de m'asseoir. Le parquet était couvert de cornues, creusets, alambics, bouteilles de dimensions variées, mélangés avec de vieux livres empilés les uns sur les autres. Dans un coin, quelque peu abrité de la lumière, j'aperçus deux crânes et je me doutai qu'entre autres fantaisies il avait entrepris de refaire la tête de bronze parlante de Roger Bacon et du Grand Albert.

« Billet-doux » (ce titre est en français dans le poème original) par Francis Scarfe — auteur de remarquables traductions de plusieurs strophes des Chants de Maldoror *parues dans* Contemporary Poetry and Prose — *fut publié dans le n° 4 de la revue (août-septembre 1936). En voici une version en français :*

Billet-doux

Par le trou de serrure bleu de ton œil
Je regarde ta pelouse, le grand arbre marche vers moi
me jette des fruits gras me mange avec des chenilles
je suis dévoré par des fourmis des hérissons par la nostalgie du
    hibou,
car l'amour est difficile, si difficile à oublier.
Ton esprit rampe vers moi à travers l'herbe
me saisit de ses tentacules et m'enterre vivant
dans ton cœur : j'écris avec ton sang le plus pur.

Le n° 2 avait publié en juin 1936 le poème de Roger Roughton traduit ci-dessous :

Des biscuits pour le croup

Je vous ai dit qu'il y avait un rire dans chaque angle
Et un portefeuille plein de rouleaux de peau
Pour payer les factures du constipé
Pour acheter une nouvelle pipe pour le chien
Pour envoyer un comité enterrer une pierre

Je vous ai dit tout cela
Mais savez-vous que
Demain la voyante déjeunera de sa boule de cristal
Demain la RÉVOLTE sera écrite sur des cheveux humains
Demain la corde du bourreau se changera d'elle-même en un nœud
    de ruban
Demain la vigne vierge étranglera le curé
Demain le témoin chatouillera le juge
Demain cette page sera trouvée dans un ventre
Demain les amants répondront au palais
Demain Karl Marx descendra dans un ballon de feu
Demain le mot que vous avez perdu vous invitera chez lui
Demain la vierge tombera dans un puits élargi
Demain les informations à la radio seront diffusées en patois
Demain un nuage suivra les banquiers
Demain un enfant rebaptisera notre Londres LONDRES
Demain un arbre poussera dans une main
Oui écoutez
Demain les horloges sonneront les heures comme des voix
Demain un train partira pour le ciel
Prière aux journaux d'insérer

Les deux poèmes suivants [1] *par E.L.T. Mesens parurent aussi (en traduction anglaise) dans le n° 2 de* Contemporary Poetry and Prose :

> A tort ou à raison
> Les trésors sont toujours cachés
> A deux pas des chansons assises
>
> Voulez-vous un trésor caché
> Voici cinq doigts
> Voici une main
> Voici cinq doigts et cinq chemins
> Et voici cinq trésors cachés
>
> Voulez-vous cinq trésors perdus
> Voici dix doigts
> Voici cinq mains
> Et cent chevelures dénouées
>
> Ne comptez pas sur vos dix doigts
> Les cent chemins d'une chevelure
> Car les chevaux de ma raison
> Sont morts d'avoir foulé en vain
> Tes cheveux mon trésor certain
>
>
> Femme de fibre sérieuse
> La jambe dévouée aux petits pas
> Tournant la tête d'étage
> La toilette de tête
> Des yeux aux carreaux du cœur
> Par les canaux veloutés
> De l'offre à la demande
>
> Fontaine de plumes
> Pour le rythme discret
> Pour le couplet silencieux
> Aux quatre angles
>
> Le calme compté à la minute
> Des assiettes de porcelaine

On trouvait au n° 7 de la revue un poème, traduit du français en anglais, de Valentine Penrose, première femme de Roland Penrose. Nous extrayons

---

1. Reproduits dans E.L.T. Mesens, *Poèmes, op.cit.*

le fragment suivant de Herbe à la lune, *recueil de poésies que Valen-*
tine Penrose avait publié à Paris l'année précédente, en 1935 :

. . . .

L'herbe à la lune la plante souveraine que dis-tu d'elle
que je suis d'ici
il m'en semble ce qui me ressemble
passé par son miel de graines
venu de pluie sans fronton
de main racines tirées
dans les rideaux de toute belle accouchée
        Sans lumière était venu
        au grenier a dit venu
        allumé halluciné
        qui brûle comme village
La terre l'eau ont soif qui s'ennuient
une bête de dieu vit à fendre l'âme
le gant de pierre baisé de la vierge
se repose amoureux sur les épaules de la sève.
Baignés dormons dans les cheveux et les sourires
des morceaux aveugles comme des baisers
avec quoi m'aimes-tu m'oublies
avec endroit envers de feuille
et les poignées ne seront plus qu'étoiles
    et la soie s'est assise au ciel a souri et tout est dit.

En 1938 parut le London Gallery Bulletin, *à la fois revue surréaliste*
et catalogue des expositions de la London Gallery, galerie de peinture fon-
dée la même année par Roland Penrose et que dirigeait E. L. T. Mesens. Le
Bulletin *publia des traductions anglaises de textes de Breton, de poèmes*
d'Éluard et de Péret, des articles théoriques et critiques et des poèmes de
collaborateurs anglais; ainsi ce poème de George Reavey dont nous donnons
ci-dessous une version française :

Hic jacet

Méditez! Votre maître oublieux des espaces immatériels
chercha sous ses pieds de nouvelles étoiles
au fond des mines qui plongent jusqu'aux racines de la terre;
dans les eaux spectrales de mers proverbiales
il découvrit les belles poitrines de l'océan;
il prit des îles de vive force, des forêts fabuleuses et des montagnes,
renvoya des échafauds d'argent vers les Flandres et l'Espagne;
chevalier de la Toison d'Or
il entoura d'une chaîne dominatrice une molle balle d'argile,
cette terre à son image façonnée — croyait-il,

jusqu'à ce que les furies des tombeaux pollués accourussent en
foule sur ses pas.
Mais même livide et torturé, détruit et divin,
même battu de vents tournoyants,
frictionnant ses membres douloureux,
couché en hâte sur son lit préhistorique,
dans la fleur de l'âge il fit encore de belles cabrioles;
acharné à boucler la boucle du temps
il sauta à travers le cerceau de la terre,
unissant pôle à pôle
par l'axe contusionné de son corps;
et puis, ô Chœur d'Infortune,
s'écroula a posteriori plus rudement que nul autre chrétien avant
lui
sur les crocs de dragon de vingt révolutions célestes et sanglantes.

*La guerre civile en Espagne, qui avait éclaté dans l'été de 1936, fut l'oc-
casion pour le groupe surréaliste anglais de publier un manifeste, en octobre
de cette même année :* Declaration on Spain, *revêtu de onze signatures :
Hugh Sykes Davies, David Gascoyne, Humphrey Jennings, Diana Brinton
Lee, Rupert Lee, Henry Moore, Paul Nash, Roland Penrose, Valentine
Penrose, Herbert Read, Roger Roughton. Ce tract dénonçait avec violence
les menées, dans le conflit en cours, du capitalisme et du fascisme interna-
tionaux ainsi que celles du gouvernement anglais accusé de « duplicité » et
d' « intrigues antidémocratiques »; il qualifiait la politique dite de « non-
intervention » des grandes puissances de « crime » et demandait pour
conclure «* DES ARMES *pour le peuple d'Espagne ».
Cependant, dans le même temps, les « Procès de Moscou » agitaient l'opinion internationale, le stalinisme se révélait comme l'un des dangers les plus
réels pour la liberté humaine. Le fragment suivant est extrait d'un discours
prononcé par André Breton contre les tragiques parodies de justice qui, en
Russie, décidaient alors de l'élimination physique des principaux leaders de la
révolution d'Octobre 1917. Prononcé le 20 janvier 1937, le discours* [1] *fut
diffusé sous forme de tract quelques jours après. Breton voit un lien entre les
procès en URSS et certains aspects de la guerre d'Espagne.*

Camarades,

Plus de lumière! « Mehr Licht », tel a été le dernier cri de Goethe;
« plus de conscience! » tel a été le grand mot d'ordre de Marx. En
fait de lumière, avec Staline nous pouvons compter sur celle des
procès de sorcellerie du Moyen Age : il faut entrer dans le détail
de ces procès — et le prolétariat n'en a pas le loisir — pour trouver

---

1. Reproduit dans *Documents surréalistes, op.cit.*

un équivalent de l'atmosphère de celui qui s'est déroulé en août dernier, de celui qui se déroule actuellement à Moscou. Et on nous laisse bien entendre que ce n'est pas fini! En fait de lumière, celle d'un escalier de prison qu'on vous fera descendre à quatre heures du matin, d'un escalier bordé de rigoles comme une table d'amphithéâtre, où, à telle marche, vous recevrez une balle dans la nuque. Les rigoles, c'est pour la cervelle, pour la *conscience* mais rien ne pourra faire que les vieux compagnons de Lénine n'aient représenté un haut degré de conscience que seront impuissantes à emporter les chasses d'eau modèles des prisons de la Guépéou. Ces hommes qui ont donné maintes et maintes preuves de leur lucidité, de leur désintéressement, de leur dévouement à une cause qui est celle de l'humanité tout entière, l'histoire se refusera à voir en eux des « possédés » au vieux sens religieux du mot comme, à plus forte raison, elle se refusera à tenir Léon Trotsky pour une incarnation du diable au XXᵉ siècle. . . .

Ne nous hypnotisons pas sur le mystère des « aveux ». Concentrons notre attention non pas sur les *moyens* par lesquels ils ont été arrachés, mais sur les *fins* pour lesquelles ils ont été arrachés. La *solution* ne peut être trouvée seulement en URSS ; elle doit être cherchée à la fois en URSS et en Espagne. En URSS il est bien entendu que, pour peu qu'on s'avise de poursuivre une analogie historique, Thermidor est déjà loin en arrière. « Le régime politique actuel de l'URSS, a dit Trotsky — et on le lui fait bien voir — est un régime de bonapartisme " soviétique " (ou antisoviétique) plus proche par son type de l'Empire que du Consulat. » En 1805, camarades, songez que la partie la plus éclairée de l'opinion allemande, l'élite des philosophes, Fichte en tête, s'est abusée jusqu'à saluer Napoléon comme le libérateur, comme l'envoyé et le porte-parole de la Révolution française. Nous en sommes au même point avec Staline. Les procès actuels sont, d'une part, le produit des contradictions qui existent entre le régime politique du bonapartisme et les exigences du développement d'un pays comme l'URSS, qui, envers et contre Staline et la bureaucratie, reste un *État ouvrier*. Mais ces procès sont, d'autre part, *la conséquence immédiate de la lutte telle qu'elle est engagée en Espagne :* on s'efforce à tout prix d'empêcher une nouvelle vague révolutionnaire de déferler sur le monde ; il s'agit de faire avorter la révolution espagnole comme on a fait avorter la révolution allemande, comme on a fait avorter la révolution chinoise. On fournit des armes, des avions? oui, d'abord parce qu'il est indispensable de sauver la face, ensuite parce que ces armes, *à double tranchant,* sont appelées à briser tout ce qui travaille, en Espagne, non pas à la restauration de la république bourgeoise, mais à l'établissement d'un monde meilleur, de tout ce qui est lutte pour le triomphe de la révolution prolétarienne. Ne nous y trompons pas : les balles de l'escalier de Moscou, en janvier 1937, sont dirigées aussi contre nos camarades du POUM[1]. C'est dans la mesure même où ils se sont défendus d'être trotskystes qu'on recourt contre eux, dans le dessein de les atteindre par ricochet, on ne s'en cache pas, à l'affreux barbarisme jésuite de « centre parallèle ». Après eux, c'est à nos camarades de la CNT[2] et de la FAI[3] qu'on tentera de s'en prendre avec l'espoir d'en finir avec tout ce qui comporte une promesse de *devenir* dans la lutte antifasciste espagnole. . . .

Au moment de l'invasion de l'Autriche par les nazis, c'est encore le « Plus de lumière! » de Goethe que cite Breton dans une note parue en mars 1938 au début du Cahier G.L.M. consacré au « rêve ».

A la veille de publier cet ouvrage, nous apprenons dans un grand serrement de cœur l'arrestation à Vienne de Sigmund Freud. Ainsi toute une vie de compréhension rayonnante, de dévouement exclusif à la cause de l'émancipation humaine conçue sous la forme la plus large qui fut jamais, est à peu près sûre de s'achever dans l'infection d'une geôle, dans les humiliations torturantes d'un camp de concentration hitlérien. L'illustre maître, l'esprit en lequel s'est véritablement incarné le « Plus de lumière » réclamé par Goethe, celui de qui nombreux dans le monde nous tenons nos meilleures raisons d'être et d'agir, Freud tombant à quatre-vingt-deux ans sous la poigne des soudards, se trouvant particulièrement désigné à la fureur des inconscients et des chiens! A coup sûr nous savons, nous ne pouvons nous dissimuler que, désespérant chaque jour un peu plus de se faire entendre, se croisent au-dessus de nos têtes d'autres appels, tant en faveur des peuples qui ne demandent rien autre que rester libres qu'en faveur des hommes les plus sûrs, accusés tout à coup de crimes monstrueux. Nous voulons cependant croire encore que l'image d'un Freud depuis longtemps malade quoique toujours aussi merveilleusement lucide, d'un Freud soumis, à pareil âge, aux pires outrages provoquera sur le plan universel un réveil de conscience, entraînera un sursaut d'indignation, sera de force à imposer la fin d'une honte prête à rejaillir sur la civilisation tout entière.

Le lendemain. – « Vienne, 17 mars. On annonce cet après-midi que, contrairement au bruit qui avait couru, le professeur Freud,

---

1. Parti ouvrier d'unification marxiste.
2. Confédération nationale du travail.
3. Fédération anarchiste ibérique. – Les trois organisations précitées avaient été dès le début de la guerre civile à la tête de la résistance au fascisme.

fondateur de la psychanalyse, n'a pas été arrêté. Il vit retiré dans son domicile à Vienne. »

18 mars. — Freud n'est pas arrêté mais bien « gardé à vue ». Que l'esprit, alerté à toutes les latitudes, se concentre pour veiller sur sa demeure inviolable, que s'organise symboliquement autour de sa personne la garde d'honneur qui impose sa libération intégrale, immédiate, et assure, où bon lui semble, l'achèvement paisible et glorieux d'une existence spirituelle à laquelle nous tenons comme à la nôtre.

Ce texte fut publié en traduction anglaise dans le n° 2 du London Gallery Bulletin, *en mai 1938. A cette époque, Freud avait trouvé refuge à Londres.*

Au printemps de 1938 André Breton se rendit au Mexique en compagnie de sa femme Jacqueline. Le contact direct avec le Mexique moderne ne tempéra pas son intense intérêt pour une terre où des civilisations éteintes avaient fleuri, laissant des traces magnifiques ou terribles et parfois indéchiffrables. Bien au contraire le pays l'enthousiasma, avec son folklore offrant aux visiteurs ses objets étranges et beaux, ses violents jouets d'enfants, tels les crânes humains faits en sucre que savourent les petits Mexicains, ses anciennes gravures sur bois, ses tableaux naïfs — maints témoignages du génie lyrique et inventif du peuple. Et Breton put rencontrer à Mexico Léon Trotsky, le révolutionnaire exilé.

Revenu à Paris, Breton donna dans le n° 12-13 de la revue Minotaure *un récit détaillé de son voyage. En juin 1939 il exposa, à la galerie Renou et Colle, à Paris, les objets et les tableaux qu'il avait rapportés du Mexique. Il rapportait aussi un Manifeste [1] qui portait sa signature et celle du peintre Diego Rivera mais qui, en réalité, avait été rédigé par Léon Trotsky et lui-même, et qui fut publié en 1939, annonçant la fondation d'une « Fédération internationale de l'art révolutionnaire indépendant ». On en trouvera des passages ci-dessous :*

Pour un art révolutionnaire indépendant

On peut prétendre sans exagération que jamais la civilisation humaine n'a été menacée de tant de dangers qu'aujourd'hui. Les vandales, à l'aide de leurs moyens barbares, c'est-à-dire fort précaires, détruisirent la civilisation antique dans un coin limité de l'Europe. Actuellement, c'est toute la civilisation mondiale, dans l'unité de son destin historique, qui chancelle sous la menace de forces réactionnaires armées de toute la technique moderne. Nous n'avons pas seulement en vue la guerre qui s'approche. Dès maintenant, en temps de paix, la situation de la science et de l'art est devenue absolument intolérable....

Le fascisme hitlérien, après avoir éliminé d'Allemagne tous les

---

1. Reproduit dans *La Clé des champs, op.cit.*

artistes chez qui s'était exprimé à quelque degré l'amour de la
liberté, ne fût-ce que formelle, a astreint ceux qui pouvaient encore
consentir à tenir une plume ou un pinceau à se faire les valets du
régime et à le célébrer par ordre, dans les limites extérieures de
la pire convention. A la publicité près, il en a été de même en
URSS au cours de la période de furieuse réaction que voici
parvenue à son apogée....

Sous l'influence du régime totalitaire de l'URSS et par l'intermédiaire des organismes dits « culturels » qu'elle contrôle dans
les autres pays, s'est étendu sur le monde entier un profond crépuscule hostile à l'émergence de toute espèce de valeur spirituelle.
Crépuscule de boue et de sang dans lequel, déguisés en intellectuels et en artistes, trempent des hommes qui se sont fait de la
servilité un ressort, du reniement de leurs propres principes un
jeu pervers, du faux témoignage vénal une habitude et de l'apo-
logie du crime une jouissance. L'art officiel de l'époque stalinienne
reflète avec une cruauté sans exemple dans l'histoire leurs efforts
dérisoires pour donner le change et masquer leur véritable rôle
mercenaire.

.... L'idée que le jeune Marx s'était fait du rôle de l'écrivain exige
de nos jours un rappel vigoureux. Il est clair que cette idée doit
être étendue, sur le plan artistique et scientifique, aux diverses
catégories de producteurs et de chercheurs. « L'écrivain, dit-il,
doit naturellement gagner de l'argent pour pouvoir vivre et écrire,
mais il ne doit en aucun cas vivre et écrire pour gagner de l'argent... L'écrivain ne considère aucunement ses travaux comme un
moyen. Ils sont des *buts en soi*, ils sont si peu un moyen pour lui-
même et pour les autres qu'il sacrifie au besoin son existence à
leur existence... *La première condition de la liberté de la presse consiste
à ne pas être un métier.* » Il est plus que jamais de circonstance de
brandir cette déclaration contre ceux qui prétendent assujettir
l'activité intellectuelle à des fins extérieures à elle-même et, au
mépris de toutes les déterminations historiques qui lui sont
propres, régenter, en fonction de prétendues raisons d'État, les
thèmes de l'art. Le libre choix de ces thèmes et la non-restriction
absolue en ce qui concerne le champ de son exploration constituent pour l'artiste un bien qu'il est en droit de revendiquer
comme inaliénable. En matière de création artistique, il importe
essentiellement que l'imagination échappe à toute contrainte,
ne se laisse sous aucun prétexte imposer de filière. A ceux qui
nous presseraient, que ce soit pour aujourd'hui ou pour demain,
de consentir à ce que l'art soit soumis à une discipline que nous
tenons pour radicalement incompatible avec ses moyens, nous
opposons un refus sans appel et notre volonté délibérée de nous en
tenir à la formule : *toute licence en art.*

Nous reconnaissons, bien entendu, à l'État révolutionnaire le droit de se défendre contre la réaction bourgeoise agressive, même lorsqu'elle se couvre du drapeau de la science ou de l'art. Mais entre ces mesures imposées et temporaires d'autodéfense révolutionnaire et la prétention d'exercer un commandement sur la création intellectuelle de la société, il y a un abîme. Si, pour le développement des forces productives matérielles, la révolution est tenue d'ériger un régime *socialiste* de plan centralisé, pour la création intellectuelle, elle doit dès le début même établir et assurer un régime *anarchiste* de liberté individuelle. Aucune autorité, aucune contrainte, pas la moindre trace de commandement! Les diverses associations de savants et les groupes collectifs d'artistes qui travailleront à résoudre des tâches qui n'auront jamais été si grandioses peuvent surgir et déployer un travail fécond uniquement sur la base d'une libre amitié créatrice, sans la moindre contrainte de l'extérieur. . . .

Le but du présent appel est de trouver un terrain pour réunir les tenants révolutionnaires de l'art et de défendre la liberté de l'art elle-même contre les usurpateurs de la révolution. . . . Des milliers et des milliers de penseurs et d'artistes isolés, dont la voix est couverte par le tumulte odieux des falsificateurs enrégimentés, sont actuellement dispersés dans le monde. De nombreuses petites revues locales tentent de grouper autour d'elles des forces jeunes, qui cherchent des voies nouvelles, et non des subventions. Toute tendance progressive en art est flétrie par le fascisme comme une dégénérescence. Toute création libre est déclarée fasciste par les stalinistes. L'art révolutionnaire indépendant doit se rassembler pour la lutte contre les persécutions réactionnaires et proclamer hautement son droit à l'existence. Un tel rassemblement est le but de la *Fédération internationale de l'art révolutionnaire indépendant* (FIARI) que nous jugeons nécessaire de créer . . . .

Ce que nous voulons :

> *l'indépendance de l'art — pour la révolution;*
> *la révolution — pour la libération définitive de l'art.*

Le manifeste fut publié à New York par Partisan Review, *à Mexico par la revue* Clave, *homologue de* Clé, *qui parut à Paris et devait être l'organe en France de la future Fédération. Celle-ci pourtant ne réussit pas à réunir des adhésions en nombre suffisant pour agir effectivement et* Clé *disparut après son deuxième numéro (février 1939).*

SEPTIÈME PARTIE

LE SURRÉALISME
ENCORE ET TOUJOURS

Chapitre XXIII

New York, Londres et Paris

La Seconde Guerre mondiale commença à la fin de l'été 1939 avec l'en-
vahissement de la Pologne par les armées de Staline et de Hitler et vit
l'année suivante l'occupation par l'Allemagne de la Norvège, du Danemark,
de la Hollande, de la Belgique et de la France. Un certain nombre d'artistes
et d'écrivains européens, fuyant le régime nazi, cherchèrent un refuge outre-
mer, principalement aux États-Unis. Mais tandis que les peintres peuvent
trouver un public en tous lieux, car la peinture est un langage universel
— encore que pas toujours très bien compris, ou interprété... —, les moyens
d'expression du poète dépendent de sa langue maternelle. En ce qui
concerne André Breton, il se sentit d'autant plus « exilé » pendant son
séjour aux États-Unis à partir de 1941, qu'il fut incapable — et d'ail-
leurs nullement désireux — d'apprendre la langue du pays où il vivait. Il
reforma cependant autour de lui, avec plusieurs de ses amis qui avaient
aussi traversé l'Atlantique, un cercle auquel se joignirent des sympa-
thisants américains. En 1942 parut le premier numéro d'une revue dirigée
par Breton et qui était intitulée VVV, « triple V » représentant, d'une
part, l'indicatif de la radio britannique en signal Morse : V, comme « Vic-
toire », trois fois répété, et, d'autre part, certaines significations qu'énumé-
rait le texte de présentation de la nouvelle revue surréaliste [1] :

VVV

c'est-à-dire V + V + V. Nous disons ... — ... — ... —
c'est-à-dire, non seulement

V comme vœu — et énergie — de retour à un monde habitable et pensable, Victoire sur les forces de régression et
de mort déchaînées actuellement sur la terre, mais encore
V au-delà de cette première Victoire, car ce monde ne peut
plus, ne doit plus être le même, V sur ce qui tend à perpétuer l'asservissement de l'homme par l'homme,
et au-delà de ceci

VV de cette double Victoire, V encore sur tout ce qui s'oppose

---

1. Reproduit, avec quelques variantes typographiques et autres, dans *La Clé des*
champs, op. cit.

à l'émancipation de l'esprit, dont la libération de l'homme
est la première condition indispensable,

d'où

VVV vers la libération de l'esprit, à travers ses étapes nécessaires.
C'est seulement en *elle* que notre esprit peut reconnaître sa
fin

ou encore :

parce qu'à

V qui signifie la vue autour de nous, l'œil tourné vers le
monde extérieur, la superficie consciente,

le surréalisme n'a cessé d'opposer

VV la vue en nous, l'œil tourné vers le monde intérieur et les
profondeurs de l'inconscient,

d'où

VVV vers une synthèse en un troisième terme de ces Vues, la première V axée sur le *moi* et le principe de réalité, la seconde
VV sur le *soi* et le principe de plaisir, la résolution de leur
contradiction ne pouvant tendre, bien entendu, qu'à l'élar-
gissement continuel, systématique du champ de conscience
vers une totale vue

VVV

qui traduise toutes les réactions de l'éternel sur l'actuel, du
psychique sur le physique et rende compte du mythe en formation sous le voile des événements.

*Ce « mythe en formation » se référait à une suggestion que Breton formula
à plusieurs reprises et dont il espérait certainement un renouvellement des
recherches et de l'action surréalistes. A la fin des* Prolégomènes *.à un*
Troisième Manifeste du surréalisme ou non *(1942)* [1], *il esquissait
ainsi une tentative de créer un « nouveau mythe » :*

Les Grands Transparents

L'homme n'est peut-être pas le centre, le *point de mire* de l'univers.
On peut se laisser aller à croire qu'il existe au-dessus de lui, dans
l'échelle animale, des êtres dont le comportement lui est aussi
étranger que le sien peut l'être à l'éphémère ou à la baleine. Rien
ne s'oppose nécessairement à ce que ces êtres échappent de façon
parfaite à son système de références sensoriel à la faveur d'un
camouflage de quelque nature qu'on voudra l'imaginer mais dont
la *théorie de la forme* et l'étude des animaux mimétiques posent à
elles seules la possibilité. Il n'est pas douteux que le plus grand
champ spéculatif s'offre à cette idée [2], bien qu'elle tende à placer

1. Reproduits dans *Les Manifestes du surréalisme, op. cit.*
2. Laquelle avait en effet donné naissance dès avant la Première Guerre mondiale
à des romans d'anticipation tels que *Voyage au pays de la quatrième dimension*, par
G. de Pawlowsky, ou, vers 1925, *Le Péril bleu*, de Maurice Renard.

l'homme dans les modestes conditions d'interprétation de son propre univers où l'enfant se plaît à concevoir une fourmi quand il vient de donner un coup de pied dans la fourmilière. En considérant les perturbations du type cyclone, dont l'homme est impuissant à être autre chose que la victime ou le témoin, ou celles du type guerre, au sujet desquelles des versions notoirement insuffisantes sont avancées, il ne serait pas impossible, au cours d'un vaste ouvrage auquel ne devrait jamais cesser de présider l'induction la plus hardie, d'approcher jusqu'à les rendre vraisemblables la structure et la complexion de tels êtres hypothétiques, qui se manifestent obscurément à nous dans la peur et le sentiment du hasard.

Je crois devoir faire observer que je ne m'éloigne pas sensiblement ici du témoignage de Novalis : « Nous vivons en réalité dans un animal dont nous sommes les parasites. La constitution de cet animal détermine la nôtre et vice versa » et je ne fais que m'accorder avec la pensée de William James : « Qui sait si, dans la nature, nous ne tenons pas une aussi petite place auprès d'êtres par nous insoupçonnés, que nos chiens et nos chats vivant à nos côtés dans nos maisons? » Les savants eux-mêmes ne contredisent pas tous à cette opinion : « Autour de nous circulent peut-être des êtres bâtis sur le même plan que nous, mais différents, des hommes, par exemple, dont les albumines seraient droites. » Ainsi parle Émile Duclaux, ancien directeur de l'Institut Pasteur (1840-1904).

Un mythe nouveau? Ces êtres, faut-il les convaincre qu'ils procèdent du mirage ou leur donner l'occasion de se découvrir?

En relation avec la création de nouveaux mythes et le renouvellement des anciens, VVV publia divers comptes rendus, expérimentaux ou poétiques. On put voir dans le n° 2-3 (mai 1943) les reproductions des cartes à jouer du « Jeu de Marseille », élaboré dans la cité méditerranéenne à la fin de 1940 alors que beaucoup d'intellectuels réfugiés dans cette ville y attendaient une possibilité d'émigration. Dans le même numéro Breton évoquait comme suit la vie de ces réfugiés à Marseille [1].

La fin de 1940 et le début de 1941 ont vu se joindre ou se croiser à Marseille diverses personnes afférentes au mouvement surréaliste ou à quelque égard situables par rapport à lui. ... Beaucoup d'entre eux avaient coutume de se réunir au château « Air-Bel » où nous résidions, Victor Serge et moi et où les accueillait en toute cordialité Varian Fry, président du Comité américain de secours aux intellectuels. Souhaitons que ce dernier conte un jour prochain

1. Reproduit dans *La Clé des champs, op. cit.*

ce qu'était autour de lui la vie d'alors, dans le décor de ce grand parc dont le propriétaire – un vieux médecin avare, fou d'ornithologie – guettait dehors par les pires froids, de peur qu'on ne prélevât une branche morte. Près de la serre, en automne, on avait pu capturer autant qu'on en désirait de mantes religieuses, pour le spectacle qu'elles offrent de rivalités et d'amours de nature à éclipser tout ce qui se lit dans les journaux, puis les grands « nocturnes » cristallins défaillant, au matin, en une profusion de ventres blancs, bras en croix à la surface des bassins, avaient témoigné de la mystérieuse gestation des crapauds – attesté, de manière superfétatoire, que la vie, pour se poursuivre, a besoin de la mort – enfin, sûr de son prestige, comme de juste, l'innommable « maréchal » s'était fait annoncer, quarante-huit heures avant son arrivée à Marseille, par les perquisitions qui avaient abouti à l'internement pour plusieurs jours, à bord du *Sinaïa*, superbement pavoisé pour la circonstance, de tous les locataires du château. Et là encore, parmi bien d'autres « suspects » – si grande est la puissance de défi, de mépris et aussi d'espoir envers et contre tout – jamais peut-être les acteurs de cette scène ne s'étaient retrouvés plus enfants, n'avaient chanté, joué et ri de si bon cœur. . . .

Au nombre des expériences qui ont pu requérir les surréalistes à Marseille . . . . figure en bonne place l'établissement d'un *jeu de cartes* qu'on puisse tenir pour adapté à ce qui nous occupe sur le plan sensible aujourd'hui. . . .

C'est ainsi que nous avons été conduits à adopter, correspondant aux quatre préoccupations modernes que nous tenions pour majeures, quatre nouveaux emblèmes, à savoir :

Significations	*Emblèmes*
Amour	Flamme
Rêve	Étoile (noire)
Révolution	Roue (et sang)
Connaissance	Serrure,

la hiérarchie, à partir de l'as se maintenant de la manière suivante : Génie – Sirène – Mage – Dix – etc.,
chacune des figures (de personnage historique ou littéraire) étant celle que d'un commun accord nous avons jugée la plus représentative à la place assignée, soit :
Flamme : Baudelaire, la Religieuse portugaise, Novalis.
Étoile : Lautréamont, Alice, Freud.
Roue : Sade, Lamiel, Pancho Villa.
Serrure : Hegel, Hélène Smith, Paracelse.
Le joker se présente sous les traits d'Ubu, dessiné par Jarry.

Symbolique-mythique aussi, dans VVV n° 2-3, une suite de notations par Leonora Carrington et Charles Duits, d'après une idée de Carrington et de Matta, intitulée « Le jour est un attentat », et se présentant comme fondée sur un système qui eût été « au Tarot ce que la géométrie non euclidienne est à la géométrie euclidienne » — ambitieuse tentative qui s'organisait autour d'un thème de base, le Jour, divisé en quatre épisodes « correspondant aux principaux événements d'une journée ». Les deux brefs extraits suivants appartiennent à l'épisode « Les jouets du prince », divisé à son tour en quatre parties : Repas, Soleil, Palais, Angoisse. Voici le « Soleil » et le « Palais » :

Le jour est un attentat

Soleil [1] :

La Maison étant tout en murs et ne devant probablement pas s'écrouler, j'entre pour y prendre un bain. Nancy l'a préparé pour moi. Seule, je me sens pleine du désir de copuler avec l'eau, qui coule verte et lisse du robinet.

Palais [2] :

Rumeur de la passion et de la folie, et l'affectation du devoir envers un souverain quelconque qui lave ses chevilles et ses lèvres dans la mer. Il a tourné vers toi son dos, les hideurs l'expliquent car l'océan est bourré de peur, le vent d'est s'est amarré aux oreilles pointues de nos chevaux.

Auprès du bac, une jeune femme urinait en pleurant. De chaque tétine la viande en cône avait été arrachée. La relation de l'espace tient en ces quelques mots : nous trouvâmes les faits du jour inculqués fort gravement par la présence d'un vin de nerfs au beau centre de nos gorges.

Leonora Carrington, peintre et écrivain anglais qui fut la compagne de Max Ernst en France pendant les années précédant la guerre, publia dans VVV n° 4 (février 1944) un long texte intitulé « En bas », récit, par elle-même, de la crise mentale qu'elle avait subie après sa séparation d'avec Ernst lorsque celui-ci fut envoyé, en tant que citoyen allemand, dans un camp de concentration, par les Français, au début de la guerre [3]. Des extraits ne rendraient pas justice à ce poignant témoignage de ce qu'on pourrait appeler « la conscience poétique de l'Inconscient », et nous croyons préférable de traduire ici en entier l'un des deux petits contes mystérieux, sarcastiques et menaçants que Leonora Carrington fit paraître dans VVV :

---

1. Traduit du texte anglais de Leonora Carrington.
2. Texte français de Charles Duits.
3. Voir notre *Histoire de la peinture surréaliste, op. cit.,* chap. X.

l'un, « Waiting » (« L'attente »), figure au n° 1, celui dont on lira ci-dessous la traduction, « The Seventh Horse », au n° 2-3 [1].

Le septième cheval

Une créature d'aspect étrange se démenait au milieu d'un buisson de ronces. Elle était prise par ses longs cheveux, si étroitement emmêlés dans les ronces qu'elle ne pouvait bouger ni en avant ni en arrière. Elle jurait et se démenait jusqu'à ce que le sang coulât le long de son corps.

« Sa figure ne me revient pas », dit l'une des deux dames qui se promenaient dans le jardin.

« Il se pourrait que ce soit une jeune femme... et pourtant... »

« Ceci est mon jardin », répondit l'autre qui était maigre et sèche comme une trique. « Et je désapprouve fortement les intrus. Je pense que c'est mon pauvre petit nigaud de mari qui l'a laissée entrer. Encore un de ses enfantillages, sans doute. »

« Je suis ici depuis des années », cria la créature avec colère. « Mais vous êtes trop stupides pour m'avoir aperçue. »

« Impertinente par-dessus le marché », remarqua la première dame, qu'on appelait Miss Myrtle, « je crois que vous feriez mieux d'appeler le jardinier, Mildred. Je ne pense pas qu'il soit bien prudent de s'approcher. Cette créature semble n'avoir aucune pudeur ».

Hevalino tira avec colère sur ses cheveux comme si elle voulait se jeter sur Mildred et sa compagne. Les deux femmes firent demi-tour pour s'en aller, non sans avoir échangé un long regard de haine avec Hevalino.

La longue soirée printanière s'écoula avant que le jardinier vînt délivrer Hevalino.

« John », dit Hevalino étendue sur l'herbe, « pouvez-vous compter jusqu'à sept? Savez-vous que je peux haïr pendant soixante-dix-sept millions d'années sans m'arrêter pour me reposer? Dites à ces misérables personnes qu'elles sont condamnées. » Elle se traîna vers l'écurie où elle vivait, marmottant : « Soixante-dix-sept, soixante-dix-sept. »

Dans certaines parties du jardin, fleurs, arbres et plantes poussaient en désordre. Même pendant les jours les plus chauds ces endroits baignaient dans une ombre bleue. Il y avait des statues abandonnées couvertes de mousse, des fontaines immobiles et de vieux jouets décapités et minables. Personne ne venait là excepté Heva-

---

1. Nous devons signaler aussi, de Leonora Carrington, les étonnants romans : *le Cornet acoustique* et *la Porte de pierre* (Flammarion) traduits de l'anglais par Henri Parisot.

lino; elle s'agenouillait et mangeait l'herbe courte et observait un curieux oiseau gras qui ne se séparait jamais de son ombre. Il laissait son ombre glisser autour de lui à mesure que le jour s'écoulait, et passer de l'autre côté quand il y avait de la lune. Il était toujours assis avec sa bouche poilue grande ouverte et des vols de papillons et de petits insectes y entraient et en sortaient.

Hevalino était là le soir même où elle avait été prise dans les broussailles. Elle était accompagnée par un cortège de six chevaux. Ils firent sept fois en silence le tour de l'oiseau gras.

« Qui est là? » dit à la fin l'oiseau gras d'une voix sifflante.

« C'est moi, Hevalino avec mes six chevaux. »

« Vous m'empêchez de dormir avec vos piétinements et vos ébrouements », fut la plaintive réponse. « Si je ne peux pas dormir je ne peux voir ni le passé ni l'avenir. Je vais dépérir si vous ne partez pas et ne me laissez pas dormir. »

« Ils vont venir vous tuer », dit Hevalino. « Vous feriez mieux de rester éveillé. J'ai entendu quelqu'un dire que vous alliez être rôti dans la graisse chaude, farci de persil et d'oignons et ensuite mangé. »

Le corpulent oiseau lança un coup d'œil craintif à Hevalino, qui l'observait avec attention.

« Comment savez-vous cela? », souffla l'oiseau. « Dites-le-moi un peu? »

« Vous êtes bien trop gras pour voler », continua implacablement Hevalino. « Si vous essayiez de voler vous auriez l'air d'un crapaud aplati exécutant sa danse de mort. »

« Comment savez-vous cela? » hurla l'oiseau. « Ils ne peuvent pas savoir où je suis. J'ai été ici soixante-dix-sept ans. »

« Ils ne le savent pas encore... pas encore... », Hevalino mit sa figure tout près du bec ouvert de l'oiseau, ses lèvres retroussées laissant voir ses dents de loup.

Le petit corps gras trembla comme de la gelée.

« Que voulez-vous de moi? » Hevalino eut un sourire tortueux.

« Ah, voilà qui est mieux. » Elle et les six chevaux firent cercle autour de l'oiseau et l'observèrent de leurs yeux proéminents et implacables.

« Je veux savoir exactement ce qui se passe dans cette maison », dit-elle. « Et faites vite. » L'oiseau jeta un regard effrayé autour de lui, mais les chevaux s'étaient accroupis, il n'y avait pas moyen de s'échapper. Il était trempé de sueur et ses plumes mouillées collaient à son gras estomac.

« Je ne peux pas le dire », prononça-t-il enfin d'une voix étranglée. « Quelque chose de terrible va m'arriver si je dis ce que je peux voir. »

« Rôti dans la graisse chaude et mangé », dit Hevalino.

« Vous êtes folle de vouloir savoir des choses qui ne vous regardent pas ! »

« J'attends », dit Hevalino. L'oiseau eut un frisson convulsif. Ses yeux devenus aveugles lui sortaient de la tête. Il les tourna vers l'est.

« Ils sont en train de dîner », dit-il à la fin, et un grand papillon noir s'envola de sa bouche. « La table est mise pour trois personnes. Mildred et son mari ont commencé à manger leur soupe. Elle le regarde d'un air méfiant. " J'ai trouvé quelque chose de déplaisant dans le jardin aujourd'hui ", dit-elle, posant sa cuillère : je doute qu'elle continue à manger maintenant. " Qu'est-ce que c'était ? demande-t-il. Pourquoi avez-vous l'air si furieuse ? " Miss Myrtle est maintenant entrée dans la pièce. Ses yeux vont de l'un à l'autre. Elle semble deviner ce dont ils parlent car elle dit : " Oui, Philip, vous ne devriez pas laisser entrer n'importe qui dans le jardin. "

" De quoi parlez-vous ? " demande-t-il avec colère ; " Que voulez-vous que j'empêche si je ne sais pas ce que je dois empêcher ? "

" C'était une créature d'aspect déplaisant, à moitié nue et prise dans un buisson de ronces. J'ai dû détourner les yeux. "

" Vous l'avez délivrée, naturellement ? "

" Certainement pas. J'estime que c'était tout aussi bien qu'elle soit prise comme elle l'était. Par l'expression cruelle de sa figure je pouvais voir qu'elle aurait pu nous faire beaucoup de mal. "

" Comment ! Vous avez laissé cette pauvre créature prise dans les broussailles ? Mildred, il y a des moments où vous me révoltez. J'en ai assez de vous voir traîner dans le village et ennuyer les pauvres gens avec vos prêches religieux et maintenant quand vous voyez une malheureuse dans votre jardin vous ne faites que frémir de fausse pudeur. "

Mildred émet un cri offensé et se voile la face avec un mouchoir pas très propre. " Philip, comment pouvez-vous dire des choses aussi cruelles à moi, votre femme ? "

Philip, avec une expression d'ennui résigné demande : " Essayez de me décrire cette créature. Est-ce un animal ou une femme ? "

" Je ne peux rien dire d'autre, sanglote sa femme. Après ce que vous m'avez dit je sens que je vais me trouver mal. "

" Vous devriez faire attention ", minaude Miss Myrtle. " Dans sa situation délicate. "

" Qu'est-ce que vous voulez dire, situation délicate ? " demande Philip avec irritation. " J'aimerais beaucoup que les gens parlent clairement. "

" Mais sûrement vous devez savoir ? " minaude Miss Myrtle. " Vous allez bientôt devenir papa... " Philip devient blanc de colère. " Je ne supporterai pas ces mensonges imbéciles. Il est tout à fait impossible que Mildred soit enceinte. Elle n'a pas été dans mon lit depuis cinq ans, et à moins que le Saint-Esprit soit dans la maison je ne vois pas comment c'est arrivé. Car Mildred est désagréablement vertueuse et je ne peux pas imaginer qu'elle s'abandonne à quiconque. "

" Mildred, est-ce vrai ? " dit Miss Myrtle, tremblante de délicieuse expectative. Mildred hurle et sanglote : " Il ment. Je vais avoir un amour de petit bébé dans trois mois. "

Philip jette à terre sa serviette et sa cuillère et se lève. " Pour la septième fois en sept jours je finirai mon dîner à l'étage au-dessus ", dit-il, et il s'arrête un instant comme si ces mots avaient éveillé en lui quelque souvenir, qu'il écarte et, secouant la tête : " Tout ce que je demande est que vous ne veniez pas pleurnicher derrière moi ", dit-il à sa femme et il quitte la pièce. Elle hurle : " Philip, mon petit mari chéri : revenez et mangez votre soupe. Je vous promets que je ne serai plus méchante. "

" Trop tard ", dit la voix de Philip dans l'escalier, " trop tard maintenant ".

Il monte lentement jusqu'en haut de la maison, les yeux fixés au loin. Ses traits sont tendus comme pour écouter des voix distantes qui jacassent entre le cauchemar et la réalité morte. Il atteint le grenier en haut de la maison où il s'assoit sur une vieille malle. Je crois que la malle est pleine de vieilles dentelles, de pantalons à volants et de robes. Mais tout cela est vieux et déchiré ; une mite noire en fait son dîner tandis que Philip est assis en regardant fixement par la fenêtre. Il considère un petit hérisson empaillé sur la cheminée qui a l'air épuisé de souffrances. Philip semble suffoqué par l'atmosphère de ce grenier, il ouvre toute grande la fenêtre et pousse un long... » ici l'oiseau s'arrêta et un hennissement prolongé et déchirant traversa la nuit. Les six chevaux sautèrent sur leurs pieds et répondirent avec des voix perçantes. Hevalino se tenait debout complètement immobile, les lèvres retroussées et les narines palpitantes. « Philip, l'ami des chevaux... » Les six chevaux galopèrent vers l'écurie dans un bruit de tonnerre comme s'ils obéissaient à un appel ancestral. Avec un soupir à donner le frisson, Hevalino les suivit, ses cheveux flottant derrière elle.

Philip était à la porte de l'étable lorsqu'ils arrivèrent. Son visage était lumineux et blanc comme neige. Il compta sept chevaux qui passèrent au galop. Il saisit le septième par la crinière, et sauta sur son dos. La jument galopa à se faire éclater le cœur. Et pendant tout ce temps Philip était dans une grande extase d'amour ; il avait l'impression d'être né et d'avoir grandi sur le dos de cette belle jument noire, et qu'ils ne formaient qu'une seule créature. Aux premières lueurs de l'aube tous les chevaux étaient revenus à leurs places. Et le petit palefrenier ridé les essuyait pour enlever la croûte de sueur et de boue de la nuit. Son visage plissé souriait d'un air complice pendant qu'il frottait ses pensionnaires avec un soin infini. Il ne parut pas remarquer le maître debout dans une stalle vide. Mais il savait qu'il était là.

« Combien ai-je de chevaux? » dit enfin Philip.

« Six, Monsieur », dit le petit palefrenier, sans cesser de sourire.

Cette nuit-là le cadavre de Mildred fut trouvé près de l'étable. On aurait pu croire qu'elle avait été piétinée à mort... et pourtant « ils sont tous doux comme des agneaux », dit le petit palefrenier. Il n'y avait aucun signe que Mildred eût été enceinte lorsqu'on la fourra dans un respectable cercueil noir; cependant personne ne put expliquer la présence d'un petit poulain difforme qui avait trouvé son chemin jusqu'à la septième stalle vide.

Dans chaque numéro de VVV on put lire des poèmes d'Aimé Césaire, le poète martiniquais rencontré par André Breton lorsque le bateau qui transportait ce dernier avec d'autres réfugiés de Marseille à New York avait fait escale dans l'île. Les trois poèmes qui suivent parurent dans VVV n° 2-3[1] :

Tam-Tam I

à même le fleuve de sang de terre
à même le sang de soleil brisé
à même le sang d'un cent de clous de soleil
à même le sang du suicide des bêtes à feu
à même le sang de cendre le sang de sel le sang des sangs d'amour
à même le sang incendié d'oiseau feu
hérons et faucons
montez et brûlez

Tam-Tam II

à petits pas de pluie de chenilles
à petits pas de gorgée de lait
à petits pas de roulements à billes
à petits pas de secousse sismique
les ignames dans le sol marchant à grands pas de trouées d'étoiles
de trouée de nuit de trouée de Sainte Mère de Dieu

---

1. Reproduit dans Aimé Césaire, *Les Armes miraculeuses,* © Éditions Gallimard.

à grands pas de trouée de paroles dans un gosier de bègue
orgasme des pollutions saintes
alleluiah

Annonciation

Des sangs nouveaux de mokatine sonnant à la viande s'accrochent
aux branches du soleil végétal; ils attendent leur tour.
Un mouvement de palmes dessine le corps futur des porteuses aux
seins jaunes moisson germante de tous les cœurs révélés.
Le pitt du flambeau descendant jusqu'à l'extrême pointe fait à la
faiblesse de la ville une rosace amicale amarrée de lianes
jeunes au vrai soleil de vrai feu de terre vraie : annonciation.
Pour l'annonciation des porteuses de palmiers de mokatine amar-
rés au soleil du pitt de flambeaux — œil vert bagué de jaune
d'oxyde chargé de lunes œil de lune chargé de torches — œil
des torches tordez l'engrais discret des lacs dénoués.

Edouard Roditi, écrivain et critique, publia une « Psychological Nove-
lette *» en six courts chapitres, dans le n° 2-3. Nous donnons ci-dessous la
traduction du dernier de ces chapitres :*

Petit conte psychologique
à thème et, pratiquement, à personnage unique.

VI
Prémonitions de l'âge mûr et de la mort.

Pamphile marche le long d'une route immensément longue et très
lumineuse qui s'étend devant lui, dans l'obscurité, aussi loin qu'il
peut voir, toujours plus étroite à mesure qu'elle file tout droit vers
l'horizon le plus lointain qu'on puisse imaginer, sans une courbe,
sans une côte sur toute sa longueur. Pamphile voit qu'il a encore
très loin à marcher dans l'obscurité le long de cette morne route;
mais il est découragé par son étroitesse plutôt que par sa longueur
cependant qu'il regarde à ses pieds et qu'il remarque que la route
est juste assez large, là où il se trouve à présent, pour qu'il puisse
la suivre. La route devient de plus en plus étroite devant lui; il
remarque aussi pour la première fois qu'au-dessus et au-dessous
de lui et à sa droite et à sa gauche, partout excepté le long de cette
route, il n'y a rien qu'une nuit sans fond.
Pamphile veut revenir sur ses pas. Mais alors il voit que, derrière
lui, la route s'élargit jusqu'à ce qu'elle s'arrête à la poignée d'une
immense épée dont la lame de plus en plus étroite n'est autre que
cette route sur laquelle il a tout ce temps-là marché. Et de la poi-

gnée derrière lui jusqu'à l'endroit où il se tient maintenant, toute la lame est glissante de sang noir qui s'égoutte sans bruit dans l'obscurité sans fond. Pamphile avance le long de la lame en s'éloignant du sang. Mais le sang le suit comme une marée montante et il comprend soudain que plus il marchera le long de la lame, plus ce sang va avancer en rampant sur ses pas, depuis la poignée là-bas jusqu'au point inévitable, plus tellement éloigné maintenant, où l'épée rencontre l'horizon devant lui. Et aucune retraite n'est possible maintenant, vers la poignée le long de la lame sanglante.

VVV publia en français ou en anglais (quelquefois en espagnol) poèmes et nouvelles, tandis que les textes théoriques et critiques paraissaient le plus souvent en anglais. Ainsi l'écrivain français Robert Lebel, critique d'art et expert en peinture, qui avait rejoint le groupe surréaliste à New York et participa encore à son action en France après la guerre, publia en anglais, dans VVV n° 3, un texte dont on lira ci-dessous des passages (adaptés en français par leur auteur), sur un curieux artiste américain du siècle dernier : John Quidor.

Quidor et Poe
ou la solitude américaine

La singularité olympienne qui caractérise Edgar Allan Poe dans le contexte de la littérature américaine du xixᵉ siècle a son parallèle, de façon frappante, dans la situation plus humble mais également isolée du peintre John Quidor (1801-1881), relativement à l'art américain de son époque. Leurs existences et leurs œuvres sont marquées du sceau d'une solitude identique. . . .
Certes Edgar Poe devint célèbre et Quidor sombra dans l'obscurité mais le goût très vif du public contemporain pour « l'imprimé » le portait à l'indulgence envers l'imaginaire écrit, tandis que l'imaginaire visible, tel que le montrait Quidor, se heurtait à de tenaces préventions puritaines. Aussi son apparition et celle de sa conception délibérément visionnaire de l'art, à la Troisième Exposition annuelle de l'Académie nationale de dessin qui s'ouvrit à New York le 5 mai 1828, eurent-elles tout pour surprendre mais le message inattendu, et peut-être prématuré du jeune peintre ne suscita qu'un très faible écho. Quelques autres envois de plus en plus espacés ne furent pas mieux accueillis et Quidor semble s'être résigné à vivre de son activité de peintre d'enseignes, s'intégrant ainsi au courant souterrain de l'art populaire, dont la continuité autant que la force resteront aux États-Unis tout à fait remarquables, face à un art officiel trop longtemps guindé, maussade ou revêche. . . .

Une rétrospective de Quidor au musée de Brooklyn en 1942 l'a tiré de l'oubli, plus de quatre-vingts ans après sa mort, mais l'importance de cette exhumation n'a pas été suffisamment mesurée. On affecte encore de tenir les tableaux de Quidor pour des curiosités folkloriques, alors qu'ils ne sont rien de·moins que la visualisation peinte de ce romantisme américain dont Poe imprégnait au même moment ses textes inspirés. . . .

Quidor dispose d'un pouvoir de suggestion, d'une intense poésie communicative, d'une puissance hallucinatoire sans précédents en Amérique. Son style, bien que relié à l'évolution romantique universelle, est profondément individualisé dans son traitement du fantastique pictural. . . . Techniquement, il se rattache aux peintres britanniques, non pas, évidemment, aux traditionalistes, révérés et imités par la plupart des portraitistes américains, mais aux éléments dynamiques que Géricault découvrit en 1820, lorsqu'il s'efforça de « tremper son art dans l'école anglaise ».

Il s'agit d'une source que Quidor partage avec tout le romantisme européen. De Hogarth à Rowlandson (admiré et copié par Delacroix), de Morland à l'étrange et rêveur James Ward (admiré et copié par Géricault), de Gillray au burlesque Cruikshank qui a des points communs avec Quidor autant qu'avec Gustave Doré, sans même mentionner le plus exalté de tous, William Blake, beaucoup de peintres britanniques ont apporté leur stimulation vivifiante au déchaînement d'un romantisme exaspéré, rebelle à toute contrainte.

Le dessin fluide de Quidor et sa touche nerveuse attestent qu'il a, lui aussi, « trempé son art dans l'école anglaise ». Sa veine antinaturaliste exclut, malgré le vernis brun qui voile certaines de ses peintures, qu'il ait subi l'emprise de l'exemple hollandais et si son art paraît parfois chargé des ténèbres allemandes, on alléguera, comme le fit Edgar Poe, que « la terreur ne procède pas de l'Allemagne mais de l'âme ». . . .

En véritable romantique, Quidor puisa son inspiration dans la littérature. Presque tous les sujets de ses rares tableaux retrouvés furent empruntés aux auteurs américains de son temps : Fenimore Cooper et, surtout, Washington Irving. Le New York légendaire qu'évoqua ce dernier avec un humour gracieux connut une vogue comparable à celle de Walter Scott en Grande-Bretagne. Ni Poe ni Quidor ne purent manquer d'y être sensibles dans leurs années de jeunesse mais il leur appartenait de pousser l'aventure plus loin, au-delà des limites de l'émotion, du mystère et de l'épouvante. . . .

Les compositions de Quidor d'après Irving intensifient extraordinairement les récits qu'elles prétendent illustrer. La fantaisie légère se change en caricature, le drame anodin en tragédie. Nous

sommes dans un autre monde, où nos sens sont tendus au-dessus de
la normale, un monde habité de figures frénétiques, déformées
ou grotesques, un monde de gestes véhéments, de frondaisons
inquiétantes, baignant dans une lumière irréelle. . . .
Y chercherait-on à tout prix le reflet d'un monde connu, que
l'affinité avec celui de Poe l'emporterait sans conteste sur le modèle
d'Irving. Dans ses moments les plus soutenus, lorsqu'il se sait
talonné par l'âge, Quidor accentue son recours à l'ébauché, au
réticent, au vaporeux des imaginations humaines. . . .
Pourtant, à moins que quelque témoignage nouveau n'apparaisse,
nous devons admettre que le rapport entre Quidor et Poe ne peut
s'analyser en termes de faits et de dates. La convergence de leurs
destinées est plus convaincante que de palpables liens. C'est dans
leur commune rébellion contre le fastidieux et le rationnel, dans
leur quête obstinée de la substance poétique la plus extrême, qu'ils
apparaissent étonnamment proches. Séparément, mais mus par la
même impulsion fondamentale, aiguillonnés, pourrait-on croire,
par leur irrémédiable isolement, ils ont dévoilé le secret bien
gardé de la solitude américaine.

*Les passages suivants sont traduits d'un article de l'écrivain-peintre
Robert Motherwell sur Mondrian et Chirico, la partie concernant Chirico
ayant été rédigée à l'occasion d'une exposition d'œuvres tardives du peintre :
elle traite du changement d'inspiration de Chirico après sa période de peinture « métaphysique ».*

L'art réactionnaire : le Chirico tardif

Quels souvenirs des scènes anciennes de Chirico peuvent évoquer
ces récentes (1939) gouaches « à la mode »?. . . . Le fait central est
assez simple : de 1910 à 1917 le jeune Chirico produisit quantité
de peintures dont la plupart sont d'incontestables chefs-d'œuvre,
imprégnés d'une poésie prenante. Les œuvres qui suivirent sont
encombrées d'un attirail classique insignifiant et leur côté plastique tend à satisfaire un certain goût contemporain. . . . Il est
plausible de supposer que *quelque chose se produisit qui altéra chez
Chirico sa conception de la peinture,* quelque chose d'assez radical pour
en faire disparaître la poésie. Chirico commença à s'intéresser à la
peinture parisienne au moment où celle-ci délaissait les expériences de plusieurs années pour se tourner vers un autoritarisme
normatif, à base d'images traditionnelles et comprises par tous :
telles les périodes « classiques » de Picasso, Derain et autres. Il est
aisé de supposer que Chirico fut tenté par l'autorité « objective »
d'une telle peinture et qu'il résolut de participer à son développement. Ses œuvres d'après 1918 sont mauvaises et en général igno-
rées par les critiques, mais elles fournissent un indice. L'intention

de ces tableaux tardifs est *autoritaire,* l'observateur voit les chevaux blancs d'en bas, comme s'il regardait un monument équestre; *traditionnelle,* les sujets étant réminiscents de l'Antiquité, avec colonnes « classiques » et personnages et chevaux traités en différents tons blanchâtres comme des statues anciennes; *normative,* c'est-à-dire intelligible pour toutes personnes « normales », et non soumises à la sensibilité ou à la perspicacité individuelles, mais à des associations communément acceptées en Occident; enfin, ce qui était sans doute le plus important dans l'esprit de Chirico, *plastique :* une tentative de faire du tableau lui-même sa propre fin et non pas un moyen d'expression de sa signification poétique. . . . Naturellement Chirico était condamné à échouer dans sa tentative de créer une telle peinture car ses dons n'étaient pas normatifs, autoritaires et plastiques mais précisément à l'opposé : uniques, personnels et poétiques. . . .

Mentionnons encore dans le n° 2-3 de VVV *un article du critique Robert Allerton Parker sur certains romans populaires américains qui tiennent à la fois du mythe proprement dit et de la « science-fiction ». Deux auteurs alors à peine répandus parmi le public averti aux États-Unis : Lovecraft et Clark Ashton Smith (ils étaient tout à fait inconnus en Europe), sont l'objet de l'article dont nous donnons ci-dessous quelques passages en traduction française :*

La pulpe [1] dont sont faits les rêves

. . . . Cette caste d'intouchables peuple les kiosques à journaux de son impudente densité. Les « pulps » prospèrent avec l'intrépidité du chiendent ou de l'ambigu chanvre, évoquant les mots de Hamlet : « Un jardin d'herbes folles montées en graine, une nature luxuriante et grossière. ». . . . Certaines de ces histoires répondent au sourd désir de l'exploit : les romans d' « action », les « westerns », les aventures d'aviation. D'autres, purs *ersatz* opiacés, sont des substituts d'activités sexuelles contrariées. D'autres encore se livrent à des orgies de meurtres, tortures, violences, stérilisées et rendues moralement inoffensives par le triomphe automatique des forces de la loi et de l'ordre.
Mais plus curieux sans doute sont ces romans dédiés à des merveilles « super-réalistes » — à l'étrange, à l'horrible, au pseudo-scientifique, à la résurrection d'anciens mythes et folklores. . . .
August Derleth et Donald Wandrei ont sauvé du naufrage les travaux de deux extraordinaires « stars » des usines à romans popu-

1. « Pulpwood publications » : aux États-Unis, romans et magazines à très bon marché imprimés sur du papier de mauvaise qualité, genre papier-journal à base de pulpe de bois.

laires – H. P. Lovecraft et Clark Ashton Smith. Convaincus que Lovecraft (ce nom paraît peu vraisemblable mais il ne s'agit nullement d'un pseudonyme [1]) avait une importance plus que passagère, Derleth et Wandrei réunirent trente-six de ses contes (Lovecraft mourut en 1937) et proposèrent l'énorme manuscrit aux différentes maisons d'édition. La plupart le rejetèrent immédiatement comme un « risque commercial sans intérêt ». Nullement découragés, les deux jeunes gens fondèrent dans le Wisconsin leur propre maison d'édition, l'Arkham Press. L'œuvre de Lovecraft fut publiée sous forme d'un épais volume de 5553 pages en caractères serrés, comprenant une Introduction et l'essai de Lovecraft sur « L'horreur surnaturelle en littérature ». . . .
Des enfants peuvent créer de toutes pièces leurs propres royaumes imaginaires, bien complets de coutumes, fortunes et costumes. Ainsi Lovecraft, ce reclus, dressa les cartes et fit les relevés de sa propre archéologie et de sa préhistoire fantastique. . . . « Tous mes contes, confessait-il, sont basés sur la science, ou la légende, fondamentale de la présence à une certaine époque sur cette terre d'une autre race qui, pratiquant la magie noire, finit par perdre pied et fut chassée, mais vit encore en marge, toujours prête à reprendre possession de la planète ». . . .
Publiés dans des magazines bon marché tels que *Weird Tales, Astounding Stories* et autres, consacrés au surnaturel, les contes de Lovecraft ne lui rapportèrent que des droits d'auteur insignifiants, en moyenne moins d'un « cent » par mot. Lovecraft évoque Dunsanny, Algernon Blackwood, Arthur Machen et Poe. Il force son style à l'extrême afin de créer la terreur. Comme tous les verbo-maniaques, il ne réussit pas à maîtriser ses obsessions : il y a chez lui trop de verbiage, trop d'explications, trop de rhétorique. Il réussit mieux lorsque, retiré dans l'univers de son invention, il se plonge au sein d'une pseudo-archéologie et conduit ses lecteurs dans de sinistres expéditions à la recherche des traces d'une malfaisance préhistorique, incarnée par les « Vieux ». . . .
Le Californien Clark Ashton Smith est plus attachant, du point de vue de la révélation inconsciente. . . . En tant qu'explorateur de l'interplanétaire saugrenu et du transdimensionnel de la fiction pseudo-scientifique, Smith a pendant de longues années joui d'une grande popularité parmi les « fans » du roman populaire. . . . Ses contes hantent le lecteur par leur atmosphère de mélancolie, d'isolement; histoires qui, d'une certaine manière, et peut-être inconsciemment, sont autobiographiques.
Dans *The Uncharted Island* (« L'île inconnue »), par exemple, un marin naufragé est jeté sur la plage d'une étrange île du Pacifique

---

1. « Lovecraft » signifierait en français « métier d'amour ».

et se trouve dans une jungle qui aurait pu être peinte par le Doua-
nier Rousseau : les feuilles, les tiges, les frondaisons, sont de types
archaïques comme il aurait pu en exister au cours de précédents
éons, sur des littoraux oubliés. Le marin est accablé par une atmosphère de sombre et préhistorique antiquité. Il découvre la ville
principale de l'île inconnue où les habitants vont et viennent, troublants et troublés. « Ces êtres étaient manifestement désorientés; il
était clair qu'ils savaient aussi bien que moi que quelque chose clo-
chait dans la géographie et peut-être dans la chronologie de leur
île. » Le poète erre isolé dans un univers silencieux et étranger,
essayant vainement de communiquer avec ses frères humains :
ceux-ci vivent dans un autre âge, une autre dimension, prisonniers
de leur propre perplexité. . . .

David Hare, peintre et sculpteur, était directeur en titre de VVV, *revue
dans laquelle cependant il ne publia rien; ce n'est que plus tard qu'il
exprima, à l'occasion, ses vues sur l'art, par écrit. On lira ici un extrait
d'un «* Commencement Address at the Institute of Maryland *».
Inédit en anglais comme en traduction française, ce texte date de 1969.*

Discours de distribution de prix à l'Institut de Maryland

. . . . Picasso avait plus de soixante-dix ans lorsqu'il faillit mourir
de pneumonie. Dans son délire il vit les murs et les meubles bouger,
se déformer, devenir autres qu'ils n'étaient. Il se jura que s'il vivait
il n'altérerait ni n'inventerait plus aucune forme. Naturellement
il reprit ses anciennes libertés envers la réalité aussitôt qu'il fut
rétabli. Mais sa promesse était importante car elle démontrait la
nécessité du souvenir. S'égarer sur ce chemin est folie, ne jamais
s'y aventurer équivaut à garder les mains dans les poches et nous
savons bien que cela signifie qu'on ne connaîtra jamais la gloire
et tout le reste.
On demanda un jour à Marcel Duchamp s'il pensait qu'il y ait
encore pour l'artiste d'aujourd'hui la possibilité d'une action
d'avant-garde. Il répondit : « Entrez dans la clandestinité, faites
en sorte que tout le monde ignore que vous travaillez. » A notre
époque de « public relations » et de propagande, cette attitude
constituerait donc la seule véritable expression d'avant-garde,
mais Duchamp disait qu'elle serait difficile à maintenir pendant
longtemps.
Ce que ses amis et le public ignoraient, et n'apprirent qu'après sa
mort, c'est que pendant tout ce temps Duchamp lui-même travaillait en secret. D'après l'histoire de l'art il était supposé s'être
retiré du théâtre des opérations depuis trente ans. Quelques bonzes
de la critique historique considéraient même cette retraite comme
son plus grand et définitif geste dada. Or, son œuvre clandestine

terminée est un environnement — on regarde le monde par un judas. Son titre est quelque chose comme : « Étant donné 1) la chute d'eau et 2) le gaz d'éclairage »; ce qui veut dire, je suppose : étant donné ces deux choses que feriez-vous ? On peut voir ce qu'en a fait Duchamp, au musée de Philadelphie où l'œuvre est à présent installée.

Picasso traduisit un complexe de sentiment et de pensée en intensité visuelle, puis il jura de ne plus jamais poursuivre une telle intensité. Duchamp s'écarta du visuel et inventa l'art conceptuel cinquante ans avant que le terme soit créé, puis il s'arrêta de produire et devint un mythe vivant.

Tous les artistes sont des menteurs !

L'écrivain Nicolas Calas fit un jour allusion à Duchamp comme à la conscience de Picasso. Chaque fois, dit-il, que Picasso faisait un tableau, Duchamp évitait d'en faire un.

Chacun de ces deux hommes est grandi par la présence de l'autre. Tous deux sont des révolutionnaires, non par choix mais parce qu'ils ne pouvaient pas s'en empêcher. Ce qui est dans l'ordre des choses. Ces hommes bougent et changent, sachant que seul le changement est permanent, sachant qu'une révolution est toujours le travail de base pour un nouvel établissement, sachant que bientôt elle doit être recommencée.

Une de mes amies me dit un jour qu'elle ne voyait pas pourquoi on faisait tant d'histoires avec ces voyages dans la lune puisque les gens y allaient déjà depuis des centaines d'années. Je n'étais pas très sûr de ce qu'elle voulait dire et je ne voulus pas gâcher son idée en lui demandant de me l'expliquer. De toute façon, qu'on le fasse en pensée ou dans une fusée, l'important est de le faire. Les voyages sont très différents mais également nécessaires.

Alors, qu'est-ce qui est important ? Je ne suis pas sûr mais je crois que c'est l'AMOUR et le TEMPS. Étant donné ces deux choses, ou bien une chute d'eau et le gaz d'éclairage, on peut accomplir presque tout. Et puis, naturellement, il pourrait y avoir quelque chose comme la dignité morale; si elle existe vraiment elle ne sert apparemment à rien. Raison de plus pour la rechercher.

Bien d'autres collaborations : essais, comptes rendus d'expériences et d'enquêtes, notes ethnographiques (Albert Métraux, Claude Lévi-Strauss), poèmes (« Les États Généraux » d'André Breton), pourraient être citées à propos de ces trois numéros de VVV dont les couvertures furent successivement composées par Max Ernst, Duchamp, Matta. Ajoutons que, chaque fascicule fut abondamment illustré.

VVV fut une publication annuelle, mais il y eut aussi à New York la revue Hémisphère *dirigée par Yvan Goll qui parut en français et à laquelle Breton et certains de ses amis collaborèrent; et surtout* View, *magazine d'art fondé en 1940 par le poète Charles Henry Ford, qui parut trimestriellement jusqu'en 1947, consacrant une grande place et parfois des numéros entiers au surréalisme. Deux de ses fascicules en 1942 concernèrent plus spécialement Max Ernst et Yves Tanguy. L'Américain Joseph Cornell, initiateur de « boîtes » surréalistes et d'objets, collabora au n° 4 de 1942 : « Fantastica America. » Un numéro Duchamp fut publié en 1945. Les lignes suivantes sont traduites d'un article de Nicolas Calas paru dans le numéro sur Yves Tanguy :*

Seul

. . . . La solitude de Tanguy diffère de celle de Chirico mais il est significatif que ce soit une peinture de Chirico qui inspira à Tanguy le désir de peindre. Tanguy n'est pas un Méditerranéen et ne peut guère avoir été hanté par une civilisation méridionale. Sa province natale, la Bretagne, est conservatrice et souvent arriérée; ses habitants se sentent isolés du reste de la France et sont davantage attirés par la vaste mer et ses mystères que par la terre ferme. La solitude d'Yves Tanguy est océanique.

J'écrivais récemment dans une note à propos d'une exposition de Tanguy à la galerie Pierre-Matisse : « Il découvre des terres au-delà de mers inconnues. Les objets qui habitent ces étranges plaines sont réels, car ils possèdent poids et équilibre; ils sont vivants car ils croissent; leur couleur est naturelle, elle exprime leur température; ils sont souvent chauds, rarement brûlants. Leurs ombres froides sont mystérieuses en raison de leurs dissonances avec la lumière de l'horizon mais l'effet de contraste est convaincant parce qu'Yves Tanguy est certain de la réalité de sa vision comme l'est l'ingénieur de l'existence de sa machine ou le musicien de sa symphonie. Le terrible silence des tableaux de Tanguy fait désirer des sons. Les couleurs de ses crépuscules suggèrent une musique et les changements de température sont rythmiques. Souvent, au réveil, nous nous souvenons de ce qui a été dit dans notre rêve sans pouvoir nous rappeler du son de la voix entendue. Les objets de Tanguy attendent une musique, au lieu d'évoquer des sons comme le font les instruments de civilisations oubliées. » Personne ne peut pénétrer dans « La maison d'Yves Tanguy » s'il ne comprend pas la solitude. Le moyen par lequel l'artiste contemporain exprime ce sentiment est l'ombre, tout naturellement : les impressionnistes ayant fait de la lumière l'élément principal en peinture, le *poète maudit* vécut parmi les ombres. Le surréalisme s'est toujours déclaré en faveur des puissances de la nuit, des rêves et de la magie. Les miroirs de leurs visionnaires sont ceux de l'obscurité; le miroir, l'ombre, nous assurent de notre propre existence (Chirico), de l'existence de la terre que nous contemplons

(Tanguy) et des « meubles éclatants du désert », pour reprendre l'énergique expression d'André Breton. . . .

Le numéro de View *sur* Max Ernst *contenait des souvenirs du peintre sur sa petite enfance* [1] :

Quelques données sur l'enfance de Max Ernst racontées par lui-même

Max Ernst eut son premier contact avec le monde sensible le 2 avril 1891 à 9 h 45 du matin, lorsqu'il sortit de l'œuf que sa mère avait pondu dans un nid d'aigle et que l'oiseau avait couvé pendant sept ans. L'événement eut lieu à Brühl, à 10 km au sud de Cologne. C'est là que Max grandit et devint un bel enfant. Ses premières années furent marquées par quelques incidents dramatiques mais ne furent pas particulièrement malheureuses.

Cologne est une ancienne colonie romaine : *Colonia Claudia Agrippina,* dont le rayonnement culturel au Moyen Age s'étendit sur toute la Rhénanie. L'esprit du splendide magicien Cornelius Agrippa qui y vit le jour la hante encore et celui d'Albert le Grand qui travailla et mourut dans cette ville. Les crânes et les ossements de trois autres mages, Gaspard, Melchior et Balthasar, les sages Orientaux, sont conservés dans la cathédrale. Chaque année, le 6 janvier, leur somptueux cercueil doré est montré au public avec une extraordinaire pompe païenne. Onze mille vierges donnèrent leur vie à Cologne plutôt que d'abandonner leur chasteté. Leurs os et leurs crânes gracieux embellissent les murs de l'église conventuelle de Brühl, où le petit Max fut forcé de passer les heures les plus ennuyeuses de son enfance. Peut-être leur compagnie fut-elle pour lui un soutien. Cologne est située sur la frontière d'une région de vignobles. Au nord de Cologne c'est le pays de la bière, au sud celui du vin (et du Rhin). Sommes-nous ce que nous buvons ? Dans ce cas il importe peut-être de noter que Max préféra toujours le vin. A l'âge de deux ans, il vidait en cachette quelques verres, puis il prenait son père par la main, lui montrait les arbres dans le jardin et disait : « Regarde, papa, ils remuent. » Quand plus tard il apprit l'histoire de la guerre de Trente Ans (1618-1648), il eut l'impression que ce fut une guerre de buveurs de bière contre des buveurs de vin. Il avait peut-être raison.

Il est possible que les conditions géographiques, politiques et climatiques de Cologne soient favorables à la création de fertiles conflits dans l'esprit d'un enfant intelligent. Là est le carrefour des courants culturels les plus importants d'Europe : antiques

---

1. Reproduit dans *Écritures, op. cit.*

influences méditerranéennes, rationalisme occidental, tendances
orientales vers l'occulte, mythologies septentrionales, impératif
catégorique prussien, idéaux de la Révolution française, et ainsi
de suite. Dans l'œuvre de Max Ernst on peut déceler le drame puissant et continuel causé par ces tendances contradictoires. Peut-être
quelque jour les éléments d'une nouvelle mythologie sortiront de
ce drame.

Le premier contact du petit Max avec la peinture se produisit en
1894 quand il vit son père au travail sur une petite aquarelle intitulée *Solitude* et représentant un ermite assis dans une forêt
de bouleaux et lisant un livre. Il y avait une atmosphère de calme
terrifiant dans cette *Solitude* et dans la manière dont elle était
traitée. Chacune des mille feuilles de bouleau était scrupuleusement
et minutieusement exécutée, chacune avait une vie individuelle et
solitaire. Le moine était terriblement absorbé dans son livre de
sorte qu'il représentait quelque chose qui vivait hors du monde.
Même le mot « ermite » produisit comme un frisson magique
dans l'esprit de l'enfant. (La même chose lui arriva à cette époque
avec le son des mots « Pierre-le-Moine-Noir » et « Rumpel-
stilzkin ».) Max n'oublia jamais l'enchantement et la terreur qu'il
ressentit lorsque quelques jours plus tard son père le conduisit
pour la première fois dans la forêt. On peut trouver l'écho de ce
sentiment dans beaucoup de *Forêts* et *Jungles* de Max Ernst (1925-
1942).

(1896.) Le petit Max fit une série de dessins. Ils représentaient son
père, sa mère, sa sœur Maria âgée d'un an, lui-même, les sœurs
plus jeunes Emmy et Louise, un ami appelé Fritz et un garde-
voie, tous debout excepté Louise, âgée de six mois, assise (trop
jeune pour se tenir debout). Dans le ciel un train lançait des nuages
de fumée. Quand quelqu'un lui demandait : « Qu'est-ce que tu
veux être plus tard ? » le petit Max répondait invariablement :
« garde-voie ». Peut-être était-il séduit par la nostalgie des trains
qui passaient et le grand mystère des fils télégraphiques qui
montent et descendent quand vous les regardez d'un train en
marche et sont immobiles, quand on est immobile. Pour étudier
le mystère des fils télégraphiques (et aussi pour fuir la tyrannie
paternelle) Max à l'âge de cinq ans s'échappa de chez ses parents.
Les yeux bleus, les cheveux blonds bouclés, vêtu d'une chemise
de nuit rouge, tenant un fouet à la main, il arriva au milieu d'une
procession de pèlerins. Ravis par ce charmant enfant et le prenant
pour une vision angélique, voire pour l'enfant de la Vierge, les pèlerins s'écrièrent : « Regardez, le petit Jésus ! » Après un kilomètre
ou deux le petit Jésus s'échappa de la procession et fit une longue
et délicieuse promenade le long de la voie du chemin de fer et des
fils télégraphiques.

Pour apaiser la fureur de son père lorsque le lendemain un gendarme le ramena à la maison, le petit Max proclama qu'il était
sûr d'être le petit Jésus. S'inspirant de cette remarque candide, son
père fit le portrait de son fils en Enfant-Jésus, les yeux bleus, les
cheveux blonds bouclés, vêtu d'une chemise de nuit rouge, bénis-
sant le monde de la main droite et tenant la croix (au lieu du fouet)
dans la main gauche.
Légèrement flatté par cette image, le petit Max eut pourtant quelque
difficulté à écarter le soupçon que papa tirait un plaisir secret de
l'idée d'être Dieu-le-Père, et que la raison cachée de cette image
était pure vanité blasphématoire. Peut-être le tableau de Max
Ernst *Souvenir de Dieu* (1923) a-t-il un rapport direct avec le
souvenir de ce fait. . . .

Le numéro spécial de View *consacré à Duchamp offrit, entre autres expressions d'admiration ou d'affection envers l'auteur de* la Mariée mise à
nu..., *un « Témoignage » d'André Breton définissant la situation exceptionnelle de l'artiste dans le monde intellectuel contemporain et rappelant sa
contribution à l'Exposition surréaliste de New York en 1942 : c'est là en effet
que l'esprit ironiquement destructeur de Duchamp avait fait tendre les murs
et les plafonds des salles de l'exposition d'un réseau de ficelles, comme une
immense toile d'araignée masquant même parfois certains tableaux...
Dans le catalogue de cette manifestation, intitulé* First Papers of Surrealism, *allusion aux « premiers papiers » que se procurent les immigrants
désireux d'obtenir la nationalité américaine, on put lire un texte de
R. A. Parker, «* Explorers of the Pluriverse *», sur les écrivains fantastiques
américains : Mather, Poe, Melville, Blood, Fort, Smith..., et étudier une
abondante iconographie concernant « la survivance de certains mythes » et
« quelques autres mythes en formation » (parmi ces derniers, les « Grands
Transparents » de Breton).
Nous avons parlé plus haut de « Contre-Attaque », mouvement fondé en
1935 par Georges Bataille et André Breton. Ce groupe avait envisagé la
publication de* Cahiers de Contre-Attaque *pour l'un desquels l'écrivain
Pierre Klossowski proposa une étude sur Charles Fourier, le sociologue du
XIXe siècle dont les théories suscitèrent à leur époque autant d'intérêt, voire
de ferveur, que de moqueries. Une note de Klossowski dans la feuille de sous-
cription aux* Cahiers *insistait sur l'importance de la « théorie des passions »
chez Fourier :*

La discipline morale d'un régime périmé est fondée sur la misère
économique, qui rejette le jeu libre des passions comme le plus
redoutable danger. Fourier envisageait une économie de l'abondance résultant au contraire de ce jeu libre des passions. Au
moment où l'abondance est à la portée des hommes et ne leur
échappe qu'en raison de leur misère morale, n'est-il pas temps d'en

finir avec les estropiés et les castrats qui imposent aujourd'hui cette
misère, pour ouvrir la voie à l'homme libéré de la contrainte
sociale, candidat à toutes les jouissances qui lui sont dues — la voie
qu'il y a un siècle a indiquée Fourier ?

« Contre-Attaque » n'eut qu'une existence éphémère; ni les Cahiers *ni
par conséquent l'étude de Klossowski ne virent le jour. L'intérêt pour Fourier ne s'éveilla chez les surréalistes et en premier lieu chez Breton lui-même,
que le jour où ce dernier découvrit à New York une vieille édition des
œuvres du sociologue pour lesquelles il s'enthousiasma. Les visions poétiques
de Fourier ne lui semblèrent pas plus utopiques que les recettes de tant
d'autres thérapeutes sociaux et il composa en hommage au prophète passionné l'*Ode à Charles Fourier [1], *long poème didactique semé de métaphores et d'un ton lyrique toujours soutenu. Nous ne pouvons en donner ici
qu'un trop court extrait.*

ODE A CHARLES FOURIER

. . . .
Fourier qu'a-t-on fait de ton clavier
Qui répondait à tout par un accord
Réglant au cours des étoiles jusqu'au grand écart du plus fier
    trois-mâts depuis les entrechats de la plus petite barque sur la
    mer
Tu as embrassé l'unité tu l'as montrée non comme perdue mais
    comme intégralement réalisable
Et si tu as nommé « Dieu » ç'a été pour inférer que ce dieu tombait
    sous le sens *(Son corps est le feu)*
Mais ce qui me débuche à jamais la pensée socialiste
C'est que tu aies éprouvé le besoin de *différencier au moins en qua-
    druple forme la virgule*
Et de faire passer la clé de sol de seconde en première ligne dans
    la notation musicale
Parce que c'est le monde entier qui doit être non seulement
    retourné mais de toutes parts aiguillonné dans ses conventions
Qu'il n'est pas une manette à quoi se fier une fois pour toutes
Comme pas un lieu commun dogmatique qui ne chancelle devant
    le doute et l'exigence ingénus

Parce que le *« Voile d'airain »* a survécu à l'accroc que tu lui as fait
Qu'il couvre de plus belle la *cécité scientifique*
« Personne n'a jamais vu de molécule, ni d'atome, ni de lien ato-
    mique et sans doute ne les verra jamais » (Philosophe). Prompt
    démenti : entre en se dandinant la molécule du caoutchouc

1. Reproduit dans *Poèmes, op. cit.*

Un savant bien que muni de lunettes noires perd la vue pour avoir
assisté à plusieurs miles de distance aux premiers essais de la
bombe atomique (Les journaux)

Fourier je te salue du Grand Cañon du Colorado
Je vois l'aigle qui s'échappe de ta tête
Il tient dans ses serres le mouton de Panurge
Et le vent du souvenir et de l'avenir
Dans les plumes de ses ailes fait passer les visages de mes
amis
Parmi lesquels nombreux sont ceux qui n'ont plus ou
n'ont pas encore de visage

Parce que persistent on ne peut plus vainement à s'opposer les
rétrogrades conscients et tant d'apôtres du progrès social en
fait farouchement *immobilistes* que tu mettais dans le même sac
Je te salue de la Forêt Pétrifiée de la culture humaine
Où plus rien n'est debout
Mais où rôdent de grandes lueurs tournoyantes
Qui appellent la délivrance du feuillage et de l'oiseau
De tes doigts part la sève des arbres en fleurs

Parce que disposant de la pierre philosophale
Tu n'as écouté que ton premier mouvement qui était de la tendre
aux hommes
Mais entre eux et toi nul intercesseur
Pas un jour qu'avec confiance tu ne l'attendisses pendant une
heure dans les jardins du Palais-Royal
Les attractions sont proportionnelles aux destinées
En foi de quoi je viens aujourd'hui vers toi

Je te salue du Névada des chercheurs d'or
De la terre promise et tenue
A la terre en veine de promesses plus hautes qu'elle doit
tenir encore
Du fond de la mine d'azurite qui mire le plus beau ciel
Pour toujours par-delà cette enseigne de bar qui continue
à battre la rue d'une ville morte —
Virginia City — « Au vieux baquet de sang »

Parce que se perd de plus en plus le sens de la fête
Que les plus vertigineux autostrades ne laissent pas de nous faire
regretter ton *trottoir à zèbres*
Que l'Europe prête à voler en poudre n'a trouvé rien de plus
expédient que de prendre des mesures de défense contre les
confetti

Et que parmi les exercices chorégraphiques que tu suggérais de
  multiplier
Il serait peut-être temps d'omettre *ceux du fusil et de l'encensoir*

> Je te salue de l'instant où viennent de prendre fin les danses
>   indiennes
> Au cœur de l'orage
> Et les participants se groupent en amande autour des bra-
>   siers à la prenante odeur de pin-pignon contre la pluie
>   bien aimée
> Une amande qui est une opale
> Exaltant au possible ses feux rouges dans la nuit

Parce que tu as compris que l'état *surcomposé* ou *supra-mondain de*
  l'âme (qu'il ne s'agit plus de reporter à l'autre monde mais de
  promouvoir dans celui-ci) devait entretenir des relations plus
  étroites avec l'état *simple infra-mondain,* le sommeil, qu'avec
  l'état *composé ou mondain,* la veille, qui est leur intermédiaire
. . . .

*Écrit par André Breton en août-septembre 1944 à Percé, sur la pénin-
sule de Gaspé dans le Canada oriental, lorsque l'auteur visita cette partie
de la côte du continent américain en compagnie d'Elisa Claro qui devait
devenir sa troisième épouse,* Arcane 17 [1] *décrit à nouveau les pas errants
du poète dans un domaine où le merveilleux se fond avec la réalité.*

ARCANE 17

Dans le rêve d'Elisa, cette vieille gitane qui voulait m'embrasser et
que je fuyais, mais c'était l'île Bonaventure, un des plus grands
sanctuaires d'oiseaux de mer qui soient au monde. Nous en avions
fait le tour le matin même, par temps couvert, sur un bateau de
pêche toutes voiles dehors et nous étions plu, au départ, à l'arran-
gement tout fortuit, mais à la Hogarth, des flotteurs faits d'un
baril jaune ou rouge, dont le fond s'ornait au pinceau de signes
d'apparence cabalistique, baril surmonté d'une haute tige au sommet de laquelle flottait un drapeau noir (le rêve s'est sans doute
emparé de ces engins, groupés en faisceaux irréguliers sur le pont,
pour vêtir la bohémienne). Le claquement des drapeaux nous avait
accompagnés tout du long, au moment près où notre attention
avait été captée par l'aspect, bravant l'imagination, qu'offrait
l'abrupte paroi de l'île, frangée de marche en marche d'une écume
de neige vivante et sans cesse recommencée à capricieux et larges

1. © J.-J. Pauvert.

coups de truelle bleue. Oui, pour ma part, ce spectacle m'avait embrassé : durant un beau quart d'heure mes pensées avaient bien voulu se faire tout avoine blanche dans cette batteuse. Parfois une aile toute proche, dix fois plus longue que l'autre, voulait bien épeler une lettre, jamais la même, mais j'étais aussitôt repris par le caractère exorbitant de toute l'inscription. On a pu parler de symphonie à propos de l'ensemble rocheux qui domine Percé mais c'est là une image qui ne prend force qu'à partir de l'instant où l'on découvre que le repos des oiseaux épouse les anfractuosités de cette muraille à pic, en sorte que le rythme organique se superpose ici de justesse au rythme inorganique comme s'il avait besoin de se consolider sur lui pour s'entretenir. Qui se fut avisé de prêter le ressort des ailes à l'avalanche ! Les différents lits de pierre, d'une ligne souple glissant de l'horizontale à l'oblique à quarante-cinq degrés sur la mer, sont décrits d'un merveilleux trait de craie en constante ébullition (je songe au dessus de lit replié, de même blancheur, en dentelle au filet, dont les grandes fleurs me fascinaient au réveil quand j'étais enfant). Il est merveilleux que ce soient les plis mêmes imprimés aux terrains par les âges qui servent de tremplin à la vie en ce qu'elle a de plus invitant : l'essor, l'approche frôlante et la dérive luxueuse des oiseaux de mer. Il y a le tremblement d'une étoile au-dessus de tout ce qui tente, et farouchement évite aussitôt le contact humain, comme les très petites filles (dernièrement celle de mes amis Arshile et Agnès Gorky à onze mois, si purement fée, détournant toute l'épaule avec quel air d'offense quand je faisais mine de lui prendre la main pour revenir les yeux toujours plus brillants quémander de toutes les ressources de l'enjouement et de la grâce ce qu'elle fuyait) ou encore comme ces visons, les uns bruns, les autres blancs que nous avons surpris non loin d'ici dans un élevage et qui, tandis que nous passions devant leurs cages alignées, non moins précipitamment que devant nous ils allaient se blottir dans leur abri, en sortaient sur nos pas pour venir de tout près nous examiner. La pensée poétique, bien sûr, se reconnaît une grande affinité avec cette façon d'agir. Elle est l'ennemie de la patine et elle est perpétuellement en garde contre tout ce qui peut brûler de l'appréhender : c'est en cela qu'elle se distingue, par essence, de la pensée ordinaire. Pour rester ce qu'elle doit être, conductrice d'électricité mentale, il faut avant tout qu'elle se charge en milieu *isolé*. . . .

En de brefs chapitres, le long d'une route spirituelle sinueuse mais jamais brisée, André Breton nous mène, dans Arcane 17, *de son nouvel amour à l'amour réciproque et au grand changement que le fait de promouvoir « les idées de la femme aux dépens de celles de l'homme » apporterait dans le monde, jusqu'à son motif favori de la « femme-enfant », laquelle, dit-il,*

devrait recevoir le « sceptre sensible » : et enfin à une « fenêtre noire » qui
pourrait être celle des Vases communicants [1] *mais qui s'éclaire ici d'une*
autre incarnation de la Vérité : « L'Étoile », la forme nue d'une jeune
femme telle qu'elle est figurée au 17ᵉ arcane du jeu de tarot :

. . . . C'est toute la nuit magique dans le cadre, toute la nuit des
enchantements. Les parfums et les frissons s'extravasent de l'air
dans les esprits. La grâce de vivre fait en sourdine vibrer ses flûtes
de Pan au bas des rideaux. Le cube noir de la fenêtre n'est d'ailleurs
pas si difficile à percer : il s'est pénétré peu à peu d'une clarté dif-
fuse en guirlande, comme d'un liseron de lumière qui s'attache
aux deux arêtes transverses du haut et ne pend pas au-dessous du
tiers supérieur de la figure. L'image se précise graduellement en
sept fleurs qui deviennent des étoiles alors que la partie inférieure
du cube reste vide. Les deux plus hautes étoiles sont de sang, elles
figurent le soleil et la lune, les cinq plus basses, alternativement
jaunes et bleues comme la sève, sont les autres planètes ancienne-
ment connues. Si l'horloge ne s'était pas arrêtée à minuit, la petite
aiguille aurait pu, sans que rien ne change, faire quatre fois le tour
du cadran avant que du zénith émane une nouvelle lueur qui va
dominer de haut les premières : une étoile beaucoup plus brillante
s'inscrit au centre du premier septénaire et ses branches sont de feu
rouge ou jaune et elle est la Canicule ou Sirius, et elle est Lucifer
Porte-Lumière et elle est, dans sa gloire primant toutes les autres,
l'Étoile du Matin. C'est de l'instant seulement de son apparition
que le paysage s'illumine, que la vie redevient claire, que juste
au-dessous du foyer lumineux qui vient de se soumettre les précédents se découvre dans sa nudité une jeune femme agenouillée
au bord d'un étang, qui y répand de la main droite le contenu d'une
urne d'or pendant que de la main gauche elle vide non moins inta-
rissablement sur la terre une urne d'argent. De part et d'autre de
cette femme qui, par-delà Mélusine, est Ève et est maintenant
toute la femme, frémit à droite un feuillage d'acacia, tandis qu'à
gauche un papillon oscille sur une fleur. . . . [2].

Bien d'autres scènes s'imbriquent ensuite dans le conte-rêve, d'autres pen-
sées, et de nouveau l'amour pour Élisa. Puis ce sont des souvenirs de Paris
(libéré à ce moment du joug nazi), puis un hommage à un certain « esprit
français », celui des Encyclopédistes, de la Révolution et du mouvement
ouvrier au XIXᵉ siècle — puis vient une discussion sur l'ésotérisme :

1. Voir p. 331.
2. Cette imagerie peut varier dans les cartes traditionnelles. Le tarot de la
fabrique Grimaud montre les étoiles rouges comme étant les plus basses, les
deux urnes sont rouges ; quant au papillon, c'est, en fait, un oiseau noir. Dans
d'autres tarots toutes les planètes sont jaunes et c'est encore un oiseau noir qui
est perché sur un arbre placé à gauche de la femme nue tandis que la
fleur est à droite.

. . . . L'ésotérisme, toutes réserves faites sur son principe même, offre au moins l'immense intérêt de maintenir à l'état dynamique le système de comparaison, de champ illimité, dont dispose l'homme, qui lui livre les rapports susceptibles de relier les objets en apparence les plus éloignés et lui découvre partiellement la mécanique du symbolisme universel. Les grands poètes de ce dernier siècle l'ont admirablement compris, depuis Hugo dont viennent d'être révélées les attaches très étroites avec l'école de Fabre d'Olivet, en passant par Nerval, dont les sonnets fameux se réfèrent à Pythagore, à Swedenborg, par Baudelaire qui emprunte notoirement aux occultistes leur théorie des « correspondances », par Rimbaud dont, à l'apogée de son pouvoir créateur, on ne saurait trop souligner le caractère des lectures − il suffit de se reporter à la liste déjà publiée des ouvrages qu'il emprunte à la bibliothèque de Charleville − jusqu'à Apollinaire chez qui alternent l'influence de la Cabale juive et celle des romans du Cycle d'Arthur. . . .

*Les dernières pages d'*Arcane 17 *sont une exaltation de la liberté − liberté de l'amour, liberté de la parole. L'auteur invoque « le don visionnaire de Victor Hugo dont, en particulier, témoigne chez lui la création de l'ange Liberté » :*

. . . . « L'ange Liberté, né d'une plume blanche échappée à Lucifer durant sa chute, pénètre dans les ténèbres : l'étoile qu'il porte à son front grandit, devient météore d'abord, puis comète et fournaise. » On voit comme, en ce qu'elle pouvait encore avoir d'incertain, l'image se précise : c'est la révolte même, la révolte seule qui est créatrice de lumière. Et cette lumière ne peut se connaître que trois voies : la poésie, la liberté et l'amour qui doivent inspirer le même zèle et converger, à en faire la coupe même de la jeunesse éternelle, sur le point le moins découvert et le plus illuminable du cœur humain.

Arcane 17 *ne fait aucune allusion au marxisme ou au communisme, ni à l'action révolutionnaire proprement dite. La notion de « révolte » a remplacé celle de « révolution ». D'autre part, si l'on peut lire dans l'ouvrage de longues discussions sur la France d'autrefois et d'aujourd'hui, sur l'histoire de France et la manière dont elle est enseignée dans les écoles françaises, sur le rôle international, passé et futur, de sa capitale, Paris, on n'y relève guère d'évocations de l'Amérique − à part la description du rocher de Percé. De même dans l'*Ode à Charles Fourier *les références aux États-Unis ne concernaient que le folklore indien ou les aspects géographiques du pays. Cette retenue peut s'expliquer en partie par le fait que le séjour à New York n'a, au fond, fourni à André Breton que fort peu de motifs d'exaltation. D'ailleurs tous ceux que la guerre amena en Amérique ressentirent la profonde différence d'atmosphère entre l'Amérique et l'Europe, entre New York* *et Paris, quant à l'exercice d'une activité intellectuelle. Interviewés en 1946 par James Johnson Sweeney, directeur de musée et écrivain d'art, plusieurs peintres européens insistèrent sur les effets de ce changement d'ambiance* [1]. *Max Ernst disait* [2] :

Pendant les premiers mois de mon séjour à New York il y avait beaucoup de peintres parisiens ici. Au début le groupe surréaliste parut avoir une véritable vigueur ; mais petit à petit les membres se dispersèrent. Il était difficile de se rencontrer à New York. La vie de café manquait. A Paris à 6 heures du soir vous saviez à quelle terrasse de café vous pouviez trouver Giacometti ou Éluard. Ici il fallait téléphoner et prendre rendez-vous à l'avance. Et le plaisir de la rencontre s'épuisait avant qu'elle ait eu lieu.

En conséquence nous avions des artistes à New York, mais pas d'art. L'art n'est pas le produit d'un seul artiste mais de plusieurs. C'est à un haut degré le produit d'un échange d'idées. Ici à New York un peintre vivait dans le Village, un autre en haut de la ville. C'est l'une des raisons pour laquelle la production artistique est moindre en ce pays qu'en France, raison qui vaut pour tout le pays aussi bien que pour New York. Il y a plus de solitude — plus d'isolement parmi les artistes qu'en France. C'est certainement une des causes qui amènent une moindre production d'œuvres intéressantes.

Cependant on ne peut modifier cette situation. Lorsque les peintres parisiens arrivèrent ils essayèrent bien de la modifier, mais ce n'est pas assez que quelqu'un décide : « Ceci est un café d'artistes. » La vie communautaire d'un café de Paris est difficile — sinon impossible ici.

Une autre raison pour laquelle si peu de chose est sorti de la grande transplantation d'artistes européens après l'occupation de Paris, est le problème du langage. André Breton ne parle pas l'anglais. Il persiste à penser que tout ce qui n'est pas français est imbécile. Il se peut que sa répugnance à essayer de parler anglais de peur de quelque erreur gênante soit en relation avec une expérience infantile. En tout cas il est véritablement effrayé — « paniqué » à l'idée d'avoir à parler anglais. Et Breton était le leader vers qui la plupart des jeunes artistes se tournaient dans l'espoir d'un développement en Amérique du surréalisme. Mais parce qu'il lui était difficile d'entrer en contact avec les gens, Breton était fréquemment de mauvaise humeur — pas en humeur de travailler ou d'écrire. Il est impossible à un artiste de travailler dans un vacuum. Breton a écrit

1. Interviews publiées dans *Bulletin of the Museum of Modern Art*, vol. XII, n°s 4-6, 1946.
2. Reproduit dans *Écritures, op. cit.*

en Amérique de beaux poèmes. Mais il lui fallait un centre, et à New York il lui a été impossible d'en maintenir un. . . .

Kurt Seligmann, artiste suisse entré en contact avec le surréalisme en 1937, disait de même :

. . . .L'invincible espace américain dispersa le groupe d'Européens qui avait l'habitude de se rencontrer régulièrement dans les cafés parisiens. Beaucoup furent obligés, ou choisirent, de demeurer à la campagne. L'échange d'idées se fit rare. Quelques écrivains refusèrent de s'acclimater, ils étaient liés à leur langue maternelle. Incapables de maintenir le climat européen, peu disposés à tenter d'écrire dans un vocabulaire qui leur était étranger. . . .

Yves Tanguy prenait les choses philosophiquement :

Naturellement il y a un Paris qui vous manque toujours. . . . Il est difficile de vivre sans cafés. En Europe et particulièrement à Paris, c'est merveilleux de pouvoir flâner à loisir et de rencontrer ses amis sans cérémonie. Néanmoins on peut à la fin s'habituer au manque d'un tel genre d'existence. . . .
Ici aux États-Unis le seul changement que je puisse discerner dans mon œuvre est dans la palette des couleurs. J'ignore la raison de cette intensification de la couleur; mais je perçois un changement considérable. Peut-être est-ce dû à la lumière. J'ai aussi le sentiment d'un espace plus vaste – plus de « place ». Mais c'est pourquoi je suis venu.

Quant à Marcel Duchamp, il exprima des vues plus générales au cours de la même série d'interviews :

Le mal profond de l'art de ce pays, à l'heure actuelle, vient de ce qu'il n'y a pas d'esprit de révolte – aucune idée nouvelle n'apparaît parmi les jeunes artistes. Ils suivent les chemins tracés par leurs prédécesseurs, essayant de mieux faire ce que leurs aînés ont déjà fait. En art la perfection n'existe pas, et une pause intervient dans la création lorsque les artistes d'une certaine période se contentent de reprendre les travaux d'un prédécesseur au stade où il les a laissés et essaient de continuer ce qu'il a fait. Quand, d'autre part, on reprend ce qui a été fait au cours d'une période antérieure et qu'on l'adapte à son propre travail, cette démarche peut être créatrice. Le résultat n'est pas nouveau; mais il est nouveau dans la mesure où la démarche est différente.
L'art est le produit des expressions personnelles d'une succession d'individus; ce n'est pas une question de progrès. Le progrès est

simplement une énorme prétention de notre part. Il n'y a pas de progrès par exemple avec Corot par rapport à Phidias. Et « abstrait » et « figuratif » ne sont que des expressions à la mode – aujourd'hui. Il n'y a pas là de problème : une peinture abstraite ne semblera peut-être pas du tout « abstraite » dans cinquante ans.

Pendant l'autre guerre la vie était très différente parmi les artistes de New York – bien plus agréable et sympathique qu'elle ne l'a été pendant ces dernières années. Il y avait plus de cohésion, une camaraderie plus étroite, moins d'opportunisme. L'esprit était tout différent. L'activité était réelle, mais limitée à un groupe relativement restreint et rien n'était fait très publiquement. La publicité enlève toujours quelque chose à une démarche. Et le grand avantage dans cette période ancienne, c'était que l'art était un travail de laboratoire en quelque sorte ; maintenant il est dilué pour la grande consommation. . . .

En fait, depuis une centaine d'années la peinture a cessé d'être littéraire ou religieuse : auparavant elle était au service de l'esprit et elle a perdu cette caractéristique petit à petit au cours du siècle dernier. Plus l'appel d'un tableau fut sensuel – plus il devenait animal – plus il était apprécié. Il était bon que l'œuvre de Matisse apporte sa beauté propre, cependant elle a créé à notre époque une nouvelle vague de peinture physique ou du moins elle a entretenu la tradition que nous avions héritée des maîtres du XIXe siècle.

Dada fut une protestation extrême contre le côté physique de la peinture. C'était une attitude métaphysique. Dada était intimement et consciemment entaché de « littérature ». C'était une sorte de nihilisme qui m'est resté très sympathique : le moyen de se débarrasser d'un certain état d'esprit – d'éviter d'être influencé par l'entourage immédiat, ou par le passé : d'éviter les clichés – de se libérer. La force « nulle » de Dada était salutaire. Elle vous disait : « N'oubliez pas que vous n'êtes pas aussi " nul " que vous le croyez. » D'habitude un peintre avoue qu'il a des repères. Il va de repère en repère. En fait il est esclave des repères – même contemporains.

Dada fut très utile comme purgatif. Et je crois que j'en étais conscient, en gros, à l'époque, et du désir de me purger moi-même. Je me souviens de conversations avec Picabia en ce temps-là. Picabia avait plus d'intelligence que la plupart de nos contemporains. Les autres étaient soit pour, soit contre Cézanne. Ils n'avaient aucune idée de quoi que ce soit au-delà du côté physique de la peinture. Aucune notion de liberté n'était enseignée, aucun point de vue philosophique proposé. Les cubistes, naturellement, accumulaient les inventions pendant ce temps. Ils avaient assez à faire sans s'occuper encore de points de vue philosophiques; et le cubisme m'a donné beaucoup d'idées pour la décomposition de la forme. Mais je pensais à l'art sur une échelle plus vaste. . . .

Cependant, pendant la guerre, Londres avait aussi accueilli plusieurs réfugiés parisiens et le groupe surréaliste put s'élargir et maintenir une certaine activité. Des réunions eurent lieu dans les « pubs » londoniens : on lisait des vers, on faisait des « cadavres exquis », on discutait politique. Mais c'est seulement en 1946 que Simon Watson Taylor publia, sous le titre Free Unions-Unions libres, *une revue-anthologie qui rassemblait des textes et des dessins recueillis pendant la guerre auprès de ceux qui fréquentaient le groupe de Londres. Un certain nombre d'aphorismes figuraient dans cette publication, parmi lesquels les suivants :*

Aucun singe n'est soldat
Or, tous les singes sont malfaisants
Donc, certaines personnes malfaisantes ne sont pas soldats.

Lewis Carroll

On ne peut raisonnablement blâmer les régicides qui n'ont pas de rois sous la main s'ils exercent parfois leurs dons dans leur entourage immédiat.

Jacques Prévert

Nous voulons une République fondée sur la vraie liberté, sur la liberté civile, sur la représentation nationale; nous l'aurons, je le jure! Je le jure en mon nom et en ceux de mes compagnons d'armes!

Général de Gaulle

Il faut qu'un Guide se lève, indépendant dans ses jugements, incontesté dans ses ordres, reconnu par l'opinion publique. Serviteur de l'État seul, débarrassé de préjugés, dédaigneux des clientèles; un commis absorbé dans sa tâche, connaissant le peuple et les choses de son ressort, un chef, faisant corps avec l'armée, dévoué à ceux qu'il commande, impatient d'assumer ses responsabilités, un homme assez fort pour s'imposer, assez habile pour séduire autrui, assez grand pour une grande tâche, tel sera le ministre, le soldat ou l'homme politique auquel la patrie devra l'imminente prise en main de sa puissance [1].

Adolf Hitler

---

1. Traduit du texte anglais de *Free Unions.*

J'en ai connu un qui avait reçu un coup de pied dans la tête d'une jument rouge, et il se mit à tuer des chevaux pendant longtemps, jusqu'à ce qu'il mange l'intérieur d'une pendule et qu'il en meure.

J. M. Synge

L'inceste est, comme beaucoup d'autres choses incorrectes, une circonstance très poétique.

Shelley

Les barbes dans un État ne sont pas tout à fait aussi essentielles que les hommes.

William Beckford

A la suite de ces aphorismes, deux « errata » informaient le lecteur que le texte « Nous voulons une République... » attribué par erreur au général de Gaulle était de Napoléon Bonaparte (déclaration du 18 Brumaire) tandis que l'auteur du texte « Il faut qu'un Guide se lève... » attribué par erreur à Adolf Hitler n'était autre que le général de Gaulle (Vers l'armée de métier, 1934).
Au nombre des activités des surréalistes à Londres à cette époque, signalons encore un tract d'E.L.T. Mesens et J.B. Brunius publié en mars 1944 : Idolatry and Confusion, dirigé contre la littérature dite « de la Résistance » en France, et un recueil poétique-polémique publié par Mesens et la London Gallery : Message from Nowhere (« Message de nulle part », novembre 1944). Le poème qui suit[1] est extrait de Troisième Front, plaquette de poèmes par Mesens (1944, avec traductions anglaises par Roland Penrose et l'auteur) :

> *Pour mettre fin à l'ère des machines*
> *les poètes anglais font de la fumée*

Voici des fleurs d'hiver
Voici des fleurs d'été
Du commerce et des poux
Des pralines et des bombes
Le tout donné vendu
Prêté acheté jeté

Les hommes ne tremblent plus
Puisqu'ils ont de grands maîtres
Qui pensent pour eux
Et prévoient tout

1. Reproduit dans E.L.T. Mesens, *Poèmes*.

Les curés et les fous
Coiffés d'une salade
Jouent au nain jaune
Dans des lieux occultés

Les soldats rouges
Sont commandés par des généraux beiges
Les soldats du sang
Sont commandés par moi

Stratégie de replis
Avale ta pilule

Benjamin Péret, qui vécut au Mexique pendant la guerre, prit à partie, de son côté, la « poésie de la Résistance », en écho à un recueil : l'Honneur des poètes, *poésies patriotiques publiées clandestinement en France pendant l'occupation allemande, œuvres de Lois Masson, de Pierre Emmanuel, d'Aragon, d'Éluard et d'autres. Après avoir cité quelques extraits de ces poèmes, Péret, dans son pamphlet :* le Déshonneur des poètes, *publié à Mexico en 1945, écrivait :*

. . . . En réalité tous les auteurs de cette brochure partent sans l'avouer ni se l'avouer d'une erreur de Guillaume Apollinaire et l'aggravent encore. Apollinaire avait voulu considérer la guerre comme un sujet poétique. Mais si la guerre, en tant que combat et dégagée de tout esprit nationaliste, peut à la rigueur demeurer un sujet poétique, il n'en est pas de même d'un mot d'ordre nationaliste, la nation en question fût-elle, comme la France, sauvagement opprimée par les nazis. L'expulsion de l'oppresseur et la propagande en ce sens sont du ressort de l'action politique, sociale ou militaire, selon qu'on envisage cette expulsion d'une manière ou d'une autre. En tout cas, la poésie n'a pas à intervenir dans le débat autrement que par son action propre, par sa signification culturelle même, quitte aux poètes à participer en tant que révolutionnaires à la déroute de l'ennemi nazi par des méthodes révolutionnaires, sans jamais oublier que cette oppression correspondait au vœu, avoué ou non, de tous les ennemis – nationaux d'abord, étrangers ensuite – de la poésie comprise comme libération totale de l'esprit humain car, pour paraphraser Marx, la poésie n'a pas de patrie puisqu'elle est de tous les temps et de tous les lieux. . . .

Et c'est en effet au concept de liberté que Péret fait appel pour conclure :

. . . . Tout « poème » qui exalte une « liberté » volontairement indéfinie, quand elle n'est pas décorée d'attributs religieux ou nationalistes, cesse d'abord d'être un poème et par suite constitue un obstacle à la libération totale de l'homme, car il le trompe en lui montrant une « liberté » qui dissimule de nouvelles chaînes. Par contre, de tout poème *authentique* s'échappe un souffle de liberté entière et agissante, même si cette liberté n'est pas évoquée sous son aspect politique ou social, et, par là, contribue à la libération effective de l'homme.

A Paris pendant l'occupation nazie, une activité surréaliste de groupe ne pouvait ·qu'être réduite au minimum. Cependant une publication, la Main à plume, *parut irrégulièrement. Nous relevons dans l'un de ses quatre numéros, intitulé « La conquête du monde par l'image » (1942), le texte suivant de Jean Arp*[1] :

Le grand sadique à tout casser

Devant son immense fenêtre aussi haute qu'une fenêtre de cathédrale, le grand sadique à tout casser vibre comme une tripe électrique remplie de caoutchouc de néant. Le grand sadique à tout casser est complètement nu et frotté de phosphore, ce qui le rend décoratif et macabre. Ses yeux ainsi que sa longue chevelure de femme sont blancs comme de l'air étrillé. Sa figure est fière et sans pitié comme chez tous les vrais grands sadiques stylisés, brevetés, et qui ont droit à une pension de l'État. Le grand sadique à tout casser dédaigne de manger son temps parfumé dans l'herbe éteinte, de porter les gants blancs rosés de ceux qui transportent leur rançon dans une litière de lumière tarée. Il vibre comme une tripe électrique remplie de caoutchouc de néant, ai-je dit, je le répète et je le répéterai autant de fois qu'il sera nécessaire. Il est impatient de continuer sa besogne auguste ou alphonse comme vous voudrez la nommer. Déjà ses domestiques arrivent avec des crocodiles, des grand-mères, des dandys, des avions, des mouches, etc., et les déposent face à la grande fenêtre.
Dans un élan diabolique et rémunéré, avec un cri joyeux de Tyrolien défenestrateur qui danse autour d'un lac de cambouis, il se précipite sur les objets accumulés et les jette par la fenêtre majestueuse des hautes œuvres. C'est sa vie de jeter tout ce qui existe par la fenêtre. Des éléphants tout entiers et vivants, il les jette par la fenêtre. Coin, coin, coin, supplient les éléphants vaillants mais terrifiés. Le grand sadique à tout casser ne s'arrête pas dans son vénérable élan. Tout ce que lui amènent ses serviteurs vivants ou

1. Reproduit dans *Jours effeuillés, op. cit.*

morts, sucrés ou salés, lourds ou légers, il le jette par la fenêtre : des cigares, des marines de guerre, des appartements, des chemins de fer, du café au lait, des sex-appeals, des maisons, des champignons, etc. La fenêtre est située à une hauteur suffisante pour que tous les objets se transforment après leur chute en marmelade d'oranges, que des milliards de petits enfants viennent comme des mouches lécher avec leurs petites bouches. Les petits enfants frappent joyeusement dans leurs petites pattes et crient : *Marmelade, marmelade, marmelade,* vers la fenêtre du grand sadique à tout casser. Et sans relâche : à tour de bras, il jette des pianos, des zeppelins, des monuments, des diplomates, etc., par la fenêtre. Il écume, il transpire, il grince des dents et se rend compte qu'il doit se dépasser et couronner son œuvre déjà inconcevable. Comme il n'a plus rien sous la main, il arrache sa chevelure blanche, ses mains, ses pieds, les jette par la fenêtre, et finalement il jette par la fenêtre ce qui reste encore de lui-même en poussant un cri terrifiant, tandis qu'il se transforme, après sa chute, comme tous les autres objets, au grand plaisir des milliards de petits enfants, en marmelade d'oranges.

Chapitre XXIV

Après la guerre

La fin de la Seconde Guerre mondiale vit le retour en Europe de la plupart des artistes et écrivains qui avaient passé « en exil » les années sombres. André Breton revint à Paris en juin 1946. Le surréalisme avait acquis en France durant la guerre une sorte d'aura légendaire et pendant quelque temps des foules de « fans » juvéniles se pressèrent autour du chef du mouvement, dans les cafés que celui-ci recommençait à fréquenter. Leur curiosité d'ailleurs s'émoussa vite.

Une troisième Exposition internationale du surréalisme s'organisa à la galerie Maeght à Paris en juin 1947. Elle fut centrée sur l'ésotérisme et les mythes; on y vit aussi les œuvres des peintres qui avaient séjourné en Amérique et beaucoup d'autres tableaux d'artistes européens dont les attaches avec le surréalisme étaient moins évidentes. Le décor de l'exposition tendait à représenter un lieu initiatique. Menant à une « Salle des Superstitions » et à une autre salle qu'arrosaient des rideaux de pluie purificateurs, un escalier montrait ses 21 marches modelées en dos de livres portant 21 titres attribués aux 21 arcanes majeurs du jeu de Tarot. Ainsi, succédant à Melmoth ou l'Homme errant *de Maturin, qui représentait le Bateleur, premier arcane, un ouvrage imaginaire sur le Facteur Cheval correspondait à la Papesse, deuxième arcane; à l'Impératrice répondait* Rêveries d'un promeneur solitaire *de J.-J. Rousseau; à l'Empereur, le* Rameau d'or *de Frazer; au Pape, les* Fleurs du mal *de Baudelaire; à l'Amoureux, les* Poèmes de la folie *d'Hölderlin; au Chariot,* Justine *de Sade; à la Justice, les* Sermons de Maître Eckhardt; *à l'Ermite, les* Noces chymiques de Christian Rosencreuz, *par Valentin Andréae; à la Roue de Fortune, le* Procès *de Kafka; à la Force, un ouvrage du commandant Lefebvre des Noëttes :* l'Attelage et le Cheval de selle à travers les âges, *qui montrait comment l'invention du collier de poitrine pour la traction animale avait été la véritable cause de la disparition de l'esclavage au cours du haut Moyen Age; le Pendu, c'était* la Science de Dieu, *de Jean-Paul Brisset (un des auteurs favoris de Duchamp en raison de son délire allitératif); la Mort, c'était* l'Enchanteur pourrissant *de Guillaume Apollinaire; la Tempérance, les* Mémo-

rables *de Swedenborg; le Diable,* Ubu roi *de Jarry; la Maison-Dieu,*
le Second Faust *de Goethe; la* Théorie des quatre mouvements *de
Fourier correspondait à l'Étoile; le conte de Forneret :* Et la lune donnait,
et la rosée tombait..., *correspondait à la Lune;* les Rêves et les
Moyens de les diriger, *par Hervey Saint-Denys, au Soleil; l'*Apocalypse *de Jean au Jugement; et enfin les* Œuvres complètes *de Lautréamont, au Monde.*
*Entre autres symboles initiatiques de l'Exposition, un labyrinthe présentait
douze « autels », chacun correspondant à un signe du Zodiaque et célé-
brant des créations littéraires ou artistiques ou des êtres curieux ou extraordinaires « susceptibles de devenir des mythes ». Ainsi le « Tigre mondain »,
protagoniste d'un numéro de cirque imaginaire; la « Chevelure de Falmer »
des* Chants de Maldoror; l' *« Héloderme suspect », reptile de l'Arizona;
« Jeanne Sabrenas », héroïne du roman la* Dragonne *de Jarry; « Léonie
Aubois d'Ashby » du poème « Dévotion » de Rimbaud; « L'oiseau secrétaire » ou serpentaire d'Afrique; le « Soigneur de gravité », détail non
réalisé dans le grand Verre de Duchamp; le « Condylure » ou Taupe étoilée
des vieux auteurs; le « Louptable », hybride qui apparaît dans certains
tableaux de Victor Brauner; « Raymond Roussel » et les objets insolites;
les « Grands Transparents » de Breton; et la «fenêtre » de Magna sed
Apta dans* Peter Ibbetson, *roman de Georges du Maurier.*
*Nous reproduisons ci-dessous le conte de Jean Ferry : «Le tigre mondain [1] »,
auquel le premier autel était consacré.*

Le tigre mondain

Entre toutes les attractions de music-hall stupidement dangereuses
pour le public comme pour ceux qui les présentent, aucune ne me
remplit d'une horreur plus surnaturelle que ce vieux numéro dit
du « Tigre mondain ». Pour ceux qui ne l'ont pas vu, car la nouvelle génération ignore ce que furent les grands music-halls de
l'après-guerre précédent, je rappelle en quoi consiste ce dressage.
Ce que je ne saurais expliquer, ni essayer de communiquer, c'est
l'état de terreur panique et de dégoût abject dans lequel me plonge
ce spectacle, comme dans une eau suspecte et atrocement froide.
Je ne devrais pas entrer dans les salles où ce numéro, de plus en
plus rare d'ailleurs, figure au programme. Facile à dire. Pour des
raisons que je n'ai jamais pu éclaircir, « le Tigre mondain » n'est
jamais annoncé, je ne m'y attends pas, ou plutôt si, une obscure
menace, à peine formulée, pèse sur le plaisir que je prends au
music-hall. Si un soupir de soulagement me libère le cœur après
la dernière attraction du programme, je ne connais que trop la
fanfare et le cérémonial qui annoncent ce numéro — toujours

1. Extrait de Jean Ferry, le Mécanicien et autres contes, © Éditions Gallimard.

exécuté, je le répète, à l'improviste. Dès que l'orchestre attaque cette valse cuivrée, si caractéristique, je sais ce qui va se passer; un poids écrasant me serre la poitrine, et j'ai le fil de la peur entre les dents comme un aigre courant de bas voltage. Je devrais m'en aller, mais je n'ose plus. D'ailleurs personne ne partage mon angoisse, et je sais que la bête est déjà en route. Il me semble aussi que les bras de mon fauteuil me protègent, oh, bien faiblement.

D'abord, c'est dans la salle l'obscurité totale. Puis un projecteur s'allume à l'avant-scène, et le rayon de ce phare dérisoire vient illuminer une loge vide, le plus souvent très près de ma place. Très près. De là, le pinceau de clarté va chercher à l'extrémité du promenoir une porte communiquant avec les coulisses, et pendant qu'à l'orchestre les cors attaquent dramatiquement *l'Invitation à la valse,* ils entrent.

La dompteuse est une très poignante beauté rousse, un peu lasse. Pour toute arme, elle porte un éventail d'autruche noire, dont elle dissimule d'abord le bas de son visage; seuls ses immenses yeux verts apparaissent au-dessus de la frange sombre des vagues onduleuses. En grand décolleté, les bras nus que la lumière irise d'un brouillard de crépuscule d'hiver, la dompteuse est moulée dans une robe de soirée romantique, une robe étrange aux reflets lourds, d'un noir de grandes profondeurs. Cette robe est taillée dans une fourrure d'une souplesse et d'une finesse incroyables. Au-dessus de tout cela, l'éruption en cascades d'une chevelure de flammes piquée d'étoiles d'or. L'ensemble est à la fois oppressant et un peu comique. Mais qui songerait à rire? La dompteuse, jouant de l'éventail, et découvrant ainsi des lèvres pures au sourire immobile, s'avance, suivie par le rayon du projecteur, vers la loge vide, au bras, si l'on peut dire, du tigre.

Le tigre marche assez humainement sur ses deux pattes de derrière; il est costumé en dandy d'une élégance raffinée, et ce costume est si parfaitement coupé qu'il est difficile de distinguer, sous le pantalon gris à pattes, le gilet à fleurs, le jabot d'un blanc aveuglant aux plissés irréprochables, et la redingote cintrée de main de maître, le corps de l'animal. Mais la tête au rictus épouvantable est là, avec les yeux fous qui roulent dans leurs orbites pourpres, le hérissement furieux des moustaches, et les crocs qui parfois étincellent sous les lèvres retroussées.

Le tigre avance, très raide, tenant au creux du bras gauche un chapeau gris clair. La dompteuse marche à pas balancés, et si ses reins parfois se cambrent, si son bras se contracte, faisant apparaître sous le velours fauve clair de la peau un muscle inattendu, c'est que d'un violent effort secret, elle a redressé son cavalier qui allait tomber en avant.

Les voici à la porte de la loge, que pousse d'un coup de griffe, avant de s'effacer pour laisser passer la dame, le tigre mondain. Et lorsque celle-ci est allée s'asseoir et s'accouder négligemment à la peluche fanée, le tigre se laisse tomber à côté d'elle sur une chaise. Ici, d'habitude, la salle éclate en applaudissements béats. Et moi, je regarde le tigre, et je voudrais tant être ailleurs que j'en pleurerais.

La dompteuse salue noblement d'une inclination de son incendie bouclé. Le tigre commence son travail, manipulant les accessoires disposés à cet effet dans la loge. Il feint d'examiner les spectateurs à travers une lorgnette, il ôte le couvercle d'une boîte de bonbons et feint d'en offrir un à sa voisine. Il sort une pochette de soie, qu'il feint de respirer; il feint, à la vive hilarité des uns et des autres, de consulter le programme. Puis il feint de devenir galant, il se penche vers la dompteuse et feint de lui murmurer à l'oreille quelque déclaration.

La dompteuse feint d'être offensée et met coquettement entre le satin pâle de sa belle joue et le mufle puant de la bête, planté de lames de sabre, l'écran fragile de son éventail de plumes. Là-dessus le tigre feint d'éprouver un désespoir profond, et il s'essuie les yeux du revers de sa patte fourrée.

Et pendant toute cette lugubre pantomime, mon cœur bat à coups déchirants sous mes côtes, car seul je vois, seul je sais que toute cette parade de mauvais goût ne tient que par un miracle de volonté, comme on dit, que nous sommes tous dans un état d'équilibre affreusement instable, qu'un rien pourrait rompre.

Que se passerait-il si dans la loge voisine de celle du tigre, ce petit homme au teint blême et aux yeux fatigués, cessait un instant de vouloir? Car c'est lui, le vrai dompteur, la femme aux cheveux rouges n'est qu'une figurante, tout dépend de lui, c'est lui qui fait du tigre une marionnette, une mécanique plus sûrement enchaînée que par des câbles d'acier.

Mais si ce petit homme se mettait tout à coup à penser à autre chose? S'il mourait? Nul ne se doute du danger à chaque seconde possible. Et moi qui sais, j'imagine, mais non, il vaut mieux ne pas imaginer à quoi ressemblerait la dame de fourrure si.

Mieux vaut regarder la fin du numéro, qui ravit et rassure toujours le public. La dompteuse demande si quelqu'un dans l'assistance veut bien lui confier un enfant. Qui refuserait quoi que ce soit à une aussi suave personne? Il y a toujours une inconsciente pour tendre vers la loge démoniaque un bébé ravi, que le tigre berce doucement au creux de ses pattes pliées, en penchant vers le petit morceau de chair des yeux d'alcoolique. Dans un grand tonnerre d'applaudissements, la lumière se fait dans la salle, le bébé est rendu à sa légitime propriétaire, et les deux partenaires saluent

avant de se retirer par le chemin même qui les avait amenés.
Dès qu'ils ont passé la porte, et ils ne reviennent jamais saluer,
l'orchestre fait éclater ses plus bruyantes fanfares. Peu après,
le petit homme se recroqueville en s'épongeant le front. Et l'orchestre joue de plus en plus fort, pour couvrir les rugissements
du tigre rendu à lui-même dès qu'il a passé les barreaux de sa
cage. Il hurle comme l'enfer, se roule en déchiquetant ses beaux
habits qu'il faut renouveler à chaque représentation. Ce sont les
vociférations, les imprécations tragiques d'une rage désespérée,
des bonds furieux et fracassants contre les parois de la cage.
De l'autre côté des grilles, la fausse dompteuse se déshabille en
grande hâte, pour ne pas rater le dernier métro. Le petit homme
l'attend au bistro, près de la station, celui qui s'appelle *Au Grand
Jamais.*
La tempête de cris que déchaîne le tigre empêtré dans ses lambeaux d'étoffe pourrait impressionner désagréablement, si lointaine soit-elle, les spectateurs. C'est pourquoi l'orchestre joue de
toutes ses forces l'ouverture de *Fidelio,* c'est pourquoi le régisseur,
dans les coulisses, presse les cyclistes burlesques d'entrer en scène.
Je déteste ce numéro du Tigre mondain, et je ne comprendrai
jamais le plaisir qu'y trouve le public.

La galerie où se tenait l'Exposition édita un ouvrage : le Surréalisme
en 1947, *dont les exemplaires de tête portaient sur la couverture, à l'initiative de Marcel Duchamp, un faux sein en caoutchouc-mousse... Les
articles d'une quarantaine de collaborateurs traitaient de mythes, de
sciences secrètes, et des principaux thèmes surréalistes — rêve, révolte,
humour... Sous le titre « Le sel répandu », Benjamin Péret proposait de
nouvelles superstitions :*

Le sel répandu

. . . . Les superstitions chez les peuples évolués constituent l'unique
lueur poétique de ces peuples dans la nuit accablante d'une existence de bêtise et d'ennui. Par suite, on peut, puisque des superstitions anciennes cèdent chaque jour le pas à d'autres, en proposer
de nouvelles substituant celles dont la vertu d'exaltation est épui-
sée. Rien n'interdit de penser qu'elles aideront l'homme à sortir
de son enfer. Exemples :
Laisser les armoires ouvertes porte bonheur.
Donner à ronger aux chiens les dents arrachées porte bonheur.
La vue d'un officier porte malheur : se boucher le nez à son
passage.
Garder l'arête de la première sardine qu'on mange dans l'année
pour être sûr de ne pas avoir d'ennuis d'argent.
Formuler un vœu en voyant battre un prêtre.

Détourner la tête en passant devant un bateau-lavoir sous peine de malheur.

Clouer des hosties dans sa salle de bains pour s'attirer la chance.

Arracher un crin au cheval qui hennit porte bonheur.

Si l'on s'est adossé par mégarde à un lampadaire, jeter un sou dans une pharmacie pour conjurer le mauvais sort.

Garder dans le buffet les lampes électriques usées porte bonheur.

Si l'on voit un drapeau, se détourner et cracher pour conjurer le mauvais présage.

Briser les cure-dents après usage porte bonheur.

Pour être sûr que la personne à qui l'on veut parler se trouvera au bout du fil former le numéro du téléphone en répétant : « Quelle chaleur! »

Si l'on passe devant un cimetière, jeter un détritus quelconque par-dessus le mur, cela porte bonheur.

Éternuer bruyamment en passant devant un commissariat de police sous peine d'un malheur prochain.

Jeter un crucifix dans le premier feu qu'on allume dans sa cheminée, à l'automne, porte bonheur.

Le Surréalisme en 1947 contenait aussi un Manifeste du groupe surréaliste anglais, qui stigmatisait certains « déserteurs », anciens participants au mouvement (Henry Moore, Herbert Read, David Gascoyne...) et réaffirmait un appui inconditionnel à André Breton. Un autre texte collectif, le Sable nocturne, *était dû à cinq poètes roumains (Gherasim Luca, Gellu Naum, Paul Paun, Virgil Theodorescu, Trost). En voici le paragraphe final :*

LE SABLE NOCTURNE

. . . .

Description de 16 objets rencontrés dans le sable nocturne.

1. La vague insatiable lentement traversée par les gouttes corrosives.

2. La respiration angoissée se doublant, se triplant et devenant aveugle dans des conditions oubliées.

3. Ombre portée par les yeux flottant sur les cernes de cette boule.

4. La lignification de l'attouchement soumise à la congélation dans le coin le plus éloigné de la chambre.

5. Mercure souterrain palpitant sur les bords de l'équilibre.

6. Air comprimé, à moitié couvert de soie, seul.

7. Immense cristal, impulsivement parfumé, sur le visage d'une plume.

8. Le reflux du regard effleurant le niveau des nuages au-dessus des lèvres.

9. Pavoisement de la morbidesse en son intérieur même à l'entrée de la grotte.

10. Couloir vertigineux surpris dans une lumière succulente au fond du sein.

11. Les gestes secrets de l'hystérie dominent la consistance des poumons.

12. Pli profond balancé par le sang.

13. Rayons d'obscurité suspendus sur la simplicité des petites dimensions.

14. Neige adhésive, inutilement coloriée par le vent.

15. Un sourire vertige ou ce qui attire les amants sur tous les murs.

16. Apparition d'une chevelure hallucinée, absolument inconnue.

Nouvelle mise au point de l'activité surréaliste, en 1950 parut, comme numéro spécial de la revue la Nef, l'Almanach surréaliste du demi-siècle. Il s'ouvrait sur un amusant « Calendrier tour du monde des inventions tolérables » où Breton et Péret indiquaient, par exemple, que la moutarde avait été « produite en 1165 à la demande de l'antipape Guy de Crème qui cherchait l'antimiel », que la dentelle fut « créée à l'intention de Laure de Cléry qui avait désiré une robe de nuit couleur de clairière », que les échasses étaient « nées de l'hallucination d'un sorcier des îles Marquises qui, par grand vent, se sentit passer du sommet d'un cocotier à l'autre »; quant à la porte-tambour, elle avait été construite « à la demande du patron du café Anglais qui, pour célébrer Evans à son retour de Crète, réduisit le Labyrinthe à sa plus simple expression », etc. Puis, figurait dans l'Almanach un « Panorama du demi-siècle », tableau synoptique énumérant année par année les faits marquants, d'un point de vue surréaliste, survenus dans les sciences, les faits divers, les lettres, les arts, depuis 1900. Étaient ensuite reproduits des textes inédits de Sade, Maurice Heine, Cravan, Artaud... « Les quinzaines héraldiques » consistaient en une suite de blasons que nous-même avions composés pour vingt-quatre ancêtres et participants au surréalisme. « Pont-Neuf », article d'André Breton, rassemblait des données historiques, teintées d'occultisme, sur le cours de la Seine dans le centre de Paris. On trouvait aussi des articles polémiques, des poèmes et des proses poétiques et parmi ces dernières un texte de Jean-Pierre Duprey, dont nous reproduisons la partie finale ci-dessous [1] :

---

1. © Le Soleil noir.

Spectreuses II
ou Prospectreuses
VII
Conclusion, Décontraction

Cette femme que je tuerai, le jour de notre mort, cette femme est ma poitrine, mon cœur-décor où je me forme de sept corps différents. J'écrirai... que le soleil est fou : en fait il l'est bientôt, puisque tes yeux le foulent au sol de la basse nuit. — D'autres raisons encore admettent cette conclusion !...
...EN CONCLUSION : Il m'est permis de rappeler que le soleil lunaire, le soleil numéro 2, mais premier quant à l'éclat, éclata au bord du vide comme une bombe qui touche à son but. — En la présente situation une bouteille à retardement nul...
Mais tout s'explique... Et la belle folle qui en sait plus qu'elle n'avoue sent le froid aux racines fixes ouvrir dans les os des lèvres exsangues : — « Plus de soleil, alors »... — Et la nuit veuve de forme, ferme le puits sans possible ouverture.
La mer est un regard de terre... mais c'est aussi une avance sur le ciel! Et le ciel devient fou, car la couleur retourne au rouge après bleuir et éblouir. — Et si le tournesol de fond prend double taille et double touche, la faute en est au rêve multicolore, chimiquement impossible, pour lequel le ver luisant qui recommande la mort blanche à minuit a déjà beaucoup fait.
... Et maintenant, pour achever l'inachevé, je réalise l'accord parfait en appuyant, de suite et de force, un Point Final demeuré vierge puisque jailli à l'instant même, quoique j'en eusse frappé beaucoup.
. . . .
Cette femme sept fois physique, quoique de mille ans mon ombre, s'ouvrira, sept fois ma femme, la veille d'une création, le jour de notre union... Son ombre m'emporte beaucoup plus loin, laissant ici mon nom — je l'oublie sur cette page car il est dit — mais un langage obscur n'importe — « Le Maître Fou est mort, mordant l'Éternité » — Estern, mon nom ainsi écrit, s'efface alors en lettres perdues de sens commun sur la tombe de Sa naissance qu'Elle entr'ouvre, Carmilla, qu'Elle entr'ouvre, puisqu'Elle ouvre les voiles... Et elle les ouvre... Elle lève le voile noir d'âme de cheveux clos, pour qu'un visage paraisse! Et si le visage n'est, Elle lève le vide — La Voix-de-Haut est une pointe du Bas.
.... Mon Arbre est le plus beau, ses branches sensitives caressent, avec le vent qui se dévoile, un air nu que hante la forme nouvelle : Car je me sens unique dans le sens certain du double et, quoique très seul devant le vent, je me vis dans un passé futur et... mieux que l'heure aux paupières transparentes (en l'occurrence un

verre ôté), je vois la fin d'une autre histoire. — Cette plaisanterie est nécessaire car le besoin se fait sentir d'un rire d'œuf qui fasse, ses preuves!... C'est maintenant pourquoi je m'abstiens d'en dire plus long : le Poisson Noir, qui fixe l'Acte Muet, prend la parole...

La collaboration de Robert Lebel se plaçait sous le signe de l'humour :

La clivadière

L'homme présenta une carte où je lus sa profession : mécaneur-légisériste. « Avez-vous pratiqué l'excavation des clènes vrissés? » lui demandais-je. Il eut un sourire supérieur : « Je n'ai fait que cela depuis dix ans. » D'un signe, je l'invitai à me suivre.
Parvenu près du lampadaire, je m'accroupis pour me mettre en tenue. Il en fit autant avec beaucoup d'aisance. Afin de l'éprouver, je déplaçai la gynancelle de 9 lignes. Immédiatement, il me signala mon erreur. « Un technicien compétent, pensai-je, mais saura-t-il arlifler? » Et le souvenir de tant de brillants sujets qui jamais, jamais n'avaient su arlifler vint tempérer ma sympathie naissante.
Il fallait rester prudent, jouer serré car, après tout, ce n'était sans doute encore là qu'un esprit superficiel comme les autres, un de ces êtres légers qui savent toutes les réponses et qui, devant l'expérience décisive, inévitablement s'effondrent.
« L'astonce fume dans le bain d'escrame », dis-je avec indifférence. L'homme blêmit : « Mais alors la clouche va sabler », cria-t-il d'un ton où perçait l'angoisse. Je l'aurais embrassé. Pourtant j'ajoutai, me maîtrisant : « L'asphulde boit. » Ce fut un comble. Hors de lui, l'homme se précipita et, brisant la droche pallasée, il pressa de toutes ses forces sur l'iglotule médiane.
Quand il revint vers moi, très pâle, je ne pus me retenir de le considérer avec tendresse. De nouvelles précautions semblant désormais superflues, je décidai de ne plus tergiverser davantage et, démasquant la porte basculante du bélisseur, poussai l'homme dans l'estrangeon.
« Ne prenez pas garde aux rugissements, murmurai-je, c'est ici que mon hipponogame phaléneux plavoule. » Au même moment, la bête immonde apparut au détour du couloir et glotta. Ses yeux étincelaient et, appréhendant quelque catastrophe, je me plaçai en avant de l'homme. Mais celui-ci, m'ayant doucement écarté, s'avança vers l'animal qui lui tendit la patte. Ils se connaissaient.

L'Almanach surréaliste publiait un poème du poète mexicain Octavio Paz :

Papillon d'obsidienne *

Mes frères, mes fils, mes oncles ont été tués. Au bord du lac de Texcoco, j'ai fondu en larmes. Du rucher, s'élevaient des tourbillons de salpêtre. Doucement, ils m'ont prise et déposée sur le parvis de la cathédrale. Je me suis faite si petite et si grise que beaucoup m'ont confondue avec un petit tas de poussière. Oui, moi, la mère du silex et de l'étoile, moi enceinte de la foudre! Je suis maintenant la plume bleue que l'oiseau abandonne à la ronce. Je dansais les seins dressés et tournoyant, tournoyant, tournoyant jusqu'à l'immobilité. Alors, commençaient de me surgir feuilles, fleurs et fruits. Dans mes flancs, l'aigle battait des ailes. J'étais la montagne qui engendre en rêve, la demeure du feu, la marmite primordiale où l'homme cuit pour devenir homme. Dans la nuit des paroles égorgées, mes sœurs et moi, nous tenant la main, nous sautons et chantons autour du I, seule tour restée debout dans l'alphabet rasé. Je me souviens encore de mes chansons :

La lumière à la gorge dorée
chante dans la verte épaisseur
la lumière, la lumière décapitée.

On nous a dit : un sentier ne mène jamais à l'hiver. Maintenant, mes mains tremblent. Les mots me pendent de la bouche. Donne-moi un petit siège et un peu de soleil.
Jadis, chaque heure naissait de la légère buée de mon haleine, dansait un instant à la pointe de mon poignard et disparaissait par la porte resplendissante de mon petit miroir. J'étais midi tatoué et midi tout nu, le petit insecte de jade qui chante parmi les herbes de l'aube et le rossignol d'argile qui convoque les morts. Je me baignais dans la cascade solaire, je me baignais en moi-même, noyée dans ma propre splendeur. J'étais le silex qui, dans la nuit, dégage les cols de l'orage. Dans le ciel du Sud, j'ai planté des jardins de feu, des jardins de sang. Leurs branches de corail frôlent encore le front des amoureux. Là-bas, l'amour est la rencontre de deux aérolithes au milieu de l'espace et non pas cette obstination de pierres se frottant pour s'arracher un baiser qui crépite.
Chaque nuit est une paupière que les épines n'arrivent pas à traverser. Et le jour ne finit jamais, n'en finit jamais de se compter lui-même, pulvérisé en monnaie de cuivre. Je suis fatiguée de tant de grains de pierre répandus dans la poussière. Je suis fatiguée

*. Papillon d'obsidienne (Itzapapalotl), déesse parfois confondue avec Teteoninnon, Mère des dieux, et Tonantzin, Notre mère. Le culte de ces anciennes divinités mexicaines s'est fondu dans celui qui, depuis le xvie siècle, est rendu à la vierge de Guadalupe.

de cette patience inachevée. Heureuse la femelle du scorpion que
ses petits dévorent! Heureux le serpent qui change de chemise!
Heureuse l'eau qui se boit elle-même! Quand ces images cesseront-
elles de me dévorer? Quand finirai-je de tomber dans ces yeux
déserts?
Je suis seule et chue, grain de maïs détaché de l'épi du temps.
Sème-moi entre les fusillés. Je naîtrai de l'œil du capitaine. Pleus-
moi, ensoleille-moi. Mon corps, labouré par le tien, doit devenir
un champ où l'on récolte cent pour un. Attends-moi de l'autre
côté de l'année : tu me rencontreras comme un éclair étendu au
bord de l'automne. Caresse mes seins d'herbe. Embrasse mon
ventre, pierre de sacrifices. Dans mon nombril, le tourbillon
s'apaise : je suis le centre fixe qui anime la danse. Flambe, tombe
en moi : je suis la fosse de chaux vive qui guérit les os de leur chagrin. Meurs sur mes lèvres. Nais dans mes yeux. De mon corps,
sourdent des images : bois dans ces eaux et rappelle-toi ce que tu
as oublié en naissant. Je suis la blessure qui ne se cicatrise pas, la
petite pierre solaire : si tu me frôles, le monde s'incendiera.
Prends mon collier de larmes. Je t'attends de ce côté du temps où
la lumière inaugure un règne heureux : le pacte des jumeaux
ennemis, l'eau qui fuit entre les doigts et la glace, pétrifiée comme
une reine dans son orgueil. Là, tu fendras mon corps en deux pour
épeler les lettres de ton destin [1].

*L'Almanach contenait encore des aperçus sur certains « Maîtres du demi-
siècle », par divers auteurs qui commentaient Kafka, Sade, Roussel,
Duchamp, Jarry... On trouvera ci-dessous des passages de notre article sur
Jarry* [2].

Jarry et le tourbillon contemporain

Isidore Ducasse et Rimbaud ont, au prix de leur vie, donné à l'humanité la Pierre philosophale, l'œuvre de Mallarmé s'éclaire des
reflets éblouissants du magique minéral. Mais « il ne suffit pas que
l'humanité possède la Pierre, il faut aussi que la Pierre possède
l'homme ». Il semble que Jarry ait été l'homme qui manquait à
la Pierre.
Cette possession de l'être humain par la Pierre n'est pas la seule
parenté entre Alfred Jarry et le vieil alchimiste de la Renaissance :
Rabelais, « l'abstracteur de quintessence ». Le style même de
Jarry est rabelaisien au sens courant du mot, et, de manière plus
profonde, par un jaillissement d'érudition fantasque mais réelle

1. Traduit de l'espagnol par Martine et Monique Fong.
2. Extrait de *Genèse de la pensée moderne, op. cit.,* par Marcel Jean et Arpad Mezei.

qui est aussi le meilleur de la verve de Rabelais, par l'emploi incessant d'allitérations, d'équivocations, génétique transcendante du langage, clef de la langue-mère universelle, au-delà des étymologies savantes que, tout comme Rabelais, l'auteur d'*Ubu* connaît, au reste, parfaitement. . . .

Cependant la pensée de Jarry condense d'autres œuvres importantes. *Ubu-roi,* cette comédie hors des âges et des temps, la quintessence de la comédie, est en vérité la pièce que Shakespeare a toujours rêvé d'écrire. Mais le courage a probablement manqué au dramaturge élisabéthain, qui s'est borné à esquisser la figure de Sir John Falstaff. Falstaff descend d'ailleurs du mythique Gargantua, et pourtant Shakespeare n'a pas osé développer les conséquences les plus graves que l'apparition de ce personnage implique. Dans *les Joyeuses Commères de Windsor,* il s'est hâté de réduire le rôle de Falstaff à celui d'un poltron à peu près inoffensif, sans formuler l'essentiel rapport d'identité : Falstaff n'est autre que Henry V. Plus tard Shakespeare cherchera même à oublier son héros; dans *Henry VI* il ne s'en souvient plus que vaguement : « Il y avait autrefois, dit Bardolph, ce fainéant gras, ce couard... j'ai oublié son nom. » La morale triomphe aisément, Falstaff reste une figure secondaire chez Shakespeare.

Ubu, bien qu'il soit aussi poltron que Falstaff, ose monter sur le trône des rois. Jarry retrouve un des points de départ de Rabelais : comme Gargantua, Ubu est roi. Et l'auteur d'Ubu se sert du vieux parler rabelaisien pour identifier son personnage *avec Shakespeare lui-même :*

« Adonc le Père Ubu hoscha la poire, dont fut depuis nommé Shakespeare par les Anglois, et avez de lui sous ce nom maintes belles tragædies par escript. ». . . .

« La pataphysique, dit Jarry dans *Faustroll,* sera la science du particulier, quoiqu'on dise qu'il n'y a de science que du général. » La règle, en effet, ne permet pas d'embrasser toute la réalité : l'exception lui échappe toujours. Mais qui se rend maître de l'exception connaît aussi la règle, et peut saisir alors le domaine total du réel. C'est pourquoi la plupart des héros de Jarry ne sont pas des types, mais des exceptions. Ils n'en dominent que mieux la réalité et peuvent devenir, à leur tour, des types : témoin le père Ubu.

Selon la pensée grecque, l'exception, c'est l'arbitraire. Mais chez Jarry l'extérieur objectif devient le domaine de l'indétermination. On arrive en quelque sorte aux antipodes du monde de l'Antiquité. Aboutissement d'une évolution millénaire, la coïncidence des oppositions se manifeste dans le roman *Messaline,* dont l'action se situe précisément au temps de la Rome antique.

Le « murrhin », minéral que les auteurs anciens ne mentionnent

que de manière énigmatique, imprécise, Jarry le fait apparaître dans *Messaline,* à des milliers d'exemplaires entassés sur les gradins d'un amphithéâtre comme des spectateurs aux jeux du cirque. Les pierres mystérieuses, fabuleusement rares, et innombrables, semblent, sous les reflets mouvants de la lune, se transformer en êtres vivants. Les frontières entre l'objet et le sujet, l'objectif et le subjectif se fondent dans l'exceptionnel, qui étend son empire sur le réel dans sa totalité. L'amphithéâtre de Lucullus, au centre duquel Messaline rencontre Priape, c'est le monde moderne, le monde des exceptions de Jarry. . . .
On peut prévoir avec Jarry que les cultures qui osent affronter leurs problèmes intérieurs montreront un visage inquiet sans doute, mais pourront néanmoins contrôler, dans une certaine mesure, la violence des événements. Tandis que les soi-disant cultures qui affectent une absolue sûreté de l'intelligence et ne permettent pas la discussion publique des problèmes réels dans la science et dans l'art, se verront acculées finalement à des aventures qui entraîneront leur fin propre, et peut-être celle de toute civilisation.
Chaque âge de l'humanité est caractérisé par la présence d'un instinct dominant. La libération de l'homme se réalise par étapes, par analyses successives de l'âme, et si le complexe dominant d'une époque n'est pas analysé, il prend, comme au Moyen Age, l'aspect d'une force démoniaque. Dans *Haldernablou,* Jarry, du haut de l'étoile Algol que la science hermétique considère comme l'œil du diable, a vu son siècle brûlant dans une pluie de soufre, subissant la catastrophe déchaînée par une civilisation technique où le pouvoir d'agression acquiert une puissance illimitée.

*Enfin on pouvait lire dans l'*Almanach *surréaliste du demi-siècle une lettre venue de l'île Maurice et adressée à André Breton. Son auteur, Malcolm de Chazal, poète appartenant à une famille française de l'île, avait fait parvenir en France en 1947 un livre de Pensées publié par lui à Maurice. Les surréalistes prirent connaissance de ce recueil, intitulé* Sens plastique, *avec une sorte d'enthousiasme. Réédités dès 1948 par les Éditions Gallimard, les aphorismes de Chazal plaçaient sous une lumière inattendue, dans un langage métaphorique et en même temps absolument concret, les interrelations des êtres des trois règnes de la nature, rapports d'ordre sensuel, organique, psychologique aussi bien que visuel. Entre des milliers de ces maximes, les suivantes — mais tant d'autres eussent pu être choisies — donneront sans doute un aperçu du singulier génie de Malcolm de Chazal :*

SENS PLASTIQUE [1]

L'œil a tous les gestes du poisson.

Sans l'ombre, la lumière ne pourrait chevaucher les objets, et le soleil irait partout à pied.

La lumière, c'est le jeûne absolu. Elle est mangée par la plante, bue par l'eau, dévorée par les couleurs qui la coupent en sections.

La lumière meurt en permanence, du soleil d'où elle sort à son tombeau terrestre. Si la lumière « se nourrissait », tout disparaîtrait à vue, englouti par elle, et le temps même « y passerait ».

Le rouge est éternellement enceinte du soleil — avortant dans le rose; accouchant du jaune dans l'orangé; et de jumelles bleue et mauve dans le grenat.

Du fait que la fleur a œil et bouche surimprimés, gencive et cerne des yeux ne font qu'un chez les fleurs.

Les fleurs bleues ont des regards poids plume, et les fleurs rouges ont des regards poids lourd. Quand les fleurs, entre elles, boxent dans la lumière, c'est toujours les rouges qui l'emportent. Mais dans le fleuret, rien ne vaut le jaune; et pour sabrer, le blanc.

Pétales d'une même teinte : la fleur est en robe unie. Pétales en teintes variées : la fleur est fleurie.

Les sous-bois rendent la lumière joufflue.

Dans le regard lourd de désir, la femme « bombe » du blanc de l'œil; et l'homme « bombe » de la pupille; et tous les sous-sexués de l'iris.

L'enfer le plus profond est fait de plaisirs à pic.

Le passé surgit à chaque tournant du chemin du temps, car le temps est une boucle de durée.

Les snobs toussent du nez.

L'idiot bêle du regard.

Rire contraint maigrit les dents.

Les vallées sont les soutiens-gorge du vent.

La bouche est un sexe au ralenti, et les aisselles sont un sexe à plat.

La hanche est « l'œil de côté » des femmes.

Le regard humain est un phare qui navigue.

Les femmes mangent en causant, et les hommes causent en mangeant. Les hommes à table causent plus longuement entre les bouchées; et les femmes dans les bouchées. Au petit déjeuner où les plats sont courts et rapides, les femmes mènent le pas. Dans les longs festins et les dîners où les pauses sont longues, les voix

---

1. © Éd. Gallimard.

d'hommes dominent. Les femmes ont, plus que les hommes, l'art de faire deux choses à la fois.

Le même « sens plastique » inspirait au poète des images glorifiant la volupté, le plaisir sensuel à son apogée; telles les suivantes :

La volupté est la plus puissante sensation que nous ayons de la vitesse.

La volupté, c'est la poste qui ne revient pas. C'est la bouteille à la mer voguant vers l'éternité. C'est la seule sensation sans choc en retour. Comme l'eau ne peut remonter à sa source, c'est le seul plaisir aussi qu'on ne reprend pas.

Le baiser finit en pointe d'aiguille, et la volupté en éventail. Le baiser est flèche, et la volupté est jet d'eau.

La volupté, c'est tous nos sens en faisceau autour de la tige du temps.

La volupté est un commerce de gros, et de demi-gros — que seules les hystériques détaillent.

Volupté dans l'amour vrai : on est unanimement et unitairement deux. Volupté dans le vice : on est seul et trois.

La volupté n'a pas de doigté. C'est une paume de sensations. Le toucher de la volupté est comme le toucher d'une main dont les doigts seraient à l'intérieur de la paume — une paume qui nous toucherait des doigts — sensation qui nous donnerait le sentiment comme d'être touché du dedans du corps, par une main invisible et étrangère égarée au-dedans de nous.

Telle cette sensation « entre deux eaux » qui donne au corps qui y flotte, une caresse inversée, la volupté est une caresse totale, dans le dos, des talons à l'occiput.

Dans la volupté, le cerveau « fait pont » sur nos nerfs, moment où il n'y a plus de gué entre les berges d'idées. La volupté verse tout l'esprit dans le sixième sens, dont le mode de penser est tout enjambements.

La volupté est païenne au départ, sacrée vers la fin. Le spasme tient de l'autre monde.

La volupté débute par un jeu de barre fixe de deux corps soudés, et finit en sauts périlleux mutuels. On se réveille de l'amour avec la sensation d'avoir fait le tour de soi-même autour du corps d'un autre, comme d'un double enveloppement, ou comme d'une piste tournant autour du jardin qui la suit pas à pas.

Par la volupté, l'homme se décrée, rentre dans l'Utérus de l'universelle nature. La volupté est une involution vers l'Infini. C'est la mort à l'envers et la naissance à rebours, où temps et espace sont abolis. Ce qui nous fait nous demander si la volupté ne serait pas par hasard le premier échelon de l'au-delà et le substratum du monde spirituel.

Sens plastique témoigne par endroits d'une spiritualité teintée d'occultisme mais la volonté de l'auteur de dépasser les disciplines du passé est maintes fois affirmée et s'exprime tout particulièrement dans le passage suivant :

La vie est un seul bourrage de crâne, de la naissance à la mort. On empiffre le cerveau de l'enfant sur les bancs de l'école des idées des gens morts. Le procédé se poursuit plus tard au foyer, mais heureusement ici l'enfant restitue. Parce que la mère bourre moins le crâne de l'enfant que le père, l'enfant écoutera mieux la mère que celui-ci. L'engoinfrement d'idées toutes faites se poursuit jusqu'à l'âge adulte, où les époux s'empiffrent l'un l'autre de leurs idées réciproques, sous excuse d'amour. Très peu « restituent » intelligemment au cours de leur vie. C'est pourquoi la plupart du genre humain finissent gâteux, résultat de l'apoplexie de bêtise, successive au bourrage de crâne. Dans le déclin de l'âge, une autre forme de bourrage de crâne entre en jeu : les idées toutes faites des religions, lesquelles, tout compte fait, sont le moins nocif des bourrages de crâne, car ces « idées » ont du moins l'avantage de faire l'homme accepter la mort civilement. Et ainsi l'homme meurt sans avoir pensé par lui seul une seule fois au cours de sa vie. Nous ruminons encore Platon, deux mille ans après sa mort, alors qu'il y a longtemps qu'il se serait renié lui-même, eût-il vécu quelques lustres de plus. Le procédé se poursuit ainsi toute la vie : nous nous bourrons le crâne d'idées de gens plus forts que nous, et nous bourrons le crâne des plus faibles. Nous nous « passons le seau » du puits à la maison − puits dont, tous les mille ans, on en bouche quelques-uns pour en ouvrir d'autres. Nous nous passons le seau, du puits à la maison, de la source de connaissance à l'enfant, les « pertes » d'eau vive en cours de route ne laissant le plus souvent à celui-ci, pour étancher sa soif, qu'une goutte d'eau de vérité − à ce cerveau enfantin chez qui pourtant la soif de connaissance est infinie, mais dont les « pas » trop faibles ne permettent pas de courir à la Source. Et l'enfant, pour une goutte d'eau vive, devra ingurgiter mille seaux d'eau indigeste que ses Mentors verseront dans son cerveau jour et nuit. Et cependant si les philosophes ne renouvelaient périodiquement l'eau du « puits de vérité », les hommes n'auraient même pas cette goutte d'eau vive pour se mettre dans l'âme. Individualistes du corps, nous sommes des « suivistes » de l'esprit, moins libres que le brin d'herbe et que le micro-organisme qui nage dans notre sang. Nous nous croyons libres de nos actions, alors que nous avons tous un même fil à la patte, gestes-idées de quelques philosophes qui continuent à « tirer » sur notre vie à travers les âges, et que d'autres mains et que d'autres fils remplacent périodiquement, avec le passage des modes des idées. Ainsi le guignol continue d'âge en âge, tandis que personne ne s'aperçoit des changements monstrueux apportés aux soubassements profonds de la vie humaine, changements provoqués par ces éternels « tireurs de ficelle » de l'âme collective que sont les philosophes, comme change toute la face du guignol avec tout nouveau manipulateur. Le monde de l'intelligence est fait de myriades de boîtes à musique, que tournent quelques Organistes Géants, qui y insèrent leurs « disques » préférés. *L'intelligence est violée*, clament périodiquement les moralistes. *A bas la dictature de l'Intelligence* s'écrient à leur tour d'autres. *Mais dans le domaine de l'esprit aussi, il y a la loi du plus fort.* Comme un tocsin, crions à tous ces assiégés de l'esprit : « Mais défendez-vous donc, mais défendez-vous donc, Messieurs ! » Hélas, parmi tous ces corps debout, il ne se trouve que des cerveaux allongés, paralysés ou sidérés. On ne change pas le ver de terre en Aigle Dément cherchant à boire le Soleil !...

Chapitre XXV

Mai 68

Un pamphlet surréaliste : Liberté est un mot vietnamien, *fut publié en 1947 au moment où la France entamait une guerre coloniale qui devait durer, les États-Unis ayant pris le relais, près de trente ans. Un autre tract :* A la niche, les glapisseurs de Dieu! *dénonça en 1948 divers critiques apologétiques qui tentaient à cette époque, de manière plus ou moins ouverte, de faire passer le surréalisme pour une sorte d'hérésie chrétienne... Quant à la brochure* Rupture inaugurale *parue la même année, elle n'inaugura pas une rupture déjà ancienne avec le parti communiste mais confirma cette dernière dans les termes les plus explicites. C'est aussi en 1948 que les surréalistes prirent part au mouvement « Citoyens du monde » lancé à Paris par l'Américain Gary Davis.*

Cependant le groupe d'avant-guerre s'était peu à peu dissous et à partir de 1951 plusieurs revues : Medium, le Surréalisme même, la Brèche... *voyaient successivement le jour, auxquelles collaboraient, sous l'égide d'André Breton, de nouveaux venus qui s'efforçaient de retrouver l'esprit et le ton des revues surréalistes d'autrefois. Des expositions eurent lieu, l'une à la galerie Cordier à Paris en 1959-1960, dédiée à l'érotisme, une autre à New York en 1964, une autre encore à la galerie L'Œil à Paris en 1965, laquelle, intitulée, d'après une formule de Charles Fourier, l'Écart absolu, tendait à marquer l'éloignement du concept surréaliste à l'égard du « progrès » scientifique en général.*

André Breton enrichit les rééditions de ses ouvrages de postfaces et d'additions, donna des articles à des journaux et à des revues et continua à publier ou à inspirer des tracts et des pamphlets. Ses Entretiens *de 1952 reproduisent une série d'émissions radiophoniques qu'il donna de mars à juin de la même année et qui retracent le développement de sa carrière littéraire depuis 1913, et celle du surréalisme. Il s'agit de Mémoires en somme, c'est-à-dire d'un choix de souvenirs, mais qui représentent d'autant plus fidèlement la pensée volontaire de l'auteur que celui-ci en rédigea le texte à l'avance, l'interviewer y ayant inséré après coups des « questions » afin de donner à ce monologue l'allure d'un dialogue — Breton ne faisait d'ailleurs que suivre en cela la règle, chez lui constante, d'écrire*

au préalable les propos qu'il entendait livrer, de vive voix, au public.
La Clé des champs *(1953) est un recueil d'articles parus entre 1936 et*
1952. Perspective cavalière *paraît en 1970, reprenant des articles*
publiés de 1952 à 1965.
Après la mort d'André Breton en 1966, l'influence du surréalisme fut loin
de s'éteindre, l'importance et la vitalité des idées répandues pendant près
d'un demi-siècle continuèrent d'être sensibles et de grandir. Les ouvrages
des surréalistes ou ceux consacrés au mouvement ne cessent aujourd'hui
d'être consultés. Des recueils ont rassemblé les textes de plusieurs poètes
(Jean Arp : Jours effeuillés, *1966, Max Ernst :* Écritures, *1970,*
d'autres encore). Des expositions, des symposiums et des « célébrations »
dédiés au surréalisme se tiennent dans le monde entier, encore qu'une
certaine laxité préside à ces manifestations qui englobent des notions ou des
personnages dont les affinités avec le mouvement restent superficielles, lors-
qu'ils ne lui sont pas tout à fait étrangers.
Dans une brochure publiée en 1948, intitulée la Lampe dans l'horloge [1], *où Breton tentait de « reprendre haleine » dans « le couloir pestilen-*
tiel où se trouve engagé l'homme d'aujourd'hui », on pouvait lire ces
lignes :

S'il dépendait de moi, plus un manuel d'école, plus une anthologie
ne pourrait se dispenser de reproduire le passage de *Sens plastique*
qui s'ouvre sur cette déclaration sans apprêts : « La vie est un seul
bourrage de crâne, de la naissance à la mort », et s'élève à l'admirable péroraison : « *Mais dans le domaine de l'esprit aussi, il y a la loi*
du plus fort. Comme un tocsin, crions à tous ces assiégés de l'esprit : Mais défendez-vous donc, mais défendez-vous donc,
Messieurs! » Qu'on y prenne garde : ce ton d'injonction aura
l'oreille et l'appui de la jeunesse, qui sent qu'on parle pour elle —,
il l'a déjà.

La génération des années soixante s'était formée en France sous l'influence de
la littérature surréaliste. De jeunes esprits prirent alors connaissance des
livres, des pamphlets et des appels passionnés des premiers jours du mouve-
ment, ressuscités dans des rééditions, des études et des mémoires. Un esprit de
contestation se développa parmi les jeunes intellectuels et les étudiants, qu'ai-
guisait l'autoritarisme exercé, dans le domaine culturel comme dans d'autres,
par les hommes du régime de De Gaulle qui s'étaient emparés du pouvoir
en 1958. Dans Arcane 17 *on lisait :*

. . . . Il n'est pas, en effet, de plus éhonté mensonge que celui qui
consiste à soutenir, même et surtout en présence de l'irréparable,
que la rébellion ne sert de rien. La rébellion porte sa justification

---

1. Reproduit dans *La Clé des champs, op. cit.*

en elle-même, tout à fait indépendamment des chances qu'elle a de modifier ou non l'état de fait qui la détermine. Elle est l'étincelle qui cherche la poudrière. . . .

L'étincelle de la rébellion jaillit en mai 1968 d'un petit groupe d'étudiants de l'université de Nanterre, et bientôt des manifestations s'allumèrent au quartier Latin et dans d'autres lieux de la capitale française. La Sorbonne fut occupée par les étudiants, cette « Sorbonne de malheur » selon l'expression de Breton dans la Lampe dans l'horloge, *d'où avaient disparu les professeurs et les aréopages de soutenances de thèses et dont les murs se couvrirent d'inscriptions iconoclastes :*

Toute vue des choses qui n'est pas étrange est fausse.
Ne dors pas avec les yeux d'autrui *(Proverbe africain).*
Saviez-vous qu'il existait encore des chrétiens?
La beauté sera convulsive ou ne sera pas *(A. Breton).*
La vieille taupe, l'histoire, semble bel et bien ronger la Sorbonne.
Mort aux vaches et au champ d'honneur *(B. Péret).*
Ne travaillez jamais, allez en vacances.
Le rêve est le vrai.
On travaille mieux en dormant, formez des comités de rêves.
Prenez vos désirs pour des réalités.
La vie humaine ne serait pas cette déception pour certains si nous ne nous sentions constamment en puissance d'accomplir des actes au-dessus de nos forces *(A. Breton).*
L'imagination au pouvoir.
Pendant vingt ans je me suis battu pour des augmentations de salaire.
Pendant vingt ans, mon père, avant moi, s'était battu pour des augmentations de salaires. J'ai la télé, une Volkswagen, un réfrigérateur. Autrement dit pendant vingt ans j'ai eu une vie de con.

Comme on voit, l'humour n'était pas absent chez les rebelles. Au théâtre de l'Odéon que les manifestants avaient envahi, on lisait ces avis :

Je suis ici par la volonté du peuple et je n'en sortirai que lorsqu'on m'aura rendu mon imperméable.
Policiers en civil, attention à la marche derrière cette porte.

La « Lettre aux recteurs des Universités européennes », parue dans la Révolution surréaliste *avec d'autres manifestes en avril 1925* [1], *était affichée sur les murs de la Sorbonne :*

1. Voir plus haut, p. 160. Reproduite dans *Documents surréalistes, op. cit.*

Lettre aux recteurs des Universités européennes

Monsieur le Recteur,

Dans la citerne étroite que vous appelez « Pensée », les rayons spirituels pourrissent comme de la paille.

Assez de jeux de langue, d'artifices de syntaxe, de jonglerie de formules, il y a à trouver maintenant la grande Loi du cœur, la Loi qui ne soit pas une loi, une prison, mais un guide pour l'Esprit perdu dans son propre labyrinthe. Plus loin que ce que la science pourra jamais toucher, là où les faisceaux de la raison se brisent contre les nuages, ce labyrinthe existe, point central où convergent toutes les forces de l'être, les ultimes nervures de l'Esprit. Dans ce dédale de murailles mouvantes et toujours déplacées, hors de toutes les formes connues de pensée, notre Esprit se meut, épiant ses mouvements les plus secrets et spontanés, ceux qui ont un caractère de révélation, cet air venu d'ailleurs, tombé du ciel.

Mais la race des prophètes s'est éteinte. L'Europe se cristallise, se momifie lentement sous les bandelettes de ses frontières, de ses usines, de ses tribunaux, de ses universités. L'Esprit gelé craque entre les ais minéraux qui se resserrent sur lui. La faute en est à vos systèmes moisis, à votre logique de 2 et 2 font 4, la faute en est à vous, Recteurs, pris au filet des syllogismes. Vous fabriquez des ingénieurs, des magistrats, des médecins à qui échappent les vrais mystères du corps, les lois cosmiques de l'être, de faux savants aveugles dans l'outre-terre, des philosophes qui prétendent à reconstruire l'Esprit. Le plus petit acte de création spontanée est un monde plus complexe et plus révélateur qu'une quelconque métaphysique.

Laissez-nous donc, Messieurs, vous n'êtes que des usurpateurs. De quel droit prétendez-vous canaliser l'intelligence, décerner des brevets d'Esprit ?

Vous ne savez rien de l'Esprit, vous ignorez ses ramifications les plus cachées et les plus essentielles, ces empreintes fossiles si proches des sources de nous-mêmes, ces traces que nous parvenons parfois à relever sur les gisements les plus obscurs de nos cerveaux.

Au nom même de votre logique, nous vous disons : la vie pue, Messieurs. Regardez un instant vos faces, considérez vos produits. A travers le crible de vos diplômes, passe une jeunesse efflanquée, perdue. Vous êtes la plaie d'un monde, Messieurs, et c'est tant mieux pour ce monde, mais qu'il se pense un peu moins à la tête de l'humanité.

A l'exemple des étudiants, de jeunes ouvriers se mirent bientôt en grève, entraînant leurs aînés malgré les efforts des responsables syndicaux dont la plupart voyaient d'un mauvais œil s'établir des contacts entre la classe ouvrière et les organisations d'étudiants; chez les communistes on avait d'ailleurs dès le début des troubles parlé de groupes conduits par un « anarchiste allemand [1] ». Mais en quelques jours les grèves gagnèrent toute la France, la vie économique, aussi bien qu'universitaire, du pays fut à peu près paralysée.

Après coup ces événements furent l'objet d'innombrables comptes rendus, analyses et explications mettant en jeu toutes sortes de causes et de déterminations et leur attribuant plusieurs origines; mais au moment du soulèvement étudiant, des témoins et des participants, des écrivains et des journalistes ne se trompèrent pas sur la vraie nature des faits : il s'agissait, peut-être médiatement à certains égards, mais profondément, de la révolution surréaliste.

Des poèmes anonymes furent affichés sur les murs de Paris, parmi lesquels ceux-ci que reproduisit une page anthologique du journal le Monde *du 1er juin 1968 :*

Jours de mai 1968

Je n'ai nulle arme que cette loi que je ne veux subir qui oublie
    que la rue est mon lieu de toujours
Je n'ai nulle arme que ma vie qui battait et que d'images nourries
    j'ai portées en vos jours
Je n'ai nulle arme que mon visage d'yeux qui dessinait, humide, au
    soir, dans ce vent froid de mai, la force de vos rites
J'étonnais dans les murs et renouais enfin, dans cette clameur
    ancienne, la terre et son dû et la voix me poussait
Ma gorge se voilait dans le soufre et le chlore, mais le feu avivait et
    plus je grandissais
En cette couleur d'âpre je naissais à mon nom et je puis vous le
    dire, sans honte de mon cœur, je m'appelle Liberté

Nous saurons vivre

Pour les hommes de qui je reçois la souffrance
en partage, je veux témoigner de ma douleur
jusqu'au sang.
Les moulins du temps ayant rompu la douceur à la Hâte
Nous devons mettre un terme aux rencontres innocentes
      Nous saurons vivre
      la mémoire de grands combats s'impose
      au refuge alternatif du vivre et du mourir

---

1. Le plus brillant et le plus populaire des leaders estudiantins, Daniel Cohn-Bendit, était israélite et citoyen allemand; avec son frère Jean-Gabriel (devenu, lui, citoyen français), il avait passé clandestinement les années d'occupation en France. Des milliers d'étudiants français criaient en mai 68 : « Nous sommes tous des Juifs allemands! »

A lutter sur les pentes
comme l'arbre ignorant les frayeurs
nous saurons vivre
l'éclair nous pardonne

Et cette « Lettre de reconnaissance d'un ouvrier » d'Ivry-sur-Seine, après la manifestation qui, entre deux émeutes, avait uni étudiants et ouvriers en un imposant cortège à travers Paris :

Le défilé

O toi, étudiant, qui à travers l'or m'as tendu la main, hésitant je n'ai pas compris tout de suite. Toi qui as voulu que je sois ton égal, que l'on fasse un pas l'un vers l'autre. Toi qui veux que tout change, que les pantins à tête creuse disparaissent, tu devenais dangereux. Et une nuit puante, dans le grand silence de la télé, de la radio, on a tapé, tapé, détruit ces têtes, ces étincelles nouvelles. Il fallait éteindre, étouffer. . . .
Cette nuit-là tu m'as gagné, je t'ai sorti de ton tas d'or, nous avons marché d'un pas puissant vers la victoire. Le long ruban de lumière faisait fuir les mercenaires cachés dans les rues lointaines. Ils avaient peur cette fois de l'ordre qui les enverrait non plus tuer sans risques mais mourir. Tu étais vengé, leur déroute était complète. Maintenant nous sommes frères, étudiant.

« L'heure était propice aux poètes », disait la journaliste Jacqueline Piattier dans la notice de présentation de la brève anthologie que nous venons de citer. « Insurrection, libération, appel à la création pour métamorphoser et magnifier le réel. Les murs du quartier Latin dès l'aube de la révolte parlaient un langage surréaliste. » Un peu plus tard, en octobre 1968, l'écrivain Brice Parrain dira dans la revue la Quinzaine littéraire : *« Au lieu de vingt à trente surréalistes comme en 1924, il y en avait un ou deux mille en mai 1968. » Et probablement davantage. Nous aimons à penser qu'André Breton, s'il avait vécu, aurait placé ces journées et ces nuits de Mai 68 parmi « les grands jours de Paris » qu'il évoque dans* Arcane 17 — *les jours de révolte et de poésie, d'admirable désordre et de liberté. Dans son numéro du 27 mai 1968, le journal* Combat *publiait un reportage de Jean-Claude Kerbourc'h intitulé « Mes nuits blêmes* [1] *» par lequel on pouvait mesurer l'effet de choc produit par cette extraordinaire révolution et l'impression qui en émanait de complet changement, de total bouleversement de notre monde habituel, logique et explicable :*

Mes nuits blêmes

Il faut s'y faire. Quelque chose a basculé dans notre univers. Deux

---

1. Reproduit dans J.-C. Kerbourc'h. *Le Piéton de Mai,* Julliard.

et deux ne font plus tout à fait quatre. Une certaine mouvance nouvelle des idées, des rythmes, des sensations, finit peu à peu par nous imprégner. Avec nos amis, nous n'avons plus les mêmes conversations. Le fléau de notre petite balance personnelle n'est plus au même endroit. Le sol sur lequel nous marchons n'a plus la même consistance. Les gens ont changé de tête. Et tout cela à cause d'une révolte d'étudiants : à cause d'un chahut un peu poussé en somme.

Il faut puissamment s'arc-bouter, s'amarrer solidement à la digue, pour ne pas être renversé par ce vent inconnu qui vient d'on ne sait trop où, et qui va vers un horizon que personne ne distingue encore très clairement.

Personne. Non, personne dans la crise actuelle ne peut répondre vraiment aux questions que chacun se pose. Le navire marche sans boussole. Et les mutins eux-mêmes ne savent pas toujours exactement où ils en sont dans cette tempête qu'ils ont déchaînée. Ils tiennent désormais la barre. Mais vers quel cap naviguer ? Où aller ? Les mousses ont envahi le bateau, à l'immense étonnement des vieux matelots qui en avaient vu d'autres, sur d'autres océans et qui étaient rompus à éviter les récifs, à connaître les passes dangereuses, à savoir comment prendre la lame.

Fantastique : les responsables de la mutinerie semblent souvent aussi surpris que ceux qu'ils ont bousculés. Lorsque j'écris ces lignes, hier, dimanche matin, le jour vient de se lever. La notion que j'avais du temps est pulvérisée, anéantie, laminée. Depuis vendredi soir, j'erre dans Paris, à la recherche d'une explication. Je viens de la demander à un jeune étudiant qui m'a parlé de « nouvelles structures », certes, mais qui ne m'a pas caché son étonnement profond d'être là, dans ce matin blême, à s'interroger avec moi sur l'ampleur de ce qui vient de se passer et que l'on ose à peine qualifier du terme trop classique d' « événements ».

Tout est « irréel », et pourtant bien réel. Je marche sur une autre planète. Appartient-elle vraiment à la rue des Écoles, cette ouverture béante dans la chaussée, comme si un tremblement de terre avait secoué le vieux Paris ? Sont-elles vraies ces carcasses de voitures brûlées, calcinées, ocres et noires, barrant les rues, amoncelées sur les trottoirs, comme des bêtes échouées sur un rivage de cauchemar ? Et ces arbres abattus ? Y avait-il des arbres naguère, boulevard Saint-Michel ? Et ces amoncellements de pavés à chaque coin de rues, n'existent-ils vraiment que dans mon imagination ? L'armée, ce matin, est occupée à débarrasser Paris de ces cicatrices de la violence. Ce sont des plaies purulentes. Elles sont aussi absurdes et aussi malsaines qu'un abcès.

La Sorbonne n'est plus aussi anarchique qu'il y a quelques jours. Les combats semblent avoir durci les traits et les mœurs des étudiants.

La Sorbonne est devenue un bastion où chacun a son rôle. Il est naturel qu'une contre-société devienne peu à peu une société tout court. Aussi la Sorbonne a-t-elle sa « police ». C'est bien naturel après tout. On m'arrête. On me demande ma carte : « Pas de journalistes ici ! » Je dis que je me fous de leur interdiction, que je fais mon boulot et je me lance dans une défense un peu romantique de la liberté de la presse. Rien à faire, on me pousse. Mais j'ai noté sur mon carnet le texte d'une des affiches collées dans le couloir. Je le lis posément aux « policiers » : « L'interdiction, c'est une atteinte à la liberté; ne muselez pas l'information et le témoignage en imposant des interdictions et des autorisations. » − Bon, tu as raison. Excuse-nous, on est tous un peu fatigués, dit le responsable du service d'ordre.

Peu de temps auparavant on m'avait refusé le passage d'un barrage. Mais un étudiant était intervenu : « Ne jouez tout de même pas trop aux flics ! » avait-il dit à son camarade. Mais les flics (les vrais), ne jouent-ils pas eux-mêmes aux flics ? Tout commence par le jeu et tout finit par le code, la loi, les lacrymogènes, la mitraillette, la mitrailleuse lourde, le 220 de marine, ou la bombe H. C'est selon.

Mais je préfère ce matin me souvenir de cette phrase d'André Breton, inscrite, elle aussi, dans la cour de la Sorbonne : « La vie humaine ne serait pas cette déception pour certains si nous ne nous sentions constamment en puissance d'accomplir des actes au-dessus de nos forces. »

Il me semble cependant qu'il est au-dessus de mes forces de dire ce que viennent d'être réellement ces nuits, ces nuits blêmes. Ces nuits éclairées par les incendies, les fusées éclairantes, les pétards. Ces nuits chargées de stridences des voitures de pompiers, des éclatements de grenades, du fracas des bombes soufflantes. Ces nuits imbibées comme des éponges malsaines d'une violence souvent absurde et parfois dérisoire.

Vendredi soir, 24 mai. Place de la Bastille.

Une barricade se dresse dans la rue Saint-Antoine. Ici, c'est le vieux Paris révolutionnaire. C'est aussi celui d'Eugène Sue. Un gaillard vêtu d'écarlate des pieds à la tête, et tenant à la main un long fouet à la Zorro, est le chef d'un commando qui patauge dans les immondices avant d'y mettre le feu. Les CRS chargent. Mais les manifestants de la rue Saint-Antoine sont trop peu nombreux. Les CRS balaient la barricade et prennent position. On les sent hargneux. Difficiles à manier. A bout de nerfs. Comme leurs grenades, prêts à exploser.

− J'ai le plus grand mal à les tenir, me dit leur chef, qui ajoute : C'est normal, non ?

− Je ne sais pas, moi je me contente d'observer. Je ne pense plus.

— Ah! vous observez? Eh bien regardez cette voiture d'enfant.
Quand ils sont arrivés tout à l'heure, une femme a pris son bébé
dans ses bras et s'est enfuie. C'est ça, la civilisation que vous voulez?
La voiture d'enfant, une poussette, traîne, dérisoire image de
l'innocence dans cet univers gluant, étouffant. Deux heures plus
tard, dans cette même voiture d'enfant, une fille, riant, criant, se
laissera pousser, chahutée par un garçon. Paris, ce soir, a pris les
couleurs cruelles d'un film de Buñuel.
Avenue Beaumarchais. Les 17 mai 1966 et 1967, je suivais sur cette
même avenue, entre la Bastille et la République, la manifestation
des travailleurs en grève avec la même joie que l'on a à regarder
le Tour de France ou à observer les foules de la Foire du Trône.
Mais on est loin, cette nuit, des couleurs roses de la « Révolution
pacifique ». Ceux qui l'an dernier avaient manifesté l'intention de
foncer sur les discrètes forces de police, avaient été rapidement
mis à la raison. Cette nuit, les vannes sont ouvertes. Une barricade
se monte à la hâte. Des plaques de tôles sont amenées, traînées
par des motos. Elles font entendre leur tonnerre. De vieilles palissades sont dressées. On fait la chaîne pour les pavés. . . .
Crack! tout saute! Chacun pleure, toussote, crache. Repli des
lanceurs de pavés. Bulldozer. Scénario classique. Les CRS s'installent. Une vingtaine de minutes plus tard, ils s'en vont. Qu'à cela
ne tienne! Les manifestants reviennent, et remontent allégrement
la barricade. Ainsi Paris, dans cette nuit du vendredi à samedi, se
hérisse de champignons toujours coupés et toujours renais-
sants.
Je marche vers la Seine, si belle, si calme, près de l'île Saint-Louis.
Mais les vieilles pierres répercutent les éclatements des grenades.
On se bat boulevard de Sébastopol. . . .
Rue des Écoles, une voiture flambe. Des foyers crépitent un peu
partout. Les manifestants, étudiants, jeunes ouvriers, et quelques
anciens des luttes ouvrières d'avant-guerre ont abattu les lampadaires, brisé les ampoules. Tout le quartier est plongé dans une
étrange nuit, que ponctuent çà et là les automobiles en feu. Les
CRS lancent des pétards qui courent sur la chaussée, vifs comme
des lézards surpris. Puis c'est de nouveau la vallée de larmes. De
nouveau une barricade près de la Mutualité. De nouveau les pico-
tements, l'étouffement. On connaît l'histoire.
Vers cinq heures, dans le petit matin pâle, place Saint-Michel, des
prisonniers lèvent les bras en l'air. Deux d'entre eux ont les mains
attachées par les chaînes qu'on a découvertes sur eux. Un jeune
garçon fléchit les genoux. Il va tomber. Non, il se redresse. Il est
secoué de frissons.
Un CRS le fait asseoir sur le rebord de la fontaine Saint-Michel.

— Je suis un étudiant américain, dit le prisonnier.
— Tu risques d'être expulsé, répond le CRS.
Le jeune Américain précise qu'il n'est que depuis quelques semaines en France. Qu'il est venu visiter Paris. Pas pour faire de la politique.
— Drôle de tourisme, dit le CRS.
— Je suis étudiant au cours de civilisation française, répond l'Américain. Et M. Duverger, qui est un grand politique, nous a dit qu'on devrait aller sur les barricades. C'est un grand politique, M. Duverger, répète l'Américain.
Mais le CRS, manifestement, n'est pas impressionné par ce « grand politique », dont il entend pour la première fois le nom. Toutefois, il ne tutoie plus le jeune Américain.
— La prochaine fois, dit-il, vous n'écouterez plus ceux qui vous disent de créer le désordre en France. Ou alors, vous feriez mieux de rester en Amérique.
A la Sorbonne, une salle est transformée en infirmerie. Un jeune médecin me fait sentir ses doigts qui tremblent de fatigue : « C'est bien du chlore ? non ? » et il ajoute à l'adresse de tout le monde : « Le chlore, c'est bon pour la sinusite, mais en dehors de ça, quelle infâme saloperie ! »
Dans les amphithéâtres, les « combattants » se reposent, abrutis de fatigue. Dans la cour, des manifestants attendent le départ des CRS pour s'en aller. Ils ont peur d'être appréhendés.
— C'est emmerdant, me dit un jeune ouvrier, je travaille à huit heures. Je ne sais pas ce que je vais pouvoir raconter à mon patron.
Un pharmacien apporte des caisses de médicaments. Un infirmier dit que dans certains lots, il a trouvé des capotes anglaises.
Une affiche vient d'être posée : « M. Séguy, qui est-ce ? Un gaulliste de droite. Raisonnement logique, puisque MM. Capitant et Pisani, gaullistes de gauche, ont démissionné et désavoué le gouvernement Pompidou, tandis que M. Séguy, lui, le considère comme un interlocuteur valable. »
Plus loin, une autre prise de position politique : « Les socialos, Jules Moch, créateur des CRS, Guy Mollet, Mitterrand, assassins du peuple algérien, sont des ennemis de la classe ouvrière. Le gouvernement des socialos ne changera rien. Au contraire, il facilitera la revanche des patrons pour arracher comme après 1936 les conquêtes de la classe ouvrière. ». . . .
A la Sorbonne, toutefois, on complote à ciel ouvert. Une conjurée déclare qu'il faut engager des opérations de guérilla. Par exemple, dynamiter les bulldozers, ou capturer une dizaine de CRS et en faire des otages.

Dans la cour, un révolutionnaire déclare en toute simplicité, que tous ceux qui l'entourent et lui-même sont des cons.
— C'est une position maoïste! lance un contradicteur.
Le révolutionnaire continue :
— Ma concierge peut devenir une concierge cultivée. Mais je ne veux pas d'une concierge cultivée. Je veux d'abord une concierge qui sache penser par elle-même. . . .
Dans le petit matin, après une nouvelle nuit blême, et cette fois pacifique, le boulevard Saint-Michel étale toujours ses plaies, comme d'immenses gerçures. Mais cela n'empêche pas le laitier de faire son travail. Les pneus de son camion crissent sur les éclats de verre. Près de la rue Monsieur-le-Prince, un étudiant endoctrine un motard de la police. Il lui dit carrément qu'il était sur les barricades.
— Vous adressez la parole à ceux qui vous matraquent? s'étonne quelqu'un.
— Mais oui, dit l'étudiant. Là aussi, il y a un « travail de base » à faire.
J'accompagne l'étudiant dans la rue Gay-Lussac, rebaptisée « rue du 11-Mai ».
— Vous voyez, me dit-il pensivement, la lutte continue.

Finalement, après des semaines de manifestations et de grèves, de charges de police, de matraquages et de barricades, les chefs syndicalistes rattrapèrent, pour ainsi dire, leurs troupes combattantes, signèrent un accord avec le gouvernement, et obtinrent des augmentations de salaires. L'Odéon, la Sorbonne furent évacués mais les problèmes des étudiants, et beaucoup d'autres, restèrent posés. A proprement parler, Mai 68 ne fut pas une révolution, ni même une véritable révolte — c'était plutôt, en effet, « un chahut poussé un peu loin », et même fort loin, car il réussit ce qui paraissait impensable auparavant : détruire à sa base l'autorité personnelle de De Gaulle. Moins d'un an plus tard, « le Général » disparaissait de la scène politique. N'était-ce pas là, au reste, un des buts des manifestants? « Dix ans, c'est assez! » disait l'une de leurs banderoles.
La grande frayeur causée par Mai 68 dans les sphères officielles ne s'est pas, d'ailleurs, apaisée. C'est ainsi qu'en 1978 encore le gouvernement français maintenait l'arrêté d'expulsion pris dix ans auparavant contre le leader étudiant, Cohn-Bendit, et lui interdisait de revenir en France.
Breton écrit, dans Arcane 17 :

. . . . La liberté ne peut subsister qu'à l'état dynamique, elle se dénature et se nie de l'instant où l'on croit pouvoir faire d'elle un objet de musée. Et trêve de toute discussion byzantine sur sa nature : il serait non seulement vain mais à nouveau périlleux d'instituer un débat de fond sur la liberté auquel se hâteraient de participer tous ceux qui peuvent avoir intérêt à embrouiller la question. Mise délibérément de côté son acception philosophique, qui n'a rien à faire ici, mais dont ses adversaires s'entendent à tirer parti pour l'obscurcir, la liberté se définit fort bien par opposition à toutes les formes de servitude et de contrainte. La seule faiblesse de cette définition est de représenter généralement la liberté comme un *état,* c'est-à-dire dans l'immobilité, alors que toute l'expérience humaine démontre que cette immobilité entraîne sa ruine immédiate. Les aspirations de l'homme à la liberté doivent être maintenues en pouvoir de se recréer sans cesse, c'est pourquoi elle doit être conçue non comme état mais comme *force vive* entraînant une progression continuelle. C'est d'ailleurs la seule manière dont elle puisse continuer à s'opposer à la contrainte et à la servitude, qui, elles, se recréent continuellement et de la manière la plus ingénieuse. . . . La liberté n'est pas, comme la libération, la lutte contre la maladie, elle est la *santé.* La libération peut faire croire à un rétablissement de la santé alors qu'elle ne marque qu'une rémission de la maladie, que la disparition de son symptôme le plus manifeste, le plus alarmant. La liberté, elle, échappe à toute contingence. La liberté, non seulement comme idéal mais comme recréateur constant d'énergie, telle qu'elle a existé chez certains hommes et peut être donnée pour modèle à tous les hommes, doit exclure toute idée d'équilibre confortable et se concevoir comme *éréthisme* continuel. . . .

Notes biographiques
et bibliographiques

(Les éditeurs mentionnés sont ceux des premières éditions. Les lieux de publication ne sont indiqués que pour les ouvrages non publiés à Paris.)

APOLLINAIRE, Guillaume. 1880-1918 — Poète. Sa devise littéraire : « J'émerveille. » Ami des peintres et poètes modernes avant 1914, Apollinaire fut reconnu à la fin de la Première Guerre mondiale comme le chef de l'avant-garde à Paris. Son génie poétique s'est exprimé en vers classiques, dans des contes et, en vers libres, avec des moyens renouvelés : « Calligrammes », « Poèmes-conversations »...

L'Enchanteur pourrissant (Kahnweiler 1909). *L'Hérésiarque et Cie,* contes (Stock 1910). *Le Bestiaire ou Cortège d'Orphée,* poèmes (Deplanche 1911). *Les Peintres cubistes,* essais sur les peintres et la peinture (Figuière 1912). *Alcools,* poèmes (Mercure de France 1919). *Le Poète assassiné,* nouvelles (L'Édition 1916). *Calligrammes,* poèmes (Mercure de France 1918). *Le Flâneur des deux rives* (La Sirène 1918). *Les Mamelles de Tirésias,* « drame surréaliste » (Éd. Sic 1918). *L'Esprit nouveau et les poètes* (Mercure de France 1918). Publications posthumes : *la Femme assise,* roman (NRF 1920). *Il y a,* poèmes et proses (Messein 1925). *Anecdotiques,* recueil d'articles (Stock 1926). *Tendre comme le souvenir* (Gallimard 1950). *Lettres à sa marraine* (Gallimard 1951). *Le Guetteur mélancolique* (Gallimard 1952), etc.

ARAGON, Louis. 1887 — Poète, essayiste et romancier. Rencontre André Breton et Philippe Soupault à la fin de la Première Guerre mondiale. Cofondateur du surréalisme, dont il se sépare en 1932.

Feu de joie, poèmes (Au Sans-Pareil 1920). *Anicet ou le Panorama,* roman (NRF 1921). *Les Aventures de Télémaque,* roman (NRF 1923). « Une vague de rêves », article dans la revue *Commerce* (1924). *Le Paysan de Paris* (NRF 1926). *Traité du style,* essai (NRF 1928). *La Grande Gaîté,* poèmes (NRF 1929). *Persécuté-persécuteur,* poèmes (Éditions surréalistes 1930). « La peinture au défi », (Galerie Goemans 1930)...

ARP, Jean. 1887-1966 — Poète et sculpteur. Né à Strasbourg, Arp écrivit des poèmes en allemand, en alsacien et en français. Il fut l'un des fondateurs de Dada à Zürich. A collaboré au surréalisme à partir de 1927.

Der Vogel Selbdritt, poèmes (Berlin 1920). *Der Pyramiden Rock,* poèmes (Eugen Rentsch Verlag, Zürich et Munich 1924). *Gedichte,* poèmes 1924-

1943 (Verlag Benteli, Bern 1944). *Le Siège de l'air,* poèmes 1915-1945 (Vrille 1946). *On my Way,* poèmes et essais 1912-1917, en allemand et français, avec traductions anglaises (Wittenborm-Schultz, New York 1948). *Rêves et Projets,* poèmes en allemand et français, avec traductions anglaises (Curt Valentin, New York 1951-1952). *Unsern Täglichen Traum...,* poèmes et souvenirs 1914-1954 (Verlag der Arche, Zürich 1955). *Gesammelte Gedichte,* t. I, poèmes (Verlag der Arche, Zürich 1963). *Jours effeuillés,* poèmes, essais et souvenirs, en français, 1920-1965 (Gallimard 1966), etc.

ARTAUD, Antonin. 1896-1940 — Poète, acteur et essayiste. Associé au surréalisme entre 1924 et 1927. Collabore par des articles et autres textes à la revue *la Révolution surréaliste.*
L'Ombilic des limbes (NRF 1924). *Le Pèse-nerfs* (Cahiers libres 1927). *Œuvres complètes* (NRF 1956).

BARON, Jacques. 1905 — Poète. L'un des membres fondateurs du groupe surréaliste, qu'il quitta en 1929.
L'Allure poétique, poèmes (NRF 1924). *L'An I du surréalisme, suivi de l'An dernier,* souvenirs et poèmes (Denoël 1969). *L'Allure poétique 1924-1973* (Gallimard 1974).

BELLMER, Hans. 1902-1974 — Peintre et écrivain. Avec les surréalistes à partir de 1935. Auteur d'essais sur sa sculpture-objet : *la Poupée,* et sur la création artistique.
La Poupée (G.L.M. 1936). *Anatomie de l'image,* essai (Le Terrain vague 1957).

BRETON, André. 1896-1966 — Poète, essayiste et théoricien du surréalisme dont il fut le principal initiateur. Sa devise : « André Breton le tamanoir » figure sur son ex-libris dessiné par Salvador Dali. Fréquenta Paul Valéry avant la Première Guerre mondiale, Guillaume Apollinaire en 1917-1918, Pierre Reverdy en 1918-1919. Rencontra Jacques Vaché en 1916, Louis Aragon et Philippe Soupault en 1917, Paul Éluard en 1918, Benjamin Péret et Tristan Tzara en 1920. Pratique l'écriture automatique avec Philippe Soupault en 1919. Participe au mouvement dada à Paris en 1920-1921. Publie le premier *Manifeste du surréalisme* en 1924 et devient le leader du surréalisme et, officiellement ou non, l'inspirateur de toutes les revues surréalistes et publications collectives, ou leur directeur : *Littérature* (1919-1924); *la Révolution surréaliste* (1924-1929); *Variétés,* numéro surréaliste (1929); *le Surréalisme au service de la révolution* (1930-1933); *Documents 34,* numéro surréaliste (1934); *Petite Anthologie du surréalisme,* avec Paul Éluard (1934); *Minotaure* (1935-1938); *Dictionnaire abrégé du surréalisme,* avec Paul Éluard (1938); *Bulletin international du surréalisme,* 4 n[os] (1935-1936); *First Papers of Surrealism* (1942); *VVV* (1942-1944); *le Surréalisme en 1947* (1947), etc.
Mont de piété, poèmes (Au Sans-Pareil 1919). *Les Champs magnétiques,* avec Philippe Soupault, textes automatiques (Au Sans-Pareil 1919). *Clair de terre,* poèmes (Littérature 1923). *Les Pas perdus,* recueil d'articles et de préfaces (NRF 1924). *Manifeste du surréalisme* (Kra 1924). *Nadja* (NRF 1928). *Second Manifeste du surréalisme* (Kra 1930). *L'Immaculée Conception,* avec Paul Éluard, essais poétiques, « simulations de délires », maximes

(Éditions surréalistes 1930). *Ralentir travaux*, poèmes, avec René Char et Paul Éluard (Éditions surréalistes 1930). *Le Revolver à cheveux blancs*, recueil de poèmes 1915-1932 (Cahiers libres 1932). *Les Vases communicants* (Cahiers libres 1932). *Point du jour*, recueil d'articles (NRF 1934). *Position politique du surréalisme*, recueil d'articles (Sagittaire 1935). *L'Amour fou*, recueil d'articles (NRF 1937). *Anthologie de l'humour noir* (Sagittaire 1940). *Arcane 17* (Brentano's, New York 1945). *Ode à Charles Fourier*, poème (Fontaine 1945). *Poèmes*, recueil 1919-1948 (Gallimard 1948). *Entretiens*, 16 interviews radiodiffusées (Gallimard 1952). *La Clé des champs*, recueil d'articles (Sagittaire 1953). *Le Surréalisme et la Peinture*, articles et préfaces sur la peinture et les peintres (NRF 1928, Gallimard 1965). Posthume : *Perspective cavalière*, recueil d'articles (Gallimard 1970), etc.

BRETON, Simone — Simone Kahn, première femme d'André Breton. Aujourd'hui Simone Collinet.

BUFFET, Gabrielle. 1881 — Écrivain. Première femme de Francis Picabia.
Aires abstraites, mémoires (Pierre Cailler, Genève).

BUÑUEL, Luis. 1905 — Poète, auteur et metteur en scène de films. Sa maîtrise des moyens cinématographiques au service d'une imagination poétique qui porte la marque de l'esprit surréaliste place ses films dans une catégorie qui leur est propre. Nous en citons ici quelques-uns :
Un chien andalou (scénario avec Salvador Dali 1928). *L'Age d'or* (scénario avec Salvador Dali 1930). *Los Olvidados* (1950). *Subido el cielo* (1951). *El* (1953). *Viridiana* (1961). *El Angel exterminador* (1962). *Belle de jour* (1967). *La Voie lactée* (1968). *Le Charme secret de la bourgeoisie* (1973). *Le Fantôme de la liberté* (1974). *Cet obscur objet du désir* (1977).

CALAS, Nicolas — Essayiste américain. Rencontre les surréalistes à Paris en 1938. Appartient au groupe surréaliste à New York pendant la Seconde Guerre mondiale.
Foyers d'incendie, essai (Denoël 1938).

CARRINGTON, Leonora. 1917 — Poète et peintre, auteur de nouvelles poétiques et de contes.
La Dame ovale (G.L.M. 1939). *Down below* (revue *VVV,* New York 1944); traduction française : *En bas* (Fontaine 1945). *Le Cornet acoustique* (Flammarion 1974). *La Porte de pierre* (Flammarion 1976), etc.

CÉSAIRE, Aimé. 1913 — Poète et homme politique. Député de la Martinique.
Les Armes miraculeuses, poèmes (Gallimard 1946), etc.

CHAR, René. 1907 — Poète. Se joint aux surréalistes en 1929. Interrompt ses relations avec le groupe en 1934. Ouvrages parus jusqu'à 1934 :
Ralentir travaux, avec André Breton et Paul Éluard, poèmes (Éditions surréalistes 1930). *Artine,* poèmes (Éditions surréalistes 1930). *L'action de la justice est éteinte* (Éditions surréalistes 1931). *Le Marteau sans maître* (Éditions surréalistes 1934).

CHAZAL, Malcolm de. 1902 – Poète, d'une famille française établie à l'île Maurice depuis deux siècles.
Sens plastique (île Maurice 1948; Gallimard 1948). *Sens plastique II* (Gallimard 1949)...

CHIRICO (DE), Giorgio. 1888 – Peintre et écrivain. Le maître de la peinture surréaliste, dans ses productions de 1911 à 1919. Fréquenta pendant une année (1925-1926) le cercle surréaliste à Paris.
« Arnoldo Böcklin », essai (revue *Il Convegno*, Rome 1920). *Gustave Courbet* (Valori Plastici, Rome 1925). « Le fils de l'ingénieur », « Le survivant de Navarin », récits (*in* Waldemar George, *Chirico*, Chroniques du Jour 1928). *Hebdomeros*, roman (Éd. du Carrefour 1929). *Monsieur Dudron*, nouvelle (Fontaine 1945)...

CREVEL, René. 1900-1935 – Romancier et essayiste. Initiateur de la « période des sommeils » en 1922. Avec les surréalistes jusqu'à son suicide en 1935.
Mon corps et Moi, roman (Kra 1924). *La Mort difficile*, roman (Kra 1926). *Babylone* (Kra 1927). *L'Esprit contre la raison*, essai (NRF 1929). *Le Clavecin de Diderot*, essai (Éditions surréalistes 1932). *Les Pieds dans le plat*, roman de mœurs (Sagittaire 1933).

DALI, Salvador. 1904 – Peintre, poète, décorateur, promoteur de la « paranoïa-critique », inventeur des montres molles, etc. Avec les surréalistes de 1929 à 1939. Collaborateur de Luis Buñuel pour les scénarios du *Chien andalou* et de *l'Age d'or*.
La Femme visible, poème (Éditions surréalistes 1930). *L'Amour et la Mémoire*, poèmes (Éditions surréalistes 1931). *Babaouo*, scénario (Les Cahiers libres 1932). *La Conquête de l'irrationnel*, essai (Éditions surréalistes 1935). *Métamorphoses de Narcisse* (José Corti 1936)...

DESNOS, Robert. 1900-1945 – Poète et journaliste. Protagoniste de la « période des sommeils » à partir de 1922. Quitte le groupe surréaliste en 1930.
Deuil pour deuil, poèmes en prose (Kra 1927). *La Liberté ou l'Amour*, poèmes (Kra 1927). *Corps et Biens*, poèmes (NRF 1930)...

DOMINGUEZ, Oscar. 1906-1958 – Peintre. Avec les surréalistes de 1934 à 1947. Se suicide en 1958.
Les Deux qui se croisent, nouvelle (Fontaine 1947).

DUCHAMP, Marcel. 1887-1968 – Peintre, écrivain, joueur d'échecs. Cofondateur de Dada-New York avec Picabia, Man Ray et d'autres. « Membre extérieur » du surréalisme. Participe à la direction des revues *The Blind Man* (New York 1917), *Rongwrong* (New York 1917), *New York Dada* (New York 1921), *Minotaure* (nos 10 et 11, 1937-1938), « conseiller » pour la revue *VVV* (New York 1942-1944).

Principaux écrits publiés :

L'opposition et les cases conjuguées sont réconciliées, étude sur un problème d'échecs, avec Vitaly Halberstadt (L'Échiquier, Paris-Bruxelles 1932). *La Mariée mise à nu par ses célibataires, même*, notes pour le Grand Verre, reproduites en fac-similé et réunies dans une « boîte verte » (Éd. Rose Sélavy, 1934). *Marchand du sel,* notes sur la « Mariée » et autres écrits (Le Terrain vague 1958). *Dialogues avec Marcel Duchamp,* par Pierre Cabanne (Belfond 1967).

DUPREY, Jean-Pierre. 1929-1959 — Poète et sculpteur. Avec le groupe de Breton pendant trois ans, le quitte en 1952. Se suicide en 1959.
Derrière son double, textes poétiques (Le Soleil noir 1950)...

ÉLUARD, Paul. 1895-1952 — Poète. Cofondateur du surréalisme. Se sépare de Breton en 1938. *Le Devoir et l'Inquiétude,* poèmes (Gonon 1917). *Les Animaux et leurs Hommes,* poèmes (Au Sans-Pareil 1920). *Les Nécessités de la vie et les Conséquences des rêves,* poèmes (Au Sans-Pareil 1921). *Répétitions,* poèmes (Au Sans-Pareil 1922). *Les Malheurs des immortels,* poèmes (Librairie Six 1922). *Mourir de ne pas mourir,* poèmes (NRF 1924). *152 Proverbes mis au goût du jour,* avec Benjamin Péret (Éditions surréalistes 1925). *Capitale de la douleur,* poèmes (NRF 1926). *L'Amour la Poésie,* poèmes (NRF 1934). *Ralentir travaux,* poèmes, avec André Breton et René Char (Éditions surréalistes 1930). *L'Immaculée Conception,* avec André Breton (Éditions surréalistes 1930). *La Vie immédiate,* poèmes (Cahiers libres 1932). *La Rose publique,* poèmes (NRF 1934). *Les Mains libres,* poèmes sur des dessins de Man Ray (Jeanne Bucher 1937). *Cours naturel,* poèmes (Sagittaire 1938).

ERNST, Max. 1881-1976 — Peintre, sculpteur et poète. Dadaïste à Cologne en 1919-1920, vient à Paris en 1921. Appartient au groupe surréaliste dès sa fondation. Sa rupture définitive avec André Breton date des années cinquante.
Histoire naturelle (Jeanne Bucher 1926). *La Femme 100 têtes,* album de collages avec légendes (Éd. du Carrefour 1929). *Rêve d'une petite fille qui voulut entrer au Carmel,* collages avec légendes (Éd. du Carrefour 1930). *Une semaine de bonté,* collages (Jeanne Bucher 1935). *Sept Microbes...,* décalcomanies et poèmes (Cercle des arts 1953). *Écritures,* recueil de poèmes (Gallimard 1971), etc.

FERRY, Jean. 1905-1974 — Poète, écrivain. Collabore aux revues surréalistes à partir de la fin des années trente.
La Société secrète, contes (Fontaine 1945). *Le Mécanicien,* contes (Gallimard 1953). *Une étude sur Raymond Roussel,* essai (Le Terrain vague 1954)...

GIACOMETTI, Alberto. 1901-1965 — Sculpteur et peintre. Fait partie du groupe surréaliste de 1930 à 1935. A publié des articles dans les revues surréalistes.

HARE, David — Sculpteur et peintre. Dirige la revue surréaliste *VVV* à New York pendant la Seconde Guerre mondiale.

HEINE, Maurice. 1884-1940 — Essayiste et critique. A consacré la plus grande part de ses activités à la découverte et à la publication des œuvres du marquis de Sade. Collabore aux publications surréalistes à partir de 1930. Codirecteur de la revue *Minotaure* n°s 10 à 13 (1937-1938).

HENRY, Maurice. 1907 — Poète, peintre, dessinateur. Avec le groupe « le

Grand Jeu » à la fin des années vingt, rejoint les surréalistes en 1932 et les quitte en 1950.

Les Abattoirs du sommeil, poèmes (Éd. Sagesse 1937). *Les Mystères de l'Olympe,* illustré par l'auteur (Éditions SEMP 1945). *Les Paupières de verre,* poèmes (Fontaine 1946). *Anthologia grafica del surrealismo* (Gabriele Mazzota, Milano 1972)...

HUGNET, Georges. 1906-1975. Poète et écrivain. Avec les surréalistes de 1933 à 1939. *Onan* (Éditions surréalistes, 1934). *La Septième Face du dé* (Jeanne Bucher, 1936)...

JARRY, Alfred. 1873-1906 – Poète, romancier, dramaturge. Le créateur d'Ubu et de Faustroll. *Les Minutes de sable mémorial,* « drame » (Mercure de France 1895). *César Antéchrist,* « drame héraldique » (Mercure de France 1895). *Ubu roi* (Mercure de France 1897). *Les Jours et les Nuits,* « roman d'un déserteur » (Mercure de France 1897). *Ubu enchaîné* (Éd. de la Revue blanche 1901). *Messaline,* « roman de l'ancienne Rome » (Revue blanche 1901). *Le Surmâle,* « roman moderne » (Revue blanche 1902), etc. Posthumes : *Gestes et Opinions du docteur Faustroll, pataphysicien, suivi de Spéculations* (Fasquelle 1911). *Ontogénie,* poèmes 1885-1890 (Gallimard 1972).

JEAN, Marcel. 1900 – Peintre, poète et essayiste. Avec les surréalistes de 1932 à 1950.

Mourir pour la patrie, album de dessins avec légendes (Cahiers d'art 1936). *Pêche pour le sommeil jeté,* poèmes (Sagesse 1937). *Mnésiques, rêves et souvenirs* (Hungaria Kiadas, Budapest 1942). *Maldoror,* avec Arpad Mezei, essai (Le Pavois 1947). *Genèse de la pensée moderne,* avec Arpad Mezei, essai (Corrêa 1950). *Histoire de la peinture surréaliste* (Éd. du Seuil 1959). Édition commentée des *Œuvres complètes* de Lautréamont, avec Arpad Mezei (Eric Losfeld 1971).

JENNINGS, Humphrey. 1907-1950 – Poète et metteur en scène de cinéma. Appartint au groupe surréaliste anglais avant la Seconde Guerre mondiale.

LAUTRÉAMONT, Isidore DUCASSE, comte de. 1846-1870.

Les Chants de Maldoror (en vente chez tous les libraires, 1869). *Poésies* (Gabrie 1870).

LEBEL, Robert. 1904 – Critique, essayiste. Rencontre les surréalistes à New York pendant la Seconde Guerre mondiale et reste en contact avec le groupe.

Premier Bilan de l'art actuel (Le Soleil noir 1953). *Sur Marcel Duchamp* (Trianon Press 1959). *Anthologie des formes inventées* (Éd. du Cercle, 1962). *L'Oiseau caramel* (Le Soleil noir 1969). *Traité des passions par personnes interposées,* essai (Éric Losfeld 1972), etc.

LEIRIS, Michel. 1901 – Poète. Avec les surréalistes de 1924 à 1929.

Simulacres, poèmes (Simon 1923). *Le Point cardinal* (Kra 1927), etc.

LEVY, Julien. – Organise les premières expositions surréalistes en

Amérique. Auteur de la première anthologie surréaliste aux USA. *Surrealism*, essai anthologique (Black Sun Press, New York 1936).

MABILLE, Pierre. 1904-1952 — Essayiste. Collabora au groupe surréaliste depuis 1935. Codirecteur de la revue *Minotaure*, nᵒˢ 10 à 13 (1937-1938).
Thérèse de Lisieux, étude (José Corti 1937). *Égrégores*, essai (Jean Flory 1938). *Le Miroir du merveilleux*, anthologie (Sagittaire 1940)...

MAGRITTE, René. 1898-1967 — Peintre. Cofondateur du groupe surréaliste belge.
Se sépare du groupe parisien après la Seconde Guerre mondiale. A écrit de nombreux articles sur la peinture dans des revues, catalogues et monographies.

MALET, Léo. 1909 — Poète et romancier. Dans le groupe surréaliste de 1930 à 1940.
Ne pas voir plus loin..., poèmes (Éditions surréalistes 1936). *J'arbre comme cadavre*, poèmes (Sagesse 1937). *Hurle à la vie*, poèmes (Éditions surréalistes 1939). *Poèmes surréalistes* (Alfred Eibel, Lausanne 1975).

MALLARMÉ, Stéphane. 1842-1898.
Poésies (Revue indépendante 1887). « Un coup de dés jamais n'abolira le hasard » (in revue *Cosmopolis* 1897). *Divagations*, proses (Fasquelle 1897). Traduction des poèmes d'Édgar Poe (Deniau, Bruxelles 1888). Posthumes : *Madrigaux*, recueil (La Sirène 1920). *Vers de circonstance*, recueil (NRF 1920). *Igitur ou la Folie d'Elbehnon* (NRF 1925), etc.

MATTA, Roberto. 1911 — Architecte et peintre : avec les surréalistes de 1938 à 1948. Auteur d'articles sur l'art, dirige la revue *Instead* à New York en 1947.

MESENS, Édouard. 1903-1970 — Poète. Cofondateur du groupe surréaliste belge. Directeur de la London Gallery à Londres de 1938 à 1946.
Alphabet sourd aveugle (Nicolas Flamel, Bruxelles 1938). *Poèmes* (Le Terrain vague 1959), etc.

MORISE, Max. 1903-1973 — Poète. Appartint au mouvement surréaliste dès 1922, jusqu'en 1929. Publia des récits de rêve, des poèmes, des articles dans les revues surréalistes.

MOTHERWELL, Robert — Peintre et écrivain. Fréquente les surréalistes pendant la Seconde Guerre mondiale à New York. Publie une monographie de Max Ernst (Wittenborn, Schultz, New York 1948) et une anthologie de Dada : *The Dada Painters and Poets* (Wittenborn, Schultz, New York 1951)...

MUZARD, Suzanne — Amie d'André Breton; dans le groupe surréaliste de 1927 à 1932. Épouse l'écrivain Emmanuel Berl dont elle divorce en 1942. Épouse Jacques Cordonnier, mort en 1961.

NOUGÉ, Paul. 1895-1970 — Essayiste, le principal théoricien du groupe belge.
Clarisse Juranville, essais (Henriquez, Bruxelles 1927). *René Magritte ou les Images défendues,* essai (Les Auteurs associés, Bruxelles 1933). *Histoire de ne pas rire,* recueil d'essais (Les Lèvres nues, Bruxelles 1950).

PAALEN, Wolfgang. 1907-1959 — Peintre. Dans le groupe surréaliste de 1935 à 1941. Publia la revue *Dyn* à Mexico dans les années quarante.

PARKER, Robert Allerton — Essayiste américain, publia des articles dans *VVV, First Papers of Surrealism, View...*

PASTOUREAU, Henri. 1912 — Poète. Dans le groupe surréaliste de 1932 à 1950.
Le Corps trop grand pour un cercueil, poèmes (Éditions surréalistes 1936). *Cri de la méduse,* poèmes (Jeanne Bucher 1937). *La rose n'est pas une rose,* poèmes (Éditions surréalistes 1939), etc.

PENROSE, Valentine — Poète. Collabora aux groupes surréalistes français et anglais.
Herbe à la lune, poèmes (G.L.M. 1935). *Martin's Opera* (Fontaine 1945). *Pont des Féminines,* poèmes (Les Pas perdus 1945). *La Comtesse sanglante* (Mercure de France 1962).

PÉRET, Benjamin. 1899-1969 — Poète. Ami d'André Breton depuis 1920 jusqu'à sa mort. Principales œuvres :
Le Passager du Transatlantique (Au Sans-Pareil 1921). *Au 125 du boulevard Saint-Germain* (Littérature 1923). *152 Proverbes mis au goût du jour,* avec Paul Éluard (Éditions surréalistes 1925). *Dormir, dormir dans les pierres* (Éditions surréalistes 1928). *Le Grand Jeu* (NRF 1928). *De derrière les fagots* (Éditions surréalistes 1934). *Je ne mange pas de ce pain-là* (Éditions surréalistes 1936). *Je sublime* (Éditions surréalistes 1938). *Le Déshonneur des poètes* (Poésie et Révolution, Mexico 1945). *Feu central* (K, éditeur 1947). *Mort aux vaches et au champ d'honneur* (Le Terrain vague 1950). *Le Gigot, sa vie et son œuvre* (Le Terrain vague 1957), etc.

PICABIA, Francis. 1879-1953 — Peintre et poète. Publia la revue *391* à Barcelone, New York, Lausanne, Paris, de 1917 à 1924. Cofondateur de Dada-New York.
Cinquante-deux Miroirs (Oliva de Vilanova, Barcelone 1917). *Râteliers platoniques* (Imprimeries réunies, Lausanne 1918). *Unique Eunuque* (Au Sans-Pareil 1920). *Relâche,* ballet (1924). *Entracte,* film (1924). *La Loi d'accommodation chez les borgnes* (Théo Briant, 1928), etc.

PICASSO, Pablo. 1881-1973 — Pratiqua l'écriture automatique dans les années trente. Auteur d'un sketch théâtral : *Le Désir attrapé par la queue* (1943).

PRASSINOS, Gisèle. 1920 — Poète, révélée par ses premiers poèmes et contes écrits à l'âge de quatorze ans et publiés pour la première fois dans les revues surréalistes.
La Sauterelle arthritique, poèmes (G.L.M. 1935). *Quand le bruit travaille,*

poèmes (G.L.M. 1937). *Les Mots endormis,* poèmes (Flammarion 1967). *Trouver sans chercher* (Flammarion 1976), etc.

PRÉVERT, Jacques. 1900-1977 — Poète et auteur de films. Commença à écrire après avoir quitté les surréalistes en 1929, qu'il avait rejoint en 1925 avec Yves Tanguy. Auteur de sketches et de « chœurs parlés » politiques et de nombreux scénarios de films.
Paroles, poèmes (Gallimard 1945). *Histoires,* avec André Verdet (Gallimard 1948). *Spectacles,* pièces et « chœurs parlés » (Gallimard 1951). *La Pluie et le Beau Temps,* poèmes (Gallimard 1955). *Fatras,* poèmes avec 57 collages de l'auteur (Gallimard 1968). *Choses et autres,* mémoires et poèmes (Gallimard 1972). *Hebdromadaires,* dialogues avec André Pozner (Authier 1972)...

QUENEAU, Raymond. 1903-1977 — Poète et romancier. Dans le groupe surréaliste entre 1926 et 1929. Collabora aux publications surréalistes par des « textes surréalistes » et des articles.

RAY, Man. 1890-1976 — Peintre, écrivain et photographe. Cofondateur de Dada-New York. Collabora aux revues, publications, expositions surréalistes.
Champs délicieux, « rayogrammes » (1922). *Revolving Doors* (Éditions surréalistes 1925). *Man Ray, photographies 1920-1934* (Cahiers d'art 1934). *Facile,* avec Paul Éluard (G.L.M. 1935). *La photographie n'est pas l'art* (G.L.M. 1937). *Les Mains libres,* avec Paul Éluard (Jeanne Bucher 1937). *Alphabet for Adults* (Copley Galleries, Beverley Hills, USA 1948). *Autoportrait,* mémoires (Robert Laffont 1963), etc.

READ, Herbert. 1893-1968 — Poète, critique, essayiste. Avec le groupe surréaliste anglais avant la Seconde Guerre mondiale.
Surrealism, essai (Faber, Londres 1936).

REAVEY, Georges — Poète. Membre du groupe surréaliste anglais avant 1939. Mort en 1976.
Quixotic Perquisitions, poèmes (Europa Press, Londres 1939).

RIGAUD, Jacques. 1899-1929 — Écrivain. « Essayez, si vous pouvez, d'arrêter un homme qui porte son suicide à sa boutonnière. »
Papiers posthumes (Au Sans-Pareil 1934).

RIMBAUD, Arthur. 1854-1891.
Une saison en enfer (Alliance typographique, Bruxelles 1873). *Les Illuminations* (La Vogue 1886). *Le Reliquaire,* poèmes (Genonceaux 1891). Posthumes : « Lettre du Voyant » (revue *Nouvelle Revue française* 1912). *Les Mains de Jeanne-Marie,* poème (Au Sans-Pareil 1919). *Les Stupra,* sonnets érotiques (Messein 1923). *Un cœur sous une soutane,* récit (Ronald Davis 1924), etc.

RODITI, Édouard — Poète, essayiste et critique. Avec le groupe surréaliste à New York dans les années quarante.
Emperor of Midnight (Black Sparrow Press, Los Angeles 1975).

ROUSSEL, Raymond. 1877-1933 – Poète, romancier, dramaturge et échéquiste. « Nous lui devons... la solution d'une foule de problèmes littéraires, artistiques, mécaniques et historiques pour la plupart imaginaires » (Jean Ferry, dans le *Dictionnaire abrégé du surréalisme*, 1938).
La Doublure, poème (Lemerre 1897). *La Vue* (Lemerre 1904). *Impressions d'Afrique*, roman (Lemerre 1910). *Locus Solus*, roman (Lemerre 1914). *L'Étoile au front*, 3 actes (Lemerre 1925). *La Poussière de soleils*, 5 actes (Lemerre 1926). *Nouvelles Impressions d'Afrique*, poèmes (Lemerre 1932). Posthume : *Comment j'ai écrit certains de mes livres*, mémoires, contes, problèmes d'échecs (Lemerre 1935).

SADE, Donatien Alphonse François, marquis de. 1740-1814.
Justine ou les Malheurs de la vertu (1791). *Juliette* (1796). *La Philosophie dans le boudoir* (1795). Posthumes : *Les Cent Vingt Journées de Sodome* (1934). *Œuvres complètes* (Tchou 1962-1964).

SOUPAULT, Philippe. 1897 – Poète et romancier. Cofondateur du groupe surréaliste dont il s'écarte vers 1927.
Aquarium, poèmes (Au Sans-Pareil 1917). *Les Champs magnétiques*, avec André Breton (Au Sans-Pareil 1919). *Rose des vents*, poèmes (Au Sans-Pareil 1920). *Georgia*, poèmes (1926). *Poèmes et Poésies* 1917-1973 (Grasset 1973), etc.

TANGUY, Yves. 1900-1955 – Peintre. Se joint aux surréalistes en 1926. Vit aux USA à partir de 1940. Se sépare de Breton en 1949.

TZARA, Tristan. 1896-1963 – Poète. Cofondateur de Dada à Zürich en 1916. Vient à Paris en 1920, rompt avec Breton en 1922 mais entre au groupe surréaliste en 1930, le quitte en 1934.
La Première Aventure céleste de M. Antipyrine (Collection Dada, Zürich 1916). *Vingt-cinq Poèmes* (Collection Dada, Zürich 1918). *Cinéma calendrier du cœur abstrait maisons* (Au Sans-Pareil 1920). *7 Manifestes dada* (Jean Budry 1920). *Mouchoir de nuages* (Galerie Simon 1925). *De nos oiseaux* (Kra 1929). *L'Homme approximatif* (Fourcade 1930). *Où boivent les loups* (Cahiers libres 1932). *L'Antitête* (Cahiers libres 1933). *Grains et Issues*, rêve expérimental et contes philosophiques (Denoël 1935), etc.

VACHÉ, Jacques. 1896-1919 – « Umorist ».
Posthume : *Lettres de guerre* (Au Sans-Pareil 1919).

VALÉRY, Paul. 1871-1943.
La Soirée avec M. Teste (revue *le Centaure*, vol. II, 1896). *La Jeune Parque*, poèmes (NRF 1917)...

VITRAC, Roger. 1899-1952 – Poète et dramaturge. Avec les surréalistes de 1922 à 1929.
Humoristiques, poèmes (NRF 1926). *Cruautés de la nuit*, poèmes (NRF 1926). *Victor ou les Enfants au pouvoir*, pièce (1928). *Le Coup de Trafalgar*, pièce (1934), etc.

Index

Figurent dans l'index : AUTEURS, PERSONNAGES HISTORIQUES, etc.; *ouvrages, pièces de théâtre, films, manifestes et tracts collectifs, revues, journaux; poèmes, textes poétiques, théoriques, critiques, polémiques, lettres, enquêtes,* etc. (Les chiffres en italiques renvoient aux notes.)

Table

IMPRIMERIE FLOCH À MAYENNE
D.L. 4ᵉ TRIMESTRE 1978. N° 5011 (14597)